S0-EDM-778

Instructor's Guide

Contents

Discover the Bravo! solution—the most effective way to bridge the gap!

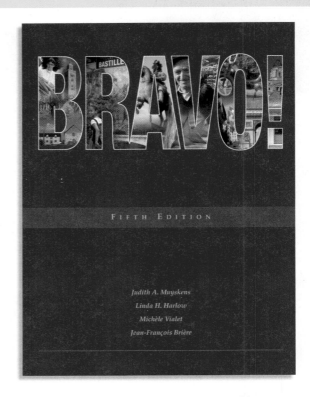

BRAVO!

FIFTH EDITION

Judith A. Muyskens
Linda H. Harlow
Michèle Vialet
Jean-François Brière

All students are not equal when it comes to the intermediate course—they all come to class with different levels of language preparation. Instructors often don't have the tools *or the time* to help those that need extra help *and* continue to teach new material to students who are ready to learn something new. It is because of this challenge that *Bravo!* was created. Every component of this carefully crafted learning program—from the proven approach to grammar to the organization of chapter materials around high-frequency language functions—is designed to enable students of diverse backgrounds to achieve success.

Enhanced with a dynamic all-new design, replete with updated realia, photos, and readings, this Fifth Edition offers a wealth of in-text and study tools to help teachers teach and students learn, effectively bridging the gap between introductory and intermediate courses. In addition, *Bravo!* prepares students to make the transition from intermediate to upper-division course work through reading, writing, and cultural study.

Bravo!, Fifth Edition, is accompanied by an integrated teaching and learning package. Turn to pages IG-9 and IG-10 for details on the program's exciting new technology components including a new video, course management tools, and live online tutoring.

> *"Through the incorporation of extended dialogues representing real situations, presentation of vocabulary and emphasis on expressions, and the inclusion of relevant cultural information, **Bravo!** provides an excellent bridge between beginning and advanced French studies. Because the program offers a wealth of materials and resources, teachers can easily adjust the level of instruction according to students' needs, making **Bravo!**'s pedagogical flexibility one of the text's key attractions."*
>
> —**Anne Birberick,** Northern Illinois University

La grammaire à réviser

The information presented here is intended to refresh your memory of various grammatical topics that you have probably encountered before. Review the material and then test your knowledge by completing the accompanying exercises in the workbook.

Avant la première leçon

Le passé composé

Exemple	Equivalent
J'ai voyagé partout. →	I traveled everywhere. / I have traveled everywhere. / I did travel everywhere.

| Tu as voyagé... | Nous avons voyagé... / Vous avez voyagé... |
| Il / Elle / On } a voyagé... | Ils / Elles } ont voyagé... |

FORMATION: present tense of **avoir** or **être** (auxiliary verb) + past participle

A. Le participe passé: formes régulières
- Change **-er** ending of infinitive to **é.**
- Change **-ir** ending of infinitive to **i.**
- Change **-re** ending of infinitive to **u.**

traverser → traversé
finir → fini
perdre → perdu

B. L'auxiliaire
- Most verbs are conjugated with **avoir.**
- All pronominal (reflexive) verbs, as well as the following verbs of motion, require **être:**

naître partir descendre aller devenir rentrer
mourir passer entrer venir rester tomber
arriver monter sortir revenir retourner

NOTE: All object and reflexive pronouns precede the auxiliary verb:
Il m'a regardé longtemps. Puis, il s'en est allé.

C. L'accord du participe passé
- When the auxiliary verb is **être,** the past participle agrees (in gender and number) with the subject.
Claire est arrivée en retard, comme d'habitude.

- When the auxiliary verb is **avoir,** there is usually no agreement:
Elle a fourni (provided) ses excuses habituelles.
- With a preceding direct object, the past participle agrees (in gender and number) with the direct object.
Elle les a présentées d'un air contrit.
Les excuses qu'elle a données étaient assez compliquées.
- With a preceding indirect object or **en,** there is no agreement:
On ne lui a pas fait beaucoup de compliments.

D. Le négatif
Je n'ai pas oublié ton anniversaire, ma chérie, mais je ne me suis pas souvenu de t'envoyer une carte à temps!

E. L'interrogatif
Est-ce que vous avez voyagé à l'étranger?
Avez-vous voyagé à l'étranger?
Est-ce que vous ne vous êtes pas arrêté(e)(s) en Grèce?
Ne vous êtes-vous pas arrêté(e)(s) en Grèce?

Avant la deuxième leçon

L'imparfait

Exemple	Equivalent
J'allais à la plage... →	I used to go to the beach... / I was going to the beach... / I went to the beach...

| Tu allais... | Nous allions... / Vous alliez... |
| Il / Elle / On } allait | Ils / Elles } allaient |

FORMATION:
- Stem: **nous** form of present tense minus **-ons**
EXAMPLE: ven-ons, écriv-ons
ONLY EXCEPTION: être (stem: ét-)
- Endings: -ais -ions
-ais -iez
-ait -aient

REMINDER: Verbs ending in **-ger** add a **cédille** to the **c** [ç] before the endings **-ais, -ait,** and **-aient;** verbs ending in **-ger** add an **e** before the same endings.
Quand il commençait à faire chaud, nous allions à la plage.
Tes parents voyageaient souvent à l'étranger, n'est-ce pas?

132 CHAPITRE 4

La grammaire à réviser 133

Grammaire à réviser—a **Bravo!** hallmark and a built-in course equalizer —allows students to self-assess and evaluate their readiness for each chapter's lessons. *Grammaire à réviser* acts as a diagnostic tool for both the instructor and the learner, checking for mastery of the forms and structures at hand. Those who need the review prior to class have it—and if they need more help on specific grammar points they can go to the **Workbook/Lab Manual** (now also available online in **QUIA**™ format, see page IG-9), or log on to **vMentor**™, a FREE live online tutoring resource.

Students are empowered to come to class on a more level *learning* field with those students who are better prepared. As a result, more time will be spent in class using the structures functionally as well as practicing new material.

Successful review of *Grammaire à réviser* builds confidence so students are ready to take on the new forms and structures presented in *La grammaire à apprendre*, which appears in each chapter's three lessons.

LA GRAMMAIRE À APPRENDRE

Le passé composé

The **passé composé** is one of the past tenses used frequently in French to talk about past events. The following rules complete the description, begun in *La grammaire à réviser*, of how to form the tense.

A. Le participe passé: formes irrégulières. The following irregular verbs also have irregular past participles:

avoir	eu	**-ert**		**-u**	
craindre	craint	découvrir	découvert	boire	bu
être	été	offrir	offert	connaître	connu
faire	fait			courir	couru
mourir	mort	**-it**		croire	cru
naître	né	conduire	conduit	devoir	dû
		dire	dit	falloir	fallu
		écrire	écrit	lire	lu
				plaire/pleuvoir	plu
		-is		pouvoir	pu
		asseoir	assis	recevoir	reçu
		mettre	mis	savoir	su
		prendre	pris	venir	venu
				vivre	vécu

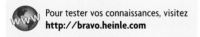

Pour tester vos connaissances, visitez
http://bravo.heinle.com

The **Book Companion Website** includes self-correcting exercises that practice the chapter's grammar and vocabulary. For added convenience, students can view their final scores for each chapter's activities.

---

*"**Bravo!** handles the inherent difficulties of the intermediate course quite well. Its strongest features (covering grammar structures, three divisions within each chapter, excellent reading passages, and writing exercises) make it a challenging, but excellent text.*

—**Wade Edwards,** Longwood University

A focus on how language is used

Because students need to engage in meaningful communication in order to acquire language, *Bravo!* is designed around the functions of language. Functions of language, such as expressing opinions, persuading, and apologizing, serve as the point of departure for each chapter. Expressions, vocabulary, and grammar topics were selected according to what is needed to carry out each organizing function of language.

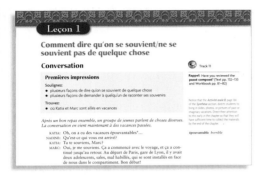

Each of the three lessons in the chapter begins with a conversation used to illustrate the functions, vocabulary, cultural focus, and grammatical principals within each lesson. Before listening to the *Conversations* dialogues that open each lesson of every chapter, *Premières impressions* directs students to skim and scan for specific information. Students check comprehension with the factual questions in *Observation et analyse*. In *Réactions*, students are asked to react in a personal way to the principal topics of the dialogue.

Vocabulary

The text places a strong emphasis on the development of vocabulary and useful phrases with ample occasion for practice. Vocabulary in *Bravo!* is organized by themes and functions that reflect contemporary language use and that help students learn vocabulary in a meaningful way. Students learn current expressions in *Expressions typiques pour…*, which are supported by *Mots et expressions utiles*, thematically organized vocabulary lists that reflect the most contemporary language. Finally, *Mise en pratique* sections put it all together by showing how vocabulary is used in a practical context.

Activités

The visual cues and high-interest topics of this section stimulate language production as students work in pairs and groups to complete guided and open-ended activities. Throughout the book, contextualized activities relating to real-life situations encourage students to communicate.

> **ACTIVITÉS**
>
> **A. Les nouvelles.** Voici quelques titres *(headlines)* tirés d'un numéro du journal français *Le Figaro* (5–6 juillet 2003). Racontez ce qui s'est passé ce jour-là en mettant chaque titre au passé composé.
>
> 1. **Pakistan: Musharraf promet la fermeté contre les extrémistes**
> 2. **Libéria: Charles Taylor se dit prêt à démissionner** *(resign)*
> 3. **Environnement: Les vieux pneus** *(tires)* **disséminent les larves d'un continent à l'autre**
> 4. **Infrastructures: Pétroliers et grande distribution se disputent les autoroutes**
> 5. **Transport: La SNCF lance un plan d'économies**

Liens culturels

Interspersed with items of realia and through-provoking cultural statements and questions, these sections, related to the functions and themes of the chapter, use a contrastive approach to help students develop cultural insights or make cross-cultural comparisons.

Interactions

At the end of each lesson, more challenging role-play activities promote real language use in interesting contexts and provide opportunities for creative communication as students draw on language and structures learned in the lesson. These activities, performed in groups of varying sizes, encourage the use of the functional expressions, vocabulary grammar and culture of the leçon to perform realistic tasks.

> **Interactions**
>
> **A. Une histoire.** Racontez une histoire en français (au passé, bien sûr). Décrivez quelque chose qui vous est arrivé. Mettez autant de détails que possible. N'oubliez pas de lier les événements avec les expressions que vous venez d'apprendre. Après, vos camarades de classe vous poseront des questions pour deviner si votre histoire est vraie ou fausse.
>
> MODÈLE: *Alors, un jeune Français, qui avait très faim, est entré dans un restaurant qui se trouvait dans la banlieue de Londres. Il a demandé à la serveuse:*
> *—Mademoiselle, s'il vous plaît, donnez-moi le plat du jour et… un petit mot aimable.*
> *Au bout de quelques instants elle lui a apporté le plat. Puis elle est retournée à la cuisine. Le Français l'a rattrapée et lui a demandé:*

A unique focus on process writing

The process-writing approach in *Bravo!* provides a step-by-step framework for students to develop not only their writing skills in French, but also critical thinking skills—much-needed skills at the intermediate level, particularly for students who will transition to upper-level courses in literature, conversation, and culture. *Dossier personnel*, the text's personal writing component, uses a process-oriented approach and builds writing skills in four steps: *Préparation* in Lesson 1, *Premier brouillon* in Lesson 2, *Deuxième brouillon* in Lesson 3, and *Révision finale* in the *Synthèse*.

Préparation 📝 Dossier personnel

The focus for this chapter is writing a personal narrative in which you tell or narrate something that happened to you or someone you know.

1. First of all, choose two or three important events in your life (for example, receiving an award, meeting the person of your dreams, a sporting event, your wedding or a wedding you were in, a memorable vacation, the worst/best day of your life, a funny/embarrassing moment, a sad or touching event).

In *Préparation*, students are directed to write a specific type of paper and are given a choice of topics relating to chapter material.

Premier brouillon 📝 Dossier personnel

1. After you have chosen your topic in *Leçon 1*, organize the notes you have written by thinking about these important elements of a narrative: *Characters:* for example, how old were the characters at the time of the incident? What did they look like? How were they dressed? *Setting:* if it is important to your narrative, give descriptive details about the time and place. *Plot:* because you are telling about something that really happened, you know the basic plot. Will there be a conflict? What final words will you use to close your narrative?

In the *Premier brouillon*, students are taken step-by-step through the process of writing a first draft.

Deuxième brouillon 📝 Dossier personnel

1. Write a second draft of the paper that you wrote in *Leçon 2*, focusing particularly on the order in which the events happened. Try to add details on pertinent events that happened before the events described in the narrative (i.e., using the **plus-que-parfait**).
2. To strengthen the time order used for the events that occurred, try to incorporate some of the following expressions that deal with chronological order:

The *Deuxième brouillon* gives additional hints and suggestions for the writing of the second draft.

Révision finale 📝 Dossier personnel

1. Reread your composition and focus on the unity of the paragraphs. All of the sentences within each paragraph must be on the same topic. If a sentence is not directly related to the topic, it does not belong in the paragraph.
2. Bring your draft to class and ask two classmates to peer edit your composition using the symbols on page 430. They should pay particular attention to whether the narrative contains a well-developed beginning, middle, and conclusion, and uses chronological order effectively.
3. Examine your composition one last time. Check for correct spelling, grammar, and punctuation. Pay special attention to your use of the **passé composé, imparfait,** and **plus-que-parfait** tenses, and agreement with past participles.
4. Prepare your final version.

Phrases: Writing an essay; sequencing events
Grammar: Compound past tense; past imperfect; pluperfect; participle agreement
SYSTÈME-D

The *Révision finale* section asks students to reread the paper, making changes to reflect still other suggestions. Students are then directed to have two classmates peer edit the paper, checking for spelling, punctuation, and the specific grammar points studied in the chapter, and then prepare the final version.

Integrated at every step of the text's *Dossier personnel*, the **Système-D 4.0 CD-ROM: Writing Assistant for French** helps students to write completely edited essays at the end of every chapter. When using this powerful program, students will come to find that revising and strengthening work is not only easy, but is also satisfying! **See page IG-10 for details.**

Phrases: Writing an essay; sequencing events
Vocabulary: Leisure; city; geography
Grammar: Compound past tense; imperfect; pluperfect
SYSTÈME-D

Synthèse

Putting it all together, end-of-chapter activities—pre- and post-viewing, oral, and written tasks—are presented in the *Synthèse* enabling students to synthesize all functions, vocabulary, and grammatical topics introduced throughout all three lessons of the chapter.

The continued exploration of French culture plays an important role in *Bravo!* Throughout the text, a wealth of authentic materials accompanied by interactive questions illustrates various aspects of culture.

Liens culturels readings help students develop cultural insights by providing information on the practical everyday culture of the French-speaking world.

Two types of readings are found in every chapter: cultural and literary. The *Intermède culturel* section, updated with many new cultural and literary readings, addresses provocative topics, such as the role of media, France amidst the European Union, political and art movements in the francophone world, and others. Literary readings include both canonical and contemporary writers.

UPDATED! Each reading is now better correlated to the chapter theme, includes suggested strategies to improve reading skills, and has expanded pre- and post-reading activities that reflect the latest research for reading and teaching literature at the intermediate level.

NEW!

The new *BRAVO!* Video provides a closer look at French and francophone culture. This new video, filmed on several locations in France, reflects both French and francophone lifestyles and models the functions, grammar, and vocabulary presented at the intermediate level. See page IG-10 for details.

Every text chapter features new video exercises that prompt students to view and listen to carefully correlated video segments.

In-text cultural exploration activities encourage students to create a portfolio of their cultural research on the Internet. In addition, the *Bravo!* **Book Companion Website** provides guided activities through authentic French-language websites.

Bravo! is used in conjunction with several ancillary components. Together they comprise a comprehensive, integrated learning program.

ONLINE RESOURCES

NEW!
vMentor™...
FREE Live Online Tutoring!
Access Card: 0-534-25355-5

vMentor™ is an online live tutoring service from Thomson Heinle in partnership with *Elluminate* available for **FREE** with this text. Whether it's one-to-one online tutoring help with daily homework, or exam review tutorials, **vMentor** lets students interact with experienced tutors right from their own computers at school or at home. All tutors not only have specialized degrees in French, they also have extensive teaching experience. Students can ask as many questions as they want when they access **vMentor**—and they don't need to set up appointments in advance! Access is provided with **vClass**, an Internet-based virtual classroom featuring two-way audio, a shared interactive whiteboard, instant messaging, and more! To package a vMentor Access Card with the text, use ISBN: 1-4130-8596-2

This product is available to proprietary, college, and university adopters. Please contact your Thomson representative for details.

NEW! QUIA™ Online Workbook/Lab Manual
Access Card: 1-4130-0322-2

Designed specifically for foreign language educators and today's computer-savvy students, **QUIA**™ is the most advanced and easy-to-use- e-learning platform for delivering activities over the Web to students. This online version of the **Workbook/Lab Manual** in QUIA format allows students to get immediate feedback on their work—anytime, anywhere. Instructors can customize activities at any time, and use the versatile grade book to view class statistics and follow student progress. To learn more about **QUIA** visit http://quia.heinle.com. To package the **QUIA** Access Card with the text, use ISBN: 1-4130-7183-X.

Book Companion Website

http://bravo.heinle.com

When you adopt *Bravo!*, you and your students will have access to a rich array of teaching and learning resources that you won't find anywhere else! For each chapter of the text students have access to Internet exercises that further their knowledge about French and the francophone world and to self-correcting tutorial quizzes. The password-protected Instructor's Resource section of the site contains the Answer Key to the textbook exercises, the Video Transcript, a Transparency Bank, and a WebTutor™ Correlation Guide.

Cette semaine sur le net
http://cettesemaine.heinle.com

Access Card: 1-4130-0758-9
Delivered weekly, the **Cette semaine** online newsletter provides learners with realistic, practical, and fun information about the language they are studying based on current events and cultural news from today's French-speaking world.

Students experience the sights and sounds of people from around the globe with the audio and interactive features of **Cette semaine**. A subscription to the newsletter includes 15 French lessons written in French and English.

Take your course beyond the classroom with

WebTUTOR Advantage

WebTutor™ Advantage on WebCT and Blackboard for Intermediate French
WebCT ISBN: 1-4130-0098-3
Blackboard ISBN: 1-4130-0099-1

Ready to use as soon as you log in, **WebTutor™ Advantage** is a complete course management system and communication tool! **WebTutor** is preloaded with 50 grammar modules and practice quizzes organized by chapter for convenient access. Customize this content in any way you choose—from uploading images and text to adding Web links and your own practice materials. Then, manage your course by conducting virtual office hours, posting syllabi and other course materials, tracking student progress with quizzing material, and much more. Robust communication tools—such as a course calendar, asynchronous discussion, real time chat, a whiteboard, and an integrated e-mail system—make it easy for you to connect with your students, and for your students to stay connected with their course. A WebTutor Correlation Guide is available at the Book Companion Website.

Also available

WebTUTOR ToolBox

WebTutor™ ToolBox on WebCT and Blackboard

FREE when packaged with this text, **WebTutor™ ToolBox** is preloaded with content and available via PIN code. **WebTutor™ ToolBox** pairs all the content of the texts' rich Book Companion Website with all the sophisticated course management functionality of a WebCT or Blackboard product. To package **WebTutor™ ToolBox** with the text, use these order numbers: **WebCT:** 1-4130-7181-3. **Blackboard:** 1-41307182-1.

INSTRUCTOR RESOURCES

Annotated Instructor's Edition
(with Text Audio CD)
1-4130-0319-2

This information-packed **Annotated Instructor's Edition** includes practical lesson planning and teaching tips, additional cultural information, suggestions for expanding and contextualizing activities, plus ideas for pair and group activities.

Audio-enhanced Testbank on CD-ROM
1-4130-0323-0

This revised electronic testing program is now available on a dual-platform, audio-enhanced CD-ROM that includes both Microsoft® Word and PDF versions of chapter tests, final exams, midterms, and audio files.

NEW! Book-Specific Video
Video on DVD ISBN: 1-4130-1286-8
Video on VHS ISBN: 1-4130-1285-X

This new video, filmed on several locations in France, reflects both French and francophone lifestyles and models the functions, grammar, and vocabulary presented at the intermediate level. Each segment represents a complete teaching unit filled with drama, culturally authentic situations and culturally appropriate language. As students get to know the characters, they are exposed to both the modern-day and historical situations that render France and the francophone world what they are today. Every text chapter features integrated video exercises that prompt students to view carefully correlated video segments.

NEW! Answer Key and Lab Audio Script
1-4130-03150X

Provides the answers for the Workbook/Lab manual along with the script to accompany the lab audio portion of the program.

STUDENT RESOURCES

Text Audio CD

Packaged **FREE** with every new copy of the text, the **Text Audio CD** contains recorded passages for the listening comprehension exercises in the *Conversations* from each *leçon* for all chapters. An audio icon with track number is placed next to all recorded *Conversations*.

Workbook/Lab Manual
1-4130-0325-7

This helpful learning companion closely follows the organization of the main text to provide additional reading, writing, listening, and pronunciation practice outside of class. **New!** The **Workbook/Lab Manual** is also available online in **QUIA**™ format. See the previous page for a complete description.

Système-D 4.0: Writing Assistant for French
Dual-platform CD-ROM:
1-4130-0081-9

This powerful program provides students with rapid access to language reference materials. **Système-D 4.0** helps students develop critical-thinking skills: they learn to read, analyze, see word associations, and understand the link between language functions and linguistics structures. When using **Système-D 4.0**, students come to find that revising and strengthening work is not only easy, but is also satisfying. The program's easy-to-use interface makes it simple for users to navigate and work with their own Microsoft® Word or Corel® WordPerfect® program. Icons in the text's *Dossier personnel* sections prompt students to visit **Système-D 4.0** for additional practice and support.

Lab Audio CDs
1-4130-0321-4

These audio CDs provide the listening input for out-of-class practice and correspond to the listening activities contained in the **Workbook/Lab Manual.**

Also available:

Merriam-Webster's French-English Dictionary	Typing French Accents Bookmark
0-87779-917-2	0-7593-0660-5

Introduction to the Fifth Edition

The Fifth Edition of **BRAVO! Communication, Grammaire, Culture et Littérature** and its accompanying ancillary materials comprise a complete second-year program at the college level that emphasizes the functional use of language as a means of achieving proficiency in French. The program was designed to be used over two semesters or three quarters; however, the individual components may be used to meet specific instructional needs. For example, the main text and workbook can be used for an intensive one-semester or one-quarter course in which the instructor wishes to focus on composition and conversation skills or grammar review.

Communication

The **BRAVO!** program was created with a focus on how language is used. For that reason, it is organized around the different communicative uses to which language can be put, and chapters of the book center on high-frequency functions of language, such as agreeing, disagreeing, complaining, and apologizing. The use of language in context, including linguistic, social, and situational contexts, is evident throughout all of the program's student components. Expressions, vocabulary, and grammar were selected according to what is needed to carry out each organizing function of language. Thus, the language forms related to settings, social roles, and topics that are likely to be needed the most when performing a given language function are presented and practiced in contextualized activities in order for students to acquire the skills they need to perform that task. Additionally, through a variety of contexts, students become aware of a range of sociocultural language use.

Another unique feature of the program is the division of grammar study into: (1) a simple "review" of grammar structures that should have been fairly well mastered by the end of first-year French, with streamlined explanations for at-home study *(La grammaire à réviser)*; and (2) intermediate-level grammatical instruction for in-class discussion and practice *(La grammaire à apprendre)*. By means of this two-pronged approach, students with widely divergent skills and knowledge in French will be able to come to class on a more equal footing—since those with less prior knowledge spend more time on the review—and instructors do not feel compelled to review actively with students all the grammar from the first year.

The exploration of culture that is begun in most first-year books is continued in the **BRAVO!** intermediate-level program as well. *Liens culturels, Intermède culturel,* and realia with interactive cross-cultural questions are abundant throughout the book.

A process approach to writing is incorporated in the *Dossier personnel,* set up to carefully build upon students' writing skills. Students are taken through a series of steps, writing multiple drafts of a paper, and refining and improving their paper with each new step.

Finally, a cyclical approach to language learning (rather than a linear organization) provides a built-in review across chapters. Frequently recurring language functions organize the text. Students are exposed to these same language functions in new contexts, along with recycled vocabulary and structures, throughout the book.

BRAVO! begins each chapter with a list of objectives that details the review grammar topics, functional objectives, grammatical structures, cultural topics, and basic theme(s) to be emphasized. In *La grammaire à réviser,* simple grammar points for review are presented in English along with charts, and application activities in the margins.

Leçon 1   Leçon 2   Leçon 3

The chapter itself is divided into three **leçons,** each beginning with a *Conversation.* A prereading activity, called *Premières impressions,* precedes the *Conversation,* providing practice in skimming and scanning for information. The *Conversation* in each of the three **leçons** is used to illustrate the functions, vocabulary, cultural focus, and grammatical principles within each **leçon.** By means of the *Observation et analyse* section, students check their comprehension of the conversation, make inferences, and analyze the conversation according to various sociocultural aspects of communication.

The *Réactions* questions invite students to provide their personal thoughts on the topics discussed during the *Conversation.*

Common expressions used to communicate each function of language are contained in the *Expressions typiques pour...* section. Student annotations in the margins provide additional sociocultural and grammatical information related to the expressions. Thematic vocabulary related to the functions and theme(s) is presented in the *Mots et expressions utiles.* A paragraph or dialogue, called *Mise en pratique,* follows the vocabulary section to provide a context for use of the words. Activities to promote immediate use of the two sets of expressions follow. A complete listing of the active vocabulary items from all three **leçons** of each chapter is provided in *Appendice B.*

Grammaire

One or two grammar points useful in carrying out the functions emphasized in each **leçon** are presented in English in *La grammaire à apprendre.* Student annotations in the margins provide helpful hints and learning strategies for studying the grammar. The *Activités* that follow enable the learner to practice the new structures in contexts that tie the grammatical concepts to functional performance in a natural context.

Practical and up-to-date cultural information related to the functions and themes is presented in the *Liens culturels* sections. Items of realia are also interspersed throughout each chapter to add to students' cultural knowledge. The *Liens culturels* sections are accompanied by questions that help students develop cultural insights or make cross-cultural comparisons.

The *Interactions* section at the end of each **leçon** gives students the opportunity to put into practice the functional expressions, vocabulary, and grammar structures taught during the **leçon.** In a similar fashion, the oral and written activities of the *Synthèse* at the end of each chapter promote assimilation of all chapter material.

The *Dossier personnel* that appears within each *Interactions* section and in the *Synthèse* is a writing activity, carried throughout the chapter, that constitutes an additional step in the student's portfolio of personal writing. In the

Préparation, students are directed to write a specific type of paper (e.g., personal narrative, descriptive, argumentative) and are given a choice of topics relating to chapter material. A brainstorming activity is then presented, along with directions to share ideas with a classmate. In the *Premier brouillon,* students are taken step-by-step through the process of writing a first draft. The *Deuxième brouillon* gives additional hints and suggestions for the writing of the second draft (e.g., incorporate more detail, add examples). A list of new *Expressions utiles* is provided for students to incorporate as they wish. The *Révision finale* section asks students to reread the paper, making changes to reflect still other suggestions. They are then directed to have two classmates peer edit the paper, using symbols to indicate grammar errors. Students check for spelling, punctuation, and the specific grammar points studied in the chapter, and then prepare their final version.

An *Activités vidéo* section, complete with pre- and postviewing activities, is included in the *Synthèse* and accompanies segments of the DVD. This new video filmed on several locations in France reflects both French and francophone lifestyles and models the functions, grammar, and vocabulary presented at the intermediate level. Each segment represents a complete teaching unit filled with drama, culturally authentic situations, and culturally appropriate language. As students get to know the characters, they are exposed to both the modern-day and historical situations that render France and the francophone world what they are today.

Culture et littérature

The *Intermède culturel* begins with a reading designed to provide students with knowledge about French or francophone culture or civilization. Art, history, education, cinema, and politics are just a few of the topics addressed in this section. Questions before the reading pique students' interest and draw out their previous knowledge of the subject; comprehension and expansion activities following the reading check their reading comprehension and allow them to apply it in different contexts.

A literary reading completes each *Intermède culturel.* These readings include authors such as

Prévert and Saint-Exupéry, as well as Maryse Condé and Calixthe Beyala. Accompanying activities reflect the latest research and provide techniques for reading and teaching literature at the intermediate level. Prereading activities prepare students to read by activating their background knowledge of the topic and teaching them useful reading strategies such as skimming, scanning, predicting, using the context, and understanding word formation. Postreading activities check comprehension, encourage discussion of themes, and enable students to synthesize what they have read.

Workbook/Lab Manual

BRAVO! Cahier d'exercices et Manuel de laboratoire contains both written and oral exercises to accompany each chapter in the main text. For self-correction, an Answer Key is available separately. Each chapter is divided into two sections:

- **Exercices écrits:** This section contains written review grammar exercises and written vocabulary and chapter grammar exercises.

- **Exercices de laboratoire:** The Audio CD Program provides oral and listening activities to practice the chapter grammar, as well as recordings of the *Conversations* and instruction and practice in phonetics; it also contains authentic recordings—interviews, conversations, radio newscasts, advertisements, weather reports, and the like—designed to enable students to practice listening to the French language as it is used today.

The Lab Audio Script is now with the self-cover ancillary that contains the Answer Key to the Workbook/Lab Manual.

The **BRAVO!** Audio-enhanced Testing Program contains two sample tests per chapter that focus on listening comprehension, culture, and writing and one supplementary sight reading test per chapter. Two versions each of two comprehensive exams.

The **BRAVO!** Text Audio CD contains the *Conversations* from each **leçon** for all chapters. Instructors wishing to play a conversation in class will find it very convenient to have all conversations together.

The Annotated Instructor's Edition of the text provides additional suggestions and teaching tips throughout each chapter.

Constructing a Course Syllabus

BRAVO! is designed to allow flexibility in the classroom. Textbooks are, of course, only one part of the actual classroom experience. They are useful as a guide to the learning environment, and with the BRAVO! Workbook/Lab Manual, Audio CD Program, and DVD available from Heinle, instructors can design a course that is lively and geared to the needs of their particular situations.

Overall division of the text

Division of the text across two semesters or three quarters is proposed as follows:

Semester I:	5 chapters
Semester II:	5 chapters
Quarter I:	3 chapters
Quarter II:	3 chapters
Quarter III:	4 chapters

A course meeting four times a week

(forty times per quarter; sixty times per semester)

Possible syllabus design:

Day 1

Leçon 1: *La grammaire à réviser; Conversation; Expressions typiques pour..., Mots et expressions utiles,* and *Activités;* preview *La grammaire à apprendre* content

Day 2

Leçon 1: *La grammaire à apprendre; Activités, Interactions, Dossier personnel: Préparation*

Day 3

Leçon 2: *La grammaire à réviser; Conversation; Expressions typiques pour..., Mots et expressions utiles,* and *Activités;* preview *La grammaire à apprendre* content

Day 4:

Leçon 2: *La grammaire à apprendre; Activités, Interactions,* preview reading

Day 5

Intermède culturel reading (**culture** or **littérature**) (*Dossier personnel: Premier brouillon,* completed out of class)

Day 6:

Leçon 3: *La grammaire à réviser; Conversation; Expressions typiques pour..., Mots et expressions utiles,* and *Activités;* preview *La grammaire à apprendre* content

Day 7

Leçon 3: *La grammaire à apprendre; Activités, Interactions;* preview *Intermède culturel* reading

Day 8

Intermède culturel reading (**culture** or **littérature**) (*Dossier personnel: Deuxième brouillon,* completed out of class)

Day 9

Synthèse: Activités vidéo, orales, écrites; Lab Manual: *Compréhension*

Day 10

Synthèse: Activités vidéo, Dossier personnel: Révision finale; review for chapter test

Day 11

Test on BRAVO!, Chapter 1, Lessons 1–3.

Continuing this pace would allow instructors ten extra days across three quarters or two semesters to review, give quizzes, and use other supplementary materials as they wish.

During the third quarter, in a class meeting four days a week, instructors will need to finish four chapters of the book instead of three. Those instructors may wish to give fewer tests, to exclude parts of chapters or the last chapter, or to use fewer readings. Another possibility includes spending three weeks on Chapters 7 and 8 and presenting the last two chapters during two weeks each.

A course meeting five days a week

Instructors who use the BRAVO! program five days a week (fifty times per quarter, seventy-five times per semester) with the eleven-day chapter plan, will have an additional day per chapter, making a total of twenty extra days across two semesters or three quarters. This time can be used for oral testing, more class interaction, additional readings from the

French press, e-mail exchanges, or expanded group editing of compositions.

A course meeting three days a week

For courses meeting three days a week (thirty times per quarter, forty-five times per semester), it is recommended that nine meetings per chapter be scheduled. A possible schedule is as follows:

Day 1

Leçon 1: *La grammaire à réviser; Conversation; Expressions typiques pour..., Mots et expressions utiles,* and *Activités;* preview *La grammaire à apprendre* content

Day 2

Leçon 1: *La grammaire à apprendre; Activités, Interactions, Dossier personnel: Préparation*

Day 3

Leçon 2: *La grammaire à réviser; Conversation; Expressions typiques pour..., Mots et expressions utiles,* and *Activités;* preview *La grammaire à apprendre* content

Day 4

Leçon 2: *La grammaire à apprendre; Activités, Interactions;* preview *Intermède culturel* reading

Day 5

Intermède culturel reading (**culture** or **littérature**) *(Dossier personnel: Premier brouillon,* completed out of class)

Day 6

Leçon 3: *La grammaire à réviser; Conversation; Expressions typiques pour..., Mots et expressions utiles,* and *Activités;* preview *La grammaire à apprendre* content

Day 7

Leçon 3: *La grammaire à apprendre; Activités, Interactions;* preview *Intermède culturel* reading *(Dossier personnel: Deuxième brouillon,* completed out of class)

Day 8

Synthèse: Activités, as time permits; *Dossier personnel: Révision finale;* review for chapter test

Day 9

Test on **BRAVO!**, Chapter 1, Lessons 1–3.

Quarter system: use the schedule laid out here in the first and second quarters. During the third quarter, when four chapters remain to be completed, instructors can cut some readings or give fewer quizzes and examinations. Some may choose to omit parts of each chapter (such as in-class discussion of *La grammaire à réviser* material), parts of Chapters 7–10, or Chapter 10 in its entirety.

Semester system: Instructors on the semester system may want to give quizzes instead of tests, give a midterm and final only, or adjust the material covered as necessary for their program.

Intensive courses

Some schools will use **BRAVO!** for intensive language courses, presenting the material in one quarter or semester. Instructors of these programs may need to focus on the most important points in each chapter or omit a couple of chapters. Other possibilities are to choose between the cultural and literary readings, to allow for just one in-class writing activity for the *Dossier personnel,* to test students every two or three chapters rather than after each chapter, or to administer only a midterm and final examination.

Conclusion

The authors believe that instructors should modify the use of their textbooks as they see fit. It is important to note, however, that coverage of the textbook should not be the focus. Students should be allowed time to practice the functions and grammar as frequently as necessary to master them. Proficiency will best be attained by emphasizing the material provided for interaction and role-play activities. Each instructor will best be able to gauge how this can be done for his or her students.

Teaching with the BRAVO! Program

BRAVO!, Fifth Edition, is divided into ten chapters. Each chapter contains the following components:

List of objectives

The first page of each chapter presents the goals and functional objectives which include a review of grammar topics and the cultural topics of each of the three leçons, the grammatical structures, and the basic chapter theme(s), along with a photo that relates to the chapter objectives. Instructors and students may wish to use this page as an introduction.

La grammaire à réviser

This section of the book serves as a grammar reference. Grammar topics normally emphasized in first-year books that relate to the performance of the functional objectives for each leçon are presented in this section for students to review before beginning a chapter. These topics are frequently presented in chart form, along with a brief explanation and con-textualized examples.

Students entering a second-year course with a fairly good understanding of basic grammar concepts (for example, formation of regular verbs) will probably spend a minimal amount of time at home reviewing these topics and doing the review exercises as needed. A student who has not previously mastered these topics, or whose first-year course did not cover the material at the end of the book, will need to spend a longer period of time reading through the explanations and doing all of the exercises. Using this method, it is hoped that students coming from varying backgrounds will be able to begin a new chapter on a more equal footing—that is, with a fairly good understanding of many simple grammar points—so that class time can be spent using these structures functionally as well as practicing new material.

The instructor can verify that students have indeed completed the review work by giving a short quiz at the beginning of the class, or by collecting the completed review exercises from the Workbook/Lab Manual. A quick mechanical exercise to review students' understanding of the material in La grammaire à réviser may also serve as a warm-up for the class. As an alternative to using La grammaire à réviser for at-home review, instructors wishing to emphasize grammar in their course may choose to teach these topics actively in class.

Conversation

Each of the three leçons in the chapter begins with a conversation used to illustrate the functions, vocabulary, cultural focus, and grammatical principles within each leçon. The Conversations have been adapted from recordings of native speakers who were provided with the functions of language, themes, and settings and asked to assume roles. Students will, therefore, find models of spontaneous discourse where fillers, slang, and pause words are used and where interruptions are made. The three Conversations form a unit or story within each chapter. A Rappel note at the top of each conversation reminds students to review the corresponding prerequisite grammar located in La grammaire à réviser before beginning the leçon. The questions listed under Premières impressions direct students to skim and scan the conversation for specific information—such as expressions used to carry out major functions of language or a particular fact—before doing a closer reading of the text. Unfamiliar vocabulary words are marked with a degree (°) symbol and are translated in the margin. Vocabulary items to be emphasized because of their topical and cultural significance are also translated in the Mots et expressions utiles section.

Students can prepare the Premières impressions and the Conversation before coming to class and listen to the Conversation in the Audio CD Program, if possible. In class, the instructor may want to give students a few minutes to review the Conversation and then proceed to a quick check of the Premières impressions questions and a discussion of the Observation et analyse/Réactions sections (see p. IG-17). Or, students can work in small groups in the classroom and do a dramatic reading of the Conversation, with individuals taking different character roles. Then each group can analyze and discuss the Conversation using exercises in the Observation et analyse/Réactions sections. Instructors may also want to bring in the Text Audio CD in order to play the Conversation in class. Students

point is introduced. A synthesis of the functions, vocabulary, and grammar of the chapter is provided through a dictation, which can be assigned after all three leçons are completed.

The *Compréhension* section of the Lab Audio CDs Program is comprised of authentic listening materials related to chapter functions and themes. Audio recordings, which include interviews, conversations, radio commercials, weather and news reports, surveys, and train and airport announcements, enable each student to have easy access to the French language as it is spoken today in natural contexts. Supplementary exercise worksheets located in the Workbook/Lab Manual accompany these listening materials and direct students to listen for specific purposes.

Instructors should assign the chapter recordings (three to five per chapter) upon completion of the three leçons. Students should not expect to understand every word they hear, and they should be directed to listen to a recording as many times as necessary in order to extract the essential informa-

tion. These recordings can also be used as a springboard for other related activities (for example, after working with a radio ad selling electronic equipment, students could role play a clerk/customer scene in a store that sells similar equipment). If desired, a recording can also be played in class and worked on as a teacher-directed activity; however, care should be taken so that flexibility is not lost in this approach: the individual student's needs ought to direct at what point and how often a recording is replayed. Such an in-class activity is better done as either a prelistening activity—that is, a means of setting the scene for students' individual listening activity outside of class—or as a final check on students' comprehension after they have already worked with the recording at home. To provide additional listening practice, a slightly altered version of one of the recordings can be read in class by the instructor. Students can check their understanding by completing the *Compréhension* Worksheets, directing them to listen for specific information and self-correct with the answer key.

Lesson Planning

The following lesson plans for Chapter 2 are an example of how to integrate the various components of the **BRAVO!** program. Plans are based on using the main text and its components on a four-day-a-week schedule. Adjustments should be made for other programs.

Lesson planning is necessary, of course, in order to meet course goals. Rifkin notes that the "most important criterion for the design of a lesson is the appropriate match (by level of difficulty) of tasks and the students who will complete them." The second criterion is that "[a]ccuracy and fluency activities must be carefully designed and sequenced within the lesson plan."[1] He remarks that after doing more focused activities, the students must have an opportunity to interact—practice engaging in target language discourse.[2]

In the sample lesson plans, the authors have incorporated activities to engage students in communicative language to develop their listening and reading comprehension, speaking and writing ability, and culture. The goal is to enable students to move from "linguistic dependence on the teacher to greater and greater independence from the teacher" as the students learn to express their own opinions and ideas.[3]

The authors suggest that a typical class hour provide for three types of activities: review of the previous day's work in a warm-up activity, practice of the material assigned for the day through meaningful and communicative activities, and a preview of the material assigned for the following day. If time allows, a cool-down activity is appropriate so that students leave the class in a relaxed mood.

Plans assume that your class begins at 10:00 and lasts 50 minutes.

DAY 1

La grammaire à réviser—Avant la première leçon; Conversation 1; Expressions typiques pour..., Mots et expressions utiles, and *Activités;* preview *La grammaire à apprendre* content

(Homework assigned the previous day was to study *La grammaire à réviser* for Lesson 1, pages 46–48, and do the accompanying exercises in the Workbook/Lab Manual. Students were also asked to listen to the CD of *Conversation 1* and to practice the *Expressions typiques pour...* and *Mots et expressions utiles.* The written assignment was activity B in the Workbook/Lab Manual.)

10:00–10:10 Warm-up. If you gave a test on Chapter 1, you may want to start by discussing that. Then, in order to check students' work on the material in *La grammaire à réviser,* you can use the activity in the margin on page 46 or ask questions using the irregular verbs presented. Examples:

Parlons de vos activités de tous les jours.

Le matin: Jusqu'à quelle heure est-ce que vous dormez?
À quelle heure est-ce que vous prenez le petit déjeuner?
Est-ce que vous voulez vous réveiller plus tôt?
Est-ce que vous croyez que le petit déjeuner est important?

Les cours: À quelle heure est-ce que vous allez à l'université?
Est-ce que vous êtes toujours à l'heure pour vos cours?
Selon vous, est-ce qu'il vaut mieux étudier le soir ou l'après-midi?
Où est-ce que vous faites vos devoirs?
Qu'est-ce que vous lisez pour vos cours?
Pour quels cours est-ce que vous écrivez beaucoup de dissertations?

10:10–10:20 *Conversation.* Present the setting of the *Conversation.* Have students do the *Premières impressions* activities. For variety, you may want to bring in the Text Audio CD for *Conversation 1.* Have students listen to the CD and proceed to the questions presented in *Observation et analyse* on page 52. Students may work in pairs to answer the questions and those in the *Réactions* section. Have them discuss the invitation on page 52.

[1] Rifkin, page 173.
[2] Rifkin, page 175.
[3] Rifkin, page 177.

10:20–10:35 *Expressions typiques pour...* and *Mots et expressions utiles.* Before proceeding to the *Activités* section, you may wish to model pronunciation of some of the more difficult expressions. Use activity A, page 55, as an initial activity. Ask students to imagine that they are at an **exposition de tableaux de Picasso.** Have them describe the painting on page 55 in the book. Check answers on activity B by presenting possible answers on a transparency or having students give their responses. You may, of course, prefer to collect the homework. Activities C and D could be done by asking students not to refer back to the new vocabulary in order to test their memories.

10:35–10:40 Preview *La grammaire à apprendre* content. Preview the lesson for the next day (irregular verbs **boire, recevoir, offrir,** and **plaire**). Present these verbs in the context of inviting someone to do something. For example, you can dictate the following story:

> J'invite un ami à boire un coup avec moi au café. Je reçois rarement des amis à la maison. Je lui offre un thé et ça lui plaît.

After students have written down the story, have them underline the irregular verbs. Tell them they will study these and other verbs like them that evening. Assign page 56 for study. Ask students to prepare activity B, page 58, in writing and to prepare the related exercises for Chapter 2, Lesson 1, in the Workbook.

10:40–10:50 Cool-down. Ask students to read the *Liens culturels* on page 58. Have them summarize the reading in French or English and compare dating habits in America and France. Use the questions at the end of the *Liens culturels* reading to extend the conversation.

DAY 2

La grammaire à apprendre, Activités, Interactions, Dossier personnel: Préparation

10:00–10:05 Warm-up. Begin with a review of yesterday's material, especially of the *Expressions typiques pour...* Ask students to close their books and do the following activity.

> Jouez les rôles
> **Qu'est-ce qu'il dit?** Vous invitez votre grand-père chez vous pour le dîner. Il répond...
> **Qu'est-ce qu'elle dit?** Vous invitez votre petite

nièce au cinéma. Elle répond...
Qu'est-ce qu'il dit? Vous invitez un nouveau collègue au café. Il répond...

10:05–10:20 *La grammaire à apprendre* and *Activités.* Do activity A, page 57, with books closed to check students' learning of the previous evening. You may wish to check written activity B or collect it. Have students do activity C, page 58, in small groups or pairs and report some of their answers to the entire group. Mention the additional activities on the website

10:20–10:30 *Interactions.* In order to practice the grammar and functional expressions in the context of real language, ask students to work in pairs. Have them choose *Interactions* activity A or B, page 59, to act out. Ask two or three groups to present their activity to the class.

10:30–10:45 If you have chosen to assign the writing process activities, ask students to begin the *Dossier personnel: Préparation.* Mention that they will list two of their favorite restaurants or classes. The goal of the writing in this chapter is to practice comparing and contrasting. Ask them to share their lists with a classmate who will help them brainstorm more ideas.

10:45–10:50 Preview Lesson 2. Introduce the function of offering food and drink. Ask students to give some ways of doing this. Give a few examples from the text, page 62. Assign *La grammaire à réviser* for Lesson 2, pages 48–50 and the accompanying exercises in the Workbook. Advise students that definite and indefinite articles will be reviewed. In addition, the partitive article, useful for talking about food and drink, will be practiced. Assign *Conversation 2, Expressions typiques pour...,* and *Mots et expressions utiles,* reminding students to listen to the *Conversation* in the Audio CD Program and to do the *Premières impressions* activities. Assign activity A, page 64 as written homework.

DAY 3

La grammaire à réviser—Avant la deuxième leçon; Conversation 2; Expressions typiques pour..., Mots et expressions utiles, and *Activités;* preview *La grammaire à apprendre* content

10:00–10:10 Warm-up. Review the verbs on page 56, handing out copies of the following cards for an in-class review activity.

Carte 1

Chez moi. Complétez les phrases et posez les questions suivantes à un(e) camarade de classe.

Quand / tu / recevoir / quelqu'un / à / maison?

Qu'est-ce que / tu / offrir / le plus souvent / à / amis / quand / ils / venir / chez toi?

Qu'est-ce que / tu / boire / le plus souvent / quand / amis / être / chez toi?

Carte 2

Chez moi. Complétez les phrases et posez les questions suivantes à un(e) camarade de classe.

Quel / sorte / personnes / tu / aimer / inviter?

Quel / sorte / attitude / te / plaire / chez un invité?

Quel / sorte / personnes / tu / ne jamais / inviter?

10:10–10:20 *Conversation.* Have students read the *Conversation* on pages 60–61 in groups of three, doing a dramatic reading of the roles of Éric, Isabelle, and Mme Fournier. Afterwards, ask students to take turns answering the *Observation et analyse* questions in groups of three. Have students share their answers to the *Réactions.*

10:20–10:30 *Expressions typiques pour..., Mots et expressions utiles,* and *Activités.* Do activity C as a whole group to review the vocabulary words. Have students do activity B, D, or E with a partner. At the end, if time allows, ask a few students to play their roles for the whole class, choosing one item in either activity B or E.

10:30–10:40 Preview *La grammaire à apprendre* content for Lesson 2 using the following dehydrated sentence activity. Write the activity on a transparency so that the entire class can do it and talk about their choices.

    Une invitation

Je / inviter / amis / à / maison / ce soir. / Nous / servir / hors-d'œuvres / et vin blanc. Je / préférer / vin blanc. Ensuite / il y a / beaucoup / légumes / parce que je / adorer / légumes. On / préparer / poulet / aussi. Comme dessert / je / servir / framboises. Framboises / être bonnes. Nous / ne... pas / prendre / café. Il / être / tard.

10:40–10:50 Cool-down. As a final activity, ask students to read the *Liens culturels,* page 66. Answer the questions as a group. If possible, bring in silverware and bread and ask a student to demonstrate what he or she learned in the reading. Assign pages 66–68 in the text to be studied. Ask students to prepare the Workbook activities and to do activity A, page 68 in the text, in writing.

DAY 4

La grammaire à apprendre, Activités, Interactions, preview *Intermède* reading (**culture** or **littérature**)

10:00–10:10 Warm-up. Review the vocabulary by having students turn to the menu on page 65 and answer the questions in the margin. Discuss the drinks. Ask which drinks they would offer to their great aunt, their little cousin, their mother, a good friend, etc. Have them play the roles, demonstrating for the whole class.

10:10–10:25 *La grammaire à apprendre* and *Activités.* Ask students some simple personalized questions to initiate practice of the articles: **À quelle heure est-ce que vous prenez le petit déjeuner? Et le déjeuner? Et le dîner? Qu'est-ce que vous mangez au déjeuner? Et au dîner? Et le soir, pendant que vous étudiez, qu'est-ce que vous buvez? Et le matin, qu'est-ce que vous buvez?**

    Check homework activity A, page 68, or collect it. Do activities B and C, page 69, as a whole class. In pairs, have students work on activity D. Ask several students to provide a two-line summary.

10:25–10:35 *Interactions.* Ask students to choose a new partner for the *Interactions* activities, page 70 (both A and B, if time allows). Ask several students to play their roles for the class.

10:35–10:50 Introduce one of the *Intermède culturel* readings: either the cultural reading, *Les grandes écoles,* or the literary reading, *Le petit prince de Belleville.* [For the purposes of this model lesson plan, we will choose the cultural reading.] Assign the reading, *Compréhension, Interactions* or *Expansion.* The authors suggest doing a reading before beginning Lesson 3 in order to bring variety into the classroom.

DAY 5

Intermède culturel; preview Lesson 3; *Dossier personnel: Premier brouillon* completed out of class

10:00–10:10 Warm-up. Review the grammar from the previous day by asking students to do a simple sentence builder on a transparency. For example:

A	B	C
Le matin	je	(ne... pas)
À midi	les étudiants	
Le soir	les professeurs	
Au restaurant	?	
?		

D	E
prendre	verre de lait
boire	bière
préférer	pizza
commander	hamburgers
?	canard
	?

10:10–10:20 *Intermède culturel.* Use the *Compréhension* questions in the book if you did not assign them for homework.

Ask students to give an oral summary of the reading. Use other activities as time allows.

10:20–10:40 *Expansion.* Have students present very short (30-second) summaries of their research on one of the **grandes écoles.**

10:40–10:50 Preview Lesson 3. Ask students to prepare *La grammaire à réviser* on page 50. Inform them that they will practice asking and answering questions in Lesson 3. You may wish to review the interrogative adverbs (**où, à quelle heure, quand, combien, combien de, comment,** and **pourquoi**) with them. Ask them to listen to the CD of *Conversation 3* and to study the *Expressions typiques pour...* and *Mots et expressions utiles,* pages 72–73. Model pronunciation of some of the more difficult words and expressions. Assign activity B, page 75, as written work. Remind students that the *Premier brouillon* is to be completed at this time also.

DAY 6

La grammaire à réviser—Avant la troisième leçon; Conversation 3; Expressions typiques pour..., Mots et expressions utiles, and *Activités;* preview *La grammaire à apprendre*

10:00–10:15 Warm-up. Briefly review the education reading.

Practice *La grammaire à réviser* by having students make up a personalized question to ask someone in the class using **à quelle heure, où, combien, combien de, comment, quand, pourquoi,** etc.

10:15–10:25 *Conversation.* Have students give their answers to the *Premières impressions* activities. Ask three students to read the *Conversation* on page 71 aloud. Ask the *Observation et analyse* questions of the whole class. Have students work with a partner on the *Réactions,* page 72.

10:25–10:35 *Expressions typiques pour..., Mots et expressions utiles,* and *Activités.* Use activity A, page 74, to practice the *Expressions typiques pour...* Add the additional situations in the teacher annotation.

(à un agent de police) où se trouve le musée d'Orsay

(à votre petit[e] cousin[e]) à quelle heure il/elle va se coucher

(à votre grand-mère) combien d'argent elle peut vous prêter

Review the *Mots et expressions utiles* by doing activity B, page 75. Collect homework.

10:35–10:40 Preview *La grammaire à apprendre* content. Present the interrogative pronouns for the next day by asking several questions that you have written on a transparency:

Qui est-ce que vous invitez souvent à la maison? Qui vous rend souvent visite? Qu'est-ce que vous buvez souvent? Avec qui est-ce que vous parlez souvent au téléphone? Quelle est votre profession? votre nationalité? Lequel de ces acteurs est-ce que vous préférez? (Matt Damon, Marlon Wayans, Ben Stiller, Tom Hanks) Laquelle de ces chanteuses préférez-vous? (Jennifer Lopez, Jewel, Janet Jackson, Sheryl Crow)

After students have answered the questions, ask them to talk about the grammatical function of each interrogative pronoun as you underline it on the transparency. As an assignment for the next class, have them study pages 75–76 and write out activity B, page 76, and activity A, page 76 Assign the corresponding Workbook/Lab Manual activities.

10:40–10:50 Cool-down. Have students do the following **Trouvez quelqu'un qui** activity using the *Expressions typiques pour...* in Lesson 3 and previous material from Chapter 2. Give them a handout of the activity to use in class.

Trouvez quelqu'un...
- qui sait où se trouve le musée Beaubourg.
- qui sait qui a inventé la guillotine.
- qui sait qui a inventé la pénicilline.
- qui connaît des fromages de français.
- qui préfère le vin français au vin de Californie.
- qui n'a jamais bu de Marie-Brizard.
- qui souffre d'allergies.
- qui a déjà vu une exposition d'art à Paris.
- qui ne reçoit jamais d'amis à la maison.

DAY 7

La grammaire à apprendre, Activités, Interactions; preview *Intermède culturel—Le petit prince de Belleville*

10:00–10:10 Warm-up. If possible, use a videotape of a train station or train trip to review the *Expressions typiques pour...* on page 72. If this is not feasible, give students a situation to role play. Have them ask someone at a **guichet** (their partner) if he/she could tell them what time the train for Lyon leaves, how much a round-trip ticket costs, if a discount is possible, if he/she can indicate from where the train leaves, and where one must go to have the ticket canceled.

Begin review of the interrogative pronouns on page 77 by asking students to name an interrogative pronoun and give its grammatical function. Make a list of these on the board as students name them.

10:10–10:25 *La grammaire à apprendre* and *Activités.* Do activity A, page 78, as a whole-class activity. Check written homework activity B, if you wish, or have students hand it in.

Review the forms of **quel** and **lequel** by writing them on the board as students give them orally. Collect homework activity A, page 78, and do activity B or C as a whole class. Ask students to work in groups of three to do activity D.

10:25–10:40 *Interactions.* Have students work in pairs to do activity A of the *Interactions* section, page 79. Ask two or three groups to play the roles in front of the entire class.

10:40–10:50 *Avant la lecture* activities in the *Intermède culturel.* Have students turn to the pre-reading activities for *Le petit prince de Belleville.* Use the *Sujets à discuter* questions for whole-class discussion. Ask students to work with a partner on the *Stratégies de lecture.* Assign *Le petit prince de*

Belleville and the *Après la lecture—Compréhension* exercises for homework.

DAY 8

Intermède culturel—Le petit prince de Belleville; Après la lecture activities; *Synthèse* activities; preview *Compréhension;* preview *Dossier personnel: Deuxième brouillon*

10:00–10:10 Warm-up. To begin class, use *Interactions* activity B, page 79, to review the interrogative pronouns.

10:10–10:35 *Intermède culturel—Le petit prince de Belleville.* Use postreading activity *Réactions,* page 88, as another check on comprehension (10 minutes). Have students work in groups of four or five to do the *Interactions* (10 minutes). You may wish to give them a few minutes to write their responses first because this activity is quite complex (5 minutes).

10:35–10:45 *Dossier personnel: Deuxième brouillon.* Briefly discuss this draft with the students if assigned. They should be adding a rhetorical question to their paper and using the expressions suggested in the book. If you have time, have students work on their draft at this time. Ask them to be prepared to bring their compositions in for peer editing two days later (day 10).

10:45–10:50 Assign the *Synthèse—Activités vidéo, Activités orales* and *Activité ecrite,* and the Workbook/Lab Manual—*Compréhension* activities. You could also preview the Workbook/Lab Manual—*Compréhension* section for Chapter 2 by playing the first section (**Au Bec Fin**) and asking students to get the gist of this recording of a phone-answering machine. Ask them to listen for the hours of the restaurant and the days **Au Bec Fin** is closed. Assign the entire CD segment for Chapter 2 for the next day. Remind students that they will not understand every word and that they should stop the tape and replay it whenever necessary. Assign the corresponding exercises in the Workbook/Lab Manual.

DAY 9

Synthèse—Activités vidéo, Activités orales, Activité écrite; Lab Manual—*Compréhension*

10:00–10:10 Warm-up. Review the reading by inviting, if possible, a French-speaking person to discuss the education system of their country.

10:10–10:20 Workbook/Lab Manual—*Compré-hension.* Check the answers found in the self-cover Answer Key to the Workbook/Lab Manual. If you wish, play sections of the CD in class.

In order to provide additional listening practice, you can rewrite one section of the CD and read it to the students in class, asking them to listen for information. An example of a phone message follows:

L'atelier de maître Marcel

Ici L'atelier de maître Marcel. Bonjour. Nous sommes ouverts à la clientèle de 11h à 22h30. Nous acceptons vos réservations à partir de dix-huit heures pour le dîner. Nous ne prenons pas de réservations pour le déjeuner. Nous sommes fermés le lundi. En espérant le plaisir de votre visite très bientôt.

Provide students with the following form that tells them what information to listen for:

LE RESTAURANT «L'ATELIER DE MAÎTRE MARCEL»
Horaires:
Horaires des réservations:
Jour de fermeture:

10:20–10:30 Do the *Activités orales* in small groups.

10:30–10:40 Work with the *Activités vidéo* in class. Bring in the videotape or the DVD player and ask the students to practice listening for comprehension.

10:40–10:50 Preview the Web activities, reminding students that they will find the activities on Heinle & Heinle's Web page. Remind students to bring in their composition for final revision.

DAY 10

Synthèse—Activités vidéo, Dossier personnel: Révision finale; review for chapter test

10:00–10:10 Warm-up. Begin by discussing the *Liens culturels* on page 74 if you have not done so previously. Have students answer some of the questions.

10:10–10:20 Use some of the Web activities to review. If you have an electronic classroom, you can have students working in small groups on the Web.

10:20–10:40 *Dossier personnel: Révision finale.* Ask students to work in pairs or groups of three to peer edit their composition drafts. They should read each other's compositions, looking for topic sentences, clear organization of supporting sentences, and proper attention to audience. They should pay particular attention to whether the composition clearly meets the goals of comparing and contrasting two things and whether the choice between them is clear. Remind students to make the changes this evening and to check their composition for correct spelling and grammar before handing it in the next day.

10:40–10:50 Review for the test. Begin by describing the format of the test so students know how to study. Use activities in the text that you were not able to use beforehand. If questions arise regarding the functions and grammar, clear those up before the exam. Remind students to hand in the final version of their composition the next day.

DAY 11

Test on Chapter 2, Lessons 1–3, and *Intermède culturel* readings (see Testing Program)

Testing

The sample tests in the Testing Program are not meant to be prescriptive, and in fact, many other formats can be devised. However, the authors have tried to select formats that reflect the philosophy upon which the **BRAVO!** program is based. In keeping with this philosophy, test items use meaningful language in natural contexts centered around the functions and themes emphasized in each chapter. Items are related to real-life situations so that students can demonstrate their ability to perform realistic tasks. Although some items can be characterized as convergent (only one right answer) and others are more open-ended, test items are generally presented, as Omaggio Hadley recommends, in discourse-length frames rather than in single-sentence frames with no sequence between items.[1] A variety of formats is used to enhance student interest and ability to perform well. As Terry states, "Any material or technique that is effective for teaching a foreign language can also be used for testing."[2]

The old adage "test what you teach" is evident throughout the tests, in that many test items have a similar appearance to activities in the text and Workbook/Lab Manual. We avoid mechanical test items. As long ago as 1976, Bartz stated, "If the message to the students in today's classroom is that they should be able to communicate in the foreign language, tests that measure their ability to communicate must be administered."[3] More recently, Barrette advocated modeling test tasks on communicative activities in the textbook and workbook, cautioning that information that teachers get from "test items that deviate substantially from their teaching approach would not give them the information they desired."[4] Instructors will also notice that students are tested on their abilities to recognize and produce different styles of expression. This type of item reflects the **BRAVO!** program's focus on the role of sociocultural aspects of communication in language use.

For further ideas on constructing test items, instructors are referred to the works listed in the References section beginning on page IG-47 of this Instructor's Manual. The Testing Program for **BRAVO!** provides two sample tests and a supplementary sight reading test for each chapter. In addition, two versions of three sample comprehensive exams are included that provide models for testing material in Chapters 1–3, 4–6, and 7–10. However, just as components of the **BRAVO!** program can be used in varying ways to serve individual instructional needs, so should test construction be modified to meet the needs of each instructor's use of the program's components.

The ACTFL *Proficiency Guidelines* and the National Standards for Foreign Language Learning have and will continue to influence classroom assessment. Instructors are encouraged to explore other approaches to assessment procedures including portfolios, demonstrations, journals, and other performance measures. Rennie, referring to work by Genesee and Upshur, notes that these approaches encompass multiple skills and emphasize the process as well as the products of learning. Instructors will find the bibliographic information on the work of Rennie, Genesee, and Upshur below as well as in the References.[5]

Oral testing

Students' speaking skills often go untested, primarily because of the additional time involved in testing each student individually. In fact, Harlow and Caminero examined the place of oral testing in large

---

[1] Alice C. Omaggio Hadley, *Teaching Language in Context*, Third Edition (Boston: Heinle & Heinle, 2001), page 395.

[2] Robert Terry, "Authentic Tasks and Materials for Testing," in *The Coming of Age of the Profession*, edited by Jane Harper, Madeleine G. Lively, and Mary K. Williams (Boston: Heinle & Heinle Publishers, 1998), page 277.

[3] Walter H. Bartz, "Testing Communicative Competence," in *Teaching for Communication in the Foreign Language Classroom*, edited by R. Schulz (Lincolnwood, IL: National Textbook Company, 1976), pages 52–53.

[4] Catherine Barrette, "An Analysis of Foreign Language Achievement Test Drafts." *Foreign Language Annals*, vol. 37, no. 1 (Spring 2004), page 67.

[5] Jeanne Rennie, "Current Trends in Foreign Language Assessment," in *ERIC Review*, Vol. 6, Issue 1 (Washington, DC: ERIC/CLL, 1998), pages 27–31; Fred Genesee and J.A. Upshur, *Classroom-Based Evaluation in Second Language Education* (New York: Cambridge University Press, 1996).

CAAP Scoring Rubric for Speaking Assessment

9–8 DEMONSTRATES HIGH PROFICIENCY
Excellent command of the language:
Few or no grammatical errors
Strong attempts at more complicated structures
Extensive use of vocabulary, including idiomatic expressions
Articulate, flowing speech
Good intonation and largely accurate pronunciation with slight accent
Thorough response with interesting and pertinent detail

7–6 CLEARLY DEMONSTRATES PROFICIENCY
Good command of the language:
Minor grammatical errors
Some attempts at more complicated structures
Adequate use of vocabulary and idiomatic expressions
Some gaps in fluency
Acceptable intonation and pronunciation with distinctive accent
Thorough response with sufficient detail

5–4 DEMONSTRATES PROGRESS TOWARD PROFICIENCY
Comprehensible expression:
Some serious grammatical errors
Reliance on simple structures
Limited vocabulary marked with some anglicisms
Unnatural hesitations
Errors in intonation and pronunciation with heavy accent
Some detail, but not sufficient

3–2 DEMONSTRATES STRONG NEED FOR INTERVENTION
Limited command of the language:
Serious grammatical errors
Limited grammatical structures
Limited vocabulary marked by frequent anglicisms that force interpretation by the listener
Errors in intonation and pronunciation that interfere with listener's comprehension
General, narrow response

1 UNACCEPTABLE
Response falls below the above descriptions or is inappropriate

Sample Speaking Test Items for Chapitre 2

A. Questions indiscrètes

1. Préférences
a. Quelle boisson est-ce que vous buvez quand vous allez dans un bar ou en boîte?
b. Combien coûte-t-elle en général?
c. Nommez une boisson que vous ne buvez jamais. Expliquez.
d. Est-ce que vous prenez souvent des amuse-gueule? Pourquoi ou pourquoi pas?
e. Qu'est-ce que vous mangez quand vous avez très faim? Et quand vous êtes nerveux/nerveuse?

2. Invitations
a. Quand vous recevez des amis chez vous, qu'est-ce que vous leur offrez à boire et à manger?
b. Est-ce que vous invitez souvent votre petit(e) ami(e) au restaurant? Si oui, à quel restaurant? Sinon, pourquoi pas?
c. Êtes-vous déjà allé(e) à un restaurant qui vous a déplu? Expliquez.
d. Quand vous sortez avec votre petit(e) ami(e), où est-ce que vous allez le plus souvent?
e. Où est-ce que vous préférez aller avec votre petit(e) ami(e) quand vous avez beaucoup d'argent?

3. L'université et l'enseignement
a. À quelle occasion est-ce que vous n'assistez pas aux cours?
b. Est-ce que vous avez déjà séché un cours? Ensuite avez-vous inventé une excuse? Quelle sorte d'excuse avez-vous inventée?
c. En quoi est-ce que vous vous spécialisez? Pourquoi?
d. Quelle(s) sorte(s) de cours est-ce que vous préférez? Pourquoi?
e. Qui paie vos frais d'inscription?

B. Jouez les rôles

1. Invite your friend to a concert this evening. He or she will say that he or she is unable to come, so set up another outing for which you are both free. Establish where you will go, the date, time, and place you will meet.

2. It's your mother's/father's birthday. As a special treat, you have decided to invite him/her to your apartment and cook his/her favorite foods. Role-play the dinner from when he/she arrives to when he/she departs.

3. Your French teacher tells you today that he or she will be absent from school for the next three days. Since you have an informal relationship with your teacher, and he or she has always said that he or she would answer any of the students' questions provided they were phrased in French, you decide to ask him or her five questions about this mysterious absence.

4. Call your friend on the telephone. You get a wrong number on the first try, so call again. Invite him or her to see a photography exhibit. Your friend will ask pertinent questions such as what date, what time, and where to meet. You respond and suggest going to a nightclub or café afterwards.

Test Items for *Intermède culturel*

General formats for testing reading are suggested below.

1. **Items to test knowledge of reading strategies**
Students can be given sentences or paragraphs and asked to determine the meaning of unknown words by using the reading strategies they have studied, such as context clues, cognates, root words, prefixes, and sentence structure.

2. **Items to test comprehension of reading passages**
Ideally, instructors should select or slightly adapt reading passages that come from authentic documents since students are accustomed to these texts from working with **BRAVO!** Formats to test comprehension should resemble those used in the *Après la lecture* sections and include items such as information and multiple-choice questions, sentence and outline completion, true/false statements, sentence builders, summarization, and the reordering of events.

3. **Items to test knowledge of the reading selections in BRAVO!**
To test how well students assimilate the readings discussed in class, ask them to summarize the contents of a passage, state the author's

point of view, or provide descriptions of characters. Writing and conversational skills can be evaluated by such tasks as giving personal reactions to the readings, stating an opinion of the topic discussed, and rewriting the ending to a story.

4. **Items to test conversational and writing skills**
   The readings themselves, along with the *Réactions* and *Interactions* activities following the literary readings, are an excellent source for items to test oral skills, such as personalized questions, role-play situations, and **pour ou contre** debate questions. Writing skills can be evaluated by giving students composition topics related to the reading passages in which they

compare, contrast, react to a writer's opinion, react to the characters, or imagine different endings.

5. **Items to test vocabulary knowledge**
   In addition to the regular vocabulary lists in the text, instructors may assign for active learning all new vocabulary found in the *Avant la lecture* sections of the literary reading as well as selected items from reading glosses. This vocabulary can be tested using formats similar to those found in the vocabulary section of the chapter test, such as modified cloze paragraphs and definition writing in the target language. Other formats include matching, multiple choice, translation, and open-ended completion.

Working Toward the Communicative Classroom

Introduction

The authors have written this section entitled "Working toward the Communicative Classroom" using wisdom and writings on communicative language teaching from the last 20 years. They hope that colleagues will benefit from these comments and also use the references on pages IG-47–IG-48 to update themselves.

The main goal of the **BRAVO!** program is to provide practice that will help students gain proficiency in French. This goal cannot be achieved without attention to several issues. The French language instructor must provide motivation for students to use language or to "engage in actual foreign language discourse."[1] In addition, students need to study the target culture as well as to be able to compare it to their own culture.

First and foremost, an atmosphere for communication must be established. One way to do this is by focusing on the process of communication rather than on the structure of the language itself. Rivers said almost 20 years ago, and, it is still true, that "Spontaneous communication and free interaction are possible in any language only when teachers and their students have built up a warm, uninhibited, confident, sympathetic relationship and when such a relationship exists among students themselves."[2]

The building of this ambiance should be the highest priority of a language teacher. As an instructor, you may want to examine your attitudes toward students and teaching: Do you like teaching a second language? Are you interested in finding out about your students? Are you willing to not be the center of the class? Are you willing to listen to what students say rather than only how they say it? Do you want your students to get to know each other? Teachers must be aware that their own attitudes serve as a model for their students: if teachers treat students with warmth and understanding, that is how their students will treat each other. In their book entitled *The Elements of Teaching*, Banner and Cannon point out that "[t]eachers are ethical not only because the trusteeship role of instruction requires it; teachers are ethical so that their students can learn how to be ethical, too. Teachers exhibit pleasure in the classroom not only to enhance learning but also to exhibit to their students the delight that comes with acquiring and using knowledge."[3] Campbell suggests that although most teachers have a genuine love of foreign languages, some project less and less enthusiasm without realizing it as they grow older. She advocates that in order to motivate students, teachers must continue to make a conscious effort to transmit the passion for foreign languages that led them to choose foreign language teaching as a career.[4]

In addition to teacher attitudes, the activities planned, error-correction style, and testing formats go a long way toward proving to students what is really important to you as an instructor. If you say that you are interested in communication, but you do no small-group or collaborative work, students will not have the practice necessary to develop their skills. If you correct every word when students speak, they will know that your focus is not on the message but on the method of expression. If you give tests that require almost exclusively discrete-point grammar knowledge, you are sending a powerful message about how and what your students should really study.

Furthermore, there are techniques to foster student-to-student interaction in the whole class setting. Knutson points out the need to emphasize "teaching useful real world language and language behaviors."[5] She suggests that when the class is working together as a whole group, instructors work to break the pattern of students listening only to the instructor or talking only to the instructor. She notes the need to use instructional talk for the development of "interactional competence." She proposes several strategies. For example, she believes that if instructors arrange their classes in a circle or semi-circle, they will facilitate student to student communication. She suggests that students

---

[1] Benjamin Rifkin, "Guidelines for Foreign Language Lesson Planning," *Foreign Language Annals,* vol. 36, no. 2 (Summer 2003), page 168.
[2] Wilga Rivers, *Speaking in Many Tongues* (New York: Cambridge University Press, 1983), page ix.
[3] James M. Banner, Jr., and Harold C. Cannon, *The Elements of Teaching* (New Haven: Yale University Press, 1997), page 5.
[4] See Christine M. Campbell, "Motivating Unenthusiastic Foreign Language Students: Meeting the Challenge," in *Creative Approaches in Foreign Language Teaching,* edited by W. Hatfield (Lincolnwood, IL: National Textbook Company, 1992), pages 81–91, for thirteen suggestions on motivating students.
[5] Elizabeth M. Knutson, "Fostering Student-Student Interaction in a Whole Group Setting," *French Review,* 74, (2001), page 1139.

address each other by name and that they be taught to ask questions of each other if they do not understand what another student is saying. She asks her students to make every effort to be comprehensible to other students, and she emphasizes the need for learners to focus on their listeners. Knutson urges instructors who are in the habit of repeating students' responses to resist that approach because it trains students to wait for the instructors' rewording or repetition. She has also worked with her students to have them self-select turns in order to decentralize the classroom interaction.

Krueger also notes the need to remind students to focus on speaker/listener dynamics. She finds that by moving students' presentations from personal monologue toward "creative oral composition," students apply more critical thinking to basic tasks. For example, she notes ways that instructors can revise personalized classroom tasks to provide distance in tone, perspective, and subject. (See her article for examples.) These shifts help the students move from thinking only of themselves to finding ways to "generate new ideas, to exercise more grammatical and lexical forms, and to develop sensitivity to the needs of their listeners."[6] While she acknowledges the need for personalization in language teaching because students are motivated by such activities, she believes that by overpersonalizing our teaching, we are not preparing students for more advanced classes where instructors focus on content.

The following sections are provided to help instructors prepare a classroom for effective communication and interaction.

Focus on Small-Group Discussion

BRAVO! has been designed around functions of language. Functions, or the purposes for which language is used, give speakers the opportunity to talk in a wide variety of contexts. These functions, in fact, provide a reason to talk—a very essential component in the organization of discussions.

At the intermediate level, instruction can be even less teacher-centered and include many activities that are less guided than those at the beginning level.[7] Nunan in *The Learner-Centred Curriculum*

and Birckbichler and Corl point out that instructors should inform students of the goals of their classroom and then provide activities to meet those goals.[8]

French teachers should strive for a balance of accuracy and fluency activities according to Rifkin. Accuracy activities (mechanical/manipulative or meaningful activities with convergent responses) help students master control of grammar or form. Fluency activities should begin with comprehensible input such as listening and/or reading texts. They should include "culturally authentic and personalized information-gap activities."[9] The concept of gap implies the goal or reason for which the student communicates. Rifkin points out that it is important for instructors to provide students some background on strategy such as circumlocution or approximation in speaking. Fluency tasks should cover a range of language functions—the organizational backbone of **BRAVO!** He also suggests that fluency tasks should conclude with a phase in which students demonstrate their skills.

Dividing the class into small discussion groups of two to five students decentralizes the teaching process and allows the students to participate more frequently. As has been often pointed out, in a class of thirty students, where the teacher asks questions and students answer, students will talk an average of two minutes in the hour. In just ten or twenty minutes of group work, however, each student has ten or twenty minutes of individual production and practice.

Organization is the key to effective small-group work. Students should be prepared linguistically for all small-group activities. You should, therefore, organize activities based on the functions and grammar previously learned. When presenting an activity, read the directions as a class before dividing into groups. Make sure that students have clear in their minds what they are to do. Specify what strategies you expect them to use. If, for example, you would like them to brainstorm individually before beginning a role play, state this at the outset. Before some activities, it is helpful to have several students provide a model for the whole class. If there are limitations to the activities, make these

---

[6] Cheryl Krueger, "Form, Content, and Critical Distance: The Role of 'Creative Personalization' in Language and Content Courses," *Foreign Language Annals,* vol. 34 (Jan/Feb 2001), page 20.

[7] See Linda L. Harlow and Judith A. Muyskens, "Priorities for Intermediate-Level Language Instruction," *Modern Language Journal,* 78, ii (1994), pages 141–154.

[8] See David Nunan, *The Learner-Centred Curriculum* (Cambridge: Cambridge University Press, 1988), pages 1–9; Diane W. Birckbichler and Kathryn A. Corl, "Perspectives on Proficiency: Teachers, Students, and the Materials That They Use," in *Reflecting on Proficiency from the Classroom Perspective,* edited by June K. Phillips, Northeast Conference Reports (Lincolnwood, IL: National Textbook Company, 1993), pages 55–86.

[9] Rifkin, page 171.

clear to students before they start. In some cases, you may wish to assign the roles they will play before they divide into groups.

Selection of group members can be done in several ways. For one, students can self select. At times, you may wish to select the groups randomly or deliberately. When you deliberately select students, you may want to put creative thinkers and students who follow through together. You may also wish to use homogeneous or heterogeneous groups. (See the following section in this manual, "Focus on Cooperative Learning," regarding heterogeneous grouping.) Knerr and James suggest that it is best to change groups often so that students have the opportunity to meet and work with as many of their classmates as possible.[10]

While the activity is in progress, your role is to circulate. You should clarify directions or contexts, listen for native language use, and supply useful vocabulary. At times you will need to provide ideas or play devil's advocate to get the conversation rolling. If necessary, you can provide corrective hints when errors are slowing progress. The time you spend working with small groups helps students feel they are receiving individual attention. If students do not stay on task, you may want to change groups or stay with that group for some time to redirect their discussion. If the task is not working, stop to clarify directions or abandon it. If the task has gone on a while and students seem to have lost interest, it is probably time to bring it to a close.

The decision to stop an activity depends on many issues. At times, you will want to end while students are still excited; other times, they may all need to finish. For groups that work quickly, have other activities on hand to assign as soon as they are done. This may include an additional activity in the book or on a handout, an elaboration of the work they have just completed, or a start on the assignment for the next day. It is necessary to be flexible. Some specialists suggest stopping when you hear the first English being spoken.

In order to hold students accountable for their work, time should be set aside for feedback after each activity. Students may perform their role play,

display a product, or give a résumé of their work for the entire class. If a student recorder is used, she or he can report to the whole class. At times, asking one or two questions from the activity can be done as a check. Ur states, "In most cases a brief full class session is needed and some sort of rounding-off summary by the teacher."[11] Rifkin calls this the "check or accountability phase."[12]

Many types of activities can be performed in small groups. The authors of the **BRAVO!** program have provided several types, among them role-play activities. Ur states that role-play activities "add a significant dimension to the 'standard' discussion."[13] In addition, the "limits of language use are enormously widened."[14] Students can show feelings of anger, sorrow, and joy; they can become grandparents, children, and authority figures; and they can practice language in formal and informal settings. For these reasons, role-play activities add much to the communicative classroom, especially if you have trained students to listen to each other and to be interesting and comprehensible to each other. Krueger, for example, suggests among other techniques that the instructor require students to add a particular word or expression (a red herring) for the listeners.[15]

Other types of small-group activities include the following:

1. Drilling to stress the *Expressions typiques pour..., Mots et expressions utiles,* or *La grammaire à apprendre* structures (Structured communicative activities, where accuracy and communication are the goals, can be done in groups of three with one student acting as a monitor to provide corrective feedback.[16])
2. Practicing the *Conversations*
3. Asking and answering the *Observation et analyse/Réactions* questions
4. Working on Workbook/Lab Manual or handout activities on the material in *La grammaire à réviser*
5. Working with the *Compréhension* section of the Workbook/Lab Manual or the *Activités vidéo*
6. Giving and taking dictation
7. Making plans for projects

[10] Jennifer L. Knerr and Charles J. James, "Partner Work and Small-Group Work for Cooperative and Communicative Learning," in *Focus on the Foreign Language Learner: Priorities and Strategies*, edited by L. Strasheim (Lincolnwood, Ill.: National Textbook Company, 1991), pages 54–68.

[11] See Penny Ur, *Discussions That Work: Task-centred Fluency Practice* (London: Cambridge University Press, 1981), pages 12–24, for a thorough discussion of the factors of a good discussion.

[12] Rifkin, page 175.

[13] Ur, page 23.

[14] Ur, page 9.

[15] Krueger, page 20.

[16] See Ken Fleak, "Moving Toward Accuracy: Using the Student Monitor Sheet with Communicative Activities," *Foreign Language Annals,* vol. 25, no. 2 (April 1992), pages 173–178, for a more thorough discussion of this technique.

The following scales might be helpful for evaluating writing. These were adapted by the Ohio State University Foreign Language Center from the Collaborative Articulation and Assessment Project (CAAP), "a joint venture between high school and postsecondary French, Spanish, and German instructors."[39] See the article by Byrd for a sample rubric for grading the peer-editing exercise.[40]

Evaluation of Writing: Scoring Rubrics

9–8 DEMONSTRATES HIGH PROFICIENCY
Excellent command of the language:
Well-organized; ideas presented clearly and logically
Few grammatical or spelling errors
Wide variety of grammar, vocabulary, and sentence structures
Few word-order errors
Writing is appropriate to current level
Thorough response to the question

7–6 CLEARLY DEMONSTRATES PROFICIENCY
Good command of the language:
Loosely organized, but main ideas present
Some grammatical or spelling errors
Some variety of grammar, vocabulary, and sentence structures
Some word-order errors
Most of the writing is appropriate to current level
Generally thorough response to the question

5–4 DEMONSTRATES PROGRESS TOWARD PROFICIENCY
Comprehensible expression:
Some attempts at organization, but with confused sequencing
Many grammatical or spelling errors
Limited variety of grammar, vocabulary, and sentence structures
Many word-order errors
Writing is below current level
Partial response to the question

3–2 DEMONSTRATES STRONG NEED FOR INTERVENTION
Limited command of the language:
Lack of organization
Significant and serious grammatical and spelling errors
Lack of variety of grammar, vocabulary, and sentence structures
Excessive word-order errors
Writing is well below current level
Insufficient response to the question

1 UNACCEPTABLE
Response falls below the above descriptions or is inappropriate

Adapted from the Collaborative Articulation and Assessment Project.[41]

Teaching and Learning with Technology

Much is being written about the future of teaching and learning with technology. It is certain that education will change because of the impact of the global academic village, campus-wide fiber optic backbones, the Internet, electronic mail, the electronic classroom, distance learning, interactive multimedia, and language translation hardware and software. What is not clear is how much the various uses of technology will influence what happens daily in the classroom and whether students will learn better because of technology. In a recent article entitled "Why the E-learning Boom Went Bust," Zemsky and Massy point out that except for "PowerPoint for course-enhancement materials and Blackboard, WebCT, and other course-management software for the distribution of class materials," e-learning has been slow to take off. They do believe, however, that electronically mediated instruction will eventually become "a standard mode of instruction."[42]

As foreign language teachers, however, we must be willing to explore the latest information technologies and utilize the materials that are available to us. Some universities are, in fact, moving toward models of independent learning using computer-assisted instruction and the World Wide Web.

[39] Deborah Wilburn Robinson, "Building Consensus on the Scoring of Students' Writing: A Comparison of Teacher Scores Versus Native Informants' Scores," *French Review,* Vol. 73 (March 2000), page 671.
[40] Byrd, page 438.
[41] Wilburn Robinson, page 684.
[42] Robert Zemsky and William F. Massy, "Why the E-learning Boom Went Bust," *Chronicle of Higher Education,* Chronicle Review, July 9, 2004, online edition.

Recent reports show evidence that technology has an impact on student learning of culture and on students' oral and writing skills.[43] In the 1997 volume of the American Association of University Supervisors and Coordinators, instructors will find several articles on technology and learning. In that volume, Kern notes, for example, the importance of the three "social" uses of computer technology—synchronous conferencing, e-mail, and MOO (Multiple use domains Object Oriented) environments. MOOs allow students and faculty to converse in writing with single individuals or with groups. He points out how these techniques stimulate writing production while varying social roles and interaction for the teacher and the students.[44] In the same volume, Beauvois describes the effects of electronic communication on the oral achievement of fourth-semester French students. In her study, she found that the use of a local area network and a communication software module caused a significant difference in the oral skills development of students on three oral examinations.[45] Finally, Bernhardt and Kamil point out that technology is playing an important role in helping students get more information. At Stanford, the German Studies first-year program provides "a working knowledge of the broad historical outline of the history of the German-speaking peoples."[46] Along with reading assignments, students participate in discussions of each chapter on the World Wide Web. They are required to post a comment in English for each chapter. They are then asked to comment on each other's postings. Because the experience is in English, students can discuss at an intellectual level appropriate to their age and understanding.

The 1997 volume of the ACTFL Foreign Language Education Series also contains several articles on the use of technology in language learning, especially for reading, speaking, writing, and cultural learning and practice.[47]

Perhaps the most important use of technology is to give students "access to the technologies that will connect them to the real world in which they will be living and working."[48] The Internet is such a tool for instructors to connect with our technology-savvy students while connecting those students with the French-speaking world. Kost suggests that each instructor concentrate on "a few good websites that seem applicable for one's classroom."[49] She provides examples for enhancing communicative proficiency through the Web. Gaspar provides specific website addresses for teachers of French and gives ideas for assignments.[50] Abrate and Bowling also provide some excellent ideas for surfing the Web in their article entitled "Paris and the Web: Surfing along the Seine."[51] They present a virtual visit of Paris with directions for students. Conroy provides some practical tips for grading compositions using e-mail.[52] The authors suggest that students always do activities that simulate what native speakers do on the Web.

Students of **BRAVO!** are provided with Internet activities from the **BRAVO!** Website. As noted in the Introduction, these activities can be done outside the classroom or, if your institution has an electronic classroom, during class time. These activities are a means of personalizing instruction for the students and motivating them to practice French in a stimulating medium.

If possible, instructors using **BRAVO!** can develop a list-serv for their students that would provide the opportunity for them to carry on a conversation outside of the classroom. Chat rooms and other online activities are important means of stimulating language use.

[43] See articles in the 1997 volume of the American Association of University Supervisors and Coordinators entitled *New Ways of Learning and Teaching: Focus on Technology and Foreign Language Education,* edited by Judith A. Muyskens (Boston: Heinle & Heinle, 1997).

[44] Richard G. Kern, "Technology, Social Interaction, and Foreign Language Literacy," in *New Ways of Learning and Teaching,* pp. 57–92.

[45] Margaret Healy Beauvois, "Write to Speak: The Effects of Electronic Communication on the Oral Achievement of Fourth-Semester French Students," in *New Ways of Learning and Teaching,* pp. 93–115.

[46] Elizabeth Bernhardt and Michael Kamil, "Enhancing Foreign Culture Learning Through Electronic Discussion," in *New Ways of Learning and Teaching,* pp. 39–55.

[47] See Michael D. Bush, editor, *Technology-Enhanced Language Learning* (Lincolnwood, Ill.: National Textbook Company, 1997).

[48] Joan Kelly Hall, "Technology, Reform, and Foreign Language Standards" in *National Standards: A Catalyst for Reform.* The ACTFL Foreign Language Education Series, Robert C. Lafayette, ed. (Lincolnwood, IL: National Textbook Company, 1996), page 122.

[49] Claudia R. Kost, "Enhancing Communicative Language Skills through Effective Use of the World Wide Web in the Foreign Language Classroom," *Foreign Language Annals,* vol. 32 (Fall 1999), page 311.

[50] Christine Gaspar, "Situating French Language Teaching and Learning in the Age of the Internet," *French Review,* Vol. 72 (October 1998), pages 69–80.

[51] Jayne Abrate and Townsend Bowling "Paris and the Web: Surfing along the Seine," *French Review,* Vol. 73 (May 2000), pages 1165–1178.

[52] Peter V. Conroy, Jr. "E-Mail or Blackboard: Teaching Advanced Composition," *French Review,* Vol. 77, no. 3 (February 2004), pages 550–559.

Teaching Culture and Literature at the Intermediate Level

The intermediate language course plays an important role in the well-articulated language program.[53] Students sometimes perceive intermediate material as too difficult. The instructor, on the other hand, has as a primary goal to prepare students for the next levels of study, which often include the study of literature (civilization, history, art, etc.). **BRAVO!** strives, through its carefully chosen *Intermède culturel* passages, to help students in this transition. Because the study of culture and literature is often not a priority for students, it is important that faculty plan carefully how to present and work with these materials.[54] Scott, in her article entitled "An Applied Linguist in the Literature Classroom," provides an account of ways to engage students with literary texts.[55] She also challenges language and literature colleagues to use the research in second language acquisition to re-examine the teaching of literature. She believes that many of the methodological approaches used in the communicative classroom can be transferred to the literature classroom.

Galloway, in her article entitled "Toward a Cultural Reading of Authentic Texts," describes cultures as "powerful human creations, affording their members a shared identity, a cohesive framework for selecting, constructing, and interpreting perceptions, and for assigning value and meaning in consistent fashion." She describes the possibilities of intellectual growth through the resolution of cultural conflict. Her four levels of cultural awareness are as follows: (1) superficial stereotypes, (2) significant and subtle contrasts I (through cultural conflicts), (3) significant and subtle contrasts II (through intellectual analysis), and (4) awareness as insider. She provides several helpful task formats for thinking, looking, learning, and integrating that would expand any instructor's repertoire for the teaching of authentic texts in the second language, whether the texts are cultural or literary. The authors encourage instructors to read this very informative article.[56] The authors also suggest that instructors use the National Culture Standards as a model for linking authentic texts with all of the content in their intermediate courses.[57] See the project by Abrams in which she explores Internet-based culture portfolios for studying cultural stereotypes.[58]

[53] See Linda L. Harlow and Judith A. Muyskens, "Priorities for Intermediate-Level Language Instruction," *Modern Language Journal*, 78, ii (1994), pages 141–154.

[54] Harlow and Muyskens, page 146.

[55] Virginia M. Scott, "An Applied Linguist in the Literature Classroom," *French Review*, Vol. 74 (February 2001), pages 538–549.

[56] See Vicki Galloway, "Toward a Cultural Reading of Authentic Texts," in *Languages for a Multicultural World in Transition*, edited by Heidi Byrnes (Lincolnwood, IL: National Textbook Company, 1992), pages 87–121.

[57] Dale L. Lange, "Planning for and Using the New National Culture Standards," in *Foreign Language Standards: Linking Research, Theories, and Practices*. ACTFL Foreign Language Education Series, June K. Phillips, ed., (Lincolnwood, IL: National Textbook Company, 1999), pages 57–135.

[58] Zsuzsanna I. Abrams, "Surfing to Cross-Cultural Awareness: Using Internet-Mediated Projects to Explore Cultural Stereotypes," *Foreign Language Annals*, vol. 35, no. 2 (March/April 2002), pages 141–160.

References

Abrams, Zsuzsanna I. "Surfing to Cross-Cultural Awareness: Using Internet-Mediated Projects to Explore Cultural Stereotypes." *Foreign Language Annals*, vol. 35, no. 2 (March/April 2002), pages 141–160.

Abrate, Jayne, and Townsend Bowling. "Paris and the Web: Surfing along the Seine." *French Review*, Vol. 73 (May 2000), pages 1165–1178.

Armstrong, Kimberly M., and Cindy Yetter-Vassot. "Transforming Teaching through Technology." *Foreign Language Annals*, vol. 27 (1994), pages 475–486.

Banner, James M., Jr., and Harold C. Cannon. *The Elements of Teaching*. New Haven: Yale University Press, 1997.

Barnett, Marva. "Writing as Process." *French Review*, vol. 63 (1989), pages 31–44.

Barrette, Catherine. "An Analysis of Foreign Language Achievement Test Drafts." *Foreign Language Annals*, vol. 37 (2004), pages 58–69.

Bartz, Walter H. "Testing Communicative Competence." In *Teaching for Communication in the Foreign Language Classroom*, edited by R. Schulz. Lincolnwood, IL: National Textbook Company, 1976.

Beauvois, Margaret Healy. "Write to Speak: The Effects of Electronic Communication on the Oral Achievement of Fourth-Semester French Students." In *New Ways of Learning and Teaching: Focus on Technology and Foreign Language Education*, edited by Judith A. Muyskens. Boston: Heinle & Heinle, 1997, pages 93–115.

Bernhardt, Elizabeth, and Michael Kamil. "Enhancing Foreign Culture Learning through Electronic Discussion." In *New Ways of Learning and Teaching: Focus on Technology and Foreign Language Education*, edited by Judith A. Muyskens. Boston: Heinle & Heinle, 1997, pages 39–55.

Birckbichler, Diane W., and Kathryn A. Corl. "Perspectives on Proficiency: Teachers, Students, and the Materials That They Use." In *Reflecting on Proficiency from the Classroom Perspective*, edited by June K. Phillips. Northeast Conference Reports. Lincolnwood, IL.: National Textbook Company, 1993, pages 55–86.

Boyles, Peggy. "Assessing Speaking in the Classroom." In *Teaching, Testing, and Assessment*. Northeast Conference Report. Lincolnwood, IL: National Textbook Company, 1994, pages 87–110.

Brumfit, Christopher, and Keith Johnson, ed. *The Communicative Approach to Language Teaching*. Oxford: Oxford University Press, 1979.

Bruschke, Dorothea, and Julie Archer-Kath. "Types of Learning and Major Interaction Patterns: Sociological Styles/Grouping Patterns." Paper presented at the Central States Conference on the Teaching of Foreign Languages. Nashville, April 1989.

Bush, Michael D., ed. *Technology-Enhanced Language Learning*. Lincolnwood, IL: National Textbook Company, 1997.

Byrd, David R. "Practical Tips for Implementing Peer Editing in the Foreign Language Classroom." *Foreign Language Annals*, vol. 36, no. 3 (fall 2003), pages 434–441.

Campbell, Christine. "Motivating Unenthusiastic Foreign Language Students: Meeting the Challenge." In *Creative Approaches in Foreign Language Teaching*, edited by W. Hatfield. Lincolnwood, IL: National Textbook Company, 1992, pages 81–91.

Canale, Michael, and Merrill Swain. *Communicative Approaches to Second Language Teaching and Testing*. Toronto: Ontario Ministry of Education, 1979.

Carduner, Jessie. "Using Classroom Assessment Techniques to Improve Foreign Language Composition Courses." *Foreign Language Annals*, vol. 35, no. 5 (Sept/Oct 2002), pages 543–553.

Conroy, Peter V. Jr. "E-mail or Blackboard: Teaching Advanced French Composition." *French Review*, Vol. 77, no. 3 (February 2004), pages 550–559.

Cohen, Andrew D. *Assessing Language Ability in the Classroom*, Second Edition. Boston: Heinle & Heinle, 1994.

Danesi, Marcel, and Anthony Mollica. "From Right to Left: A 'Bimodal' Perspective of Language Teaching." *Canadian Modern Language Review*, vol. 45 (1988), pages 76–90.

Debeyser, Robert M. "The Effect of Error Correction on L2 Grammar Knowledge and Oral Proficiency." *Modern Language Journal*, vol. 77 (1993), pages 501–514.

Farrar, Elizabeth, and Linda Morrison. "The Collaborative Articulation and Assessment Project: Calibration Session." Paper presented at the Central States Conference on the Teaching of Foreign Languages, Columbus, Ohio, April 1997.

Finocchiaro, Mary, and Christopher Brumfit. *The Functional-Notional Approach: From Theory to Practice*. New York: Oxford University Press, 1983. (See especially Chapter 9, "Evaluation," pages 185–206.)

Fleak, Ken. "Moving Toward Accuracy: Using the Student Monitor Sheet with Communicative Activities." *Foreign Language Annals*, vol. 25, no. 2 (April 1992), pages 173–178.

Frommer, Judith G., and Wayne Ishikawa. "Alors... euh... on parle français?" *French Review*, Vol. 53, no. 4 (March 1980), pages 501–506.

Galloway, Vicki. "Toward a Cultural Reading of Authentic Texts." In *Languages for a Multicultural World in Transition*, edited by Heidi Byrnes. Lincolnwood, IL: National Textbook Company, 1992, pages 87–121.

Gascoigne, Carolyn. "A Catalogue of Corrective Moves in French Conversation." *French Review*, Vol. 77, no. 1 (October 2003), pages 72–83.

Gascoigne, Carolyn. "Examining the Effect of Feedback in Beginning L2 Composition." *Foreign Language Annals*, vol. 37, no. 1 (Spring 2004), pages 71–76.

Gaspar, Christine. "Situating French Language Teaching and Learning in the Age of the Internet." *French Review,* Vol. 72 (October 1998), pages 69–80.

Gaudiani, Claire. "Teaching Writing in the Foreign Language Curriculum." *CAL Language in Education: Theory and Practice,* vol. 5, no. 43 (1981).

Genesee, Fred, and J.A. Upshur. *Classroom-Based Evaluation in Second Language Education.* New York: Cambridge University Press, 1996.

Gonzalez Pino, Barbara. "Prochievement Test of Speaking." *Foreign Language Annals,* vol. 22, no. 5 (1989), pages 487–496.

Hall, Joan Kelly. "Technology, Reform, and Foreign Language Standards." In *National Standards: A Catalyst for Reform.* The ACTFL Foreign Language Education Series, edited by Robert C. Lafayette. Lincolnwood, IL: National Textbook Company, 1996, pages 119–137.

Han, ZhaoHong. "Fine-Tuning Corrective Feedback." *Foreign Language Annals,* vol. 34, no. 6 (Nov/Dec 2001), pages 582–599.

Harlow, Linda, and Rosario Caminero. "Oral Testing of Beginning Language Students at Large Universities: Is It Worth the Trouble?" *Foreign Language Annals,* vol. 23, no. 6 (December 1990), pages 489–501.

Harlow, Linda, and Judith A. Muyskens. "Priorities for Intermediate-Level Language Instruction." *Modern Language Journal,* vol. 78, number ii (1994), pages 141–154.

Harper, Jane, Madeleine G. Lively, and Mary K. Williams. "Testing the Way We Teach." In *The Coming of Age of the Profession,* edited by Jane Harper, Madeleine G. Lively, and Mary K. Williams. Boston: Heinle & Heinle Publishers, 1998, pages 263–276.

Higgs, Theodore V., and Ray Clifford. "The Push Toward Communication." In *Curriculum, Competence, and the Foreign Language Teacher.* ACTFL Foreign Language Series. Lincolnwood, IL: National Textbook Company, 1982, pages 57–79.

Joiner, Elizabeth. "Training Prospective Teachers in the Correction of Students' Errors." *French Review,* vol. 49, no. 2 (1975).

Kelley, Anne K. "Some Suggestions for Teaching Intermediate Composition." *French Review,* Vol. 75, no. 1 (October 2001), pages 128–140.

Kern, Richard G. "Technology, Social Interaction, and Foreign Language Literacy." In *New Ways of Learning and Teaching: Focus on Technology and Foreign Language Education,* edited by Judith A. Muyskens. Boston: Heinle & Heinle, 1997, pages 57–92.

Knerr, Jennifer, and Charles J. James. "Partner Work and Small-Group Work for Cooperative and Communicative Learning." In *Focus on the Foreign Language Learner: Priorities and Strategies,* edited by L. Strasheim. Lincolnwood, IL: National Textbook Company, 1991, pages 54–68.

Kost, Claudia R. "Enhancing Communicative Language Skills through Effective Use of the World Wide Web in the Foreign Language Classroom." *Foreign Language Annals,* vol. 32 (Fall 1999), pages 309–320.

Knutson, Elizabeth M. "Fostering Student-Student Interaction in a Whole Group Setting." *French Review,* vol. 74 (2001), pages 1138–1151.

Kroll, Barbara, ed. *Second Language Writing: Research Insights for the Classroom.* Cambridge: Cambridge University Press, 1990.

Krueger, Cheryl. "Form, Content, and Critical Distance: The Role of 'Creative Personalization' in Language and Content Courses." *Foreign Language Annals,* Vol. 34 (Jan/Feb 2001), pages 18–25.

Lally, Carolyn Gascoigne. "Writing across English and French: an Examination of Strategy Use." *French Review,* Vol. 73 (February 2000), pages 525–538.

Lange, Dale L. "Planning for and Using the New National Culture Standards." In *Foreign Language Standards: Linking Research, Theories, and Practices.* ACTFL Foreign Language Education Series, edited by June K. Phillips. Lincolnwood, IL: National Textbook Company, 1999, pages 57–135.

Magnan, Sally. "Teaching and Testing Proficiency in Writing: Skills to Transcend the Second-Language Classroom." In *Proficiency, Curriculum, Articulation: The Ties That Bind,* edited by A.C. Omaggio. Middlebury, Vermont: Reports of the Northeast Conference on the Teaching of Foreign Languages, 1985.

Nunan, David. *The Learner-Centred Curriculum.* Cambridge: Cambridge University Press, 1988.

Omaggio Hadley, Alice C. *Teaching Language in Context,* Third Edition. Boston: Heinle & Heinle, 2001. (See especially Chapter 9, "Classroom Testing," pages 390–455.)

Oxford, Rebecca L. "Cooperative Learning, Collaborative Learning, and Interaction: Three Communicative Strands in the Language Classroom." *Modern Language Journal,* 81 (1997), pages 443–456.

Phillips, June K., and Jamie B. Draper. *The Five Cs: The Standards for Foreign Language Learning WorkText.* Boston: Heinle and Heinle Publishers, 1999.

Reeser, Todd W. "Teaching French Cultural Analysis: A Diagnostic Approach." *French Review,* Vol. 76, no. 4 (March 2003), pages 772–787.

Rennie, Jean. "Current Trends in Foreign Language Assessment." In the *ERIC Review,* Vol. 6, Issue 1 (Washington, DC: ERIC/CLL, 1998), pages 27–31.

Rifkin, Benjamin. "Guidelines for Foreign Language Lesson Planning." *Foreign Language Annals,* vol. 36, no. 2 (Summer 2003), pages 167–178.

Rivers, Wilga. *Communicating Naturally in a Second Language.* New York: Cambridge University Press, 1983.

Rivers, Wilga. *Speaking in Many Tongues.* New York: Cambridge University Press, 1983.

Rivers, Wilga. *Teaching French: A Practical Guide,* Second Edition. Lincolnwood, IL: National Textbook Company, 1988. (See especially Chapter 10, "Testing and Assessment," pages 313–339.)

Robinson, Deborah Wilburn. "Building Consensus on the Scoring of Students' Writing: A Comparison of Teacher Scores Versus Native Informants' Scores." *French Review,* Vol. 73 (March 2000), pages 667–688.

Ruiz-Funes, Marcela. "Task Representation in Foreign Language Reading to Write." *Foreign Language Annals,* vol. 34 (May/June 2001), pages 226–234.

Scott, Virginia M. "An Applied Linguist in the Literature Classroom." *French Review,* Vol. 74 (February 2001), pages 538–549.

Scott, Virginia M. *Rethinking Foreign Language Writing.* Boston: Heinle and Heinle, 1996.

Silva, Tony. "Second Language Composition Instruction." In *Second Language Writing: Research Insights for the Classroom,* edited by Barbara Kroll. Cambridge: Cambridge University Press, 1990, page 15.

Taylor, Gregory. "Teaching Gambits: The Effect of Instruction and Task Variation on the Use of Conversation Strategies by Intermediate Spanish Students." *Foreign Language Annals,* vol. 35, no. 2 (March/April 2002), pages 171–189.

Terry, Robert M. "Authentic Tasks and Materials for Testing." In *The Coming of Age of the Profession,* edited by Jane Harper, Madeleine G. Lively, and Mary K. Williams. Boston: Heinle & Heinle Publishers, 1998, pages 277–290.

Underhill, Nic. *Testing Spoken Language: A Handbook of Oral Testing Techniques.* Cambridge: Cambridge University Press, 1987.

Ur, Penny. *Discussions That Work: Task-centred Fluency Practice.* London: Cambridge University Press, 1981.

Walz, Joel. "Error Correction Techniques for the FL Classroom." *CAL Language in Education: Theory and Practice,* vol. 5, no. 5 (1982).

Zemsky, Robert and William F. Massy, "Why the E-learning Boom Went Bust." *Chronicle of Higher Education,* Chronicle Review, July 9, 2004, online edition.

BRAVO!

FIFTH EDITION

Judith A. Muyskens
Colby-Sawyer College

Linda L. Harlow
The Ohio State University

Michèle Vialet
University of Cincinnati

Jean-François Brière
State University of New York at Albany

THOMSON
HEINLE ™

Australia • Canada • Mexico • Singapore • Spain • United Kingdom • United States

BRAVO!
Fifth Edition
Muyskens • Harlow • Vialet • Brière

Publisher: Janet Dracksdorf
Acquisitions Editor: Lara Semones
Senior Project Manager, Editorial Production: Esther Marshall
Assistant Editor: Arlinda Shtuni
Marketing Manager: Lindsey Richardson
Marketing Assistant: Rachel Bairstow
Advertising Project Manager: Stacey Purviance
Manufacturing Manager: Marcia Locke
Compositor: Greg Johnson, Art Directions

Project Manager: Sev Champeny
Photo Manager: Sheri Blaney
Photo Researcher: Billie Porter
Interior Designer: Julia Gecha
Cover Designer: Michael Beagan, Beagan/Nguyen Design
Cover Printer: Coral Graphics
Printer: RR Donnelley Willard
Cover images: © Heinle Image Resource Bank/Thomson Higher Education

For more information about our products,
contact us at:
Thomson Learning Academic Resource Center
1-800-423-0563
For permission to use material from this text or product, submit a request online at
http://www.thomsonrights.com.
Any additional questions about permissions can be submitted by email to **thomsonrights@thomson.com.**

Library of Congress Control Number: 2004112483

Student Edition: ISBN 1-4130-0318-4
Annotated Instructor's Edition: ISBN 1-4130-0319-2

Credits appear on pages 487–488, which constitute a continuation of the copyright page.

Thomson Higher Education
25 Thomson Place
Boston, MA 02210-1202
USA

Asia (including India)
Thomson Learning
5 Shenton Way
#01-01 UIC Building
Singapore 068808

Australia/New Zealand
Thomson Learning Australia
102 Dodds Street
Southbank, Victoria 3006
Australia

Canada
Thomson Nelson
1120 Birchmount Road
Toronto, Ontario M1K 5G4
Canada

UK/Europe/Middle East/Africa
Thomson Learning
High Holborn House
50–51 Bedford Road
London WC1R 4LR
United Kingdom

Sommaire

Table des matières

 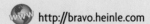

 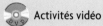

description, argumentative) and are given a choice of topics relating to chapter material. A brainstorming activity involving vocabulary and sometimes arguments or points of view is then presented, along with directions to share ideas with a classmate. In the *Premier brouillon,* students are taken step-by-step through the process of writing a first draft. In the *Deuxième brouillon,* additional hints and suggestions are given for the writing of the second draft (e.g., incorporate more detail, add examples). New *Expressions utiles* that would make the type of paper stronger are provided for students to incorporate as they wish. The *Révision finale* section asks students to reread the paper, making changes to reflect still other suggestions. They are then directed to have two classmates peer edit the paper, using symbols to indicate grammar errors. Students are asked to check for spelling, punctuation, and the specific grammar points studied in the chapter, and then are told to prepare their final version.

Synthèse The end-of-chapter activities are combined in the *Synthèse* section, which, as the name implies, is provided to enable students to synthesize all functions, vocabulary, and grammatical topics introduced throughout the chapter. These listening, viewing, oral, and written tasks serve as culminating activities so that any material that may have been originally memorized will be used in a meaningful and functional way by the end of the chapter.

Intermède culturel Cultural and literary readings are found in the *Intermède culturel* to develop students' analytical and context skills and prepare them for upper division study. The *Culture* reading focuses on topics such as history, art, education, and cinema, and the *Littérature* reading is a poem or extract from a short story or novel. Both have prereading activities that prepare students to read by activating their background knowledge of the topic. In addition, the literature readings teach useful reading strategies such as skimming, scanning, predicting, using context, and understanding word formation. Postreading activities check comprehension, encourage discussion of themes, and enable students to synthesize and apply what they have read to new contexts.

End Matter The following appendices and indexes are included in **BRAVO! Communication, Grammaire, Culture et Littérature,** Fifth Edition:

Appendice A: Évaluation des compositions
Appendice B: Vocabulaire
Appendice C: Expressions supplémentaires
Appendice D: Les temps littéraires
Appendice E: Les verbes
Lexique français-anglais
Indice A: Expressions typiques pour…
Indice B: Mots et expressions utiles
Indice C: Grammaire

Appendice A provides a list of grammar codes for students to use during peer editing sessions. *Appendice B* is a complete list of the active French vocabulary for each chapter. The authors have chosen to provide supplementary expressions such as dates, months, numbers, weather expressions, seasons, and telephone expressions in *Appendice C.* Instructors may wish to refer students to this section or may use it actively in class at some point. Indexes of functional expressions, thematic vocabulary, and grammar conclude the main text of the **BRAVO!** program.

Other BRAVO! Components

BRAVO! is used in conjunction with several ancillary components. Together they comprise a comprehensive, integrated learning system.

- **BRAVO! Cahier d'exercices et Manuel de laboratoire,** Fifth Edition, by Jan Solberg, Larissa Dugas, Linda Harlow, and Judith Muyskens contains the following sections for each chapter:

  —*Exercices écrits*
  —*Exercices de laboratoire*
  —*Compréhension*

  Written exercises practice the *La grammaire à réviser* grammar and the vocabulary and grammar of the three leçons. There are a variety of writing formats coordinated with the themes and functions of the chapter. All activities are contextualized and some are based on realia.

  Also available, an answer key for the *Exercices écrits* and *Exercices de laboratoire* followed by the lab audio script.

  The Lab Audio Program provides listening practice of the introductory *Conversation* of each leçon in the student text and a review of phonetics. The sounds featured in the phonetics section are those that are most difficult for learners of French and which, therefore, require the most practice. Oral and listening practice of each of the main grammar topics of the **leçons** is provided, as well as a dictation passage to synthesize functions, vocabulary, and grammar of the chapter. The *Compréhension* section consists of authentic listening materials to enable students to have access to French in natural contexts. These include interviews, conversations, radio commercials, weather and news reports, and train and airport announcements.

- The Text Audio CD provides the *Conversations* recordings separate from the rest of the Audio Program for convenient use in class.
- An Instructor's Annotated Edition that gives hints for teaching and lesson planning as well as supplementary activities is also provided.
- A Testing Program by Anne-Laure Bonnardel-Kalim, Linda Harlow, and Judith Muyskens is available, which includes two test versions per chapter and two comprehensive examinations.

Acknowledgments

The publishers and authors would again like to thank those professional friends who participated in reviewing the manuscript.

Richard Anderson, *Hartnell College*

Christine Armstrong, *Denison University*

Anne Birberick, *Northern Illinois University*

Rebecca Chism, *Kent State University*

Helene Collins, *University of Washington*

Michael Danahy, *University of Mississippi*

Robert Daniel, *St. Joseph's University*

Martine Debaisieux, *University of Wisconsin, Madison*

Amy Degraff, *Randolph-Macon College*

Ellen Denaro, *Colgate University*

Jacqueline Edwards, *Spelman College*

Wade Edwards, *Longwood University*

Linda Emanuel, *Lock Haven University*

Pierre Étienne, *College of the Canyons*

Marie Fossier, *Marquette University*

Claire Gaudissart, *University of New Hampshire*

Valérie Goudarzi, *Shoreline Community College*

Médoune Gueye, *Virginia Tech Institute*

Betty Guthrie, *University of California, Irvine*

Sue Henrickson, *Arizona State University*

Patricia Hopkins, *Texas Tech University*

Ann Kelly, *Emory University*

Cheryl Krueger, *University of Virginia*

Leona Leblanc, *Florida State University*

Laurel Mayo, *University of Texas, Arlington*

Jeff Morgenstein, *Hudson High School*

Ariane Pfenninger, *The College of New Jersey*

Natalie Porter, *Vanderbilt University*

Judy Redenbaugh, *Costa Mesa High School*

Deborah Roe, *Penn Hills High School*

Francoise Santore, *University California, San Diego*

Lauren Schryver, *Castilleja School*

Ashley Shams, *Florida State University*

Renée M. Severin, *Hampden-Sydney College*

Henry Smith, *University of New Hampshire*

Stuart Smith, *Austin Community College*

Geneviève Soulas-Link, *University of Minnesota, Twin Cities*

Marie-Agnès Sourieau, *Fairfield University*

Marie-Noëlle Werner, *University of Wisconsin, Milwaukee*

Michelle Wright, *University of Miami*

Marion Yudow, *Rutgers University*

Many other individuals deserve our thanks for their support and help. Among them are: the teachers and students at Ohio State University and the University of Cincinnati for their many suggestions. Our special thanks also go to the Heinle staff and all the freelancers, in particular: Janet Dracksdorf, Lara Semones, Esther Marshall, Cindy Swain, Sev Champeny, Greg Johnson, Valérie Simondet, Sylvie Pittet, and Julia Gecha. And most of all our deepest thanks to our spouses and partners, John Herraghty, Joe Harlow, Charley Stuard, and Éloïse Brière, for the encouragement and support that kept us going to the end.

France

Angleterre

MER DU NORD

Pays-Bas

Allemagne

Belgique

Luxembourg

LA MANCHE

Dunkerque
Calais
NORD-PAS-DE-CALAIS
Lille
Valenciennes

Cherbourg
HAUTE-NORMANDIE
Le Havre
Rouen
PICARDIE
Amiens

Caen
Saint-Malo
BASSE-NORMANDIE

Brest
BRETAGNE
Fougères
Rennes

Seine
⊛ **Paris**
Versailles
ÎLE-DE-FRANCE

Reims

Metz
LORRAINE
Nancy

Meuse

ALSACE
Strasbourg

Rhin

VOSGES

CHAMPAGNE-ARDENNE
Troyes

Moselle

Mulhouse

Le Mans
PAYS DE LA LOIRE
Angers
St-Nazaire
Nantes
Chinon
Loire
Tours
Blois
Azay-le-Rideau
Chenonceaux
Chambord
Orléans

BOURGOGNE
Dijon

Seine

Saône

Besançon
FRANCHE-COMTÉ

JURA

Suisse

CENTRE
Bourges
Nevers
Chalon-sur-Saône

Loire

Poitiers

La Rochelle
POITOU-CHARENTES

LIMOUSIN
Limoges

Clermont-Ferrand
Vichy

Rhône
Lyon

Annecy

RHÔNE-ALPES
Grenoble

Italie

OCÉAN ATLANTIQUE

Périgueux

AUVERGNE

Saint-Étienne

ALPES

Bordeaux

MASSIF CENTRAL

Rodez

Rhône

PROVENCE-ALPES-CÔTE-D'AZUR

Monte-Carlo

Monaco

AQUITAINE
Garonne
MIDI-PYRÉNÉES

Avignon
Nîmes
Tarascon
Grasse

Biarritz
Bayonne
Pau
PYRÉNÉES
Carcassonne
Toulouse
Béziers
Narbonne
Montpellier
Marseille
Aix-en-Provence
Toulon

Nice
Cannes

LANGUEDOC-ROUSSILLON
Perpignan

Espagne

Andorre

MER MÉDITERRANÉE

0   75 km

©1993 Magellan Geographix^SM^ Santa Barbara CA

CORSE
Ajaccio

Le monde francophone

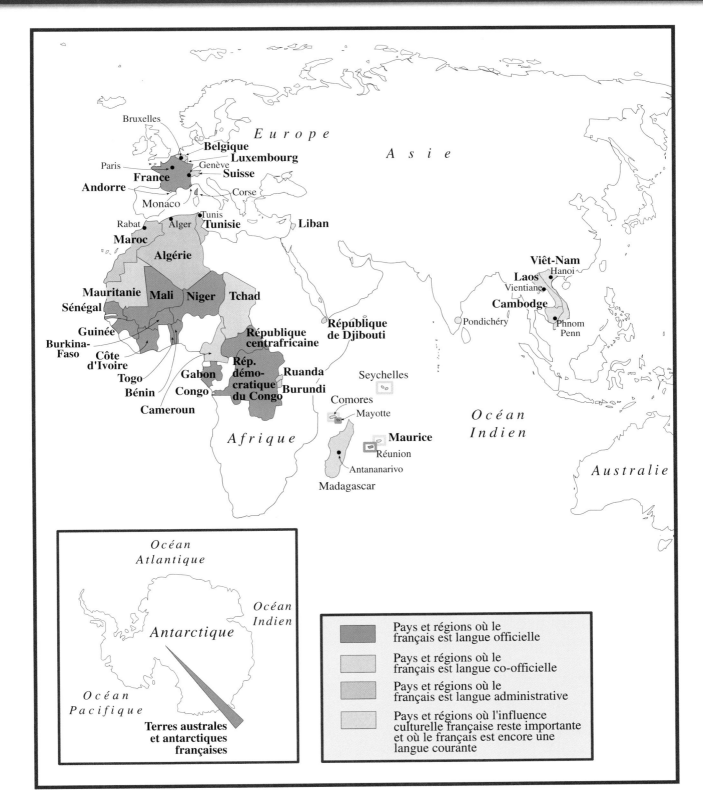

E u r o p e

A s i e

Bruxelles
Belgique
Luxembourg
Paris
Genève
France
Suisse
Andorre
Monaco
Corse
Tunis
Rabat
Alger
Tunisie
Liban
Maroc
Algérie
Mauritanie
Mali
Niger
Tchad
Sénégal
Guinée
Burkina-Faso
Côte d'Ivoire
Togo
Gabon
Bénin
Congo
Cameroun
République centrafricaine
Rép. démo-cratique du Congo
Ruanda
Burundi
République de Djibouti

Viêt-Nam
Hanoi
Laos
Vientiane
Cambodge
Pondichéry
Phnom Penn

Seychelles
Comores
Mayotte
Maurice
Réunion
Antananarivo
Madagascar

O c é a n
I n d i e n

A u s t r a l i e

A f r i q u e

Océan
Atlantique

Océan
Indien

Antarctique

Océan
Pacifique

**Terres australes
et antarctiques
françaises**

Pays et régions où le
français est langue officielle

Pays et régions où le
français est langue co-officielle

Pays et régions où le
français est langue administrative

Pays et régions où l'influence
culturelle française reste importante
et où le français est encore une
langue courante

Afrique

Afrique francophone

0   500   1000   1500 km

Heureux de faire votre connaissance

THÈME: Le voyage

Use the picture to give a context to the theme and function of this chapter. Ask the following questions: Qu'est-ce que les gens se disent? Où sont-ils? Est-ce qu'ils se connaissent bien? After studying the *Expressions typiques pour...* and *Mots et expressions utiles* in *Leçons 1* and *2*, ask students to write a dialogue for the picture.

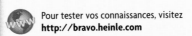

En classe. Décrivez ce qui se passe en classe en utilisant la forme appropriée du verbe.

Modèle: J'adore étudier. (nous)
Nous adorons étudier.

1. J'arrive 5 minutes avant le cours. (nous/vous/Éliane)
2. Le professeur attend mon arrivée. (mes amis/tu/vous)
3. J'espère arriver à l'heure demain. (nous/Robert et ses amis/tu)
4. Les étudiants réfléchissent aux questions du professeur. (je/toi et moi/vous)
5. Sophie essaie de bien travailler en classe. (les étudiants/je/tu)

The information presented here is intended to refresh your memory of various grammatical topics that you have probably encountered before. Review the material and then test your knowledge by completing the accompanying exercises in the workbook.

Avant la première leçon

Les verbes: le présent

A. Verbes en *-er*

parler *(to speak)*

je parl**e**	nous parl**ons**
tu parl**es**	vous parl**ez**
il/elle/on parl**e**	ils/elles parl**ent**

Most verbs that end in **-er** in the infinitive are conjugated like **parler.**

B. Changements orthographiques dans certains verbes en *-er*

Some **-er** verbs require spelling changes in the stem of certain persons to reflect changes in pronunciation.

• e → è

acheter *(to buy)*

j'ach**è**te	nous achetons
tu ach**è**tes	vous achetez
il/elle/on ach**è**te	ils/elles ach**è**tent

Like **acheter: lever** *(to raise, lift up)*, **élever** *(to bring up [a child], raise)*, **mener** *(to take; to lead)*, **amener** *(to bring)*, **emmener** *(to take, take away)*

• é → è

préférer *(to prefer)*

je préf**è**re	nous préférons
tu préf**è**res	vous préférez
il/elle/on préf**è**re	ils/elles préf**è**rent

Like **préférer: considérer** *(to consider)*, **espérer** *(to hope)*, **posséder** *(to possess, own)*, **répéter** *(to repeat)*

• l → ll or t → tt

appeler *(to call)*

j'appe**ll**e	nous appelons
tu appe**ll**es	vous appelez
il/elle/on appe**ll**e	ils/elles appe**ll**ent

Like **appeler: jeter** *(to throw, throw away)*, **rappeler** *(to remind; to call back)*

• **y → i**

ennuyer *(to bore)*

j'ennuie	nous ennuyons
tu ennuies	vous ennuyez
il/elle/on ennuie	ils/elles ennuient

Like **ennuyer: envoyer** *(to send)*, **nettoyer** *(to clean)*. For verbs like **essayer** *(to try)* and **payer** *(to pay)*, the change from **y** to **i** is optional (both spellings are acceptable—**essaie/essaye**).

• **c → ç** (when followed by the letters **a** or **o**)

commencer *(to begin)*

je commence	nous commençons
tu commences	vous commencez
il/elle/on commence	ils/elles commencent

Like **commencer: agacer** *(to get on someone's nerves; to provoke)*, **avancer** *(to advance)*, **lancer** *(to throw)*, **placer** *(to place)*, **remplacer** *(to replace)*

• **g → ge** (when followed by the letters **a** or **o**)

manger *(to eat)*

je mange	nous mangeons
tu manges	vous mangez
il/elle/on mange	ils/elles mangent

Like **manger: changer** *(to change)*, **voyager** *(to travel)*, **nager** *(to swim)*, **ranger** *(to tidy up; to put away)*, **venger** *(to avenge)*

C. Verbes en -ir

finir *(to finish)*

je finis	nous finissons
tu finis	vous finissez
il/elle/on finit	ils/elles finissent

Like **finir: bâtir** *(to build)*, **choisir** *(to choose)*, **obéir** *(to obey)*, **remplir** *(to fill, fill out)*, **réunir** *(to gather; to join)*, **réfléchir** *(to reflect)*, **réussir** *(to succeed)*, **punir** *(to punish)*

D. Verbes en -re

rendre *(to give back; to return)*

je rends	nous rendons
tu rends	vous rendez
il/elle/on rend	ils/elles rendent

Like **rendre: attendre** *(to wait for)*, **défendre** *(to defend)*, **descendre** *(to descend, go down)*, **entendre** *(to hear)*, **perdre** *(to lose)*, **prendre** *(to take)*, **répondre** *(to answer)*, **vendre** *(to sell)*

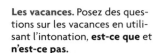

Les vacances. Posez des questions sur les vacances en utilisant l'intonation, **est-ce que** et **n'est-ce pas.**

Modèle: Vous aimez le soleil et la chaleur.
> *Vous aimez le soleil et la chaleur? Est-ce que vous aimez le soleil et la chaleur? Vous aimez le soleil et la chaleur, n'est-ce pas?*

1. Tu voyages souvent.
2. Elle préfère voyager en avion.
3. Mes amis espèrent bientôt partir en vacances.
4. On achète toujours trop de vêtements pour partir en vacances.
5. Vous choisissez un hôtel intéressant.

Avant la deuxième leçon

Poser une question

A. Formation et emploi

To ask a yes/no question in spoken French:

- Begin with **est-ce que** and continue with the subject and verb.

    > Est-ce que vous parlez français?
    > Est-ce qu'il parle français?
    > Est-ce qu'il ne parle pas anglais?

- With friends, use rising intonation.

    > Vous parlez français?
    > Vous ne parlez pas anglais?

- When you want to speak in a more formal or proper way, or write formal letters and compositions, invert the order of the subject and verb.

    > Parlez-vous français? N'êtes-vous pas français?
    > Parle-t-elle anglais? Ne parle-t-elle pas français?

In the third-person singular, a **-t-** is inserted between the verb and pronoun when the preceding verb ends in a vowel.

When the question has a *noun subject,* start with the noun subject, continue with the verb, and add the third-person pronoun that corresponds to the noun subject:

> Martine est-elle étudiante?   Noun subject + verb + 3rd person pronoun

NOTE: When **je** is the subject of the sentence, it is seldom inverted. **Est-ce que** is usually used:

> Est-ce que je suis en retard?

- Finally, to confirm an assumption you are making, add **n'est-ce pas** at the end of your statement.

    > Vous parlez français, n'est-ce pas?

Quelles questions est-ce que cet homme pose?

Avant la troisième leçon

L'impératif

The imperative is used to give directions, orders, requests, or suggestions. There are three forms of the imperative in French. To form the imperative, drop the subject pronoun. Note that the **s** is dropped in the **tu** form of **-er** verbs and the irregular verb **aller** (**Va!**).

A. Formes régulières

	parler	**finir**	**attendre**
tu form:	Parle!	Finis!	Attends!
nous form:	Parlons!	Finissons!	Attendons!
vous form:	Parlez!	Finissez!	Attendez!

B. Formes irrégulières

	être	**avoir**	**savoir**	**vouloir**
tu form:	sois	aie	sache	veuille
nous form:	soyons	ayons	sachons	veuillons
vous form:	soyez	ayez	sachez	veuillez

NOTE: In negative commands, the **ne** precedes the verb; the **pas** follows it:

N'oublie **pas** notre rendez-vous!   *Don't forget our meeting!*

Ne sois **pas** en retard!   *Don't be late!*

Qu'est-ce qu'elles regardent?

Des ordres stricts aux élèves. Imaginez que vous êtes le professeur et que vous donnez des ordres aux élèves en utilisant la forme de **tu** et de **vous** de l'impératif.

Modèle: écouter bien le professeur
Écoute bien le professeur!
Écoutez bien le professeur!

1. faire attention aux verbes comme **être** et **faire**
2. écrire la forme de **tu** sans fautes
3. ne pas oublier de préparer des questions
4. être original(e)
5. savoir les dates des examens

Comment saluer, se présenter et prendre congé

Track 2

Conversation

Rappel: Have you reviewed the present tense of regular and stem-changing verbs? Did you practice forming yes/no questions? (Text pp. 2–4 and Workbook pp. 1–2)

Premières impressions

Soulignez:
- les expressions formelles et informelles pour saluer et présenter quelqu'un

Trouvez:
- la destination de Charles (le Français), de Nancy (l'Américaine) et des Kairet (les Belges)
- la nationalité de Laurence

être d'un certain âge *to be middle-aged*

une couchette *cot, train bed*

s'installer *to get settled*

Remind students to study the material in *La grammaire à réviser* for the first leçon before coming to class. Tell them that many of the verbs they will review are probably familiar to them: regular verbs ending in -**er**, -**ir**, and -**re**. Remind them that they may have to review *more* closely the verbs that have spelling changes. Suggest that students write out the verbs to practice.

When you present the *Conversation*, describe, draw on the board, or show slides of a compartment in a French train so that students can imagine the setting. As you do the *Conversation* during the first day in class, model the pronunciation for students or play the Instructor's CD. Then have them read the dialogue in groups of five, each taking the role of one of the speakers.

une place de libre *an unoccupied seat*

déranger *to bother*

Dans le compartiment du train il y a une Américaine qui voyage avec un ami français et un couple belge d'un certain âge°. Ils parlent tous français, bien sûr! Ils se réveillent le matin après avoir passé la nuit en couchette° dans un wagon-lit. Pendant qu'ils s'installent° pour la journée, ils se saluent.

M. KAIRET: Qu'est-ce qui se passe? Où est-on? Quelle heure est-il?

MME KAIRET: Je ne sais pas, mais c'est fou ce qu'on dort bien dans ces trains quand même!

M. KAIRET: Je n'arrive pas à trouver ma montre!

CHARLES: Bonjour, monsieur, bonjour, madame. Je me présente. Je m'appelle Charles Moiset.

M. KAIRET: Enchanté. Monsieur Kairet. Permettez-moi de vous présenter ma femme, Madame Kairet.

CHARLES: Enchanté de faire votre connaissance.

MME KAIRET: Bonjour!

M. KAIRET: Euh, vous avez l'heure, s'il vous plaît?

CHARLES: Oui, il est huit heures et demie. Ah, voilà mon amie, Nancy. Nancy, je te présente M. et Mme Kairet.

M. KAIRET: Bonjour, mademoiselle. Comment allez-vous?

NANCY: Bonjour, madame, bonjour, monsieur. Je suis heureuse de faire votre connaissance.

CHARLES: Nancy et moi allons jusqu'en Grèce.

MME KAIRET: Oh, en Grèce! Quel beau pays!

LAURENCE: *(une jeune Française qui vient d'entrer)* Est-ce qu'il y a une place de libre°?

M. KAIRET: Oui, certainement, là, à côté de la porte.

LAURENCE: Excusez-moi de vous déranger°. J'ai vu que la place n'était pas réservée. C'est la seule dans cette voiture. Je me présente. Je m'appelle Laurence Delage.

CHARLES: Bonjour, mademoiselle.

À suivre

Observation et analyse

1. Comment est-ce que Mme Kairet a dormi?
2. Pourquoi est-ce que M. Kairet demande l'heure à Charles?
3. Où vont Charles et Nancy?
4. Expliquez l'emploi de **tu** et de **vous** entre les voyageurs.

Réactions

1. Avez-vous déjà voyagé en train? Si oui, avez-vous aimé votre voyage en train? Expliquez.
2. Est-ce que vous voudriez visiter la Grèce? l'Italie? Expliquez.

[handwritten annotation: Intro countries visited — what they do — train travel]

Expressions typiques pour…

Saluer *(rapports intimes et familiaux)*

—Salut/Bonjour, Marc/Sylvie.
{ Ça va?
  Comment ça va? }

—Salut/Bonjour.
{ Oui, ça va.
  Très bien.
  Ça va bien, merci.
  Pas mal, merci. } Et toi?

Saluer *(rapports professionnels et formels)*

—Bonjour, monsieur/madame/mademoiselle. Comment allez-vous?
—Très bien, merci. Et vous-même?

Présenter quelqu'un *(rapports intimes et familiaux)*

Avant les présentations

Tu connais Jeanine?   Vous ne vous connaissez pas, je crois.
Vous vous connaissez?

Les présentations   **Répondre aux présentations**

J'aimerais te présenter…
Je te présente Julien, mon frère.   { Salut!
Sylvie, voici Georges, un copain de la fac.   Enchanté(e).
Martine, Georges. Georges, Martine.   Très heureux/heureuse. }

Présenter quelqu'un *(rapports professionnels et formels)*

Avant les présentations

Vous connaissez M. Marchand?
Est-ce que vous vous connaissez?
Vous vous êtes déjà rencontrés?

As you preview the *Expressions typiques pour…*, have students greet several classmates. Afterwards, ask them to introduce their classmates to each other. This will serve as a good opener on the first day of class. Go over the student annotation *Tutoyer ou vouvoyer?* with students, discussing the different contexts where **tu** and **vous** are used.

Tutoyer ou vouvoyer? This is not always an easy choice, because strict rules do not exist, and changes within French society continue to influence modern use of **tu/vous**. Age, socioeconomic background, status, familiarity can all have an influence on the choice of pronoun. In general, though, **tu** is used: within families • between adults and children • among children • among friends • with pets • among relatives • among young people in almost any situation • among people who are on a first-name basis.

Vous is used among: people who don't know each other • brief acquaintances • speakers in situations clearly marked for status, such as customer/shopkeeper, student/teacher.

The workplace is the area of most controversy where usage is still difficult to define. When in doubt, use **vous**.

You will need to actively learn the **Expressions typiques pour...** and the **Mots et expressions utiles** in order to complete the activities.

Les présentations

Je voudrais/J'aimerais vous présenter
    Sylvie Riboni.
Permettez-moi de vous présenter ma
    femme, Sylvie.
Je vous présente Karim Nouassa.

Répondre aux présentations

Je suis heureux(-euse) de faire
    votre connaissance *(meet)*.
Très heureux(-euse)/content(e)
    de vous connaître *(meet)*.
Enchanté(e) de vous rencontrer
    (meet).

Se présenter

Je me présente. Je m'appelle…
Je me permets de me présenter. Je m'appelle…

Prendre congé *(To take leave)* (rapports intimes et familiaux)

Salut!   Au revoir!   Ciao! (salutation italienne utilisée par les jeunes)

On peut ajouter…

Bonne journée.   Bonne soirée.   Bon week-end.
Bonnes vacances.   Bon retour.   À la prochaine *(Until next time)*.

Prendre congé (rapports professionnels et formels)

Au revoir, monsieur/madame.

These expressions can also be used in informal situations.

On peut ajouter…

À demain.   À lundi.   À tout à l'heure.
À ce soir.   À bientôt.   Alors, dans quinze jours…

Mots et expressions utiles

Saluer/Prendre congé

faire la connaissance (de) *to meet, make the acquaintance (of)*
(se) connaître *to meet, get acquainted with; to know*
(se) rencontrer *to meet (by chance); to run into*
(se) retrouver *to meet (by prior arrangement)*
(se) revoir *to meet; to see again*

(s')embrasser *to kiss; to kiss each other*
se faire la bise *(familiar) to greet with a kiss*

à la prochaine *until next time*

Divers

une couchette *cot, train bed*
s'installer *to get settled*
une place de libre *an unoccupied seat*
une place réservée *a reserved seat*

✿ Mise en pratique ✿

Tu ne pourras jamais deviner qui j'**ai rencontré** hier à la bibliothèque. Je devais y **retrouver** mon amie Catherine, mais elle a oublié notre rendez-vous. En l'attendant, tu sais qui j'ai vu entrer dans la salle? Georges Pivot! Tu te souviens de lui? Celui dont j'**ai fait la connaissance** l'été passé? Nous **nous sommes connus** à la plage pendant nos vacances d'août. Mais depuis, je ne l'**ai** jamais **revu**. Bon, alors nous **nous sommes fait la bise**, nous avons parlé longtemps, et puis nous avons décidé de **nous revoir** la semaine prochaine. Quelle histoire, hein?

Please see page IG-17 in the Instructor's Guide at the front of this book for an explanation of how to incorporate the *Mise en pratique* section into the classroom.

ACTIVITÉS

A. Entraînez-vous: Présentations. Utilisez les *Expressions typiques pour...* pour faire les présentations suivantes.

Activities A and B: These activities can be done in pairs or small groups.

1. votre mère à un professeur
2. vous-même au président de votre université au cours d'une réception pour les nouveaux étudiants
3. votre meilleur(e) ami(e) à un(e) autre ami(e) devant le cinéma
4. un(e) collègue de bureau *(fellow office worker)* à votre femme/mari pendant un cocktail
5. un(e) camarade de classe à votre tante Madeleine

B. Conversation entre étudiants. Complétez les phrases avec les *Mots et expressions utiles*. Vous pouvez utiliser une expression plusieurs fois. Faites les changements nécessaires.

Par hasard, Anne et Sylvie se (s') _____ entre deux cours. Comme ce sont des amies d'enfance, elles se (s') _____ et décident de l'heure à laquelle elles peuvent _____ plus tard.

—Veux-tu me _____ après le cours?

—D'accord, mais je n'aurai pas *(will not have)* beaucoup de temps. Je dois _____ Monique à une heure. Elle s'installe dans sa nouvelle chambre et je vais l'aider à déménager *(to move)*.

—J'aimerais bien _____ de Monique. Est-ce que je peux t'accompagner?

—Bien sûr! On a toujours besoin de bras quand on déménage! Et puis, tu verras, elle est vraiment sympa.

C. Les scènes. En groupes de trois, jouez les scènes suivantes où vous saluez et faites des présentations.

MODÈLE: En cours: Bonjour, Stéphanie…
  —*Bonjour, Stéphanie. Comment ça va?*
  —*Ça va bien, merci. Et toi, ça va?*
  —*Oui, très bien. Écoute, tu connais Christophe?*
  —*Non, je ne pense pas.*
  —*Eh bien, Stéphanie, je te présente Christophe. Christophe, Stéphanie.*
  —*Bonjour.*
  —*Bonjour.*

1. Dans la rue: Bonjour, Monsieur Dupont. Vous connaissez ma tante… ?
2. En ville, avant une réunion d'étudiants: Je me présente. Je m'appelle…
3. Dans une salle de jeux électroniques: Salut. Je m'appelle… Voici…

Activity D: Follow-up: Play a memory game using students' names. (Students see how many names they can say before forgetting one.) For guidelines on error correction techniques, see "Focus on Error Correction" on page IG-41 in the Instructor's Guide at the front of this book. Do not interrupt the introductions of class members to correct mistakes. Instead, do global correction after the activity is completed.

D. Dans la salle de classe. Trouvez une personne dans la salle de classe que vous ne connaissez pas. Présentez-vous *(Present yourself)* à cette personne. Maintenant, présentez cette personne à quelqu'un d'autre ou laissez cette personne vous présenter à un(e) autre étudiant(e). (N'oubliez pas de vous serrer la main!) Circulez dans la classe jusqu'à ce que vous ayez fait la connaissance de la plupart *(most of)* des étudiants. Après les présentations, essayez de vous rappeler les noms des autres étudiants. Le professeur vous aidera. Commencez par: **Il/Elle s'appelle...**

Liens culturels

Ils se font la bise.

Arrivées et départs

Les Français ont une manière particulière de marquer l'existence des autres. Cela se manifeste par ce que l'on pourrait appeler un sens approfondi des arrivées et des départs. Lorsque les Français voient des amis pour la première fois de la journée, ils leur serrent la main ou ils les embrassent. En les quittant, ils leur donnent à nouveau une poignée de main ou ils les embrassent.

La coutume de s'embrasser est la norme entre amis et membres de la même famille. Les hommes se serrent plus souvent la main. La tradition exige *(demands)* parfois trois ou quatre bises au lieu de deux. C'est une question de région ou d'habitude personnelle. Le plus souvent on commence par la joue *(cheek)* droite.

Que ferait un Américain en retrouvant un groupe d'amis qu'il voit pour la première fois de la journée? Est-ce que cela varie selon l'âge des gens? selon la région? Parlez de la manière de marquer les arrivées et les départs dans votre culture.

Liens culturels: Have students look at the picture and imagine the topic of the reading. Ask them how they greet friends and family.

Preview the irregular verbs by providing a dictation, including as many of the verbs as possible. For example: Une jeune étudiante française vous parle: «Je m'appelle Claire. Je m'intéresse beaucoup à la politique. Je cours chaque jour acheter mon journal préféré — *Le Monde.* Je suis les nouvelles dans le journal. Parfois je ris des bêtises de nos chefs d'État. Je connais leur nom, leurs points de vue et je sais tout ce qu'ils font. Un jour, j'aimerais être sénateur. Et vous, connaissez-vous la politique de votre pays?»

Additional exercise: Have students complete this exercise in writing on a handout or orally from a transparency. **Une soirée.** Vous êtes chez une amie pour une soirée. Vous circulez et vous entendez ces morceaux de phrases. Complétez les phrases. *(continued on p. 11)*

LA GRAMMAIRE À APPRENDRE

Les verbes irréguliers: *suivre, courir, mourir, rire, conduire, savoir* et *connaître*

A. You have already reviewed the present tense of the regular verbs ending in -er, -ir, and -re, as well as some stem-changing -er verbs. The following irregular verbs may not be quite so familiar to you, but can be used in talking about yourself or everyday life.

• **suivre** *(to follow;* — **un cours** *to take a course)*   participe passé: **suivi**

je **suis**	nous **suivons**
tu **suis**	vous **suivez**
il/elle/on **suit**	ils/elles **suivent**

Like **suivre**: **vivre** *(to live)*   participe passé: **vécu**

Nous **suivons** Marc qui rentre chez lui. Il **vit** près d'ici.

- **courir** *(to run)*   participe passé: **couru**

je **cours**	nous **courons**
tu **cours**	vous **courez**
il/elle/on **court**	ils/elles **courent**

Elle **court** dans un marathon à Paris.

- **mourir** *(to die)*   participe passé: **mort**

je **meurs**	nous **mourons**
tu **meurs**	vous **mourez**
il/elle/on **meurt**	ils/elles **meurent**

Je **meurs** de faim. Dînons tout de suite!

- **rire** *(to laugh)*   participe passé: **ri**

je **ris**	nous **rions**
tu **ris**	vous **riez**
il/elle/on **rit**	ils/elles **rient**

Like **rire: sourire** *(to smile)*

Je **ris** quand je vois des films de Jim Carrey.

- **conduire** *(to drive)*   participe passé: **conduit**

je **conduis**	nous **conduisons**
tu **conduis**	vous **conduisez**
il/elle/on **conduit**	ils/elles **conduisent**

Like **conduire: construire** *(to construct)*, **détruire** *(to destroy)*, **séduire** *(to seduce; to charm; to bribe)*

Cette étudiante **conduit** une Peugeot.

- **savoir** *(to know from memory or from study; to know how to do something; to be aware of)*   participe passé: **su**

je **sais**	nous **savons**
tu **sais**	vous **savez**
il/elle/on **sait**	ils/elles **savent**

- **connaître** *(to know; to be acquainted with, be familiar with; to meet, get acquainted with)*   participe passé: **connu**

je **connais**	nous **connaissons**
tu **connais**	vous **connaissez**
il/elle/on **connaît**	ils/elles **connaissent**

Like **connaître: apparaître** *(to appear, come into view; to become evident)*, **disparaître** *(to disappear)*, **paraître** *(to seem; to come out)*

[1] La Belgique est un pays d'Europe situé au nord de la France. Sur ses 10 170 000 habitants, 58% sont d'expression néerlandaise *(Dutch)*, 31,9% d'expression française, 0,69% d'expression allemande et 9,35% sont bilingues. *(Quid 2004, p. 1032c)*

Est-ce que vous connaissez la Belgique?[1]

(continued from page 10)

1. Nous / vivre / Paris / depuis longtemps. Nous / connaître / toutes / petites / rues. Je / connaître / petit restaurant / franco-africain dans le 5e arrondissement. On / se / retrouver… 2. Marc / courir / pendant / une heure chaque jour. Je / lui / dire / que / ce / ne… pas / être / bon / pour la santé, mais / il / disparaître / tous les jours / entre dix-huit heures et dix-neuf heures. 3. Mes parents / construire / nouvelle / maison de campagne / en Normandie. Mon père / faire / travail / lui-même. Ma mère / ne… pas / arrêter / de décrire / ce que / il / faire. Je / mourir / d'ennui à l'écouter. 4. Ce sourire… je / rire / en voyant / ce petit sourire. Même quand / je / devoir / la / discipliner, elle / sourire. 5. Elle / me / écrire / lettres incroyables. Elle / me / dire / qu'elle / séduire beaucoup / garçons américains. Je / savoir / que / ce / ne… pas / être / possible. Elle / ne… pas / parler anglais!

After completing these sentences, ask students whether they think the gathering is social or professional. Have them defend their positions.

B. The verbs **savoir** and **connaître** both mean *to know*. It will be important, however, to distinguish when to use one versus the other.

- **Connaître** is always used to indicate acquaintance with or familiarity with people, works of art, music, places, academic subjects, or theories:

    Laura **connaît** assez bien les Français. Elle **connaît** aussi assez bien Paris.
    Laura knows French people rather well. She is also quite familiar with Paris.

NOTE: In past tenses **connaître** sometimes means *to meet* in the sense of getting to know someone or getting acquainted with someone:

    Où est-ce que vous **avez connu** les Durand?
    Where did you meet the Durands?

- **Savoir** means to know from memory or study:

    Est-ce qu'elle **sait** la date de la Fête nationale en France?
    Does she know the date of the national holiday in France?

    Oui, elle la **sait**.
    Yes, she knows it.

NOTE: **Savoir** may be used before a relative clause or before an infinitive. Before an infinitive it means *to know how to do something*:

    Elle **sait** où se trouve la tour Eiffel.
    She knows where the Eiffel Tower is located.

    Elle **sait** conduire dans Paris.
    She knows how to drive in Paris.

ACTIVITÉS

A. Voyage. Un groupe de jeunes Français organise un voyage en Belgique pour les vacances de Pâques. Ils expliquent ce qu'ils vont faire et comment ils vont organiser le voyage. Pour chacune des observations suivantes, remplacez le sujet en italique par les sujets entre parenthèses, et faites les modifications nécessaires.

1. Bruxelles est à 242 kilomètres de Paris. C'est *Élise* qui conduit! (Marc et Manon/je/tu)
2. *Nous* suivons la route de Mons à Bruxelles. (On/Vous/Tu)
3. *Je* connais bien Bruxelles. (Vous/Manon et Marc/Tu)
4. *Je* sais que Christian veut nous faire visiter le jardin botanique et le parc de Bruxelles. (Nous/Tu/On)
5. *Il* court souvent dans les parcs, n'est-ce pas? (Tu/On/Vous)
6. *Je* meurs d'envie de voir le défilé du Carnaval. (Tu/Manon/Nous)

B. Un mot. Vous travaillez dans un hôtel. Une Anglaise a laissé un mot *(message)* pour le propriétaire. Vous le traduisez en français.

Mrs. Robinson called. She asked for the address of the hotel. She doesn't know where the hotel is located (**se trouver**) because she does not know Paris well. She does not know how to drive, so (**donc**) she will take a taxi at the airport. She met your brother in London last year. She is looking forward to (**Elle se réjouit à l'idée de**) meeting you.

C. **Interview.** Utilisez les suggestions suivantes pour poser des questions à votre professeur ou aux autres étudiants de la classe. Faites un résumé de l'interview.

1. combien / cours / suivre
2. est-ce que / courir
3. quelle / ville / connaître / bien
4. que / savoir / bien / faire
5. au cours de *(during)* / quel / émission télévisée / rire
6. à qui / écrire / lettres
7. où / vouloir / vivre

Interactions

Utilisez les suggestions suivantes pour créer des conversations avec un(e) partenaire. Essayez d'employer autant que possible le vocabulaire et la grammaire de la *Leçon 1.*

A. Au café. Vous vous trouvez au café avec un(e) ami(e). Vous rencontrez un(e) autre ami(e) de la Sorbonne. Saluez-le/la. Présentez-le/la à votre ami(e). Discutez des cours que vous suivez. Dites que vous écrivez une composition pour un cours demain. À la fin de la conversation, vous remarquez qu'il se fait tard. Qu'est-ce que vous dites en partant?

B. Au travail. Vous entrez dans votre bureau avec un(e) client(e). Le directeur/La directrice passe et vous vous saluez. Vous le/la présentez à votre client(e). Demandez-lui s'il/si elle sait où se trouvent les dossiers de M. Bricard. Il/Elle ne le sait pas. Remerciez-le/la et dites quelque chose de convenable en partant.

Préparation ◣ Dossier personnel

In this chapter your instructor may ask you to write a friendly letter to your classmates to introduce yourself. First, you'll need to come up with some ideas for your letter. You will refine your ideas and then write your letter in the following lessons.

1. Begin by brainstorming in four different categories: things you do, the places you go and where you have traveled, people you know, and what you know how to do. Write down your ideas as you think of them. Try to have at least six ideas for each category. Remember that you will narrow down your ideas later.

2. Discuss your brainstorming ideas with a classmate. Consider which ideas would help someone best get to know you. As you discuss these ideas, try to add new ones.

As you present the *Interactions* section for *Leçon 1,* explain to students the purpose of role-play activities as discussed in "Focus on Small-Group Discussion" and "Focus on Cooperative Learning" starting on page IG-38 in the Instructor's Guide at the front of this book. Be sure to set ground rules and use the grouping techniques that you prefer. Ask students to circumlocute if they do not know a word they want to use. It may be helpful to begin by having two students provide a model for the whole class. Ask several groups to present their role-play to the class at the end.

Phrases: Writing a letter (informal)
Vocabulary: Geography; leisure; traveling
Grammar: Verb summary

SYSTÈME-D
◉

Leçon 2

À vous de discuter

Track 3

Conversation (SUITE)

Have students play the roles of Mme Kairet, Laurence, Charles, and Nancy for the whole class. Then ask students to work in groups of three to answer the *Observation et analyse/Réactions* questions. Two students can ask and answer the questions; the third can serve as recorder, corrector, and then reporter.

Rappel: Have you reviewed how to form questions? (Text p. 4 and Workbook p. 3).

le paysage *countryside*

les vacances *vacation*

Ça va nous faire du bien. *That's going to do us some good.*

nous prenons *we are taking*

Premières impressions

Soulignez:

- trois sujets de discussion différents

Trouvez:

- quel temps il fait en Italie en ce moment

Dans le train. Le temps passe… les passagers discutent.

MME KAIRET: Laurence, vous allez loin?

LAURENCE: Je descends à Florence. Je fais un documentaire sur la ville et sur les environs. La région est si pittoresque et si riche en histoire de l'art. Après Florence, j'irai en Turquie. Et vous?

CHARLES: Nous allons en Grèce. C'est la première fois que vous allez en Turquie?

LAURENCE: Non, ce sera mon deuxième voyage. Je vais faire un documentaire sur Istanbul. Cela m'intéresse beaucoup, et je fais du freelance pour une station de télé régionale—Rhône-Alpes.

MME KAIRET: *(regardant par la fenêtre)* Ah, c'est joli quand même par ici…

NANCY: Oui, le paysage° est très beau.

MME KAIRET: C'est vrai. L'Italie, c'est un de mes pays préférés. On y vient pour les vacances° chaque année depuis plus de dix ans.

CHARLES: Est-ce qu'il y fait chaud à cette époque-ci?

MME KAIRET: Oui, il y fait chaud mais l'air est sec. Ça va nous faire du bien°. Et vous, est-ce que vous resterez à Athènes?

NANCY: Non. Nous voulons visiter le plus d'endroits possible. Nous avons terminé nos études à l'université et nous prenons° nos premières vacances…

CHARLES: Un peu de soleil, cela nous fera du bien.

À suivre

Observation et analyse

1. Quels sont les projets *(plans)* de Laurence?
2. Pourquoi est-ce que Charles et Nancy prennent des vacances maintenant?
3. Est-ce que Charles et Nancy se connaissent bien? Expliquez.
4. Depuis quand est-ce que les Kairet vont en vacances en Italie?
5. Quel âge les Kairet ont-ils probablement, d'après ce que vous savez d'eux?

Réactions

1. De quoi est-ce que vous parlez quand vous passez du temps avec des gens que vous ne connaissez pas bien?
2. De quoi est-ce que vous parlez avec ceux que vous connaissez bien?
3. De quoi parleraient cinq jeunes Américains dans un train pendant trois heures?

Expressions typiques pour…

Discuter

Sans sujet défini de conversation, on parle du temps qu'il fait, de l'endroit où l'on se trouve et de ce qui s'y passe. Voici quelques sujets typiques:

- Le temps

  Quel temps fait-il?[2]   Vilain temps, non?
  Quel beau temps!   Quel sale temps!
  Comme il fait beau/mauvais/   Est-ce qu'il pleuvra demain?
     chaud/froid!   Belle journée, vous ne trouvez pas?

- L'heure

  Quelle heure est-il?
  Il est tôt/tard.   Vous auriez l'heure, s'il vous plaît?
               Le temps passe vite quand on
                  bavarde *(chats)*.

- Les éléments du lieu

  le paysage: C'est intéressant. C'est joli.
     C'est vraiment triste comme endroit.
  les gens: Elle est gentille. Cette robe vous/lui va bien.
     C'est choquant, ce qu'ils portent/font.
  l'ambiance: On est bien ici. C'est sympa, comme endroit/café/plage.
     J'aime bien.

- Ce qui se passe dans cet endroit

  Qu'est-ce qu'ils font là-bas?
  De quoi parlent-ils?

Quand on ne connaît pas très bien quelqu'un, mais qu'on essaie de mieux le connaître, on peut aborder *(touch on)* les sujets suivants:

- La santé

  Je suis un peu fatigué(e) ces jours-ci.
  Vous avez/Tu as l'air en forme *(look in good shape)*.

As you preview these expressions, have students think of other topics or additional comments they would add while making small talk. Discuss what subjects are taboo or too indiscreet to mention while chatting in North America. Compare these to the topics generally avoided while making small talk in France. Ask students to begin a personal vocabulary list for their use throughout the quarter or semester.

---

[2] In informal spoken French today, speakers eliminate the inversion when asking questions and rely more on intonation. For example, instead of **Quel temps fait-il?**, they are more likely to say: **Quel temps il fait?** Another example: **D'où est-il?** will often be stated **D'où il est?** or even **Il est d'où?** **Est-ce que** is also used, although less often than rising intonation.

- Les études—si on est étudiant(e)

  Depuis quand est-ce que vous étudiez/tu étudies le français?
  Combien de cours est-ce que vous suivez/tu suis?
  Comment est votre/ton professeur de français?

- Les actualités *(Current events)*

  Vous avez/Tu as lu le journal ce matin?
  Vous avez/Tu as entendu parler de ce qui s'est passé?

- Les sports

  Est-ce que vous faites/tu fais du sport?
  Vous aimez/Tu aimes le sport?

- D'autres idées

  les loisirs *(leisure activities)*, la musique, l'enseignement et votre attitude envers l'enseignement, la politique et vos opinions politiques, vos expériences personnelles, le travail

Avec ceux qu'on connaît bien, on peut parler des choses mentionnées ci-dessus ou de la vie privée:

  Qu'est-ce que tu vas faire ce soir?
  Tu as beaucoup de boulot *(work)*?
  Tu as passé une bonne journée?

De quoi est-ce qu'ils parlent? Faites une liste de sujets possibles.

Provide this additional travel vocabulary: **atterrir** *to land*; **la consigne** *checkroom*; **décoller** *to take off*; **la destination** *destination*

Mots et expressions utiles

Les voyages

un aller-retour *round-trip ticket*
un billet aller simple *one-way ticket*
valable *valid*

l'arrivée [f] *arrival*
le départ *departure*
partir en voyage d'affaires *to leave on a business trip*

un tarif *fare, rate*
un demi-tarif *half-fare*
une réduction *discount*

annuler *to void, cancel*
les frais d'annulation [m pl] *cancellation fees*

le guichet *ticket window, office; counter*
desservir une gare, un village *to serve a train station, a village*
un horaire *schedule*
indiquer *to show, direct, indicate*
le panneau d'affichage électronique *electronic schedule*
le quai *platform*
les renseignements [m pl] *information*
un vol *flight; theft*

La conversation

les actualités [f pl] *current events*
avoir l'air *to look, have the appearance of*
bavarder *to chat*
le boulot *(familiar) work*
être en forme *to be in good shape; to feel well*
les loisirs [m pl] *leisure activities*
le paysage *countryside*

❉ Mise en pratique ❉

—Tu as entendu les nouvelles?
—Non, quoi?
—Il y a une guerre des prix sur les plus grandes lignes aériennes! On peut avoir une **réduction** sur presque tous les **vols** intérieurs en ce moment.
—Ce n'est pas vrai!
—Si! Moi, je vais **annuler** tous mes rendez-vous de vendredi afin de pouvoir passer un long week-end à la plage. J'ai déjà acheté mon **aller-retour.** Regarde!
—Hmm... Ça me plairait beaucoup de rendre visite à mon petit ami. Merci beaucoup pour les **renseignements**!

Please see page IG-18 in the Instructor's Guide at the front of this book for an explanation of how to incorporate the *Mise en pratique* section into the classroom.

ACTIVITÉS

A. Entraînez-vous: Discutez. De quoi est-ce que vous parleriez avec les personnes suivantes? Choisissez un ou deux sujets de conversation tirés de la liste des *Expressions typiques pour…*

1. votre professeur dans l'ascenseur sur le campus
2. un(e) camarade de classe devant la salle de classe
3. un(e) collègue de bureau pendant un cocktail
4. votre mère pendant le dîner
5. votre fille/fils pendant le bain
6. une personne dans le train
7. un Martien dans sa soucoupe volante *(flying saucer)*

B. À la gare Saint-Lazare. Un voyageur américain veut utiliser son Eurailpass pour la première fois. Complétez ses phrases avec les *Mots et expressions utiles* appropriés. Faites les accords nécessaires.

—Pardon, monsieur… J'ai besoin de quelques _____ sur mon Eurailpass. Pourriez-vous m' _____, par exemple, où il faut aller pour valider la carte? Je l'ai achetée il y a quatre mois. Est-ce que vous sauriez si elle est toujours _____? Si je veux l'annuler, y aura-t-il des _____? Pourriez-vous aussi m'aider à comprendre les _____ de trains? Je voudrais savoir quel est le prochain _____ pour Rouen, et quelles autres villes sont _____ pendant le trajet… Je vous remercie, monsieur. Vous êtes bien aimable.

Source: SCNF 2004

C. Dis-moi, s'il te plaît… Thérèse, qui a six ans, va accompagner sa mère en voyage d'affaires. Pendant que sa mère fait leurs valises, Thérèse lui pose sans cesse des questions. Jouez le rôle de sa mère et expliquez-lui ce que veulent dire les mots suivants qui se trouvent sur leurs billets d'avion.

1. un aller-retour
2. un vol
3. un demi-tarif
4. une réduction

D. Circulez. Circulez dans la salle de classe et parlez avec vos camarades. Choisissez au moins trois des sujets suivants: les actualités, le temps, les loisirs, la politique, la vie à l'université, ce qui se passe dans la salle de classe. N'oubliez pas d'utiliser les expressions données pour saluer et prendre congé. Après, parlez de votre expérience en tenant compte des questions suivantes.

1. Avec combien de personnes est-ce que vous avez parlé?
2. De quoi est-ce que vous avez préféré parler? Pourquoi?
3. Est-ce qu'il était difficile de commencer une discussion avec quelqu'un? Expliquez.
4. Vous préférez parler de sujets comme le temps, le sport et les actualités, ou de votre vie de tous les jours et de sujets plus intimes?

Les expressions de temps

- When you want to ask a question regarding how long an action that began in the past has continued into the present, you use an expression with **depuis**.

  Depuis quand êtes-vous en France?
  How long have you been in France?

  Depuis combien de temps est-ce que vous jouez au tennis?
  How long have you been playing tennis?

- Questions such as these are answered in the present tense with **depuis**. In English, **depuis** is translated as *for* when a period of time is given.

  Je suis en France **depuis** six mois.
  *I have been in France **for** six months.*

  Je joue au tennis **depuis** quatre ans.
  *I have been playing tennis **for** four years.*

- When you answer using a specific point in time or date, **depuis** means *since*.

  Je suis en France **depuis** le 5 juin.
  *I've been in France **since** June 5th.*

- The expressions **il y a... que**, **ça fait... que**, and **voilà... que** have the same meaning as **depuis** when used with the present tense, but notice the different word order.

  Il y a six mois **que** je suis en France.
  *I've been in France **for** six months.*

  Voilà quatre ans **que** je joue au tennis.
  *I've been playing tennis **for** four years.*

  Ça fait trois heures **que** je travaille.
  *I've been working **for** three hours.*

NOTE: When you use **il y a** followed by a period of time and without **que**, it means *ago*. A past tense must be used with this construction.

  J'ai pris des cours de tennis **il y a** quatre ans.
  *I took tennis lessons four years **ago**.*

- **Pendant combien de temps** is used when asking about the duration of an action that is completed.

  Pendant combien de temps est-ce qu'ils ont étudié aux États-Unis?
  How long did they study in the United States?

  Ils ont étudié aux États-Unis **pendant** deux ans.
  *They studied in the United States **for** two years.*

As you preview time expressions, have students think of leisure-time activities or hobbies that they enjoy. Ask them to make statements about how long they have been doing those activities. Use yourself as a model first: **Je joue au tennis depuis quinze ans. Voilà vingt ans que j'étudie le français. Il y a dix ans que je suis prof de français.**

- When asking about the duration of a repeated action in the present, the expression **passer du temps** is used.

Combien **de temps** est-ce que vous **passez** à lire le journal?
*How much **time** do you **spend** reading the newspaper?*

Je **passe** une heure par jour à le lire.
*I **spend** an hour a day reading it.*

ACTIVITÉS

Activities A–C: Have students do at least one of the activities in small groups.

A. Répétitions. Martine est très égocentrique! Elle parle tout le temps de ce qu'elle fait et elle répète chaque phrase au moins une fois. Transformez chacune des phrases suivantes. Choisissez parmi les modèles proposés.

MODÈLES: Ça fait six ans que je joue au volley-ball.
Il y a six ans que je joue au volley-ball.
Voilà six ans que je joue au volley-ball.
Je joue au volley-ball depuis six ans.

1. J'étudie l'anglais depuis douze ans.
2. Il y a quatre mois que Mme Marchand me trouve indispensable. J'enseigne l'anglais à ses enfants.
3. Ça fait déjà cinq ans que je donne des leçons d'anglais.
4. Voilà onze ans que je joue au tennis.
5. Il y a six ans que je suis joueuse professionnelle de tennis.
6. Je gagne beaucoup de tournois de tennis depuis cinq ans.

Activity B: This can be a good cooperative learning experience: Two students answer the questions and a third serves as praiser, checker, or recorder.

B. Une histoire. Lisez cette petite histoire et répondez aux questions.

Depuis l'âge de quatre ans, la petite Karine, qui a sept ans, va à beaucoup de fêtes d'anniversaire. Elle semble les adorer et on adore l'avoir comme invitée. Sa mère, par contre, n'aime pas acheter des cadeaux ou trouver une jolie robe pour chaque anniversaire! En plus, lorsqu'elle emmène *(brings)* Karine à une fête qui commence à deux heures, elle ne peut en général pas partir avant trois heures parce que les autres parents la retiennent en bavardant avec elle. Au mois de décembre, la maman a dit à sa petite Karine qu'elle ne pouvait plus aller à ces fêtes d'anniversaire. La petite lui a demandé tout de suite qui viendrait fêter son anniversaire si elle n'allait plus chez les autres. Sa mère a compris que Karine avait raison. Nous sommes en mars et Karine continue à aller à des fêtes d'anniversaire!

1. Depuis combien d'années Karine fête-t-elle les anniversaires de ses camarades?
2. Pendant combien de temps la mère doit-elle rester avec Karine?
3. Quand la mère a-t-elle dit à Karine qu'elle ne pouvait plus aller aux fêtes d'anniversaire? Combien de temps cela fait-il?
4. Pourquoi la mère a-t-elle changé d'avis?

C. Ne soyez pas indiscrets! Posez les questions suivantes à un(e) ami(e). Faites un résumé de ses réponses à la classe. Ne posez pas les dernières questions si vous les trouvez trop indiscrètes!

1. Depuis combien de temps tu es à l'université/au lycée?
2. Depuis quand tu étudies le français?
3. Combien de temps est-ce que tu passes chaque jour à étudier pour ce cours?
4. Quel sport est-ce que tu préfères? Depuis combien de temps est-ce que tu fais ce sport?
5. Quelle musique est-ce que tu préfères? Depuis quand est-ce que tu préfères cette musique?
6. Quel parti politique est-ce que tu préfères? Depuis quand?
7. Est-ce que tu as déjà échoué à un examen? Si oui, il y a combien de temps?
8. Qu'est-ce que tu faisais il y a trois heures? il y a trois mois? il y a trois ans?
9. Qui est-ce que tu n'aimes pas du tout? Depuis quand?
10. À quel moment dans ta vie est-ce que tu t'es senti(e) le/la plus heureux/heureuse?

Quelles questions est-ce que vous trouvez trop indiscrètes? Pourquoi?

Activity C: Follow-up: Tabulate which questions, if any, they found too indiscreet. Based on their reading of the *Liens culturels*, have students hypothesize which questions French people might have found too indiscreet at an initial meeting.

Liens culturels

La vie privée/la vie publique

Les Français accordent énormément d'importance à la vie privée, qui est mieux protégée du regard public qu'aux États-Unis. On observe comme un code tacite du silence dans ce domaine. Il y a une séparation très nette entre la vie privée et la vie publique. La loi française interdit aux médias d'informer le public sur la vie privée des individus. Personne ne pose de questions trop personnelles. Par exemple, on ne demande pas à un(e) Français(e) qu'on ne connaît pas bien: «Quel est votre métier?» ou «Qu'est-ce que vous avez fait hier soir?» ou encore «Combien est-ce que vous gagnez?» Il est permis, néanmoins, de lui demander son opinion. Les opinions appartiennent à tout le monde, donc il n'y a pas de risque sérieux. Toutefois, il est bon d'être prudent. Ne demandez pas: «Vous êtes socialiste?» Dites plutôt: «Qu'est-ce que vous pensez de la nationalisation des banques?» Si la personne que vous interrogez ne veut pas se compromettre, elle peut avoir recours à une réponse évasive. Quelles questions est-ce que les Américains considèrent impolies? Avez-vous jamais posé une question indiscrète? Décrivez les circonstances et les réactions de votre interlocuteur/interlocutrice. Comment est-ce que vous réagissez quand on vous pose une question indiscrète? Pourquoi?

Liens culturels: Introduce the idea of private life in France with slides of homes surrounded by walls and of windows with closed shutters. See if students can use these images to make generalizations about privacy in France. Then ask them to read the *Liens culturels* passage.

En quelle saison est-ce que vous préférez voyager? Expliquez.

LA GRAMMAIRE À APPRENDRE

Les noms

A. Le genre des noms

All nouns in French have a gender: masculine or feminine. When you learn a noun, it is beneficial to memorize the article with it in order to learn the gender. If you are not sure of the gender of a word, look it up in the dictionary.

- As a general rule, the gender of a noun referring to a person or animal is determined by the sex of the person or animal:

  un homme/une femme   un roi/une reine   un bœuf/une vache

- The names of languages, trees, metals, days, months, and seasons are usually masculine:

  le français   le chêne *(oak)*   l'argent *(silver)*
  le lundi   le printemps

- The names of continents, countries, provinces, and states ending in unaccented **-e** are usually feminine:

  la France   la Caroline du Nord   l'Australie
  EXCEPTIONS: le Mexique   le Maine

- Certain endings to nouns may give clues as to their genders. The following are common masculine and feminine endings:

Stress to students the importance of learning the endings of these nouns. Learning them will make differentiating between genders much easier. Clarify meaning and model the pronunciation of the more difficult words as you preview this section. Be sure to point out words that change meaning depending on gender. Give the rhythm for the saying in the footnote on page 24.

Masculin		Féminin			
-age	un paysage	-ance	une ambiance	-ette	une couchette
-ail	un travail	-ence	une conférence	-oire	une histoire
-al	un journal	-ture	une lecture	-ière	une matière
-asme	le sarcasme	-son	une chanson	-ie	la géographie
-isme	le communisme	-ion	une expression	-ié	la pitié
-eau	un bureau	-tion	l'inscription	-ée	une journée
-et	un objet	-esse	la vitesse	-té	la santé
-ier	un cahier	-ace	une place	-anse	une danse
-ent	l'argent	-ade	une salade	-ense	la défense
-ment	un appartement				

- Some nouns that refer to people can be changed from masculine to feminine by adding an **e** to the masculine form:

un ami → une amie
un assistant → une assistante
un étudiant → une étudiante
un avocat → une avocate

- Nouns with certain endings form the feminine in other ways:

-(i)er	→	-(i)ère	-on/-en	→	-onne/-enne
un banquier		une banquière	un patron		une patronne
un ouvrier		une ouvrière	un musicien		une musicienne
un boulanger		une boulangère	un pharmacien		une pharmacienne
un couturier		une couturière			

-eur	→	-euse	-et	→	-ette
un chanteur		une chanteuse	un cadet		une cadette
un danseur		une danseuse			

-teur	→	-trice	-f	→	-ve
un acteur		une actrice	un veuf		une veuve
un directeur		une directrice			

-x	→	-se	-eau	→	-elle
un époux		une épouse	un jumeau		une jumelle

- Some nouns have the same gender whether they refer to males or females:

un mannequin   une vedette
un auteur   une personne

- A few nouns denoting professions have no feminine form. These are usually the professions that were traditionally male. For clarity, the phrase **une femme** is added:

une femme cadre   une femme médecin
une femme professeur[3]   une femme ingénieur

The feminine personal pronoun can also be used:
Mon médecin m'a dit qu'**elle** va déménager.

[3] In spoken language, students will say **une prof**. More and more, especially in Canada, one will hear and see **l'auteure, l'écrivaine, la professeure, la juge** to refer to women in those positions.

- Several French nouns have different meanings in the masculine and feminine:

un aide *helper*	une aide *help, aid*
un critique *critic*	une critique *criticism, review*
un livre *book*	une livre *pound*
un tour *trip*	une tour *tower*
un poste *job; radio, television set*	une poste *post office*

B. Le pluriel des noms

- Generally, nouns are made plural by adding **s**:

  un homme → des hommes   une femme → des femmes

- Nouns ending in **-s**, **-x**, or **-z** do not change in the plural:

  un pays → des pays   un nez → des nez

- Nouns ending in **-eu**, **-au**, and **-eau** take an **x** in the plural:

  un cheveu → des cheveux   l'eau → des eaux

  EXCEPTION: un pneu → des pneus

- Seven nouns ending in **-ou** take an **x**:

  un bijou → des bijoux *(jewels)*
  un caillou → des cailloux *(pebbles, stones)*
  un chou → des choux *(cabbages)*
  un genou → des genoux *(knees)*
  un hibou → des hiboux *(owls)*
  un joujou → des joujoux *(toys)*
  un pou → des poux[4] *(lice)*

  NOTE: All others add **s**: un trou → des trous *(holes)*
  un clou → des clous *(nails)*

- Nouns ending in **-al** and **-ail** change to **-aux**:

  un journal → des journaux   un travail → des travaux

  EXCEPTIONS: un festival → des festivals
  un détail → des détails

- Certain nouns are always plural in French:

  les gens   les vacances   les mathématiques

- Some plurals are completely irregular:

un ciel → des cieux	mademoiselle → mesdemoiselles
un œil → des yeux	madame → mesdames
monsieur → messieurs	

- Some nouns have different pronunciations for the singular and plural:

  un œuf [œ] → des œufs [ø]

---

[4] For generations French children have learned this short list by heart and it has become a cultural joke: **bijou-caillou-chou-genou-hibou-joujou-pou.**

- A compound noun is a noun formed by two or more words connected by a hyphen. The formation of the plural depends on the words that make up the compound noun. In general, if the first word is a verb, it doesn't take the plural. It is best to look up compound nouns in the dictionary when making them plural. For example:

  le beau-frère → les beaux-frères   le gratte-ciel → les gratte-ciel

- The plural of family names in French is indicated by the plural definite article. No **s** is added to the family name itself:

  Les Martin ont salué des amis dans la rue.
  The Martins greeted some friends in the street.

ACTIVITÉS

A. La vie est dure. Vous essayez d'apprendre à votre petite fille que les femmes peuvent faire le même travail que les hommes. Corrigez-la, en suivant le modèle.

MODÈLE: directeur
   Votre fille: Les hommes sont directeurs!
   Vous: Oui. Et un jour tu seras peut-être directrice.

1. chanteur
2. homme d'affaires
3. ingénieur
4. avocat
5. artisan
6. pharmacien
7. patron
8. couturier

same

B. Quel est le genre? Vous écrivez une composition en cours de français. Vous ne savez pas le genre de certains des mots que vous voulez utiliser et le professeur ne vous permet pas d'utiliser le dictionnaire. Servez-vous donc de votre connaissance des terminaisons pour décider du genre de chaque mot.

compétition / serment / russe / Louisiane / loyauté / animal / pilier / tristesse / carnet / cuillère / couteau / Colombie / lion / couture / marxisme / sondage / victoire / fusée / fourchette

C. Une lettre. Un jeune Français écrit pour la première fois à un correspondant américain. Complétez ses phrases. Attention aux articles.

same

Lyon, le 5 janvier

Cher Jack,

Je / être / de Lyon. Je / aller / aller / à New York cet été. Ma sœur / être / critique de musique / très connu / à New York. Ce / être / ancien / chanteur / d'Opéra. Le mari / de / sœur / être / banquier / important / qui / travailler / à la Banque nationale de Paris à New York. Ils me feront faire / tour / de / ville. Je / vouloir / voir / gratte-ciel / et / théâtres / de Manhattan. Peut-être que / je / pouvoir / faire / ta / connaissance / en juillet. En attendant, je / vouloir / aller / tout de suite / à / poste.

À bientôt, j'espère.

Michel

Activity C: Follow-up: Ask students to write out the letter in pairs. Afterwards, have students be Jack or Jackie and answer the letter written to them. They can either read their responses to the class or turn them in. Use these responses as listening comprehension activities.

Additional activity: Select two teams of three or four students and have them stand in front of the class. Elect one person from the class to be judge. Explain to them that you will say a noun and ask for its opposite gender or its plural. Each team will attempt to come up with the answer first and write it on the board. The team that gets it correct first wins a point. Use both easy and difficult nouns. Example: cadet/cadette; caillou; conversation; époux/épouse; gratte-ciel; histoire; monsieur; œil; patronne/patron; paysage; tour; vedette

Interactions

Utilisez les suggestions suivantes pour créer des conversations avec un(e) partenaire. Essayez d'employer autant que possible le vocabulaire et la grammaire de la *Leçon 2.*

A. Dans l'ascenseur *(elevator).* Vous vous trouvez dans un ascenseur avec un(e) camarade de classe et l'ascenseur s'arrête entre deux étages. Votre camarade de classe explique qu'il/qu'elle est un peu claustrophobe. Pour le/la calmer, vous décidez de bavarder.

- Discutez de vos cours, de vos notes, de vos profs, etc.
- Discutez de vos intérêts. Est-ce que vous avez des intérêts en commun?
- Posez une question ou initiez une conversation à partir de quelque chose d'intéressant que vous avez remarqué chez votre interlocuteur/ interlocutrice (une broche, un chapeau, le journal, l'accent anglais qu'il/qu'elle a, etc.).

Quand vous êtes dans un ascenseur, est-ce que vous parlez avec les autres personnes?

B. Présentations. Faites la connaissance de quelqu'un dans la classe. Parlez avec lui/elle d'où il/elle habite, de ses loisirs, et d'où il/elle voudrait aller. Après, présentez-le/la aux autres étudiants de la classe.

Activity B: Follow-up: Ask students to jot down quickly or say aloud the things that they remember about each student. See who remembers the most. The next day, ask them questions about a few of the students. These follow-up activities will stress the importance of listening to each other.

Additional activity: Have students imagine that on a trip (in a train or plane), they have been seated next to the president of the university. Have them role-play the travel conversation.

Premier brouillon ➤ Dossier personnel

1. Look over your brainstorming notes from *Leçon 1* and circle the points you want to use in your informal letter. Use at least three examples in each of the four categories: things you do, the places you go and where you have traveled, people you know, and what you know how to do. As you choose your examples, ask yourself which ones would best serve to introduce you to your classmates. You might decide to give more detail on one example and keep the others short. Or you may choose to use a large number of very short examples. Look at each category and consider your message and your audience to decide.

Demander un service

Quand vous voulez demander à un(e) Français(e) de vous rendre un service, certaines tournures de phrases sociolinguistiques et socio-culturelles peuvent vous aider à réussir, surtout dans les situations formelles. Premièrement, au point de vue sociolinguistique, utilisez des mots comme «Pardon, monsieur/madame», «Excusez-moi de vous déranger», «Auriez-vous la gentillesse/la bonté de..., s'il vous plaît?» De plus, pour être plus poli, employez le conditionnel. «Est-ce que vous pourriez me dire... ?» Enfin, notez que l'on peut utiliser «est-ce que» ou l'inversion pour formuler des demandes dans les situations formelles (mais «est-ce que» est plus souvent utilisé). Dans les situations informelles, utilisez l'intonation ou «est-ce que»: «Tu pourrais m'aider, s'il te plaît? Est-ce que tu pourrais m'aider, s'il te plaît?»

Au point de vue socioculturel, il faut noter que les Français demandent facilement un service à leur famille. La personne à qui on demande un service fera tout son possible pour répondre à la demande même si elle perd beaucoup de temps ou dépense de l'argent. Mais en général, on ne rend pas ce genre de service à n'importe qui...

Un étranger/Une étrangère en France qui a besoin d'aide ou d'un service doit faire très attention à la façon dont il/elle formule sa demande. Sinon, le Français/la Française refusera, n'en saura rien ou fera des excuses. Pour vous débrouiller dans n'importe quelle situation, souvenez-vous de deux choses très importantes: Faites d'abord des compliments à la personne à qui vous allez demander de l'aide. Deuxièmement, utilisez les dix mots les plus importants pour un étranger/une étrangère en France: «Excusez-moi de vous déranger, monsieur/madame, mais j'ai un problème...» Si vous utilisez cette phrase, vous montrerez que vous êtes bien élevé(e). De plus on saura que vous êtes une personne qui respecte les autres et donc qui sera respectée par les Français. Par conséquent, vous recevrez tout ce que vous voulez—ou presque tout.

Comparez la façon de demander un service chez les Français et chez les Américains. Est-ce que cela vous gêne de demander un service? Si oui, dans quelles circonstances?

Adapté de Elaine M. Phillips, *Polite Requests: Second Language Textbooks and Learners of French* Foreign Language Annals 26, iii (Fall 1993), pp. 372–383; Linda L. Harlow, *Do They Mean What They Say? Sociopragmatic Competence and Second Language Learners.* The Modern Language Journal 74, iii (Autumn 1990), pp. 328–351.

ACTIVITÉS

A. Entraînez-vous: De l'aide. Trouvez deux façons de demander de l'aide à chacune des personnes suivantes. Variez, bien sûr, vos expressions.

> MODÈLE: une amie / vous n'avez pas d'argent
> *Excuse-moi, Monique, je voudrais te demander un grand service. Tu pourrais me prêter de l'argent?*
> *Tu peux me prêter de l'argent, s'il te plaît?*

1. votre mère / votre voiture ne marche pas
2. un agent de police / vous avez perdu votre portefeuille
3. dans l'autobus / vous ne savez pas où descendre
4. à l'ambassade de France / vous avez besoin d'un visa tout de suite
5. la concierge / vous allez en vacances
6. un dîner en famille / votre viande n'est pas assez salée

Liens culturels: Before having students read the cultural section on asking for favors, ask them the following:
1. Demandez-vous souvent un service à un(e) ami(e)? À quelle occasion? 2. Aimez-vous qu'on vous demande un service?

Activity A: Add other situations: 7. un chauffeur de taxi / vous (ou votre femme) allez avoir un bébé, 8. un(e) ami(e) / vous avez perdu vos notes de classe, 9. à la douane / vous avez perdu votre passeport

B. Offrir de l'aide. Maintenant, imaginez que vous voulez aider la personne dans cette situation difficile.

1. votre mère / sa voiture ne marche pas
2. un ami / il a perdu son portefeuille
3. dans l'autobus / une personne âgée essaie de mettre un gros paquet sur le porte-bagages
4. une amie / elle doit partir à la campagne parce que son père est très malade

C. Jouez le rôle. Choisissez maintenant une des situations de l'exercice A ou B, et jouez les rôles avec un(e) camarade de classe. N'oubliez pas de saluer et de prendre congé d'une façon adaptée à la situation.

D. Imaginez. Demandez de l'aide à quelqu'un dans les contextes suivants. Imaginez un problème, puis sa solution.

MODÈLES: en classe
Excuse-moi. Je n'ai pas de stylo. Tu peux m'en prêter un? OU:
Excusez-moi, Monsieur Goudin. Je n'ai pas entendu la dernière phrase. Auriez-vous la gentillesse de la répéter?

1. dans un train
2. à la bibliothèque
3. au restaurant
4. à la banque
5. à l'hôpital
6. au travail

Activity D: Add other contexts: dans la rue, à la poste, dans une boutique. Have students propose contexts, imagining situations in the past when they have asked for help. Ask them to bring in magazine pictures or drawings of settings where one would ask for help. See photo on page 4 as a model.

LA GRAMMAIRE À APPRENDRE

Le conditionnel

Formation

When previewing with students, stress the importance of the conditional for being polite in French. Point out also that it is used in formal requests for getting things done.

The conditional in French is useful when making a request or asking for favors. It is equivalent to a compound verb form in English (*would* + infinitive).

> Je **voudrais** un renseignement, s'il vous plaît.
> I **would like** some information, please.

To form the conditional, add the imperfect endings (**-ais, -ais, -ait, -ions, -iez, -aient**) to the infinitive. Notice that the final **e** of **-re** verbs is dropped before adding the endings.

• Verbes réguliers

	parler	**finir**	**rendre**
je	parlerais	finirais	rendrais
tu	parlerais	finirais	rendrais
il/elle/on	parlerait	finirait	rendrait
nous	parlerions	finirions	rendrions
vous	parleriez	finiriez	rendriez
ils/elles	parleraient	finiraient	rendraient

J'aimerais bien parler avec le propriétaire.
*I **would like** to talk with the owner.*

- Changements orthographiques dans certains verbes en **-er**

  Some **-er** verbs undergo changes in the infinitive before the endings are added:

  Verbs like **acheter**: j'achèterais; nous lèverions
  Verbs like **essayer**: j'essaierais; vous paieriez
  Verbs like **appeler**: j'appellerais; ils jetteraient

- Verbes irréguliers

  The following verbs have irregular stems:

aller:	j'irais	devoir:	je devrais
avoir:	j'aurais	envoyer:	j'enverrais
courir:	je courrais	être:	je serais
faire:	je ferais	savoir:	je saurais
falloir:	il faudrait	tenir:	je tiendrais
mourir:	je mourrais	valoir:	il vaudrait
pleuvoir:	il pleuvrait	venir:	je viendrais
pouvoir:	je pourrais	voir:	je verrais
recevoir:	je recevrais	vouloir:	je voudrais

(handwritten margin note:) courr / mourr / pourr / enverr / verr

Je **voudrais** trois billets aller-retour, s'il vous plaît.
*I **would like** three round-trip tickets, please.*

Emploi

- The conditional is often used to express wishes or requests.

  Maman, tu **pourrais** m'aider à faire mes devoirs?
  *Mom, **could** you help me with my homework?*

- It also lends a tone of deference or politeness, which makes a request less abrupt.

  Pourriez-vous me dire où se trouve la poste, s'il vous plaît?
  ***Could** you please tell me where the post office is?*

- Often, expressions such as **Pardon, madame** or **Excusez-moi, monsieur** are used to make a request more polite.

  Pardon, monsieur, auriez-vous la gentillesse de m'indiquer où se trouve la rue Victor Hugo?
  ***Pardon me, sir, would** you be so kind as to show me where Victor Hugo Street is?*

Vous pourriez me montrer où se trouve la gare?

- The conditional of the verb **devoir** corresponds to *should* in English. It is frequently used to give advice.

  Vous **devriez** bien étudier pour cet examen!
  *You **should** study hard for this test!*

- The use of the conditional to indicate a hypothetical fact that is the result of some condition will be presented in *Chapitre 7.*

ACTIVITÉS

Activities A–D: Do at least one of these activities in small groups.

A. Soyez poli(e)! Vous êtes en voyage. Vous avez besoin d'un billet. Mettez ces phrases au conditionnel.

1. Je veux de l'aide.
2. Pouvez-vous m'aider à acheter un billet?
3. Je peux vous poser une question?
4. Il me faut un billet aller-retour.
5. Ça te plaît de voyager en première classe.
6. Vous devez m'envoyer des renseignements sur les tarifs réduits à mon adresse permanente.

B. Les voyages. Si nous pouvions partir en voyage (n'importe où)...

MODÈLE: Nous visitons des pays exotiques.
Nous visiterions des pays exotiques.

1. Marianne passe tout son temps à faire du ski en Suisse.
2. Mes autres amis choisissent l'Espagne.
3. Je connais très bien les pays d'Asie.
4. Tu suis tes cours de langue avec beaucoup plus d'enthousiasme.
5. Nous n'avons plus le temps d'aller en cours.
6. Nous sommes très sensibles aux différences culturelles.

C. Dans le métro. On parle très peu aux étrangers dans le métro, mais on entend de temps en temps les phrases suivantes. Pour les compléter, mettez les verbes ci-dessous au conditionnel.

pouvoir / vouloir / savoir / devoir / avoir

1. _____-vous la gentillesse de me céder votre place? J'ai mal aux jambes.
2. _____-vous ouvrir la fenêtre? Il fait vraiment chaud ici.
3. _____-vous l'heure, monsieur?
4. Vous _____ vous asseoir, madame. Vous êtes pâle comme tout.
5. Est-ce que je _____ m'asseoir à côté de vous, monsieur?

Activity D: Have students brainstorm as many possibilities as they can for each completion item. Ask groups to report back their favorite answers.

D. Si c'était possible... Complétez les phrases suivantes. Comparez vos réponses à celles de vos camarades de classe.

1. Ça me plairait de...
2. Vous devriez...
3. Je voudrais...
4. Il me faudrait...
5. J'aimerais...

La femme ne sait pas quelle ligne de métro elle doit prendre. Imaginez sa conversation avec l'homme.

Interactions

Utilisez les suggestions suivantes pour créer des conversations avec un(e) partenaire. Essayez d'employer autant que possible le vocabulaire et la grammaire de la *Leçon 3.*

A. Une situation embarrassante. Vous êtes en voyage et vous avez laissé votre serviette *(briefcase)* dans un taxi. Vous quittez la France dans deux jours et vous voulez que la compagnie de taxi vous l'envoie aux États-Unis. Décrivez votre serviette en détail, bien sûr, et ce qu'il y avait dedans. Si la compagnie la trouve et refuse de vous l'envoyer, demandez-lui de l'envoyer à votre frère qui viendra en France dans deux semaines. Prenez les mesures nécessaires, en utilisant toutes les expressions polies que vous connaissez!

B. Soyez ferme! Il y a des moments où on ne doit pas être poli. Un jeune homme essaie de vous vendre des montres et des bijoux dans le jardin des Tuileries. Il vous montre ses produits tout en marchant près de vous. Vous ne voulez rien acheter. Soyez ferme mais pas grossier/grossière *(abusive).* Expliquez que vous venez d'arriver en France et que vous n'avez besoin de rien. Demandez-lui d'être gentil et de vous laisser partir. Expliquez-lui qu'il devrait vous laisser tranquille et que s'il continue, vous allez appeler quelqu'un à l'aide.

For variety, you may wish to assign three students to each of the *Interactions* activities. Ask two to role-play and one to be corrector, reporter, or idea proposer. This person can report on the role-play, describing what happened.

Activity B: **Variation:** Give another setting. Have students imagine that someone has just stolen their briefcase or purse. How would they react? What would they say? Have them play the roles of the victim and the thief.

Deuxième brouillon Dossier personnel

1. Write a second draft of your letter from *Leçon 2,* trying to focus on the most interesting examples. Provide adequate details for those illustrations. Ask yourself if you have used the examples that best typify the category and whether you have used an appropriate number of examples to provide an accurate portrait of yourself to your readers. Check that the organization of your letter is effective and conveys the impression you want.

2. Add some expressions of politeness at the beginning and end to smooth the way to getting to know your classmates and to have them get to know you: **Je suis content(e) de faire votre connaissance,** etc.

3. Make your letter read more smoothly by using transition words and combining very short sentences to form longer ones. Use some of the following expressions:

   - Transition words that qualify: **mais** *(but),* **cependant** or **pourtant** *(however),* **sauf** *(except for)*
   - Transitions that contrast: **par contraste** *(in contrast),* **tandis que** *(but on the other hand, whereas),* **à la place de** *(instead of)*
   - Transitions that concede: **néanmoins** *(nevertheless),* **bien sûr** *(of course),* **après tout** *(after all)*

Phrases: Writing a letter (informal); writing a letter—introduction; writing a letter—conclusion
Vocabulary: Geography; leisure; traveling
Grammar: Verb summary

Activités vidéo

Turn to **Appendice B** for a complete list of active chapter vocabulary.

Avant la vidéo

1. Interviewez vos camarades au sujet des vacances. Pour quelles raisons prennent-ils des vacances? Quel sont leurs endroits de vacances et leurs activités préférés? Qu'est-ce que ces réponses vous apprennent sur les goûts de la classe?
2. Est-ce que vous avez déjà participé à un tirage au sort? Qu'est-ce que vous avez fait pour satisfaire les conditions requises? Avez-vous décroché le prix?

Because this is the first *Synthèse* section your students have encountered, explain to them that its purpose is to provide a review of all functions and grammar in the chapter. This section is important for synthesizing all the skills presented.

Après la vidéo

1. Pourquoi Claire-Anse n'est-elle pas satisfaite de son rendez-vous avec l'assistant de conservation? Est-ce qu'à sa place, vous auriez réagi de la même façon? Pourquoi ou pourquoi pas? Et dans votre classe, est-ce que les hommes et les femmes auraient eu des réactions similaires?
2. Où est-ce qu'Élodie va aller cet hiver? Où veut-elle aller l'hiver prochain? Des quatre endroits mentionnés, lequel préférez-vous? Pourquoi?

Activités orales

A. Ah, le temps! Dans votre rêve, vous êtes dans une situation où vous ne trouvez aucun sujet de conversation sauf parler du temps. Jouez les rôles avec un(e) camarade de classe. Discutez des sujets suivants:

- le temps aujourd'hui
- le temps d'hier; le temps qu'il fera demain
- la même saison mais l'année passée
- le temps dans d'autres parties du pays ou en Europe

Activity B: Have students decide which actor or actress they will be. You can ask them to expand on the role-play by introducing a third party who interrupts them during the meal.

B. Dîner avec une vedette. Vous avez gagné une soirée en ville avec votre acteur préféré/actrice préférée. Vous allez dîner au meilleur restaurant de la ville. Saluez-le/la et bavardez un peu. Parlez des sujets suivants:

- pourquoi il/elle est devenu(e) acteur/actrice
- ses futurs projets
- les rôles ou les films que vous avez admirés
- sa vie personnelle (frères, sœurs, loisirs, etc.)
- demandez-lui s'il/si elle pourrait signer votre menu
- si vous pourriez lui rendre visite

Activité écrite

Un(e) correspondant(e). Vous avez un(e) nouveau/nouvelle correspondant(e). Écrivez une courte lettre dans laquelle vous vous présentez. Parlez-lui de la région dans laquelle vous habitez, de votre famille, de vos intérêts et de votre vie (à l'université/au lycée ou au travail). Posez-lui des questions sur sa vie. Commencez la lettre par «Cher/Chère...» et terminez-la par «Amicalement».

Révision finale ➤ Dossier personnel

1. Reread your letter and focus on the tone. Do you sound friendly and energetic or drab and boring? If the tone conveys the latter, go through and enliven the content without exaggerating the examples.

2. Bring your draft to class and ask two classmates to peer edit your compositions, using the symbols on page 431. They should pay particular attention to whether the letter is interesting and inviting.

3. Examine your letter one last time. Check for correct spelling, grammar, and punctuation. Pay special attention to your use of the present tense, the time expressions, and topics of conversation.

4. Prepare your final version using interesting stationary or paper. The appearance of the letter should make the impression that you want to give. Make sure that there are no mistakes and that everyone can read your handwriting.

Révision finale: If you wish, ask students if there are volunteers to have their letters serve as models for the first group edit. (You will need to have these volunteers prepare their letters on a transparency or photocopy them). Use fifteen minutes of class time to follow the peer-editing techniques proposed in "Focus on Process Writing and Peer Editing" starting on page IG-42 in the Instructor's Guide at the front of this book.

Phrases: Writing a letter (informal)
Vocabulary: Geography; leisure; traveling
Grammar: Verb summary; conditional; plural of nouns

SYSTÈME-D

Consult **http://bravo.heinle.com** for additional readings on Paris and its monuments.

Show a video of Paris, if possible, or bring in a literary passage or a song on Paris. Assign the reading for out-of-class work.

If any of your students have traveled to Paris, ask them to describe their time there and their encounters with the French. Have them describe the traffic and cars.

I. *Ils sont fous, ces Français* de Polly Platt

Avant la lecture

Sujets à discuter

- Comment est-ce que la plupart des Américains voient les Parisiens? Froids? Chaleureux *(Warm)*? Gentils? Impolis? Accueillants *(Friendly)*? Comment est-ce que vous les voyez?
- Quand vous êtes dans un endroit inconnu et que vous avez des problèmes, qu'est-ce que vous attendez des gens de la région? De la gentillesse? De l'indifférence? De l'impolitesse?
- Est-ce que votre voiture a déjà calé *(stalled)* dans une grande rue? Qu'est-ce que vous avez fait? Est-ce que vous avez pu repartir?

Introduction

This article by Polly Platt will provide examples of several of the cultural themes in the chapter. She talks, for example, about living in a new culture in Paris and of offers of help that she has witnessed. Polly Platt, an American who lived in Paris for 20 years, has become well acquainted with the French and French culture. She believes, contrary to what many Americans think, that Parisians are not indifferent and cold to those they don't know. She cites several examples of how the French are very generous with their time when they see a stranger in distress.

ILS SONT FOUS, CES FRANÇAIS

Les Parisiens ont beau être toujours débordés *However overwhelmed the Parisians always are* / **prévenants** *gentils*

longueur d'ondes *wavelength*

embarrass *difficulté* / **coffre** *trunk*

chausson *chaussure tricotée*

ils se plieront en quatre *they bend over backwards* / **prévenir** *to warn*

l'heure de pointe *rush hour*
4 L *Renault 4 L* / **a calé** *stalled*
les flics *les agents de police*

Les Parisiens ont beau être toujours débordés°, ils savent aussi se montrer extrêmement prévenants° avec les gens dans la rue, à condition qu'ils soient sur la même longueur d'ondes° (qu'ils ne sourient pas). S'ils remarquent quelque chose qui risque de vous mettre dans l'embarras°—un coffre° de voiture ouvert, une boîte d'œufs qui va tomber de votre porte-bagages—ils se plieront en quatre° pour vous prévenir°.

Dans la rue, en France, on vous court après si vous laissez tomber quelque chose. Essayez si vous ne me croyez pas! Et, en cas d'urgence, les Français savent s'unir contre ces «Autres» impitoyables que sont les flics°; le mauvais temps, le gouvernement, les accidents, la négligence, le manque de chance.

Les chauffeurs de bus vous attendent. Ils s'arrêtent même parfois exprès pour vous. Si quelqu'un trouve un objet dans la rue, il le dépose contre une vitrine au cas où le propriétaire reviendrait le chercher. C'est comme ça qu'hier, j'ai aperçu, posés sur le rebord des fenêtres, un chausson° de bébé, un guide de Paris et des lunettes de ski.

Peu de temps après notre arrivée à Paris, je suis tombée sur un bon samaritain. Je conduisais les enfants à l'école à l'heure de pointe°, sous une pluie battante, lorsque ma 4 L° a calé° dans une rue à sens unique. Derrière moi, une vingtaine de voitures—toutes conduites par des hommes d'affaires qui se rendaient à leur travail. Ils se sont mis° à klaxonner à qui mieux mieux°. Mais impossible de redémarrer°. Les klaxons ont monté d'un ton. Dans tous mes états, je tirais éperdument° sur le starter. Peine perdue°. Les klaxons faisaient maintenant un bruit assourdissant°. C'est alors que le conducteur de la voiture de derrière se présenta° poliment devant ma portière, tout dégoulinant° de pluie, et me demanda° si je voulais qu'il essaie de démarrer la voiture. Soulagée, je me glissai° sur le siège du passager. Devant cette initiative, les autres chauffeurs m'ont prise en pitié, et ils ont cessé de klaxonner. Mais mon sauveur n'est pas arrivé, lui non plus, à démarrer la voiture. Il m'a aidée à la pousser sur une place de stationnement et m'a dit: «Madame, j'ai peur que vous ne° soyez obligée d'emmener vos enfants à l'école en taxi. Pendant ce temps, j'enverrai quelqu'un examiner votre voiture. Je travaille chez Renault.»

Quand je suis revenue, un peu plus tard, deux mécanos en salopettes° bleues s'affairaient° autour de ma voiture. Ils m'apprirent° que, malheureusement, ils ne pouvaient pas la réparer sur place et qu'il fallait qu'ils l'apportent chez le concessionnaire°. Le concessionnaire? Mais où ça?

«Chez Renault, Madame. Avenue de la Grande-Armée. Elle sera prête à six heures.» Lorsque j'arrivai° pour la chercher, on m'apprit° que je n'avais rien à payer. On refusa° même de me donner le nom de mon bienfaiteur. «Monsieur le directeur préfère garder l'anonymat.» Mon français n'était pas assez bon pour que je puisse plaider ma cause (prendre un air contrit° et refuser de partir avant qu'ils vous aient répondu).

C'était il y a longtemps, mais je le revois marchant sous la pluie et frappant à ma portière. S'il lit cette histoire et qu'il se souvient de la pauvre Américaine avec ses trois enfants à l'arrière de sa 4 L, j'espère qu'il se fera connaître.

mécanos en salopettes *mécaniciens en tenue de travail* / se sont mis *ont commencé* / s'affairaient *s'occupaient activement* / à qui mieux mieux *trying to beat each other, very loudly* / m'apprirent *m'ont appris* / redémarrer *faire repartir* / éperdument *violemment* / Peine perdue *Lost cause* / concessionnaire *car dealer* / assourdissant *qui rend sourd*

se présenta *s'est présenté (le passé simple)* / j'arrivai *je suis arrivée* / dégoulinant *dripping wet* / me demanda *m'a demandé* / m'apprit *m'a appris* / refusa *a refusé* /

me glissai *me suis glissée (slid over)*

prendre un air contrit *to look sorry*

ne *ici sans sens négatif*

Extrait de Polly Platt, *Ils sont fous, ces Français*, Paris. Éditions Bayard, 1997.

Après la lecture

Compréhension

A. Observation et analyse.

1. Donnez 3–4 exemples que Polly Platt utilise pour illustrer la gentillesse inattendue des Parisiens envers des inconnus.
2. Qu'est-ce qui est arrivé à Mme Platt et à ses enfants dans la rue le jour où il pleuvait beaucoup?
3. Qu'est-ce que le bon samaritain a fait pour eux?
4. Quel est le plus cher espoir de Mme Platt?

B. Grammaire/Vocabulaire. Relisez cette histoire. En utilisant les expressions pour offrir ou demander un service et le conditionnel, que diriez-vous dans les circonstances suivantes?

1. Vous remarquez que le coffre d'une voiture arrêtée au feu rouge est ouvert.
2. Une personne a du mal à porter ses achats. En fait, une boîte d'œufs va tomber de son sac.
3. Votre voiture ne redémarre pas. Il fait un temps horrible et la circulation devient plus dense.
4. Vous voulez savoir le nom de la personne qui vous a aidé à réparer votre voiture. On ne vous le dira pas.

C. Réactions.

1. Est-ce que vous avez déjà eu l'occasion d'aider quelqu'un qui était dans un grand besoin? Si oui, qu'est-ce que vous avez fait?
2. Est-ce que vous pensez que la dame qui a écrit l'histoire est trop optimiste et trop naïve? Est-ce que vous croyez qu'il y a beaucoup d'inconnus qui seraient prêts à vous dépanner comme cela à Paris?
3. Comparez: Qu'est-ce qui se passerait dans une grande ville américaine si votre voiture calait en pleine rue?

Interactions

1. Formez un groupe de trois étudiants pour jouer les rôles de cette scène. La voiture d'un d'entre vous ne redémarre pas. Les deux autres personnes viennent à l'aide de ce malheureux/cette malheureuse. Imaginez la conversation.
2. On pense, en général, que les gens des grandes villes, surtout d'une ville comme Paris, sont moins obligeants *(helpful)* que ceux des petites villes. Pourquoi à votre avis? D'où viennent ces stéréotypes? Discutez-en en petits groupes.

Expansion

Allez sur l'Internet et faites des recherches sur la compagnie automobile Renault. Donnez une brève histoire de cette compagnie. Est-ce que vous connaissez d'autres compagnies automobiles françaises? Lesquelles?

II. *Père et fille en voyage* d'Annie Ernaux

Avant la lecture

Sujets à discuter

- Est-ce que vous avez déjà fait un voyage organisé? Avec qui? (classe, équipe, association, agence de voyages?) Est-ce que c'était en car, en train, en avion, en bateau? Quels souvenirs avez-vous de ce voyage?
- Pourquoi est-ce que les gens partent en voyage organisé, à votre avis? Où est-ce que ça vous plairait d'aller avec un groupe?
- Quand vous aviez 13 ans, est-ce que vous vous compariez aux autres jeunes? Dans quelles circonstances?

Stratégies de lecture

Familles de mots. Des mots inconnus ressemblent souvent à des mots que vous avez déjà appris. Vous connaissez probablement les mots de la colonne de gauche. En utilisant le contexte et votre connaissance des mots de la colonne de gauche, déterminez et puis expliquez à un(e) camarade de classe le sens des mots soulignés dans les phrases ci-dessous. Si vous ne connaissez pas les mots de la colonne de gauche, utilisez votre dictionnaire!

inscription 1. Au cours de l'hiver, ma mère nous avait <u>inscrits</u>, mon père et moi, à un voyage organisé par la compagnie d'autocars de la ville.

pays 2. Au fur et à mesure que nous descendions vers le sud, le <u>dépaysement</u> m'envahissait.

terre 3. Derrière nous, une veuve, propriétaire <u>terrienne</u>, avec sa fille de treize ans.

content 4. Elle n'a pas répondu à mes avances, <u>se contentant</u> de me sourire quand je lui parlais…

le col 5. À une petite table près de nous, il y avait une fille de quatorze ou quinze ans, en robe <u>décolletée</u>, bronzée, avec un homme assez âgé…

goût 6. Elle <u>dégustait</u> une sorte de lait épais dans un pot en verre…

Introduction

*This literary reading focuses on the chapter theme of "**Le voyage.**" Travel often involves much more than seeing new sights and having a good time. While travelers become acquainted with new areas and possibly new customs and ways of living one's life, they also become better acquainted with themselves, their position in the world, and their relationships with others. Self-knowledge can, however, lead to disappointment or disillusionment.*

*The writer Annie Ernaux has made many voyages of discovery. In 1952, she was 12 and lived in a working-class family in Rouen, in Normandy. In La honte (1997), one of her autobiographical books, she recalls the pilgrimage she made that year with her father to Lourdes, in southern France, where the virgin Mary had appeared to a young woman a century earlier, and to the **châteaux de la Loire.** She describes how difficult it was for her to establish contact with other teenage girls during this trip. These slightly older strangers were a source of both curiosity and envy.*

Ask students to find Lourdes, Rocamadour, Dreux, Limoges, Biarritz, Bordeaux, **les châteaux de la Loire,** and other locations mentioned in the text, on the Internet or show any pictures that you might be able to find. Try to set the context for students so that they can imagine the young girl and her father on vacation.

You might also ask students to look up information on Annie Ernaux.

en cinquième correspond à la 7e (2e année de *Junior High*) / **le corsage** le chemisier / **gonflé** le contraire de plat

plissée avec des plis (*pleats*)

le gouffre de Padirac (*a cavern*): site touristique naturel avec une rivière souterraine (une des merveilles du plateau du Haut-Quercy) au nord-est de Cahors (voir Internet)

le trottoir endroit réservé aux piétons (*pedestrians*), entre les magasins et la rue / **la fête de la Jeunesse** *a public celebration by all schools in a city that included athletic/gymnastic displays; common until the 1960s* / **roulé** voyagé (l'autocar a roulé)

s'est mis a commencé

disorientation
invade

tapissé couvert

rusk

se soucier des prendre intérêt aux, s'occuper des / **épais** *thick*

Au cours de l'hiver, ma mère nous avait inscrits, mon père et moi, à un voyage organisé par la compagnie d'autocars de la ville. Il était prévu de descendre vers Lourdes en visitant des lieux touristiques, Rocamadour, le gouffre de Padirac°, etc., d'y rester trois ou quatre jours et de remonter vers la Normandie par un itinéraire différent de celui de l'aller, Biarritz, Bordeaux, les châteaux de la Loire. C'était au tour de mon père et moi d'aller à Lourdes. Le matin du départ, dans la deuxième quinzaine d'août — il faisait encore nuit — nous avons attendu très longtemps sur le trottoir° de la rue de la République le car qui venait d'une petite ville côtière, où il devait embarquer des participants au voyage. On a roulé° toute la journée en s'arrêtant le matin dans un café, à Dreux, le midi dans un restaurant au bord du Loiret, à Olivet. Il s'est mis° à pleuvoir sans discontinuer et je ne voyais plus rien du paysage à travers la vitre. [...] Au fur et à mesure que nous descendions vers le sud, le dépaysement m'envahissait. Il me semblait que je ne reverrais plus ma mère. En dehors d'un fabricant de biscottes et sa femme, nous ne connaissions personne. Nous sommes arrivés de nuit à Limoges, à l'hôtel Moderne. Au dîner, nous avons été seuls à une table, au milieu de la salle à manger. Nous n'osions pas parler à cause des serveurs. Nous étions intimidés, dans une vague appréhension de tout. [...] Derrière nous, une veuve, propriétaire terrienne, avec sa fille de treize ans. [...]

J'avais cru naturel de rechercher la compagnie de la fille de treize ans, Élisabeth, puisque nous n'avions qu'un an de différence et qu'elle allait aussi dans une école religieuse, même si elle était déjà en cinquième°. Nous étions de la même taille mais elle avait le corsage° gonflé° et déjà l'air d'une jeune fille. Le premier jour, j'avais remarqué avec plaisir que nous portions toutes les deux une jupe plissée° marine avec une veste, la sienne rouge et la mienne orange. Elle n'a pas répondu à mes avances, se contentant de me sourire quand je lui parlais, de la même façon que sa mère, dont la bouche s'ouvrait sur plusieurs dents en or et qui n'adressait jamais la parole à mon père. Un jour, j'ai mis la jupe et le chemisier de mon costume de gymnastique, qu'il fallait user une fois la fête de la Jeunesse° passée. Elle l'a remarqué: «Tu es allée à la fête de la Jeunesse?» J'ai été fière de dire oui, prenant sa phrase accompagnée d'un grand sourire pour une marque de connivence entre nous deux. Ensuite, à cause de l'intonation bizarre, j'ai senti que cela signifiait, «tu n'as rien d'autre à te mettre que tu t'habilles en gymnastique».

Un soir, le dernier du voyage, à Tours, nous avons dîné dans un restaurant tapissé° de glaces, brillamment éclairé, fréquenté par une clientèle élégante. Mon père et moi étions assis au bout de la table commune du groupe. Les serveurs négligeaient celle-ci, on attendait longtemps entre les plats. À une petite table près de nous, il y avait une fille de quatorze ou quinze ans, en robe décolletée, bronzée, avec un *low necked.* homme assez âgé, qui semblait être son père. Ils parlaient et riaient, avec aisance et liberté, sans se soucier des° autres. Elle dégustait une sorte de lait épais° dans un pot en verre — quelques années après, j'ai appris que c'était du yoghourt, encore inconnu chez nous. Je me suis vue dans la glace en face, pâle, l'air triste avec mes lunettes, silencieuse à côté de mon père, qui regardait dans le vague. Je voyais tout ce qui me séparait de cette fille mais je ne savais pas comment j'aurais pu faire pour lui ressembler.

Extrait d'Annie Ernaux, *La honte*, © Éditions Gallimard, pp. 114–115, 118–119, 124–125.

Après la lecture

Compréhension

A. Observation et analyse.

1. La narratrice (la personne qui raconte l'histoire) a quel âge quand elle fait ce voyage? Et quand elle écrit ce récit, à votre avis?
2. Où est-ce qu'elle va avec son père? Pourquoi?
3. Le voyage organisé a lieu pendant quel mois?
4. Est-ce que la jeune fille connaît beaucoup de participants?
5. Est-ce que la jeune fille a l'habitude d'aller en voyage? Expliquez son attitude.
6. Avec qui veut-elle parler? Décrivez les conversations qu'elle a.
7. Comment est-ce qu'elle s'habille pendant le voyage? Est-ce que les vêtements ont de l'importance pour elle? pour les autres?
8. Décrivez le restaurant à Tours. Décrivez l'ambiance dans ce restaurant.
9. En faisant ce voyage touristique, est-ce que la jeune fille fait aussi un «voyage intérieur»? Qu'est-ce qu'elle découvre?
10. À votre avis, qu'est-ce qui a le plus marqué la jeune fille pendant ce voyage: les lieux, les visites, la découverte de l'ouest de la France, l'indifférence des autres envers elle, sa timidité, ses rapports avec son père, autre chose? Expliquez et justifiez votre opinion.

B. Grammaire/Vocabulaire. Dans la colonne de gauche, il y a des mots tirés du texte. Essayez de dire la même chose en choisissant un mot ou une phrase qui a la même signification dans la colonne de droite.

1. il était prévu
2. descendre
3. remonter
4. un itinéraire
5. la vitre
6. intimidé
7. rechercher
8. être de la même taille
9. remarquer
10. adresser la parole
11. une marque de connivence
12. encore inconnu
13. lui ressembler

un chemin, une succession de routes ou de rues

un signe de complicité, d'entente silencieuse

essayer de connaître

être pareil(le) à quelqu'un

selon le programme, on devait

revenir d'une région plus au sud

jamais vu

appréhender quelque chose et être peu sûr de soi

être aussi grand(e)

le verre de la fenêtre

constater, noter dans sa tête

aller dans le sud

dire un mot, parler

C. Réactions.

1. Décrivez les sentiments que vous avez eus en lisant cette histoire. Par exemple, est-ce que vous êtes triste ou content(e) pour la jeune fille? Pourquoi? Est-ce que vous la trouvez naïve, innocente, complexée ou sotte? Expliquez.
2. Parlez des autres personnages de l'histoire: le père, la veuve et sa fille Élisabeth, les serveurs, etc. Comment les trouvez-vous? Décrivez les rapports entre la narratrice et ces personnes.
3. Est-ce que vous avez déjà eu une réaction comme celle de la jeune fille pendant un voyage ou dans une autre situation? Expliquez.
4. Quelle serait votre réaction si une étudiante de la classe agissait comme Élisabeth, la fille de la veuve?

Interactions

1. Avec un(e) camarade de classe, décrivez un voyage organisé et les participants idéaux. Pensez aux choses suivantes: la destination, le temps, la saison, les repas, le moyen de transport, etc.
2. Jouez les rôles et imaginez une scène entre la jeune fille et Élisabeth, peut-être pendant la visite d'un château de la Loire.
3. Depuis le seizième siècle, on dit beaucoup en France que «les voyages forment la jeunesse». Avec deux ou trois autres étudiants, analysez cette déclaration. Est-ce que vous êtes d'accord? Pourquoi? Préparez au moins trois exemples pour justifier votre point de vue et présentez-les à la classe.

Expansion

1. Choisissez un des endroits suivants et faites des recherches à la bibliothèque ou sur Internet: Lourdes, le gouffre de Padirac, Biarritz, Bordeaux, les châteaux de la Loire, Limoges. Expliquez pourquoi c'est un lieu connu.
2. Dessinez une carte de la France et tracez l'itinéraire du voyage du père et de la fille.

Je t'invite…

THÈMES: L'université; L'invitation; La nourriture et les boissons

Possible questions to introduce chapter themes and functions: Qu'est-ce qui se passe sur cette photo? Qui sont ces gens? De quoi est-ce qu'ils discutent? After studying the *Expressions typiques pour…* and *Mots et expressions utiles* in *Leçon 1*, ask students to write a dialogue that is appropriate for this photo.

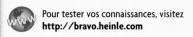

The information presented here is intended to refresh your memory of various grammatical topics that you have probably encountered before. Review the material and then test your knowledge by doing the drills in the margin and completing the accompanying exercises in the workbook.

Avant la première leçon

Quelques verbes irréguliers: le présent

A. Les plus communs

avoir *(to have)*

j'**ai**	nous **avons**
tu **as**	vous **avez**
il/elle/on **a**	ils/elles **ont**

être *(to be)*

je **suis**	nous **sommes**
tu **es**	vous **êtes**
il/elle/on **est**	ils/elles **sont**

aller *(to go)*

je **vais**	nous **allons**
tu **vas**	vous **allez**
il/elle/on **va**	ils/elles **vont**

faire *(to do; to make)*

je **fais**	nous **faisons**
tu **fais**	vous **faites**
il/elle/on **fait**	ils/elles **font**

B. Verbes en *-ir*

partir *(to leave)*

je **pars**	nous **partons**
tu **pars**	vous **partez**
il/elle/on **part**	ils/elles **partent**

Like **partir: sortir** *(to go out);* **mentir** *(to lie)*

dormir *(to sleep)*

je **dors**	nous **dormons**
tu **dors**	vous **dormez**
il/elle/on **dort**	ils/elles **dorment**

servir *(to serve)*

je **sers**	nous **servons**
tu **sers**	vous **servez**
il/elle/on **sert**	ils/elles **servent**

venir *(to come)*

je **viens**	nous **venons**
tu **viens**	vous **venez**
il/elle/on **vient**	ils/elles **viennent**

Like **venir**: **revenir** *(to come back)*; **devenir** *(to become)*; **tenir** *(to hold)*; **retenir** *(to hold back)*

NOTE: **venir de + infinitif** = *to have just done something*

C. Verbes en *-re*

mettre *(to put; to put on)*

je **mets**	nous **mettons**
tu **mets**	vous **mettez**
il/elle/on **met**	ils/elles **mettent**

Like **mettre**: **permettre** *(to permit)*; **promettre** *(to promise)*; **battre** *(to beat)*

dire *(to say; to tell)*

je **dis**	nous **disons**
tu **dis**	vous **dites**
il/elle/on **dit**	ils/elles **disent**

Like **dire**: **lire** *(to read)* *(except for the regular* **vous** *form:* **vous lisez***)*

écrire *(to write)*

j'**écris**	nous **écrivons**
tu **écris**	vous **écrivez**
il/elle/on **écrit**	ils/elles **écrivent**

Like **écrire**: **décrire** *(to describe)*; **s'inscrire à/pour** *(to join; to sign up for)*

prendre *(to take)*

je **prends**	nous **prenons**
tu **prends**	vous **prenez**
il/elle/on **prend**	ils/elles **prennent**

Like **prendre**: **comprendre** *(to understand)*; **apprendre** *(to learn)*; **surprendre** *(to surprise)*

D. Verbes en *-oir(e)*

pouvoir *(to be able)*

je **peux**	nous **pouvons**
tu **peux**	vous **pouvez**
il/elle/on **peut**	ils/elles **peuvent**

vouloir *(to wish; to want)*

je **veux**	nous **voulons**
tu **veux**	vous **voulez**
il/elle/on **veut**	ils/elles **veulent**

devoir *(to have to; to owe)*

je **dois**	nous **devons**
tu **dois**	vous **devez**
il/elle/on **doit**	ils/elles **doivent**

croire *(to believe)*

je **crois**	nous **croyons**
tu **crois**	vous **croyez**
il/elle/on **croit**	ils/elles **croient**

Like **croire: voir** *(to see)*

valoir *(to be worth)*

je **vaux**	nous **valons**
tu **vaux**	vous **valez**
il/elle/on **vaut**	ils/elles **valent**

NOTE: The third-person singular form is most often used: **il vaut.**

> **valoir mieux** *(to be better)*
> **valoir la peine** *(to be worth the trouble)*

falloir *(to be necessary)*
   il faut

pleuvoir *(to rain)*
   il pleut

Avant la deuxième leçon

Les articles

A. L'article défini

Les articles. Mettez l'expression au pluriel. Faites attention à l'article ou à la préposition.

Modèles: la femme → *les femmes*
   de l'hôtel → *des hôtels*

1. le garçon
2. l'homme
3. un hôtel
4. une voiture
5. à l'école
6. au cinéma
7. de la boutique
8. du supermarché

	Singulier	Pluriel
Masculin	le restaurant	les restaurants
Féminin	la gare	les gares
Voyelle ou *h* muet	l'ami	les amis
	l'amie	les amies
	l'hôtel	les hôtels

The definite article contracts with **à** *(at, to, in)* and **de** *(from, of, about)* as follows:

• Definite article with **à**

	Singulier	Pluriel
Masculin	au restaurant	aux restaurants
Féminin	à la gare	aux gares
Voyelle ou *h* muet	à l'hôtel	aux hôtels

• Definite article with **de**

	Singulier	Pluriel
Masculin	du restaurant	des restaurants
Féminin	de la gare	des gares
Voyelle ou *h* muet	de l'hôtel	des hôtels

B. L'article indéfini

	Singulier	Pluriel
Masculin	un hôtel	des hôtels
Féminin	une gare	des gares

C. Le partitif

The partitive article is used with a noun to indicate part of a whole. In English, we use the words *some* or *any* or nothing at all in place of the partitive article. The partitive article in French is a combination of **de** and the definite article.

	Singulier	Pluriel
Masculin	du pain	des fruits
Féminin	de la crème	des framboises
Voyelle ou _h_ muet	de l'eau	des hors-d'œuvre

Some grammarians do not consider the plural form **des** as a true partitive. They regard it as the plural indefinite article. In practical usage, there is no difference.

Restaurant

CHEZ PAUL
"Le Bistrot Traditions"

13, rue de Charonne
75011 PARIS

Ouvert tous les jours, midi et soir (commande jusqu'à 0h30)

En France il y a plus de 155 000 restaurants.

Combien de fois par mois est-ce que vous allez au restaurant? Combien de fois est-ce que vous voudriez y aller? Quels sont vos restaurants préférés?

1. Some bread, please.
2. Some butter, please.
3. That's too much butter. A little less butter, please.
4. A dozen oranges, please.
5. A kilo of beef, please.
6. A can of peas, please.
7. A liter of milk, please.
8. A package of spaghetti, please.
9. Some strawberries.
10. And a liter of mineral water, please.

D. Les expressions de quantité

Expressions of quantity are followed by **de** plus the noun. The article is omitted.

assez de	*enough*
autant de	*as much, as many*
beaucoup de	*many, a lot of*
combien de	*how many, how much*
moins de	*less, fewer*
peu de	*few, little*
plus de	*more*
tant de/tellement de	*so much, so many*
trop de	*too much*
une boîte (un paquet) de	*a box, can (a package) of*
une bouteille (une tasse, etc.**) de**	*a bottle (a cup, etc.) of*
une cuillerée de	*a spoonful of*
une douzaine de	*a dozen of*
un kilo (une livre, etc.**) de**	*a kilo (a pound, etc.) of*
un litre de	*a liter of*
un morceau de	*a piece of*
une paire de	*a pair of*
un peu de	*a little*
une tranche de	*a slice of*

Ce café a **beaucoup de** clients.	*This café has many customers.*
Il reste **peu de** citron pressé dans son verre.	*There is only a little freshly squeezed lemonade left in his/her glass.*

EXCEPTIONS: **Bien de, la plupart de, la plus grande partie de,** and **la majorité de** are followed by and combined with the definite article:

La plupart des clients boivent du vin.	*Most of the customers are drinking wine.*

Avant la troisième leçon

Les mots interrogatifs

où *(where)*	**Où** est-ce que je peux trouver une épicerie?
à quelle heure *(when, at what time)*	**À quelle heure** est-ce que l'épicerie ouvre?
quand *(when)*	**Quand** arrivent les pommes de terre nouvelles?
combien *(how much)*	**Combien** coûte un kilo de bananes?
combien de *(how much, how many)*	**Combien de** kilos voulez-vous?
comment *(how)*	**Comment** sont les pêches aujourd'hui?
pourquoi *(why)*	**Pourquoi** est-ce que tout est si cher?

NOTE: Both **est-ce que** and inversion are correct in spoken and written information questions, although **est-ce que** is much more common. In spoken French, the following patterns are also increasingly heard:

Un kilo de bananes coûte **combien**?
Pourquoi tout est si cher?

Comment inviter; comment accepter ou refuser une invitation

Conversation

Premières impressions

Soulignez:

● les expressions pour inviter, accepter et refuser une invitation

Trouvez:

● où habite Éric

C'est la rentrée°. Isabelle et Éric, amis d'enfance, ne se sont pas vus depuis plusieurs années. Maintenant étudiants à l'université, ils se retrouvent comme par hasard dans le même cours de maths et s'attendent à la sortie de la salle de classe.

ISABELLE: Eh, Éric, salut! Qu'est-ce que tu fais là?

ÉRIC: Isabelle, c'est toi? Ça fait longtemps!

ISABELLE: Oui, euh… à peu près dix ans, hein?

ÉRIC: Eh oui, dis donc! Ça va?

ISABELLE: Oui, ça va bien. Enfin, ça va, quoi! Je trouve qu'il est dur, ce cours! Pas toi?

ÉRIC: Si, moi aussi, j'ai du mal. Euh… dis-moi, qu'est-ce que tu fais mercredi?

ISABELLE: Écoute, mercredi, en principe, euh, je n'ai rien de prévu°. Mais, attends, je vais vite vérifier° dans mon agenda° … Ah, ben non, attends… non, j'ai mon cours d'aérobic mercredi soir. Pourquoi?

ÉRIC: Ben, maman fait un repas, alors je pensais que tu pourrais venir, peut-être… pour le dîner.

ISABELLE: Ah! Oui, cela me ferait vraiment plaisir de la revoir! Ça fait longtemps! Oh, oui, mais alors, mercredi, malheureusement, je ne peux pas. Euh… jeudi?

ÉRIC: Oui, pourquoi pas?

ISABELLE: Alors, à quelle heure?

ÉRIC: Je ne sais pas, sept heures, sept heures et demie. Ça te va?

ISABELLE: Oui, très bien. Vous habitez toujours au 36…

ÉRIC: En bas de la rue, c'est ça.

ISABELLE: Très bien, d'accord.

ÉRIC: Super! Je confirme avec maman et je te passe un coup de fil°, OK?

ISABELLE: OK. Ciao!

À suivre

See sample lesson plans for Ch. 2, beginning on p. IG–23 in the Instructor's Guide for thorough coverage of this chapter and for additional activities.

 Track 5

Rappel: Have you reviewed the present tense of common irregular verbs? (Text pp. 46–48 and Workbook pp. 29–30)

la rentrée *start of the new school year*

The French tend to use many pause words (i.e., conversational fillers) in oral speech, such as **ben, euh, alors,** and **écoute.** You will study them in *Chapitre 4.*

ne rien avoir de prévu *to have no plans* / **vérifier** *to check* / **un agenda** *engagement calendar*

passer un coup de fil *to give (someone) a telephone call*

Observation et analyse

1. Où a lieu *(takes place)* cette conversation?
2. Pourquoi est-ce qu'Éric et Isabelle sont surpris de se revoir?
3. Quels sont les détails de l'invitation: le jour, l'heure, l'endroit, ce qu'ils vont faire?
4. Quel âge ont Éric et Isabelle approximativement? Est-ce qu'ils se connaissent bien? Comment le savez-vous?

Réactions

1. Imaginez que vous rencontrez un(e) vieil(le) ami(e) que vous n'avez pas vu(e) depuis longtemps. Est-ce que vous invitez cette personne à faire quelque chose avec vous? Qu'est-ce que vous lui proposez de faire?
2. Quelle est l'invitation la plus intéressante (bizarre, ennuyeuse) que vous ayez jamais reçue? Expliquez.

De quelle sorte d'invitation s'agit-il? Est-ce que vous accepteriez cette invitation? Expliquez.

Au cours de la séance solennelle
présidée par Madame Michèle GENDREAU-MASSALOUX
Recteur-Chancelier des Universités de Paris,

Le diplôme de Docteur Honoris Causa
de l'Université de Paris-Sorbonne sera décerné

à Sir John BOARDMAN
*Professeur en Art et Archéologie classique
à l'Université d'Oxford*

***

à M. Wolf LEPENIES
*Professeur de Sociologie
Recteur du Wissenschaftskolleg de Berlin*

le Recteur Jean-Pierre POUSSOU
Président de l'Université de Paris-Sorbonne

et le Conseil de l'Université
vous prient de leur faire l'honneur d'assister à la
séance solennelle de l'Université:

Vendredi 17 juin à 15 heures

Cette cérémonie sera suivie d'une réception.

Cette invitation strictement personnelle sera exigée à l'entrée:
47, rue des Ecoles
75005 PARIS

Expressions typiques pour…

Inviter
(rapports intimes et familiaux)

Si tu es libre, je t'invite au restaurant.
J'ai envie *(feel like)* d'aller au ciné.
Ça t'intéresse?/Ça te dit?/Ça te va?
Qu'est-ce que tu fais ce soir? Tu
veux venir avec nous?
Si tu étais libre, tu pourrais dîner à
la maison.

Accepter l'invitation

Oui, c'est une bonne idée.
Entendu!
D'accord. Je veux bien.
Oui, je suis libre. Allons-y!
* Je n'ai rien de prévu.
* Ça me ferait plaisir de…

Refuser l'invitation

* Malheureusement, je ne peux
pas ce soir-là.
Tu sais, je n'ai pas le temps ce
soir, mais…
* Ce n'est pas possible: je suis
pris(e) *(not available)*.
* Ce serait sympa, mais…

Many of the expressions for
accepting and refusing an invitation can be used in both formal
and informal contexts, particularly
those that are starred.

Remember to use the **vous** form
when addressing more than one
person.

Inviter
(rapports professionnels et formels)

Pourriez-vous venir dîner au
restaurant?
Ça vous intéresserait de…
Nous aimerions vous inviter à…
On se fera un plaisir de vous
recevoir.

Accepter l'invitation

Ça me ferait grand plaisir.
Volontiers. *(Gladly.)* Je serais
enchanté(e) de venir.
J'accepte avec plaisir. Merci.
Je vous remercie. *(Thank you.)*
C'est gentil à vous.

Refuser l'invitation

* Je suis désolé(e) *(sorry)*, mais…
* Merci beaucoup, mais je ne suis
pas libre.
C'est gentil de votre part, mais
j'ai malheureusement quelque
chose de prévu *(I have plans)*.

Mots et expressions utiles

L'invitation

un agenda *engagement calendar*
donner un rendez-vous à quelqu'un *to make an appointment (with someone)*
emmener quelqu'un *to take someone (somewhere)*

regretter/être désolé(e) *to be sorry*
remercier *to thank someone*
vérifier *to check*

avoir envie de (+ infinitif) *to feel like (doing something)*
être pris(e) *to be busy (not available)*
avoir quelque chose de prévu *to have plans*
ne rien avoir de prévu *to have no plans*
prévoir/projeter de (+ infinitif) *to plan on (doing something)*
les projets [m pl] *plans*
faire des projets *to make plans*

passer un coup de fil à quelqu'un *to telephone someone*
poser un lapin à quelqu'un *(familiar)* *to stand someone up*

Qui?

le chef *head, boss*
le directeur/la directrice *director*

le/la patron(ne) *boss*
un(e) collègue *fellow worker*
un copain/une copine *a friend*

Quand?

dans une heure/deux jours *in an hour/two days*
samedi en huit/en quinze *a week/two weeks from Saturday*
la semaine prochaine/mardi prochain *next week/next Tuesday*
tout de suite *right away*

Où?

aller au cinéma/à un concert/au théâtre *to go to a movie/a concert/the theater*
aller à une soirée *to go to a party*
aller en boîte *to go to a nightclub*
aller voir une exposition de photos/de sculptures *to go see a photography/sculpture exhibit*
prendre un verre/un pot *(familiar)* *to have a drink*

Divers

la rentrée *start of the new school year*
volontiers *gladly, willingly*

🎗 Mise en pratique 🎗

Quelle journée! Mon **patron m'a donné rendez-vous** à onze heures ce matin afin de discuter de nos **projets** pour un nouveau client. Eh bien, j'ai travaillé presque toute la nuit pour me préparer et, par conséquent, j'ai peu dormi. Tu sais ce qui est arrivé? Il **m'a posé un lapin!** Il a dû oublier notre rendez-vous (il ne l'a sûrement pas noté dans son **agenda**), et il est parti. À son retour, il m'a dit qu'il **était** vraiment **désolé.** Qu'est-ce que je pouvais lui dire? C'est mon **patron!**

ACTIVITÉS

A. Entraînez-vous: Invitons. Invitez chacune des personnes suivantes, de deux ou trois façons différentes. Aidez-vous des *Expressions typiques pour...*

1. un(e) bon(ne) copain/copine à manger dans un restaurant
2. votre nouveau voisin à dîner chez vous
3. un(e) nouvel(le) employé(e) de votre entreprise à manger à la cafétéria
4. les parents de votre petit(e) ami(e), dont vous venez de faire la connaissance, à dîner chez vous dimanche soir
5. votre grand-mère à passer le week-end chez vous

B. Une leçon de vocabulaire... Aidez votre camarade de classe à apprendre le nouveau vocabulaire en lui donnant un synonyme pour chaque expression. Utilisez les *Mots et expressions utiles.*

1. ne pas aller à un rendez-vous que l'on a avec quelqu'un
2. ne pas être pris(e)
3. désirer faire quelque chose
4. quelqu'un avec qui on travaille
5. le patron
6. boire quelque chose ensemble
7. le contraire de **la semaine passée**
8. être désolé(e)
9. téléphoner à quelqu'un
10. dire merci

C. Conversation entre amis après les cours. Complétez la conversation suivante avec les *Mots et expressions utiles.* Faites les changements nécessaires.

GAËLLE: Est-ce que ça vous intéresse de _____ au café Tantin? J'ai soif!

SYLVIE: C'est une bonne idée. Mais je ne peux pas y rester trop longtemps. Je _____ de retrouver Robert _____ deux heures devant le musée d'Orsay.

MARC: C'est qui, Robert? Un de tes _____ de bureau?

SYLVIE: Oui, et il est très sympa. Si j'arrive en retard, il pensera probablement que je lui *(passé composé)* _____.

GAËLLE: Et toi, Thérèse?

THÉRÈSE: Zut! Je _____, je ne peux pas y aller; j'ai quelque chose _____. En fait, je suis déjà en retard. Au revoir!

THOMAS: Je pense aller voir _____ Picasso ce soir. Quels sont tes _____, Sara? Ça t'intéresse d'y aller?

SARA: Oui, mais je suis _____. J'ai promis à ma petite sœur de l'_____ au cinéma pour voir le nouveau film de Disney.

Pablo Picasso *(The Pub, The Ham)*

D. Imaginez. Acceptez ou refusez chacune des invitations suivantes en variant vos réponses. Si vous refusez, donnez une raison. Attention au degré de respect dont vous devez faire preuve.

1. (M. Journès) Pourriez-vous venir prendre l'apéritif avec nous dimanche?
2. (un[e] collègue) Ça vous intéresserait d'aller au concert ce soir?
3. (un[e] copain/copine) Tu es libre demain soir? Viens dîner chez moi.
4. (votre cousin[e]) Je t'invite à voir le nouveau film de Pierre Jolivet ce week-end.
5. (votre petit[e] ami[e]) J'ai envie d'aller au musée après le cours. Tu as quelque chose de prévu?

Les verbes irréguliers: *boire, recevoir, offrir* et *plaire*

You have already reviewed the present tense of some very common irregular verbs in *La grammaire à réviser*. The following irregular verbs are important in contexts related to inviting, as well as offering food and drink.

- **boire** *(to drink)*   participe passé: **bu**

je **bois**	nous **buvons**
tu **bois**	vous **buvez**
il/elle/on **boit**	ils/elles **boivent**

D'habitude, je **bois** du café le matin, mais hier j'**ai bu** du thé.

- **recevoir** *(to receive; to entertain)*   participe passé: **reçu**

je **reçois**	nous **recevons**
tu **reçois**	vous **recevez**
il/elle/on **reçoit**	ils/elles **reçoivent**

Like **recevoir**: **décevoir** *(to disappoint)*, **apercevoir** *(to notice, see)*

Je **reçois** beaucoup de coups de téléphone, mais je n'en **ai** jamais **reçu** de cet homme dont tu parles.

- **offrir** *(to offer)*   participe passé: **offert**

j'**offre**	nous **offrons**
tu **offres**	vous **offrez**
il/elle/on **offre**	ils/elles **offrent**

Like **offrir**: **ouvrir** *(to open)*, **souffrir** *(to suffer)*

Ma grand-mère **souffre** d'arthrose. Elle en **a souffert** toute sa vie, la pauvre.

- **plaire** *(to please)*   participe passé: **plu**

  Most common forms: il/elle/on **plaît**   ils/elles **plaisent**

  Like **plaire**: **déplaire** *(to displease)*

  Est-ce que ce restaurant te **plaît**?
  Do you like this restaurant? (Does this restaurant please you?)

NOTE: An indirect object is always used with **plaire** (something or someone is pleasing *to* someone), and thus the word order is the opposite of that in English:

Les mauvaises manières du garçon lui **ont déplu**.
He/She didn't like the waiter's bad manners.
(The waiter's bad manners displeased him/her.)

When a **c** is followed by **a**, **o**, or **u**, a **cédille (ç)** is added under it to keep the soft **c** sound. In a few words, such as **vécu**, the **c** sound is meant to be hard, and thus no **cédille** is used.

En 1960, en France, il y avait plus de 200 000 cafés et bistros. Aujourd'hui il n'en reste plus que 50 000. (*Francoscopie 2003*, p. 210)

D'après vous, pourquoi est-ce qu'il y a de moins en moins de cafés et de bistros en France aujourd'hui?

ACTIVITÉS

A. Au restaurant. Vous entendez des fragments de conversation. Remplacez les mots en italique par les mots entre parenthèses, et faites les changements nécessaires pour compléter les phrases suivantes.

1. *Tu* bois du Coca, n'est-ce pas? (Vous/Elle/Antoine et Adrien)
2. *L'ambiance de ce restaurant* me plaît beaucoup. (Les tableaux/Les nouveaux prix ne… pas/Ce quartier)
3. *Nous* ouvrons bientôt un bistro. (Ils/On/Mon cousin et moi)
4. *Je vous* offre une boisson. (Est-ce que vous me… ?/Le patron nous/ Nous vous)
5. *L'attitude du garçon me* déplaît. (Le service nous/Les sports américains ne vous… pas/Votre proposition ne nous… pas, au contraire)

Les sorties entre copains

Les jeunes Français de vingt ans ou moins n'ont pas l'habitude de sortir en couple. Les sorties à deux sont moins courantes qu'aux États-Unis. Si un garçon passe chercher une fille chez elle, c'est en général dans le but de rejoindre un groupe d'amis à un endroit prévu et de décider ensemble de ce qu'ils veulent faire.

Parlez de vos sorties entre copains. Est-ce qu'il y a des avantages à sortir en groupe pour les jeunes? Et pour les parents? Expliquez.

Qu'est-ce que ce groupe de jeunes fait?

Liens culturels: Have students compare dating habits in America and in France.

B. Chez Chantal. Chantal reçoit des amis. Dans les extraits suivants de leurs conversations, remplissez les blancs avec la forme appropriée d'un de ces verbes.

recevoir / boire / décevoir / offrir / servir / souffrir / plaire / déplaire

1. Hélène, qu'est-ce que tu _____ ce soir? Du vin?
2. Marc, je peux t'_____ quelque chose à boire aussi?
3. Est-ce que ce vin blanc vous _____?
4. Nous _____ rarement des amis, vous savez. Mon mari et moi travaillons tous les deux et, malheureusement comme tout le monde, nous _____ de la maladie qui s'appelle «le manque de temps»!
5. Et les filles de Marc? Qu'est-ce qu'elles _____? Du Coca, comme toujours?
6. Mais qu'est-ce qu'on entend? C'est un CD d'Édith Piaf? J'espère que ses chansons ne vous _____ pas...
7. Bon, tout est enfin prêt. Je vous _____ un repas très simple, mais à la française!

C. Questions indiscrètes. Posez les questions suivantes à un(e) ami(e). Faites un résumé de ses réponses à la classe.

1. Qu'est-ce que tu bois quand tu vas à une soirée?
2. Que préfères-tu boire après avoir travaillé au soleil?
3. Qu'est-ce que tu bois quand tu manges une pizza? des sandwichs?
4. Tu ouvres une bouteille de cidre ou de champagne au réveillon du Nouvel An?
5. Tu souffres de maux de tête quand on met la musique très fort en boîte ou dans une soirée? quand tu passes des examens?

Interactions

Utilisez les suggestions suivantes pour créer des conversations avec un(e) partenaire. Essayez d'employer autant que possible le vocabulaire et la grammaire de la *Leçon 1*.

A. Je t'invite. Votre partenaire est un(e) ami(e). Dites-lui bonjour et discutez de choses et d'autres. Invitez-le/la à dîner chez vous. Il/Elle accepte avec plaisir. Demandez ce qu'il/elle préfère boire et manger. Demandez s'il/si elle aime la cuisine française. Suggérez un jour pour le dîner et décidez de l'heure. Il/Elle vous remercie.

B. Invitation au musée. Vous passez voir votre belle-mère qui habite assez loin de chez vous. Dites-lui bonjour et discutez de choses et d'autres. Demandez-lui si elle est libre le week-end prochain. Vous proposez d'aller à une exposition de peintres impressionnistes au musée près de chez vous. Elle a quelque chose de prévu et ne peut pas accepter. Vous suggérez le week-end suivant et elle accepte. Fixez l'heure et la date de son arrivée. Elle vous remercie et vous répondez poliment.

Activity B: You might want to model the expressions and have students practice them in pairs before working on the Interactions *activities.*

Préparation ➤ Dossier personnel

This chapter's writing focus is on comparison and contrast. One benefit of comparison and contrast is that it can be used to help the reader make a decision.

1. Write down the names of two of your favorite restaurants or two of the courses that you are currently taking in preparation for setting up the reader to make an informed choice.

2. After you have chosen your topic, write a list of similarities and a list of differences between the two restaurants or courses that you are going to describe. Consider the following aspects of your topic and any others that you can think of:

   restaurants: type of food, price, service, atmosphere, size of restaurant, placement of tables

   courses: subjects, teachers, requirements, grades, structure of the classes, tests, projects

3. Show your lists to at least one classmate to help brainstorm further ideas.

Vocabulary: Restaurant; studies, courses; university **SYSTÈME-D**

Comment offrir à boire ou à manger

Track 6

Conversation (SUITE)

Rappel: Have you reviewed definite articles, indefinite articles, partitive articles, and expressions of quantity? (Text pp. 48–50 and Workbook pp. 30–33)

Premières impressions

Soulignez:

- les expressions pour offrir à boire et à manger, pour accepter ou refuser et pour resservir *(to offer a second helping)*

Trouvez:

- ce qu'on va manger comme entrée[1]
- le fromage qu'Isabelle choisit

C'est jeudi soir chez les Fournier. Éric, Isabelle et Mme Fournier se parlent avant le dîner.

un amuse-gueule *appetizer* / **un apéritif** *before-dinner drink*

ÉRIC: Ben, écoute, Isabelle, assieds-toi, je vais chercher les amuse-gueule°. Je te sers un apéritif°?

ISABELLE: Oui, volontiers, oui!

ÉRIC: Un petit kir[2], peut-être?

ISABELLE: Un petit kir, oui, j'adore ça!

ÉRIC: Et toi, maman?

MME FOURNIER: Oui, je veux bien, merci… Ah, voilà nos kirs!

ISABELLE: Merci beaucoup, Éric. À votre santé!

Tchin-tchin! *(familiar) Cheers!*

ÉRIC: Merci. À la tienne! Tchin-tchin°!

Pendant le repas…

MME FOURNIER: Voilà l'entrée, une salade niçoise avec des cœurs d'artichauts…

ISABELLE: Hmm… J'adore les artichauts!

MME FOURNIER: Oui, c'est la saison en ce moment.

les côtelettes de veau *veal chops*
un régal *treat, pleasure*

ISABELLE: C'est vraiment un repas délicieux. Les côtelettes de veau° sont un vrai régal°.

Note that this response to a compliment is typical for the French, who tend to minimize compliments in order not to appear egotistical. See *Chapitre 10* for more information.

MME FOURNIER: Oh, vous savez, c'est tout simple, hein! Ce n'est vraiment pas grand-chose à faire.

ÉRIC: Tu reprends des légumes peut-être?

ISABELLE: Oui, volontiers. Les haricots verts sont si tendres.

Un peu plus tard…

le chèvre *goat's milk cheese*

MME FOURNIER: Est-ce que je peux vous servir du fromage? J'ai pris un petit peu de tout. Du brie, du chèvre°…

ISABELLE: Oh, vous savez, je crois vraiment que je ne peux plus…

---

[1] Bien que le mot **entrée** signifie le plat principal d'un repas en anglais, il désigne en français le plat servi avant le plat principal.

[2] Un apéritif populaire qui se compose de vin blanc et de crème de cassis *(black currant liqueur)*.

On fabrique plus de 300 fromages différents en France (*Quid 2004*, p. 1722a). Pourquoi est-ce que les Français produisent tant de fromages, à votre avis?

MME FOURNIER: Laissez-vous tenter° par ce petit chèvre que j'achète chez mon fromager, et qui est toujours excellent!

ISABELLE: Bon, d'accord. Alors, un tout petit peu! Par pure gourmandise°, vraiment.

À suivre

tenter *to tempt; to try*

Par pure gourmandise *For the love of food/eating*

Observation et analyse

1. Qu'est-ce qu'on dit avant de boire?
2. Qu'est-ce que les Fournier servent comme apéritif? comme entrée? comme viande? comme légume? Que servent-ils d'autre?
3. Pourquoi est-ce que Mme Fournier a décidé de mettre des artichauts dans sa salade niçoise?
4. Quand on est invité à dîner chez les Français, le repas typique (en général) comporte, comme ici, une entrée ou des crudités, un plat principal, des légumes, de la salade verte, du fromage, un dessert (souvent des fruits) et du café pour les adultes. Est-ce que vous pensez que toutes les préparations pour le dîner ont dérangé Mme Fournier? Expliquez.

Réactions

1. Normalement, qu'est-ce que vous buvez avant un dîner spécial? Et après?
2. Est-ce que vous avez déjà mangé du brie? du chèvre? Si oui, comment avez-vous trouvé le goût de ces fromages?
3. Est-ce que les Français et les Américains accordent la même importance au fromage? Expliquez.

Expressions typiques pour…

Offrir à boire ou à manger
(rapports intimes et familiaux)

Je t'offre/te sers quelque chose à
    boire/à manger?
On se boit un petit apéro[3]?
Tu veux du café?
Tu mangeras bien quelque chose?

Offrir à boire ou à manger
(rapports professionnels et formels)

Est-ce que je peux vous servir
    quelque chose?
Vous prendrez bien l'apéritif?
Vous laisserez-vous tenter par ce
    dessert au chocolat?
Que puis-je vous servir?

These expressions for accepting
food and drink can be used in both
formal and informal contexts.

Accepter

Oui, merci. Je veux bien.
Oui, merci bien.
Oui, volontiers.
Avec plaisir.
Je me laisse tenter. *(I'll give in to
    temptation.)*
Je veux bien, mais c'est par pure
    gourmandise.

Refuser

Non, merci. Ça va comme ça.
Ce sera tout pour moi, merci.
Merci[4].
Je n'ai plus faim, merci.
Merci, mais je crois vraiment que je
    ne peux plus. *(I've had enough.)*

Resservir
(rapports intimes et familiaux)

Encore un peu de vin?
Tu en reprends un petit peu?
Je te ressers?

Resservir
(rapports professionnels et formels)

Vous allez bien reprendre un peu de
    quiche?
Puis-je vous resservir?

Qu'est-ce que vous prenez pour
le petit déjeuner?

Vous aimez le chocolat?

3 (familiar) shortened form of **apéritif**
4 with slight shake of the head to indicate "no, thank you"

Mots et expressions utiles

La nourriture et les boissons

Point out that salad bars are relatively non-existent in France. To talk about American salad bars, students might wish to say "le buffet" or "une salade à volonté."

L'Atrium

vous propose...

Buffet froid°
Assiette de charcuterie° 9,50 / Assiette-jambon de Paris 7,50
Œuf dur° mayonnaise 4,50

cold dishes
cold cuts
hard-boiled egg

SALADES COMPOSÉES°
Salade de saison° 4,60 / Thon° et pommes de terre à l'huile 6,50
Salade niçoise (thon, anchois°, œuf, pommes de terre, tomate, poivron vert°) 10,50
Artichauts vinaigrette 5,70

salads
seasonal salad / tuna
anchovies / green pepper

ŒUFS
Omelette nature° 6,50 / Omelette jambon 7,00

plain

Buffet chaud°

warm dishes

VIANDES
Côtelettes de porc° 8,40 / Côtes d'agneau° aux herbes 14,50
Brochette de poulet 12,50 / Steak frites 9,15 / Lapin° forestier 9,40
Veau° à la crème 11,50

pork chops / lamb chops
rabbit
veal

LÉGUMES°
Asperges° 3,50 / Choucroute° 9,00 / Épinards° 3,90 / Petits pois° 2,90
Haricots verts° 3,90 / Pommes sautées 6,00

vegetables
asparagus / sauerkraut / spinach / peas / green beans

PÂTES° 4,70

noodles, pasta

FROMAGES°
Chèvre° 4,20 / Fromage blanc 4,40 / Gruyère, Camembert 4,20
Yaourt° 3,40 / Roquefort 4,40

cheeses
goat cheese
yogurt

Gourmandises°

delicacies

DESSERTS
Tarte aux pommes° 5,00 / Crème caramel 4,40
Coupe de fruits au Cointreau° 4,40

apple pie
fruit salad with Cointreau

GLACES-SORBETS°
Poire Belle Hélène (poire, glace vanille, sauce chocolat, chantilly°, amandes grillées) 6,50
Banana Split (glace vanille, fraise, chocolat, banane, chantilly) 7,00

ice cream-sherbet
whipped cream

Vins (au verre)
Côtes-du-Rhône 3,00 / Beaujolais 4,00 / Sauvignon 3,00
Bordeaux blanc 3,00

Bières
Pression° 2,00 / Heineken 3,00 / Kronenbourg 3,00 / Bière brune 3,00

draft

Boissons fraîches
¼ Perrier° 3,60 / ¼ Vittel° 3,60 / Fruits frais pressés 4,00
Lait froid 3,40 / Orangina° 3,60 / Coca-Cola 4,00 / Schweppes 3,60

sparkling mineral water / mineral water / orange soft drink

Service 15% compris. Nous acceptons la «Carte Bleue». La direction n'est pas responsable des objets oubliés dans l'établissement.

*Les prix sont donnés en euros.

Au repas

la gastronomie *the art of good cooking*
un gourmet *one who enjoys eating, tasting, and preparing good food*
quelqu'un de gourmand *one who loves to eat and will eat anything, especially sweets*

un amuse-gueule *appetizer, snack*
un apéritif *a before-dinner drink*
une boisson gazeuse *carbonated drink*
de l'eau plate/de l'eau gazeuse *plain, non-carbonated water/sparkling, carbonated water*

accueillir *to welcome, greet*
resservir *to offer a second helping*

À votre santé! (À la vôtre!/À la tienne!) *To your health!*
Bon appétit! *Have a nice meal!*
Tchin-tchin! *(familiar) Cheers!*

❧ Mise en pratique ❧

Hmm... qu'est-ce que je pourrais prendre... ? Du **veau** à la crème avec des **asperges**? Ou une salade de **thon**, d'**anchois** et de tomates? Une **tarte aux pommes** ou un **sorbet**? Un petit verre de **vin** ou une **boisson gazeuse**? Hmm... C'est tellement difficile de choisir!

ACTIVITÉS

Offrir in this context means that you are going to buy your friend a drink.

Ask students to bring food products from the francophone world to have a French picnic in the classroom. As they volunteer to bring different items, one student can be in charge of writing the menu for the day. During the picnic, students practice functions and grammar from Chs. 1 and 2 as they greet each other, make small talk, offer and ask for help, and offer food and drink.

A. Entraînez-vous: Au café. Qu'allez-vous offrir à ces personnes? Utilisez la liste des boissons à la page 63 comme guide. Employez aussi les différentes boissons de la liste à la page 65.

> **MODÈLE:** Vous emmenez un ami au café.
> ***Je t'offre un Coca?***

1. Vous emmenez un(e) client(e) au restaurant.
2. Vous invitez un(e) collègue à la maison pour prendre quelque chose à boire.
3. Vous allez en boîte avec des copains.
4. Votre patron(ne) prend l'apéritif chez vous.
5. Votre grand-mère est au café avec vous.

B. Oui ou non. Allez-vous accepter ou refuser? Avec un(e) partenaire, jouez les scènes suivantes. Variez vos réponses en tenant compte de votre interlocuteur.

1. Un(e) ami(e) vous offre l'apéritif.
2. Votre mère vous offre du lait chaud et vous détestez ça.
3. Le professeur de français vous offre un morceau de fromage de chèvre pendant une petite fête dans la salle de classe.
4. L'ambassadeur de France vous offre un kir à un cocktail officiel.
5. Un(e) collègue vous invite à prendre un pot.
6. Le patron/La patronne vous offre un chocolat chaud. Vous êtes allergique au chocolat.

BOISSONS

Eau minérale		Bière 1664 Kronenbourg 25 cl	3,60 €	
Perrier 33 cl	3,60 €	Ricard-Pontarlier 2 cl	3,00 €	
Badoit-Vittel	3,60 €	Martini 5 cl	3,60 €	
Évian	4,00 €	Whisky 4 cl	7,00 €	
Jus de fruits	3,60 €	Baby Whisky 2 cl	3,60 €	
Coca Cola	3,60 €	Gin 2,5 cl	6,00 €	
Schweppes	3,60 €	Porto 4 cl	6,00 €	
Orangina	3,60 €	Cognac 4 cl	7,00 €	
Limonade ¼ L	3,00 €	Vin rouge Bt "Btes Côtes"	11,00 €	
Café-Thé	2,00 €	Vin rouge Bt "Santenay"	19,00 €	
Infusion-Chocolat	2,00 €	Bouteille de champagne	45,00 €	
Vin rouge Pichet 25 cl	3,00 €	½ Bouteille de champagne	20,00 €	
Vin rouge Pichet 50 cl	5,00 €			

PRIX NETS

Notre prestation servie sur plateau étant assurée par le personnel accueil, une légère attente est possible, nous vous remercions de votre patience.

Quelles boissons est-ce que vous préférez? Lesquelles est-ce que vous prenez le plus souvent?

C. Sur le vocabulaire. Le serveur se trompe! Trouvez son erreur dans les phrases suivantes.

1. Aujourd'hui, comme salades, nous avons… une salade au crabe / une salade niçoise / une omelette nature / du thon et des pommes de terre à l'huile / des crudités.
2. Comme plat de viande… du poulet / un steak / du lapin / des petits pois.
3. Comme dessert… des côtes d'agneau / une crème caramel / une poire Belle Hélène / de la tarte.
4. Et comme boisson… une pression / des coupes de fruits / des boissons gazeuses / des fruits frais pressés.
5. Maintenant, c'est à vous de créer un exemple! Faites une liste de quatre plats dont un qui n'appartient pas à la même catégorie que les autres.

D. Imaginez. Utilisez les nouveaux mots de vocabulaire et ceux que vous avez appris auparavant pour imaginer les repas suivants.

1. Décrivez le déjeuner de quelqu'un qui a toujours un énorme appétit.
2. Imaginez le repas de deux végétariens.
3. Vous invitez Jacques Pépin[5] à dîner chez vous. Qu'est-ce que vous préparez?
4. Décrivez votre repas préféré.

E. Vous désirez? Utilisez le menu à la page 63 pour jouer les rôles d'un(e) client(e) et du serveur/de la serveuse au restaurant. Attention! Vous n'avez que 40 € à dépenser!

[5] C'est un grand chef de cuisine français.

Les repas en France

Pendant le repas, gardez les mains sur la table de chaque côté de votre assiette. Vous mettrez le pain directement sur la table. Sauf pendant le petit déjeuner, mangez-le sans beurre en petits morceaux que vous détachez discrètement. Les tartines du petit déjeuner se mangent entières et avec du beurre et de la confiture.

En France, on fait souvent resservir les invités et il est poli de reprendre un peu de l'un des plats (même en petite quantité). Il est aussi poli de refuser en disant que c'est très bon mais qu'on n'a plus faim. Les repas français sont plus longs que les repas américains parce qu'en général, les Français ne mangent pas entre les repas. Les enfants, cependant, prennent un goûter en rentrant de l'école, et de plus en plus de jeunes grignotent *(snack)* au lieu de déjeuner.

Quel repas est-ce que cette famille prend?

Après le repas, restez pour bavarder avec vos hôtes. En partant, complimentez l'hôte (l'hôtesse) sur son repas.

En quoi les habitudes américaines sont-elles différentes de celles des Français? Est-ce que vous trouvez que quelques-unes de ces habitudes françaises sont plus logiques que celles des Américains? Expliquez.

Liens culturels: Bring in silverware and bread and ask a student to demonstrate what he/she learned in the reading. Show students how the French keep the fork in their left hand after cutting with the knife in their right hand instead of switching hands. Bring in real food and have students practice eating **à la française!**

Ask students some simple, personalized questions to initiate practice of the articles: À quelle heure est-ce que vous prenez le petit déjeuner? Et le déjeuner? Et le dîner? Qu'est-ce que vous mangez au déjeuner? Et au dîner? Et le soir, pendant que vous étudiez, qu'est-ce que vous buvez? Et le matin?

LA GRAMMAIRE À APPRENDRE

Les articles: choisir l'article approprié

You have reviewed the various types and forms of articles in *La grammaire à réviser.* The focus will now be on choosing the proper article.

A. The partitive article (**du, de la, de l', des**) is used to indicate that you want some part of a quantity. It is used for "mass" nouns, things that cannot be or are not usually counted.

> D'abord, il commande **des** crudités et **du** pain. Ensuite, il prend **du** lapin, **des** asperges et **de la** salade.
>
> *First of all, he orders some raw vegetables and bread. Next he has rabbit, asparagus, and salad.*

NOTE: A partitive article is also used when mentioning abstract qualities attributed to people:

> Le serveur a **de la** patience avec ce client.
>
> *The waiter has patience (is patient) with this customer.*

B. The definite article (**le, la, l', les**) is used to:

* designate a specific object

  Tu peux me passer **le** sel et **le** poivre, papa? Et **l'**eau, s'il te plaît?

  Can you pass me the salt and pepper, Dad? And the water, please?

* express general likes, dislikes, and preferences

  Comme boisson, j'aime **l'**eau minérale, Évian ou Perrier, et **le** café.

  As for drinks, I like mineral water, Évian or Perrier, and coffee.

* make generalizations about objects, people, or abstract subjects

  J'admire **la** patience et **la** compétence chez un serveur.

  I admire patience and competence in a waiter.

  Les vins français sont plus secs que **les** vins américains.

  French wines are drier than American wines.

The definite article is also used with geographical names (countries, continents, mountains, lakes, rivers), names of seasons, names of languages, titles (e.g., **le commandant Cousteau**), and names of subjects and leisure activities (**les maths/la natation**).

See *Chapitre 8, Leçon 2,* for further information on geographical names.

C. The indefinite article (**un, une, des**) is used to talk about something that is not specified or specific and corresponds to the English *a, an,* and *some.* If you can count the number of items you are mentioning, you will often use the indefinite article.

  Il y a **une** orange, **une** banane et **des** raisins secs dans la salade.

  There are an orange, a banana, and some raisins in the salad.

  Achetons **un** fromage de chèvre et **un** camembert.

  Let's buy a goat's milk cheese and a camembert.

When speaking French, you will normally use **des** with a plural noun to express indefiniteness. In English we often omit this article.

  Le brie et le camembert sont **des** fromages à pâte molle.

  Brie and camembert are soft cheeses.

D. It can be difficult to differentiate between the definite article and the partitive article, especially when the definite article is used in a general sense. The statement **les pommes sont bonnes** means that all apples, or apples in general, are good. When talking in general terms, the definite article is usually used. Common verbs used with the definite article to state a preference are **admirer, adorer, aimer, détester, préférer,** and **aimer mieux.**

  Elle préfère **le** Beaujolais.

  She prefers Beaujolais wine.

Il y a des pommes sur la table implies that *there are some apples on the table.* The possible use of *some* in English should give you the hint that the partitive article is appropriate. Sometimes, however, it is not used in English.

  Je mange souvent **des** pommes.

  I often eat apples.

The partitive is often used with the following verbs: **acheter, avoir, boire, demander, donner, manger, prendre,** and **vendre.**

> Elle boit souvent **du** café.
> *She often drinks coffee.*

Observe these examples to help you discern the correct article:

L'article défini	L'article partitif
Elle adore **la** glace.	Elle vend **de la** glace dans son supermarché.
Il déteste **le** lait.	Il prend **du** lait dans son café seulement le matin.

NOTE: If you want to say that you like *some* type of food or drink, the following constructions can be used:

> J'aime **certains** fromages.
> Il y a **des** fromages que j'aime (et **d'autres** que je n'aime pas).

E. As you may remember, when you use an expression of quantity, no article follows **de.** The same is true for a negative expression of quantity. For example, negative expressions such as **ne... pas, ne... plus,** and **ne... jamais** are followed by **de** without an article. See *Chapitre 8, Leçon 1,* for a complete explanation of negative expressions.

> Il reste un peu **de** jus d'orange.
> *There is a little orange juice left.*

> Il y a **du** jus de pommes dans le réfrigérateur.
> *There is some apple juice in the refrigerator.*

> Il n'y a plus **de** jus d'ananas dans le congélateur.
> *There is no longer any pineapple juice in the freezer.*

> Tu veux **du** café, alors?
> *Do you want some coffee, then?*

> Non merci, je ne veux pas **de** café.
> *No thank you, I don't want any coffee.*

ACTIVITÉS

A. Conversation au café. Le café est un endroit très bruyant! On dirait que tout le monde parle en même temps. Complétez les fragments de conversation suivants. N'oubliez pas de conjuguer les verbes et d'ajouter les articles appropriés.

1. Tu / préférer / boire / boissons gazeuses / ou / boissons alcoolisées?
2. Nous / commander / Coca light *(diet)*.
3. Moi, je / ne... jamais / prendre / boissons alcoolisées. Je / prendre / eau minérale.
4. Anglais / à cette table là-bas / boire / trop / bière!
5. Serveuse / avoir / patience / avec / Anglais, n'est-ce pas?

B. Une lettre. Édouard vient de recevoir une lettre d'Amérique, mais elle a été endommagée *(damaged)* à la douane et quelques passages ne sont plus très lisibles. Aidez Édouard à lire la lettre en remplissant les blancs avec l'article défini ou indéfini, le partitif ou **de**, selon le cas.

le 4 novembre

Cher Édouard,

Dans ta dernière lettre, tu m'as demandé _____ nouvelles d'Allal. Tu sais qu'il devait partir le 8 septembre. Il a été très heureux de son séjour. _____ semaine dernière, il a tenu à remercier ses amis pour tout ce qu'ils avaient fait pour lui pendant son séjour aux États-Unis. Il a décidé de nous inviter à prendre _____ «brunch» chez lui. Il voulait servir _____ repas français, marocain et américain. Il a servi _____ jus d'orange et _____ café au début. Il a mis beaucoup _____ pain sur _____ table. Il a préparé _____ belle omelette décorée avec _____ olives et _____ tranches _____ tomates. _____ viande était assaisonnée avec _____ épices arabes. _____ dessert était bien américain—_____ «bananas splits»! Nous avons accompagné le tout d'un bon thé à la menthe. Dommage que tu n'aies pas pu être des nôtres.

Grosses bises,
Jessica

C. Généralisations. Utilisez des stéréotypes pour compléter les phrases suivantes.

1. Aux États-Unis, on mange souvent…
2. Au contraire, en France, on préfère…
3. Avec les repas, les Américains prennent souvent…
4. Mais les Français boivent…
5. Les Américains pensent que les Français ne… pas…
6. Mais les Français pensent que les Américains mangent trop…

D. Questions indiscrètes? Posez les questions suivantes à un(e) ami(e). Faites un résumé de ses réponses à la classe.

1. LE PETIT DÉJEUNER: À quelle heure est-ce que tu prends le petit déjeuner? Qu'est-ce que tu bois? Qu'est-ce que tu manges?
2. LE DÉJEUNER: Où est-ce que tu déjeunes quand tu es sur le campus? Qu'est-ce que tu manges le plus souvent? Qu'est-ce que tu préférerais manger si tu avais plus de temps ou plus d'argent?
3. LE GOÛTER *(snack around 4 P.M.):* Tu prends un goûter? Et quand tu étais petit(e)? Tu grignotes *(Do you snack)* souvent entre les repas?
4. LE DÎNER: À quelle heure est-ce que tu dînes? Qu'est-ce que tu prends au dîner? Tu invites souvent des amis à dîner? Parle de ce que tu leur sers.

Interactions

Utilisez les suggestions suivantes pour créer des conversations avec un(e) partenaire. Essayez d'employer autant que possible le vocabulaire et la grammaire de la *Leçon 2*.

A. Invitation à la maison. Vous invitez quelqu'un de très spécial chez vous. Demandez s'il/si elle:

1. préfère la viande, le poisson ou les légumes
2. aime la cuisine française
3. boit de l'eau plate ou de l'eau gazeuse
4. regarde la télé pendant le repas
5. peut laisser son chien chez lui/elle ou dehors
6. est allergique à certains fruits ou légumes

B. Invitation. Vous invitez un(e) ami(e) à prendre un apéritif.

1. Offrez-lui à boire.
2. Parlez du temps et de vos activités quotidiennes.
3. Offrez-lui une autre boisson. (Il/Elle n'accepte pas.)
4. Posez toutes sortes de questions sur sa famille et ses amis.
5. Votre ami(e) doit partir. Donnez-lui rendez-vous pour la semaine prochaine.

To form comparisons in French, follow these models:

plus/moins/aussi + adjective + **que**
plus/moins/aussi + adverb + **que**
plus de/moins de/autant de + noun + **que**

For more information, see **Chapitre 9**, pp. 366–368.

Phrases: Comparing and contrasting; writing an essay
Grammar: Comparison with **que**

Premier brouillon Dossier personnel

1. Use the characteristics that you brainstormed in *Leçon 1* to begin writing your first draft. Write an introductory paragraph in which you acquaint the reader with your topic.
2. In your second paragraph, present the similarities between the two restaurants or courses.
3. In your third paragraph, describe the differences between the two.
4. Write a draft of your concluding paragraph in which you summarize your main points. You may want to recommend one of the two restaurants or courses or allow the reader to make his or her own decision.

Comment poser des questions et répondre

Conversation (CONCLUSION)

 Track 7

Rappel: Have you reviewed inter-rogative expressions? (Text p. 50 and Workbook p. 33)

Premières impressions

Soulignez:
- les mots spécifiquement utilisés pour poser des questions

Trouvez:
- où est M. Fournier en ce moment
- où est le frère d'Isabelle

Après le repas, Isabelle, Éric et Mme Fournier se sont assis dans le salon. Ils sont en train de discuter de choses et d'autres°.

discuter de choses et d'autres *to talk about this and that*

ISABELLE:	Oh, c'était délicieux, madame. Vous êtes un vrai cordon-bleu°. Merci beaucoup.
MME FOURNIER:	De rien, cela m'a fait plaisir de vous revoir.
ISABELLE:	Oui, moi aussi. Et M. Fournier, où est-il?
MME FOURNIER:	Ah, il est parti en voyage d'affaires à Boston. Il voyage beaucoup pour son travail.
ÉRIC:	C'est vrai. On ne le voit plus jamais ou presque. Il a toujours un congrès° quelque part.
MME FOURNIER:	Oui, il y a tellement de choses qui changent en médecine. Il faut rester au courant. Et avec ses responsabilités de chef du service de cardiologie, il n'a pas le choix.
ISABELLE:	Oui, pour ma mère, c'est pareil°. Elle voyage tout le temps pour son travail. C'est fou!
MME FOURNIER:	Oui, d'ailleurs comment va-t-elle?
ISABELLE:	Elle va bien. Le petit cabinet de comptabilité qu'elle a créé il y a longtemps s'est beaucoup agrandi. Donc, ça prend tout son temps…
ÉRIC:	Et ton frère, Christian, qu'est-ce qu'il devient°?
ISABELLE:	Christian, euh… eh bien, il est professeur d'histoire, comme il le voulait, mais il prend une année sabbatique en ce moment pour donner des conférences° sur son nouveau livre.
MME FOURNIER:	Ah, très bien… Bon, quand mon mari sera de retour, on se fera un plaisir de vous recevoir à nouveau.
ISABELLE:	Oui, ça me fera très plaisir aussi! C'est vraiment gentil.
ÉRIC:	Allez, je te raccompagne en voiture…
ISABELLE:	Volontiers… Bon, alors, merci beaucoup, madame.

un vrai cordon-bleu *gourmet cook*

un congrès *conference*

pareil *the same*

qu'est-ce qu'il devient? *(familiar) what's become of him?*

une conférence *lecture*

Observation et analyse

1. Quelle est la profession de M. Fournier? Et celle de Christian?
2. Que pensent Éric et Isabelle des voyages de leurs parents?
3. Décrivez le frère d'Isabelle.
4. Quelle invitation est-ce qu'Isabelle reçoit?
5. Quel est le statut socio-économique des familles d'Éric et d'Isabelle?

Réactions

1. Est-ce que votre père ou votre mère part souvent en voyage d'affaires? Si oui, quelle est la réaction des enfants? Quelles questions est-ce qu'il/elle pose à son retour?
2. Quelle sorte de questions est-ce que vous posez quand vous n'avez pas vu quelqu'un depuis longtemps?

❦❦❦❦❦❦❦❦❦❦❦❦❦❦❦❦❦❦❦❦❦❦❦❦

Expressions typiques pour...

Poser des questions et répondre

- In general, when seeking information from someone, you should first use expressions that lead up to questions so as not to appear too rude or blunt. For example:

À un(e) inconnu(e)
Pardon, monsieur. Pourriez-vous me dire... ?
Excusez-moi, madame, mais est-ce que vous savez... ?
J'aimerais savoir..., s'il vous plaît.

À votre ami(e)
Est-ce que tu peux m'indiquer... ?
Est-ce que tu sais... ?
Dis-moi, s'il te plaît...
Excuse-moi, mais...

- Asking questions can take many forms. You may wish to request information about time, location, manner, number, or cause, as in the following situation:

VOYAGE À PARIS: Où se trouve la tour Eiffel?
Il y a un ascenseur pour y monter?
Mon Dieu! Pourquoi il y a tant de touristes ici?

- Or you may wish to ask about persons or things:

Qui va monter avec moi? Marine?
Qu'est-ce que tu fais? Allons-y!
Regarde la belle vue! Lequel de tous ces bâtiments est notre hôtel?

- Most answers to requests for information are fairly straightforward:

—Est-ce que vous savez où se trouve la sortie?
—Mais oui, mademoiselle. Là-bas, au fond à droite.

- However, an affirmative answer to a negative question requires the use of **si**, instead of **oui**:

—Ce billet (*ticket*) n'est plus valable (*valid*)?
—Si, mademoiselle, il l'est toujours.

Auriez-vous peur de monter à la tour Eiffel?

Mots et expressions utiles

L'enseignement

une conférence *a lecture*
un congrès *a conference*
une leçon particulière *a private lesson*
une lecture *a reading*

facultatif/facultative *elective; optional (subject of study)*
obligatoire *required (subject of study)*

les frais d'inscription [m pl] *registration fees*
une matière *a subject, course*
la note[6] *grade*
se spécialiser en *to major in*

assister à un cours *to attend a class*
se débrouiller *to manage, get along*
manquer un cours *to miss a class*
réviser (pour) *to review (for)*
sécher un cours *to cut a class*

passer un examen *to take an exam*
réussir à un examen *to pass an exam*

échouer (à) *to fail*
rater *to flunk*
rattraper *to catch up*
redoubler un cours *to repeat a course*
tricher (à) *to cheat*

Divers

discuter de choses et d'autres *to talk about this and that*
pareil(le) *the same*

Additional vocabulary: un cours magistral *lecture course;* manifester *to protest; to demonstrate;* préparer (un examen) *to prepare, study for an exam;* se présenter à (un examen) *to be a candidate for an exam;* la rentrée (des classes) *beginning of the school year;* les travaux dirigés (TD) [m pl] *recitation;* les travaux pratiques (TP) [m pl] *exercises, lab*

❦ Mise en pratique ❦

Mes parents me disent que si j'**échoue à** mes examens de fin d'année, ils ne paieront plus mes **frais d'inscription**. Oh, mais ce sont des soucis *(worries)* inutiles! Je **me débrouille bien** dans mes cours. Je n'**ai manqué** que deux ou trois **cours** ce semestre, j'**ai assisté à** toutes les **conférences** et j'ai fait toutes les **lectures**, même dans les **matières facultatives**, et mes **notes** sont bonnes. Mais je dois **réviser pour** l'examen final parce que j'ai pris du retard la semaine passée. Il y avait beaucoup de boulot au magasin où je travaille et j'ai fait des heures supplémentaires. Il faut que je **rattrape**. Je ne veux tout de même pas **rater** le dernier examen!

---

[6] En France, les notes vont de 0 à 20: 17–20 = très bien; 14–16 = bien; 12–13 = assez bien; 10–11 = passable; moins de 10 = insuffisant (ne permet pas de passer dans la classe supérieure).

Le bac

«**P**asse ton bac d'abord!» est la litanie que des généra-tions de parents ont déversé *(have poured out)* sur des générations de lycéens. Le bac, l'examen qui marque la fin des études du lycée, est le visa nécessaire à l'entrée dans la vie professionnelle. Il ouvre les portes des univer-sités et entrouvre *(half opens)* celles des grandes écoles[7]. En 2002, 78,6% des lycéens ont réussi au bac, mais il faut dire que ce n'est pas sans effort. Il y a des «recettes» *(recipes)* pour réussir qui sont publiées. Les respectables *Annales Vuibert* tiennent une large part du marché. Il y a aussi des manuels de révision: *Annabac, Prépabac, Point Bac.* Des compagnies privées offrent des leçons particu-lières; le centre national d'enseignement offre des cours de soutien *(support)*; il y a aussi des séjours linguistiques à l'étranger pour perfectionner les langues étudiées. Le Minitel[8] et de plus en plus le Net dispensent des conseils sur l'orientation et fournissent des exercices et révisions pour le bac. Par exemple, *Annabac* présente maintenant un tutorat en ligne. Un autre site promet que «les cyber-profs de *Corrigebac* sont là pour vous aider». L'existence d'un fort taux de chômage *(high rate of unemployment)* provoque beaucoup d'anxiété dans toutes les familles. Comme il y a un grand nombre de clients potentiels, il y a aussi une grande industrie du bac.

Il y a quelques années, *l'Express* a préparé un «grand quiz» pour que les parents et leurs enfants puissent véri-fier s'ils ont le niveau du bac. Ils pouvaient choisir 60 ques-tions selon leur profil en tant que littéraires, scientifiques ou économistes. Voici plusieurs questions dans les caté-gories Histoire, Géographie et Anglais:

- En quelle année le mur de Berlin a-t-il été édifié?
- Quel président des États-Unis a été contraint à la démission en 1974?
- Combien y a-t-il d'états aux États-Unis?
- Quel est le pays qui connaît aujourd'hui la plus forte croissance économique?

Est-ce que vous pourriez réussir au bac? Comment est-ce que vous vous prépareriez pour y réussir?

Liens culturels: Before students begin read-ing Le bac, give them three pieces of infor-mation to watch for in the reading: 1. Quelle est l'importance du bac? 2. Le bac est-il difficile ou facile? 3. Comment est-ce qu'on peut préparer le bac?

Follow-up discussion: Compare the dif-ference between the **baccalauréat** and the American high school diploma. Compare also the American B.A. to the **bac.**

Activity A: Additional items:
6. (à un agent de police) où se trouve le musée d'Orsay
7. (à votre petit cousin) à quelle heure il va se coucher
8. (à votre grand-mère) combien d'argent elle peut vous prêter

ACTIVITÉS

A. Entraînez-vous: La recherche de renseignements. Posez les questions suivantes de manière courtoise en utilisant les *Expressions typiques pour...*

MODÈLE: (à un[e] inconnu[e]) où se trouve le musée Pablo Picasso
—*Pardon, monsieur. Pourriez-vous me dire où se trouve le musée Pablo Picasso?*

1. (à votre ami[e]) à quelle heure est notre cours d'anglais
2. (à votre ami[e]) où on peut acheter une encyclopédie sur CD-ROM
3. (à un[e] inconnu[e]) combien coûtent les livres pour le cours de philoso-phie
4. (à un[e] inconnu[e]) où trouver la salle où a lieu la conférence du Professeur Rousset
5. (à votre ami[e]) à quelle heure ouvre la cafétéria

---

[7] Les grandes écoles sont des écoles supérieures spécialisées et prestigieuses où l'on peut être admis en réussissant à un examen très compétitif que l'on prépare pendant deux ans (minimum) après le bac. (Exemples: École polytechnique, Écoles normales supérieures, Hautes études commerciales.)

[8] Le Minitel (nom composé où **tel** vient de **terminal** ou **téléphone**) est un terminal qui permet de consulter une banque de données vidéotex. Il a été commercialisé par France Télécom. Beaucoup de Français en possèdent un à la maison et l'utilisent dans leur vie quotidienne, pour savoir l'ho-raire des trains, avoir le bulletin-météo, etc. Le Minitel occupe encore une place importante en France mais il y a de plus en plus d'Internautes.

B. Vous êtes le prof. Vos élèves ne comprennent pas les mots suivants. Aidez-les en leur donnant un synonyme pour chaque élément du premier groupe et un antonyme pour les éléments du deuxième groupe. Utilisez les *Mots et expressions utiles.*

Synonymes
1. une réunion professionnelle
2. un discours littéraire ou scientifique
3. une évaluation
4. se présenter à un examen
5. parler de beaucoup de choses différentes
6. quelque chose qu'on lit

Antonymes
1. assister à un cours
2. facultatif
3. une matière obligatoire
4. réussir à un examen
5. différent

Additional activity: Trouvez quelqu'un...

- qui sait qui a inventé la guillotine
- qui sait qui a inventé la pénicilline
- qui connaît des fromages français
- qui préfère le vin français au vin de Californie
- qui a déjà bu de l'Orangina
- qui souffre d'allergies
- qui a déjà vu une exposition d'art à Paris
- qui ne reçoit jamais d'amis à la maison

LA GRAMMAIRE À APPRENDRE

Les pronoms interrogatifs

When forming information questions in French with interrogative pronouns, different forms are used according to whether you are referring to persons or things, and whether you are referring to a subject, direct object, or object of a preposition. Either **est-ce que** or inversion can be used, although **est-ce que** is more common and almost exclusively used in spoken context. (See contexts below where neither is used.)

Begin review of the interrogative pronouns by asking students to name an interrogative pronoun and give its grammatical function. Make a list of these on the board as students name them.

A. Questions sur les gens *(who/whom)*
Regardless of how it is used in the question, **qui** will be appropriate.

> **Qui** emmène papa à l'aéroport? *(subject)*

Neither inversion nor **est-ce que** is used. **Qui est-ce qui** is an alternate form, although the simple **qui** is more commonly used.

> **Qui** est-ce qu'il va rencontrer au congrès? *(direct object)*
> **Qui** va-t-il rencontrer au congrès?
>
> Chez **qui** est-ce qu'il compte rester? *(object of preposition)*
> Chez **qui** compte-t-il rester?

Hint:

Subject = doer of action

Direct object = receiver of action

Object of preposition = word(s) that follow preposition

Questions about objects of prepositions begin with the preposition, contrary to spoken English.

NOTE: **Qui** does *not* contract: **Qui** est ici?

B. Questions sur les choses *(what)*
The manner in which the word *what* is used in the sentence determines which interrogative expression is used. Note the different forms used below.

> **Qu'est-ce qui** se passe? *(subject)*

Neither inversion nor **est-ce que** is used.

> **Qu'est-ce que** tu bois?
> **Que** bois-tu? *(direct object)*

Short questions with a noun subject and simple tense use the order **que +
verb + subject: Que** boivent tes amis?

NOTE: **Que** contracts to **qu'** before a vowel or mute **h: Qu'**as-tu bu?

> Avec **quoi** est-ce que nous pouvons ouvrir cette bouteille? *(object of
> preposition)*
> Avec **quoi** pouvons-nous ouvrir cette bouteille?

C. Demander une définition

> **Qu'est-ce que c'est?** *What is it?*
> **Qu'est-ce que** la démocratie? *What is democracy?*
> **Qu'est-ce que c'est que** la démocratie? *What is democracy?*
> La démocratie, **c'est quoi?** *(familiar) What is democracy?*

In all four cases, you are asking for a definition or explanation of what
something is.

ACTIVITÉS

A. Imaginez. Vous vous trouvez à une soirée organisée par le patron de votre
fiancé(e). L'hôtesse et les invités vous ont posé beaucoup de questions. Voici
vos réponses. Imaginez les questions qui ont inspiré chacune de vos réponses.

1. Je voudrais *un Coca*, s'il vous plaît.
2. Je suis venu(e) avec *ma fiancée Nathalie (mon fiancé Christophe)*.
3. Ça? *Oh, ce ne sont que les initiales de mon nom.*
4. Malheureusement, *on ne passe pas grand-chose d'intéressant* au
   cinéma ce soir.
5. En dehors de mon travail, je m'intéresse surtout *au cinéma et au théâtre*.
6. C'est *un ami de Bruno.*

B. Au restaurant. Dans un restaurant, vous entendez le garçon poser les
questions suivantes. Remplissez les blancs avec **qui, que, quoi,** etc., selon le
cas. N'oubliez pas d'utiliser **est-ce que** si nécessaire.

1. Bonjour, monsieur. _____ aimeriez-vous manger aujourd'hui? *(What)*
2. _____ vous voudriez boire? *(What)*
3. Pardon, monsieur, mais _____ a commandé la salade niçoise? *(who)*
4. _____ vous plairait comme dessert? *(What)*
5. _____ vous a recommandé ce restaurant? *(Who)*
6. _____ je pourrais vous apporter? *(What)*
7. «Une Cadillac»? _____? *(What is it?)* Une boisson?
8. De _____ est-ce qu'un kir se compose? *(Of what)*

Quel et *lequel*

A. Quel *(What, Which)*

	Singulier	**Pluriel**
Masculin	quel	quels
Féminin	quelle	quelles

Quel is an interrogative *adjective* and thus must agree in number and gender with the noun it modifies.

Quel vol est-ce que vous prenez?
À **quelle** porte d'embarquement *(departure gate)* est-ce qu'il faut aller?

Quel is also used when asking someone to identify or describe himself/herself or his/her belongings. The construction **quel + être +** *noun* asks *what (which) is/are.*

Quelle est votre nationalité?   **Quels sont** vos horaires de travail?

NOTE: In the above examples, the noun that **quel** modifies follows the verb **être.**

Quelle est votre nationalité? = **Quelle** nationalité avez-vous?

When asking for identification, **quel + être +** *noun* is used; when asking for a definition, **qu'est-ce que** is used.

—**Quelle est** votre profession?
—Je suis herboriste.
—**Qu'est-ce qu'**un herboriste?
—C'est quelqu'un qui vend des plantes médicinales.

B. Lequel *(Which one, Which)*

	Singulier	**Pluriel**
Masculin	lequel	lesquels
Féminin	laquelle	lesquelles

Lequel is an interrogative *pronoun* that agrees in number and gender with the noun it stands for. It always refers to one, or more than one, of a pair or group.

Vous connaissez une des sœurs Dupont? **Laquelle?**
Lequel de ces garçons est son frère? Je ne le reconnais pas sur cette photo.

Lequel contracts with **à** and **de** in the same manner as the definite article.

auquel, à laquelle
auxquels, auxquelles } *to, at, in which one*

—Je m'intéresse à plusieurs clubs sociaux de l'université.
—Moi aussi! **Auxquels** est-ce que tu t'intéresses?

duquel, de laquelle
desquels, desquelles } *of, about, from which one*

—J'étais en train de parler d'un film que j'ai vu récemment.
—Ah, oui? **Duquel** tu parlais?

Qu'est-ce que cette jeune fille fait en attendant son premier cours à la Sorbonne?

ACTIVITÉS

A. L'inscription. Vous allez suivre des cours à la Sorbonne cet été, mais vous avez plusieurs questions à poser en ce qui concerne votre inscription. Remplissez les blancs avec une forme de **quel**.

1. _____ est la date du premier jour des cours?
2. _____ sont les frais d'annulation si je décide de ne pas y aller?
3. _____ sorte d'hébergement est disponible pour les étudiants étrangers?
4. _____ sont les activités culturelles organisées par l'université?

Maintenant, remplissez les blancs avec une forme de **lequel**.

5. Madame, vous avez mentionné la possibilité d'une bourse de la ville. J'ai des renseignements sur plusieurs bourses. De _____ est-ce que vous parliez?
6. Je sais que je dois remplir un de ces formulaires, mais _____?

B. Au café. Des amis se retrouvent dans un café près de l'université. Ils discutent de choses et d'autres. Remplissez les blancs avec une forme de **quel** ou de **lequel**.

1. —Je suis sortie avec un des maîtres-assistants hier soir.
   —Vraiment! Avec _____?
2. —Nous avons vu un film.
   —_____ film est-ce que vous avez vu?
3. —J'aime la plupart de mes cours ce semestre.
   —_____ est-ce que tu aimes le mieux?
4. —Vous savez, j'ai raté mon examen de… *(bruit à l'extérieur)* aujourd'hui.
   —Comment? _____ examen est-ce que tu as raté?
5. —_____ de ces boissons est à moi?

C. Chez Marie. Marie et son amie Alice sont en train de parler de leurs enfants. Complétez la conversation en remplissant les blancs avec une forme de **quel** ou de **lequel**, selon le cas.

—Je sais qu'on ne doit pas comparer ses enfants, mais il faut dire que de mes deux enfants, Paul est l'athlète et Marc est l'intellectuel.
—Ah, oui? _lequel_ est le plus âgé?
—Paul a trois ans de plus que Marc.
—_____ est-ce que j'ai vu bavarder avec toi l'autre jour?
—_____ jour?
—Tu te souviens, devant la boulangerie… ?
—Ah, oui, c'était Marc. Tiens! Voilà quelques photos d'eux.
—Elles sont bien, ces photos, surtout ces deux-là. Et toi, _____ est-ce que tu préfères?
—Je les aime toutes. Mais parlons de tes enfants. _____ âge a Cécile?
—Elle aura dix-neuf ans dans un mois.
—En _____ année de fac est-ce qu'elle est?
—Elle est en deuxième année et toujours à Bordeaux.

D. Question de goût! Demandez à votre partenaire ses préférences en ce qui concerne les sujets ci-dessous. Utilisez une forme de **quel**, puis de **lequel**, selon le modèle.

> MODÈLE: la musique
> —*Quelle musique est-ce que tu préfères?*
> —*Laquelle de ces musiques est-ce que tu préfères: le rock ou le jazz?*

1. les sports
2. l'art
3. la cuisine
4. les boissons
5. les moyens de transport
6. les automobiles

Interactions

Utilisez les suggestions suivantes pour créer des conversations avec un(e) partenaire. Essayez d'employer autant que possible le vocabulaire et la grammaire de la *Leçon 3*.

A. La vie universitaire. Votre meilleur(e) ami(e) et vous n'êtes pas inscrit(e)s à la même université. Vous ne vous êtes pas vu(e)s depuis la rentrée. Posez-lui cinq à dix questions sur la vie universitaire (les classes, les professeurs, la nourriture, les résidences universitaires, la vie sociale, etc.). Utilisez des expressions interrogatives.

B. Une question d'argent. Votre petit(e) ami(e) veut vous emprunter $200. Vous aimez beaucoup cette personne. En fait, vous êtes peut-être amoureux/amoureuse d'elle. Mais vous vous demandez pourquoi il/elle veut vous emprunter de l'argent. Posez-lui cinq à dix questions pour en comprendre la raison. Votre petit(e) ami(e) va répondre aux questions.

Deuxième brouillon Dossier personnel

1. Write a second draft of your paper from **Leçon 2**, incorporating more detail and adding examples to clarify the comparisons and contrasts.

2. You might want to add a rhetorical question or two to your paper to add interest.

3. To strengthen the comparisons and contrasts, use some of the following expressions:

   EXPRESSIONS UTILES: **de la même façon** *(similarly)*…, **similaire à**…, **partager les mêmes caractéristiques**…, **en commun avec**…, **se ressembler**…, **paraître** *(to seem)*…, **en revanche** *(on the other hand)*…, **par contraste avec**…, **par opposition à**…, **différent de**…, **se distinguer de** *(to differ from)*…

Phrases: Writing an essay
Grammar: Interrogative adjective **quel;** interrogative adverbs; interrogative pronoun **lequel, laquelle;** interrogative pronoun **que, quoi;** interrogative pronoun **qui**
SYSTÈME-D

Activités vidéo

Avant la vidéo

Turn to **Appendice B** for a complete list of active chapter vocabulary.

1. Quel est votre plat favori? Où l'avez-vous goûté pour la première fois? Aimez-vous faire la cuisine? Quelle est votre spécialité?
2. Êtes-vous d'accord avec le poète Charles Baudelaire quand il dit:

   «Les parfums, les couleurs et les sons se répondent.
   Il est des parfums frais comme des chairs d'enfants,
   Doux comme les hautbois, verts comme les prairies»

   Est-ce que certains morceaux de musique vous font penser à des couleurs, des images ou des goûts particuliers? Lesquels? Faites-en une liste, puis comparez-la avec celles de vos camarades de classe. Est-ce qu'il y a des points communs?

Après la vidéo

1. Élodie et Julien trouvent des correspondances entre certains plats et certains morceaux de musique. Voilà la liste des plats. Ajoutez leur choix de musique et le vôtre.

Plat	Élodie et Julien	Vous
Salade tiède de langouste à la julienne de légumes frais	Stravinky: Le sacre du printemps	?
Paëlla aux crevettes		
Foie gras flambé au cognac		
Brochettes de veau, sauce piquante		
Omelette aux cèpes		
Poulet au gingembre		

2. Quelle conclusion sur la cuisine française pouvez-vous tirer de la liste des plats cités par Élodie et Julien?

Activités orales

A. À table. En groupes de trois étudiants, une personne joue le rôle de l'hôte/l'hôtesse. Les deux autres sont les invité(e)s. Jouez les rôles pendant un dîner où l'hôte/l'hôtesse sert beaucoup de plats et boissons différents et insiste pour que tout le monde mange et boive beaucoup. Finalement, les invité(e)s partent en remerciant l'hôte/l'hôtesse pour un excellent dîner.

See **Appendice C** for expressions related to telephone behavior.

B. Est-ce que tu es libre... ? Vous téléphonez à une baby-sitter, Anne, et vous lui demandez de garder votre enfant qui a un an. Vous vous trompez de numéro de téléphone la première fois, mais vous arrivez à la joindre la deuxième fois. Demandez-lui si elle est libre samedi soir et si elle peut garder votre fils/fille. Elle vous posera des questions comme, par exemple, à quelle heure elle doit venir et jusqu'à quelle heure elle devra rester chez vous. Vous répondez et vous lui dites quand vous allez aller la chercher.

Activité écrite

Une requête. Vous faites partie de l'Union nationale des étudiants de France (UNEF). Vous devez écrire une lettre très polie au/à la président(e) de votre université pour lui faire savoir que les étudiants ne sont pas satisfaits et qu'ils désirent des changements. Utilisez les expressions du poster ci-dessous pour demander le maintien du libre choix de son université et la validation de tous les diplômes. Dites aussi que les étudiants sont opposés à la hausse des droits d'inscription. Demandez également une amélioration de la qualité des repas universitaires. Enfin, essayez d'obtenir un rendez-vous avec le/la président(e) de l'université afin de discuter de vos requêtes. Commencez votre lettre par «Monsieur le Président/Madame la Présidente» et terminez-la par «Veuillez agréer, Monsieur le Président/Madame la Présidente, l'expression de mes sentiments respectueux».

Phrases: Requesting something; writing a letter (formal)
Vocabulary: Studies, courses; university
Grammar: Conditional; subjunctive

Révision finale Dossier personnel

1. Reread your paper and focus on the beginning and ending sentence of each paragraph, making sure that they are clear to the reader. Note that the beginning sentence should introduce your ideas and the ending sentence should be a way of providing closure or transition to the next paragraph.

2. Bring your draft to class and ask two classmates to peer edit your paper. They should pay particular attention to whether the paper enables the reader to make a decision. Your classmates should use the symbols on page 431 to indicate grammar errors.

3. Examine your composition one last time. Check for correct spelling, grammar, and punctuation. Pay special attention to your use of articles, irregular verbs such as **offrir**, **servir**, and **plaire**, and interrogatives if you included any rhetorical questions.

4. Prepare your final version.

Additional activity: Students imagine they are athletes from a French-speaking country attending a small college in the U.S. They write a letter to their parents describing the school cafeteria, a typical menu for each meal, and their opinion of the food. They begin with: **Cher papa, chère maman** and end with **Je vous embrasse, Bises,** or **Grosses bises.**

Phrases: Writing an essay
Grammar: Definite article **le, la, l', les;** indefinite article **un, une, des;** partitive **du, de la, des**

I. *Les grandes écoles* de Polly Platt

Avant la lecture

Sujets à discuter

- Comment imaginez-vous les universités françaises? Si vous avez déjà eu l'occasion de visiter une université en France, décrivez ce que vous avez observé. Sinon, considérez les faits suivants: le système éducatif français est contrôlé par le gouvernement national; la plupart des étudiants vivent chez leurs parents et font le trajet tous les jours entre leur domicile et l'université; les universités se spécialisent en certaines matières, donc les étudiants doivent choisir leur spécialisation avant d'y entrer; le gouvernement français finance les universités publiques (les étudiants n'ont presque pas de frais de scolarité à payer—entre 100 et 200 euros par an—, à moins qu'ils ne s'inscrivent dans des universités privées). Comparez les systèmes éducatifs français et américain.
- Imaginez une école qui accepte seulement 30 à 300 des meilleurs candidats en maths ou en lettres du pays. Selon vous, quelles seront les caractéristiques des étudiants qui seront selectionnés?
- Avez-vous envie de faire des études en France? Pourquoi ou pourquoi pas?

Introduction

*In the French educational system, the three years of high school (**seconde, première, terminale**) prepare students for the **baccalauréat** exam, which opens doors to post-secondary education. Options include entrance into a university, an **I.U.T** (a Technology Institute), or a **grande école. Grandes écoles** are prestigious and extremely competitive academic institutions which prepare the brightest French high school students to become the ruling elite of the country. In order to be admitted into these schools, candidates must obtain excellent grades on the **baccalauréat** and study for two extra years in the **classes préparatoires aux grandes écoles** where they train to take a competitive entrance examination. In this text, Polly Platt, an American living in Paris, describes what it takes to go through the **grande école** track.*

LES GRANDES ÉCOLES

David—X, inspecteur des finances—intègre° Stern° titrait récemment la section Économie du *Figaro*.

Un étranger qui a quelques notions de français en déduirait° qu'un certain M. David se prépare à prendre la direction d'une entreprise, et voilà tout. Pour un Français, ce titre contient une série d'informations codées. «X» est le nom de code de l'école la plus prestigieuse et la plus difficile du monde, l'École polytechnique°. «Inspecteur des finances» indique que M. David est issu de l'école d'administration la plus diffi-

intègre entre dans / Stern le nom d'une entreprise

déduirait conclurait / l'École polytechnique grande école, située à 15 kilomètres de Paris

Remind students that entrance to universities is not competitive; passing the **bac** guarantees acceptance. Ask students how they feel about the approach to education in France that emphasizes depth, as opposed to the "sample everything" approach of most U.S. universities.

Décrivez l'apparence physique de l'École polytechnique.

cile et la plus prestigieuse au monde, l'ENA°, et qu'il en est sorti parmi les dix premiers. [...]

Le système des grandes écoles est unique en France. Celles-ci sont gratuites et, entre autres privilèges, plusieurs d'entre elles rémunèrent° leurs étudiants. Elles sont très différentes des universités, puisqu'on y entre sur concours°, et elles ont un bien meilleur matériel°, des effectifs réduits°, et leurs profs sont parmi les meilleurs et les mieux payés du pays. [...]

Voyons un peu ce qui attend les forts en maths.

Dès la seconde°, ils ingurgitent° une dizaine d'heures de maths par semaine, auxquelles s'ajoutent les heures de physique, et cela jusqu'au bac. En terminale, le niveau de difficulté atteint des sommets—il est question de protons, de trous noirs, d'univers en expansion... Et puis, c'est le bac, qu'il faut obtenir de préférence avec la mention «bien»° ou «très bien»°. [...]

Tous les ans, au moment du bac, les journaux publient le profil type de l'étudiant de prépa°. Qualités requises en plus de la bosse des maths°:

- une santé de fer;
- de la mémoire à revendre°;
- des capacités physiques et intellectuelles illimitées;
- vouloir être meilleur que tout le monde;
- aimer la compétition;
- avoir une méthode de travail qui a fait ses preuves;
- et vouloir réussir à tout prix.

Si tout cela ne vous fait pas partir en courant, envoyez votre dossier aux prépas les plus proches. [...]

Vous avez commencé votre année de «maths sup»°. Si vous ratez la première année, il n'y a pas de repêchage°. Faites une croix sur le métier d'ingénieur et

mention «bien» *magna cum laude*
l'ENA École nationale d'administration / **mention «très bien»** *summa cum laude*

prépa classe préparatoire: Les bacheliers qui se préparent aux concours d'entrée aux grandes écoles suivent des prépas pendant deux ans après le bac. Le terme «les prépas» désignent aussi les grands lycées qui offrent des classes prépas. / **la bosse des maths** *to be good at math* / **rémunèrent** paient / **de la mémoire à revendre** une excellente mémoire / **concours** examen compétitif / **le matériel** l'équipement / **effectifs réduits** classes avec un petit nombre d'étudiants

la seconde les trois dernières années de lycée sont la seconde, la première et la terminale / **ingurgitent** *ingest*

maths sup mathématiques supérieures, nom de la première année de prépa en maths. La deuxième année s'appelle «maths spé», ou mathématiques spécialisées. / **repêchage** examen de rattrapage

tournez-vous vers autre chose. Si vous avez réussi, et si vous n'avez pas encore attrapé la mononucléose ou fait un infarctus°, vous allez devoir trimer° comme un fou en «maths spé». Après une année mortelle, vous voici prêt à attaquer les concours. [...]

Dix pour cent des bacheliers vont en prépas. La moitié intègre une école d'ingénieur, mais seulement deux pour cent sont reçus dans une grande école, dont un pour cent à l'X.

Imaginons maintenant que vous ayez réussi l'X. Chapeau!° Vous êtes polytechnicien à vie! Votre nom va figurer dans le journal, à côté de celui des trois cent cinquante autres reçus. Vous faites désormais partie de ce corps d'ingénieurs militaires créé par Napoléon°. Vous allez avoir l'honneur de porter l'uniforme et l'épée°, sans compter le salaire mensuel qui vous sera versé. [...]

Pas question pour autant de se reposer sur ses lauriers°: il va falloir travailler d'arrache-pied° pendant trois ans pour arriver parmi les premiers, voire° le premier. Si vous faites partie du peloton de tête°, vous serez immédiatement rattaché au corps des Mines°, un des grands corps de l'État, qui vous garantit l'accès à un poste clef dans la haute administration ou chez Elf Aquitaine°. Vous serez courtisé par les entreprises privées et vous aurez droit à des privilèges pendant toute votre vie. [...]

Ceux que je plains le plus sont ceux qui ont vécu la torture des prépas et qui n'ont été reçus nulle part.

Admettons que vous soyez dans ce cas-là. Il ne vous reste plus qu'à vous inscrire à l'Université où il vous faudra trimer encore quatre ou cinq ans avant d'obtenir un diplôme qui vaut quelque chose.

Extrait de Polly Platt, *Ils sont fous, ces Français* (Paris: Bayard Éditions, 1997), pp. 133, 135–138.

Après la lecture

Compréhension

A. Observation et analyse.

1. Quand on dit que M. David est un X, qu'est-ce que les Français comprennent?
2. Est-ce que le titre d'«inspecteur des finances» désigne un diplôme particulier? Expliquez.
3. Qu'est-ce qui rend le système des grandes écoles unique?
4. Qu'est-ce que c'est qu'un concours?
5. Pour poursuivre leurs études, quels choix est-ce que les élèves forts en maths (ou forts en lettres, en grammaire, en anglais ou en histoire) ont après le baccalauréat?
6. Est-ce que vous pouvez redoubler l'année de «maths sup» si vous échouez?
7. Qu'est-ce qu'il faut faire après avoir été reçu(e) dans une grande école?
8. Qu'est-ce qui vous arrivera à la fin de vos études si vous finissez parmi les premiers?
9. Pour qui est-ce que l'auteur a de la compassion? Pourquoi?

B. Grammaire/Vocabulaire. Mettez les étapes scolaires suivantes dans l'ordre chronologique, selon la lecture.

_____ les prépas   _____ l'université
_____ la terminale   _____ la seconde
_____ la grande école   _____ le bac
_____ la première

This reading contains a number of slang words in French, such as: **prépas**, **trimer**, **bosse des maths**, **année mortelle**, **Chapeau!** Ask students to use these words in a humorous paragraph.

C. Réactions.

1. Regardez «le profil type de l'étudiant de prépa», p. 83. Quelles qualités s'appliquent à vous? Laquelle de ces qualités est la plus importante pour réussir, selon vous?
2. Vous vous préparez à entrer dans une grande école, comme l'École polytechnique, qui pourrait vous faire devenir «une de ces créatures au teint blafard *(pale)* avec des baignoires sous les yeux qui hantent les couloirs des grands lycées» (Platt, p. 136). Est-ce que cette phrase vous décrit de temps en temps? Qu'est-ce que vous faites pour réduire le stress des études?
3. Selon vous, si quelqu'un a les capacités nécessaires pour réussir dans une grande école, est-ce qu'il/elle doit tenter sa chance? Est-ce que les cinq années où on doit «trimer» en valent la peine?

Interactions

Jouez les rôles.

1. Vous et votre partenaire êtes étudiant(e)s en prépa. Parlez de vos études, de votre avenir et de vos espoirs.
2. Vous et votre ami(e) êtes chez votre mère quand vous apprenez que vous êtes reçu(e) à l'École polytechnique. Jouez une petite scène dans laquelle vous parlez de cette nouvelle avec votre mère et avec votre ami(e).

Expansion

Faites des recherches sur Internet et à la bibliothèque sur les grandes écoles en France. Choisissez une grande école pour écrire un reportage en profondeur (par exemple, l'École polytechnique, les Écoles normales supérieures, l'Institut d'études politiques de Paris). Trouvez le nombre d'étudiants, les matières dans lesquelles on peut se spécialiser, la durée des études après le baccalauréat, ce qu'un(e) étudiant(e) étranger(-ère) doit faire pour s'y inscrire, les coûts d'inscription, où se trouve cette école (région, ville, etc.), et d'autres détails intéressants. Présentez vos résultats à la classe.

II. *Le petit prince de Belleville*
de Calixthe Beyala

Avant la lecture

Sujets à discuter

- Quand vous étiez à l'école primaire, écoutiez-vous toujours la maîtresse? Et les autres enfants?
- Quand vous étiez petit(e), est-ce qu'il y avait des enfants qui n'étaient pas beaux ou qui étaient différents des autres? Comment est-ce que les autres enfants les traitaient d'habitude? Pour se moquer d'eux ou pour tester leur patience, que faisait-on ou que disait-on?
- Est-ce que vous connaissez des enfants dont les parents ont divorcé? Si oui, quelle a été la réaction de ces enfants au moment où ils ont appris que leurs parents allaient divorcer?

Stratégies de lecture

Trouvez les détails.

1. Parcourez rapidement le texte et trouvez les noms des petites filles dans l'histoire.
2. Ensuite trouvez les mots ou les actions qui montrent l'attitude des garçons envers ces petites filles ou envers la nouvelle maîtresse. Faites une liste de ces mots.
3. Trouvez le sujet de la narration de chaque petite fille et notez la différence dans la réaction du narrateur.

Introduction

To complement the civilization reading in this chapter, which describes the French post-secondary school system, is the following literary reading, which takes place in an elementary school setting. The central character in Calixthe Beyala's novel Le petit prince de Belleville *is Loukoum, a black African boy who lives in Belleville, a working-class area in the north of Paris. Loukoum can read the Koran in Arabic but he cannot read French. In this section of the book, the boy describes a day in school.*

Calixthe Beyala herself grew up in Cameroon in extreme poverty, separated from her parents, and raised by a sister four years older. She left for France at the age of 17, where she got married, passed the **bac,** *and eventually studied Management and Liberal Arts.*

LE PETIT PRINCE DE BELLEVILLE

La nouvelle maîtresse a vraiment du mal. Personne ne l'écoute. Elle a beau crier°, crier, mais c'est comme si elle jetait une salive° dans la mer. Alors, elle a dit:

—Mes enfants, aujourd'hui, nous allons faire un exercice de narration spéciale. On va raconter à tour de rôle les vacances de Noël. Ça sera génial.

Ç'a été le tour de Johanne Dégoud de parler. Personne ne l'écoutait. Elle est de la race de ces filles que personne n'écoute, même pas le bon Dieu tellement

---

a beau crier *almost shrieked*
une salive *spittle, saliva*

elle est moche°! Et collante°! Elle est tellement moche que quand elle passe, les oreilles des chiens tombent, et quand elle est de face, elle a l'air de dos. C'est une blague° pour vous dire combien elle est moche. C'est la plus laide fille de France. Jacques Millano a dit:

—Le son! le son! On entend rien. Faut augmenter le micro!

Et la nouvelle maîtresse a dit à Johanne d'attendre que la classe soit calmée.

—Pour les vacances de Noël, mes parents et moi étions en vacances de neige en Savoie°. En Savoie, on trouve les montagnes les plus neigeuses de France avec des sites touristiques blottis° au fond des vallées.

Elle a sorti de sa poche un morceau de papier et elle s'est mise à lire!

—Avant son annexion à la France, la Savoie était une République autonome. En 17...

Alexis s'est jeté par terre à quatre pattes° et s'est mis à faire le chien en aboyant°. C'était vraiment drôle et tout le monde riait à cœur joie. La Mademoiselle était en colère. Elle a d'abord crié. Puis elle est venue l'attraper° par le col. Elle l'a tiré jusqu'à sa place. Johanne Dégoud ne s'est pas arrêtée de parler. De toute manière, on l'entendait pas. Lolita s'est retournée et elle m'a regardé. Je l'ai vue. J'ai baissé la tête et j'ai fait semblant° de dessiner.

Mademoiselle est retournée à sa place. Elle a dit de baisser la tête et de croiser° les bras jusqu'à ce que le calme soit revenu. Johanne Dégoud lisait toujours sur son morceau de papier.

—Ça va, Johanne! Va t'asseoir. Tu as assez parlé comme ça.

C'est alors que Lolita a levé la main.

—Lolita, qu'est-ce que tu fabriques? Croise les bras immédiatement!

Mais elle a fait comme si elle n'entendait pas. Elle s'est levée et elle est partie se mettre à côté du bureau de la maîtresse.

Elle souriait. Elle était heureuse. Je croyais qu'elle allait se mettre à siffloter° de bonheur. Elle a arrangé sa robe. Elle a ajusté son bandeau°. Elle s'est tenue bien droite et elle a commencé à parler ni trop fort ni pas assez.

—Le matin de Noël, je me suis réveillée et j'ai eu une surprise. Il y avait une valise près de la porte comme quand on va en voyage. Mon père était devant la télévision et ma mère préparait le petit déjeuner.

«On va en voyage? j'ai demandé à mon père.

—En quelque sorte, il a dit.

—On va à Disney World? j'ai demandé.

—Non, ma chérie, ça sera pour la prochaine fois.

—Ah! j'ai dit. Où on va alors?»

Il m'a rien dit. Il s'est levé, il m'a serrée fort dans ses bras comme ça puis il est parti avec la valise.

«Papa!» j'ai crié.

Mais il n'est pas revenu. Ma maman m'a servi mon déjeuner, des Kellogs, je n'avais pas faim, je boudais°. Elle a dit:

«Lolita, t'es une grande fille maintenant et tu peux comprendre certaines choses. Ton père et moi, nous avons cru bon qu'il fallait se séparer quelque temps.

—Vous allez divorcer? j'ai demandé.

—On n'en est pas là, elle a dit. Mais...

—Chouette! j'ai crié. J'aurai deux maisons!»

Personne n'a rien dit.

Je la regardais, moi, avec mes yeux. De tous mes yeux avec des points d'interrogation qui sont toujours là quand ça te tombe dessus. Elle fixait le fond de la classe où il y avait un dessin, un zèbre tout colorié. Dans mon cœur, j'ai senti quelqu'un qui me tordait les boyaux°, qui tordait, qui serrait de plus en plus.

Personne n'a bougé. Lolita s'est tournée vers la porte. Elle l'a ouverte. Elle est sortie. Personne ne l'a rattrapée°.

Extrait de Calixthe Beyala, *Le petit prince de Belleville;* © Éditions Albin Michel, pp. 179–183.

---

moche pas belle, laide / **collante** *clinging like a leech* / **siffloter** *to whistle*

bandeau *headband*
une blague *joke*

Savoie *une région du sud-est de la France*

blottis *nestled*

à quatre pattes *on all fours*
en aboyant *barking*
je boudais *I sulked*

attraper *to grab*

j'ai fait semblant *I pretended*

croiser *to cross*

me tordait les boyaux *turned my stomach*

rattrapée *held her back*

Après la lecture

Compréhension

A. Observation et analyse.

1. Quel exercice est-ce que la classe va faire?
2. Qui parle d'abord? Que dit Jacques Millano? Pourquoi est-ce qu'il le dit? Que fait Alexis? Quelle est la réaction de la maîtresse?
3. Où est-ce que Johanne est allée pendant les vacances de Noël?
4. Décrivez l'attitude de Lolita quand elle commence à parler. Qu'est-ce qui s'est passé chez elle le jour de Noël? Où va son père? Après avoir raconté son histoire, qu'est-ce qu'elle fait?

B. Grammaire/Vocabulaire. Entourez les adjectifs qui décrivent le mieux Lolita et justifiez vos réponses.

géniale, triste, fière, en forme, heureuse, collante, moche, rebelle, en colère

Avez-vous d'autres adjectifs à ajouter pour décrire cette petite fille? Lesquels?

C. Réactions.

1. Décrivez votre réaction à la scène où Johanne raconte ses vacances. Est-ce que vous avez trouvé que Jacques et Alexis étaient méchants ou amusants? Expliquez. Qu'est-ce que vous diriez à Johanne si vous pouviez parler avec elle?
2. Décrivez votre réaction à la scène où Lolita parle à la classe. Qu'est-ce que vous diriez à Lolita si vous étiez son/sa camarade de classe? Et si vous étiez son instituteur/institutrice?

Interactions

Jouez les rôles des personnages.

En classe. Mettez-vous à la place des élèves ou de la maîtresse de cette histoire. Qu'est-ce que Johanne dit à la classe? Que répondent les garçons? Qu'est-ce que la maîtresse dit à la classe? Quelle est la réaction de la classe?

À la maison. Vous expliquez ce qui arrive à Lolita. Discutez avec vos parents. Et Lolita, qu'est-ce qu'elle dit à ses parents? Qu'est-ce qu'ils répondent?

Expansion

Trouvez, sur Internet ou dans un journal, des renseignements sur le divorce en France et aux États-Unis afin d'écrire un essai comparant les deux sociétés. Faites des recherches sur le taux de divorce dans les deux pays, les raisons de séparation les plus fréquentes, la durée moyenne des mariages, les effets du divorce sur les enfants, la manière dont les tribunaux se prononcent sur les demandes de divorce et règlent la question de la garde des enfants, etc.

Maître/Maîtresse or instituteur/ institutrice is now called professeur des écoles.

Qui suis-je?

THÈMES: La famille; Les rapports

After working with the *Expressions typiques pour...* and *Mots et expressions utiles* for *Leçons 1* and *2*, make a photocopy of the photo and label each person with an imaginary name. Give each student a copy of the labeled photo. Students should choose a person in the photo to describe while classmates guess who it is.

Helpful vocabulary: **avoir l'air heureux/pensif/fier** *to look happy/pensive/proud;* **sourire** *to smile*

LA GRAMMAIRE À RÉVISER
L'adjectif possessif • L'adjectif qualificatif • Les verbes pronominaux

LEÇON 1
Fonction: Comment identifier les objets et les personnes
Culture: La famille
Langue: C'est et **il/elle est** • Les pronoms possessifs
PRÉPARATION

LEÇON 2
Fonction: Comment décrire les objets et les personnes
Culture: La nouvelle image du couple
Langue: L'adjectif qualificatif • La position des adjectifs
PREMIER BROUILLON

LEÇON 3
Fonction: Comment décrire la routine quotidienne et les rapports de famille

Culture: Les rapports entre parents et enfants
Langue: Les verbes pronominaux
DEUXIÈME BROUILLON

SYNTHÈSE
RÉVISION FINALE

INTERMÈDE CULTUREL
Allons, enfants de la patrie: la Révolution française de 1789
Mariama Bâ: *Je t'épouse*

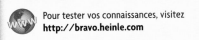

The information presented here is intended to refresh your memory of various grammatical topics that you have probably encountered before. Review the material and then test your knowledge by completing the accompanying exercises in the workbook.

Avant la première leçon

L'adjectif possessif

Masculin	Féminin	Pluriel	Equivalent
mon	ma/mon	mes	*my*
ton	ta/ton	tes	*your*
son	sa/son	ses	*his/her/its*
notre	notre	nos	*our*
votre	votre	vos	*your*
leur	leur	leurs	*their*

- Possessive adjectives agree with the possessor in terms of meaning (**mon, ma, mes** versus **ton, ta, tes**) and with the object possessed in terms of gender and number (**mon** versus **ma** versus **mes**):

  his/her dog = **son** chien
  his/her car = **sa** voiture

- Feminine singular objects beginning with a vowel or silent **h** require the masculine form (**mon, ton, son**):

  mon amie Mélanie   **ton** habileté
  my friend Melanie   *your skillfulness*

- French possessive adjectives are repeated before each noun unless the nouns represent the same person or object possessed:

  Où sont **mon** frère et **ma** sœur?
  Je vous présente **mon** collègue et ami, Raphaël.

Avant la deuxième leçon

L'adjectif qualificatif

A. Le féminin singulier

- In general, an **e** is added to the masculine singular to form the feminine.

  content → contente   gâté → gâtée   poli → polie

If the masculine form already ends in an unaccented **e**, nothing is added:

  sympathique/sympathique

- Some irregular patterns:

Masculin		Féminin	Exemples	
-eux	→	-euse	généreux	généreuse
-f	→	-ve	sportif	sportive
-el	→	-elle	professionnel	professionnelle
-il	→	-ille	gentil	gentille
-on	→	-onne	mignon	mignonne
-os	→	-osse	gros	grosse
-as	→	-asse	bas	basse
-en	→	-enne	ancien	ancienne

B. Le pluriel

- In general, an **s** is added to the singular to form the plural:

  content → contents   contente → contentes

- If the masculine singular adjective ends in an **s** or **x**, nothing is added to form the plural. Feminine adjectives follow the regular pattern in the plural:

  les gros messieurs   →   les grosses femmes
  les hommes généreux   →   les femmes généreuses

- Some irregular patterns:

Singulier		Pluriel	Exemples	
-eau	→	-eaux	nouveau	nouveaux
-al	→	-aux	légal	légaux

  EXCEPTIONS: examen final   →   examens finals
                  roman banal   →   romans banals

Like these exceptions: **fatal, natal, naval**

C. Adjectifs à forme masculine double

Masculin	Masculin avant voyelle ou *h* muet	Féminin	Pluriels
vieux	vieil	vieille	vieux/vieilles
nouveau	nouvel	nouvelle	nouveaux/nouvelles
beau	bel	belle	beaux/belles
fou	fol	folle	fous/folles

Avant la troisième leçon

Les verbes pronominaux

Pronominal verbs must be conjugated with a reflexive pronoun. The basic patterns of use are:

A. Affirmatif

Je **me** couche tard.   Nous **nous** couchons tard.
Tu **te** couches tard.   Vous **vous** couchez tard.
Il/Elle/On **se** couche tard.   Ils/Elles **se** couchent tard.

Mon quartier. Décrivez où vous habitez en utilisant la forme appropriée des adjectifs.

Modèles: J'habite dans une belle ville. (grand)
J'habite dans une grande ville.

J'habite dans une belle ville. (village)
J'habite dans un beau village.

1. C'est un vieux quartier. (ville/ appartement/musée)
2. J'habite une maison moderne. (beau/nouveau/agréable)
3. Les voisines sont gentilles. (vieux/gros/généreux)

Décrivez les rapports entre ces personnes.

Votre routine typique. Décrivez votre routine typique et celle des autres en utilisant des verbes pronominaux.

Modèle: Je me réveille assez tard. (Sylvie)
Sylvie se réveille assez tard aussi.

1. Je me lave très vite. (Ma sœur/Mes parents... ne... pas/Vous?)
2. Mon père se rase tous les jours. (Je/Nous... ne... pas/Tu?)
3. Je me brosse les dents. (Mes petites sœurs/Vous/Mon frère)
4. Est-ce que vous vous préparez à partir? (Édouard/ tu/tes camarades)
5. Je vais me coucher vers 10 heures du soir. (Tu/Nous/ Grand-mère)

B. Négatif

Nous **ne nous** couchons **pas** trop tôt.   Ils **ne se** détendent **pas** assez.

C. Interrogatif

Est-ce que tu **t'**appelles Marie? *(form used most often)*

T'appelles-tu Marie?   Ne **t'**appelles-tu pas Marie?

D. Impératif

Affirmatif: The reflexive pronoun follows the verb and is attached with a hyphen (**te** changes to **toi**):

Lavez-vous les mains, les enfants!
On va manger tout de suite!

Lucien, **dépêche-toi!**

Négatif: The reflexive pronoun precedes the verb:

Ne vous couchez **pas** trop tard.

Lucien, **ne te** couche **pas** tout de suite.

E. Infinitif

Je vais **me** reposer pendant quelques minutes.
Nous allons **nous** préparer à sortir.

Lisez ces publicités. Elles décrivent quelques passe-temps. Qu'est-ce que vous faites pour vous détendre en famille?

Leçon 1

Comment identifier les objets et les personnes

Conversation

Track 8

Rappel: Have you reviewed descriptive adjectives? (Text pp. 90–91 and Workbook p. 56)

Premières impressions

Soulignez:

- les expressions qui vous permettent d'identifier les professions et les personnes

Trouvez:

- où Damien et Philippe se sont connus autrefois
- où habite Philippe

Deux amis, qui ne se sont pas vus depuis longtemps, se rencontrent par hasard au café à Paris dans le quartier universitaire où ils passaient beaucoup de temps auparavant°. Ils commencent à se parler et à se montrer des photos.

auparavant *before*

DAMIEN: Philippe! Eh bien! Dis donc! Ça fait longtemps, hein?

PHILIPPE: Le temps passe, Damien! Mais tu as l'air en forme. Qu'est-ce que tu deviens?

DAMIEN: Bof! En fait, je cherche du travail! Mais c'est très dur en ce moment… Et toi? Je croyais que tu avais déménagé°!

déménager *to move*

PHILIPPE: Oui, j'en avais un peu marre° de la situation en France, et puis je me suis marié, tu sais? Maintenant j'habite aux États-Unis.

j'en avais marre/j'en avais assez *(familiar) I was fed up*

DAMIEN: *(incrédule)* Ce n'est pas vrai!

PHILIPPE: Tiens, j'ai des photos, si ça t'intéresse. J'ai un fils.

DAMIEN: Toi, un fils? Eh bien, félicitations, mon vieux°! Il faut que tu me fasses voir tout ça.

mon vieux *old man*

PHILIPPE: C'est une amie qui a pris les photos au moment de quitter l'hôpi-tal. Tiens, regarde… là, j'installe le siège-voiture°.

le siège-voiture/siège-bébé *car seat*

DAMIEN: Elle est à toi cette jeep?

PHILIPPE: Oui, elle est à moi, enfin, elle est à nous, à ma femme et à moi.

DAMIEN: Et là, qui est-ce qui tient le bébé? C'est ta femme?

PHILIPPE: Oui, c'est elle, avec le petit bonhomme°, dans sa chambre.

le petit bonhomme *(term of endearment) little man*

DAMIEN: Qu'est-ce qu'il y a, là, sur le bras du bébé?

PHILIPPE: Ça, c'est un petit bracelet d'identité qu'on met aux nouveau-nés à l'hôpital. Tiens, le voilà dans toute sa splendeur, sur l'oreiller° de sa maman!

un oreiller *pillow*

À suivre

Observation et analyse

1. Quelle est la situation familiale de Philippe?
2. Quelle est la situation économique de Damien?
3. De quand date la plupart de ces photos?
4. Décrivez la voiture de Philippe.
5. Est-ce que vous pensez que Philippe est content de sa vie? Expliquez.

Réactions

1. Est-ce que vous aimez les photos d'enfants? Est-ce que vos parents ont pris beaucoup de photos de vous quand vous étiez petit(e)? Expliquez.
2. Avez-vous déjà des enfants ou pensez-vous en avoir? Parlez de votre famille.

Expressions typiques pour...

Identifier un objet

C'est ta voiture?	Non, c'est la voiture du voisin. Oui, j'ai une voiture française.
Qu'est-ce que c'est?	C'est un ordinateur *(computer)*. Ce sont mes disquettes. Ça, c'est mon appareil photo *(camera)*.

Identifier le caractère d'un objet

Quel type d'ordinateur/de magnétoscope *(VCR)* est-ce?   C'est un IBM/Sony.
Quelle marque *(brand)* de voiture est-ce que tu as?   J'ai une Renault.
Quel modèle est-ce?   C'est le dernier modèle.

Identifier une personne

Qui est-ce, là, sur cette photo?   C'est Alain.
Qui est Alain?   C'est le mari *(husband)* de notre voisine Hélène.

Identifier les activités d'une personne

Que fait ton mari/ta femme?	Il/Elle est dentiste/psychiatre/ingénieur/ secrétaire/homme (femme) d'affaires/ vendeur (vendeuse). Il/Elle est à la retraite *(retired)*.
Qu'est-ce que tu fais?	Je suis étudiant(e)/avocat(e)/biologiste/ professeur/banquier (banquière)/ femme (homme) au foyer *(housewife/ househusband)*/pilote.

Identifier le/la propriétaire

À qui *(To whom)* est cet appareil photo?	C'est mon appareil photo. Il est à moi (toi/lui/elle/nous/vous/eux/elles).

As a follow-up, collect items from students' pockets or purses and put them in a bag. Pull items out one by one and ask: À qui est cette clé? À qui est ce porte-feuille? Students will answer with either: Il/Elle est à moi or Il/Elle est à Martine, etc.

The following additional career vocabulary may be useful: **un acteur/une actrice** *actor/actress;* **un cuisinier/une cuisinière** *cook;* **un directeur/une directrice commercial(e)** *sales manager;* **un(e) employé(e) de bureau** *office worker;* **un/une exploitant(e) agricole** *farmer;* **un facteur** *(no feminine form) postal carrier;* **un infirmier/une infirmière** *nurse;* **un(e) informaticien(ne)** *computer expert;* **un médecin** *(no feminine form) doctor;* **un menuisier** *(no feminine form) carpenter, woodworker;* **un(e) musicien(ne)** *musician;* **un(e) pharmacien(ne)** *pharmacist;* **un steward/une hôtesse de l'air** *flight attendant.*

More professions can be found in *Chapitre 7.*

Disjunctive pronouns are in *Chapitre 6.*

Mots et expressions utiles

If you have an audiotape or a CD of Maxime Le Forestier's «Mon frère», this would be an appropriate time to play it.

La famille

les **arrière-grands-parents** *great-grandparents*
le **beau-frère/beau-père** *brother-/father-in-law* or *stepbrother/-father*
la **belle-sœur/belle-mère** *sister-/mother-in-law* or *stepsister/-mother*
le **demi-frère/la demi-sœur** *half brother/sister*
être de la famille *parent; relative, cousin*
une **femme/un homme au foyer** *housewife/househusband*
le **mari/la femme** *spouse; husband/wife*

célibataire/marié(e)/divorcé(e)/remarié(e) *single/married/divorced/remarried*
une **mère célibataire** *single mother*
un **père célibataire** *single father*

une **famille nombreuse** *large family*
le **troisième âge/la vieillesse** *old age*
la **vie de famille** *home life*

Les enfants

l'**aîné(e)** *elder, eldest*
le **cadet/la cadette** *younger, youngest*
un **fils/une fille unique** *only child*
un **jumeau/une jumelle** *twin*
un(e) **gosse** *(familiar) kid*
le **siège-voiture/siège-bébé** *car seat*

bien/mal élevé(e) *well/badly brought up*
gâté(e) *spoiled*

Divers

déménager *to move*
en avoir marre *(familiar) to be fed up*

❧ Mise en pratique ❧

Médoune parle de sa famille au Sénégal: Je viens d'une **famille nombreuse**. J'ai neuf frères et sœurs. Mes **arrière-grands-parents** habitent avec mes parents, ainsi qu'une de mes sœurs et mon **beau-frère**. La **cadette** va au lycée, donc elle habite toujours à la maison. Le mélange des générations rend la vie intéressante. Heureusement que la maison est grande! La plupart de mes frères et de mes sœurs ont voyagé. On habite un peu partout dans le monde. Par exemple, l'**aîné** et moi, nous sommes tous les deux aux États-Unis.

La possession

C'est à qui le tour? *Whose turn is it? (Who's next?)*
C'est à lui/à toi. *It's his/your turn.*
être à (+ pronom disjoint) *to belong to (someone)*

See *Chapitre 9, Leçon 2* for more technology vocabulary.

Les affaires

l'appareil photo [m] *camera*
l'appareil photo numérique *digital camera*
le caméscope *camcorder*
le combo-lecteur CD/DVD *CD/DVD player*
le lecteur de CD *CD player*
le magnétoscope *VCR*
l'ordinateur [m] *computer*
le PDA *personal digital assistant (PDA)*
le scanner *scanner*

❀ Mise en pratique ❀

Fabienne prépare ses valises pour aller passer deux ans à Strasbourg dans une des grandes écoles. Comme elle partage tout avec sa sœur, elle vérifie ce qui est à elle.

FABIENNE: Il **est à moi** ou **à toi**, cet **appareil photo numérique**? Je pense que maman me l'a acheté comme cadeau de Noël, mais c'est toi qui l'utilises toujours.

VÉRONIQUE: Tu as raison. Il **est à toi**. Mais attention, le **lecteur de CD** est à moi. Tu le laisses à la maison!

FABIENNE: Et l'**ordinateur** que nous utilisons toutes les deux... qu'est-ce que nous allons en faire?

VÉRONIQUE: Ça, il faut en parler avec papa et maman.

ACTIVITÉS

A. Entraînez-vous: Une réplique *(response)*. Pour chacune des répliques suivantes, posez la question appropriée. Aidez-vous des *Expressions typiques pour...*

1. Nous avons une vieille Ford Mustang.
2. Là, dans la voiture, c'est mon fils, Julien.
3. Mon fils est à l'école primaire. Il a seulement huit ans!
4. Jean-Claude? C'est mon mari.
5. C'est l'ordinateur préféré de mon mari.

B. Une famille nombreuse. Imaginez que les portraits suivants soient ceux de votre propre famille. Écrivez une phrase pour identifier le membre de la famille et son activité.

MODÈLE: *Ma grand-mère est étudiante.*

MODÈLE   1.   2.

3.   4.   5.

C. Ma famille. Écrivez le nom de trois membres de votre famille immédiate ou de vos parents. Indiquez leurs liens de parenté *(family ties)* avec les autres parents et membres de votre famille en utilisant les **Mots et expressions utiles**.

MODÈLE: *Georges: Georges est mon père. C'est le mari de ma belle-mère Marthe et aussi le cadet de sa famille. Georges est le beau-père de ma belle-sœur Céline qui est mariée à mon demi-frère Paul.*

D. Apportez des photos en classe. Formez des groupes de trois ou quatre personnes et identifiez la personne ou l'objet sur la photo.

E. Questions indiscrètes. Posez les questions suivantes à un(e) ami(e). Faites un résumé de ses réponses à la classe.

1. Est-ce que tu as un ordinateur? un PDA? un magnétoscope? un caméscope? un lecteur de CD? un scanner? De quelle marque sont-ils?
2. Quelle sorte de voiture ont tes parents?
3. Dans ta famille, est-ce que tu es fils/fille unique? le cadet/la cadette? l'aîné(e)? Tu es gâté(e), n'est-ce pas?
4. Est-ce que tu es célibataire? marié(e)? divorcé(e)? remarié(e)?
5. Qu'est-ce que tu veux faire comme travail plus tard? Explique.

Activity D: Suggest that students bring a photo of their own family or relatives for the next day and that they be prepared to identify and describe each person. Students who do not have access to a family photo can create their own imaginary family by finding an interesting picture in a magazine. In class, have students work in pairs, guessing who each of their partner's family members are and what their professions might be.

C'est et *il/elle est*

A. When identifying or describing someone, you frequently say what that person's profession is. With **être**, **devenir**, and **rester**, no determiner is used before a profession unless it is modified by an adjective that expresses an opinion or judgment.

> Mon cousin est **pilote** dans l'Armée de l'Air, et c'est **un pilote** célèbre.
> *My cousin is a pilot in the Air Force, and he is a famous pilot.*

The same rule also applies to stating one's religion, nationality, political allegiance, social class, or relationships.

> Son beau-frère est **français,** mais il n'est pas **catholique.**
> *His brother-in-law is a Frenchman, but he is not a Catholic.*

> Il vient de devenir **papa** de jumeaux.
> *He's just become a father of twins.*

> Sa femme est **une réceptionniste** très efficace, mais elle voudrait devenir **femme d'affaires.**
> *His wife is a very efficient receptionist, but she would like to become a businesswoman.*

C'est or **ce sont** must be used instead of **il/elle est** or **ils/elles sont** when the noun after **être** is modified by an adjective. An article or a determiner (possessive or demonstrative) must also be used.

> Je recommande chaudement le docteur Dupin. **C'est un** psychiatre brillant.
> *I highly recommend Dr. Dupin. He is a brilliant psychiatrist.*

> (Il est brillant; il est psychiatre. C'est un psychiatre brillant; c'est mon nouveau psychiatre.)

NOTE: **C'est** + article without an adjective can be used as well, although **il/elle** is more common.

> Il est psychiatre. ⎫
> C'est un psychiatre. ⎬ *He is a psychiatrist.*

B. Additional uses of *c'est*

- c'est + masculine adjective referring to an idea:

  > 15 euros le kilo? C'est cher!

- c'est + proper noun:

  > C'est Marc à l'âge de douze ans.

- c'est + disjunctive pronoun:

  > Mlle Piggy dit toujours: «C'est moi!»

- c'est + noun being identified:

  > Qu'est-ce que c'est?
  > C'est une marionnette.

C. Additional uses of *il/elle est*

- **il/elle** + adjective referring to a particular person or thing:

    Mon cours de français?
    Il est excellent.

- **il/elle** + preposition of location:

    La salle de classe? Elle est près d'ici.

ACTIVITÉS

A. Sondage de télévision. Mme Le Bois reçoit un coup de téléphone d'une représentante de France 3 qui veut savoir ce qu'elle aime regarder à la télé. Choisissez l'expression appropriée afin de compléter chacune de ses réponses.

Allô? Bonjour, madame. Oui, _____ (c'est/elle est) la résidence Le Bois... Mon mari? Non, _____ (ce n'est pas/il n'est pas) à la maison en ce moment, mais je pourrais peut-être répondre à vos questions... Sa profession? _____ (C'est/Il est) homme d'affaires... Ma profession? Je _____ (suis/suis une) femme au foyer... Oui, je _____ (suis/suis une) mère... de trois enfants... L'émission «Questions pour un champion»? Oui, nous la regardons très souvent. Nous trouvons que (qu') _____ (c'est/elle est) intéressant(e) mais _____ (c'est/il est) notre fils Paul qui l'aime le plus... Oui, _____ (c'est/il est) étudiant... Il veut _____ (devenir/devenir un) pilote... Pardon, madame. On sonne à la porte. _____ (C'est/Il est) probablement mon voisin d'à côté *(next-door neighbor)*... Je vous en prie. Au revoir, madame.

B. Notice nécrologique. Voici une description d'un auteur célèbre qui est mort récemment. Complétez la description en remplissant les blancs avec un **article** (si c'est nécessaire) ou avec **ce** ou **il/elle**.

Carlos B. était _____ écrivain connu du grand public depuis vingt-cinq ans. Il était _____ espagnol de naissance mais il est devenu _____ citoyen français en 1954 quand il a épousé Angélique, _____ jeune secrétaire française. Devenu _____ père de jumeaux, il est entré au service de la maison d'édition L'homond comme _____ lecteur, puis comme _____ directeur du service des ventes. _____ C(c)atholique dévoué, il est resté _____ socialiste pendant toute sa vie. _____ est lui qui a écrit *Le Citoyen de demain*. Mais _____ est sa *Guerre des enfants* qui l'a rendu célèbre. _____ est un homme dont l'humour tendre nous manquera. _____ est très regretté de tous ceux qui l'ont connu de près et de loin.

C. Sondage d'étudiants. Posez les questions suivantes à un(e) ami(e). Faites un résumé de ses réponses à la classe.

1. Quelle est ta profession? ta nationalité? ta religion?
2. Tu appartiens à un parti politique? Auquel?
3. Est-ce que tu as un emploi? Si oui, est-ce que l'entreprise où tu travailles est près ou loin d'ici?
4. Que fait ton père? ta mère?
5. Quand tu étais petit(e), qu'est-ce que tu voulais devenir? Et aujourd'hui?

D. Un jeu. Décrivez une personne dans la classe. Les autres étudiants vont deviner qui c'est. Utilisez **c'est** et **il/elle est** autant que possible, bien sûr!

MODÈLE: *C'est une Américaine.*   *Elle veut être pilote.*
Elle est enthousiaste.   *Elle a les cheveux blonds.*
C'est aussi une étudiante   *Elle est grande.*
dynamique.   Réponse: *C'est Julie.*

LA GRAMMAIRE À APPRENDRE

Les pronoms possessifs

A. Saying what belongs to you or what you possess is another common use of the function of identifying. You reviewed the use of possessive adjectives to show ownership in *La grammaire à réviser*. Now you will learn to express possession with possessive pronouns. This method is preferred when making comparisons or contrasts:

		Adjectif possessif		Pronom possessif
la maison de Pierre	=	sa maison	=	la sienne
Pierre's house	=	*his house*	=	*his*

—À qui sont ces clés?   —Elles sont **à moi.**
—Est-ce mon livre?   —Non, c'est **le mien.**

Like possessive adjectives, possessive pronouns agree with both the possessor and the person or object possessed. Note the need for a definite article, as well as the **accent circonflexe** (ˆ) on **nôtre(s)** and **vôtre(s).**

Masculin singulier	Féminin singulier	Masculin pluriel	Féminin pluriel	Equivalent
le mien	la mienne	les miens	les miennes	*mine*
le tien	la tienne	les tiens	les tiennes	*yours (familiar)*
le sien	la sienne	les siens	les siennes	*his/hers/its*
le nôtre	la nôtre	les nôtres	les nôtres	*ours*
le vôtre	la vôtre	les vôtres	les vôtres	*yours*
le leur	la leur	les leurs	les leurs	*theirs*

—Tu as apporté les photos de la naissance de ta fille?
—Oui, je les ai apportées, mais commençons par **les tiennes.**
—Tu sais, j'ai oublié **les miennes,** mais mon mari a toujours **les siennes** sur lui. Attends, je vais les lui demander.

Make sure that students pronounce **nôtre** and **vôtre** correctly. Model pronunciation and practice throughout the lesson.

B. Contrary to English, the following expression in French requires a possessive adjective (rather than a possessive pronoun):

a friend of mine = un(e) de **mes** ami(e)s
a cousin of ours = un(e) de **nos** cousin(e)s

NOTE: The usual contractions of **à** and **de** occur with the definite article preceding the possessive pronoun:

J'ai écrit à mes parents. Est-ce que tu as écrit **aux tiens**?

Liens culturels

La famille

Aujourd'hui le taux de natalité *(birth rate)* est de 1,90 contre 2,84 en 1962. Pourquoi cette baisse? Les raisons possibles sont nombreuses: l'activité professionnelle de la femme, l'usage généralisé de la contraception, la légalisation de l'avortement *(abortion)*, la diminution du nombre des mariages et, tout simplement, le «coût de l'enfant». Puisqu'il faut que chaque femme ait en moyenne 2,08 enfants pour assurer le renouvellement des générations, le gouvernement a pris des mesures pour encourager un troisième enfant. Parmi elles, le gouvernement finance les charges sociales versées par une famille à une personne employée à domicile pour garder un ou plusieurs enfants de moins de trois ans.

Plus de 762 700 enfants sont nés en France l'an dernier. Douze pour cent des naissances sont dues à des couples comptant au moins un étranger. Les femmes françaises sont moins fécondes que les étrangères. Celles-là *(The former)* ont en moyenne moins de deux enfants; celles-ci *(the latter)* ont en moyenne plus de trois enfants.

La famille évolue en France comme aux États-Unis. Il y a moins de familles nombreuses et plus de familles monoparentales. De plus, avec la mode de la cohabitation (les jeunes habitent ensemble avant de se marier), 43,7% des naissances se produisent en dehors du mariage.

Qu'est-ce qu'elle regarde?

Depuis 1999, le droit français *(French law)* reconnaît le pacte civil de solidarité (PACS). Un peu comme le mariage, le pacte civil de solidarité permet à deux personnes majeures (de sexe opposé ou de sexe identique) d'organiser juridiquement leur vie commune: assurance maladie, transmission de biens par héritage, etc.

Selon vous, est-ce que la famille américaine évolue? Décrivez les changements dont vous avez entendu parler ou que vous avez remarqués. Est-ce que les raisons expliquant les changements dans les familles françaises et ceux dans les familles américaines sont les mêmes? Expliquez.

Adapté de Gérard Mermet, *Francoscopie 2003* (Larousse, pp. 144–150); *Quid 2004*, (Robert Laffont, pp. 628b, 1603a).

ACTIVITÉS

A. En voyage. Vous voyagez en France. À l'aéroport, en passant par la douane *(customs)*, vous essayez de déterminer à qui appartiennent les objets suivants.

MODÈLE: bouteille de champagne / Éric
C'est la sienne?

1. sac / Stéphanie
2. appareil photo / moi
3. valise / Régis et Estelle
4. billets / nous
5. timbres / vous

B. C'est à qui? Vous et votre ami(e) êtes en train de déménager de votre appartement pour retourner chez vos parents pour l'été. Dans la première phrase, identifiez le/la propriétaire de chaque objet avec un pronom possessif. Affirmez la possession en complétant la deuxième phrase avec un adjectif possessif ou un pronom disjoint.

1. —Le lecteur de CD? C'est _____ *(mine)*.
   —Tu es sûr(e)?
   —Oui, il est à _____.
2. —Tous les CD? Ce sont _____ *(yours)*. Ils sont à _____.
3. —Cette belle plante appartient à ta mère, n'est-ce pas?
   —Oui, c'est _____ *(hers)*. C'est _____ plante.
4. —Ce pull-over bleu... Est-ce que c'est _____ *(yours)*? Tu m'écoutes?
   C'est _____ pull-over, hein?
5. —Ces affiches *(posters)*? Ce sont _____ *(mine)*. Elles sont à _____.
6. —Mon Dieu! Voilà les assiettes que j'ai empruntées à nos voisins d'à côté il y a longtemps. Ce sont _____ *(theirs)*, pas _____ *(ours)*.
   —Il faut leur rendre _____ *(their)* assiettes tout de suite!

C. On adore se vanter *(to brag)*! Deux petits gamins *(kids)* de sept ans se trouvent dans la cour de récréation. Ils sont en train de se vanter. Complétez leurs phrases en donnant l'équivalent français des mots entre parenthèses.

1. Mes parents sont beaucoup plus riches que _____ *(yours)*.
2. Ah oui? Écoute. Mon père est plus grand que _____ *(yours)*.
3. Mais ta sœur n'est pas aussi intelligente que _____ *(mine)*.
4. J'aime mieux notre chien que le chien de ton frère. _____ *(Ours)* est beaucoup mieux dressé *(trained)* que _____ *(his)*.
5. C'est possible, mais si on compare nos deux chats avec tes chats, il faut dire que _____ *(yours)* ne sont pas aussi gentils que _____ *(ours)*.

Vous aimez les animaux? Vous avez un chien (une chienne)?

53% des foyers français possèdent un animal familier (c'est le record d'Europe): 28% possèdent un chien; 26% un chat; 11% des poissons, etc. Une difficulté: les chiens produisent plus de 10 tonnes d'excréments par an à Paris. (Adapté de *Francoscopie 2003*, Larousse, pp. 219, 222.)

Interactions

A. Interview. Votre partenaire est un(e) journaliste curieux/curieuse qui fait des sondages auprès de consommateurs américains typiques. Vous êtes le consommateur/la consommatrice qui répond à ses questions concernant: votre situation de famille *(marital status)*; votre famille; la façon dont vous gagnez votre vie/vos parents gagnent leur vie; votre religion; la marque de voiture que vous possédez/vos parents possèdent; si vous avez un ordinateur et si oui, de quel type; où vous habitez et de quel type de logement il s'agit. Ensuite, changez de rôle.

B. À la douane. Jouez le rôle d'un(e) douanier/douanière français(e) qui pose des questions à un professeur (votre partenaire) qui rentre d'un séjour aux États-Unis avec un groupe de lycéens. Demandez au professeur d'identifier le propriétaire:

- de la valise verte/du sac marron
- des deux bouteilles de vin de Californie
- de la radio/de l'appareil photo
- de la bouteille de sirop d'érable *(maple syrup)*
- des santiags [m pl] *(cowboy boots)*
- d'un objet de votre choix!

Préparation ➤ Dossier personnel

The focus of this chapter is describing people, places, or things.

1. First, choose a person that you would like to describe. You are going to write a physical and personality portrait of this person. Begin by making a list of all the possible people you might describe. Choose someone you know quite well so you can develop your composition.

2. After you have chosen your subject, write a long list of adjectives to describe the person. Think about the character traits of the person as well as the physical traits.

Phrases: Describing people
Vocabulary: Body; face; hair colors; personality
Grammar: Avoir expressions; possessive adjectives; nouns after **c'est, il/elle est**

SYSTÈME-D

Comment décrire les objets et les personnes

Conversation (SUITE)

Rappel: Have you reviewed descriptive adjectives? (Text pp. 90–91 and Workbook p. 56)

Premières impressions

Soulignez:
- les expressions qui décrivent le bébé et la femme de Philippe

Trouvez:
- où Philippe et sa femme se sont rencontrés
- où la femme de Philippe travaille

Damien et Philippe poursuivent leur discussion. Philippe ne veut parler que de son fils.

DAMIEN: Alors, qu'est-ce que tu fais? Tu as trouvé du travail aux États-Unis?

PHILIPPE: *(faisant voir une photo à Damien)* Attends! Tu as vu ces cheveux? Ce n'est pas croyable! Regarde ça! Il a plein de° cheveux! Je n'ai jamais vu de bébé comme ça.

DAMIEN: *(rire)* C'est vrai, mais dis-moi quelles situations est-ce que ta femme et toi avez?

PHILIPPE: Je ne suis pas trop content de mon travail… je pense changer mais Martha a un bon boulot, qu'elle aime bien, alors… *(faisant voir une photo à Damien)* Tiens, la voici!

DAMIEN: Elle a un très beau sourire!

PHILIPPE: Martha, c'est un phénomène! On s'est rencontrés il y a déjà quelques années… C'était en Irlande. Un soir, chacun de son côté°, on attendait le début d'un concert, à un festival de musique. On était dans un pub. Elle était avec des Américains, j'étais tout seul, et… c'est là qu'on s'est parlé pour la première fois.

DAMIEN: *(en regardant une autre photo)* Elle est vraiment mignonne°… cheveux ondulés°, yeux bleus!

PHILIPPE: Et toujours agréable, de bonne humeur, le rêve quoi!… Nous nous entendons bien. C'est super.

DAMIEN: Et qu'est-ce qu'elle fait?

PHILIPPE: Elle travaille dans une maison d'édition°. Elle fait partie de l'équipe de rédaction°.

À suivre

plein de *(familiar) a lot of*

chacun de son côté *each on his/her own*

mignonne *cute*
ondulés *wavy*

une maison d'édition *publishing company* / **une équipe de rédaction** *editorial team*

Observation et analyse

1. Qu'est-ce que vous savez sur le fils de Philippe et de Martha?
2. Comment est-ce que Philippe et Martha se sont rencontrés?
3. Pourquoi Philippe va-t-il changer de travail?
4. Comment est Martha?
5. Pensez-vous que le mariage de Philippe et de Martha soit solide? Expliquez.

Réactions

1. Est-ce que vous avez de bons rapports *(good relationship)* avec quelqu'un en particulier? Comment est-ce que vous avez fait la connaissance de cette personne? Décrivez cette personne.
2. Pensez-vous avoir des enfants un jour? Pourquoi ou pourquoi pas?

Expressions typiques pour...

Décrire les personnes

Comment est-il/elle (physiquement)?
- Il/Elle a les cheveux blonds/ châtains *(chestnut)*/gris/roux.
- Il/Elle a les cheveux longs/courts.
- Il/Elle a les yeux bleus/verts/ marron.

Quel âge a-t-il/elle?
- Il/Elle a (à peu près)... ans.
- Il/Elle est d'un certain âge/vieux (vieille)/ (assez) jeune.

Combien mesure-t-il/elle?
Il/Elle mesure... un mètre soixante/ quatre-vingt-cinq.[1]

Combien est-ce qu'il/elle pèse?
- Il/Elle est gros(se)/mince.
- Il/Elle pèse cinquante-cinq kilos.

Quel genre d'homme/de femme est-ce?
- Il/Elle est sympa/timide/drôle.
- Il/Elle a bon/mauvais caractère.
- C'est un(e) imbécile!

Décrire les objets

Comment est-ce?
- C'est petit/grand.
- C'est long/court.

En quoi est-ce?
C'est en métal/plastique/coton/nylon.

À quoi est-ce que ça sert?
- Ça sert à...
- C'est un truc *(familiar)* pour...
- On s'en sert pour/quand...
- Les gens s'en servent pour...

[1] **1 mètre** = approx. 39 inches; **2,5 centimètres** = approx. 1 inch

Mots et expressions utiles

Les personnes

avoir les cheveux
- roux *to have red hair*
- châtains *chestnut*
- bruns *dark brown*
- noirs *black*
- raides *straight*
- ondulés *wavy*
- frisés *curly*

avoir les yeux marron *to have brown eyes*

avoir une barbe/une moustache/des pattes *to have a beard/mustache/sideburns*

avoir des boucles d'oreille/un anneau au sourcil *to have earrings/an eyebrow ring*

être chauve *to be bald*

porter des lunettes/des lentilles de contact *to wear glasses/contact lenses*

être de petite taille *to be short*

être de taille moyenne *to be of average height*

être grand(e) *to be tall*

être fort(e) *to be heavy, big, stout*

être gros (grosse)/mince *to be big, fat/thin, slim*

avoir la vingtaine/la trentaine, etc. *to be in one's 20s/30s, etc.*

être d'un certain âge *to be middle-aged*

ne pas faire son âge *to not look one's age*

faire jeune *to look young*

être aveugle *to be blind*

être dans une chaise roulante *to be in a wheelchair*

être infirme *to be disabled*

être paralysé(e)/tétraplégique *to be paralyzed/quadriplegic*

être sourd(e) *to be deaf*

marcher avec des béquilles *to be on crutches*

marcher avec une canne *to use a cane*

être de bonne/mauvaise humeur *to be in a good/bad mood*

être marrant(e)/gentil (gentille)/mignon (mignonne) *to be funny/nice/cute, sweet*

Les objets

être gros (grosse)/petit(e)/minuscule *to be big/small/tiny*

être grand(e)/petit(e), bas (basse) *to be big, tall, high/small, short/low*

être large/étroit(e) *to be wide/narrow*

être long (longue)/court(e) *to be long/short*

être lourd(e)/léger (légère) *to be heavy/light*

être pointu(e) *to be pointed*

être rond(e)/carré(e)/allongé(e) *to be round/square/oblong*

être en argent/or/acier/coton/laine/plastique *to be made of silver/gold/steel/cotton/wool/plastic*

Divers

plein de *(familiar) a lot of*

Décrivez les membres de cette famille.

❧ Mise en pratique ❧

Une petite fille fait deviner sa mère:

— Maman, devine qui est **grand, fort** et **mignon.** Il a de grandes oreilles **noires** et un nez **rond** et **noir. Il ne fait pas son âge,** mais il est vraiment vieux.

— C'est Mickey qui est arrivé à Disneyland Paris en 1992!

Elle continue:

— Maman, devine à quoi je pense: C'est **en or** et **en argent.** C'est assez **léger** et c'est **rond.** Ça donne l'heure.

— C'est une montre!

ACTIVITÉS

A. Entraînez-vous: Descriptions. Décrivez au hasard les personnes ou les choses suivantes en utilisant les *Mots et expressions utiles* de la *Leçon 2.* Quelqu'un dans la classe va deviner qui ou ce que vous décrivez. Après, ajoutez d'autres exemples.

Activity A: Follow-up: Have students use the activity as a model to write a description of themselves. Collect their descriptions and read several for listening comprehension. Students will guess who is being described.

1. Christopher Reeve
2. Tiger Woods
3. Nicole Kidman
4. Bruce Springsteen
5. Serena Williams
6. une raquette de tennis
7. des lunettes de soleil
8. un cahier
9. un tee-shirt
10. des ciseaux *(scissors)*

B. Mes rêves. Avec un(e) partenaire, décrivez l'apparence physique et le caractère de votre meilleur(e) ami(e) ou de l'homme (de la femme) de vos rêves.

C. Comment est-il/elle? Retournez aux portraits à la page 97. Décrivez l'apparence physique de chaque personne dans les portraits. Imaginez aussi leur personnalité et décrivez-les.

Activity C: Students can continue this activity by describing famous people and then guessing who is being described.

D. Comment est-ce? Choisissez trois objets dans votre poche ou dans votre sac, mais ne les montrez à personne. Les membres de la classe vont vous poser des questions concernant l'apparence et l'utilité de ces objets. Vous devez répondre en donnant une description aussi détaillée que possible. Continuez jusqu'à ce que quelqu'un devine l'objet, après quoi montrez-le.

MODÈLE: —*En quoi est-ce?*
—*C'est en acier.*
—*Quelle est sa taille/forme?*
—*C'est petit et court, mais très lourd…*

E. Questions indiscrètes. Posez les questions suivantes à un(e) ami(e). Faites un résumé de ses réponses à la classe.

1. Décris-toi. Parle de tes cheveux, de tes yeux, de ton âge, de ta taille.
2. Qu'est-ce qui est préférable—porter des lunettes ou des lentilles de contact? Pourquoi?
3. Est-ce que tu fais ton âge? Et tes grands-parents? Et ton frère/ta sœur?
4. Est-ce que tes parents sont grands ou petits? Et toi?
5. À ton avis, qu'est-ce qu'il faut faire pour être en forme?

Leçon 2 ❧ **107**

L'adjectif qualificatif

In order to make detailed descriptions in French, you must be able to use adjectives properly, that is, make them agree with the modified noun and place them correctly in a sentence. You reviewed a series of adjective formation patterns in *La grammaire à réviser*. Below are some additional irregular patterns to form the feminine singular.

Several adjectives ending in **-t** (**complet, incomplet, concret, discret, indiscret, inquiet, secret**) do not double the **-t** in the feminine form but take the grave accent on the preceding **e** (**complète, incomplète, concrète, discrète, indiscrète, inquiète, secrète**). Others take double **t** (as in **muet/muette**).

Masculin		Féminin	Exemples	
-er	→	-ère	premier	première
-et	→	-ète	inquiet	inquiète
-et	→	-ette	muet	muette *(mute)*
-c	→	-che	blanc	blanche
-c	→	-que	public	publique
-eur	→	-eure	supérieur	supérieure
BUT:				
-eur	→	-euse	menteur	menteuse
-eur	→	-rice	conservateur	conservatrice

C'était un couple étrange: lui, il avait l'air toujours **inquiet**; elle, elle était **menteuse**. On avait vraiment du mal à les connaître.

A few adjectives follow no regular pattern:

Adjectives like **menteur** and **travailleur** that have a corresponding verb (**mentir, travailler**), and present participle (**mentant** *[lying]*, **travaillant** *[working]*), form the feminine by adding **-euse**.

EXCEPTIONS: **enchanteur** and **vengeur**, add **-esse** (**enchanteresse, vengeresse**). Adjectives that do not have a corresponding present participle ending in **-ant** form their feminine with **-trice**: **consolateur/consolatrice; conservateur/conservatrice**.

Note, however, that several comparative adjectives form their feminine by adding **-e**: **meilleur(e), supérieur(e), inférieur(e), extérieur(e), intérieur(e)**, etc.

Masculin	Féminin	Masculin	Féminin
doux	douce *(soft; sweet)*	frais	fraîche *(fresh)*
faux	fausse *(false)*	long	longue *(long)*
favori	favorite *(favorite)*	sec	sèche *(dry)*

On a eu une journée **longue** et difficile.

Although adjectives generally agree in number and gender with the nouns they modify, in the following situations the adjective remains unchanged:

- a qualified color: des cheveux **châtain foncé** *(dark brown)*/**châtain clair** *(light brown)*
- adjectives of color (**orange, citron, crème, marron**, etc.) that are also nouns: des rideaux *(curtains)* **crème**
- **snob, chic, bon marché**: Quelle femme **chic**!
- **demi** before **heure**: une **demi**-heure
  BUT: deux heures et **demie**

Note that **bon marché** never changes, but **chic** and **snob** agree in number though not in gender with the nouns they are modifying:

—Martine est **chic**, n'est-ce pas?
—Moi, je trouve que Timothée et Martine sont tous les deux **chics**.

NOTE: When an adjective modifies two or more nouns of different genders, the masculine plural is used:

une fille et un fils **américains**

La nouvelle image du couple

Aujourd'hui les femmes représentent près de la moitié de la population active. Le couple biactif (les deux travaillent en dehors de la maison) est devenu la norme. «Après des siècles d'inégalité officielle (l'homme à l'usine ou au bureau, la femme au foyer) les rôles des deux partenaires se sont rapprochés, que ce soit pour faire la vaisselle… ou l'amour.» L'accès à la vie professionnelle a donné aux Françaises le goût de l'indépendance, mais il est toujours vrai que les femmes font la plupart des tâches domestiques. L'équilibre entre les sexes n'est certainement pas atteint, mais la situation des femmes a considérablement progressé au cours de la dernière génération.

Que font le père et la fille?

Depuis début 2002, il existe en France un congé de paternité d'une durée de onze jours. Ce congé a eu un succès énorme. Les pères passent leur congé à aider la maman.

Et aux États-Unis, comment est-ce que le rôle de la femme a évolué? Est-ce que l'égalité entre les sexes a été atteinte? Expliquez. Considérez les catégories suivantes: l'éducation, les salaires, le genre de postes, etc. en expliquant vos réponses.

Adapté de Gérard Mermet, *Francoscopie 2003* (Larousse, pp. 151, 297)

Liens culturels: Ask students to discuss in small groups the relationship they have had with their parents or guardians.

ACTIVITÉ

Qui suis-je? Complétez la description de Céline et de ses parents en utilisant la forme correcte de l'adjectif entre parenthèses.

J'ai un père et une mère _____ (célèbre) dont je suis très _____ (fier).
Mon père est un journaliste _____ (indépendant) depuis longtemps. Il a reçu de _____ (nombreux) prix pour ses œuvres _____ (créatif).
Ma mère est une artiste _____ (contemporain) de renommée *(fame)* _____ (mondial). Dans ses idées _____ (politique), elle est un peu _____ (conservateur) comme mon père, mais c'est une mère _____ (affectueux), _____ (gentil) et _____ (juste).
Moi, je ne suis pas du tout _____ (exceptionnel). Je suis une élève _____ (ordinaire) et même _____ (moyen) dans une école _____ (privé) de Paris. Dans l'ensemble je ne suis ni très _____ (travailleur) ni trop _____ (paresseux). Mes parents pensent que je suis _____ (fou), mais un jour j'espère devenir actrice.

La position des adjectifs

Adjectives in French usually *follow* the noun.

une histoire agréable un livre intéressant

A. A few common adjectives are normally placed *before* the noun:

autre	beau	joli	gentil
nouveau	vilain	gros	haut
jeune	bon	grand	long
vieux	mauvais	petit	court

premier/première, deuxième, etc. (all ordinal numbers)

B. When there is more than one adjective modifying a noun, the word order normally associated with each adjective is used:

une **belle** ville **pittoresque** la **vieille** église **gothique**

C. Et is generally used if both adjectives follow the noun. If both precede the noun, the use of **et** is optional:

un homme **intelligent et sympathique**
un **beau petit** garçon une **grande et jolie** femme

D. The following adjectives change their meaning according to their placement:

ancien	mon ancien professeur	un livre ancien
	my former professor	*an ancient book*
certain	un certain homme	une victoire certaine
	a certain, particular man	*a sure win*
cher	mes chers collègues	des machines chères
	my dear colleagues	*expensive machines*
dernier	la dernière année	l'année dernière
	the final year (in a series)	*the last, preceding year*
grand	un grand homme	un homme grand
	a great man	*a big, tall man*
même	la même idée	l'idée même
	the same idea	*the very idea*
pauvre	la pauvre famille	la famille pauvre
	poor, unfortunate family	*poor, penniless family*
prochain	la prochaine fois	la semaine prochaine
	next time (in a series)	*next week (one coming)*
propre	ma propre chambre	une chambre propre
	my own room	*a clean room*
seul	le seul homme	un homme seul
	the only man	*a solitary man*

In formal speech, **des** becomes **de** before a plural adjective and a noun.

de bons voisins
BUT: **les** bons voisins

However, when the adjective is considered as part of the noun, **des** does not change.

des jeunes filles
BUT: **de** gentilles jeunes filles

Give students the mnemonic device BAGS to facilitate learning many of these adjectives: (Beauty, Age, Goodness, Size).

ACTIVITÉS

A. Descriptions. Avec un(e) ami(e), vous regardez des photos prises pendant les vacances. Décrivez ce que vous voyez. Faites des phrases complètes. Attention au genre et à la position des mots.

1. Regarde / maisons / vieux / en Normandie
2. C'est / homme / français / vieux / dont j'ai fait la connaissance
3. Tu vois / plages / beau / sur la côte
4. Regarde / cathédrale / grand / gothique
5. Regarde / armoire / gros / ancien
6. C'est un / enfant / petit / pauvre / de Paris
7. J'ai pris ces photos / magnifique / avec / mon / appareil / propre
8. C'était / notre / journée / dernier / à Paris

B. Petites annonces. Voici quelques petites annonces incomplètes. Pour les terminer, mettez le nom et les adjectifs entre parenthèses à la bonne place, en faisant l'accord nécessaire. Ajoutez **et** s'il le faut.

1. Un _____ _____ (jeune, Français) désire correspondre avec une _____ _____ (étudiante, américain).
2. Une _____ _____ _____ (femme, californien, beau) cherche un _____ _____ _____ (compagnon, gentil, francophone) pour aller voir des pièces de théâtre et des _____ _____ (films, français).
3. Une _____ _____ _____ (dame, raffiné, élégant), de cinquante-six ans, de _____ _____ _____ (personnalité, gai, charmant), et _____ _____ (maîtresse, très bon) de maison, désire correspondre avec un monsieur dans la soixantaine, de _____ _____ (situation, aisé). Écrire en fournissant des détails et une _____ _____ (photo, récent).

C. Au secours! M. Tremblay, directeur d'une grande enterprise de Montréal, doit afficher l'annonce suivante en anglais et en français. Écrivez la version française pour lui.

One of our fellow workers needs your help. This unfortunate man and his family lost their home in a fire (**dans un incendie**) last night. The only clothes they have are those (**ceux**) they are wearing. They especially need money and clean, new clothing. Please (**Veuillez**) bring what you would like to give to room 112 by Friday of next week. With your help, our drive (**initiative,** *f*) will be a sure success. Thank you very much.

M. Tremblay

Activity B: Follow-up: Have students write their own petites annonces using as many adjectives as possible. Instructors can then make copies of some students' ads to pass out in the next class as a reading comprehension activity. Students could then choose one ad to which to respond.

Activity C: You may wish to provide additional practice in translation by distributing the next activity to students.

Les élections en Grande-Bretagne. Le journal *London Times* a envoyé cet article sur les élections en Grande-Bretagne à votre journal au Québec. Vous devez le traduire pour votre journal.

Neil Kinnock is throwing in the towel (abandonne la partie). The unfortunate chief of the Labour Party (Le chef de file du Parti Travailliste) announced his decision yesterday. The new failure (échec, *m*) of the Labour Party convinced him (l'a convaincu) that he was a big obstacle for his party (parti, *m*). Kinnock, who entered Parliament (est entré au Parlement) when he was very young (28 years old), was hoping for an easy win. John Smith, former secretary of State for Energy (secrétaire d'État à l'énergie), is going to replace Kinnock. Smith, this tall man with an (au) austere face, is probably the only person who has (ait; subjonctif) the necessary experience for the next elections. [Adapté de Jacques Deplouich, «Les travaillistes tirent la leçon de leur échec électoral» *Figaro,* 14 avril 1992, p. 3.]

D. Trouvez quelqu'un qui... Traduisez les phrases suivantes et posez des questions pour trouver quelqu'un qui...

> MODÈLE: has a famous sister
> —*Tu as une sœur célèbre?*
> —*Non, ma sœur n'est pas célèbre.*

1. has a little brother
2. likes old books
3. dislikes expensive clothes
4. has a long day today
5. has the same watch as you
6. has a clean room
7. is going on a trip next week
8. has bought numerous cars

Interactions

Additional activity: Divide students into small groups. One group receives an index card with the picture of a cartoon character on it. The group writes a description of the character and other students guess who it is: **Devine qui c'est...** (Examples: Astérix, Tintin, Garfield, etc.)

Additional activity: Write the names of famous people on self-stick notes. Stick one name on the back of each student. Students must ask each other yes/no questions using as many adjectives as possible in order to identify who they are.

A. Le vol (*Robbery*). Imaginez que quelqu'un vient de vous cambrioler *(to burglarize)*. Vous avez vu le voleur/la voleuse *(thief)* quitter votre maison avec votre scanner et un sac rempli *(full)* d'autres choses qui vous appartiennent. Votre partenaire va jouer le rôle du policier qui vous demande une description du voleur/de la voleuse et de vos objets qui ont disparu. Utilisez autant de détails que possible dans votre description.

B. Devinez mon nom. Imaginez que vous êtes votre personnage de télé préféré. Décrivez votre apparence physique, votre profession et quelques traits de votre personnalité. Ne dites pas le nom de l'émission dans laquelle vous jouez, mais donnez beaucoup de détails pour décrire votre caractère. Le reste de la classe va essayer de deviner votre identité.

Premier brouillon Dossier personnel

1. Use the adjectives you listed in *Leçon 1* to begin writing your first draft. Choose the most characteristic adjectives, finding one extraordinary feature (personality or physical) that you want to emphasize. It might help to circle those adjectives that clarify this feature.

2. Write an introductory paragraph in which you present your subject to your reader by giving a general impression.

3. Write at least two subsequent paragraphs in which you discuss separately the personality traits and the physical traits of this person. Be sure that your reader can visualize the person you are describing. As you write your description, compare this person to yourself. How are you similar? How are you different? Review the *Expressions utiles* that you learned in *Chapitre 2,* p. 79, on comparisons and contrasts.

4. Write a short concluding paragraph in which you give your reader one more interesting bit of information by which to remember this person.

Phrases: Describing people
Vocabulary: Body; face; hair colors; personality
Grammar: Adjective agreement; adjective position; preceding adjectives

Comment décrire la routine quotidienne et les rapports de famille

Conversation (CONCLUSION)

🎧 Track 10

Premières impressions

Soulignez:
- comment Philippe décrit la routine quotidienne
- comment il décrit les rapports personnels

Trouvez:
- quand Philippe se dispute avec sa femme

Rappel: Have you reviewed pronominal verbs? (Text pp. 91–92 and Workbook pp. 57–58)

Philippe et Damien discutent toujours. Ils parlent de la vie quotidienne° de Philippe et de sa famille aux États-Unis.

DAMIEN: Et la vie de tous les jours, comment ça se passe pour vous, aux États-Unis?

PHILIPPE: Eh bien, c'est un peu la routine… C'est justement pour ça que j'aimerais bien changer de travail, car je commence à en avoir un peu assez… c'est beaucoup trop «métro-boulot-dodo°». Je travaille en ville, alors j'ai pratiquement quarante-cinq minutes de transport le matin et autant le soir pour rentrer.

DAMIEN: Et à la maison, comment est-ce que vous vous occupez du° bébé?

PHILIPPE: Un bébé, cela te change la vie. Il a une routine très stricte et tu ne fais pas ce que tu veux.

DAMIEN: Alors finie la grasse matinée°!

PHILIPPE: Oui, la grasse matinée, et même des nuits entières de sommeil! Six heures de suite°, c'est un luxe pour le moment.

DAMIEN: Est-ce que tu taquines° ta femme comme tu le faisais avec les filles à l'université?

PHILIPPE: Oui, on a des rapports très détendus. Nous sommes de très bons amis. On se traite en bons camarades, en fait, on est autant amis qu'amants. Nous nous disputons rarement.

DAMIEN: C'est rare de bien s'entendre tout le temps.

PHILIPPE: Oui, mais ça ne veut pas dire que nous n'avons pas de petits accrochages° de temps en temps. La dernière fois, c'était ses parents qui étaient venus pour le baptême du petit, et euh… Je les aime bien, mes beaux-parents, mais seulement à petite dose, et là, ils sont restés trois semaines. La troisième semaine j'aurais aimé être ailleurs… *(Il rit.)*

DAMIEN: *(Il hausse les sourcils°, comme s'il avait l'air de comprendre.)* La patience n'a jamais été ta grande vertu, Philippe!

PHILIPPE: *(d'un air innocent)* Moi, je suis un ange de patience! Et puis, ne t'inquiète pas! Nous nous sommes tous remis de° l'expérience!

quotidien(ne) *daily*

métro-boulot-dodo *the daily grind of commuting, working, sleeping*

s'occuper de *to take care of, handle*

faire la grasse matinée *to sleep late*

de suite *in a row, in succession*

taquiner *to tease*

avoir de petits accrochages *to disagree with*

hausser les sourcils *to raise one's eyebrows*

se remettre de *to get over*

Observation et analyse

1. Décrivez les rapports que Philippe a avec sa femme et avec les parents de sa femme.
2. Parlez de la vie de tous les jours de Philippe. Est-ce qu'il est content de son travail? Expliquez.
3. Comment est-ce que le bébé a changé la vie de ses parents?
4. Pensez-vous que Philippe s'entende bien avec ses beaux-parents? Comment le savez-vous?

Réactions

1. Est-ce que vous avez déjà eu un travail que vous n'aimiez pas? Expliquez.
2. Est-ce que vous connaissez quelqu'un qui a un bébé? Est-ce que cet enfant lui a changé la vie? Expliquez.
3. Comment sont vos rapports avec vos parents ou vos beaux-parents?

Expressions typiques pour...

Décrire la routine quotidienne

Quelle est votre routine typique?

Je me lève, je me lave (je prends une douche/un bain), je me peigne, je me brosse les dents, je me rase, je m'habille, je me maquille, je prends mon petit déjeuner, je vais au..., je déjeune à..., je rentre à..., je dîne à..., je fais mes devoirs, je me déshabille, je me couche.

Décrire les rapports personnels

Quelle sorte de rapports avez-vous avec... ?

Je m'entends bien/mal avec mon petit ami/ma petite amie.
J'ai de bons/mauvais rapports (good/bad relationship) avec lui/elle.
Nous sommes de très bons amis.
Nous nous disputons (argue) rarement/ souvent/de temps en temps.
Nous (ne) nous comprenons (pas) bien.
Nous nous sommes rencontrés l'an dernier.
Nous nous sommes fiancés/mariés.

Mots et expressions utiles

Les bons rapports

le coup de foudre *love at first sight*
tomber amoureux/amoureuse de quelqu'un *to fall in love with someone*
se revoir *to see each other again*
fréquenter quelqu'un *to go steady with someone*
se fiancer *to get engaged*

s'entendre bien avec *to get along well with*
être en bons termes avec quelqu'un *to be on good terms with someone*

les liens [m pl] *relationship*
    les liens de parenté *family ties*
les rapports [m pl] *relationship*

Les rapports difficiles

une dispute *a quarrel*
    se disputer *to argue*
se plaindre (de quelque chose à quelqu'un) *to complain (to someone about something)*
rompre avec quelqu'un *to break up with someone*

se brouiller avec quelqu'un *to get along badly/quarrel with someone*
être en mauvais termes avec quelqu'un *to be on bad terms with someone*
le manque de communication *communication gap*
taquiner *to tease*

exigeant(e) *demanding*
tendu(e) *tense*

Divers

faire la grasse matinée *to sleep late*
hausser les sourcils *to raise one's eyebrows*
s'occuper de *to take care of, handle*
quotidien(ne) *daily*

🌺 Mise en pratique 🌺

Trop souvent les histoires d'amour suivent ce scénario:

Le jeune couple se rencontre par hasard. C'est le **coup de foudre**. Les jeunes gens **se revoient**. Ils **s'entendent** bien. Les **rapports** sont très bons. Ils sont parfaits l'un pour l'autre. Ils **se fiancent**...

Après le mariage, les **disputes** commencent. L'un des deux **se plaint** de tout. Les **rapports** sont de plus en plus **tendus**. Une personne veut **rompre**. Il est trop tard pour résoudre les problèmes: le **manque de communication** a détruit les **liens** qui existaient au début.

Décrivez les rapports de ce jeune couple.

ACTIVITÉS

A. Entraînez-vous: Les rapports sociaux. Donnez deux phrases pour décrire vos rapports avec chacune des personnes ci-dessous. Variez vos réponses.

> MODÈLE: votre mère
> *J'ai de bons rapports avec ma mère.*
> *Nous nous disputons rarement.*

1. votre sœur/frère
2. votre petit(e) ami(e)
3. votre père
4. votre camarade de chambre
5. un copain/une copine que vous connaissez depuis longtemps
6. votre professeur de français

B. Ma routine. Décrivez la routine d'un jour de semaine typique. Contrastez cette description avec celle d'un jour de week-end typique.

C. Questions indiscrètes. Posez les questions suivantes à un(e) ami(e). Faites un résumé de ses réponses à la classe.

1. Tu es déjà tombé(e) amoureux/amoureuse? Quand? Est-ce que c'était un coup de foudre? Est-ce que vous vous voyez toujours?
2. Quelles situations te causent le plus de stress? Pourquoi? Qu'est-ce que tu fais pour réduire ce stress?
3. Est-ce que tu te plains souvent? De quoi? À qui? D'habitude est-ce que tu te sens mieux après?

Les rapports entre parents et enfants

Si vous habitiez en France, vous remarqueriez que les rapports entre parents et enfants sont différents de ceux qui existent en Amérique. En France, on exige que l'enfant, même quand il est très petit, sache se tenir comme il le faut... debout ou assis à table. L'obéissance est très importante en France: un Français va corriger son enfant même devant des invités ou des étrangers. Les enfants américains, eux, demandent souvent «pourquoi» quand leurs parents leur disent de faire quelque chose, et reçoivent souvent une explication. En France, les parents ont toujours raison.

Quand on devient parents en France, on est censé apprendre à l'enfant à bien se conduire au sein de la société. Les parents ont une responsabilité vis-à-vis de la société en ce qui concerne l'éducation de leurs enfants. De façon générale, ils doivent s'assurer que leurs enfants deviennent des êtres sociables, honnêtes et responsables. Les parents américains contractent une obligation envers l'enfant plutôt qu'envers la société. On apprend, bien sûr, à l'enfant américain les bonnes manières et les usages de la société mais c'est pour lui donner une chance de plus dans la vie. L'enfance est surtout une période de jeux et d'expérimentation. À l'adolescence, les jeunes Français obtiennent plus de liberté. Par contre, les adolescents américains sont encouragés à prendre des responsabilités financières.

Quelle sorte d'éducation vos parents vous ont-ils donnée? Décrivez les rapports entre parents et enfants dans votre famille. Est-ce que vous espérez avoir des enfants un jour? Si oui, quelle sorte de parent serez-vous? Comment est-ce que vous corrigerez vos enfants?

LA GRAMMAIRE À APPRENDRE

Les verbes pronominaux

A. Pronominal verbs are often used when describing daily routines and personal relationships. You reviewed the basic patterns of use and word order in *La grammaire à réviser*. The most common type of pronominal verbs, *reflexive verbs*, reflect the action back to the subject.

Il se couche à onze heures.   *He goes to bed at eleven o'clock.*

Many common reflexive verbs can be found in the *Expressions typiques pour...* on page 114. Additional reflexive verbs are listed below:

s'amuser *to have fun*
s'arrêter *to stop*
se couper *to cut oneself*
se débrouiller *to manage, get along*
se demander *to wonder*
se détendre *to relax*
se fâcher contre *to get angry with*
s'inquiéter de *to worry about*
s'intéresser à *to be interested in*
se moquer de *to make fun of*
se reposer *to rest*

B. Other pronominal verbs, known as *reciprocal verbs*, describe an action that two or more people perform on or for each other rather than on or for themselves. These verbs are conjugated in the same way as reflexive verbs; however, they can only be used in the plural.

Nous nous aimons bien.   *We like each other a lot.*
Nous nous parlons chaque jour.   *We speak to each other every day.*

The addition of **l'un(e) l'autre** (for two people) and **les un(e)s les autres** (for more than two people) can be used if ambiguity exists:

> Paul et Marie se comprennent.
> *Paul and Mary understand themselves.*

OR: *Paul and Mary understand each other.*

BUT: Paul et Marie se comprennent l'un l'autre.
Paul and Mary understand each other.

Note the placement of a preposition:

> Ils s'entendent bien les uns **avec** les autres.
> *They get along fine with one another.*

C. *Idiomatic pronominal verbs* change meaning when used in a pronominal construction.

Non-pronominal	Pronominal
aller *to go*	s'en aller *to go away*
apercevoir *to see*	s'apercevoir *to realize*
attendre *to wait*	s'attendre à *to expect*
douter *to doubt*	se douter de *to suspect*
ennuyer *to bother*	s'ennuyer *to be bored, get bored*
entendre *to hear*	s'entendre (avec) *to get along (with)*
faire *to do, make*	s'en faire *to be worried*
mettre *to put, place*	se mettre à *to begin*
passer *to pass*	se passer de *to do without*
plaindre *to pity*	se plaindre de *to complain*
rendre compte de *to account for*	se rendre compte de *to realize*
servir *to serve*	se servir de *to use*
tromper *to deceive; to cheat on*	se tromper *to be mistaken*

Some verbs exist only in pronominal form:

se méfier de *to be wary, suspicious of*
se souvenir de *to remember*
se spécialiser en *to specialize, major in*
se taire *to be quiet*

En 2002, Sébastien et Marine—un couple de restaurateurs parisiens— **s'inquiétaient** beaucoup **de** leur situation financière et avaient décidé de **se passer de** vacances pour faire des économies *(save money)*. Les pauvres! Ils ne **se doutaient** pas que toute une année de travail sans congés, c'est dur! Dès le mois de juillet, Marine **se plaignait de** tout et **de** rien et Sébastien **s'ennuyait** dans sa cuisine. Il **se sont** vite **aperçus** qu'ils avaient eu tort d'annuler *(cancel)* leurs vacances, et ils ont donc décidé de **s'en aller** quelques jours pour se changer les idées. Ils **sont passés** par le Tunnel du Mont Blanc et **ont mis** beaucoup de temps pour arriver à Rome, parce qu'ils **ont fait** le tour d'un tas de *(a lot of)* petits restaurants! Sébastien **se méfiait de** chaque plat qu'on lui **servait** et **se mettait** souvent à critiquer les recettes... Bref, une vraie catastrophe! Sébastien et Marine **se souviendront** longtemps **de** ce petit voyage désastreux. Et quant aux cuisiniers entre Paris et Rome... n'en parlons pas!

The use of pronominal verbs in the past tenses will be presented in *Chapitre 4.*

ACTIVITÉS

A. Comment? Choisissez la phrase qui complète logiquement la situation décrite ci-dessous.

1. Je ne peux pas me passer de voiture.
    a. Une voiture est essentielle pour moi.
    b. Je ne me laisse jamais doubler *(pass)* par une autre voiture.
2. Ils ne s'entendent pas bien.
    a. On doit toujours répéter ce qu'on dit quand on leur parle.
    b. On les entend souvent se disputer.
3. Nous nous doutons qu'elle est gravement malade.
    a. Elle n'est pas sortie de sa maison depuis longtemps.
    b. On l'a vue faire du ski récemment.
4. Je ne me trompe jamais.
    a. Je suis toujours honnête.
    b. J'ai toujours raison.
5. Claire s'ennuie beaucoup à la campagne.
    a. Elle dit qu'il n'y a rien à faire.
    b. Elle dit que les insectes sont très embêtants.

B. Ma famille. Annie, une jeune fille de quatorze ans, doit écrire une composition sur sa famille. Traduisez sa composition en français en utilisant autant de verbes pronominaux que possible.

There are five of us in my family—my mother, father, half-sister, half-brother, and myself, the youngest. For the most part (**Dans l'ensemble**), we all get along fairly well. Of course I get angry with my older brother when he makes fun of me. But I tell him to be quiet and he usually stops. Maybe I am wrong but I think that he teases me because he gets bored. My older sister, Hélène, is majoring in science at the university. She has a lot of work but she never complains.

My parents have a great relationship. It's easy to see that they love each other very much.

And me? I am fourteen years old. I get along fine at school and like most of my classes, but I am mainly interested in vacations.

C. Interview. Utilisez les verbes et les expressions interrogatives ci-dessous pour interviewer un(e) camarade de classe.

1. se lever, se coucher: à quelle heure?
2. s'habiller: comment?
3. se débrouiller: à l'université?
4. s'intéresser: à quoi?
5. s'amuser: comment?
6. se fâcher: contre qui? quand?
7. s'inquiéter: de quoi?
8. se détendre: quand? comment?
9. s'ennuyer: quand?
10. se marier: un jour?

Additional activity: Ma personnalité. Students are encouraged to think of multiple possibilities to complete each sentence describing their personality traits. 1. Je me fâche parce que... 2. Je me tais quand... 3. Je m'amuse quand... 4. Je me détends quand... 5. Je m'inquiète souvent de... 6. Je ne me moque jamais de... 7. Je m'ennuie quand... 8. Je ne peux pas me passer de...

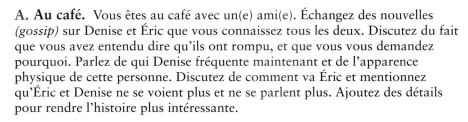

Interactions

A. Au café. Vous êtes au café avec un(e) ami(e). Échangez des nouvelles *(gossip)* sur Denise et Éric que vous connaissez tous les deux. Discutez du fait que vous avez entendu dire qu'ils ont rompu, et que vous vous demandez pourquoi. Parlez de qui Denise fréquente maintenant et de l'apparence physique de cette personne. Discutez de comment va Éric et mentionnez qu'Éric et Denise ne se voient plus et ne se parlent plus. Ajoutez des détails pour rendre l'histoire plus intéressante.

B. Imaginez. Vous êtes professeur des écoles. Téléphonez aux parents d'un de vos élèves de dix ans (Christophe) et invitez-les à l'école pour un entretien sur les progrès de leur fils. Ils acceptent votre invitation et vous arrangez la date et l'heure. Au rendez-vous discutez des points suivants:

- Christophe ne s'entend pas bien avec ses camarades d'école
- il ne se tait jamais en classe
- vous vous doutez qu'il s'ennuie

Demandez:

- comment il s'entend avec ses parents et ses frères aînés
- s'il se plaint de maux de tête à la maison
- s'il se couche assez tôt
- s'il a vu un ophtalmologue *(ophthalmologist)* récemment

Est-ce que vous avez déjà fait de l'équitation étant enfant ou adulte? Expliquez.

Deuxième brouillon Dossier personnel

1. Write a second draft of your paper from *Leçon 2,* incorporating more details about the person. Think about why this person is interesting and focus more attention on that aspect.

2. To strengthen your use of details, think about the following aspects: **le visage** *(face);* **la bouche ronde/grande; les yeux en amande/grands; les lèvres fines/bien définies, le nez droit** *(straight)/***long/gros; le front** *(forehead)* **large/fuyant** *(receding);* **le corps corpulent/mince** *(thin)/***fort** *(heavy);* **les gestes calmes/brusques; le look conservateur/BCBG (bon chic bon genre** *[preppy]* **).**

Phrases: Describing people
Vocabulary: Body; face; hair colors; personality
Grammar: Adjective agreement; adjective position; preceding adjectives

SYSTÈME-D

Synthèse

Activités vidéo

Avant la vidéo

1. Quand vous entendez le mot «français», quelle est l'image que vous vous faites des personnes qui parlent cette langue?
2. Dans la vie quotidienne, est-ce qu'il y a des choses simples que vous aimez beaucoup ou que vous détestez? Faites-en une liste.

Turn to *Appendice B* for a complete list of active chapter vocabulary.

Après la vidéo

1. Vous venez de faire la connaissance de beaucoup de personnes. Choisissez trois de ces personnes. Comment s'appellent-elles? Ont-elles un travail? Lequel? Notez une chose qu'elles aiment et une chose qu'elles détestent, puis comparez vos notes avec celles de vos camarades. Et vous, vos goûts personnels sont-ils semblables ou différents?
2. Les Parisiens de la vidéo ressemblent-ils aux Américains que vous connaissez ou bien sont-ils différents? En quoi?

Activités orales

A. L'union libre. Votre fils vous informe qu'il veut cohabiter avec sa petite amie. Demandez-lui pourquoi et expliquez si vous êtes d'accord ou non. Il continue en vous disant qu'il veut rester à la maison pendant que sa petite amie travaillera pour subvenir à leurs besoins *(support them).* Donnez encore une fois votre réaction et justifiez-la.

B. Décisions. Vous et un(e) bon(ne) ami(e) (qui va être votre camarade de chambre l'automne prochain) discutez de ce que vous allez apporter de chez vous ou acheter pour votre chambre à la résidence. Discutez de vos préférences sur la couleur, la taille et la forme de chaque objet, et choisissez qui va s'occuper de trouver chaque objet. MOTS UTILES: **l'affiche** [f] *(poster);* **le tapis** *(rug);* **le couvre-lit** *(bedspread);* **le réfrigérateur** *(refrigerator);* **le four à micro-ondes** *(microwave oven)*

Activity C: Write the name of each profession on a small card to hand to student contestants. Ideas for names of professions can be found in the *Expressions typiques pour...*, page 94, and in the accompanying instructor's note on that page.

C. Le jeu des professions.

Une moitié de la classe va jouer les concurrents *(contestants)* et l'autre moitié les spectateurs. Un(e) étudiant(e) ou le professeur joue le rôle de l'hôte/l'hôtesse du jeu. Chaque concurrent(e) doit décrire sa profession en détail sans en dire le nom et sans utiliser une autre forme du mot. Les spectateurs doivent essayer d'identifier la profession de chaque concurrent.

> MODÈLE: —*Dans mon travail, je parle avec beaucoup de gens qui désirent obtenir de l'argent.*
> —*Est-ce que vous êtes banquier?*
> —*Non, je n'ai pas cette chance.*
> —*Est-ce que vous êtes employé(e) de banque?*
> —*Oui.*

Activité écrite

Chère Françoise... Écrivez une lettre au «courrier du cœur» *(newspaper advice columnist)* en décrivant un problème que vous avez avec votre camarade de chambre, votre petit(e) ami(e) ou vos parents. Commencez avec **Chère Françoise** et terminez avec **Amicalement vôtre.**

Révision finale Dossier personnel

1. Reread your composition from the *Deuxième brouillon* section and focus on the description. Make sure that you have adopted the tone you want—objective and detached or warm. This tone will influence the reader's attitude toward your subject.

2. Bring your draft to class and ask two classmates to peer edit your composition. They should pay particular attention to how well you paint a portrait of the person you are describing. Your classmates should use the symbols on page 431 to indicate grammar errors.

3. Examine your composition one last time. Check for correct spelling, grammar, and punctuation. Pay special attention to your use of **c'est** or **il/elle est**, adjectives, and pronominal verbs.

4. Prepare your final version.

Phrases: Describing people
Vocabulary: Body; face; hair colors; personality
Grammar: Adjective agreement; adjective position; preceding adjectives; nouns after **c'est, il/elle est;** verbs with auxiliary **être;** verb summary

SYSTÈME-D

Eugène Delacroix,
*La liberté guidant
le peuple*

I. *Allons, enfants de la patrie:*
   la Révolution française de 1789

Avant la lecture

Sujets à discuter

- Comment s'appelle l'hymne national américain?
- Quelles images évoque cet hymne?
- Pourquoi, selon vous, est-ce qu'il y a des révolutions? Pensez, par exemple, à la Révolution américaine. Quel était le but de cette révolution?
- Que savez-vous sur la Révolution française de 1789?

Bring in a recording of «La Marseillaise».
Students might particularly enjoy hearing
Serge Gainsbourg's version of «La
Marseillaise».

Introduction

*The themes of **Chapitre 3** are the family and relationships. An individual's country and the environment and beliefs fostered by that country naturally influence the formation of the individual, his/her expectations, definition of happiness, and the pursuit of that happiness. A government may be seen as carrying out the responsibilities of a head of household, on a grander scale. In France, the government oversees family programs, education, health care, public assistance, and even guarantees the separation of state and religion. The government's role as the patriarch of the nation was evident during the period of the French monarchy, when the king held absolute power over his subjects and opposed intervention from the Pope in the kingdom's religious and international affairs. The legal system reinforced this patriarchal role, with threats against the king's person punishable as parricide. The French Revolution, which brought the absolute monarchy to an end, meant the termination of the king as patriarch and caused France to enter a tumultuous period before the modern French Republic was finally able to emerge. This reading will help you understand some of the history that has shaped the French and their relationships with others, and the importance placed upon the pursuit of liberty, equality, justice, and democracy.*

La Révolution française a produit tout un ensemble de textes, nés des circonstances: chansons, discours, textes politiques, témoignages° individuels. Dans la nuit du 24 au 25 avril 1792, juste avant un assaut contre l'Autriche, Rouget de Lisle a composé le «Chant de guerre pour l'armée du Rhin». En juin, cet air a été chanté lors d'un banquet offert par la ville de Marseille à 500 volontaires qui allaient monter à Paris pour défendre la patrie. Quand les Parisiens ont entendu chanter ce chant par les Marseillais, ils l'ont baptisé «La Marseillaise». Sous la IIIe République, le 14 juillet 1879, c'est devenu l'hymne national français.

Allons, enfants de la Patrie°
Le jour de gloire est arrivé!
Contre nous de la tyrannie
L'étendard° sanglant° est levé! *(bis)*
Entendez-vous dans les campagnes
Mugir° ces féroces soldats?
Ils viennent jusque dans nos bras
Égorger° nos fils, nos compagnes.
Aux armes°, citoyens!
Formez vos bataillons!
Qu'un sang° impur
Abreuve° nos sillons°!

En France, en 1789, les sujets du roi de France n'avaient aucune liberté. Le roi pouvait jeter n'importe qui en prison pour n'importe quelle raison. De plus, des impôts excessifs, prélevés° par les agents du roi, les seigneurs des villages et l'Église prenaient la moitié des revenus des artisans, des commerçants et des petites gens. Les paysans étaient réduits à la misère, voire° à la famine.

Vous savez peut-être que le 14 juillet 1789, les habitants de Paris ont pris la forteresse de la Bastille. Symbole de la monarchie et du pouvoir arbitraire parce que c'était là qu'on y détenait les opposants au roi, la Bastille est devenue le symbole de la victoire du peuple contre la tyrannie.

Mais ce jour-là, le peuple était dans la rue pour protéger les décisions de l'Assemblée nationale réunie à Versailles pour réformer le royaume. En effet, l'assemblée des États-Généraux[1], que Louis XVI[2] avait convoquée° pour l'aider à sortir de la profonde crise financière du royaume, avait démontré son opposition au roi et son soutien° au peuple de France. Le 9 juillet, cette assemblée s'était déclarée Assemblée constituante. Autrement dit, elle avait eu l'audace de proclamer qu'elle entreprenait° la rédaction d'une constitution du royaume. La monarchie absolue n'existait donc plus. Comme l'Angleterre, la France devenait une monarchie constitutionnelle.

Le 4 août 1789, les Constituants ont aboli les privilèges de la noblesse et les droits féodaux. Le 16 août, ils ont rédigé et adopté la Déclaration des droits de l'homme et du citoyen.

[1] **l'assemblée des États-Généraux** les représentants du peuple appelés par Louis XVI pour résoudre les problèmes financiers de la France

[2] **Louis XVI** est né à Versailles en 1754. Il est roi de France de 1774 à 1791, puis roi des Français de 1791 à 1792. Après sa tentative de fuite en 1791, le peuple n'a plus confiance en lui. Il est guillotiné le 21 janvier 1793.

témoignages *testimonies*
voire *indeed, even*

Patrie *Motherland, Homeland /* **convoquée** *convened*

l'étendard *standard (flag) /* **sanglant** *blood-stained /* **soutien** *support*
Mugir *Bellow, Roar*

Égorger *Slit the throat /* **entreprenait** *was undertaking /* **Aux armes** *Take up your weapons*

sang *blood*
Abreuve *Drenches /* **sillons** *furrows*

prélevés *imposed*

Bring in a book that shows pictures from the **Terreur**, including those depicting people watching the beheading of fellow French people.

Exécution au Bagne de Joseph Bordelet.

Dans les mois qui ont suivi, l'agitation politique a continué. Les élections prévues par la Constitution ont eu lieu et, en septembre 1791, le roi a eu l'air de se soumettre à la Constitution. Cependant, la crise économique et l'opposition des royaumes voisins (l'Autriche, la Prusse, la Russie et l'Angleterre) à la Révolution française menaçaient l'avenir. Les Français craignaient de perdre leurs acquis°. «La Révolution» se durcit° quand on soupçonne° le roi Louis XVI et Marie-Antoinette de conspirer avec l'Autriche contre la France. La République est proclamée en septembre 1792. Le roi est traduit en justice, jugé coupable° de trahison et guillotiné en janvier 1793.

Robespierre et les membres du Comité de Salut Public qu'il forme exécutent des gens accusés de trahison. C'est le début du règne de la Terreur (mars 1793–juillet 1794). Les suspects sont arrêtés, jugés par des tribunaux révolutionnaires impitoyables°, et souvent guillotinés. Peu à peu les excès de la Terreur inquiètent même les amis du Comité de Salut Public. Le 27 juillet 1794, Robespierre et ses amis sont arrêtés et guillotinés à leur tour.

Un nouveau régime est mis en place: le Directoire. Il conserve les acquis de la Révolution mais impose la modération. Le jeune général Bonaparte est appelé à écraser° une insurrection contre-révolutionnaire le 6 octobre 1795. L'ordre est rétabli mais il reste encore à choisir un régime qui puisse le maintenir et à défendre le territoire de la patrie.

impitoyables *sans pitié*

acquis *gains* / **se durcit** *hardens*
soupçonner *to suspect*

écraser *to crush*
coupable *guilty*

Après la lecture

Compréhension

A. Observation et analyse. Répondez.

1. Pour quelle occasion est-ce que Rouget de Lisle a écrit le «Chant de guerre pour l'armée du Rhin»?
2. Pourquoi est-ce qu'on a donné le nom «La Marseillaise» à ce chant? Quand ce chant est-il devenu l'hymne national?
3. Décrivez les conditions de vie en France en 1789.
4. Qu'est-ce que la Bastille symbolisait?
5. Quel était le but de l'Assemblée constituante? Pourquoi est-ce qu'elle a rédigé et adopté la Déclaration des droits de l'homme et du citoyen?
6. En 1792, de quoi est-ce que le peuple soupçonnait Louis XVI et sa femme?
7. Décrivez le rôle de Robespierre dans la Révolution. Qu'est-ce qui lui est arrivé?
8. Parlez du Directoire. Quel était son rôle?

B. Grammaire/Vocabulaire.

Le ton et la description. Un auteur crée un certain ton par les mots qu'il choisit. Nous allons étudier le ton et la description dans l'hymne national français.

1. Relisez d'abord «La Marseillaise». Décrivez les sentiments que vous avez ressentis en la relisant.
2. Choisissez huit mots de l'hymne qui ont évoqué les sentiments dont vous avez parlé.
3. Pour chaque mot que vous avez choisi, dites si c'est un nom, un verbe, un adjectif, un adverbe, etc.
4. Expliquez le rôle de chacun de ces mots en ce qui concerne le ton de cet hymne.
5. Enfin, réécrivez «La Marseillaise» en utilisant des mots qui n'évoquent pas autant de sentiments ou qui sont plus neutres. Comparez les sentiments qu'un auditeur aurait en écoutant la version neutre et ceux qu'il aurait en écoutant l'hymne tel qu'il existe. Quelle version incite le plus à l'action?

C. Réactions.

1. Comparez l'hymne national français à d'autres hymnes nationaux que vous connaissez. Si vous n'en connaissez aucun, faites des recherches pour en trouver. Quelle image est-ce que ces hymnes donnent de leur pays? Quel rôle joue un hymne national dans la culture d'un pays?
2. Quelles ont été les conséquences de la Terreur? Pourquoi est-ce que la Révolution s'est arrêtée, selon vous?

- When the auxiliary verb is **avoir,** there is usually no agreement:

    Elle a **fourni** *(provided)* ses excuses habituelles.

- With a *preceding direct object,* the past participle agrees (in gender and number) with the *direct object:*

    Elle **les a présentées** d'un air contrit.
    Les excuses qu'elle a **données** étaient assez compliquées.

- With a *preceding indirect object* or **en,** there is no agreement:

    On ne **lui** a pas **fait** beaucoup de compliments.

D. Le négatif

Je **n**'ai **pas** oublié ton anniversaire, ma chérie, mais je **ne** me suis **pas** souvenu de t'envoyer une carte à temps!

E. L'interrogatif

Est-ce que **vous avez** voyagé à l'étranger?
Avez-vous voyagé à l'étranger?
Est-ce que **vous** ne **vous êtes** pas arrêté(e)(s) en Grèce?
Ne **vous êtes-vous** pas arrêté(e)(s) en Grèce?

Avant la deuxième leçon

L'imparfait

Exemple	Equivalent
J'**allais** à la plage... →	*I used to go to the beach . . .* *I was going to the beach . . .* *I went to the beach . . .*
Tu **allais**...	Nous **allions**... Vous **alliez**...
Il Elle } **allait** On	Ils Elles } **allaient**...

FORMATION:

- *Stem:* **nous** form of present tense minus **-ons**

    EXAMPLE: **ven**-ons, **écriv**-ons

    ONLY EXCEPTION: **être** (*stem:* **ét-**)

- *Endings:*   -ais   -ions
              -ais   -iez
              -ait   -aient

REMINDER: Verbs ending in **-cer** add a **cédille** to the **c (ç)** before the endings **-ais, -ait,** and **-aient;** verbs ending in **-ger** add **e** before the same endings.

    Quand il **commençait** à faire chaud, nous allions à la plage.

    Tes parents **voyageaient** souvent à l'étranger, n'est-ce pas?

Voyage à San Francisco.
Mettez les phrases suivantes au passé composé.

1. Jessica et moi, nous arrivons à San Francisco à 3 heures de l'après-midi.
2. Nous allons tout de suite à l'hôtel.
3. Après, je visite Fisherman's Wharf.
4. Jessica préfère se promener près des boutiques.
5. Plus tard nous dînons au bord de l'eau.
6. Nous rentrons à l'hôtel assez tard.

L'enfance. Complétez les phrases suivantes en utilisant l'imparfait. Quand j'étais petit(e)...

1. je dors beaucoup.
2. ma mère prépare les repas.
3. ma grande sœur me lit des livres.
4. nous ne regardons pas souvent la télé.
5. je vais à l'école maternelle.
6. je n'aime pas les légumes.
7. mon père promène le chien.
8. je me couche de bonne heure.

NOTE:

- In the **nous** and **vous** forms, however, the verbs that end in **-ger** do not take an **e**:

    Nous **voyagions** souvent en Afrique.

- Remember the spelling of **nous étudiions** in the imperfect. All verbs ending in **-ier (crier, prier)** take two **i**'s.

Avant la troisième leçon

Le plus-que-parfait

Une visite inopportune.
Complétez les phrases suivantes en utilisant le plus-que-parfait. Malheureusement, quand tu es venue me voir,...

1. ma mère sort.
2. mon frère va au cinéma.
3. mon père part en voyage d'affaires.
4. je ne dors pas beaucoup.
5. nous ne nettoyons pas la maison.
6. mes amis rentrent chez eux.

Exemple		**Equivalent**
J'**avais** déjà **téléphoné** quand Marc est rentré.	→	*I had already telephoned when Marc got home.*
Tu **avais téléphoné**...		Nous **avions téléphoné**... Vous **aviez téléphoné**...
Il Elle } **avait téléphoné**... On		Ils Elles } **avaient téléphoné**...

FORMATION: imperfect tense of **avoir** or **être** + past participle

NOTE: Agreement rules, word order, and negative/interrogative patterns are the same as for the **passé composé.**

Suggestion: You may also want to ask students to search the Internet for further information on Cheverny and other **châteaux** of the Loire Valley.

Parmi les 322 châteaux situés dans la vallée de la Loire se trouve Cheverny qui a la plus belle collection de meubles de l'époque.

Est-ce que vous voudriez visiter les châteaux de la Loire? Pourquoi?

VISITEZ CHEVERNY

VAL DE LOIRE

Comment dire qu'on se souvient/ne se souvient pas de quelque chose

Conversation

 Track 11

Premières impressions

Soulignez:

- plusieurs façons de dire qu'on se souvient de quelque chose
- plusieurs façons de demander à quelqu'un de raconter ses souvenirs

Trouvez:

- où Katia et Marc sont allés en vacances

Rappel: Have you reviewed the **passé composé**? (Text pp. 132–133 and Workbook pp. 81–82)

Notice that the *Activité orale B*, page 166 of the *Synthèse* section, directs students to bring in slides, photos, or pictures of past or imaginary vacations. Direct their attention to this early in the chapter so that they will have sufficient time to collect the materials by the end of the chapter.

Après un bon repas ensemble, un groupe de jeunes parlent de choses diverses. La conversation en vient maintenant à des vacances passées.

KATIA: Oh, on a eu des vacances épouvantables°…

NADINE: Qu'est-ce qui vous est arrivé?

KATIA: Tu te souviens, Marc?

MARC: Oui, je me souviens. Ça a commencé avec le voyage, et ça a continué jusqu'au retour. Au départ de Paris, gare de Lyon, il y avait deux adolescents, sales, mal habillés, qui se sont installés en face de nous dans le compartiment. Bon début!

KATIA: Ils devaient être frères. L'un avait 13 ou 14 ans, l'autre un an de plus. Ils étaient vraiment mal élevés. Tu te rappelles? Ils étaient très, très grossiers°… Et en plus, tu te souviens, l'aîné n'arrêtait pas de jurer°…

MARC: C'était agaçant°. Et puis, ils n'arrêtaient pas de se lever et de se bousculer°. Ils voulaient tout le temps descendre leur sac, pour un oui ou pour un non°: leurs billets, leurs sandwichs, leurs gourdes° et j'en passe°!

LAURENCE: Ça devait être pénible!

KATIA: Oui, je ne l'oublierai jamais. C'est la première fois qu'on allait en Suisse, hein, Marc?

MARC: Oui, c'est ça. Et puis le lendemain, on m'a piqué° ma montre.

KATIA: Ah bon? Je ne me souviens pas de ça, moi, c'est marrant°! C'était quand?

MARC: Je ne sais plus, mais pendant la nuit, je crois. Je dormais et quand je me suis réveillé, plus de montre. On l'a cherchée partout, tu ne te rappelles pas?

KATIA: Ah, si, si! Je me souviens maintenant! Quelle horreur! On ne savait plus l'heure.

MARC: Je me sentais tout perdu sans montre! C'est drôle, on n'a pas l'habitude.

À suivre

épouvantable *horrible*

grossier *rude*
jurer *to swear*
agaçant *annoying*
se bousculer *to bump each other*
pour un oui ou pour un non *for any old thing* / une gourde *flask* / j'en passe *and that's not all*

piquer *(slang) to steal*
marrant *(familiar) funny; strange*

Observation et analyse

1. Qui parle de ses vacances passées à l'étranger?
2. Qu'est-ce que vous savez des adolescents qui étaient dans le compartiment avec Katia et Marc?
3. Quel autre événement mémorable leur est arrivé pendant le voyage?
4. Est-ce que vous pensez que Katia et Marc partent souvent en vacances? Comment le savez-vous?

Réactions

1. Qu'est-ce que vous pensez de ces adolescents? Est-ce que vous auriez eu la même réaction que Katia et Marc ? Expliquez.
2. Est-ce que quelqu'un vous a déjà volé une montre? autre chose? Racontez l'histoire.
3. Est-ce que vous avez eu des vacances mémorables comme celles de Katia et de Marc? Expliquez.

Expressions typiques pour...

Demander si quelqu'un se souvient de quelque chose

Est-ce que tu te souviens de (nos vacances à...)?
Est-ce que tu te rappelles (nos vacances à...)?
Vous n'avez pas oublié... ?

Dire qu'on se souvient

Je me souviens encore de...
Je me rappelle bien le...
Je ne l'oublierai jamais.

Dire qu'on ne se souvient pas

Je ne m'en souviens pas.
Tiens! Je ne me le rappelle plus!
J'ai complètement oublié.

Se souvenir de and **se rappeler** both mean *to remember*. Note, however, that you will use the preposition **de** with **se souvenir**. For example:

—Je me souviens **de** nos vacances en Grèce.

—Moi, je me rappelle nos vacances en Italie.

When using a pronoun, you will say **Je m'en souviens** or **Je me** *les* **rappelle**.

Demander à quelqu'un de raconter ses souvenirs

Qu'est-ce qui t'est arrivé?
Parle-moi du jour où tu...
Il paraît qu'une fois tu...
Une fois, n'est-ce pas, tu...

Commencer à raconter des souvenirs

J'ai de très bons/mauvais souvenirs *(memories)* de...
Si j'ai bonne mémoire *(memory)*...
Autant que je m'en souvienne... *(As far as I remember . . .)*
Je me souviens de l'époque où j'étais gosse *(kid)* et où j'aimais...
Quand j'étais jeune,...

Mots et expressions utiles

Les vacances

une agence de voyages *travel agency*
avoir le mal du pays *to be homesick*
une brochure/un dépliant *pamphlet*
les congés [m pl] payés *paid vacation*
passer des vacances magnifiques/épouvantables
 to spend a magnificent/horrible vacation
un séjour *stay, visit*
un souvenir *memory* (avoir un bon souvenir);
 souvenir (acheter des souvenirs)
le syndicat d'initiative *tourist office*
visiter (un endroit) *to visit (a place)*

Des choix

aller à l'étranger *to go abroad*
aller voir quelqu'un *to visit someone*
un appartement de location *a rental apartment*
descendre dans un hôtel *to stay in a hotel*
rendre visite à (quelqu'un) *to visit (someone)*
un terrain de camping *campground* (aller dans
 un...)

Les transports

atterrir *to land (plane)*
décoller *to take off (plane)*
un vol (direct/avec escale) *a flight (direct/with a
 stopover)*

manquer le train *to miss the train*
se tromper de train *to take the wrong train*

descendre (de la voiture/du bus/du taxi/de l'avion/
 du train) *to get out (of the car/bus/taxi/plane/
 train)*
monter dans (une voiture/un bus/un taxi/un avion/
 un train) *to get into (a car/bus/taxi/plane/train)*

faire de l'autostop *to hitchhike*
flâner *to stroll*

avoir une contravention *to get a ticket, fine*
avoir un pneu crevé *to have a flat tire*
un car *bus (traveling between towns)*
la circulation *traffic*
être pris(e) dans un embouteillage *to be caught in a
 traffic tie-up/jam*
faire le plein *to fill up (gas tank)*
garer la voiture *to park the car*
passer un alcootest® *to take a Breathalyzer® test*
ramener *to bring (someone, something) back; to
 drive (someone) home*
se perdre *to get lost*
tomber en panne d'essence *to run out of gas*

Divers

grossier (grossière) *rude*
jurer *to swear*
piquer *(slang) to steal*
se bousculer *to bump, jostle each other*

🌸 Mise en pratique 🌸

En juillet, au moment où des milliers de Québécois se trouvaient sur la côte est des États-Unis, le cyclone Bob se dirigeait vers le Cap Hatteras. Martine et Paul Duchesne étaient en vacances en Caroline du Nord. Ils **rendaient visite** à la sœur de Paul, qui habitait près des îles d'Outer Banks. Martine voulait **flâner** sur les plages, au soleil, mais ce **séjour** n'allait pas être calme...

La police avait mis des barrages routiers *(barriers)* en place pour arrêter les automobilistes qui se dirigeaient vers les îles d'Outer Banks et faisait évacuer *(evacuate)* les touristes qui étaient **descendus dans les hôtels** et les **appartements de location** des îles et de la côte. La **circulation** était dense et il y avait beaucoup d'**embouteillages**. Sur la côte, il n'y avait plus assez d'essence pour **faire le plein**. Comme les avions avaient du mal à **atterrir** à cause du vent et de la pluie, la plupart des **vols** avaient été annulés. Le service national des parcs avait aussi pris des mesures de sécurité et avait fermé des **terrains de camping** et les plages de la côte et des îles. Paul et Martine se demandaient où ils pouvaient aller...

Adapté du Journal de Québec.

Follow-up: Use this story as a model to have students write a brief story on a real or imaginary disastrous vacation. They should use as many of the vocabulary words as possible to describe a vacation interrupted by a natural disaster or other difficulties.

Connaissez-vous ces réalisations techniques et ces formules de transport en France?

Airbus Industrie: Un consortium très dynamique de six pays européens, dont la France, qui fabrique et vend des avions dans le monde entier, y compris aux États-Unis. En 2003, ce consortium européen a vendu vingt avions de plus que son rival, Boeing. Le nom Airbus est presque synonyme d'innovation. En 2006, il lancera le super-jumbo A380 qui pourra transporter 550 passagers.

Ariane: Une fusée spatiale *(space rocket)* européenne (à la fabrication de laquelle participe la France) qui lance des satellites de communication et de commerce.

Concorde: Une réalisation franco-britannique, le seul avion supersonique de transport de passagers qui allait de Paris à New York, ou de Londres à New York, en un peu plus de trois heures. Dans les années 1960–70, cet avion au superbe profil d'oiseau a été salué comme un exploit technologique et futuriste. À cause de problèmes économiques et de difficultés d'entretien *(maintenance),* la France et le Royaume-Uni ont décidé

D'où vient ce train?

de cesser l'opération des 21 avions Concorde qui existaient. Pour beaucoup d'amoureux du Concorde, cette décision marque la fin d'une ère. (site: www.concorde-jet.com)

Carte orange: Un billet qui permet l'accès à tous les transports parisiens (métro, bus, trains de banlieue) pour une semaine ou un mois. Celui qui est valable pour un an s'appelle la Carte intégrale. La Carte imagine «R» est un billet annuel à tarif réduit, destiné à tous les étudiants de moins de 26 ans. D'autres cartes sont disponibles pour visiter Paris, par exemple, Paris Visite qui permet l'accès à tous les transports parisiens pour 1, 2, 3, 4 ou 5 jours.

TGV: (Train à grande vitesse) Le train le plus rapide du monde (300 km∕h maximum), caractérisé par le confort et l'économie.

Le tunnel sous la Manche: Ce projet franco-britannique relie l'Angleterre à la France depuis mai 1994. Les passagers voyagent dans des TGV qu'on a baptisés Eurostar et qui mettent Londres à environ trois heures de Paris. Quant aux automobilistes, ils peuvent traverser le tunnel sous la Manche dans leur voiture, installée dans un train spécialement aménagé à cet effet.

Comparez les systèmes de transports français et américain. Quelles formules de transport est-ce que vous utilisez le plus souvent? Quelles formules utiliseriez-vous si elles étaient disponibles dans votre région?

France-Amérique no. 1648 (10–16 janvier 2004), p. 1; *Journal français d'Amérique,* 23 décembre 1994–19 janvier 1995 (p. 12); *Quid 2004* (pp. 874b; 1843a).

ACTIVITÉS

A. Entraînez-vous: souvenirs. Demandez à chaque personne suivante s'il/si elle se souvient de l'événement donné. Un(e) camarade de classe va jouer les rôles. Variez la forme des questions et des réponses en utilisant les *Expressions typiques pour...*

MODÈLE: un(e) ami(e) d'université: le voyage à New York
—*Est-ce que tu te souviens du voyage à New York que nous avons fait il y a trois ans?*
—*Oui, je m'en souviens bien.*

1. votre mère/père: le jour où vous êtes né(e)
2. votre petit(e) ami(e): votre premier rendez-vous

3. les autres étudiants: les devoirs pour aujourd'hui
4. votre frère/sœur aîné(e): les vacances à...
5. votre ami(e): la première fois qu'il/elle a conduit une voiture
6. votre camarade de chambre: ce qu'il/elle a fait hier soir à la petite fête *(party)*

B. À l'agence de voyages. Vous parlez avec l'agent de voyages, mais vous avez du mal à entendre à cause des autres conversations dans le bureau. Remplissez les blancs avec les mots suivants: **flâner, à l'étranger, visiter, rendre visite à, vols, le mal du pays, circulation, garer, séjour, brochures.**

Que voudriez faire si vous voyagiez à l'étranger? Racontez.

VOUS: Bonjour, Madame Riboni.

L'AGENT: Bonjour. Comment allez-vous?

VOUS: Bien, merci. Et vous?

L'AGENT: Très bien. Eh bien, est-ce que je peux vous renseigner?

VOUS: Oui, je veux aller _____ cette fois-ci, au mois de mai. J'aimerais _____ un endroit où il fasse très beau à ce moment-là.

L'AGENT: Préférez-vous la mer ou la montagne?

VOUS: Plutôt la mer. Je veux me reposer. Mais je veux également pouvoir _____ en ville.

L'AGENT: Préférez-vous les grandes villes ou les petites?

VOUS: Ça m'est égal, pourvu qu'il *(provided that)* n'y ait pas trop de _____. Je veux pouvoir _____ la voiture sans trop de problèmes. Mais je dois dire que je préférerais une région où l'on parle français pour que je n'aie pas trop _____. Après, je vais _____ un ami à Miami, en Floride.

L'AGENT: Alors, pourquoi ne pas aller dans une île des Caraïbes? Je pense, par exemple, à la Guadeloupe ou à la Martinique. Il y a des _____ de Paris à Fort-de-France tous les jours. Vous pourriez passer un _____ très agréable là-bas. Il y a même le Club Med, si ça vous intéresse.

VOUS: Est-ce que vous auriez des _____ ou des dépliants à me donner?

À peu près 10% des Français passent des vacances à l'étranger chaque année (Adapté de *Francoscopie 2003*, Larousse, p. 491).

C. En famille. Vous vous trouvez à une réunion de famille. Faites raconter aux personnes suivantes les expériences ci-dessous. Jouez chaque scène avec un(e) camarade de classe. Variez la forme des questions et des réponses.

MODÈLE: tante Christine et son accident de voiture
—*Parle-moi du jour où tu as eu un accident de voiture.*
—*Oh! Quelle histoire! C'est un mauvais souvenir que j'essaie d'oublier. C'était...*

1. cousine Manon et son voyage en Californie
2. vos grands-parents et leur voyage de noces
3. oncle Jean-Pierre et ses aventures comme coureur *(racer)* au Tour de France 1995
4. vos parents et leur lune de miel *(honeymoon)*
5. oncle Mathieu et la croix de guerre qu'il a reçue pendant la Seconde Guerre mondiale

D. Questions indiscrètes. Posez les questions suivantes à un(e) ami(e). Faites un résumé de ses réponses à la classe.

1. Combien de semaines de congés payés est-ce que tu as généralement? Et tes parents?
2. Pendant ton dernier voyage, où est-ce que tu es allé(e)? Comment est-ce que tu as voyagé? Tu as rendu visite à quelqu'un? À qui?
3. Tu voyages souvent en voiture? À quelle vitesse est-ce que tu roules le plus souvent sur l'autoroute?[1]
4. Tu as déjà eu une contravention pour excès de vitesse? À quelle vitesse est-ce que tu roulais? Combien est-ce que la contravention t'a coûté?
5. Tu as déjà eu un pneu crevé? Si oui, qui a changé le pneu?
6. Tu es déjà tombé(e) en panne d'essence sur la route? Qu'est-ce que tu as fait?
7. Est-ce que tu as déjà pris un train ou un car ici ou dans un autre pays? Où allais-tu? Avec qui?

[1] La limite de vitesse en France est de 130 km à l'heure *(84 miles/hr)* sur les autoroutes. Quand il pleut, cette limite est réduite à 110 km à l'heure.

LA GRAMMAIRE À APPRENDRE

Le passé composé

The **passé composé** is one of the past tenses used frequently in French to talk about past events. The following rules complete the description, begun in *La grammaire à réviser,* of how to form the tense.

A. Le participe passé: formes irrégulières. The following irregular verbs also have irregular past participles:

avoir	eu
craindre	craint
être	été
faire	fait
mourir	mort
naître	né

<u>-ert</u>		<u>-u</u>	
découvrir	découvert	boire	bu
offrir	offert	connaître	connu
		courir	couru
<u>-it</u>		croire	cru
conduire	conduit	devoir	dû
dire	dit	falloir	fallu
écrire	écrit	lire	lu
		plaire/pleuvoir	plu
<u>-is</u>		pouvoir	pu
asseoir	assis	recevoir	reçu
mettre	mis	savoir	su
prendre	pris	venir	venu
		vivre	vécu
<u>-i</u>		voir	vu
rire	ri	vouloir	voulu
suivre	suivi		

B. Le choix de l'auxiliaire.

A few verbs—**descendre, monter, passer, sortir, retourner,** and **rentrer**—that normally use **être** as the auxiliary, take **avoir** and follow the **avoir** agreement rules when there is a direct object in the sentence. Notice how the meaning changes with some of the verbs in the following examples.

(C'est Mathieu qui parle.)
Hier je **suis descendu** *(went down)* voir mon amie Sylvie.
La rue que j'**ai descendue** *(went down)* était en construction.
Je **suis monté** *(went up)* à son appartement…
   et j'**ai monté** *(climbed, went up)* l'escalier.
L'après-midi **est** vite **passé** *(went by, passed)*.
En fait, j'**ai passé** *(spent)* tout l'après-midi chez elle.
À sept heures, nous **sommes sortis** *(went out)* pour manger.
Après le repas, j'**ai sorti** *(took out)* mon argent, mais
   elle a insisté pour partager l'addition.
Je l'ai ramenée chez elle vers dix heures, puis
   je **suis retourné** *(returned)* au restaurant pour aller
   chercher le parapluie que j'y avais laissé.
J'ai eu une idée que j'**ai tournée** et **retournée** *(turned over)*
   dans ma tête.
Pensif, je **suis rentré** *(came home)* chez moi.
J'**ai rentré** *(put away)* la voiture dans le garage et je suis
   entré dans le salon.
Finalement, j'ai téléphoné à Sylvie pour lui
   demander si elle voulait bien devenir ma femme.

C. Le passé composé des verbes pronominaux.

As you know, pronominal verbs are conjugated with **être,** and the reflexive pronoun precedes the auxiliary.

Malheureusement, il ne **s'est** pas **rappelé** mon adresse.

- The past participle will agree with the reflexive pronoun if it acts as a direct object. If the verb is followed by a direct object noun, the reflexive pronoun becomes the indirect object, and consequently no agreement is made.

   Elle s'est **lavée.**
   Elle s'est **lavé** la figure.

- With verbs such as **s'écrire, se dire, se téléphoner, se parler, se demander,** and **se rendre compte,** the reflexive pronoun functions as an indirect object because the simple verbs **écrire, dire, téléphoner,** etc., take the construction **à quelqu'un.** Thus, agreement is not made.

   Les sœurs **se sont écrit** pendant leur longue séparation.
   Elles **se sont dit** beaucoup de choses dans leurs lettres.
   Elles **se sont téléphoné** une fois par semaine.

77% des Québécois sont francophones. Avec plus de 3 millions d'habitants, Montréal est la deuxième ville francophone du monde. (*Quid 2004*, p. 1052b).

Est-ce que vous aimeriez prendre le Riverain pour découvrir la métropole montréalaise?

MONTEZ À BORD!

Le **Riverain**

Le nouveau train récréo-touristique avec animation pour toute la famille!

Quand sonne l'heure du départ à la gare Windsor, vous partez à la découverte du riche patrimoine historique et culturel de la métropole montréalaise à bord d'un train à l'apparence unique. Tout en mettant le cap sur le charmant village de Ste-Anne-de-Bellevue, vous sillonnez la belle région du lac St-Louis, berceau de multiples réseaux de transport, d'anciens villages et de belles banlieues.

Cette attrayante excursion ferroviaire à saveur historique est commentée par des animateurs colorés et ponctuée de ralentissements aux endroits stratégiques. De plus, de l'animation spéciale pour les jeunes a été prévue, de même qu'une aire de jeu!

Destination de choix, Ste-Anne-de-Bellevue vous offre une foule d'activités pour tous les goûts! Des guides se feront un plaisir de vous conseiller un itinéraire en fonction du temps dont vous disposez, afin de vous permettre de découvrir à votre rythme les merveilleux attraits de ce site enchanteur. Écluses, rapides, sites patrimoniaux, restaurants, boutiques... vous pouvez même vous offrir une croisière! Et pour votre retour à la gare Windsor, soyez sans inquiétude car nous avons prévu plusieurs options!

Le Riverain est le tout premier des " trains de la découverte ", un important projet récréo-touristique mis de l'avant par l'Agence métropolitaine de transport (AMT).

Bienvenue à bord!

A(M)T
Agence métropolitaine de transport

ACTIVITÉS

A. Les nouvelles. Voici quelques titres *(headlines)* tirés d'un numéro du journal français *Le Figaro* (5–6 juillet 2003). Racontez ce qui s'est passé ce jour-là en mettant chaque titre au passé composé.

1. **Pakistan: Musharraf promet la fermeté contre les extrémistes**
2. **Libéria: Charles Taylor se dit prêt à démissionner** *(resign)*
3. **Environnement: Les vieux pneus** *(tires)* **disséminent les larves d'un continent à l'autre**
4. **Infrastructures: Pétroliers et grande distribution se disputent les autoroutes**
5. **Transport: La SNCF lance un plan d'économies**
6. **Le Tour de France: Marseille attend 300 000 spectateurs**
7. **Finance: Airbus inaugure pour l'A380 sa plus grande usine au Royaume-Uni**

B. La Louisiane. Caroline raconte ses souvenirs de vacances en Louisiane. Complétez son histoire en remplissant les blancs avec le passé composé d'un des verbes suivants.

lire / arriver / voir / ramener / aller / manquer

Je me rappelle bien les vacances de l'été passé quand nous _____ en Louisiane. Avant de partir, notre agence de voyages nous avait donné *(had given)* des brochures touristiques que nous _____ avec grand plaisir. Donc quand nous _____ à La Nouvelle-Orléans, nous ne (n') _____ pas _____ de passer par le Vieux Carré *(the French Quarter)* où nous _____ la vieille cathédrale Saint-Louis.

descendre / faire / partir / parcourir *(to travel up and down)*

Nous _____ la rue Decatur pour visiter le Marché français. Une partie du groupe _____ les bayous célèbres et d'autres _____ une croisière *(cruise)* sur le Mississippi.

passer / découvrir / flâner / rentrer / offrir / boire

Mais tout le monde _____ les délices extraordinaires de la cuisine créole. La Nouvelle-Orléans nous _____ toutes les spécialités louisianaises comme le jambalaya et les beignets *(doughnuts)* Calas. Et bien sûr, nous _____ du café brûlot *(coffee mixed with whiskey)*. Il faut dire que tout le monde _____ des vacances merveilleuses. Quand nous _____ en France, c'était avec regret.

C. En vacances. Choisissez un des deux groupes de verbes et de mots ci-dessous pour interviewer un(e) camarade de classe au sujet de son dernier voyage.

1. passer les vacances: avec qui?
   s'arrêter: dans quelles villes?
   s'amuser: comment?
   pleuvoir: pendant le séjour?
   écrire des cartes postales: à qui?

2. faire du tourisme: où?
   s'ennuyer: un peu/pourquoi?
   lire/boire: qu'est-ce que?
   prendre des photos: combien?
   rentrer: quand?

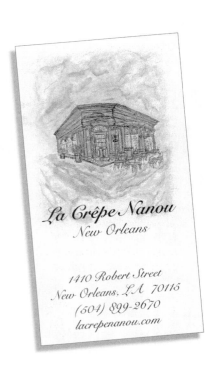

La Crêpe Nanou
New Orleans

1410 Robert Street
New Orleans, LA 70115
(504) 899-2670
lacrepenanou.com

Interactions

A. Il était une fois. Jouez le rôle de votre grand-père/grand-mère ou d'une autre personne âgée de votre famille. Votre partenaire sera le petit-fils/la petite-fille. Il/Elle essayera de vous faire vous rappeler un incident de votre jeunesse. Par exemple, votre première journée à l'école, la première fois que vous êtes sorti(e) avec quelqu'un, le jour où vous avez séché un cours, le jour où vous êtes tombé(e) en panne d'essence pendant votre lune de miel, etc. Au début, vous ne vous souvenez pas de ce qu'il/elle raconte mais après un petit moment vous commencez à raconter l'histoire. Utilisez les cinq expressions typiques présentées à la page 136.

B. Vacances exotiques. Imaginez que vous êtes en vacances dans un endroit exotique—un endroit que vous rêvez de visiter depuis longtemps. Écrivez trois cartes postales différentes à des amis ou aux membres de votre famille. Racontez des événements différents à chaque personne.

Phrases: Writing a letter (informal)
Vocabulary: Traveling
Grammar: Compound past tense; participle agreement

Préparation Dossier personnel

The focus for this chapter is writing a personal narrative in which you tell or narrate something that happened to you or someone you know.

1. First of all, choose two or three important events in your life (for example, receiving an award, meeting the person of your dreams, a sporting event, your wedding or a wedding you were in, a memorable vacation, the worst/best day of your life, a funny/embarrassing moment, a sad or touching event).
2. After you have listed these events, next to each item, write some interesting details that you remember about the event.
3. Free write on one or more of these topics to see how much you have to say. Describe what happened and try to organize your notes in a time-ordered sequence.
4. In pairs or small groups, share your notes to get ideas from classmates.

Phrases: Narrating a story
Vocabulary: Sports; traveling; family members (Note: These are only suggestions for the above topics. Browse the vocabulary index to find help for other topics.)
Grammar: Compound past tense

Est-ce que vous aimeriez visiter cet endroit? Pourquoi?

Leçon 2

Comment raconter une histoire

Track 12

Rappel: Have you reviewed the imperfect tense? (Text pp. 133–134 and Workbook p. 82)

Conversation (SUITE)

Premières impressions

Soulignez:
- les expressions qu'on utilise pour céder la parole à quelqu'un
- les expressions pour lier *(link)* une suite *(series)* d'événements

Trouvez:
- ce que Laurence a vu dans les bayous

Les amies de Marc et de Katia continuent à se raconter leurs vacances.

NADINE: Dis donc, Laurence. Tu es bien partie en Louisiane?

KATIA: Allez, raconte, j'aimerais y aller un jour!

LAURENCE: C'était vraiment extraordinaire! Tu sais, d'abord, on est allé à La Nouvelle-Orléans. On est descendu dans un hôtel tout près du Mississippi. C'était comme dans les romans: la nuit, on entendait le bruit des bateaux sur le fleuve… Mais tu ne croiras jamais ce qui nous est arrivé! Un jour, on est allé dans les «bayous». On était dans une barque° et on regardait les crocodiles sur la rive° et dans l'eau, autour de nous. Tout à coup, il y en a un qui a arraché° le nounours° d'un enfant, sous nos yeux, dans notre barque!

une barque *small boat*

la rive *bank*

arracher … de *to grab . . . from /*
le nounours *teddy bear*

NADINE: Hein? Tu plaisantes!

LAURENCE: Non, je t'assure. L'enfant était assis entre ses parents. Notre guide, qui était Cajun, nous a rassurés, mais je crois que tout le monde avait peur que ça ne se reproduise.

NADINE: J'imagine que ce guide parlait français?

LAURENCE: Oui, mais avec un accent qui n'est pas le même que l'accent canadien. Tu sais au XVIIIe siècle, les Anglais ont chassé les Français du Canada, les «Acadiens». Les Acadiens sont allés en Louisiane, et au bout d'un certain temps, on a fini par les appeler «Cajuns».

NADINE: Alors, Cajun, c'est une déformation du mot Acadien?

LAURENCE: Oui, c'est une déformation. La prononciation a changé. Tu sais, le guide était assez facile à comprendre, mais je ne comprenais pas les gens qui parlaient cajun entre eux. Comme j'ai l'habitude des accents régionaux en France, je crois que j'aurais pu me débrouiller° en quelques semaines.

se débrouiller *to manage, get along*

À suivre

Observation et analyse

1. Où est-ce que l'aventure de Laurence a eu lieu? Qu'est-ce qui s'est passé?
2. D'où viennent les Cajuns? Pourquoi sont-ils partis? Où sont-ils allés?
3. D'où vient la langue des Cajuns? Qu'est-ce qu'il faut pour comprendre cette langue?
4. Est-ce que vous pensez que l'histoire de Laurence est vraie? Expliquez.

Réactions

1. Est-ce que vous avez déjà visité La Nouvelle-Orléans? Et les bayous? Si oui, qu'est-ce que vous avez pensé de cette région? Sinon, qu'est-ce que vous savez des Cajuns de Louisiane?
2. Quels accents français est-ce que vous connaissez, de réputation ou par expérience personnelle? Savez-vous les origines de certains de ces accents? Et quels accents américains est-ce que vous connaissez?

Expressions typiques pour...

Raconter une histoire

Prendre la parole

Est-ce que tu sais ce qui (m')est arrivé?
Tu ne croiras jamais ce qui (m')est arrivé!
Écoute, il faut que je te raconte quelque chose.
Devine ce que je viens de faire!

Céder la parole à quelqu'un

Dis-moi (vite)!
Raconte!

Je t'écoute.
Qu'est-ce qui s'est passé?

Lier une suite d'événements

Commencer

D'abord...
Au début...

Quand (je suis arrivé[e])...
J'ai commencé par (+ infinitif)...

Commencer par indicates the first action in a series.

Continuer

Et puis...
Alors...
Ensuite...
Au bout d'un moment...
En même temps/Au même moment...

Un peu plus tard...
Tout à coup...
Avant (de)...
Après...

avant + noun; **avant de** + infinitive: **avant midi/avant de partir; avant que:** see *Chapitre 7* for this form.

après + noun/pronoun; **après** + past infinitive (inf. of auxiliary + past part.): **après minuit/après avoir lu**

Terminer

Enfin...
Finalement...

À la fin...
J'ai fini par (+ infinitif)...

Finir par means to *end up doing something* after other options have been considered: **D'abord nous voulions aller en Louisiane, puis nous avons pensé à la Martinique et à la Guadeloupe. Nous *avons fini par* aller à Haïti.**

Des 734 345 Louisianais qui se reconnaissent d'origine française, 196 784 (à peu près 27%) parlent ou comprennent le français (*Quid 2004*, p. 1124b).

Est-ce que vous connaissez La Nouvelle-Orléans? Pourquoi est-ce que cette ville est célèbre? L'avez-vous déjà visitée?

La Nouvelle-Orléans, en Louisiane

Mots et expressions utiles

À la douane *(customs)*

le douanier/la douanière *customs officer*
le passager/la passagère *passenger (on an airplane)*

confisquer *to confiscate*
déclarer (ses achats) *to declare (one's purchases)*
faire de la contrebande *to smuggle goods*
fouiller les bagages/les valises *to search, go through baggage/luggage*
montrer son passeport *to show one's passport*
passer à la douane *to go through customs*
payer des droits *to pay duty/tax*
se présenter à la douane *to appear at customs*

L'avion

débarquer *to get off*
embarquer *to go on board*

Divers

arracher de *to grab from*
se débrouiller *to manage, get along*

Mise en pratique

Anne raconte son retour aux États-Unis à ses amis français: «Eh bien, quand nous sommes arrivés à New York, il a fallu **nous présenter à la douane**, bien sûr. Mon mari et moi devions **déclarer nos achats**. Vous savez que j'avais acheté pas mal de cadeaux. Après nous avoir posé des questions, la **douanière a fouillé nos valises**. Elle devait croire que nous **faisions de la contrebande**! Elle n'a rien trouvé d'illégal, mais elle **a confisqué** des bijoux au monsieur qui était derrière nous. Il avait acheté du jade en Thaïlande et il ne l'**avait** pas **déclaré**.»

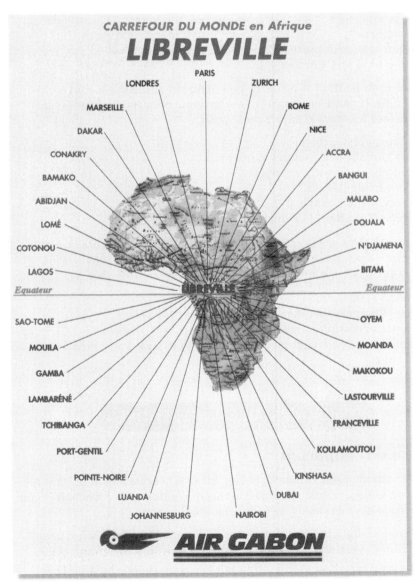

CARREFOUR DU MONDE en Afrique
LIBREVILLE
AIR GABON

Quels pays francophones est-ce que vous connaissez en Afrique? en Europe? en Amérique? Dans quel pays est Bangui? Et Abidjan?

ACTIVITÉS

A. Entraînez-vous: Les événements. Racontez une suite de trois à cinq événements pour chaque sujet suivant. Utilisez les expressions pour lier une suite d'événements de la liste d'*Expressions typiques pour...*

> MODÈLE: comment vous avez commencé votre journée
> ***D'abord**, je me suis réveillé(e) à 6h30. **Au bout d'un moment** je me suis levé(e). **Puis**, je me suis lavé(e) et je me suis habillé(e). **Ensuite**, j'ai fait mon lit. Quand j'ai **finalement** bu mon café, il était déjà 7h30.*

1. comment vous vous êtes préparé(e) à vous coucher hier soir
2. ce qui s'est passé en cours de français hier
3. ce que vous (et vos parents) avez fait pendant votre première visite sur le campus
4. comment vous avez étudié pour votre dernier examen
5. ce que vous avez fait hier soir

B. Vous êtes le prof. Vos élèves ne comprennent pas leur vocabulaire. Aidez-les à l'apprendre en donnant un synonyme pour les expressions suivantes. Utilisez les *Mots et expressions utiles*.

1. dire ce qu'on a acheté
2. introduire illégalement des marchandises
3. celui/celle qui voyage en avion
4. descendre de l'avion
5. celui/celle qui travaille à la douane
6. inspecter les affaires de quelqu'un

C. Racontez! Avec un(e) partenaire, racontez une petite histoire en employant les expressions pour prendre et céder la parole. Ensuite, changez de partenaire et utilisez à nouveau les expressions sans regarder la liste.

SUJETS POSSIBLES:
1. ce qui s'est passé pendant le week-end
2. les potins *(gossip)* du monde du cinéma ou de la chanson
3. ce qui vous est arrivé pendant un rendez-vous avec votre petit(e) ami(e) récemment

---

LA GRAMMAIRE À APPRENDRE

L'emploi de l'imparfait

A. Along with the **passé composé**, the imperfect tense plays an important role when telling a story or describing past events or conditions in French. Its main emphasis is on description, as the following uses illustrate:

- *Background description:* To say what the weather was like; what people were doing; what was going on; what the setting and time frame were.

  C'**était** il y a trois ans, en juin. Il **faisait** très beau ce jour-là. Tout le monde s'**amusait** à la plage.

- *Habitual, repetitive action:* To describe or state past events that were repeated for an unspecified period or number of times.

  CLUES: **souvent; d'habitude; chaque semaine; toujours; tous les jours, tous les lundis,** etc.

  On **allait souvent** au bord de la mer. Mes frères **étaient** petits, donc c'**était** facile.

- *Conditions or states of mind:* To describe states or conditions that continued over an unspecified period of time.

  CLUES: **savoir, connaître, penser, être, avoir, vouloir, pouvoir, aimer, détester** (abstract verbs)

  Tout ce que je **voulais** faire, c'**était** me reposer et m'amuser avec mes frères.

- *Continuous actions:* To describe how things were or to describe an action that was going on when another action (in the **passé composé**) interrupted it.

  Un jour je **dormais** sur le sable chaud quand soudain j'ai entendu des appels au secours qui **venaient** de la mer.

  NOTE: To express that the action *had been going on* for a period of time before it was interrupted, use imperfect + **depuis.** This is the past equivalent of present + **depuis.**

  C'était Julien, mon petit frère. Apparemment, il **était** en difficulté **depuis** quelques minutes.

- With *venir de* + *infinitive:* To describe an action that *had just* happened. Notice that this is the past tense equivalent of **venir de** (present tense) + infinitive.

  Je me suis levé à toute vitesse; j'ai couru vers lui aussi vite que j'ai pu et puis je l'ai rejoint à la nage. Je **venais de** l'atteindre quand j'ai vu une vedette à moteur *(motor boat)* qui approchait.

B. The imperfect can also be used with **si** to carry out functions such as:

- inviting someone to do something

  Si nous **dînions** au restaurant ce soir?

  How about having dinner at a restaurant this evening?

- suggesting a course of action

  Si je **faisais** des réservations?

  Why don't I make reservations?

- expressing a wish or regret

  Ah, si seulement j'**étais** riche!

  If only I were rich!

ACTIVITÉS

A. Votre enfance. Posez les questions suivantes à un(e) ami(e). Faites un résumé de ses réponses à la classe.

1. En général où est-ce que tes parents et toi, vous alliez en vacances quand tu étais petit(e)?
2. Qu'est-ce que tu faisais pour t'amuser avec tes amis? Est-ce que vous vous disputiez souvent?
3. Qu'est-ce que tu voulais devenir? Et maintenant?
4. Dans quelle sorte de logement est-ce que tu habitais?
5. Tu aimais l'école? Tu lisais beaucoup?

B. Invitations. Faites les propositions suivantes en utilisant **si + l'imparfait.** Variez les sujets. Votre partenaire doit répondre.

MODÈLE: aller au concert
—*Si nous allions au concert?*
—*Oui, c'est une bonne idée.*

1. faire une promenade sur la plage
2. voir le dernier film de Brad Pitt
3. prendre un verre à votre café préféré
4. sortir ensemble demain soir
5. venir chez vous pour le dîner
6. boire un peu de champagne pour fêter un événement

Les vacances à la mer restent toujours très attrayantes pour les Français. Plus de 25% des séjours passés en France se déroulent en Bretagne ou sur les côtes atlantique ou méditerranéenne. (Adapté de Gérard Mermet, *Francoscopie 2003*, Larousse, p. 491.)

Est-ce que vous alliez souvent à la plage quand vous étiez petit(e)? Où?

C. À l'école en France. Jessica, une jeune Américaine, a fait sa quatrième année d'école primaire en France parce que son père avait été muté *(transferred)* à Nancy pour un an. Aidez-la à faire la description de son séjour en France avec des notes qu'elle a prises.

Je / avoir / dix ans à cette époque-là. Je / parler / très peu le français. Malheureusement, en France, toutes mes leçons / être / en français. Je / devoir / faire les maths et les sciences en français! Le pire, ce / être de parler / avec les autres / pendant la récréation *(recess)*. Je / me sentir / toute seule / au début. Personne ne / parler / anglais. Après deux mois, il / se produire (passé composé) / un miracle. Je / commencer / à tout comprendre et à m'exprimer en français. Maintenant je / se débrouiller / toujours bien en français.

LA GRAMMAIRE À APPRENDRE

L'emploi du passé composé

A. Whereas the **imparfait** describes past actions or conditions with reference to their continuation, the **passé composé** describes past events from the point of view of their completion:

- *Completed, isolated action:* A reported event tells what happened or what someone did.

  Je **suis allée** faire du ski.

- *Action completed in a specified period of time:* The beginning and/or end of the period is specified.

  J'**ai passé** une semaine dans une station de ski.

- *Action that happened a specific number of times:* The number of times an action occurred is detailed or implied.

  Je **suis allée** quatre fois sur les pistes.

- *Series of events:* A series of actions that advance the story are reported. Each answers the question, "And what happened next?"

  Le dernier jour de mes vacances je **suis montée** sur le télésiège *(chairlift)* comme d'habitude. Une fois arrivée, j'**ai respiré** à fond *(took a deep breath)*; je **me suis mise** en position de départ; je **me suis concentrée**; j'**ai pris** mes bâtons de ski; et je **suis partie**. Je **suis arrivée** en bas sans tomber une seule fois. C'était la première fois!

- *Change in state or condition:* Something occurs which causes alteration of an existing state or condition.

  Avant de descendre du télésiège, j'avais peur de tomber. Quand je me suis rendu compte que j'allais réussir un parcours *(ski run)* sans chute *(fall)*, j'**ai été** très heureuse.

B. A few abstract verbs have special meanings when used in the **passé composé:**

	Imparfait		Passé composé	
savoir	je savais	*I knew*	j'ai su	*I found out*
pouvoir	je pouvais	*I could/was able*	j'ai pu	*I succeeded in*
vouloir	je voulais	*I wanted (to)*	j'ai voulu	*I tried to*
			je n'ai pas voulu	*I refused to*

Ce jour-là j'**ai pu** skier sans tomber… Le soir je **savais** que le ski allait devenir une passion.

Liens culturels

Les vacances—c'est sacré!

Depuis 1982, la loi garantit à chaque travailleur salarié français cinq semaines annuelles de congés payés. Beaucoup, par le jeu de l'ancienneté ou de conventions particulièrement avantageuses, disposent en fait de plus de cinq semaines de congés annuels. Malgré les efforts du gouvernement pour encourager les Français à étaler *(spread out)* leurs congés sur l'année, la majorité des Français prend ses vacances en juillet et août. Tout ou presque tout s'arrête.

Mais où vont les Français? Comme dans les années précédentes, la mer et la campagne sont les destinations les plus populaires. Cinquante-sept pour cent des vacanciers font des séjours chez des proches (parents ou amis).

Il faut ajouter que, depuis 1989, la France est la première destination touristique du monde. L'Espagne et les États-Unis viennent en seconde et troisième positions.

Cinq semaines de congés payés par an: à votre avis, quels sont les avantages et les inconvénients d'une telle loi

Où sont ces gens? Qu'est-ce qu'ils font?

pour un pays et ses habitants? Si vous aviez cinq semaines de vacances, est-ce que vous les prendriez toutes ensemble ou est-ce que vous les étaleriez sur l'année?

Adapté de Gérard Mermet, *Francoscopie 2003* (Larousse, pp. 487; 492–493; 495).

Comparaison entre l'imparfait et le passé composé

Almost any time that you tell a story in French, you need to use a combination of past tenses. Study the comparison chart below to further your understanding of the **imparfait** and the **passé composé**.

Imparfait	Passé composé
Delphine **allait** souvent à Nantes pour rendre visite à ses grands-parents. *(habitual, repetitive action)*	
	Elle y **est allée** trois fois l'été passé. *(specific number of times)*
	Pendant sa dernière visite, quelque chose de formidable **s'est passé.** *(specified period of time)*
	Elle **est tombée** amoureuse. *(completed, isolated action)*
C'**était** un jour splendide.	
Il **faisait** beau dans la ville, mais il ne **faisait** pas trop chaud. *(background description)*	
Delphine **voulait** acheter un petit cadeau pour sa grand-mère. *(condition/state)*	
	Alors, elle **a pris** son sac et elle **est sortie** de la maison. Elle **a traversé** la rue, puis elle **a tourné** à gauche. *(series of events)*
Distraite par ses pensées, elle **marchait** sans regarder devant elle... *(continuing action)*	
	jusqu'au moment où elle **a bousculé** *(bumped into)* un jeune homme *(interruption)*
qui **regardait** une vitrine. *(condition/state)*	
	Surpris, ils **ont** tous les deux **été** gênés *(change in mental state)* et ils **ont commencé** à s'excuser. Cela **a été** le début d'un amour qui semble être éternel! *(specified period of time)*

NOTE: Although certain words may provide clues to a particular tense (e.g., **souvent** for the **imparfait** and **tout à coup** for the **passé composé**), the context will always provide the most help.

ACTIVITÉS

A. Faites une comparaison. Retournez à la *Conversation* de cette leçon et relisez l'histoire racontée par Laurence. Justifiez l'emploi du passé composé ou de l'imparfait dans chaque phrase en indiquant de quelle sorte de condition ou d'action il s'agit.

B. Complétez l'histoire. Terminez les phrases suivantes en utilisant un verbe à l'imparfait pour indiquer le contexte des actions.

1. Hier soir j'ai téléphoné à mon ami(e) parce que...
2. Je n'ai pas fait mes devoirs parce que...
3. Quand je me suis couché(e), mon chien...

Terminez les phrases suivantes en utilisant un verbe au passé composé qui indique l'action survenue *(intervening)*.

4. Je dormais depuis une demi-heure quand le téléphone...
5. J'étais certaine que c'était Jacques, alors je...
6. J'avais raison. Pendant un quart d'heure nous...

Terminez les phrases suivantes en utilisant un verbe à l'imparfait ou au passé composé, selon le contexte.

7. Le lendemain il faisait très beau, par conséquent nous...
8. Je venais de finir mon livre quand...
9. Puisque j'étais très fatigué(e), je...

C. Les aventures d'un chat. Karine a une histoire à raconter à propos de son chat.[2] Remplissez les blancs avec l'imparfait ou le passé composé du verbe entre parenthèses, selon le cas.

—Tu ne croiras jamais ce qui m'est arrivé!

—Raconte!

—Eh bien, l'autre jour je _____ (se faire bronzer) dans la cour quand je _____ (entendre) un chat. Les sons _____ (sembler) venir de l'autre côté de notre clôture *(fence)*. Bon, alors, je (j') _____ (courir) à toute vitesse puisque je _____ (s'attendre) à trouver mon chat mort à la suite d'une bagarre avec un autre animal. Mais ce _____ (ne pas être) le cas. Mon chat noir, bien vivant, _____ (être) là avec sa proie *(prey)*, une petite souris grise. Évidemment, il _____ (être) tellement fier de sa prouesse qu'il _____ (vouloir) me la montrer. D'abord je _____ (se fâcher) parce qu'il m'avait fait peur. Mais, au bout de quelques secondes, j'_____ (être) très contente. Mon chat, normalement indifférent à tout humain, m'avait invitée à entrer dans son monde à lui pendant quelques instants.

---

[2] Plus de la moitié des familles françaises ont un animal familier. On dit que les intellectuels, les artistes, les instituteurs et les fonctionnaires préfèrent les chats, tandis que les commerçants, les artisans, les policiers, les militaires et les contremaîtres *(factory supervisors)* aiment mieux les chiens. (Adapté de *Francoscopie 2003*, Larousse, p. 220)

Additional activity: Mettez l'histoire de Judith au passé.

Tu ne croiras jamais ce qui m'_____ (arriver) pendant mon dernier séjour à Paris. C'_____ (être) l'été dernier. Il _____ (faire) beau et chaud, mais j'_____ (avoir) beaucoup de difficultés. D'abord on _____ (voler) mes chèques de voyage à l'aéroport d'Orly. Donc je (j') _____ (passer) tout de suite à American Express. Ensuite, je _____ (laisser) mon passeport et mon portefeuille dans un taxi! Alors, je (j') _____ (passer) des heures à l'Ambassade américaine. Ce _____ (être) très difficile d'obtenir un autre passeport sans pièces d'identité. Plusieurs jours après, je (j') _____ (perdre) mes nouveaux chèques de voyage. Donc, je (j') _____ (aller) encore une fois à American Express. Après tout cela, j'_____ (être) très déprimée. Heureusement que j'_____ (avoir) des amis avec qui je _____ (sortir) tous les soirs. Ils me (m') _____ (remonter) le moral *(raised my spirits)*. Grâce à eux, le séjour _____ (ne pas être) une catastrophe. Je (J') _____ (pouvoir) visiter la ville et revoir des amis parisiens. La prochaine fois je ferai plus attention à mes affaires.

D. En vacances. Voici les pensées de M. Thibault pendant une journée lors de *(at the time of)* ses vacances à Paris. Le soir, il veut écrire ses pensées dans un journal. Récrivez les événements au passé pour son journal, en faisant attention au temps du verbe.

> Ce matin il fait chaud et il y a du soleil. J'espère voir le soleil toute la journée. Je vais au syndicat d'initiative à dix heures parce que je veux faire une excursion dans le Val de Loire. Les employés du syndicat me donnent beaucoup de renseignements utiles. Avec leur aide je sais où m'adresser pour louer une voiture. Je les remercie.
>
> La circulation à Paris est épouvantable et éprouvante, comme d'habitude, mais je réussis à sortir de la ville sans incident. Je conduis depuis une demi-heure quand j'entends un bruit d'éclatement *(blowout)*. Zut, alors! Un pneu crevé! Je veux changer le pneu mais je ne sais pas comment faire. Il y a une station-service qui n'est pas trop loin, et donc je décide d'y aller à pied.
>
> Il n'y a pas cinq minutes que je marche quand il commence à pleuvoir et qu'il se met à faire froid. Ce n'est pas mon jour de chance! Enfin j'arrive à la station-service où l'on m'aide. Au bout d'une heure, je peux reprendre la route du Val de Loire!

Additional activity: Have students work with Francis Cabrel's translation of Jackson Browne's song "Rosie," which also practices the **imparfait** and the **passé composé**.

Additional activity: Work with Michel Sardou's song "**Minuit Moins Dix**." Students do a cloze exercise first, and then retell the story in the form of a dialogue, using linking words. Finally, have them talk about their own reaction to the song.

La Boutique Française des États-Unis is a good resource for finding French songs (4822 St. Elmo Ave., Bethesda, MD 20814; 301-654-2224). You can also find French songs on the Web.

Interactions

A. Une histoire. Racontez une histoire en français (au passé, bien sûr). Décrivez quelque chose qui vous est arrivé. Mettez autant de détails que possible. N'oubliez pas de lier les événements avec les expressions que vous venez d'apprendre. Après, vos camarades de classe vous poseront des questions pour deviner si votre histoire est vraie ou fausse.

MODÈLE: *Alors, un jeune Français, qui avait très faim, est entré dans un restaurant qui se trouvait dans la banlieue de Londres. Il a demandé à la serveuse:*
—Mademoiselle, s'il vous plaît, donnez-moi le plat du jour et... un petit mot aimable.
Au bout de quelques instants elle lui a apporté le plat. Puis elle est retournée à la cuisine. Le Français l'a rattrapée et lui a demandé:
—Et mon petit mot aimable?
Alors, elle s'est penchée à son oreille et lui a dit:
—Ne mangez pas ça.

B. Une autre histoire. Travaillez en groupes de quatre étudiants. Chaque personne raconte une petite histoire. Les autres répondent d'une manière appropriée en utilisant des expressions que vous venez d'apprendre. Sujets possibles: la première fois que vous avez conduit une voiture, ce que vous avez fait hier soir, des vacances récentes, le jour où vous avez fait la connaissance d'un(e) très bon(ne) ami(e), etc.

Premier brouillon ◣ Dossier personnel

1. After you have chosen your topic in *Leçon 1,* organize the notes you have written by thinking about these important elements of a narrative: *Characters:* for example, how old were the characters at the time of the incident? What did they look like? How were they dressed? *Setting:* if it is important to your narrative, give descriptive details about the time and place. *Plot:* because you are telling about something that really happened, you know the basic plot. Will there be a conflict? What final words will you use to close your narrative?

2. Begin writing your introductory paragraph by focusing on the topic sentence that describes the incident for the reader. Use your opening paragraph to get your reader's attention.

3. Write two or three paragraphs in which you use details to describe the events. Since this is a narrative about a past event, you will have to make decisions about your use of the **imparfait** and **passé composé.**

4. Write a concluding paragraph in which you end your story with a description of the last event.

Phrases: Writing an essay; describing people, objects, weather; sequencing events

Vocabulary: Clothing; women's clothing; colors; hair colors

Grammar: Compound past tense; past imperfect

SYSTÈME-D

Comment raconter une histoire

Conversation (CONCLUSION)

Track 13

Rappel: Have you reviewed the **plus-que-parfait**? (Text p. 134 and Workbook p. 83)

Premières impressions

Soulignez:
- les expressions qu'on emploie pour encourager celui/celle qui raconte
- les petites expressions qu'on utilise pour gagner du temps quand on parle

Trouvez:
- ce qu'on peut faire à La Nouvelle-Orléans

Les amies continuent leur discussion.

NADINE: Mais, dis-moi encore, le crocodile… Qu'est-ce que vous avez fait après l'incident du nounours de l'enfant?

LAURENCE: Tu sais, ça nous a fait tellement peur que nous sommes partis tout de suite. C'est impressionnant, une gueule° de crocodile grande ouverte…

une gueule *mouth (of animal)*

NADINE: C'est même difficile à imaginer…

KATIA: À part ça, La Nouvelle-Orléans t'a plu? Qu'est-ce qu'il y a d'intéressant à voir?

LAURENCE: Bon, euh, il y a le quartier français, euh, le Vieux Carré, qui est un quartier très diversifié. L'architecture… les balcons, les maisons, enfin, tout est de style espagnol. Et puis il y a le jazz, partout, et pratiquement du matin au soir. C'est fou! Dans les cafés, dans la rue, tu entends toujours des airs de jazz, les grands tubes° du Dixie. Ça fait assez rétro°, comme ambiance! Je ne sais pas si j'aime, mais ça marche bien avec les touristes. Et puis les Cajuns, ils aiment vraiment vivre, ils aiment beaucoup danser.

un tube *hit* / **rétro** *typical of a past style (1930s)*

NADINE: Alors, c'est vrai tout ce que l'on dit sur La Nouvelle-Orléans. C'est vraiment là où on s'amuse le soir, là où il y a une activité nocturne qu'il n'y a pas dans d'autres villes américaines, n'est-ce pas?

LAURENCE: Eh bien, d'après tout ce que j'ai vu, c'est une ville qui ne dort pas!

Est-ce que vous aimez le jazz?

Observation et analyse

1. Décrivez ce qui s'est passé après la petite aventure.
2. Décrivez l'architecture de La Nouvelle-Orléans.
3. Pourquoi est-ce qu'on dit que La Nouvelle-Orléans est une ville qui ne dort pas?
4. Quelle sorte de musique est-ce que Laurence a entendue?
5. Est-ce que vous pensez que La Nouvelle-Orléans a plu à Laurence? Expliquez.

Réactions

1. Quelle autre ville est-ce qu'on peut comparer avec La Nouvelle-Orléans? Est-ce que vous y êtes allé(e)?
2. Quelle sorte de musique est-ce que vous préférez? Quand est-ce que vous écoutez de la musique? Vous êtes amateur de musique *(music lover)*?

Expressions typiques pour...

Gagner du temps pour réfléchir

Draw attention to the importance of the expression **euh** in French to replace the English pause word *umm*. Teach correct pronunciation—lips pursed and tongue in low central position. Have students practice by inserting as many **euh**'s as possible into responses to simple oral questions. [For additional ideas on teaching pause words, see Judith G. Frommer and Wayne Ishikawa, "Alors... euh... on parle français?", *French Review,* vol. 53, no. 4 (March 1980), pages 501–506.]

Au début de la phrase	Au cours du récit	À la fin de la phrase
Enfin...	... enfin...	... n'est-ce pas?
Eh bien...	... euh...	... quoi?
Euh...	... alors...	... tu vois/vous voyez?
Tu sais/vois.../Vous savez/voyez...	... donc...	... tu sais/vous savez?
Bon...	... et puis...	... tu comprends/vous comprenez?
D'après moi/ce qu'on m'a dit...	... et puis ensuite...	... tu ne crois pas/vous ne croyez pas?
	... mais...	... hein? *(familiar)*
Ben... *(familiar)*		... voilà.
Dis/Dites donc... *(By the way, tell me . . .)*	... de toute façon/en tout cas... *(. . . in any case . . .)*	
À propos... *(By the way . . .)*		
En fait *(In fact . . .)*		

Réagir à un récit

Exprimer la surprise

Non!
C'est incroyable!
Vraiment?
C'est (Ce n'est) pas vrai!/C'est vrai?
Sans blague! *(No kidding!—familiar)*
Tiens! *(familiar)*
Oh là là! *(familiar)*
C'est (vachement [*very*]) bizarre! *(familiar)*
Ça alors! *(intonation descendante)*

Dire que l'on comprend

Oui, oui.
Je comprends.
Et alors? *(intonation ascendante)*

Exprimer l'indifférence

Ça ne me surprend pas.
Ça ne m'étonne pas.
Et alors? *(intonation descendante)*
C'est tout?

Encourager celui/celle qui raconte

Et qu'est-ce qui s'est passé après?
Qu'est-ce que tu as fait après?
Est-ce que tu savais déjà... ?
Est-ce que tu t'étais déjà rendu compte que... ?

NOTE: Any of these expressions can be used with **vous.**

Pour vous aider à comprendre la conversation française...

L'expression orale comprend beaucoup plus que la grammaire et le vocabulaire. Les interlocuteurs utilisent aussi des petits silences, des sons («... euh...»), des mots («... enfin...»), et des expressions («... de toute façon...») qui n'ont pas de signification au sens propre du terme, mais qui ont plusieurs fonctions de communication. Ces mots et ces silences nous permettent «de maintenir la communication entre la personne qui parle et la personne qui écoute; de donner à la personne qui parle le temps de réfléchir aux mots qui vont suivre; et de signaler à la personne qui écoute que la personne qui parle a fini ou n'a pas fini de parler».

Écoutez bien les conversations françaises—vous allez reconnaître ces mots et ces expressions! Quels mots ou sons est-ce qu'on utilise en anglais pour maintenir la communication? Est-ce qu'en général on entend ces mots et ces expressions dans d'autres modes de

De quoi est-ce qu'elles parlent? Est-ce que c'est une conversation intéressante?

communication, par exemple, dans les débats politiques ou dans les actualités à la télé? Pourquoi ou pourquoi pas?

(Chamberlain & Steele, *Guide pratique de la communication*, Didier, 1985, p. 114)

Mots et expressions utiles

L'hôtel

une chambre à deux lits *double room (room with two beds)*
une chambre avec douche/salle de bains *room with a shower/bathroom*
une chambre de libre *vacant room*
la clé *key*
un grand lit *double bed*

le service d'étage *room service*
la réception *front desk*
le/la réceptionniste *hotel desk clerk*
réserver/retenir une chambre *to reserve a room*

payer en espèces/par carte de crédit/avec des chèques de voyage[3] *to pay in cash/by credit card/in traveler's checks*
régler la note *to pay, settle the bill*

[3] En France, en dehors des grandes villes, il est difficile de payer avec des chèques de voyage. Les commerçants, et même les petites banques, les refusent souvent à cause des nombreuses contrefaçons *(counterfeits)* qui circulent dans le monde entier.

Warm-up: (questions for the day following the vocabulary presentation)

1. Est-ce que tu te souviens de la dernière fois où tu as dormi dans un hôtel? Est-ce que tu avais réservé en avance? 2. Comment était le/la réceptionniste? Obligeant(e) *(Helpful)*? Désagréable? Aimable? 3. Quel type de chambre est-ce que tu avais? 4. Est-ce que tu t'es servi(e) du service d'étage? 5. Comment est-ce que tu as réglé la note?

Mise en pratique

Conversation à la **réception** de l'hôtel:

—Bonjour, madame. Est-ce que vous avez une **chambre de libre** pour une nuit?

—Oui, mademoiselle, il nous reste une **chambre à deux lits**.

—Oh, je n'ai besoin que d'un **grand lit**, mais... c'est une chambre **avec salle de bains**?

—Oui, il y a une salle de bains **avec douche**.

—Bon, ça va, je prends la chambre. Vous voulez que je **règle la note** maintenant?

—Non, je vais prendre l'empreinte de votre carte de crédit... Voilà la **clé**...

ACTIVITÉS

A. Entraînez-vous: Les réactions. Vous vous trouvez à une soirée où les sujets de conversation sont variés. Quelle est votre réaction à ce que disent les gens autour de vous? Utilisez les *Expressions typiques pour...*

MODÈLE: —Karine vient d'avoir des jumeaux...
    —*C'est vrai? Elle doit être contente!*

1. —... et puis ils ont divorcé...
2. —On m'a dit que Fanny et Paul fêtaient leur troisième anniversaire de mariage...
3. —De toute façon, je ne veux pas y aller avec vous.
4. —Bon, j'ai rentré ma voiture dans le garage et je suis entré dans le salon...
5. —Les Dechamp partent pour l'Afrique demain...
6. —Est-ce que tu peux croire que son fiancé sort avec une autre fille?

B. Un film. Un scénariste a écrit le dialogue ci-dessous pour un nouveau film. Récrivez son dialogue afin de le rendre plus naturel en insérant dans les phrases des expressions qui donnent du liant à la conversation. Jouez la scène avec un(e) camarade de classe.

    —Qu'est-ce que tu fais le week-end prochain?
    —Pas grand-chose. Je resterai à la maison, probablement.
    —Si nous allions faire du ski à Val Thorens?
    —C'est une bonne idée. Les pistes y sont excellentes.
    —Je ferai des réservations d'hôtel.
    —Je demanderai à mon frère de me prêter sa voiture.
    —Je te téléphone ce soir.
    —D'accord. Salut. À ce soir!

C. À l'hôtel. Imaginez que vous vous trouviez à la réception d'un hôtel en France. Jouez la scène avec un(e) camarade de classe. Demandez:

1. si une chambre est disponible
2. le prix de la chambre
3. comment on peut régler la note
4. où l'on peut garer sa voiture (dans le parking public; au sous-sol, dans la rue)

Deuxième brouillon  Dossier personnel

1. Write a second draft of the paper that you wrote in *Leçon 2,* focusing particularly on the order in which the events happened. Try to add details on pertinent events that happened before the events described in the narrative (i.e., using the **plus-que-parfait**).

2. To strengthen the time order used for the events that occurred, try to incorporate some of the following expressions that deal with chronological order:

   EXPRESSIONS UTILES: **à ce moment là…, pendant (+ nom)/pendant que (+ verbe conjugué)…, en même temps…, hier…, avant-hier…, la semaine dernière…, après-demain…, la semaine prochaine…, la veille** *(the night before),* **l'avant-veille…, l'année précédente…, le lendemain…, cinq jours après…**

Phrases: Writing an essay; sequencing events

Grammar: Pluperfect; prepositions with times and dates; time expressions

SYSTÈME-D

Synthèse

Activités vidéo

Avant la vidéo

1. Avez-vous déjà joué à des jeux de société? Lesquels? Quand? Avec qui? Quels sont les jeux les plus populaires dans votre classe?
2. Connaissez-vous les jeux «Liar, liar» et «To tell the truth»? Comment les trouvez-vous?

Après la vidéo

1. À quel jeu jouent ces amis? Quelles en sont les règles? Que doit faire Claire-Anse? Et Élodie? Et Julien? Est-ce que tante Mathilde dit la vérité? Comment le savez-vous?
2. Qu'est-ce que vous avez appris au sujet de ces amis dans cette scène?

Turn to **Appendice B** for a complete list of active chapter vocabulary.

Activités orales

A. Mon pauvre Toutou. Vous êtes allé(e) en Floride pendant les vacances de printemps *(spring break)*. Vous avez laissé votre petit chien insupportable *(obnoxious)* chez un(e) ami(e). Vous venez de rentrer et vous téléphonez à votre ami(e) qui vous dit que malheureusement votre chien est mort pendant votre absence. Jouez les rôles pendant le coup de téléphone. Posez 5 à 10 questions sur cet événement triste. Votre ami(e) répondra.

B. Le voyage de mes rêves. Parlez de vacances récentes. Si possible, apportez des photos, des diapositives *(slides)* ou des images tirées de livres de voyage pour montrer à la classe. Expliquez: les préparatifs de voyage; où vous êtes allé(e) et avec qui; comment vous avez voyagé; le temps qu'il a fait; où vous avez logé; si vous voulez y retourner; et des choses intéressantes qui se sont passées. Utilisez les expressions que vous avez apprises. La classe vous posera des questions pendant votre présentation.

Phrases: Writing an essay; sequencing events
Vocabulary: Leisure; city; geography
Grammar: Compound past tense; imperfect; pluperfect

Activité écrite

Bon anniversaire, bon anniversaire… Écrivez une composition où vous décrivez un anniversaire mémorable (votre 10e, 12e, 16e, 21e anniversaire). Donnez la date et des exemples de chansons ou films qui étaient très populaires à ce moment-là. Expliquez où vous habitiez, ce que vous avez fait pour célébrer cet anniversaire, ce que vous avez eu comme cadeaux, etc.

Révision finale 🔻 Dossier personnel

1. Reread your composition and focus on the unity of the paragraphs. All of the sentences within each paragraph must be on the same topic. If a sentence is not directly related to the topic, it does not belong in the paragraph.

2. Bring your draft to class and ask two classmates to peer edit your composition using the symbols on page 431. They should pay particular attention to whether the narrative contains a well-developed beginning, middle, and conclusion, and uses chronological order effectively.

3. Examine your composition one last time. Check for correct spelling, grammar, and punctuation. Pay special attention to your use of the **passé composé, imparfait,** and **plus-que-parfait** tenses, and agreement with past participles.

4. Prepare your final version.

Phrases: Writing an essay; sequencing events
Grammar: Compound past tense; past imperfect; pluperfect; participle agreement

Chambord

I. Les châteaux

Avant la lecture

Sujets à discuter

- Avez-vous déjà visité un château en France ou dans un autre pays? Si oui, décrivez votre expérience—où, quand, comment. Sinon, aimeriez-vous en visiter un? Pourquoi ou pourquoi pas?
- À votre avis, pourquoi est-ce qu'on a construit des châteaux?
- Pourquoi est-ce qu'en France, on trouve qu'il est important de préserver les vieux bâtiments et jardins? Comment est-ce qu'on doit financer leur préservation, à votre avis?

Introduction

Following the travel theme of this chapter, we now take a journey through France's châteaux country. Interwoven into its rich heritage, the châteaux have played important historic and cultural roles for the country and remain incredibly popular sites for tourists from around the world.

Point out the Loire valley region on a map of France, explain its geography and the reasons why so many châteaux were built there. Then show a map of the Loire valley, pointing out the various châteaux.

Note that châteaux built during the Middle Ages (500–1500 A.D.) were needed for defensive purposes, thus they were squatter, more "formidable," whereas those built in the Renaissance (16th century) were less necessary for defense; architectural advances allowed for more "grace" in style. The construction of some of the châteaux extended over centuries, so one can see the evolution of styles within the same structure as needs changed and knowledge advanced.

patrimoine *heritage*

On voyait la salamandre comme le symbole du feu et du froid, parce qu'on croyait que cet animal pouvait vivre dans le feu sans se consumer et éteindre le feu grâce à la froideur de son corps. François Ier employait la salamandre comme emblème avec la devise *(slogan)* «J'y vis et je l'éteins».

survoler *fly over*

empreinte *mark, impression*

maçon *stonemason*

plafonds en voûte *vaulted ceilings*

moulin *mill*

donjon *keep (most secure part of castle)*

double... en colimaçon *two intertwined spiral staircases*

cheminées *fireplaces*

vitraux *stained glass windows*

Receveur *comptable public*

Les châteaux constituent un élément important du patrimoine° de la France. Les bâtiments, les meubles et les jardins racontent l'histoire des nombreuses familles royales et nobles, leur mode de vie, l'art et les traditions des siècles passés. Plusieurs des châteaux français les plus connus se trouvent dans la vallée de la Loire. L'intérêt d'une visite n'est cependant pas purement historique. On peut aussi en profiter pour faire des promenades dans les jardins et dans les parcs ou pour participer à d'autres événements: les châteaux de Blois et de Chenonceau, par exemple, offrent des spectacles son et lumière, et au château de Cheverny, de mai à novembre, on peut même monter en ballon, et survoler° la région.

Chambord

Le château de Chambord a été commencé en 1519 par le roi François Ier dont l'empreinte° est surtout évidente par les salamandres qu'on voit sculptées partout sur les murs et les plafonds en voûte°. *(Voir à gauche.)* François Ier est mort avant que la construction du château ne soit terminée. L'architecture de Chambord reflète par conséquent les goûts artistiques de plusieurs périodes. La décoration sculptée du célèbre double escalier en colimaçon° est considérée comme l'un des chefs-d'œuvre de la Renaissance. *(Voir ci-dessus à droite.)* La façade du château fait 128 mètres de long. Avec 440 pièces et 365 cheminées°, Chambord est le plus grand des châteaux de la Loire.

Chenonceau

Thomas Bohier, Receveur° des Finances sous François Ier, a fait construire

Double escalier en colimaçon *(two intertwined spiral staircases)*

Chenonceau *(voir la photo à la page 169)* en 1513 pour son épouse Catherine Briçonnet qui a eu une influence déterminante sur le style et la conception du château. L'architecte, un maçon° nommé Pierre Nepveu, a bâti le château sur les fondations d'un moulin° fortifié dont il a conservé le donjon°. Plus tard, Henri II a donné le château à sa maîtresse bien-aimée, Diane de Poitiers, qui y a habité pendant plusieurs années. Mais à la mort du roi, la reine Catherine de Médicis n'a pas perdu de temps pour reprendre possession du château.

En France, ainsi que dans d'autres pays d'Europe, beaucoup de monuments et de bâtiments importants du patrimoine ont été endommagés pendant les deux guerres mondiales. Les vitraux° de la chapelle de Chenonceau, par exemple, ont été détruits par un bombardement en 1944, mais on les a restaurés.

Chenonceau

La Galerie de Chenonceau

Pendant la Première Guerre mondiale, Monsieur Gaston Menier, propriétaire du château, a fait aménager à ses frais° un hôpital temporaire dont les différents services occupaient toutes les salles, y compris l'étonnante Galerie, longue de soixante mètres. Au cours de l'occupation allemande, de 1940 à 1942, de nombreuses personnes ont mis à profit la situation privilégiée de la Galerie dont la porte sud donnait accès à la zone libre, alors que l'entrée du château se trouvait en zone occupée.

a fait... à ses frais *equipped with his own money*

Cheverny

Cheverny, l'un des plus prestigieux et des plus magnifiquement meublés des châteaux de la Loire, est depuis plus de 600 ans la propriété de la même famille, les Hurault, grands personnages de la Cour et conseillers des rois Louis XII, François Ier, Henri III et Henri IV. La construction du château a été terminée en 1634 par Hurault de Cheverny. Ouvert au public dès 1922, l'intérêt particulier de Cheverny réside dans la splendide décoration intérieure, d'époques Louis XIII,

Louis XIV et Louis XV, demeurée° dans son état primitif.

demeurée *left*

Other well-known châteaux outside of the Loire Valley include **le château de Versailles, le château médiéval du Louvre,** and **le château de Vincennes.**

Angers

vénerie *hunting on horseback and with dogs /* **répandus** *scattered*

chenil *here, a kennel for the hunting dogs /* **abrite** *shelters*

bois de cerfs *stag horns*

particuliers *private individuals*

Comme les traditions de la vénerie° sont toujours pratiquées au château, Cheverny est donc aussi connu pour son impressionnant chenil° qui abrite° 70 chiens franco-anglais et sa salle des trophées où sont exposés 2 000 bois de cerfs°.

Les châteaux décrits ici datent des XVIème et XVIIème siècles, mais ils ne sont pas les plus anciens des châteaux de la Loire. Le château d'Angers, par exemple, a été construit en 1228 par Saint Louis. La vallée de la Loire n'est pas non plus le seul endroit où on peut visiter des châteaux en France. Il y en a des centaines répandus° dans de nombreuses régions. Beaucoup de châteaux en France sont aujourd'hui des musées, comme Chambord. D'autres, moins importants dans l'histoire du pays, ont été reconvertis en hôtels ou appartiennent à des particuliers°.

Adapté de *Guide de Tourisme Michelin,* Clermont-Ferrand: Michelin, 1987, p. 89; dépliant *Châteaux Cheverny,* Agence Créations; dépliant *Chambord,* Création Technical de Paris 12, imprimerie Landais, 1995; dépliant *Château de Chenonceau,* impr. Cadet.

Après la lecture

Compréhension

A. Observation et analyse. Répondez.

1. Pourquoi est-ce qu'on visite les châteaux en France? Qu'est-ce qu'on peut y faire? (Citez au moins 4 activités.)
2. Quel était l'emblème de François Ier? Pourquoi croyez-vous qu'il l'avait choisi?
3. Quelle partie de Chambord est considérée comme un chef-d'œuvre de l'architecture de la Renaissance?

4. Qui était Catherine Briçonnet? Qui était Diane de Poitiers? Qui était Catherine de Médicis? Expliquez le rôle de ces femmes dans l'histoire du château de Chenonceau.
5. Pourquoi est-ce que Chenonceau était important pendant la Première et la Seconde Guerres mondiales?
6. Qui est actuellement propriétaire du château de Cheverny? Pourquoi?
7. Quelle tradition est toujours pratiquée par cette famille?
8. Combien de châteaux est-ce qu'il y a aujourd'hui en France?
9. Est-ce que tous les châteaux français sont aujourd'hui des musées publics? Expliquez.

B. Grammaire/Vocabulaire.
Choisissez toutes les réponses possibles pour compléter les phrases suivantes.

1. Le château de Chambord…
   a. est le plus grand château de la Loire.
   b. était la résidence de François Ier.
   c. est célèbre pour son double escalier en colimaçon.
   d. est le plus ancien des châteaux de la Loire.
2. Le château de Chenonceau…
   a. offre des spectacles de son et lumière.
   b. est aujourd'hui un hôpital.
   c. a été détruit pendant la Première Guerre mondiale.
   d. peut être appelé «le château des femmes».
3. Le château de Cheverny…
   a. est célèbre pour ses animaux.
   b. est aujourd'hui la propriété d'une famille qui avait autrefois des liens avec la royauté.
   c. a des vitraux qui ont été restaurés après un bombardement pendant la Seconde Guerre mondiale.
   d. a été construit par Saint Louis.

C. Réactions.

1. L'entretien des vieux châteaux exige beaucoup d'effort et d'argent. Avec tous les problèmes graves qui existent aujourd'hui, comme la faim, le terrorisme et la pauvreté, selon vous, est-ce que cela vaut la peine de préserver ces vieux châteaux? Expliquez.
2. Il y a actuellement beaucoup de châteaux en France qui sont la propriété d'individus qui y habitent et les ouvrent aussi au public. Voudriez-vous être propriétaire et habiter un de ces châteaux? Quels sont les avantages et les inconvénients de posséder et d'habiter un château? Expliquez.

As students discuss the first item, ask them to consider the importance of being able to see how people lived in the past, to see the size of the rooms and the types of furniture, and to be better able to imagine the living conditions of that time.

Point out to students that châteaux were (obviously) built without central heating and air conditioning, electricity, plumbing, etc. These are expensive to add and expensive to maintain in a structure not meant for them.

Interactions

1. Vous êtes Diane de Poitiers. Jouez une petite scène au moment où Catherine de Médicis vous fait déménager du château de Chenonceau.
2. Parlez en petits groupes des films que vous avez vus qui représentent la vie médiévale ou de la Renaissance, par exemple, *Le Retour de Martin Guerre* ou *Monty Python, Sacré Graal*. Si vous n'avez jamais vu un film de ce genre, inventez une intrigue *(plot)* intéressante pour un nouveau film dont l'histoire se passe au Moyen Âge ou à la Renaissance.

Expansion

1. Faites des recherches sur un château français. Quelle est l'histoire de ce château? Qui l'a fait construire et quand? Trouvez quelques faits intéressants ou surprenants sur ce château. Quel en est le statut aujourd'hui? Préparez un petit guide touristique pour présenter vos recherches.
2. Est-ce que vous préféreriez vivre dans un château ou dans un appartement? Essayez de trouver sur les réseaux Internet ou dans un journal des châteaux en vente. Écrivez une courte description du château (quel en est le prix? combien de chambres il y a?, etc.) et comparez les avantages et les inconvénients de la vie dans un château et de la vie dans un appartement à Paris.

II. *La Fanette* de Jacques Brel

Avant la lecture

Sujets à discuter

- Avez-vous déjà été amoureux/amoureuse? De qui? Décrivez son apparence physique et sa personnalité. Est-ce qu'il/elle vous a aimé(e) aussi? Expliquez. Si vous n'avez jamais été amoureux/amoureuse, décrivez le cas de quelqu'un que vous connaissez.
- Avez-vous déjà été trahi(e) *(betrayed)* en amour? Si oui, qui était cette personne qui vous a trahi(e)? Quels sentiments avez-vous éprouvés? de la tristesse? de l'amertume *(bitterness)*? de la colère? du soulagement *(relief)*? de la haine *(hate)*? Comment est-ce que la situation s'est résolue? Si vous n'avez jamais été dans cette situation, imaginez comment vous réagiriez si vous étiez trahi(e).

Jacques **Brel**

Stratégies de lecture

A. Technique poétique: la répétition. Dans cette chanson, Jacques Brel utilise la technique poétique de la répétition. Combien de fois trouvez-vous les mots **Faut dire** dans la chanson? Quels autres mots y sont répétés? Quel est l'effet de ces répétitions?

B. Technique poétique: les mots en opposition. Les poètes mettent souvent en opposition des mots qu'ils veulent souligner. De cette façon, le lecteur peut mieux apprécier l'effet de ces mots. Par exemple, dans la chanson que vous allez lire:

Faut dire qu'ils <u>ont ri</u>

Quand ils m'ont vu <u>pleurer</u>

Les mots **ont ri** et **pleurer** font contraste. Parcourez *(Scan)* la chanson suivante et trouvez d'autres exemples de mots mis en opposition. Où se trouvent ces mots dans les vers? Expliquez leur position.

Discuss with students why some songs remain popular for decades and centuries. One of the reasons is that a song tells a story or evokes an emotion in a situation that is universal and that doesn't change over the centuries, such as love, sorrow, joy, etc.

Introduction

The function of telling a story is illustrated in the following song by Jacques Brel (1929–1978), a Belgian poet/singer who was famous throughout the French-speaking world in the 1960s and 1970s for his songs. The pains of solitude and nostalgia for love and friendship were dominant themes in his works. The following song (part of the musical review Jacques Brel is Alive and Well and Living in Paris) *is about himself, a friend, and a young woman named* **la Fanette**.

Nous étions deux amis et Fanette m'aimait
La plage était déserte et dormait sous juillet

les vagues *waves*   Si elles s'en souviennent les vagues° vous diront
Combien pour la Fanette j'ai chanté de chansons

5   Faut dire
Faut dire qu'elle était belle
Comme une perle d'eau
Faut dire qu'elle était belle
Et je ne suis pas beau
10   Faut dire
Faut dire qu'elle était brune
Tant la dune était blonde
Et tenant l'autre et l'une
Moi je tenais le monde
15   Faut dire
Faut dire que j'étais fou
De croire à tout cela
Je le croyais à nous
Je la croyais à moi
20   Faut dire
Qu'on ne nous apprend pas

se méfier de *mistrust*   À se méfier de° tout

Nous étions deux amis et Fanette m'aimait

mentir *lie*   La plage était déserte et mentait° sous juillet
25   Si elles s'en souviennent les vagues vous diront
Comment pour la Fanette s'arrêta la chanson

Faut dire
Faut dire qu'en sortant
D'une vague mourante

voir *see*   30   Je les vis° s'en allant
amant *lover*   Comme amant° et amante
Faut dire
Faut dire qu'ils ont ri
Quand ils m'ont vu pleurer
35   Faut dire qu'ils ont chanté

maudits *cursed*   Quand je les ai maudits°
Faut dire
Que c'est bien ce jour-là
Qu'ils ont nagé si loin

40	Qu'ils ont nagé si bien
	Qu'on ne les revit° pas
	Faut dire
	Qu'on ne nous apprend pas...
	Mais parlons d'autre chose
45	Nous étions deux amis et Fanette l'aimait
	La plage est déserte et pleure sous juillet
	Et le soir quelquefois
	Quand les vagues s'arrêtent
	J'entends comme une voix
50	J'entends... c'est la Fanette

revoir *see again*

«La Fanette», Paroles et musique: Jacques Brel © 1963 Editions Gérard Meys, Paris.

Après la lecture

Compréhension

A. Observation et analyse. Répondez aux questions suivantes avec un(e) camarade de classe.

1. Pendant quelle saison le chanteur et la Fanette s'aimaient-ils?
2. Décrivez la Fanette.
3. Comment est-ce que la Fanette est morte? Avec qui? Où?
4. Qu'est-ce que le chanteur entend quelquefois? Et les vagues, de quoi se souviennent-elles selon le chanteur?
5. Quelle est l'attitude de Brel envers la Fanette dans la chanson?

B. Grammaire/Vocabulaire. Étudiez l'emploi du passé composé et de l'imparfait dans la chanson.

1. Expliquez comment le choix du temps de chaque verbe influe sur l'histoire.
2. Expliquez l'emploi du présent dans les vers suivants: 9, 21/43, 25, 46, 48, 49/50.
3. Comparez la première et la troisième strophes, vers par vers, en ce qui concerne leur signification, surtout les vers 4 et 26.

C. Réactions. Donnez votre réaction.

1. Comment avez-vous trouvé la chanson—intéressante, bizarre, triste, etc.? Expliquez.
2. Est-ce que cette chanson vous a fait penser à une chanson que vous connaissiez déjà? Expliquez.
3. Quelles sortes de chansons aimez-vous le mieux?

Interactions

1. **Jouez les rôles.** Imaginez que la Fanette n'est pas morte mais qu'elle a voulu rompre avec le chanteur. Jouez les rôles de la Fanette et du chanteur. Quelle raison lui donne-t-elle pour vouloir rompre avec lui? Quelle est la réponse du chanteur? Qu'est-ce qu'ils se disent avant de se quitter?
2. **Le courrier du cœur.** Imaginez que le chanteur écrit au courrier du cœur *(advice columnist)* pour raconter cette triste histoire. Écrivez d'abord la lettre qu'il écrit pour demander de l'aide. Écrivez ensuite la réponse du courrier du cœur. Quelles suggestions est-ce que vous lui donneriez?

Expansion

Cherchez sur Internet une autre chanson de Jacques Brel qui traite des mêmes thèmes ou de thèmes similaires, par exemple, la solitude, la perte de l'amitié, la trahison *(betrayal),* etc. Analysez le choix du temps des verbes, les techniques poétiques, la façon dont Brel raconte l'histoire, etc. Donnez votre réaction à cette chanson.

Exprimez-vous!

THÈME: Les médias (la presse, la télévision, la radio)

After working with the *Expressions typiques pour...* and the *Mots et expressions utiles* for *Leçons 1* and *2*, ask students to write a description of this photograph. They can imagine who these people are, what the occasion is, and their reactions. Students can also give their own reactions to the scene.

The information presented here is intended to refresh your memory of a grammatical topic that you have probably encountered before. Review the material and then test your knowledge by completing the accompanying exercises in the workbook.

Avant la première leçon

Le subjonctif

The subjunctive is used more frequently in French than in English. The subjunctive mood is used to express uncertainty or subjectivity. It expresses the personal feelings of the speaker, such as doubt, emotion, opinion, and volition. The subjunctive mood often occurs in a dependent clause beginning with **que**.

Main clause	Dependent clause
Le professeur veut	que je **finisse** mon devoir.

The present subjunctive of all verbs (except **avoir** and **être**) is formed by adding the following endings to the subjunctive stem: **-e, -es, -e, -ions, -iez, -ent.** To find the subjunctive stem of regular **-er, -ir,** and **-re** verbs and verbs conjugated like **sortir**, drop the **-ent** ending from the third-person plural form of the present tense.

		parler	rendre	finir	sortir
	STEM:	**parl**ent	**rend**ent	**finiss**ent	**sort**ent
que je		parle	rende	finisse	sorte
que tu		parles	rendes	finisses	sortes
qu'il/elle/on		parle	rende	finisse	sorte
que nous		parlions	rendions	finissions	sortions
que vous		parliez	rendiez	finissiez	sortiez
qu'ils/elles		parlent	rendent	finissent	sortent

Qu'est-ce que vous vous attendez à trouver dans *Télé 7 Jours*?

Comment dire ce que l'on veut

Conversation

 Track 14

Rappel: Have you reviewed the regular formation of the subjunctive? (Text p. 178 and Workbook pp. 105–106)

Premières impressions

Soulignez:

● les expressions pour exprimer ce que l'on veut ou ce que l'on préfère faire

Trouvez:

La famille Cézanne a fini de dîner. Bien qu'elle ait des tas de contrôles° en ce moment, Julie, qui a quinze ans, tient à° regarder la télévision ce soir.

un contrôle *test*
tenir à *to really want to, insist on*

JULIE: J'aimerais bien voir Vanessa Paradis.[1] Elle passe à l'émission° de variétés sur la chaîne France 3.

une émission *TV show*

MME CÉZANNE: Dis donc, ma chérie, tu ne m'as pas dit que tu avais un contrôle demain?

JULIE: Si, en maths, mais j'ai révisé en étude° cet après-midi.

en étude [f] *in study hall*

MME CÉZANNE: La dernière fois aussi, tu avais révisé en étude et tu as eu une assez mauvaise note, non? Il vaut mieux monter dans ta chambre maintenant et refaire quelques problèmes.

JULIE: Oh non, maman… je vais m'embrouiller° les idées si je refais des problèmes ce soir!

s'embrouiller *to become confused*

MME CÉZANNE: *(incrédule)* Ne me raconte pas d'histoires, hein? Comment tu vas faire demain quand tu auras les sujets du contrôle devant toi?

JULIE: J'ai l'intention de faire des exercices qui ressemblent à ceux du livre.

MME CÉZANNE: Eh bien justement, il faut en refaire quelques-uns maintenant, un par chapitre, je dirais. Tu redescendras quand tu auras fini.

JULIE: Maman, s'il te plaît! Je voudrais bien voir Vanessa Paradis. Je te promets de monter tout de suite après.

MME CÉZANNE: Regarde l'heure. Il est déjà neuf heures moins le quart. Allez, monte travailler. Je fais la vaisselle et je vais voir où tu en es dans une demi-heure.

À suivre

---

[1] On dit que Vanessa Paradis est la nouvelle Brigitte Bardot. C'est une chanteuse de hit-parade qui a aussi joué dans le film *La fille sur le pont* avec Daniel Auteuil. Elle sort avec l'acteur américain, Johnny Depp.

If possible, bring in a videoclip of Vanessa Paradis to show in class and/or refer students to her website.

Observation et analyse

1. Qu'est-ce que Julie veut faire? Pourquoi? (Donnez trois raisons.)
2. Est-ce que sa mère est d'accord avec elle? Expliquez.
3. Décrivez Julie (son âge, sa personnalité, ses désirs, etc.).
4. À votre avis, est-ce que c'est Julie ou sa mère qui va finalement avoir gain de cause *(won the argument)*? Pourquoi?

Réactions

1. Vous aimez regarder la télévision? Est-ce que vous préférez regarder la télévision au lieu de faire vos devoirs de temps en temps? Est-ce que vous en subissez les conséquences d'habitude?
2. Selon vous, est-ce qu'il est nécessaire de limiter les heures que les enfants passent devant le poste de télévision? Expliquez.

Expressions typiques pour...

Dire ce que l'on veut ou espère faire

Je (veux) voudrais bien regarder la télévision.
J'aimerais bien regarder un feuilleton *(soap opera)*.
J'ai l'intention de faire mes devoirs demain.
Je tiens à *(really want)* travailler dur demain.
Je compte *(intend, plan on)* aller à Paris pour voir la nouvelle exposition.
J'ai envie de *(feel like)* voir un bon film.
J'espère aller au Brésil.
Je compte bien *(expect)* partir demain.

Dire ce que l'on préfère

Je préfère le sport.
J'aime mieux le foot.
J'aimerais mieux partir après le match.
Il vaut mieux partir tout de suite.
Je regarde plutôt *(rather)* les sports à la télé.

When deciding whether to use **je veux...** or **je voudrais...**, keep in mind that **je veux...** is much stronger, less polite, and could be interpreted as an order.

In a store, restaurant, or service institution, sometimes simply identifying what you want to buy is sufficient: **Une baguette, s'il vous plaît.** The addition of **je voudrais...** increases the level of politeness: **Je voudrais un steak-frites, s'il vous plaît.**

To express what you do not want or hope not to do, make the same expressions negative. Note that a similar distinction as above is made between **je ne veux pas...** and **je ne voudrais pas...**, the former being a very strong, less polite expression.

Regardez ces jeunes gens. À quel sport est-ce qu'ils jouent? Et vous, quel sport préférez-vous?

Mots et expressions utiles

La volonté

avoir envie de (+ infinitif) *to feel like (doing something)*
compter *to intend, plan on, count on, expect*
tenir à *to really want; to insist on*

La télévision

une émission *broadcast, TV show*
un programme *program listing*

diffuser/transmettre (en direct) *to broadcast (live)*
une rediffusion *rerun*

les actualités/les informations [f pl] *news (in the press, but especially on TV)*
le journal télévisé *TV news*

une causerie *talk show*
un débat *debate*
un feuilleton *serial; soap opera*
un jeu télévisé *game show*
un reportage en direct *live report*
une série *series*
un spot publicitaire *TV commercial*

une chaîne *channel*
l'écran [m] *screen*
mettre la 3, 6, etc. *to put on channel 3, 6, etc.*
le poste de télévision *TV set*
rater *to miss*
une télécommande *remote control*
un téléspectateur/une téléspectatrice *TV viewer*
la télévision par câble *cable TV*

allumer la télé *to turn on the TV*
augmenter le son *to turn up the volume*
baisser le son *to turn down the volume*
éteindre la télé *to turn off the TV*

Divers

un contrôle *test*
s'embrouiller *to become confused*

Quel genre d'émission est-ce que ces jeunes regardent, d'après vous? Et vous, qu'est-ce que vous regardez à la télé?

Expansion: To work with the vocabulary, ask personalized questions such as: Combien d'heures par semaine regardez-vous la télévision? Quelle est votre chaîne/causerie préférée? Pourquoi? Vous aimez les feuilletons? Lesquels? Quelle sorte d'émission regardez-vous le plus souvent? Est-ce que vous avez la télévision par câble? Que pensez-vous des spots publicitaires américains?

The following television vocabulary may be useful: une émission passera (à l'écran) *a program will be shown;* un(e) journaliste *television reporter;* un speaker/une speakerine *broadcaster*

✻ Mise en pratique ✻

—Tiens, il est presque midi! **Allume la télé,** s'il te plaît. Le **journal télévisé** commence dans cinq minutes sur France 2. Je ne veux pas manquer le résumé des **actualités.**

—Je me demande s'ils vont **transmettre en direct** l'arrivée de la navette spatiale *(space shuttle).*

—Elle était prévue pour midi, non? En tout cas ce soir, il y aura un **débat** sur les problèmes des banlieues françaises. Le **programme** habituel est changé.

—Ce n'est pas grave. L'épisode du **feuilleton** peut bien attendre une semaine! Euh... puisque la **télécommande** est près de toi, peux-tu **augmenter le son?** Merci!

Les médias

La télévision occupe la plus grande partie du temps libre des Français. Les jeux vidéo, les magnétoscopes, les lecteurs de DVD et les caméscopes *(camcorders)* multiplient son utilité.

Les écoliers français passent autant de temps devant la télé qu'à l'école, environ 1 055 heures par an à regarder les chaînes gratuites. Parmi les Français qui possèdent un poste de télévision, 95,9 pour cent ont aussi une télécommande, ce qui explique le développement du *zapping* (passage d'une chaîne à l'autre de façon répétée). Les adultes regardent la télévision en moyenne 3 heures 19 minutes par jour—les jeunes de 4 à 10 ans, 3 heures 17 minutes par jour.

Aujourd'hui, 82 pour cent des foyers sont équipés d'un magnétoscope et 12 pour cent d'un lecteur de DVD. De nombreux vidéoclubs permettent aux vidéo-maniaques de louer le dernier film en vidéo ou en DVD. La plupart des téléspectateurs qui possèdent un magnétoscope

Soirées · 20 chaînes

TF1	2	3	CANAL+	arte
SAMEDI				
20.55 POUR UNE POIGNÉE DE DIAMANTS (Téléfilm). Avec Annette O'Toole, Anthony Andrews.	**20.55 FORT BOYARD** (Jeu). **22.45 BOUVARD DES SUCCÈS** (Magazine).	**20.55 CHASSÉS-CROISÉS** (Téléfilm). Avec Zabou. **22.45 POURQUOI, COMMENT ?** (Magazine).	**20.30 SAMEDI COMÉDIE** (Séries). **20.30 H.** **20.55 Evamag.** **21.20 Seinfeld.**	**20.45 SIR FRANCIS DRAKE, PIRATE DE SA MAJESTÉ** (Doc.). **22.40 L'HÔPITAL ET SES FANTÔMES (4)** (Feuilleton).
DIMANCHE				
20.55 ON NE VIT QUE DEUX FOIS (Film). Avec Sean Connery. **23.05 ZORRO** (Film). Avec Alain Delon.	**20.50 PILE OU FACE** (Film). Avec Philippe Noiret. **22.40 DIEU SAUVE LA REINE** (Documentaire).	**20.55 LES PRINCESSES DU CIRQUE** (Spectacle). **23.45 SENSO** (Film). Avec Alida Valli.	**20.30 LITTLE VOICE** (Film). Avec Michael Caine. **22.05 KENSHIN LE VAGABOND** (Manga).	**20.40 LA TUNISIE** (Théma). Avec à 20.40 Halfaouine, l'enfant des terrasses, film, et à 22.15 Nuit de noces à Tunis, doc.
LUNDI				
20.55 QUI VEUT GAGNER DES MILLIONS ? (Jeu). **22.00 GÉNIAL, MES PARENTS DIVORCENT** (Film).	**20.50 URGENCES** (Série). Avec Noah Wyle. **23.15 MILLENNIUM** (Série). Avec Lance Henriksen.	**20.50 DON CAMILLO EN RUSSIE** (Film). Avec Fernandel. **23.05 RENDEZ-VOUS AVEC LE CRIME** (Série doc.).	**20.30 PSYCHO** (Film). Avec Vince Vaughn. **22.10 CORRIDAS** Feria de Séville.	**20.45 AÏDA** (Film). Avec Sophia Loren. **22.30 TERMINALE** (Film). Avec Adrienne Pauly.
MARDI				
20.55 L'AMOUR EN DOUCE (Film). Avec Daniel Auteuil. **22.50 ANGÉLIQUE ET LE ROY** (Film). Avec Michèle Mercier.	**20.50 PARLEZ-MOI D'AMOUR** (Divertissement). **23.00 PEUR À DOMICILE** (Téléfilm).	**20.55 LA CARTE AUX TRÉSORS** (Jeu). Par Sylvain Augier. **23.25 50 ANS DE BÊTISES...** (Divertissement).	**20.30 HUBERT, SON ALTESSE CANINISSIME** (Téléfilm). **21.55 LEXX** (Série). Avec Brian Downey.	**20.45 LES ÉGOUTS DE PARIS** (Documentaire). **21.45 TOUS LES PARFUMS DE L'ARABIE** (Théma).
MERCREDI				
20.55 SAGAS (Magazine). Par Stéphane Bern. **22.50 ÇA VAUT LE DÉTOUR** (Magazine).	**20.50 UNE GROSSE BOUCHÉE D'AMOUR** (Téléfilm). **22.35 SCHIMANSKI** (Série). Avec Götz George.	**20.55 LA FORÊT DE TOUS LES DANGERS** (Téléfilm). **22.55 ON EN RIT ENCORE !** (Divertissement).	**21.00 TOUT BAIGNE** (Film). Avec François Morel. **22.30 LE BARBIER DE SIBÉRIE** (Film).	**20.45 QUEEN MUM** (Documentaire). **21.45 LE LONG VOYAGE DE TSOGT** (Documentaire).
JEUDI				
20.55 NAVARRO (Série). Avec Roger Hanin. **22.40 L'EXPERTE** (Téléfilm). Avec Jacqueline Bisset.	**20.50 L'ÉTÉ D'«ENVOYÉ SPÉCIAL»** (Magazine). **23.00 ÇA VA FAIRE MÂLE** (Divertissement).	**20.55 LAISSE ALLER, C'EST UNE VALSE** (Film). **23.10 LE ROI DES CONS** (Film). Avec Francis Perrin.	**20.30 NUIT INDIENNE** (Spécial). Avec à 20.30 Raja Hindustani, film et à 22.30 Bollywood : made in India, doc.	**20.45 LA VILLE ARABE** (Théma). Avec à 20.45 La ville arabe, doc. Et à 23.15 Les rêves de Hind et Camilia, film.
VENDREDI				
20.55 NOS MEILLEURS MOMENTS **23.10 LES DOSSIERS DE SANS AUCUN DOUTE** (Magazine).	**20.50 SOIRÉE POLAR** (Séries). Avec à 20.50 PJ et à 22.40 Un flic nommé Lecœur.	**20.55 THALASSA** (Magazine). Escale aux Açores. **22.15 FAUT PAS RÊVER** (Magazine).	**20.15 FOOTBALL : SAINT-ÉTIENNE - OM** Championnat de France. **22.50 PSYCHO** (Film). Avec Anne Heche.	**20.45 LONG COURS** (Téléfilm). Avec Benoît Magimel. **23.50 MADAME BUTTERFLY** (Film). Avec Ying Huang.

Liens culturels: If you have satellite transmissions from Quebec or France available to you, present newscasts, weather broadcasts, variety shows, or American shows dubbed in French to the class. Use the realia to talk about television in France/Quebec.

sélectionnées pour vous

PARIS PREMIERE	CANAL JIMMY	Disney Channel	PLANETE	serieclub
SAMEDI				
20.00 GOLF EN CAPITALE (Magazine).	20.15 PORTRAIT DE HUGUES AUFRAY (Documentaire).	20.30 AUX FRONTIÈRES DE L'ÉTRANGE (Série).	20.30 LES PIONNIERS DE LA RADIO AUX USA De Ken Burns.	20.20 UN PASTEUR D'ENFER (Série). Avec Dan Aykroyd.
20.30 ATHLÉTISME : SUPERCROSS DU STADE DE FRANCE	21.05 QUATRE EN UN (Magazine). Par Gilles Buffard.	21.10 DINOSAURES (Série).	21.40 CINQ COLONNES À LA UNE (Magazine).	20.45 PAPAROFF (Série). Avec Michel Constantin.
DIMANCHE				
20.00 RECTO VERSO (Magazine).	19.50 FRIENDS (Série). Avec Jennifer Aniston.	20.55 AUX FRONTIÈRES DE L'ÉTRANGE (Série).	20.05 FILS DU SIÈCLE De Jean-Louis Cros.	20.00 KING OF THE HILL (Série). Avec Mike Judge.
21.00 LE CRI DE LA SOIE (Film). Avec Marie Trintignant.	21.05 THAT 70'S SHOW (Série). Avec Topher Grace.	21.10 DINOSAURES (Série).	20.30 CHRONIQUE DE LA «PICCOLA RUSSIA» D'Hugues Le Paige.	20.50 MICHAEL HAYES (Série). Avec David Caruso.
LUNDI				
21.00 QUELLE FAMILLE ! (Théâtre). Avec Micheline Dax.	21.05 LA ROUTE (Magazine).	20.30 AUX FRONTIÈRES DE L'ÉTRANGE (Série).	20.00 LA QUÊTE DU FUTUR (4)	20.45 100 % SÉRIES (Magazine).
23.05 STAND UP COMÉDIE Shirley et Dino.	21.50 EN COMPAGNIE DES HOMMES (Film). Avec Aaron Eckhart.	21.10 DINOSAURES (Série).	20.30 ROBERT OPPENHEIMER ET LA BOMBE ATOMIQUE	21.15 3ÈME PLANÈTE APRÈS LE SOLEIL (Série).
MARDI				
21.00 LE GAI SAVOIR (Magazine).	20.30 DREAM ON (Série). Avec Brian Benben.	20.30 AUX FRONTIÈRES DE L'ÉTRANGE (Série).	20.30 CHASSEURS D'IMAGES CHEZ LES PAPOUS	19.30 MISSION IMPOSSIBLE (Série). Avec Lesley Warren.
22.30 L'ÉTRANGÈRE (Film). Avec Beverly d'Angelo.	21.05 T'ES TOI ! (Magazine). Par Alexandra Leroux.	21.10 DINOSAURES (Série).	21.30 LA GUERRE D'ALGÉRIE (1) De Peter Batty.	20.45 LE CAMÉLÉON (Série). Avec Andrea Parker.
MERCREDI				
21.00 PARIS MODES (Magazine).	20.30 DISCORAMA (Divertissement). Joe Dassin.	20.30 AUX FRONTIÈRES DE L'ÉTRANGE (Série).	20.30 PALESTINE, HISTOIRE D'UNE TERRE (1)	20.25 GREGORY HINES SHOW ! (Série).
21.50 MOTOWN LIVE (Concert).	21.05 STAR TREK (Série). Avec Leonard Nimoy.	21.10 DINOSAURES (Série).	21.35 L'UNIVERS DE STEPHEN HAWKING (4)	20.50 HOMICIDE (Série). Avec Daniel Baldwin.
JEUDI				
21.00 MONNAIE DE SINGE (Film). Avec Groucho Marx.	20.30 MONTY PYTHON'S FLYING CIRCUS (Série).	20.30 AUX FRONTIÈRES DE L'ÉTRANGE (Série).	20.30 VOLS DE GUERRE (5)	20.45 BUFFY CONTRE LES VAMPIRES (Série). Avec S. Michelle Gellar.
22.15 PAUL MCCARTNEY (Concert). Standing Stone.	21.05 LE BEAU SERGE (Film). Avec Gérard Blain.	21.10 DINOSAURES (Série).	21.20 TIBET, PAYS SUSPENDU De William Bacon.	21.30 STARK RAVING MAD (Série). Avec Tony Shalhoub.
VENDREDI				
21.00 RECTO VERSO (Magazine). Par Paul Amar.	20.30 MAX LA MENACE (Série). Avec Don Adams.	20.30 AUX FRONTIÈRES DE L'ÉTRANGE (Série).	20.30 DAVID OÏSTRAKH, ARTISTE DU PEUPLE ?	20.45 TWIN PEAKS (Feuilleton). Avec Kyle McLachlan.
21.55 PHIL COLLINS (Concert). Live by Request.	21.05 CALIFORNIA VISIONS (Documentaire).	21.10 DINOSAURES (Série).	21.50 LES GRANDES EXPOSITIONS «Gainsborough».	21.35 AU-DELÀ DU RÉEL (Série).

l'utilisent pour enregistrer des émissions qu'ils ont envie de voir plus tard.

Combien de chaînes de télévision avez-vous? Est-ce que vous possédez un magnétoscope ou un DVD? Quels genres de vidéos est-ce que vous préférez? Combien d'heures par jour est-ce que vous passez devant la télévision à regarder des vidéos ou des DVD?

Adapté de Gérard Mermet, *Francoscopie 2003* (Larousse, pp. 417–426).

Quelle émission est-ce que vous choisiriez de regarder dimanche? Quelle chaîne passe le plus de films américains? Quelle chaîne passe des concerts? Quelles soirées thématiques est-ce que la chaîne Arte présente?

Expansion: Quelle chaîne passe le plus de films? Si vous habitiez la France/le Québec, quelle chaîne est-ce que vous choisiriez le plus souvent?

Bring in other program listings and ask students to compare them to this one.

ACTIVITÉS

A. Entraînez-vous: Désirs, espoirs et intentions. En utilisant les *Expressions typiques pour...*, dites à chacune de ces personnes ce que vous comptez faire dans les situations suivantes.

> MODÈLE: votre père—vos projets pour les vacances de Pâques *(Easter)*
> *Papa, j'aimerais aller en Floride pour les vacances de Pâques.*

1. le professeur de français—votre intention d'avoir une bonne note
2. votre fille/fils—ses projets pour sa chambre en désordre
3. une amie—vous voulez emprunter sa voiture
4. un ami—vous allez au cinéma ensemble et vous voulez voir un film qu'il n'a pas envie de voir
5. une voisine—elle fait beaucoup de bruit
6. un camarade de classe—il parle avec un autre étudiant et vous n'entendez pas le professeur

B. Mot de passe. Imaginez que vous participiez au jeu télévisé «Mot de passe». Devinez à quels mots ou expressions (de la liste à la page 181) s'appliquent les définitions suivantes.

1. une émission de télé où l'animateur/animatrice *(announcer)* invite des gens célèbres à venir parler avec lui/elle et à divertir les téléspectateurs
2. le contraire d'**allumer la télé** (ou ce qu'on fait quand on ne veut plus regarder la télé)
3. la partie du poste de télé où l'image est projetée
4. un petit appareil qui permet de contrôler la télé à distance
5. la liste et l'horaire des émissions
6. le contraire d'**augmenter le son**

Maintenant, c'est à vous! Donnez un synonyme ou une définition en français pour les mots et les expressions suivants afin que votre partenaire ou le reste de la classe puisse les deviner. (Il serait utile de réviser les expressions utilisées pour identifier et décrire les objets et les personnes, *Leçons 1* et *2* du *Chapitre 3*.)

7. les actualités
8. un feuilleton
9. avoir envie de
10. un téléspectateur/une téléspectatrice

Activity C: Follow-up: Collect the answers and read several aloud to the class. Have students guess who wrote each one. Variation idea: Ask students to imagine how various people (the president, their favorite movie stars, sports celebrities, etc.) might complete these sentences.

C. Vos projets d'avenir. Vous parlez avec un(e) ami(e) et vous lui expliquez ce que vous voulez faire dans l'avenir. Complétez les phrases ci-dessous. Les sujets suivants peuvent vous donner des idées: le travail, le mariage, le logement, les voyages, les visites.

1. J'aimerais...
2. J'ai l'intention de...
3. Je préfère... mais en ce moment je...
4. Dans cinq ans, je compte... et je tiens surtout à...
5. Maintenant, il vaut mieux...

Le subjonctif: formation irrégulière

When expressing wants and intentions regarding other people and events, it is often necessary to use the subjunctive mood. In *La grammaire à réviser,* you reviewed the formation of verbs that are regular in the subjunctive. This section completes the discussion of how to form the subjunctive.

When previewing verbs that are irregular in the subjunctive mood, model their pronunciation. Ask students to practice writing out these forms.

A. Some verbs have two subjunctive stems—one for the **nous** and **vous** forms and one for the remaining forms. To find the subjunctive stem for the **nous** and **vous** forms, you drop the **-ons** ending from the first person plural of the present tense. For example:

appeler	
que j'**appelle**	que nous **appelions**
que tu **appelles**	que vous **appeliez**
qu'il/elle **appelle**	qu'ils/elles **appellent**

The following verbs have two subjunctive stems:

croire	que je **croie**	que nous **croyions**
devoir	que je **doive**	que nous **devions**
envoyer	que j'**envoie**	que nous **envoyions**
mourir	que je **meure**	que nous **mourions**
prendre	que je **prenne**	que nous **prenions**
recevoir	que je **reçoive**	que nous **recevions**
venir	que je **vienne**	que nous **venions**
voir	que je **voie**	que nous **voyions**

B. The following verbs have irregular stems but regular subjunctive endings:

	aller	faire	pouvoir
que je (j')	aille	fasse	puisse
que tu	ailles	fasses	puisses
qu'il/elle/on	aille	fasse	puisse
que nous	allions	fassions	puissions
que vous	alliez	fassiez	puissiez
qu'ils/elles	aillent	fassent	puissent

	savoir	valoir	vouloir
que je	sache	vaille	veuille
que tu	saches	vailles	veuilles
qu'il/elle/on	sache	vaille	veuille
que nous	sachions	valions	voulions
que vous	sachiez	valiez	vouliez
qu'ils/elles	sachent	vaillent	veuillent

NOTE: The irregular subjunctive form of **falloir** is **qu'il/elle/on faille.**

Avoir and être have completely irregular forms in the subjunctive, which must simply be memorized:

	avoir	être		avoir	être
que je (j')	aie	sois	que nous	ayons	soyons
que tu	aies	sois	que vous	ayez	soyez
qu'il/elle/on	ait	soit	qu'ils/elles	aient	soient

Le subjonctif: la volonté

As stated in *La grammaire à réviser*, the subjunctive mood is used to express the attitudes and opinions of the speaker. The verb in the subjunctive occurs after **que** in the dependent clause, and the subjects of the main and dependent clauses must be different. The subjunctive is used after verbs of wishing, preference, desire, or will. Verbs of volition include: **aimer (bien), désirer, exiger** *(to demand)*, **préférer, souhaiter** *(to wish)*, **vouloir**, and **vouloir bien**.

Notice that with the **je** form of regular **-er** verbs, there is no difference between the present indicative and the present subjunctive. There is, however, a difference in the **nous** and **vous** forms.

> Mon père ne veut pas que je **regarde** la télévision.
> *My father does not want me to watch television.*
>
> Il veut que je **fasse** mes devoirs.
> *He wants me to do my homework.*
>
> Je voudrais que mes parents **puissent** me comprendre.
> *I wish that my parents could understand me.*

The verb **espérer** *(to hope)* is an exception. It is one of the few verbs of volition that does not take the subjunctive. It is followed by the indicative—in general, the future tense.

> J'espère qu'ils me **donneront** plus de liberté l'année prochaine.
> *I hope (that) they'll give me more freedom next year.*

REMINDER: In French **que** is required; in English *that* may or may not be used.

ACTIVITÉS

Expansion: Prepare a drill-type activity to practice the subjunctive quickly: Que je veuille...: Changez de sujet, utilisez: Que nous...; Que nous fassions...: Changez de sujet, mettez: Qu'il...; Qu'elles puissent... Changez de sujet, utilisez: Que je..., etc.

A. Deux opinions. Voici deux lettres contradictoires au sujet d'une émission américaine, parues dans un journal français. Complétez-les en remplissant les blancs avec le subjonctif des verbes suivants.

être / avoir / écrire / faire / pouvoir / savoir / trouver /
prendre (prendre fin: *to end*)

> Triste semaine! Le feuilleton quotidien «Santa Barbara» disparaît de TF1. Nous sommes de nombreux spectateurs français à souhaiter que ce feuilleton _____ continuer. Nous aimerions que la chaîne _____ les moyens de rediffuser ce feuilleton. Cette chronique d'une ville californienne du vingtième siècle révélait admirablement les hauts et les bas du monde des affaires. Nous ne voulons pas que ce programme qui nous rappelle l'univers de «Dallas» _____ fin. Pour ma part, je souhaite que la plupart des téléspectateurs _____ d'accord avec moi et qu'ils _____ à TF1.

Une autre opinion:

Bonne nouvelle! Le feuilleton «Santa Barbara», qui donnait une image stéréotypée du monde riche et snob de la Californie du sud, disparaît enfin de TF1. On avait perdu depuis longtemps le fil de l'histoire. Les téléspectateurs français aimeraient bien que la télévision _____ purgée de tous les feuilletons quotidiens de ce genre. Nous désirons que TF1 et toutes les chaînes _____ que nous ne voulons plus de feuilletons invraisemblables et insipides. Nous tenons à ce que ces programmes qui ne parlent que de sexe et d'argent _____ fin, et que les chaînes _____ plus attention à la qualité de leurs programmes. Je souhaite que ceux qui partagent mon avis _____ le bon sens d'écrire à TF1 pour demander la disparition de ces feuilletons à la «Dallas».

P.S. Après beaucoup de discussions, de lettres de protestation des téléspectateurs et de nombreux débats, TF1 a décidé de rediffuser «Santa Barbara» pendant un certain temps. Mais aujourd'hui, ce feuilleton ne passe plus à la télé.

B. Préférences. Choisissez un(e) partenaire et complétez chaque phrase à l'aide d'un verbe approprié au subjonctif qui exprimera les préférences de ces personnes.

1. Le professeur de français veut que nous…
2. Je souhaite que le professeur de français…
3. Je désire que l'université…
4. Mon/Ma camarade de chambre préfère que je…
5. J'aime bien que mes amis…
6. Les Américains veulent que le Président…
7. Les Français préfèrent que les Américains…
8. Les téléspectateurs désirent que les réalisateurs de télévision *(TV producers)*…

C. Une lettre. Stéphane écrit à sa mère, qui habite dans l'est de la France. Il a pris des notes. Aidez-le maintenant à composer la lettre. Faites attention au mode et au temps des verbes!

Activity C: Expansion: This can be done as a cooperative writing activity. Ask students to imagine the mother's answer, then tally how many think the mother will say yes and how many think she will say no to her son's trip. What might her reasoning be?

Paris, le 25 novembre

Chère maman,

Je / savoir / que / tu / travailler / beaucoup / pour payer mes études à l'université. Je / te / demander / donc / un grand service. Mes amis / vouloir / que / je / aller / avec eux en Grèce au mois de mars. Il y a / vols pour étudiants / qui / être / bon marché. Je voudrais bien / que / tu / me / permettre / d'y aller avec eux. Je / souhaiter / aussi / que / tu / me / envoyer / 270 € pour le billet. Pour avoir les meilleurs prix, l'agence de voyage / exiger / que / nous / payer / le vol d'ici deux semaines. Tu / vouloir / que / je / obtenir / mon diplôme / et que / je / devenir / médecin, et c'est normal. Je / travailler / de mon mieux / mais je / avoir besoin de / me reposer / pendant deux semaines en mars. Ce voyage m'aidera à mieux travailler au printemps. Je / espérer / que / tu / comprendre.

Affectueusement,
Stéphane

envoies
payions
obtiennes

D. Une émission annulée *(canceled).* Choisissez une émission de la télévision américaine qui a été annulée cette année. Écrivez une lettre aux réalisateurs dans laquelle vous exprimez votre opinion (pour ou contre). Utilisez les lettres de l'exercice A comme modèles.

Interactions

Activity A: Preparation: Ask students to brainstorm their intentions for the future. They may do this individually or in groups. They may also wish to write down some personal vocabulary words for this activity.

Activity B: This activity gives students practice in compromise. Have a third student play the role of arbiter to see if one student is giving in more than the other. The arbiter can point this out and help students come to a fair agreement.

A. Un poste. Vous discutez d'un poste (que vous voudriez bien avoir) avec un membre de votre famille. Exprimez votre désir d'avoir le poste et dites pourquoi vous seriez bon(ne) dans ce genre de travail. Discutez de vos intentions pour l'avenir. Dites que vous espérez qu'on prendra votre demande d'emploi en considération.

B. Samedi. Un(e) ami(e) vous téléphone pour vous demander d'aller faire les magasins avec lui/elle samedi. Vous êtes déjà pris(e). Expliquez-lui ce que vous avez l'intention de faire ce jour-là. Soyez ferme dans vos projets et demandez-lui plutôt de se joindre à vous; ou bien trouvez un compromis et faites quelque chose que vous aimeriez faire tous/toutes les deux.

Préparation Dossier personnel

In this chapter, you may be asked to choose a point of view on a controversial topic and develop it using a good introduction, some examples, and a strong conclusion.

Phrases: Expressing an opinion; writing an essay
Grammar: Subjunctive

1. Choose a controversial subject that is discussed often in the newspaper or on the radio or television. If you have trouble choosing a subject, make a list of possible topics and find one that you can develop most easily with the vocabulary you know in French.
2. After you've chosen your topic, make a list of the different points of view on the topic. This should help you see the different sides to the issue.
3. In order to make sure that you've listed all the possible positions, show your list to at least one classmate who will help you develop your topic.

Have students react to the footnote and picture about the Internet. They can discuss some of their favorite websites in small groups and whether they like to play video games online.

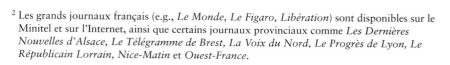

Est-ce que vous utilisez Internet pour vous tenir au courant des nouvelles?[2]

[2] Les grands journaux français (e.g., *Le Monde, Le Figaro, Libération*) sont disponibles sur le Minitel et sur l'Internet, ainsi que certains journaux provinciaux comme *Les Dernières Nouvelles d'Alsace, Le Télégramme de Brest, La Voix du Nord, Le Progrès de Lyon, Le Républicain Lorrain, Nice-Matin* et *Ouest-France.*

Leçon 2

Comment exprimer les sentiments et les attitudes

Conversation (CONCLUSION)

 Track 15

Premières impressions

Soulignez:

- les expressions qui expriment le contentement, l'admiration, l'inquiétude et la crainte

Trouvez:

- le nom de l'enfant de Paul

M. et Mme Cézanne s'inquiètent° parce que leur fille Julie passe trop de temps devant la télé. Ils discutent du problème avec Paul, le frère de Mme Cézanne, qui est également père d'un enfant.

s'inquiéter *to worry*

M. CÉZANNE: Ah, Paul, je suis content de te voir! J'ai une question à te poser. On a un petit problème avec Julie et on ne sait pas quoi faire. En ce moment, c'est télé, télé, télé; il n'est pas question de la faire travailler… Elle a des 7 et des 8 sur 20 comme notes et j'ai peur qu'elle finisse par redoubler sa seconde.

MME CÉZANNE: Oh! Tu exagères un petit peu, quand même!

M. CÉZANNE: Écoute, tu as bien vu son carnet de notes ce trimestre… Et en plus, elle a l'air de trouver cela sans importance. Au fond, c'est ça qui m'inquiète peut-être encore plus que ses notes.

PAUL: Ce n'est pas facile maintenant avec les jeunes. À quinze ans, ils se croient adultes, et ils veulent être indépendants.

M. CÉZANNE: Et avec Sébastien, comment est-ce que ça se passe?

PAUL: Pour le moment tout va bien. L'école l'intéresse et il ne se plaint pas.

M. CÉZANNE: Et il fait ses devoirs?

PAUL: Oui, sans même qu'on le lui dise. Ça m'étonne mais je suis content. Pourvu que ça dure!

M. CÉZANNE: Qu'est-ce que vous avez de la chance!

MME CÉZANNE: Julie aussi, en général…

M. CÉZANNE: Oui, mais il est plus jeune, Sébastien… c'est peut-être ça, en fait…

Observation et analyse

1. Qu'est-ce qui inquiète M. et Mme Cézanne chez Julie? Qu'est-ce qu'ils craignent?
2. Comment réagit Paul?
3. Est-ce que Mme Cézanne est d'accord avec son mari? Expliquez.
4. Selon Paul, comment est son fils?
5. Devinez l'âge de Sébastien. Pensez-vous qu'il donnera plus de problèmes à ses parents quand il sera plus âgé? Expliquez.

Réactions

1. Est-ce que vous avez beaucoup étudié au lycée? Pourquoi? Est-ce qu'on vous a encouragé dans un sens ou dans l'autre?
2. Que feriez-vous à la place de M. et Mme Cézanne? Êtes-vous plutôt d'accord avec M. Cézanne ou avec sa femme?

Expressions typiques pour...

Dire qu'on est content...

Je suis $\left\{\begin{array}{l}\text{content(e)}\\\text{heureux/heureuse}\\\text{enchanté(e)}\end{array}\right\}$ qu'elle soit arrivée.

Ça me plairait de revoir ce film.
C'est parfait.
Formidable!

... ou mécontent

Je suis $\left\{\begin{array}{l}\text{agacé(e) \textit{(annoyed)}.}\\\text{ennuyé(e) \textit{(bored, annoyed, bothered)}.}\\\text{fâché(e).}\\\text{en colère.}\end{array}\right.$

Exprimer la déception *(disappointment)*

J'ai été très déçu(e) *(disappointed)* par le film.
Ça m'a beaucoup déçu.

Exprimer la crainte *(fear)* et l'inquiétude *(worry, anxiety)*

In more formal speech, **craindre, avoir peur,** and other verbs expressing fear require the *ne explétif* to be used before the verb of the second clause, but the **ne** has no meaning.

J'ai très peur de prendre l'avion. / J'ai peur qu'elle ne vienne pas.
Je crains l'altitude.
Je crains qu'on ne soit en retard pour la réunion.
Je suis inquiet/inquiète *(worried)*.
Ça m'inquiète un peu.

Exprimer le soulagement *(relief)*

Heureusement! *(Thank goodness!)*
On a eu de la chance!
Ouf! On a eu chaud! *(familiar—That was a narrow escape!)*

Exprimer la joie ou l'admiration

Je trouve ça magnifique!
C'est formidable/merveilleux/génial *(fantastic)*/super!
Qu'est-ce que c'est beau/bien/bon!
Qu'est-ce que vous avez de la chance! *(How lucky you are!)*

Manifester de la réticence *(hesitation)* ou du dégoût *(disgust)*

Je n'ai aucune envie de faire cela.
Ça ne me dit rien.
Ça m'embête *(bothers)*.

Je trouve ça dégoûtant/détestable.
C'est barbant *(familiar—boring)*.
L'histoire du film est débile *(stupid)*.

Protester/Exprimer l'irritation

C'est insupportable/inacceptable/
    révoltant!
Ça m'énerve!
J'en ai assez *(have had enough)*
    de ces histoires.

J'en ai marre *(familiar—am fed up)*
    de vivre comme ça.
Ah, zut alors!
Cela m'agace! *(It's getting on my
    nerves!)*

Dire des insultes

ATTENTION: Utilisez ces expressions quand vous êtes très fâché(e). Elles sont très insultantes. N'en abusez pas.

(en s'adressant à une personne)
Espèce d'idiot/de crétin!
Sale type!

(en parlant d'une personne)

C'est un(e)
imbécile!
débile mental *(mental
    idiot)*!
idiot(e)!

Mots et expressions utiles

Les émotions

agacer *to annoy*
barber *(familiar) to bore*
embêter *to bother*

ennuyé(e) *annoyed, bored, bothered*
ennuyeux/ennuyeuse *annoying, boring,
    tedious, irritating*

en avoir assez *to have had enough*
en avoir marre *(familiar) to be fed up*

la crainte *fear*

inquiet/inquiète *worried, anxious*
s'inquiéter *to worry*
l'inquiétude [f] *worry, anxiety*

insupportable *unbearable, intolerable*
supporter *to put up with*

génial(e) *fantastic*
heureusement *thank goodness*
On a eu chaud! *(familiar) That was a narrow escape!*
le soulagement *relief*

❀ Mise en pratique ❀

—Tu as vu le nouveau film d'Agnès Varda? Il est **génial**!
—Ah bon? J'ai été très **déçu** par son dernier film, donc, je n'avais pas l'intention d'aller voir celui-ci. Sa passion pour les histoires de couples m'**agace**. Autant j'adorais ses films dans les années soixante, autant je les trouve **insupportables** et **ennuyeux** maintenant.
—Tu as tort. *Les glaneurs et la glaneuse* est extraordinaire.

The following additional vocabulary of emotions may be useful: **le bonheur** *happiness*; **le choc** *shock*; **l'ennui** [m] *boredom*; **la gêne** *embarrassment*; **la surprise** *surprise*; **la tristesse** *sadness*

En matière d'abonnement presse, il était temps que la Fnac vous simplifie la vie.

A la Fnac, s'abonner est aussi simple qu'acheter un livre.

Abonnements Libre Service

fnac

Qu'est-ce vous pouvez acheter à la Fnac?

La radio

un animateur/une animatrice *radio or TV announcer*
un auditeur/une auditrice *member of (listening) audience*
une station *(TV, radio) station*

La presse

un abonnement *subscription*
  être abonné(e) à *to subscribe to*
annuler *to cancel*

une annonce *announcement, notification*
  les petites annonces *classified advertisements*
les nouvelles [f pl] *printed news; news in general*
une publicité *advertisement*

un reportage *newspaper report; live news or sports commentary*
une rubrique *heading, item; column*

un bi-mensuel *bimonthly publication*
un hebdomadaire *weekly publication*
un journal *newspaper*
un magazine *magazine*
un mensuel *monthly publication*
un quotidien *daily publication*
une revue *magazine (of sophisticated, glossy nature)*

un lecteur/une lectrice *reader*
un numéro *issue*
le tirage *circulation*

✻ Mise en pratique ✻

Ça fait longtemps que je **suis abonnée à** cet **hebdomadaire**, mais je trouve qu'il contient trop de **publicité** en ce moment. Où sont les bons articles, les **reportages** sur les événements internationaux, les analyses sur telle ou telle personne, les **rubriques** spécialisées? Si la qualité ne s'améliore pas, je vais **annuler** mon **abonnement** et prendre un **bi-mensuel** comme *Lire*. Je serai plus au courant des sorties de livres.

ACTIVITÉS

A. Entraînez-vous: Contradictions. Vous n'êtes pas d'accord avec votre ami(e) et vous le/la contredisez systématiquement.

MODÈLE: —Je suis très heureux/heureuse d'aller chez elle demain.
  —*Moi, ça m'embête. Je préfère rester à la maison.*

1. Je trouve ce tableau merveilleux.
2. Je suis content(e) d'avoir choisi ce film.
3. Qu'est-ce qu'elle est belle, cette voiture!
4. Je trouve cette publicité révoltante.
5. J'en ai marre de cette pluie.
6. J'adore écouter ses histoires.

B. Les médias. Vous écoutez une émission de Radio-Québec sur les ondes moyennes (AM), mais vous n'entendez pas bien à cause de l'électricité statique. Complétez le passage en choisissant parmi les deux mots proposés.

Bonsoir. Ici Jacques Baumier. Voici un résumé des dernières _____ (nouvelles/petites annonces). Aujourd'hui à Ottawa, selon le _____ (journal/tirage) *Le Devoir*, une réunion très importante a eu lieu entre le Président des États-Unis et le Premier Ministre canadien. La _____ (chaîne/station) de télévision TV 5 transmettra une émission spéciale ce

Expansion: To work with the media vocabulary, ask personalized questions such as: Pendant combien d'heures par semaine est-ce que vous écoutez la radio? Pendant combien d'heures par semaine est-ce que vous lisez le journal? La radio, la télévision, le journal: lequel de ces médias est-ce que vous préférez et pourquoi? Quels magazines ou revues est-ce que vous préférez, et pourquoi?

La presse: les journaux

En matière d'information, la presse est considérée comme le média le plus crédible par les Français. Pourtant *(However)*, entre 1970 et 1990, les quotidiens ont enregistré une baisse sérieuse de leurs ventes. Maintenant le nombre de lecteurs s'est stabilisé. Aujourd'hui 33% des Français lisent un quotidien tous les jours.

En 2001, les journaux quotidiens nationaux les plus importants par leur tirage étaient: *L'Équipe* (un quotidien sportif—1,9 million de lecteurs), *Le Parisien* (un journal qui exploite le sensationnel—1,7 million de lecteurs dans la région parisienne et l'Oise), *Le Monde* (un journal sérieux avec 1,5 million de lecteurs), *Le Figaro* (1,1 million de lecteurs dans la région parisienne et l'Oise) et *Libération* (un quotidien de gauche—686 000 lecteurs).

La presse: les magazines

Les magazines français se sont adaptés au monde actuel avec intelligence et imagination. Chaque année de nouveaux titres tentent de s'installer dans les «créneaux» *(niches)* ouverts par les centres d'intérêt des Français. Les sujets s'étendent de l'aventure à l'informatique en passant par le golf ou la planche à voile. La presse française compte aujourd'hui plus de 3 000 magazines, et 96 pour cent des Français lisent régulièrement un magazine. Il est intéressant de noter que les magazines destinés aux «seniors» connaissent une forte progression *(are experiencing a large increase)* à cause du vieillissement démographique.

Comparez la presse américaine et la presse française. Est-ce que vous lisez le journal tous les jours? Quel magazine est-ce que vous préférez?

Adapté de Gérard Mermet, *Francoscopie 2003* (Larousse, pp. 440–442).

---

soir. *L'Actualité*, l(e) _____ (auditeur/magazine) québécois le plus lu, interviewera le Président américain et publiera un _____ (reportage/tirage) sur son séjour à Ottawa. Ce _____ (numéro/programme) spécial comptera aussi des analyses ponctuelles pour permettre aux _____ (auditeurs/lecteurs) de mieux comprendre les nouveaux accords économiques. Bonsoir, mesdames et messieurs.

C. Exprimez-vous. Expliquez à un(e) camarade de classe ce que vous diriez dans les situations suivantes.

1. Vous venez de payer $150 pour un repas qui n'était pas très bon.
2. Vous venez d'avoir une contravention. L'agent de police est parti. Vous êtes fâché(e).
3. Votre frère/sœur vient d'arriver. Vous ne vous êtes pas vu(e)s depuis un an.
4. Vous venez de recevoir vos notes. Elles sont très bonnes. Vous vous attendiez *(expected)* à de mauvaises notes.
5. Une personne vient d'accrocher *(run into)* votre voiture. Vous étiez garé(e) dans un parking.
6. Un ami vient de vous offrir un très joli cadeau.
7. Un meurtre a été commis dans votre quartier.

Liens culturels: Bring in as many as possible of the French magazines and newspapers mentioned here. Ask students to work in small groups and to look over the news, advertisements, etc. Each group should then prepare a brief presentation on the magazine or newspaper they have been given. (It would be helpful to prepare a handout for them, giving a format for this presentation.) Ask students to determine the political ideology of the publication and what its average reader might be like. As a special project, ask students to design and write their own short magazines.

D. Questions indiscrètes? Posez les questions suivantes à un(e) ami(e). Faites un résumé de ses réponses à la classe.

> 1. À quelles occasions est-ce que tu es content(e)?
> 2. Dans quelles circonstances est-ce que tu es mécontent(e)?
> 3. De quoi est-ce que tu as souvent peur?
> 4. Raconte un événement où tu as exprimé ton soulagement.
> 5. Pour qui est-ce que tu éprouves de l'admiration?
> 6. Qu'est-ce qui te dégoûte?
> 7. Décris une situation où tu as protesté.

LA GRAMMAIRE À APPRENDRE

Le subjonctif: l'émotion, l'opinion et le doute

Preview: For the subjunctive, use the mnemonic device of WEDDING: Wishes; Emotion; expressions of Doubt and uncertainty; Desire; Impersonal expressions; Negative expressions with **croire, penser,** and **espérer;** Giving opinions.

A. The subjunctive mood is frequently used after expressions of emotion. As with verbs of volition, the subjects of the main and dependent clauses must be different. For example:

être heureux(-euse)/content(e)/triste/désolé(e)/fâché(e)/furieux(-euse)/
    étonné(e)/surpris(e)/ravi(e) *(delighted)*/déçu(e) *(disappointed)* que
regretter que
avoir peur que/craindre que

Je **suis déçue** que nous ne **puissions** pas regarder la télévision. Le poste
    est en panne *(broken)*.
Je **regrette** que nous n'**ayons** pas de deuxième poste.
Ma famille **est heureuse** que ce ne **soit** pas un week-end, parce que nous
    regardons beaucoup plus la télé le week-end.
Nos parents **ont peur** que les réparations ne **soient** chères.

B. Some impersonal expressions indicate points of view or opinions that are uncertain, hypothetical, or emotional. These begin with the impersonal **il** or, in less formal language, **ce.** For example:

il vaut mieux que
il est bon/triste/étonnant/utile/curieux/bizarre/étrange/honteux/
    surprenant/important/naturel/regrettable/rare/normal que
c'est dommage/ce n'est pas la peine que

Il est important que nous **voyions** ce match.
Mais, **il vaut mieux** que nous **attendions** le week-end pour aller au cinéma.

C. To express doubt, uncertainty, or possibility, the following verbs and impersonal expressions may be used:

douter que
ne pas être sûr(e)/certain(e) que
il est douteux/impossible/peu probable que

il se peut que
il est possible que
il semble que

Il se peut que ce cinéma **soit** plein.
Nous doutons que Marc **vienne** au ciné-club avec nous.

NOTE: When the expressions **être sûr(e) que** and **être certain(e) que** are used in the affirmative, they take the indicative mood. The expressions **il me semble que** and **il est probable que** also take the indicative.

Il est probable qu'ils viendront.
Il me semble qu'il a dit qu'ils allaient venir.
Moi, **je suis sûre qu'ils arriveront** bientôt.

After verbs of thinking, believing, and hoping (**penser, croire,** and **espérer**) in the negative or interrogative, the subjunctive is used to indicate uncertainty on the part of the speaker.

Pensez-vous que la télé **soit** une drogue?
Oui, je pense que la télévision est une drogue douce.

Crois-tu que nous **ayons** le temps de regarder la télé ce soir?
Non, **je ne pense pas** que vous **ayez** le temps ce soir. Il faut faire vos devoirs.

However, after both the negative and interrogative used together, the indicative is necessary.

Mais **ne penses-tu pas** que nous **méritons** quand même une demi-heure de télé ce soir?
Voyons… voyons… permission accordée! Pour une émission seulement!

L'infinitif pour éviter le subjonctif

An infinitive is used instead of the subjunctive when the subject of the dependent clause is the same as that of the main clause or if the subject is not specified.

* With verbs of volition:

Moi, je veux **partir** bien en avance.
I want to leave well in advance.

Mon mari préfère ne pas **partir** trop tôt.
My husband prefers not to leave too early.

BUT:

À vrai dire, je préfère qu'il **parte** en avance avec moi.
Really, I prefer that he leave early with me.

* With impersonal expressions or with **être** + adjective + **de:**

Il est bon de se détendre le mercredi après-midi, n'est-ce pas?
It is good to relax on Wednesday afternoons, isn't it?

Je suis content de ne pas **avoir** grand-chose à faire.
I am happy to not have much to do.

> In the present infinitive form, **ne pas** precedes the infinitive.

ACTIVITÉS

A. Doutes et certitudes. Nous avons souvent des doutes sur notre avenir. Un étudiant nouvellement arrivé à l'université de Dijon réfléchit à haute voix. Complétez ses pensées en mettant les verbes suivants au **subjonctif**, à l'**indicatif** ou à l'**infinitif** selon le cas.

devoir / donner / obtenir / réussir à / trouver / être / aller

Je doute que les professeurs me _____ de bonnes notes. Je ne suis pas sûr de _____ l'université. Il se peut que je ne _____ pas mon diplôme. Impossible alors que mes parents ne _____ pas fâchés contre moi!

Je suis sûr, cependant, que je _____ travailler dur. Il est probable qu'on me _____ souvent dans la salle d'études du Foyer des Étudiants. Il me semble qu'on _____ reconnaître mes efforts.

Activity B: Follow-up: Ask students to imagine a morning when they got up on the wrong side of bed (se lever du pied gauche). What kind of things might they say?

B. C'est le matin. Mal réveillée, Chloé répète ce que dit Pierre-Étienne d'une façon un peu différente. Répondez comme elle aux déclarations suivantes de Pierre-Étienne.

MODÈLE: —Je suis content qu'on soit tranquille le matin.
—*Tu es content d'être tranquille le matin?*

1. Il est bon qu'on lise le journal le matin.
2. Je préfère qu'on ne regarde pas la télévision le matin.
3. J'aimerais mieux qu'on écoute la radio.
4. Il vaut mieux qu'on ne se parle pas le matin.
5. Il est important que je prenne une douche le matin.
6. Il n'est pas normal que je fasse des exercices le matin.

C. Vos opinions? Avec un(e) camarade de classe, exprimez vos opinions en choisissant une des phrases suivantes et en la complétant. Racontez ensuite à la classe l'opinion la plus intéressante, la plus amusante ou la plus originale que vous avez entendue.

MODÈLE: *Il est curieux que la plupart des Américains ne parlent qu'une langue.*

Il est important		les étudiants…
Il est triste		les professeurs…
Il est curieux		les enfants…
Il est étrange	que	les parents…
Il est normal		les Français…
Il est bon		les Américains…
Il est regrettable		le Président américain…
Il vaut mieux		???

Activity D: Follow-up: Choose question 1 or 2 as a debate topic. Assign the pro and con sides to groups, and have each group brainstorm and then agree on a presentation. After each side presents its case, have them respond to each other.

D. Vos opinions sur les médias. Le professeur va vous poser quelques questions. Discutez de vos attitudes respectives.

1. Est-ce que vous pensez que les enfants doivent regarder la télévision? Expliquez.
2. Est-ce que vous souhaitez que la publicité disparaisse de la télévision? Est-ce qu'il est possible que la publicité disparaisse de la télévision? Justifiez votre point de vue.

3. Pensez-vous que les feuilletons télévisés donnent une vue réaliste de la vie? Expliquez.
4. Est-ce que vous êtes sûr(e) que les informations des journaux ou des magazines sont objectives? Justifiez votre réponse.
5. Croyez-vous que la radio soit un moyen d'expression plus efficace que la télévision? Expliquez.

E. Chère Micheline… Lisez cette lettre adressée à «Chère Micheline» (la rubrique «Courrier du cœur» d'un journal français) et inventez des conseils à donner en vous servant des expressions ci-dessous. Attention: pensez à mettre les verbes au **subjonctif**, à l'**indicatif** ou à l'**infinitif** selon le cas.

Chère Micheline,
Mon mari Laurent ne veut jamais sortir! Depuis que nous sommes abonnés à l'Internet, il préfère s'installer devant l'ordinateur tous les soirs. Il passe énormément de temps sur toutes sortes de sites Web, même les sites les plus débiles. À part cela, c'est un assez bon mari. Il gagne bien sa vie et c'est un bon père—bien qu'il ne parle plus beaucoup à nos enfants.
Nous sommes encore jeunes, et j'aimerais beaucoup pouvoir sortir avec nos amis. Je veux aussi que mes enfants sachent que leur papa les aime. Que suggérez-vous que je fasse?

Manon

Chère Manon,
Voilà ce que je pense de votre situation:
Il est important que vous… Je ne pense pas que votre mari… Il est probable que… Il est étonnant que vous… N'oubliez pas qu'il est important de… J'espère que vous…

Interactions

A. Maintenant à vous. Décrivez un des problèmes suivants à un(e) camarade de classe qui va jouer le rôle de Micheline. Micheline va vous dire comment elle voit les choses et vous suggérer quelques conseils à suivre.

1. Votre petit(e) ami(e) aime sortir le week-end. Il/Elle flirte avec vos ami(e)s et dit qu'il/qu'elle va chez ses parents chaque week-end, mais refuse de vous donner leur numéro de téléphone. Exprimez votre inquiétude et votre irritation, et demandez ce que vous devez faire.

2. Votre camarade de chambre ne fait jamais le ménage, laisse traîner ses vêtements partout, ne fait jamais la vaisselle, et regarde la télévision pendant que vous faites vos devoirs ou quand vous invitez un(e) ami(e) chez vous. Exprimez votre irritation et demandez ce que vous devez faire.

B. La personnalité. Avec un(e) camarade de classe, racontez une histoire à propos de chaque personne de la page 199. Imaginez ce qui se passe, ce qu'ils/elles disent et ce à quoi ils/elles pensent. Laissez courir votre imagination et votre humour.

Activity B: Expansion: Ask students to bring in pictures of friends or family. Using expressions that take the subjunctive mood, students will make conjectures about these individuals. The student who brought in the pictures will react to those conjectures. Go over some expressions they might use to react: C'est vrai. Elle est tout à fait comme ça./Ce n'est pas vrai. Elle n'est pas du tout comme ça.

Premier brouillon Dossier personnel

Phrases: Expressing an opinion
Grammar: Subjunctive

1. Using the subject that you developed in *Leçon 1,* begin writing your first draft. Your introduction will be very important. You may need to rewrite it several times. To begin, use a question or an interesting sentence to attract your reader's attention.

2. Give your point of view on the topic and address several of the opposing arguments.

Avez-vous des conseils pour l'occupant(e) de cette chambre?

Comment persuader et donner des ordres

Track 16

Conversation

Premières impressions

Soulignez:
- les expressions pour persuader et donner des ordres

Trouvez:
- pourquoi le match de foot Brésil-Irlande est tellement important

Ask students to discuss which programs cause debate in their homes or campus residences.

Talk in French about the role of soccer in the United States: **Dans quelles régions est-ce que le football est important? Selon vous, quand est-ce que les États-Unis auront une équipe dans les quarts de finale de la Coupe du Monde?**

Julie, son frère Adrien et Samuel, leur cousin, sont en plein milieu d'une discussion où il s'agit de décider de l'émission qu'ils vont regarder à la télévision.

JULIE: Il y a une bonne série américaine ce soir: «Urgences». Ça ne vous tente pas?

ADRIEN: Ah, non, écoute, je vois que sur Canal+ il y a le match de foot Brésil-Irlande…

JULIE: Oh, non! Pas du foot!

SAMUEL: Passe-moi le programme, s'il te plaît.

ADRIEN: *(à sa sœur)* Ça ne te dit rien de regarder le match de foot? Ce sont les quarts de finale de la Coupe du Monde ce soir.[3]

JULIE: Tu sais bien que je ne comprends pas grand-chose au foot! Alors, regarder trois heures de match à la télé, ça ne me dit vraiment rien!

je t'en prie *will you please*

ADRIEN: Oui…, mais tu ne comprends pas: c'est le Brésil qui joue contre l'Irlande ce soir. Allez, sois sympa, je t'en prie°, et regarde le match avec nous, quoi. Samuel et moi, nous t'expliquerons. «Urgences» est une rediffusion.

JULIE: Mais je ne l'ai pas encore vu, moi! Et puis, les drames, ça me plaît.

un compromis *compromise*

SAMUEL: Bon, eh bien, je vous propose un compromis°. Qu'est-ce que vous diriez d'une partie de «Scrabble»?

ADRIEN: Tiens, pourquoi pas? Ça fait longtemps qu'on n'y a pas joué. Et on pourra mettre le match en sourdine°, juste pour voir le score de temps en temps.

mettre en sourdine *to turn on mute*

renoncer *to give up*
le placard *cupboard*

JULIE: Tu ne renonces° jamais, Adrien, hein? Eh bien, puisque tu nous imposes ton choix, c'est toi qui vas chercher le jeu dans le placard° de ma chambre.

[3] Tous les quatre ans (1994, 1998, 2002, 2006, etc.) la Coupe du Monde permet aux meilleures équipes nationales de football de se disputer le titre de Champion du Monde. Le football, introduit en France en 1890, est devenu le sport le plus populaire. La Fédération Française de Football, qui compte 22 608 clubs, organise chaque année les Championnats de France et la Coupe de France. En 1998, la France a gagné la Coupe du Monde. La finale opposait la France au Brésil. En 2002, les «Bleus», l'équipe de France, ont été éliminés au premier tour de la Coupe du Monde.

Observation et analyse

1. Qu'est-ce que Julie veut voir à la télé? Quels arguments est-ce qu'elle utilise pour convaincre les autres?
2. Que veut voir Adrien? Pourquoi?
3. Est-ce qu'on aboutit à *(reach)* un compromis à la fin? Quelle sorte de compromis?
4. Pensez-vous que Julie et son frère aient souvent ce genre de petite discussion? Justifiez votre point de vue.

Réactions

1. Quelle émission est-ce que vous auriez choisie et pourquoi? (J'aurais choisi…)
2. Autrefois, est-ce que vous aviez souvent des discussions avec votre famille au sujet de l'émission que vous vouliez regarder à la télé? Qui avait gain de cause *(won the argument)*?

Zidane, un joueur de football français d'origine algérienne, a aidé la France à gagner la Coupe du Monde en 1998.

Expressions typiques pour…

Persuader

Si tu me laisses/vous me laissez tranquille, je te/vous promets qu'on sortira dans dix minutes.

Cela ne te/vous dit rien de regarder le match?

Ferme/Fermez la porte pour me faire plaisir.

Efforce-toi *(Try hard)* de te calmer./Efforcez-vous de vous calmer.

Sois sympa, je t'en prie./Soyez sympa, je vous en prie.

Qu'est-ce qu'il faut dire pour te/vous persuader de venir avec nous au cinéma?

Que dirais-tu d'une pizza?/Que diriez-vous d'un apéritif? Ça ne te/vous tente pas?

Je serais content(e)/heureux(-euse) si tu venais/vous veniez avec nous.

Je t'encourage à le faire./Je vous encourage à venir.

Donner des ordres[4]

Couche-toi!/Couchez-vous! Il est tard!   Je te/vous prie de me laisser seul(e).

Tu vas te coucher tout de suite!   Ne parle pas la bouche pleine!

Je te/vous demande d'éteindre la télé.   Veux-tu monter dans ta chambre

Je te (t')/vous défends/interdis *(forbid)*   tout de suite!
de regarder cette émission.

Exprimer la nécessité ou l'obligation

Il est indispensable que tu étudies/vous étudiiez. *(subjonctif)*

Il est obligatoire que tu fasses tes devoirs/vous fassiez vos devoirs. *(subjonctif)*

Il faut absolument que tu me laisses tranquille/vous me laissiez tranquille. *(subjonctif)*

Tu dois/Vous devez dormir.

Tu as/Vous avez besoin de cela pour mieux travailler.

Tu as/Vous avez intérêt à *(You'd better)* écouter le professeur!

[4] Note that these orders refer to talking to a child or children. Persuasion techniques would be used to talk to another adult.

Mots et expressions utiles

La persuasion

aboutir à un compromis *to come to or reach a compromise*
avoir des remords *to have (feel) remorse*
avoir gain de cause *to win the argument*
convaincre (quelqu'un de faire quelque chose) *to persuade (someone to do something)*
une dispute *an argument*
s'efforcer de *to try hard, try one's best*
le point de vue *point of view*
renoncer *to give up*

l'esprit [m] ouvert *open mind*
têtu(e) *stubborn*

changer d'avis *to change one's mind*
se décider (à faire quelque chose) *to make up one's mind (to do something)*
indécis(e) (sur) *indecisive; undecided (about)*
prendre une décision *to make a decision*

défendre (à quelqu'un de faire quelque chose) *to forbid (someone to do something); to defend*
interdire (à quelqu'un de faire quelque chose) *to forbid (someone to do something)*
je te/vous prie (de faire quelque chose) *will you please (do something)*

✺ Mise en pratique ✺

—Maman, je **t'en prie**, laisse-moi aller à Chicago pour le week-end! Tous mes amis y vont, et je serai le seul à rester ici si tu ne me donnes pas la permission.
—Des lycéens qui vont à Chicago sans surveillance *(supervision)*? C'est impossible! J'ai généralement l'**esprit ouvert**, mais cette fois, je n'ai pas le choix. Tu es trop jeune. Je dois t'**interdire** d'y aller.
—Qu'est-ce que tu veux que je te promette pour te faire **changer d'avis**?
—Désolée, je n'ai pas le droit de me laisser **convaincre**. S'il t'arrivait quelque chose... j'en **aurais des remords** toute ma vie. Mais je te propose un **compromis**. On ira tous à Chicago pendant les grandes vacances.

ACTIVITÉS

A. Entraînez-vous: le bon choix. Pour chacune des situations suivantes, choisissez l'expression qui vous semble la meilleure ou inventez-en une autre.

1. Votre fille de quatre ans veut regarder un film d'épouvante à la télévision. Vous dites:
   a. Si tu regardes ce film, je t'envoie au lit.
   b. J'aimerais que tu regardes ce film avec moi.
   c. ?

2. Votre femme/mari ne veut pas vous acheter de cadeau d'anniversaire. Elle/Il ne veut pas dépenser trop d'argent. Vous dites:

   a. Je t'assure que je ne te parlerai plus jamais de la vie si tu ne m'achètes rien.
   b. Sois gentil(le) et achète-moi un petit quelque chose.
   c. ?

3. Vous avez froid. Votre camarade de chambre préfère les appartements froids. Vous dites:

   a. Si tu montes (raise) le thermostat, je te prépare du thé glacé (iced tea).
   b. Il faut qu'on monte le thermostat. Sinon, je vais attraper un rhume.
   c. ?

4. Vous voulez sortir pour célébrer le Nouvel An. Votre fiancé(e) veut rester à la maison. Vous dites:

   a. Qu'est-ce qu'il faut faire pour te persuader de sortir? Je te promets un bon dîner demain…
   b. Tu vas sortir avec moi.
   c. ?

5. Vous voulez acheter une nouvelle voiture. Votre mère n'offre pas de vous prêter de l'argent. Vous dites:

   a. Tu me prêteras de l'argent, n'est-ce pas?
   b. Si tu ne me prêtes pas d'argent, je vais faire un caprice (throw a tantrum).
   c. ?

6. Vous avez choisi la voiture que vous voulez. Elle est trop chère. Vous dites au vendeur:

   a. Il faut que vous baissiez le prix de $1 000.
   b. Si vous baissez le prix de $1 000, je l'achète tout de suite!
   c. ?

B. L'indécision. Pauvre Anne! Elle est toujours indécise. Utilisez les expressions et les mots suivants pour compléter ses pensées. Faites tous les changements nécessaires.

l'esprit ouvert / changer d'avis / indécis / prendre une décision / s'efforcer de

Oh! Je n'arrive pas à me décider. Je suis tellement _____. Mon problème, c'est que j'ai _____ ; alors, pour moi, il est très difficile de _____ parce que je peux toujours comprendre les deux points de vue. Les rares occasions où je prends position (take a stand), je finis par (end up) _____ après deux ou trois jours. Qu'est-ce que je dois faire? Est-ce que quelqu'un peut _____ me convaincre pour de bon?

C. Imaginez. Pour chacune des expressions suivantes, inventez un contexte approprié (**où, quand, avec qui,** etc.). Jouez ensuite la scène.

> MODÈLE: Essaie de te calmer.
> *Situation imaginée: Mon ami(e) et moi sommes coincé(e)s (**stuck**) dans un ascenseur qui s'est arrêté entre deux étages. Pendant que nous attendons que quelqu'un nous aide, mon ami(e) a une crise de nerfs. Pour le/la détendre, je lui dis: Essaie de te calmer. Si tu te calmes, tu t'en sortiras mieux. Ne t'inquiète pas, etc.*

1. Donnez-moi votre portefeuille.
2. Efforcez-vous de paraître contents.
3. Souris un peu, juste pour me faire plaisir.
4. Il est essentiel que tu coures aussi vite que possible.
5. Sois gentil(le), ne me laisse pas seul(e). J'ai très peur.

Aimez-vous lire? Quelle sorte de livres est-ce que vous lisez? Combien d'heures par semaine est-ce que vous lisez?

LA GRAMMAIRE À APPRENDRE

Le subjonctif: la nécessité et l'obligation

These expressions are followed by the subjunctive and will be helpful when you are requesting or persuading someone to do something.

demander que
insister pour que
empêcher que
il faut (absolument) que
il est nécessaire que
il est essentiel que
il suffit que

Il est nécessaire que nous **choisissions** les meilleurs livres à lire.
It is necessary that we choose the best books to read.

J'insiste pour que nous **lisions** des auteurs classiques.
I insist that we read classical authors.

Certain expressions of obligation (**il est nécessaire que, il faut que, il est essentiel que**) can be replaced by **devoir** + infinitive. The meaning conveys less of a sense of obligation, however.

Il est nécessaire qu'on y aille avec lui.
On **doit** y **aller** avec lui.
It is necessary to go there with him.

Il faut que nous écrivions à sa sœur.
Nous **devons écrire** à sa sœur.
We must write to his sister.

Le passé du subjonctif

The past subjunctive is a compound tense used to refer to actions or conditions that took place at any time prior to the time indicated by the main verb. It is formed with the present subjunctive of the auxiliary verbs **avoir** or **être** plus the past participle. You will choose the same auxiliary verb as you would for the **passé composé.**

regarder

que j'**aie regardé**	que nous **ayons regardé**
que tu **aies regardé**	que vous **ayez regardé**
qu'il	qu'ils
qu'elle } **ait regardé**	qu'elles } **aient regardé**
qu'on	

partir

que je **sois parti(e)**	que nous **soyons parti(e)s**
que tu **sois parti(e)**	que vous **soyez parti(e)(s)**
qu'il **soit parti**	qu'ils **soient partis**
qu'elle **soit partie**	qu'elles **soient parties**
qu'on **soit parti(e)(s)**	

se réveiller

que je **me sois réveillé(e)**	que nous **nous soyons réveillé(e)s**
que tu **te sois réveillé(e)**	que vous **vous soyez réveillé(e)(s)**
qu'il **se soit réveillé**	qu'ils **se soient réveillés**
qu'elle **se soit réveillée**	qu'elles **se soient réveillées**
qu'on **se soit réveillé(e)(s)**	

Il a demandé que je **parte** de très bonne heure.
He asked that I leave very early.

Il est content que je **sois partie** très tôt.
He is happy that I left very early.

Il sera content que je **revienne** tôt aussi.
He will be happy that I come back early too![5]

---

[5] NOTE: There is no *future* subjunctive form. The present subjunctive is used to express future actions.

On a eu chaud!

Quelle barbe! *(How dull!)*

T'es toqué, non?! *(You're nuts!)*

J'en ai marre!

Extra!

Mon œil! *(You can't fool me!)*

Les gestes

Les gestes sont un moyen d'expression révélateur. En analysant les gestes français et américains, on peut remarquer un degré de tension musculaire plus élevé parmi les Français que parmi les Américains. Les Français ont tendance à avoir un torse plus droit et plus rigide et des épaules *(shoulders)* hautes et carrées *(square)*. Mais en conversation, «les épaules restent des instruments de communication étonnamment flexibles. On les ramène souvent vers l'avant et ce geste s'accompagne d'une expiration ou d'une moue *(pout)*, créant ainsi un mouvement du corps que les étrangers trouvent typiquement français.»

On peut distinguer un Américain d'un Français de loin. Le premier a tendance à balancer *(swing)* les épaules et le bassin *(pelvis)*, et à faire des moulinets avec les bras *(whirl the arms around)*. Le second s'efforce d'occuper un espace plus restreint; pas de balancement sur le côté. Autre différence, «les hommes américains, lorsqu'ils sont debout, mettent souvent les mains dans leurs poches (en s'appuyant le dos contre un mur s'ils attendent quelque chose). Les hommes français... ont plus tendance à croiser les bras—attitude qui évoque une plus grande tension.»

Les gestes jouent un rôle fondamental dans la communication. «En France comme aux États-Unis, les gestes de la main varient beaucoup selon le niveau social, le sexe, l'âge ou la région. On remarque toutefois certaines différences générales entre Français et Américains.»

Est-ce que vous pourriez donner quelques exemples de personnages tirés de films français et américains qui illustrent ces différences? Donnez des exemples de gestes typiquement américains.

Laurence Wylie et Jean-François Brière, *Les Français,* 2001 (Prentice Hall, pp. 68, 70–74)

Follow-up: Ask students to act out the descriptions in the Liens culturels.

Expansion of drawings: Give other gestures such as **On se taille? (On s'en va?)/J'ai une idée!/L'addition, s'il vous plaît./Vous dansez?/Vous avez le téléphone?** See if students can guess their meanings. If students are from other countries, suggest that they give gestures from their cultures.

ACTIVITÉS

A. Exigences. Une Anglaise va bientôt faire un voyage en France. Elle est très difficile. Elle veut que l'hôtel soit parfait. Voici ses conditions. Traduisez-les-lui en français.

> I ask that the hotel be clean (**propre**). Furthermore (**De plus**), I insist that the employees smile (**sourire**). It is necessary that breakfast be on time and that the tea be hot. The croissants must be fresh. It is essential that the bed not be too soft (**mou**). I must sleep in silence. It is therefore necessary that the other guests (**clients**) be quiet.

B. Le cadeau d'anniversaire. Sébastien a acheté un cadeau à Manon, mais il y a un problème. Combinez les phrases en suivant le modèle et vous découvrirez de quel problème il s'agit.

> MODÈLE: Manon est heureuse. Sébastien lui a offert un cadeau.
> ***Manon est heureuse que Sébastien lui ait offert un cadeau.***

1. Manon est toute contente. Sébastien lui a acheté un lecteur de DVD.
2. Sébastien ne regrette plus. Le lecteur lui a coûté une fortune.
3. Il avait un peu peur. Manon n'aimera peut-être pas le lecteur de DVD.
4. Mais Manon est triste. Sébastien ne lui a pas offert de DVD.
5. Elle n'est pas sûre. Il faut expliquer à Sébastien qu'elle n'a pas d'argent pour acheter un DVD.
6. Sébastien est surpris. Manon a l'air de plus en plus triste et elle le remercie sans enthousiasme.
7. Les parents de Manon sont désolés. Leur fille est une personne ingrate.
8. Quelques jours plus tard, ils sont aussi étonnés. Manon et Sébastien se sont brouillés *(quarreled)* chez eux.

Selon vous, quel est le problème?

C. Quel professeur! Un professeur parle avec ses étudiants. Un(e) étudiant(e) du fond de la salle répète moqueusement tout ce qu'il dit. Jouez le rôle de cet(te) étudiant(e) et répétez les déclarations suivantes.

> MODÈLE: —Il faut que vous alliez au laboratoire de langues tous les jours.
> ***—Vous devez aller au laboratoire de langues tous les jours.***

1. Il est nécessaire que vous écriviez ces phrases pour demain.
2. Il faut que trois étudiants me remettent *(hand in)* leurs cahiers demain matin.
3. Il est essentiel que nous lisions ce paragraphe tout de suite.
4. Il faut que Jérémy et Angélique écrivent leurs réponses au tableau.
5. Il est nécessaire que vous fassiez attention à ce que je dis.
6. Il faut que Laura vienne me voir après le cours.

Que pensez-vous de ce professeur? Voulez-vous suivre son cours? Expliquez.

D. Que dois-je faire? Donnez trois suggestions à un(e) camarade de classe qui vous demande des conseils.

Que dois-je faire…

1. pour bien dormir?
2. pour bien manger?
3. pour être heureux/heureuse?
4. pour être riche?
5. pour rester jeune?
6. pour vivre longtemps?

Additional activity: Have students complete the following activity orally or on a handout.

Votre grand-père/grand-mère vous donne des conseils pour vivre une vie longue et heureuse. Complétez les phrase suivantes:

Il est bon de…
Il faut que…
J'insiste pour que…
Il est nécessaire que…
Il suffit que…
Il ne faut pas que…

Vous êtes baby-sitter. Vous donnez des conseils à un enfant de cinq ans pour qu'il/elle soit sage:

Il faut que…
Je demande que…
J'insiste pour que…
J'empêche que…
Il est essentiel que…
Il est nécessaire que…
Il ne faut pas que…
Il est bon de…

Interactions

A. Une contravention. Vous retournez à votre voiture et vous voyez un agent de police vous donner une contravention pour stationnement sur le trottoir. Expliquez que vous n'étiez garé(e) là que quelques minutes et que vous deviez faire quelque chose de très important. Donnez quelques détails. Persuadez l'agent de ne pas vous donner de contravention.

Activity B: Follow-up: Ask one person from each group to present his or her advertisement to the entire class. Students will discuss which products they would buy, and why.

B. Une publicité. Avec un(e) camarade de classe, préparez une courte publicité pour un produit et présentez-la à un petit groupe d'étudiants. Utilisez votre publicité pour les persuader d'acheter votre produit.

Deuxième brouillon Dossier personnel

1. Look over the first draft that you wrote in *Leçon 2.* Find at least one point in your argument where you can insert an example. If possible, use two different examples. These will provide a concrete link to your discussion, which will be primarily abstract.

2. Use some of the following expressions to link your example to your composition.

    EXPRESSIONS UTILES: **par exemple; Rappelons l'exemple de…; … confirme…; Considérons l'exemple de…**

Phrases: Persuading; writing an essay; linking ideas
Grammar: Subjunctive

SYSTÈME-D

Synthèse

Activités vidéo

Avant la vidéo

Turn to *Appendice B* for a complete list of active chapter vocabulary.

1. Lisez-vous habituellement des journaux ou des hebdomadaires? Lesquels? Quels sont les articles qui vous intéressent le plus?
2. Avez-vous déjà découpé des articles dans des publications? Quel était le but de ce travail?

Après la vidéo

1. Quelle sorte d'articles est-ce que Lucas collectionne? De quoi parle l'article du *Monde diplomatique*? Et celui du *Figaro*? Et celui d'*Architecture d'aujourd'hui*?
2. Qu'est-ce que Lucas va faire de sa collection? Pensez-vous que ce soit une bonne idée?

Activités orales

A. Je m'excuse… Vous êtes au restaurant où vous avez commandé un bon déjeuner pour un(e) ami(e) et sa mère. Quand l'addition arrive, vous vous rendez compte du fait que vous n'avez pas votre portefeuille sur vous. Discutez de la situation avec le maître d'hôtel, en décrivant vos sentiments. Convainquez-le de vous laisser partir et de revenir plus tard avec l'argent.

B. La loterie. Vous recevez un coup de téléphone qui vous apprend que vous venez de gagner à la loterie. Jouez la scène où vous recevez cette nouvelle inattendue. Exprimez votre joie. Expliquez ce que vous avez l'intention de faire avec l'argent. Persuadez la personne qui vous a téléphoné de faire la fête avec vous.

Quels magazines français connaissez-vous?

Activité écrite

Un vol annulé. Vous êtes en voyage d'affaires et vous attendez votre vol Paris-Strasbourg quand l'hôtesse de l'aéroport vous informe qu'on a annulé le vol. L'agent peut arranger un autre vol, mais il arrivera trop tard pour la présentation de votre ligne de produits dans le studio d'une radio de Strasbourg. Le train prendrait aussi trop de temps. Écrivez une lettre dans laquelle vous insistez pour qu'on vous rembourse votre billet et vos frais de déplacement (taxi, etc.). Décrivez aussi les clients que vous avez perdus. Demandez qu'on vous envoie un chèque aussitôt que possible. Commencez par: **Monsieur/Madame.** Terminez par: **Veuillez accepter, Monsieur/Madame, mes sentiments les plus distingués.**

Révision finale Dossier personnel

1. Focus on your conclusion. Make sure it recaptures your arguments. You can propose another solution or incite your reader to act in some way. Don't include any new ideas in your conclusion.

2. Bring your second draft to class. Ask two classmates to peer edit your paper. They should check your organization, making sure that the introduction and conclusion are clear. Ask your classmates to check your style to make sure that it is of a formal level without slang. Your classmates will use the symbols on page 431 to correct your grammar.

3. Examine your composition one last time. Check for correct spelling, grammar, and punctuation. Pay special attention to your use of the subjunctive mood.

4. Prepare your final version.

Phrases: Persuading; writing an essay; linking ideas; expressing an opinion
Grammar: Subjunctive

Activité écrite: Variation: As a prewriting activity, have students work together on this letter. They can prepare topic sentences for each of their paragraphs together. Possible main ideas include: *Premier paragraphe:* Le problème du vol annulé et ce qui s'est passé; *deuxième paragraphe:* vous voulez être remboursé(e); vous avez perdu de l'argent parce que vous avez manqué la présentation; *troisième paragraphe:* vous insistez sur le fait que vous voulez un chèque aussi vite que possible; *closing.*

Ask students to complete the letters individually before the next class, when they will spend fifteen to twenty minutes of class time on small-group editing of the letters.

I. Les Français jugent leurs médias

Avant la lecture

Sujets à discuter

Ask students how they get their news. Which mass media do they rely on? Do their parents rely on the same sources of information? Why do people choose one source of information over another?

1. Est-ce que vous avez confiance dans les médias? Expliquez.
2. Est-ce que vous pensez que les médias aux USA traitent l'information d'une manière positive ou négative? Expliquez.
3. Quel programme à la télé trouvez-vous amusant? intéressant? dégoûtant? Pourquoi?
4. Quel média américain est le plus crédible: le Web, le journal quotidien, la radio, la télévision, la presse hebdomadaire (comme *Time* magazine)? Lequel est le moins crédible? Justifiez vos opinions.

Introduction

What is going on in the world affects us all to one degree or another. In France, as in the United States, people rely on the media, in its various forms, to learn about local, regional, national, and world events. In this chapter, you have studied media-related vocabulary and expressed your opinions about some media. The article you are about to read discusses the results of an opinion poll on the credibility of the media in France. As you read, compare your opinions on the media and your preferences to those mentioned in the article. Think about the various ways in which you receive information and how you would respond to such a poll. Following the article, you'll read about two current news items of great interest to the French. Consider how these issues would be approached in the United States.

Discuss with students any overt symbols of religious belief that they may have seen in non-religious contexts. Do they feel that these are inappropriate in any way? How does the separation of church and state apply to these situations?

Discuss with students the funding of retirement. What is the responsibility of younger generations to older generations?

LES FRANÇAIS JUGENT LEURS MÉDIAS

décrypter comprendre / **sondage** *poll*

actionnaires *stockholders*
loupe *magnifying glass*

oiseaux de mauvais augure *lit. "birds of bad omen," signs announcing doom and gloom*
occultant *overshadowing*
fiabilité crédibilité

Pour décrypter° ce [...] sondage° annuel sur la crédibilité des médias, il faut non pas une paire de lunettes, mais une loupe° puissante. Car si, d'une année à l'autre, les résultats semblent à peu près stables, des évolutions majeures et souterraines sont à l'œuvre, notamment auprès des jeunes. [...]

Bien sûr, le scepticisme des Français demeure très fort, puisqu'un sur deux doute de la fiabilité° des informations délivrées par les médias. Héritage d'une longue histoire de la presse où l'indépendance des journalistes vis-à-vis des politiques ou de leurs propres actionnaires° a toujours été suspectée.

Bien des choses demeurent surprenantes, néanmoins, dans notre étude. À commencer par cette idée reçue selon laquelle les médias seraient systématiquement des oiseaux de mauvais augure°, annonçant les mauvaises nouvelles et occultant° les bonnes. Eh bien, qu'on se le dise, les Français ne sont pas de cet avis, puisque, pour 47% d'entre eux, le traitement de l'information par

Barbara
Et tu as couru vers lui sous la pluie
Ruisselante ravie épanouie
Et tu t'es jetée dans ses bras
25 Rappelle-toi cela Barbara
Et ne m'en veux pas° si je te tutoie°
Je dis tu à tous ceux que j'aime
Même si je ne les ai vus qu'une seule
fois
30 Je dis tu à tous ceux qui s'aiment
Même si je ne les connais pas
Rappelle-toi Barbara
N'oublie pas
Cette pluie sage et heureuse
35 Sur ton visage heureux
Sur cette ville heureuse
Cette pluie sur la mer
Sur l'arsenal
Sur le bateau d'Ouessant°
40 Oh Barbara
Quelle connerie° la guerre
Qu'es-tu devenue maintenant

Sous cette pluie de fer°
De feu d'acier de sang
45 Et celui qui te serrait dans ses bras
Amoureusement
Est-il mort disparu ou bien encore
vivant
Oh Barbara
50 Il pleut sans cesse sur Brest
Comme il pleuvait avant
Mais ce n'est plus pareil et tout est
abîmé°
C'est une pluie de deuil° terrible et
55 désolée
Ce n'est même plus l'orage
De fer d'acier de sang
Tout simplement des nuages
Qui crèvent° comme des chiens
60 Des chiens qui disparaissent
Au fil de l'eau° sur Brest
Et vont pourrir° au loin
Au loin très loin de Brest
Dont il ne reste rien.

fer *iron*

ne m'en veux pas *don't hold it against me* / **je te tutoie** *I use the tu form*

abîmé *ruiné*
deuil *mourning*

crèvent *meurent*

bateau d'Ouessant *ferry that goes to the westernmost inhabited island, Ouessant* / **Au fil de l'eau** *With the current* / **pourrir** *putréfier* / **connerie** *profonde bêtise qui dépasse l'imagination (argot)*

Jacques Prévert, *Barbara*, extrait de *Paroles*, © Éditions Gallimard.

Après la lecture

Compréhension

A. Observation et analyse. Répondez aux questions suivantes.

1. Pourquoi est-ce que la femme marchait «souriante»?
2. Pourquoi est-ce que le poète souriait à la femme?
3. Quelles sont les différentes descriptions de la pluie dans le poème?
4. Que symbolise l'emploi des «nuages»? Qu'est-ce qui s'est passé?
5. Quel est l'effet du contraste des images de la guerre dans la deuxième partie avec les images du bonheur dans la première partie?
6. Combien de fois est-ce que «Rappelle-toi» est répété dans le poème? Quel est l'effet de cette répétition? Pourquoi est-ce que «Rappelle-toi» n'est pas répété dans la deuxième partie du poème?
7. Est-ce que le poète connaît la jeune femme? Pourquoi est-ce qu'il l'appelle Barbara? Quel est l'effet de l'emploi de ce prénom pour cette femme que le poète ne connaissait pas et qui ne le connaissait pas (vers 13–14)?

B. Grammaire/Vocabulaire. Le rôle des adjectifs dans *Barbara* est très important, et vous améliorerez ce que vous écrivez en les employant correctement. Révisons-en la formation. Ci-dessous, vous avez des noms modifiés par des adjectifs. Faites l'accord de chacun de ces adjectifs avec le nom qui suit. Ensuite, expliquez quel sentiment est exprimé par cet adjectif: le désir, l'espoir, le désespoir, la déception, la crainte, l'inquiétude, la joie, l'admiration, l'irritation, le calme, la fureur, le bonheur, l'indécision, le respect, etc.

> MODÈLE: la dame souriante—les monsieurs *souriants*
> *L'adjectif exprime la joie ou le bonheur.*

1. la pluie incessante—les cris _____
2. le monsieur fâché—les filles _____
3. l'agent de police gêné—les professeurs _____
4. le gentil garcon—les _____ fillettes
5. l'endroit tranquille—les nuages _____
6. le soldat déçu—l'actrice _____
7. le professeur furieux—les commerçantes _____
8. la dame ravie—les étudiants _____
9. le visage ruisselant de larmes—les yeux _____
10. la jeune fille désolée—le grand-père _____

C. Réactions. Donnez votre réaction.

1. Est-ce que vous souriez de temps en temps aux gens que vous ne connaissez pas? Pourquoi?
2. Quelle est l'image du poème la plus frappante pour vous? Pourquoi?
3. Décrivez les sentiments que vous ressentez en lisant ce poème.

Interactions

1. Dans quelles circonstances la guerre est-elle justifiée?
2. Imaginez ce qui est arrivé, pendant la guerre, à l'homme qui appelait Barbara. Et à Barbara, qu'est-ce qu'il lui est arrivé?

Expansion

1. Faites des recherches sur la ville de Brest sur l'Internet et à la bibliothèque et faites un reportage sur son histoire pour la classe. Comment est la ville aujourd'hui?
2. Faites des recherches sur les plages de Normandie. Qu'est-ce qui s'est passé sur ces plages en 1944? Qu'est-ce qu'on y voit de nos jours quand on les visite?

À mon avis...

Use this photo to introduce the chapter function of expressing opinions, agreement and disagreement. Possible questions to ask: 1. Comment s'appellent les films que l'on passe en ce moment? 2. À votre avis, de quoi est-ce que ces films traitent? 3. Quel est le dernier film que vous avez vu? 4. Qu'est-ce que vous avez pensé de ce film? 5. Vous êtes allé(e) voir le film avec quelqu'un? Si oui, est-ce que vous et votre camarade avez partagé la même opinion sur le film? Expliquez.

THÈMES: Les actualités; Les arts

LA GRAMMAIRE À RÉVISER
Les pronoms objets directs et indirects • La position des pronoms objets

LEÇON 1
Fonction: Comment engager, continuer et terminer une conversation
Culture: L'art de discuter
Langue: Les pronoms y et en
PRÉPARATION

LEÇON 2
Fonction: Comment exprimer une opinion
Culture: Trois grands musées
Langue: La position des pronoms objets multiples • Les pronoms disjoints
PREMIER BROUILLON

LEÇON 3
Fonction: Comment exprimer la probabilité

Culture: La France et l'immigration
Langue: Le verbe **devoir** • Les adjectifs et les pronoms indéfinis
DEUXIÈME BROUILLON

SYNTHÈSE
RÉVISION FINALE

INTERMÈDE CULTUREL
L'impressionnisme
Maryse Condé: *Hugo le terrible*

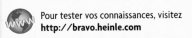

The information presented here is intended to refresh your memory of various grammatical topics that you have probably encountered before. Review the material and then test your knowledge by completing the accompanying exercises in the workbook.

Avant la première leçon

Les pronoms objets directs et indirects

A. Formes

Pronoms objets directs		Pronoms objets indirects	
me	nous	me	nous
te	vous	te	vous
le	les	lui	leur
la			

B. Fonctions

- *Direct* object pronouns replace nouns referring to persons or things that receive the action of the verb directly:

  Est-ce que tu as la clé?
  Do you have the key?

  Est-ce que tu **l'**as?
  Do you have it?

- Note that it is common in spoken French to represent an idea twice in the same sentence, once as a noun and once as a pronoun:

  La clé, tu **l'**as?
  Tu **l'**as, la clé?
  Do you have the key?

- When an adjective or an entire clause or phrase is replaced, the neuter pronoun **le** is used:

  Est-ce que tu penses que **tu as perdu la clé**?

  Non, je ne **le** pense pas.
  No, I don't think so.

- *Indirect* object pronouns replace nouns referring to persons (not things) that receive the action of the verb indirectly. In English *to* either precedes the noun or is implied:

  Alors, est-ce que tu as donné la clé à Anne?

  Oui! Je **lui** ai donné la clé!
  Yes! I gave the key to her. (I gave her the key.)

Je veux aller au cinéma. Reformulez les phrases suivantes en utilisant des pronoms objets directs.

Modèle: Je choisis le film de Tom Hanks.
Je le choisis.

1. Je consulte le journal.
2. Je trouve l'adresse du cinéma.
3. Je choisis l'heure de la séance.
4. J'invite mes copains de la classe de français.
5. Je cherche mon portefeuille.
6. Je quitte la maison.
7. Je retrouve mes amis.

Mes vacances à Paris avec ma famille. Reformulez les phrases suivantes en utilisant des pronoms objets indirects.

Modèle: Je montre Paris à mes parents.
Je leur montre Paris.

1. Je parle des monuments à mes parents.
2. Je téléphone à une amie française, Anne.
3. J'explique le voyage à Anne.
4. Elle parle des musées à mes parents et moi.
5. Elle montre le Louvre à ma mère.
6. Elle explique l'histoire de Paris à mon père.
7. Après notre retour, nous écrivons une carte à Anne.

NOTE 1: Certain verbs, such as **écouter** *(to listen to)*, **regarder** *(to look at)*, **payer** *(to pay for)*, **chercher** *(to look for)*, and **attendre** *(to wait for)* take direct object pronouns in French, contrary to their English usage.

NOTE 2: On the other hand, certain verbs that take a direct object in English require an indirect object in French, such as **téléphoner à** *(to telephone)*, **demander à** *(to ask)*, **dire à** *(to tell)*, **plaire à** *(to please)*, and **offrir à** *(to offer)*.

Avant la deuxième leçon

La position des pronoms objets

Affirmative:	La clé? Je l'ai.
Negative:	Je ne l'ai pas.
Interrogative:	L'as-tu, la clé?
Compound tense:	Je l'ai perdue.
	Non! La voilà. Je ne l'ai pas perdue.
Infinitive:	Je vais **la** donner à Anne.
	Oui, je vais **lui** donner la clé.
Imperative	
affirmative:	Anne! Attrape-**la**!
	Regarde-**moi**!
negative:	Ne **la** perds pas, s'il te plaît.
	Ne **me** demande pas une nouvelle clé.

NOTE: In an affirmative command, **me** changes to **moi** and **te** changes to **toi.** They are placed after the verb. Both pronouns retain their usual form and placement in negative commands.

Remember that past participles agree with preceding *direct* objects in gender and number. Past participles do not agree, however, with preceding *indirect* objects.

Besoin à Broadway

TRÉSORS D'ÉTÉ AU MAX LINDER

Chefs-d'œuvre restaurés par la **Cinémathèque française**

Sur écran géant
tous les mardis à 20h30
du 4 juillet au 29 août

Connaissez-vous des films classiques? des films en noir et blanc? des films muets? Lesquels, par exemple?

Comment engager, continuer et terminer une conversation

Track 17

Conversation

Rappel: Have you reviewed direct and indirect object pronouns? (Text pp. 218–219 and Workbook pp. 131–132)

Premières impressions

Soulignez:

- les expressions pour engager une conversation
- les expressions pour terminer une conversation

Trouvez

- qui arrive à la table d'Émilie et de Fabien et ce qu'elle veut.

Émilie et Fabien, deux jeunes cadres, se trouvent dans une brasserie près de l'agence publicitaire où travaille Émilie. Ils viennent de déjeuner ensemble.

se faire licencier *to get laid off*

ÉMILIE: Dis donc, Fabien, qu'est-ce que tu m'as dit à propos de Paul… Qu'il s'était fait licencier°?

être au chômage *to be unemployed*

FABIEN: Non, pas encore, mais je crois que cela ne va pas tarder… il va être au chômage°.

Une volontaire d'Amnesty International[1] arrive et les interrompt.

BÉNÉDICTE: Pardon, messieurs-dames, excusez-moi de vous interrompre. Est-ce que vous seriez d'accord pour signer une pétition pour Amnesty? C'est pour une excellente cause. Nous nous opposons à la peine de mort°. Une petite signature ici, si ça ne vous dérange pas.

la peine de mort *death penalty*

ÉMILIE: On peut en savoir un peu plus? C'est pour quel pays?

BÉNÉDICTE: C'est aux États-Unis, au Texas. Ils vont électrocuter un homme… qui a effectivement tué° quelqu'un. Mais Amnesty s'oppose totalement à la peine de mort et nous essayons d'obtenir autant de signatures que possible, pour que le gouvernement américain change d'opinion et abolisse aussi la peine de mort. Voilà! Voudriez-vous signer la pétition?

tuer *to kill*

FABIEN: Je pense que c'est une très bonne cause.

BÉNÉDICTE: Si vous voulez signer ici. Alors…

FABIEN: Ça me semble raisonnable. *(Il signe.)* Voilà.

ÉMILIE: Attends, passe-moi la pétition. Je vais signer aussi.

BÉNÉDICTE: Très bien. Merci. Au revoir, excusez-moi de vous avoir interrompus. Merci beaucoup messieurs-dames, au revoir.

[1] Amnesty International, dont le siège international est à Londres, a été créée *(created)* en «1961 à la suite de l'appel de l'avocat britannique Peter Benenson en faveur des prisonniers oubliés». C'est une organisation mondiale dont le but est la «défense des droits de l'homme». Elle est indépendante «de tout gouvernement, groupe politique, intérêt économique ou confession religieuse». Le mouvement s'oppose «à la peine de mort et à la torture en toute circonstance». La section française a plus de 20 200 membres. *(Quid 2004,* p. 936a)

FABIEN: Bon, il faut que je m'en aille. Je reviendrai après cette petite
réunion.

ÉMILIE: Bon, alors, à tout de suite. Je vais lire le journal en attendant
Didier et Martine.

FABIEN: Au revoir!

À suivre

Observation et analyse

1. Pourquoi est-ce qu'Émilie et Fabien parlent de leur ami Paul?
2. Qu'est-ce que Bénédicte propose à Émilie et à Fabien?
3. Quelle est la position d'Amnesty International sur la peine de mort?
4. Selon la conversation, quels sont les rapports entre Fabien et Émilie?

Réactions

1. Est-ce que vous avez déjà signé une pétition? Pour quelles causes?
2. Est-ce que vous pensez que la pétition de Bénédicte ait des répercussions?
3. Parlez de la peine de mort aux États-Unis. Est-ce que les exécutions sont plus fréquentes en ce moment qu'avant? Expliquez.

Expressions typiques pour…

Engager une conversation sur un sujet précis

(rapports intimes et familiaux)

Je te dérange?
J'ai besoin de te parler…
Dis donc, Marc, tu sais que…
Au fait *(By the way)*…

(rapports professionnels et formels)

Excusez-moi de vous interrompre…
Excusez-moi de vous déranger *(disturb you)*…
Je (ne) vous dérange (pas)?
Je peux prendre quelques minutes de votre temps?
Pardon, monsieur/madame…

See **Chapitre 1, Leçon 2,** pp. 15–16, for expressions to use when you want to make small talk but do not have a particular subject in mind.

Prendre la parole

Eh bien…/Bon…/Écoute(z)…

Je $\begin{cases} \text{veux} \\ \text{voulais} \\ \text{voudrais} \end{cases}$ dire que…
demander que…

Pour exprimer une opinion

Moi, je pense que…
À mon avis…

Pour répondre à une opinion exprimée

Mais…/Oui, mais…/D'accord, mais…
Je n'ai pas bien compris…
Justement…/Exactement…/Tout à fait…
En fait/En réalité *(Actually)*…

More expressions will be presented in **Leçon 2** of this chapter.

Remember to use the subjunctive mood after **il faut que**.

Terminer une conversation (annoncer son départ)

Bon…/Eh bien…

Bon…/Alors…/Excusez-moi, mais… { je dois m'en aller/partir.
il faut que je m'en aille/parte.
je suis obligé(e) de m'en aller/partir.

Allez, au revoir.
À bientôt./À tout de suite./À la prochaine.
On se revoit la semaine prochaine?
Alors, on se téléphone?

Mots et expressions utiles

La politique

une campagne électorale *election campaign*
un débat *debate*
désigner/nommer *to appoint*
discuter (de) *to discuss*
un électeur/une électrice *voter*
élire (past part.: élu) *to elect*
être candidat(e) (à la présidence) *to run (for president)*
se faire inscrire *to register (to vote)*
la lutte (contre) *fight, struggle (against)*

un mandat *term of office*
la politique étrangère *foreign policy*
la politique intérieure *internal policy*
un problème/une question *issue*
un programme électoral *platform*
se (re)présenter *to run (again)*
réélire (past part.: réélu) *to reelect*
soutenir *to support*
un deuxième tour *run-off election*
voter *to vote*

Jacques Chirac.
Est-ce que vous serez homme/femme politique un jour? Pourquoi ou pourquoi pas?

Additional vocabulary: le droit de vote *right to vote*; l'État [m] *government, state*; un homme (une femme) politique *politician*; poser sa candidature *to run for office*

Lionel Jospin était alors Premier ministre et considéré comme le chef de la gauche.

❀ Mise en pratique ❀

Le suffrage universel masculin a été institué en France par la IIe République en 1848, mais les femmes n'ont acquis le droit de vote qu'en 1945. En 1974, l'âge minimum des **électeurs** et des **électrices** a été ramené *(brought back)* de 21 ans à 18 ans.

L'ancien maire de Paris, Jacques Chirac, a été **élu** Président de la République en mai 1995. Pendant la **campagne électorale**, il avait promis, en **politique étrangère**, de poursuivre lentement l'intégration de l'Europe. En **politique intérieure**, il avait souligné que le **problème** principal était la **lutte** contre le chômage.

Une importante réforme constitutionelle a été adoptée en septembre 2000: la réduction du **mandat** présidentiel de sept ans à cinq ans.

En 2002, de nombreux candidats **se sont présentés** aux élections présidentielles, ce qui montre une énorme différence entre le système français et celui des États-Unis. «Ils sont dix-neuf, dont quatre femmes et neuf présidents de partis politiques, à penser sérieusement à l'Élysée» *(Yahoo! Actualités*, vendredi 18 janvier 2003). Tout le monde s'attendait à un **deuxième tour** entre Jacques Chirac et Lionel Jospin. Mais à la grande surprise de beaucoup de Français, c'est Jean-Marie Le Pen, chef de file *(party leader)* du Front National, le parti de l'extrême droite, qui a eu plus de votes que Jospin. Résultats du deuxième tour en 2002: Chirac **a été réélu** pour un **mandat** de cinq ans.

La guerre (War)

l'armée *army*
les armes [f pl] de destruction massive
   (ADM) *weapons of mass destruction*
les forces [f pl] *forces*
le front *front; front lines*
le soldat *soldier*

les combats [m pl] *fighting*
le conflit *conflict*
une embuscade *ambush*

libérer *to free*
livrer *to deliver*
se produire *to happen, take place*
prendre en otage *to take hostage*

attaquer *to attack*
un attentat *attack*
insensé(e) *insane*
la mort *death;* les morts [m pl]
   the dead
la peine de mort *death penalty*
le terrorisme *terrorism*
tuer *to kill*

céder à *to give up; to give in*
la négociation *negotiation*
la paix *peace*
la polémique *controversy*
les pourparlers [m pl] *talks;*
   negotiations

Additional vocabulary: l'espionnage [m]
spying; une mine *mine;* l'opposition [f]
opposition

Divers

un sans-abri *homeless person*

✳ Mise en pratique ✳

Pendant le **conflit** entre l'Irak et le Koweït en 1990, les Français ont découvert leur désaccord sur le rôle de l'**armée** dans le monde d'aujourd'hui. Des unités spécialisées de l'armée de l'air ont fait partie des troupes qui **ont attaqué** les **forces** irakiennes sur le **front** ouest. Un pilote français a été **pris en otage**. Il a été **libéré** après la fin des **combats**, mais la **mort** de plusieurs **soldats** pendant les opérations de déminage *(minesweeping)* des plages a causé un débat public.

Le débat s'est ravivé en 2003 quand les États-Unis ont déclaré, sans l'accord des Nations Unies, la **guerre** à l'Irak. La France a alors décidé de ne pas prendre part à la guerre. Depuis la fin des opérations militaires, qui ont été très rapides, et l'absence apparente d'**armes de destruction massive (ADM)**, bien des gens ont mis en cause les raisons de cette guerre. La France et les États-Unis continuent à négocier leurs différends *(iron out their differences)*.

You might want to ask students these follow-up questions: Êtes-vous toujours d'accord avec les décisions du gouvernement?
Que pensez-vous de la décision d'aller en
guerre en Irak?

ACTIVITÉS

A. Entraînez-vous: Pardon, monsieur. Engagez des conversations avec les personnes mentionnées. Parlez des sujets donnés en employant les *Expressions typiques pour...*

MODÈLE: votre père: un emprunt de $20
     —*Papa, je te dérange? Non? Je voulais te demander si tu*
      pourrais me prêter $20.

1. vos amis: l'article sur la prise d'otages
2. un étranger dans la rue: le chemin pour aller à la pharmacie la plus proche
3. M. Voulzy, votre patron: une idée qui vous est venue au sujet de la nouvelle publicité
4. vos voisins d'à côté: le vol qui a eu lieu dans la maison en face de la vôtre
5. votre mari/femme: quelque chose que vous voulez acheter

B. Eh bien… Maintenant, imaginez que vous terminiez chaque conversation que vous avez commencée dans l'exercice A. Que diriez-vous dans chaque situation? Utilisez les *Expressions typiques pour…*

MODÈLE: —*Bon, eh bien merci, papa. Je dois retourner à mes devoirs. J'en ai beaucoup pour demain.*

C. Sur le vocabulaire. Voici des phrases tirées d'un journal français. Remplissez les blancs avec le(s) mot(s) approprié(s) de la liste suivante. Faites tous les changements nécessaires.

DEUX FRANÇAIS ASSASSINÉS EN IRAK

mort / attentat / tué / blessé / terroriste / libéré / embuscade

1. Victimes d'une _____ alors qu'ils circulaient en convoi sur l'autoroute qui relie Bagdad à la frontière jordanienne, deux Français ont trouvé la _____ en Irak, lundi soir, et un troisième a été grièvement _____.

2. L' _____ mortel est de ceux qui se produisent régulièrement en Irak. Les deux Français ont été _____ par des _____.

Adapté de *Libération (Libération.fr)*, mercredi 07 janvier 2004.

ÉLECTIONS PRÉSIDENTIELLES

électeurs / se représenter / mandat / voter / débat / soutenir

3. On ne sait pas si le président actuel recherchera un deuxième _____ ou non.
4. S'il ne _____ pas, on dit que les Français _____ probablement pour un centriste au lieu de quelqu'un de droite ou de gauche.
5. Le _____ politique sur l'attitude de la France à l'égard de l'immigration n'est pas nouveau.
6. Selon les experts, les _____ indécis seront à la clé de la prochaine élection.

D. Une opinion. Prenez la parole et exprimez une opinion en deux phrases avec un(e) partenaire; l'autre répondra à l'opinion exprimée.

1. les dernières élections
2. le rôle des Nations Unies
3. le terrorisme
4. un événement sportif récent
5. la criminalité dans les grandes villes

Les pronoms *y* et *en*

During a conversation, people often use pronouns to refer to persons, things, or ideas already mentioned. You reviewed direct and indirect object pronouns in *La grammaire à réviser*. The following is information relevant to the pronouns y and en.

A. L'usage du pronom *y*

- **Y** replaces a preposition of location (**à, en, sur, chez, dans, sous, devant** etc., except for **de**) and its object. Translated as *there*, it is not always used in English, although it must be used in French:

   —Est-ce que tu es déjà allée au musée Rodin?[2]
   —Non, je n'**y** suis jamais allée. Allons-**y**.

- **Là** must be used to express *there* if the place has not been previously mentioned:

   —Déposez vos sacs au vestiaire, juste **là**, derrière le pilier, avant d'entrer dans le musée.

- **Y** is also used to replace **à** + noun referring to a thing. Typical verbs requiring **à** before a noun object are **s'intéresser, répondre, penser, jouer,** and **réfléchir:**

   —La technique de Rodin? J'**y** réfléchis en regardant ses sculptures.
   —Nos questions sur la technique de Rodin? Le guide peut **y** répondre.
   —La sculpture? Nous nous **y** intéressons beaucoup!

   NOTE: **À** + person is replaced by an indirect object pronoun or a disjunctive pronoun. (Disjunctive pronouns will be discussed in the next lesson.)

   —Est-ce que tu sais où se trouve notre guide? Je voudrais **lui** poser une question sur «Le Penseur».

- In the future and conditional tenses of **aller**, **y** is not used:

   —Le musée Rodin est formidable! Je voudrais aussi voir le musée Picasso. Est-ce que tu **irais** avec moi?

> **Jouer à** is used for sports or games; **jouer de** is used with musical instruments.

B. L'usage du pronom *en*

- **En** is used to replace the preposition **de** and its noun object referring to a place or thing. If the noun object refers to a person, a disjunctive pronoun is normally used instead. Typical verbs and verbal expressions whose objects are introduced by **de** are **avoir peur, avoir besoin, parler, se souvenir, penser, discuter,** and **jouer:**

   — Est-ce que tu te souviens du mouvement de révolte étudiant qui a eu lieu en 1986?
   — Oui, je m'**en** souviens bien. On **en** parle toujours.

> **Penser** only requires **de** before a noun object when it is in the interrogative form, when asking for an *opinion*. For example, **Qu'est-ce que tu penses de «American Idol»?** In all other cases, it takes **à**.

---

[2] Auguste Rodin (1840–1917) est un des sculpteurs les plus connus de France. Il est l'auteur du «Penseur», du «Baiser», de «Balzac», etc.

- Nouns preceded by the partitive or an indefinite article are replaced by **en**. The English equivalent *(some/any)* may be expressed or understood, but **en** is always used in French:

  —Tu connais des étudiants qui ont participé aux manifestations *(demonstrations)*?
  —Oui, j'**en** connais plusieurs. Paul et Catherine, par exemple.

- **En** is also used to replace a noun referring to a person or thing preceded by a number or other expression of quantity (**beaucoup de, peu de, trop de, un verre de, plusieurs,** etc.). The noun object and the preposition **de** (if there is one) are replaced by **en**; only the number or expression of quantity remains. Although **en** may not be translated in English, it *must* be used in French:

  —Un grand nombre d'étudiants ont participé aux manifestations, n'est-ce pas?
  —Oui, il y **en** a eu beaucoup. Juste à Metz, ils étaient plus de 100 000!
  —Il y a eu des morts?
  —Malheureusement, il y **en** a eu un, un jeune étudiant de vingt-deux ans.[3]

> *Additional notes on the use of **y** and **en**:*
> - Placement in a sentence follows the same rules as other object pronouns.
> - Past participle agreement is never made with **y** or **en**.
> - In general, **y** replaces **à** + noun; **en** replaces **de** + noun.

Liens culturels: Show a video of French speakers in conversation, either a commercially prepared educational video or a segment from a French film. Point out to students the close physical proximity of French speakers, use of gestures, and polite interruptions.

[3] À la suite de la mort du jeune étudiant Malek Houssékine, Jacques Chirac, qui était Premier ministre à l'époque, a annoncé le retrait de la réforme de l'enseignement supérieur qu'il proposait (1986).

Liens culturels

L'art de discuter

Il y a plusieurs différences entre l'art de discuter chez les Français et chez les Américains. D'abord, les Français se tiennent plus près les uns des autres quand ils se parlent. Mal interprétée quelquefois par les Américains qui y voient un acte agressif, cette coutume reflète tout simplement un moindre besoin d'espace personnel. Ce trait culturel est aussi évident dans les mouvements plus restreints que font les Français, comparés avec les gestes plus expansifs des Américains.

Il est aussi admis dans certains cas d'interrompre son interlocuteur avant qu'il ait terminé sa phrase dans une conversation française, ce qui produit un effet de chevauchement *(overlapping)*. En outre, pendant qu'un Français vous parle, un autre Français commencera peut-être à vous parler aussi. Il faut alors écouter deux conversations en même temps! Alors qu'en général interrompre quelqu'un est considéré comme impoli chez les Américains, l'absence d'interruptions, lors d'une conversation animée chez les Français passe pour une certaine indifférence.

Quelles autres différences est-ce que vous avez remarquées entre les conversations françaises et américaines? Est-ce qu'il y a des différences dans la conversation selon

Imaginez la conversation entre ces deux personnes. De quoi est-ce qu'elles discutent?

la région aux USA? Donnez quelques petits mots et expressions que les Français utilisent pour maintenir la communication (voir le Chapitre 4).

ACTIVITÉS

A. Sondage. Sophie répond aux questions d'un journaliste qui fait un sondage pour *Femme Actuelle,* une revue française destinée aux femmes d'aujourd'hui. Complétez ses réponses en utilisant **y** ou **en**.

1. Les sports? Oui, je m'___y___ intéresse beaucoup.
2. Des enfants? Non, je n'___en___ ai pas.
3. Le cinéma? Oui, nous ___y___ allons souvent.
4. Les élections? Non, je n'___en___ ai pas discuté au bureau.
5. Le bridge? Non, je n'___y___ joue jamais.
6. Plus d'argent? Bien sûr! J'___en___ ai toujours besoin.
7. Des animaux domestiques? Oui, j'___en___ ai deux: un chat et un oiseau.
8. Des amis américains? Oui, j'___en___ ai plusieurs.
9. Le prochain concert de Moby? Oui, nous ___y___ allons.
10. Votre dernière question? Mais j'___y___ ai déjà répondu!

B. Interview. Utilisez les verbes et les mots ci-dessous pour interviewer un(e) camarade de classe. Votre partenaire doit répondre en utilisant un pronom objet (direct, indirect, **y** ou **en**), selon le cas.

MODÈLE: aimer aller à: dans le centre des grandes villes / à la campagne / dans les parcs nationaux
—*Est-ce que tu aimes aller dans le centre des grandes villes?*
—*Oui, j'aime y aller.*
—*Est-ce que tu aimes aller à la campagne?*
—*Non, je n'aime pas beaucoup y aller.*

1. avoir trop (beaucoup, assez) de: temps / argent / ami(e)s / devoirs
2. s'intéresser à: la politique / l'art / la sculpture / les sports
3. connaître: la ville de New York / tous les étudiants de la classe / *(name of one student)*
4. se souvenir de: les devoirs pour aujourd'hui / mon nom / l'anniversaire de tes seize ans
5. aller souvent à: la bibliothèque / la cantine / le café du coin / chez tes grands-parents
6. téléphoner hier à: tes parents / le président de l'université / le professeur

C. La politique. Un homme qui travaille pour la campagne électorale d'un conseiller municipal parle avec un électeur. Remplissez les blancs avec un pronom objet (direct, indirect, **y** ou **en**), selon le cas. N'oubliez pas de faire tous les changements nécessaires.

— Je ne vous dérange pas?
— Non, vous ne (n') ___me___ dérangez pas. Entrez.
— Est-ce que vous vous intéressez à la politique?
— Oui, je me (m') ___y___ intéresse un peu.
— Bon. Je voulais vous parler un peu de Jean Matou, qui se présente au Conseil municipal de votre mairie. Est-ce que vous connaissez Jean Matou?
— Oui, je (j') ___le___ connais. En fait, je (j') ___l'___ ai rencontré à une soirée il n'y a pas longtemps.

— Et vous avez vu ses deux interviews à la télé?
— Euh, je (j') _en_ ai vu une.
— Qu'est-ce que vous _en_ avez pensé?
— Oh, j'ai pensé que… c'était pas mal.
— Très bien, monsieur. J'aimerais préciser quelques points de son programme électoral. Auriez-vous deux minutes?
— Bon. D'accord. Allez-_y_…

L'homme commence à expliquer…
— Enfin, téléphonez-_moi_ si vous souhaitez que je (j') _vous_ donne plus de renseignements.
— D'accord. Je (J') _vous_ téléphonerai si je (j') _en_ ai besoin.
— Une dernière chose: Est-ce que ça vous intéresserait de travailler comme volontaire dans cette campagne?
— Euh… Écoutez, je vais _y_ réfléchir et je (j') _vous_ appellerai.

Interactions

A. Trouvez quelqu'un qui… Posez les questions suivantes à plusieurs étudiants. Trouvez des étudiants pour qui la réponse est vraie. Soyez poli(e) en posant les questions. Dites bonjour, présentez-vous, et puis posez votre question. Après, continuez un peu la conversation. Puis excusez-vous et terminez la conversation. Si possible, utilisez les pronoms **y** et **en** ou des pronoms d'objets directs ou indirects.

Trouvez quelqu'un qui…
aime les mêmes émissions à la télé que vous
est né(e) dans le même état que vous
étudie à la bibliothèque
vient de la même ville que vous
a le même nombre de frères et de sœurs que vous
est volontaire dans la même organisation que vous

B. Au secours. Imaginez que vous perdez souvent les objets qui vous appartiennent. Un(e) camarade de classe va jouer le rôle de votre camarade de chambre. Demandez-lui où vous avez mis des objets importants. (Utilisez les mots utiles ci-dessous.) N'oubliez pas d'engager la conversation comme il le faut. Votre camarade dira qu'il/qu'elle ne sait pas où vous avez mis ces objets, qu'il/qu'elle ne les a jamais vus ou qu'il/qu'elle les a vus récemment et qu'il/qu'elle sait où ils sont.

MOTS UTILES: **sac à dos** [m] *(backpack)*; **livre de français**; **pull-over** [m] **marron**; **sur le plancher** *(floor)*; **dans un tiroir** *(drawer)*; **dans le panier à linge** *(laundry basket)*; **ne… nulle part** *(not anywhere)*

Préparation Dossier personnel

The focus of this chapter is writing an argumentative paper for your portfolio in which you express an opinion and try to convince the reader of your point of view. In order to be most effective, you'll want to address the opposing viewpoint to show that you are at least aware of the contrary position.

1. Choose your topic from the list below or create one of your own.
   a. La possession d'armes à feu devrait être interdite.
   b. Les États-Unis doivent rester neutres en ce qui concerne les conflits à l'étranger à moins qu'il ne s'agisse d'une question de sécurité nationale.
   c. Les responsables d'attentats terroristes devraient être condamnés à la peine de mort.
   d. Il est indispensable de définir le mariage dans la constitution américaine.
   e. Il faudrait avoir des cours de citoyenneté et d'éthique.
   f. Votre choix.
2. After you've chosen your topic, make a list of related vocabulary that might be useful for your paper.
3. Write a list of arguments both supporting and opposing your point of view. In order to make sure that you've listed all the possible positions, show your list to at least one classmate to help you develop your topic.

> **Phrases:** Expressing an opinion; agreeing & disagreeing; weighing alternatives
> **Grammar:** Subjunctive
>
> SYSTÈME-D

Le traité sur l'Union européenne a été conclu par les chefs d'État et de gouvernement des Douze lors du 45e sommet européen à Maastricht (Pays-Bas) en 1991 et est entré en vigueur *(put into effect)* en 1993. C'est un traité d'union économique, monétaire et politique. Les premières élections européennes après Maastricht ont eu lieu en 1994. Le 1er janvier 2002 les monnaies nationales ont été retirées et remplacées par des pièces et des billets en euros (€). L'euro est la seule monnaie utilisée dans l'Union européenne parmi les Quinze pays membres à l'exception du Danemark, de la Suède et de la Grande-Bretagne qui ont décidé de garder leur monnaie nationale (la couronne danoise, la couronne suédoise et la livre sterling britannique). (Adapté de Dominique et Michèle Frémy, *Quid 2004*, pp. 953b-c, 954a)

Leçon 2

Comment exprimer une opinion

 Track 18

Conversation (SUITE)

Rappel: Have you reviewed the placement of object pronouns? (Text p. 219 and Workbook pp. 132–133)

le verre *glass*
une verrière *glass roof*

chouette *neat*
c'est honteux *it's a disgrace*

un squelette *skeleton* / une baleine *whale* / la poussière *dust*

rénover *to renovate*

un souffle de vie *breath of life, a new lease on life*

Premières impressions

Soulignez:
- plusieurs façons de donner son avis
- plusieurs façons de marquer son accord ou son désaccord

Trouvez:
- de quel musée on parle
- ce qu'on a fait

Après le départ de la représentante d'Amnesty International, un jeune couple, Didier et Martine, ont rejoint Émilie à table pour prendre un café. Voici leur conversation.

DIDIER: Au fait, la semaine dernière, je suis enfin allé voir les rénovations du Muséum d'Histoire Naturelle au Jardin des Plantes[4] à Paris.

ÉMILIE: Ah bon? Qu'est-ce que tu en penses?

DIDIER: Eh bien… je trouve que c'est fantastique. Ils ont mis du verre° partout… Il y a une gigantesque verrière° et même des ascenseurs transparents…

MARTINE: Je trouve que c'est idiot, ça!

ÉMILIE: Oh non! Moi, je trouve ça assez chouette°…

MARTINE: Mais pas du tout! C'est honteux°! C'est scandaleux même!

DIDIER: Oui, mais tu sais Martine, au moins, ça permet de voir les squelettes° de baleines°, de girafes et d'éléphants qui, avant ça, amassaient simplement de la poussière°. On redécouvre un musée qu'on avait un peu oublié.

MARTINE: Ah non! Moi, je ne suis pas du tout d'accord! Je trouve que c'est une très mauvaise idée, parce que finalement à Paris, tout ce que l'on voit c'est des musées modernes, rénovés°… avec des pyramides partout et des «Beaubourgs». Finalement, ces belles structures classiques du dix-huitième et du dix-neuvième siècles… , eh bien, il n'y en aura plus à Paris, et c'est quand même dommage!

ÉMILIE: Oui. Mais ils ont gardé la structure d'origine. Moi, je trouve ça bien. Tu vois, c'est un peu la même idée qui a inspiré le musée Beaubourg et la pyramide du Louvre. Une création moderne qui respecte les structures du passé mais qui leur donne un nouveau souffle de vie°. Et puis… c'est bien quand l'architecture du musée reflète l'art qui est exposé dedans, non?

[4] Le Muséum d'Histoire Naturelle est l'héritier du Jardin royal des plantes médicinales créé en 1635 sous Louis XIII. C'est à la Révolution en 1793, qu'un décret de la Convention a institué le musée. Visitez www.mnhn.fr pour voir des images. Le Muséum a été fermé en septembre 1998 pendant plusieurs mois pour des rénovations importantes (*Quid 2004*, p. 495c).

DIDIER: Je suis de ton avis. À propos, vous savez qu'ils sont en train de construire un nouveau musée pour les arts d'Afrique, d'Asie, d'Océanie et des Amériques? C'est l'architecte Jean Nouvel qui est chargé de la conception du bâtiment et des espaces d'exposition. Je me demande à quoi ça va ressembler. J'ai hâte de° voir les premiers dessins°.

MARTINE: Eh bien, moi aussi! Mais j'espère que ça ne sera pas un autre «beau» gâchis° qui va coûter les yeux de la tête°!

À suivre

j'ai hâte de je suis impatient de
un dessin un plan

un gâchis *wasteful mess* / coûter les yeux de la tête coûter une fortune

Observation et analyse

1. Quel est l'avis de Martine sur la rénovation du Muséum d'Histoire Naturelle? Expliquez ses arguments.
2. Est-ce qu'Émilie est d'accord avec elle? Expliquez son point de vue.
3. Quelle est l'attitude de Didier dans le débat? Quel nouveau musée est-ce qu'il mentionne?
4. Est-ce qu'on a rénové beaucoup de musées à Paris? Comment le savez-vous?

Réactions

1. Quels musées est-ce que vous avez visités? Lesquels est-ce que vous préférez et pourquoi?
2. Est-ce que l'apparence d'un musée est importante pour vous? Expliquez.
3. Êtes-vous pour ou contre la rénovation des bâtiments anciens? Justifiez votre réponse. Avec qui est-ce que vous êtes le plus d'accord dans le débat sur le Muséum d'Histoire Naturelle?

Expressions typiques pour…

Demander l'avis de quelqu'un

Quel est ton/votre avis?
Qu'est-ce que tu penses de… ?
Qu'est-ce que vous en pensez?
Est-ce que tu es/vous êtes d'accord avec… ?
Selon toi/vous, faut-il… ?
Comment tu le trouves?/
Comment vous le trouvez?

Exprimer une opinion…

Je (ne) crois/pense (pas) que…
Je trouve que…
À mon avis…/Pour moi…
D'après moi…/Selon moi…
Par contre… (*On the other hand…*)
De plus/En plus/En outre… (*Besides…*)

… avec moins de certitude

J'ai l'impression que…
Il me semble que…
…, vous ne trouvez pas?

After the negative of **croire** and **penser**, the subjunctive is used to imply doubt: **Je ne crois pas qu'il y aille.**

Contrary to several other opinion verbs, **J'ai l'impression que** and **Il me semble que** take the indicative mood, even in the negative and interrogative forms.

Dire qu'on est d'accord

Ça, c'est vrai.
Absolument.
Tout à fait. *(Absolutely.)*
Je suis d'accord (avec toi/vous).
Je suis de ton/votre avis.
Je le crois.
Je pense que oui.
C'est exact/juste.
Moi aussi. (Ni) moi non plus.
   (Me neither.)

Dire qu'on n'est pas d'accord

Ce n'est pas vrai.
Absolument pas.
Pas du tout. *(Not at all.)*
Je ne suis pas d'accord (avec toi/vous).
Je ne le crois pas.
Je pense que non.
C'est scandaleux/idiot/honteux
   (shameful)!
Cependant… *(However …)*
Je ne partage pas entièrement vos
   vues. (très poli)

Exprimer l'indécision

Vous trouvez?
C'est vrai?
C'est possible.
Je ne sais (pas) quoi dire.
Je ne suis pas sûr(e)/certain(e).
On verra.

Exprimer l'indifférence

Ça m'est (tout à fait) égal.
Tout cela est sans importance.
Au fond, je ne sais pas très bien.
Bof!

Mots et expressions utiles

Les arts/L'architecture

la conception *(from* **concevoir***) design, plan*
en verre, en métal, en terre battue *made of glass, metal, adobe*
une œuvre *work (of art)*
rénover *to renovate*

Les perspectives

un gâchis *mess, wasted materials*
honteux/honteuse *shameful*
insupportable *intolerable, unbearable*
laid(e) *ugly*
moche *(familiar) ugly, ghastly*

chouette *(familiar) neat, nice, great*
passionnant(e) *exciting*
remarquable/spectaculaire *remarkable/spectacular*
réussi(e) *successful, well executed*
super *(familiar) super*

s'accoutumer à *to get used to*
attirer *to attract*
convaincre *to convince*
supprimer *to do away with*

Additional vocabulary: déformer la réalité *to alter reality;* la nature morte *still life;* le paysage *landscape;* le portrait *portrait;* représenter la réalité *to represent reality;* la sculpture *sculpture;* la statue *statue;* le tableau *painting*

ACTIVITÉS

A. Entraînez-vous: Un sondage. Un reporter du journal de votre campus fait un sondage sur les idées et les goûts des étudiants. Répondez à ses questions en vous servant des expressions présentées pour donner votre opinion.

> MODÈLE: —Qu'est-ce que tu penses de la musique de… *(current rock group)*?
> —*Moi, je la trouve super!*

1. Est-ce qu'il faut supprimer les contrôles?
2. Faut-il assister à tous les cours pour bien comprendre le français (la philosophie, les mathématiques)?
3. À ton avis, est-ce que… est un(e) bon(ne) président(e) pour notre université?
4. D'après toi, est-ce que les femmes peuvent réussir en politique?
5. Qu'est-ce que tu penses de… *(name of new film)*?
6. Comment tu trouves… *(name of current TV program)*?

B. Les arts. Vous êtes au musée avec un(e) ami(e). Regardez ces œuvres d'art et donnez vos réactions en utilisant les expressions données aux pages 231–232.

Activity B: Expansion: Pass out playing cards with pictures of famous paintings. Put four or five students in a group and have them ask questions and express opinions about the paintings on other group members' cards.

Nicolas Poussin, *L'inspiration du poète*

Paulette Foulem, *Avant le «squall»*

Fernand Léger, *Le remorqueur* (tugboat)

Jacques Louis David, *Portrait de Madame Récamier*

C. À vous! Maintenant c'est à vous de mener une petite enquête sur les idées de vos camarades de classe. Demandez l'avis de quelqu'un sur les sujets suivants en employant les *Expressions typiques pour...* des pages 231–232.

1. les œuvres impressionnistes
2. la peine de mort
3. les rénovations d'un bâtiment sur le campus/en ville
4. la réduction/l'augmentation des impôts
5. le journal de votre école/campus

D. Selon moi... Voici les résumés de plusieurs éditoriaux récents dans le journal de votre ville. Réagissez à chaque opinion en disant si vous êtes d'accord ou non, et pourquoi.

> MODÈLE: Il faut légaliser la marijuana.
> —*Je ne le crois pas. La marijuana est une drogue et je suis contre toutes les drogues.*

1. Le suicide assisté doit rester illégal.
2. Il faut interdire aux gens de fumer dans les bars.
3. M./Mme/Mlle... serait un(e) bon(ne) président(e) pour notre pays.
4. Les jeux de hasard *(gambling)* doivent être légalisés dans tous les états.

Activity D: Expansion: Students create five statements expressing their opinion on a topic. In groups of three or four, they present their opinions and react to each other within the group, using appropriate statements of agreement, disagreement, or indifference.

LA GRAMMAIRE À APPRENDRE

La position des pronoms objets multiples

During the course of a conversation or debate, you occasionally need to use more than one pronoun to refer to previously mentioned persons, things, or ideas. You have already reviewed placement of one object pronoun in *La grammaire à réviser*. Be sure to do the practice exercises in the workbook.

The following chart illustrates pronoun order when you need to use two object pronouns together. Note that the same order applies to negative imperatives:

To help students remember pronoun order, point out the pennant shape of the groupings as well as the braying sound of a donkey for the last two (i.e., "y en" sounds similar to "hee haw").

An additional idea is to bring color-coded 4 x 6 cards showing typical combinations of pronouns and have students make a similar set of cards for themselves.

me			
te	l'		
se	le	le	lui
nous	la	la	leur
vous	les	les	

y en (il y en a)

m'y	m'en
t'y	t'en
s'y	s'en
nous y	nous en
vous y	vous en
l'y (je l'y ai rencontré[e])	lui en
les y (je les y ai rencontré[e]s)	leur en

Note: When in doubt, remember that **en** clings to the verb; **y** also likes to precede the verb.

—Les peintures de Degas? Vous **vous y** intéressez?
  Bien. Je **vous les** montrerai dans quelques minutes.
  Ne **vous en** allez pas...

In affirmative commands, all pronouns follow the verb in the order below and are connected by a hyphen:

verbe	le la les	me (moi) te (toi) lui leur nous vous	y	en

Point out to students that le, la, les come first, y and en are again last in order, and all other pronouns are in the middle.

As you can see, direct object pronouns come before indirect object pronouns, and **y** and **en** are always last.

—Vos sacs et vos paquets à la consigne? Oui, mettez-**les-y.** Ils seront sous bonne garde.

—Vos tickets? Donnez-**les-moi,** s'il vous plaît.

Note that **me** and **te** change to **moi** and **toi** when they are the only or last pronouns after the imperative. However, when they precede **y** or **en,** they contract to **m'** or **t'** and an apostrophe replaces the hyphen.

—Des tableaux de Renoir? Oui, montrez-**m'en.**

ACTIVITÉS

A. Visite au musée d'Orsay. Voici des questions posées par un groupe de touristes à leur guide. Imaginez comment répondrait le guide en substituant des pronoms objets aux mots en italique.

1. Est-ce qu'il y aura beaucoup *de touristes* aujourd'hui?
2. Est-ce que nous devons acheter *les billets au guichet?*
3. Est-ce qu'il faut vous donner *les billets?*
4. Est-ce que nous verrons *des tableaux de Manet dans cette galerie?*
5. Peut-on parler *de l'art moderne à cet artiste qui est en train de peindre?*
6. En général, est-ce qu'on donne *un pourboire aux guides?*

B. Mais je suis ta maman! Une mère donne les conseils suivants à son fils, qui ne l'écoute pas très bien. Répétez chaque conseil en utilisant des pronoms objets appropriés.

1. Mange *ton dîner,* mon petit.
2. Ne donne pas trop *de biscuits à ta sœur.*
3. Sers-toi *de ta fourchette,* s'il te plaît.
4. Attention! Ne te coupe pas *le doigt!*
5. Donne-moi *les allumettes* immédiatement!
6. Ne laisse pas *tes jouets sur le plancher.*
7. Donne *des bonbons à ta grand-mère.*
8. Bonne nuit, mon chou. N'aie pas peur *des monstres.*

Paulette Foulem est une artiste peintre qui vient du Nouveau-Brunswick. Elle habite maintenant à Paris. Connaissez-vous des artistes qui viennent de votre région? Où habitent-ils maintenant?

Native de Caraquet dans le Nouveau-Brunswick, je fus initiée au dessin dès l'âge de 16 ans. Cette passion m'amena, en 1976, à parfaire l'art de la peinture au Québec et quelques années plus tard, à étudier en France la technique du pastel. Depuis vingt-cinq ans, je participe à des expositions tant au Canada qu'en France. Ma première collection au pastel "Acadie, illusion ou réalité", m'a qualifiée comme artiste peintre/pastelliste. Aujourd'hui, on retrouve mes tableaux en Suisse, en France, aux Etats-Unis et, bien sûr, au Canada. En 1989, j'ai fondé une école de peinture, "Couleurs d'Acadie" et en 1997 j'ai créé une galerie d'art du même nom.

Paulette foulem
artiste peintre

FRANCE
6, rue Pinel
75013 Paris
Tél/Fax 33 (0) 1 45 83 37 15
Mel: foulem@net-up.com
www.ifrance.com/Foulem

CANADA
Galerie d'art Couleurs d'Acadie
22, allée des Chenard
Caraquet N.B. E1W1A5
Tél. (506) 727-4079
Mel: galerie@couleursacadie.nb.ca
www.couleursacadie.nb.ca

C. Sondage. Circulez et posez les questions suivantes à plusieurs camarades de classe, qui répondront avec des pronoms, si possible. N'oubliez pas de saluer la personne et de lui dire au revoir. Après, dites à la classe une ou deux choses intéressantes que vous avez apprises.

1. Est-ce que tu as vu une exposition d'art au musée récemment? Si oui, laquelle?
2. Tu as pris un bon repas dans un restaurant récemment? Si oui, où?
3. Tu as regardé une bonne émission à la télévision chez toi récemment? Si oui, laquelle?
4. Est-ce que tu dois faire des recherches *(research)* à la bibliothèque cette semaine? Si oui, sur quoi?
5. Tu as parlé de ta note au professeur de français récemment? Si oui, pourquoi?
6. Tu vas bientôt donner un cadeau à ton meilleur ami/ta meilleure amie? Que penses-tu lui acheter?

LA GRAMMAIRE À APPRENDRE

Les pronoms disjoints

moi	nous
toi	vous
lui	eux
elle	elles

When expressing opinions in French, you often need to use a special group of pronouns called disjunctive pronouns in order to:

- emphasize your opinions

    —**Moi,** je trouve cette idée déplorable!

- or say with whom you agree or disagree

    —Je suis d'accord avec **lui**; c'est une idée absurde.

These and other functions of disjunctive pronouns are summarized below.

L'usage des pronoms disjoints

- To emphasize a word in a sentence:

    —**Toi,** tu ne sais pas ce que tu dis.
    You don't know what you are saying.

    —Je ne te comprends pas, **moi.**
    I don't understand you.

    —Mais non. Ce n'est pas **moi** qui ne sais pas où j'en suis. C'est **toi!**
    No, I'm not the one who is confused. You're the one!

In French, emphasis is achieved by the addition of a disjunctive pronoun or **c'est/ce sont** + disjunctive pronoun.

- To express a contrast:

    Moi, je suis contre la peine de mort. Et **toi,** qu'est-ce que tu en penses?

- After most prepositions:

    —Pour **moi,** l'idée même de la peine de mort est insupportable.

    …Mes parents? Selon **eux,** la peine de mort est justifiable.

NOTE: **Y** replaces the preposition à + a place or thing, and the indirect object pronouns replace à + a person. However, with expressions such as **penser à/de, faire attention à, s'habituer à, s'intéresser à, faire référence à, s'adresser à,** and **être à,** disjunctive pronouns are used after à or **de** when the object is a person.

> — Qu'est-ce que vous pensez de ce nouvel homme politique, Alexandre? Qu'est-ce que vous pensez de **lui**?
> — Oh, je m'intéresse beaucoup à **lui**. Il me semble sincère.

- In compound subjects:

    —Mon mari et **moi,** nous ne sommes pas de votre avis.

Notice that the plural subject pronoun may be used in addition to the disjunctive pronoun.

- In one-word questions and answers without verbs:

    —Qui est d'accord avec nous?

    —**Moi!**

    —Et **toi,** Sonia?

- After **c'est/ce sont** in order to carry out the function of identifying*:

    —C'est **elle** qui trouve cet homme sans défaut.

NOTE: **C'est** is used in all cases except for the third-person plural, which takes **ce sont.**

> —C'est **nous** qui avons raison; ce sont **eux** qui ont tort.

- In comparisons after **que:**

    —Évidemment, Sonia n'est pas du même avis que **toi.**

- In the negative expressions **ne… ni… ni** and **ne… que:**

    —Elle n'écoute que **toi.** Elle n'écoute ni **lui** ni **moi.**

- With the adjective **-même(s)** to reinforce the pronoun:

    —Peut-être que Sonia **elle-même** devrait être candidate!

    Maybe Sonia should run for office herself!

---

* See **Chapitre 3, Leçon 1.**

Quelle est la valeur d'un musée comme France Miniature? Est-ce qu'il y a un musée comme France Miniature aux États-Unis? Si oui, où est ce musée?

France Miniature: Sur une immense carte en relief, sont regroupées les plus vieilles richesses de la France: 166 monuments historiques, 15 villages typiques des régions, les paysages et les scènes de la vie quotidienne à l'échelle *(scale)* du $\frac{1}{30}^{\text{ième}}$… au cœur d'un environnement naturel extraordinaire. *(France Miniature,* Groupe Musée Grévin)

ACTIVITÉS

A. Au musée. Un groupe d'amis se retrouvent au musée du Louvre, où ils discutent de leurs tableaux préférés. Créez de nouvelles phrases en substituant les sujets entre parenthèses aux mots en italique. Changez aussi les pronoms disjoints en italique.

1. J'adore ce tableau de Delacroix. Selon *moi*, c'est sa meilleure œuvre. (Catherine / Tu / Tes sœurs)
2. *Éric* n'est pas d'accord avec *moi*. (Je, Éric / Nous, Éric et toi / Muriel et toi, tes amis)
3. *Éric* va peindre un tableau *lui-même*. (Nous / Je / Tom et Pierre)
4. Qui va au premier étage pour voir les œuvres de Rubens? *Moi!* (Anne et Sylvie / Toi / Éric et toi)
5. C'est *Catherine* qui est perdue! (nous / Chantal et Luc / Marc)

B. Questions indiscrètes. Posez les questions suivantes à un(e) ami(e). Faites un résumé de ses réponses à la classe.

MODÈLE: Est-ce que c'était ta mère qui préparait ton petit déjeuner quand tu étais à l'école primaire?
—*Oui, c'était elle qui préparait mon petit déjeuner quand j'étais à l'école primaire.*

1. Est-ce que ton (ta) camarade de chambre fait plus souvent la cuisine que toi?
2. Est-ce que tu nettoies l'appartement/la maison toi-même?
3. À qui est la télé chez toi?
4. Ton (Ta) camarade de chambre et toi, vous sortez souvent ensemble?
5. D'habitude, est-ce que ton (ta) camarade de chambre a plus de travail à faire que toi?

Liens culturels

Trois grands musées

Le musée d'Orsay: En 1986, l'ancienne gare d'Orsay a été transformée en musée de l'art du XIXe siècle. Il contient les œuvres réalistes, impressionnistes, post-impressionnistes et fauves des années 1850 à 1914. Ces œuvres étaient autrefois exposées au Jeu de Paume, au musée Rodin, à Versailles et dans beaucoup d'autres petits musées et entrepôts *(warehouses)* dispersés dans Paris.

Le musée d'Orsay

Le centre Beaubourg: Le Centre National d'Art et de Culture Georges Pompidou est situé dans le vieux quartier Beaubourg. Bien qu'on ait commencé sa construction pendant la présidence de Pompidou (1969 à 1974), ce musée d'art moderne n'a été fini qu'en 1977, après sa mort. Il a été fermé entre 1997 et 2000 pour des rénovations. Aujourd'hui, il continue à attirer l'attention à cause de son architecture singulière. Adoré ou détesté des Français, le centre Beaubourg est un des musées les plus fréquentés de Paris.

Le centre Beaubourg

Le Louvre: L'ancienne résidence des rois au XVIe et au XVIIe siècles est devenue un musée entre 1791 et 1793. Sous la présidence de François Mitterrand, on y a ajouté un niveau souterrain, dessiné par l'architecte sino-américain I.M. Pei. Pour donner de la grandeur à l'entrée, Pei a fait construire une grande pyramide en verre de vingt mètres de hauteur entourée de trois pyramides plus petites, jointes par des fontaines.

Le Louvre

Qu'est-ce que vous pensez de l'esthétique de ces musées très différents les uns des autres? Laquelle est-ce que vous préférez et pourquoi? Est-ce que vous vous intéressez à l'architecture? Expliquez. Est-ce que vous avez un musée américain préféré? un bâtiment préféré?

Liens culturels: Bring in slides or photos of these three museums, as well as photos of some of the famous works housed in them.

Interactions

A. Imaginez. Jouez le rôle d'un homme/d'une femme politique qui se présente aux élections. Votre partenaire sera un électeur/une électrice qui n'a pas encore décidé pour qui il/elle va voter. Il/Elle posera des questions pour déterminer l'opinion du candidat/de la candidate que vous jouez.

SUJETS SUGGÉRÉS: la peine de mort, la réduction du déficit national, la pollution, le terrorisme international, le droit aux soins médicaux, la sécurité sociale, le chômage

B. Petits débats. Travaillez en groupes de trois étudiants. La première personne exprimera son avis sur un sujet et demandera l'avis de la deuxième personne. Après cela, la troisième personne dira s'il/si elle est d'accord ou pas et expliquera pourquoi.

MODÈLE: la loi qui interdit aux jeunes de dix-huit à vingt et un ans de boire de l'alcool
—*À mon avis, cette loi n'est pas juste. Qu'est-ce que tu en penses?*
—*Je suis d'accord avec toi. Si on peut être envoyé à la guerre à dix-huit ans, on doit avoir le droit de boire de l'alcool au même âge.*
—*Mais non, je ne suis pas de ton avis. Il y a trop d'accidents de voiture causés par de jeunes conducteurs ivres.*

1. la cohabitation avant le mariage
2. la violence dans les films
3. Howard Stern/les médias
4. l'immigration
5. le mariage gai
6. (votre choix)

Premier brouillon Dossier personnel

1. Use the vocabulary and arguments that you brainstormed in *Leçon 1* to begin writing your first draft. Write an introductory paragraph in which you inform your reader of the object of your discussion.
2. Describe your point of view and then the opposing point of view. Give a response to each opposing argument and explain the reason for your opposition.
3. Present several solutions, choices, or possibilities and then write a possible conclusion.

Phrases: Writing an essay; persuading; expressing an opinion; agreeing & disagreeing
Grammar: Subjunctive

SYSTÈME-D

Comment exprimer la probabilité

Conversation (CONCLUSION)

 Track 19

Premières impressions

Soulignez:

- les mots et les expressions que ces jeunes gens utilisent pour exprimer la probabilité ou l'improbabilité de certains événements

Trouvez:

- de quel problème on parle (citez deux exemples qui sont donnés)

Les jeunes amis continuent à discuter à la brasserie. Fabien est revenu de sa petite réunion.

ÉMILIE: Oui, on s'occupe beaucoup des problèmes à l'étranger. Enfin, je ne sais pas ce que tu en penses, mais on devrait plutôt s'occuper de ce qui se passe chez nous.

MARTINE: Oui, mais il ne me semble pas qu'il y a autant de problèmes ici qu'ailleurs.

DIDIER: On a quand même un gros problème avec l'immigration et le racisme, tu ne trouves pas?

MARTINE: Non, pas tellement… je trouve que finalement les choses vont assez bien.

DIDIER: On ne peut pas dire qu'on n'ait pas de problèmes de racisme!

ÉMILIE: Et un des résultats est le climat d'insécurité dans les banlieues° surtout celles habitées par les immigrés nord-africains.   **la banlieue** *suburbs*

MARTINE: Ça fait la une des journaux° et la télé aime bien faire peur. Mais au fond°, j'ai l'impression que la plupart des Nord-Africains maintenant se sentent français. Il y en a beaucoup qui sont nés ici et qui sont allés à l'école ici.   **la une des journaux** *front page* **au fond** *basically*

ÉMILIE: Oui, mais beaucoup sont au chômage. En plus, beaucoup se plaignent° d'une grande discrimination dans le travail.   **se plaindre** *to complain*

FABIEN: Tu sais, avec la récession économique qui s'aggrave° de jour en jour, il est possible que ces difficultés empirent°, au moins pendant quelques temps.   **s'aggraver** *to get worse* **empirer** *to worsen*

MARTINE: Mais enfin, il faut avoir un peu plus d'espoir et de confiance dans les gens. Je parie° que les choses s'arrangeront. On trouvera des solutions. Et ce n'est pas uniquement français d'ailleurs. C'est comme ça en Amérique depuis les années 80.   **parier** *to bet*

DIDIER: Oui, mais en France c'est peut-être plus un problème de culture et de religion que de race. Ce n'est pas facile pour une minorité ethnique musulmane de s'intégrer dans une civilisation catholique…

Observation et analyse

1. Qui dans la conversation est optimiste? Qui ne l'est pas?
2. Décrivez l'évolution de la société selon Martine.
3. Pourquoi est-ce qu'il y a un problème d'intégration pour les Nord-Africains parmi les Français? Pour la deuxième génération de Nord-Africains, comment est-ce que ce problème va peut-être se résoudre *(to be solved)*?
4. Dans le dialogue, avec qui est-ce que vous êtes d'accord? Pourquoi?

Réactions

1. Est-ce que vous avez un grand-parent ou un arrière-grand-parent qui a émigré d'un pays étranger pour venir en Amérique? De quel pays?
2. Quelles sortes de problèmes est-ce qu'un nombre croissant *(increasing)* d'immigrants pose à un pays?
3. Est-ce qu'il y a des événements dans les années récentes qui peuvent nous faire réfléchir au problème du racisme aux États-Unis? Expliquez.

Expressions typiques pour…

Exprimer la probabilité des événements

*(The following expressions all take the indicative mood. Those with **devoir** are followed by an infinitive.)*

D'aujourd'hui ou de l'avenir
Sans doute qu'ils viendront dans quelques minutes.
Il est probable qu'ils viendront en voiture.
Ils doivent être en route *(must be on the way)*.
Il est probable qu'ils s'excuseront.

Du passé
Ils ont été retenus *(held up)* sans doute.
Ils ont dû partir en retard *(must have gotten a late start)*.
Ils ont probablement oublié de nous téléphoner.
Ils devaient arriver à trois heures.

Exprimer l'improbabilité des événements

(The following expressions all take the subjunctive mood.)

Il ne semble pas que ce manque de ponctualité soit typique.
Il est improbable qu'ils aient oublié notre rendez-vous.
Il est peu probable qu'ils aient eu un accident de voiture.
Il est douteux qu'ils viennent.
Cela me semble peu probable qu'il ait oublié notre rendez-vous.

Mots et expressions utiles

L'immigration et le racisme

un(e) **immigrant(e)** *newly arrived immigrant*
un(e) **immigré(e)** *an immigrant well established in the foreign country*

un **bouc émissaire** *scapegoat, fall guy*
la **main-d'œuvre** *labor*
maghrébin(e) *from the Maghreb (Northwest Africa: Morocco, Algeria, Tunisia)*

l'**accueil** [m] *welcome*
accueillant(e) *welcoming, friendly*

la **banlieue** *the suburbs*
les **quartiers** [m pl] **défavorisés** *slums*

s'**accroître** *to increase*
s'**aggraver** *to get worse*
blesser *to hurt*
croissant(e) *increasing, growing*
éclairer *to enlighten*
empirer *to worsen*
répandre *to spread*
rouer quelqu'un de coups *to beat someone black and blue*

le **chômage** *unemployment*
un **chômeur/une chômeuse** *unemployed person*

un **incendie** *fire*
une **manifestation/manifester** *demonstration, protest (organized)/to demonstrate, protest*
une **menace** *threat*
la **xénophobie** *xenophobia (fear/hatred of foreigners)*

Additional vocabulary: s'étendre *to spread;* se manifester *to arise, emerge;* un soulèvement *spontaneous uprising*

❧ Mise en pratique ❧

Depuis les élections présidentielles de 2002 et le succès du chef de file *(party leader)* du Front National (FN), Jean-Marie Le Pen, les exemples de racisme se multiplient en France. Le FN profite du **chômage** qui s'**aggrave** pour promouvoir une idéologie que beaucoup considèrent xénophobe. Quand Le Pen est arrivé au deuxième tour, beaucoup de Français, choqués par ce résultat, sont descendus dans la rue pour **manifester.** En 2004, la question de la division de la France entre les «Français de souche» *(French origin)* et les **immigrés maghrébins** est revenue à l'actualité. Cette fois-ci, la laïcité *(secularism)* des écoles publiques a été remise en question quand environ 3 000 personnes (en majorité des jeunes femmes d'origine maghrébine) ont défilé le 23 décembre 2003 pour manifester contre une proposition de la loi anti-foulard *(scarf)* et en faveur du port du foulard *(Le Monde.fr,* 10 janvier 2004). Le Conseil des ministres a approuvé le mercredi 28 janvier 2004 le projet de loi sur la laïcité interdisant *(banning)* le port de signes religieux ostensibles à l'école *(lefigaro.fr,* 28 janvier 2004), mais les **manifestations** (surtout de la part des jeunes musulmanes) continuent.

You might want to ask students these follow-up questions: Quelle est votre réaction à cette loi? Est-ce que des problèmes similaires existent aux USA?

See *Chapitre 7* for a review of the future tense.

ACTIVITÉS

A. Entraînez-vous: Imaginez. Jouez le rôle de quelqu'un qui peut prédire l'avenir. Créez deux prédictions avec les mots donnés ci-dessous et une expression de probabilité ou d'improbabilité.

> MODÈLE: … le prochain président des États-Unis sera…
> —*Il est très probable que le prochain président des États-Unis sera une femme.*
> —*Il est peu probable que je sois le prochain président des États-Unis.*

1. … le film qui gagnera l'Oscar du «meilleur film» de l'année sera…
2. … je finirai mes études universitaires en…
3. … je me marierai avec…
4. … j'aurai… enfants.
5. … je serai… (profession)
6. … (votre choix)

Activity B: Written preparation in advance may be helpful.

B. Ça continue… Voici des phrases tirées d'un journal français. Finissez chaque phrase en utilisant les *Mots et expressions utiles.*

1. Depuis quelques années, les incidents entre _____ et les Français se multiplient.
2. À cause de la crise économique et du _____, beaucoup de Français reprochent aux étrangers de s'approprier le travail revenant de droit aux nationaux.
3. Frédéric Boulay, un _____ de vingt-deux ans, a tué deux ouvriers turcs et en _____ cinq autres. Il a dit que c'était à cause de la _____ étrangère qu'il était sans travail.
4. Dans le 20e arrondissement de Paris, de septembre à décembre, trois _____ ont eu lieu dans des immeubles habités par des immigrés. Le feu a donc détruit leur logement.
5. S.O.S.–Racisme[5] a organisé une _____ antiraciste qui a rassemblé entre 200 000 et 400 000 personnes. Aujourd'hui, ce groupe continue à être actif dans la campagne contre le racisme avec d'autres groupes, comme l'Obu (Organisation des banlieues unies).

C. Vous êtes le prof. Vos élèves ne comprennent pas les expressions et mots suivants. Aidez-les en donnant un synonyme pour chaque expression dans le premier groupe et un antonyme pour chaque expression dans le deuxième groupe. Utilisez les *Mots et expressions utiles.*

Synonyme	Antonyme
1. battre quelqu'un	1. améliorer
2. faire du mal à quelqu'un	2. un travailleur
3. un secteur pauvre d'une ville	3. le vrai responsable
4. le feu	4. diminuer

---

[5] Les étudiants qui s'intéressent à ce groupe peuvent s'informer en visitant le site Internet de S.O.S.–Racisme (www.sos-racisme.org).

D. Qu'est-ce qui s'est probablement passé? Pour chacun des événements suivants, donnez une explication plausible.

> MODÈLE: Votre ami arrive en retard pour votre rendez-vous.
> —*Tu as dû partir en retard.*

1. Votre mari/femme ne vous offre rien pour votre anniversaire.
2. Votre enfant, au bord des larmes *(tears)*, vient vous voir.
3. Votre camarade de chambre veut vous emprunter $200.
4. Il est sept heures du matin et on dit à la radio que l'université sera fermée aujourd'hui.

LA GRAMMAIRE À APPRENDRE

Le verbe *devoir*

A. One of the principal ways of expressing probability is to use **devoir** + infinitive. (Remember that when **devoir** is followed directly by an object it means *to owe*.) Note the difference in meaning implied by each tense.

Présent:	Tu **dois** avoir raison, mon pote *(familiar—friend)*. *(must, probably)*
Imparfait:	Je ne **devais** pas faire attention. *(was probably)*
Passé composé:	J'ai **dû** oublier de fermer la porte à clé. *(must have)*

B. Devoir also may be used to express necessity or moral obligation, as in the following examples:

Présent:	Nous **devons** réexaminer le problème de l'immigration clandestine aux États-Unis. *(must, have to)*
Passé composé:	L'année passée, les douaniers **ont dû** arrêter plus de 1,8 million de personnes qui essayaient d'entrer illégalement dans le pays. *(had to)*
Imparfait:	Autrefois, nous ne **devions** pas nous préoccuper de ce problème. *(used to have to)*
Futur:	Je crois que le président **devra** proposer de nouvelles mesures. *(will have to)*
Conditionnel:	Combien d'immigrants par an un gouvernement **devrait**-il accepter? *(should)*
Conditionnel passé:	Nous **aurions dû** étudier ce problème plus tôt. *(should have)*

ACTIVITÉS

A. Questions indiscrètes. Posez les questions suivantes à un(e) ami(e). Faites un résumé de ses réponses à la classe.

1. Qu'est-ce que tu dois faire ce soir?
2. Est-ce que tu devras travailler ce week-end aussi?
3. Tu dois être un(e) étudiant(e) exemplaire, non?
4. Quand tu étais petit(e), est-ce que tu recevais de l'argent de poche *(pocket money)* de tes parents? Quels genres de travaux ménagers *(chores)* est-ce que tu devais faire pour gagner cet argent?
5. Tu as dû être un(e) enfant sage, n'est-ce pas?
6. D'après toi, à quel âge est-ce que les parents devraient permettre aux enfants de sortir seuls?

B. Une lettre. Vous avez consenti à traduire en français une lettre écrite par les parents d'un(e) de vos ami(e)s aux propriétaires d'un petit hôtel à Caen. Voici la lettre en anglais.

> Dear Mr. and Mrs. Lesage,
>
> You probably do not often receive letters from Americans, but my husband and I have to tell you how much we enjoyed your hotel this summer.
>
> Everyone was so friendly there, and the accommodations (**l'héberge-ment**) were great! We must have stayed at a dozen hotels during our trip, but yours was without any doubt the best.
>
> We thank you once again for the warm (**chaleureux**) welcome that you gave us.
>
> Sincerely,
> Linda and Charles Jackson

C. Grand-mère passe la journée avec ses petits-enfants. Finissez la conversation en remplissant les blancs avec la forme correcte du verbe **devoir**.

1. Il fait froid dehors, Claude. Tu _____ mettre un pull.
2. Quand ta mère était petite, elle _____ aimer jouer dehors aussi.
3. La soupe que j'ai préparée au déjeuner était vraiment délicieuse. Ta sœur et toi, vous _____ vraiment en manger!
4. Il pleut. Je pense que nous _____ rester dedans.
5. Je n'ai pas entendu la sonnette *(doorbell)*. Je _____ sûrement dormir.
6. Le bébé ne pleure plus. Il _____ s'endormir *(fall asleep)*.
7. Après 2020, les gens _____ penser davantage au nombre croissant de personnes âgées, comme moi!

D. Qu'est-ce qu'on doit faire? Répondez en deux phrases aux questions suivantes avec un(e) camarade de classe. Notez vos conclusions.

1. Qu'est-ce qu'on doit faire pour les sans-abri *(homeless)*?
2. Qu'est-ce qu'on aurait dû faire pour empêcher la Seconde Guerre mondiale?
3. Qu'est-ce qu'on devrait faire pour améliorer les écoles américaines?
4. Qu'est-ce qu'on aurait dû faire pour éviter l'attentat du 11 septembre 2001 à New York?

La France et l'immigration

Le nombre des immigrés qui vivent en France est estimé à 4,3 millions (*Francoscopie 2003*, p. 231). L'élection présidentielle de 2002 a montré que l'immigration et la place des étrangers dans la société provoquent toujours de nombreux débats, en particulier sur les questions de religion et de culture. Être fier de sa culture et s'intégrer dans la culture française est parfois un problème pour des personnes d'origine étrangère.

Dans l'extrait suivant d'un livre autobiographique intitulé *La France et les Beurs* (personnes nées en France de parents nord-africains), Zaïr Kédadouche, un ancien joueur de football professionnel du Paris-Football Club, qui est maintenant président de l'association Intégration France, réfléchit sur la vie actuelle.

Il y a aujourd'hui en France des murs invisibles entre les gens: les Noirs, les Arabes, les Juifs, les Blancs, les pauvres, les riches... L'ethnicisation des rapports sociaux est dangereuse: sans mixité sociale, pas de mobilité sociale, et pas d'intégration. Comment faire pour que les Français ne soient pas les membres interchangeables de tribus distinctes aux intérêts inconciliables? [...] La société française considère encore les immigrés comme différents—les discriminations dont ils sont victimes en témoignent aisément—pourquoi ne veut-elle pas le reconnaître? La question de l'immigration souffre d'un immense non-dit. [...] Le langage lui-même souffre de tabous. «Arabe», «immigré», «Islam» sont devenus des mots quasiment *(almost)* imprononçables. [...] Nous avons la chance en France d'être libres d'émettre une opinion, de critiquer, d'analyser, quel que soit le sujet. Or *(And yet)*, il y a encore des sujets auxquels on n'ose *(dare)* pas toucher. [...]

L'Algérie est trop souvent associée à des images négatives: attentats, terrorisme, fanatisme... Beaucoup de Beurs sont gênés, voire *(indeed)* honteux, quand on évoque l'Algérie. Ils ont du mal à en parler, même quarante ans après. La douleur est toujours présente. Pourtant, ils sont fiers d'être algériens. Au conseil d'administration du lycée auquel je participe, une Beurette de dix-sept ans m'a demandé un jour si j'étais algérien, ce à quoi j'ai répondu que j'étais français, d'origine algérienne. Elle m'a dit: «Mais vous n'êtes pas fier d'être algérien? Parce que moi, je le suis.»

Êtes-vous fier (fière) de votre culture et des origines de votre famille? Expliquez. D'après vous, pourquoi les discussions sur l'immigration sont-elles difficiles en France? Selon l'auteur, Zaïr Kédadouche, pourquoi les jeunes Beurs ont-ils du mal à s'intégrer en France? Quels sont les grands points de discussion sur l'immigration aux États-Unis?

Extrait de Zaïr Kédadouche, *La France et les Beurs,* © Editions de La Table Ronde, 2002, pp. 28, 66, 68, 75.

La guerre d'Algérie, une guerre d'indépendance qui a opposé l'Algérie à la France, s'est terminée en 1962, après sept ans de conflits violents.

Liens culturels: A song that could be used to discuss the themes of racism and human equality is «Être né quelque part» by Maxime Le Forestier.

Les adjectifs et les pronoms indéfinis

The indefinite pronouns **quelque chose** and **quelqu'un** are both singular and masculine. Adjectives that modify these pronouns follow them and are introduced by **de**.

Exemples: J'ai vu **quelque chose de** sympathique aujourd'hui. Il y avait des jeunes qui parlaient avec **quelqu'un de** bizarre dans le métro et qui essayaient de l'aider.

Indefinite adjectives and pronouns are useful for carrying out practically any function of language. Examples of the more common adjectives and pronouns are given below.

Adjectifs	Pronoms
quelque, quelques *some, a few*	quelque chose (de) *something* quelqu'un *someone, somebody* quelques-un(e)s *some, a few*

Il y a **quelques** jours, des terroristes ont pris des otages.
Quelques-uns des otages sont français.

chaque *each*	chacun(e) *each one*

Les preneurs d'otages ont pris une photo de **chaque** otage.
Comme on pouvait s'y attendre, **chacun** avait l'air pâle et effrayé.

The final **s** of **tous**, normally silent, is pronounced when it is used as a pronoun.

tout(e) (avant un nom singulier sans article) *every, any, all*	tous, toutes *all*

On a perdu presque **tout** espoir parce que les otages sont **tous** accusés d'espionnage.

tout, toute, tous, toutes *all, every, the whole*	tout (invariable) *everything*

On espère que **toutes** les personnes enlevées seront bientôt libérées.
Mais **tout** doit être fait pour éviter un affrontement *(confrontation)* militaire.

plusieurs (invariable) *several*	plusieurs (invariable) *several*

Les preneurs d'otages ont **plusieurs** fois menacé la vie des prisonniers.
On a peur que **plusieurs** d'entre eux ne soient déjà morts.

ACTIVITÉS

A. Écoutez-moi! Voici les phrases tirées d'un discours prononcé par un étudiant qui est candidat à la présidence du gouvernement étudiant. Complétez chaque phrase selon votre imagination.

1. Je crois que vous, les étudiants, êtes tous…
2. Si je suis élu, chaque étudiant recevra…
3. Quant au stationnement sur le campus, je promets que tous les étudiants…
4. De plus, je crois que tout professeur devrait…
5. J'ai plusieurs idées pour améliorer la qualité de la nourriture universitaire, par exemple…
6. Maintenant, si vous aimez mes idées, il faut que chacun de vous…

B. À la bibliothèque. Camille doit faire un exposé en classe sur l'art impressionniste. Elle se rend donc à la bibliothèque universitaire de la Sorbonne pour y faire des recherches. Complétez sa conversation avec l'employée de la bibliothèque en ajoutant les adjectifs et les pronoms indéfinis appropriés.

CAMILLE: Bonjour, madame.

L'EMPLOYÉE: Bonjour, mademoiselle.

CAMILLE: Pourriez-vous m'aider? J'ai besoin de _____ *(several)* livres sur l'art impressionniste.

L'EMPLOYÉE: Oui, alors, consultez ce catalogue et notez les livres que vous désirez voir… Voilà _____ *(a few)* de nos livres et _____ *(several)* de nos diapositives *(slides)*. Vous ne voulez probablement pas _____ *(all)* ces livres?

CAMILLE: Euh, je ne sais pas. Je voudrais regarder _____ *(everything)* ce que vous m'avez apporté, si c'est possible.

L'EMPLOYÉE: Bien sûr, mademoiselle. Prenez votre temps pour étudier le _____ *(everything)*.

Activity B: You may want to point out to students that many French libraries do not operate on a self-service basis like American libraries. You must have a library card to enter the library and often are not permitted to search for books yourself. Instead, you fill out request slips and give them to library personnel, who then bring the materials to you. Note that the library in the **Centre National d'Art et de Culture Georges Pompidou** and the local municipal libraries in France are exceptions and do permit visitor browsing.

C. Répondez sans réfléchir. Dites la première chose qui vous vient à l'esprit. Posez les questions en français. Travaillez avec un(e) camarade de classe.

1. Name (**Nommez**) several French presidents.
2. Name each French professor you know.
3. Name someone interesting.
4. Name some French singers.
5. Think of (**Pensez à**) something orange.
6. Think of all the French cars you know.
7. Name several American cities with French names. Give the name of the state where each one is located.
8. Think of several famous French cities.

Interactions

A. Imaginez… En groupes de trois étudiants, imaginez le monde et les États-Unis dans trois ans et puis dans dix ans. Quels changements est-ce qu'il y aura dans la vie de tous les jours? Quels événements ont peu de chance d'avoir lieu? Écrivez un petit résumé de vos prédictions pour les deux périodes. Expliquez aux autres étudiants de la classe ce que vous avez écrit et parlez des différences et des similitudes dans vos réponses.

B. Dans un grand magasin. Imaginez que vous travaillez dans un grand magasin au rayon des vêtements femmes ou hommes. Votre partenaire sera un client/une cliente qui veut se faire rembourser pour un pullover qu'il/qu'elle a visiblement porté plusieurs fois. Discutez des choses suivantes: s'il est probable qu'il/qu'elle a porté le pull; s'il est probable que le magasin va rembourser la personne pour le pull, etc. Expliquez au client/à la cliente qu'il/elle peut parler avec le directeur, etc.

MOTS UTILES: **rendre quelque chose** *(to return something)*; **porté** *(worn)*; **un remboursement** *(refund)*; **un échange**; **sale** *(dirty)*; **il manque un bouton** *(it's missing a button)*; **détendu** *(stretched-out [material])*; **ne servir à rien** *(to do no good)*

Deuxième brouillon  Dossier personnel

1. Write a second draft of your paper from *Leçon 2,* incorporating more detail and adding examples to illustrate your point of view or the opposing point of view.

2. To make your arguments more forceful and organized, insert some of the following expressions:

Phrases: Writing an essay; expressing an opinion; agreeing & disagreeing, weighing alternatives
Grammar: Subjunctive

EXPRESSIONS UTILES: **Commençons par…; il faut rappeler que…; il ne faut pas oublier que…; par conséquent…; contrairement à ce que l'on croit généralement…; de plus…; en tout…; enfin…; en premier (second, troisième, dernier) lieu…; il est possible que…; il se peut que…; mais…; il n'en est pas question parce que…; quant à** *(as far as)***…; il est certain que…; d'autre part…**

Synthèse

 ## Activités vidéo

Turn to **Appendice B** for a complete list of active chapter vocabulary.

Avant la vidéo

1. Les Américains manifestent-ils? Pour quelles raisons ou causes? Avez-vous déjà assisté à une manifestation? Pourquoi ou pourquoi pas?
2. Est-ce que les États-Unis ont des problèmes d'immigration? Lesquels? Est-ce que vous pouvez suggérer des solutions? À votre avis, est-ce que l'immigration est une bonne chose? Faites une liste de ses aspects positifs et de ses aspects négatifs, puis comparez votre liste avec celles de vos camarades.

Après la vidéo

1. Contre quoi est-ce que Lucas a manifesté? Quelle est l'opinion de Charles-Emmanuel? Et de la troisième personne?
2. Les personnes de la vidéo sont-elles pour ou contre l'immigration? Faites une liste de leurs raisons. Ensuite, comparez-la avec les listes que vous et vos camarades avez faites au sujet de l'immigration aux États-Unis. Y a-t-il des points communs?

II. *Hugo le terrible* de Maryse Condé

Avant la lecture

Sujets à discuter

Maryse Condé

- Est-ce que vous avez déjà visité une île des Caraïbes (des Antilles) comme la Guadeloupe ou Haïti? Laquelle? Quand? Expliquez les circonstances. Parlez, par exemple, de la population locale et de l'endroit où vous avez logé, des contacts que vous avez eus avec les gens, de vos impressions sur la population locale. Si vous n'avez pas visité d'îles des Caraïbes, comment imaginez-vous ces endroits?
- La discrimination est ainsi définie dans le dictionnaire *Le Petit Robert*: «le fait de séparer un groupe social des autres en le traitant plus mal». Quelles sortes de discrimination existent dans le monde? Sur quoi est-ce que la discrimination est basée? Pourquoi est-ce qu'il est difficile de mettre fin à la discrimination?
- Est-ce que vous avez déjà vu ou subi un cyclone, une tornade ou un tremblement de terre? Sinon, connaissez-vous quelqu'un qui a été victime d'une telle catastrophe mais qui y a survécu? Expliquez les circonstances.
- Connaissez-vous quelqu'un qui est photographe pour un journal, un magazine ou pour la télévision? Si oui, expliquez. Pensez-vous qu'il y a beaucoup de concurrence entre les journalistes pour obtenir les premières images d'un événement?
- Quelles sortes de risques est-ce que les photographes ou les photo-journalistes prennent? Quelles circonstances dangereuses ou difficiles justifient, à votre avis, la bravoure de certains d'entre eux? Qu'est-ce qui vous paraît extrême?

Stratégies de lecture

D'après le contexte. En utilisant le contexte et la structure de chaque phrase, trouvez dans la liste suivante une expression équivalente aux mots soulignés.

expérimenté(e)	très vite
gaspillé(e)	travailler aux côtés de
choqué(e)	se promener dans les rues au lieu d'aller à l'école
troubler	de la France, de la mère-patrie, pas du pays colonisé

1. Malgré nos signaux, les voitures passaient <u>à toute allure</u> sans faire attention à nous.
2. Elle [la voiture] avait à bord un couple de jeunes <u>métropolitains</u>, coiffés d'identiques visières vertes.
3. Mon père qui en <u>côtoie</u> plusieurs dans son travail, n'en reçoit jamais à la maison.
4. Comme ça, vous <u>avez fait l'école buissonnière</u>?
5. Frédéric leur conseillait les sites touristiques à visiter, les spécialités à déguster, les boîtes de nuits où danser, avec l'assurance d'un guide <u>chevronné</u>.
6. Ne dis pas cela! Alors notre voyage est <u>gâché</u>!
7. Je l'ai regardée d'un air <u>offusqué</u> et elle m'a adressé un petit sourire: …
8. Cela ne vous <u>gêne</u> pas?

Introduction

In **Leçon 3** of this chapter you learned to talk about issues related to France and immigration. Additional perspectives can be found in this reading, which takes place on the French island of Guadeloupe in 1989.

The West Indies are often threatened by hurricanes. In her book, Hugo le terrible, Maryse Condé, a famous novelist from Guadeloupe, recounts the events of the giant hurricane Hugo which inflicted heavy damage on the island. In this excerpt, it is obvious that the Guadeloupeans and tourists from metropolitan France do not share the same view of the hurricane.

«16 septembre 1989, 15h35
Attention Cyclone Hugo se dirige rapidement sur la Guadeloupe. Rejoignez les habitations ou les abris. Alerte 2 déclenchée ce jour à compter de 12 heures
Préfet Région Guadeloupe»

HUGO LE TERRIBLE

à toute allure très vite

se tenir à l'écart to stand apart, keep to oneself / **métropolitains** de la France, de la mère-patrie, pas du pays colonisé / **visières** visors

pois polka dots
paille straw

faire l'école buissonnière se promener dans les rues au lieu d'aller à l'école

côtoyer travailler aux côtés de

déguster manger avec plaisir

chevronné expérimenté

Malgré nos signaux, les voitures passaient à toute allure° sans faire attention à nous. Je commençais à me décourager, car cela faisait près d'une heure que nous étions là à danser d'un pied sur l'autre et à agiter nos mouchoirs quand une jeep Cherokee noire a fini par s'arrêter.

Elle avait à son bord un couple de jeunes métropolitains°, coiffés d'identiques visières° vertes. Le jeune homme était torse nu, très bronzé. La jeune fille, très bronzée elle aussi, portait sur son maillot un short à pois° roses. Ses longs cheveux couleur de paille° flottaient dans l'air. En m'installant à l'arrière de la jeep, je les ai regardés avec méfiance. Ils semblaient pourtant sympathiques et puis c'étaient les seuls qui se soient arrêtés pour nous prendre. Mais nous ne fréquentons guère de métropolitains. Mon père qui en côtoie° plusieurs dans son travail, n'en reçoit jamais à la maison. Petite Mère n'a dans son salon que des clientes guadeloupéennes. C'est que nous nous faisons d'eux une idée assez particulière. Nous croyons qu'ils ne s'intéressent pas vraiment à notre pays, à nos problèmes et désirent seulement profiter du soleil et de la mer. Ils appartiennent à un monde que nous ne cherchons ni à connaître ni à comprendre et que nous regardons de loin à travers des préjugés hérités de notre histoire. La réciproque est vraie. Les métropolitains se tiennent à l'écart° de nous. Je me demande s'il existe des pays où les problèmes entre les communautés ne se posent pas et où la couleur de la peau n'a pas d'importance.

Le jeune homme nous a souri:

—Je m'appelle Pascal; elle, c'est Manuéla. Comme ça, vous avez fait l'école buissonnière°?

J'ai laissé à Frédéric le soin de répondre. Au bout de quelques minutes, voilà qu'ils riaient tous les trois, qu'ils étaient engagés dans une conversation des plus animées comme de vieilles connaissances. Frédéric leur conseillait les sites touristiques à visiter, les spécialités à déguster°, les boîtes de nuit où danser, avec l'assurance d'un guide chevronné°. À un moment, j'ai entendu Manuéla déclarer:

—Tout ce qui nous intéresse en fait, c'est Hugo, c'est le cyclone de demain!

Frédéric a haussé les épaules:

—Il n'y aura pas de cyclone!

Elle a protesté avec feu:

—Ne dis pas cela! Alors tout notre voyage est gâché!

Avait-elle tout son bon sens? Croyait-elle qu'un cyclone était une attraction au même titre que les combats de coq dans les pitt° ou les défilés de cuisinières le jour de la fête de Saint Laurent°? Savait-elle tout ce que cela risquait d'entraîner°?

Je l'ai regardée d'un air offusqué° et elle m'a adressé un petit sourire:

—Et toi, tu n'es pas bavard! Comment t'appelles-tu?

J'ai dit d'un ton sévère:

—Je ne suis pas de votre avis concernant Hugo. Ce sera peut-être un grand malheur pour nous autres Guadeloupéens.

Elle a incliné la tête:

—Je sais bien. Mais que veux-tu? Pascal et moi, nous sommes des pho-tographes. Nous sommes arrivés de la Dominique où nous étions en vacances dès que nous avons entendu la nouvelle. Tu sais, les photographes sont des voyeurs. Ils parcourent les champs de bataille, les camps de réfugiés, ils sont présents lors des catastrophes et se battent pour prendre les clichés les plus sensationnels.

Je n'avais jamais pensé à cela. J'ai murmuré:

—Cela ne vous gêne pas°?

C'est Pascal qui a répondu gentiment:

—C'est notre métier! Tu aimes bien, n'est-ce pas, avoir des images de ce qui se passe à travers le monde? Il faut bien que quelqu'un les prenne!

Nous étions arrivés devant l'Hôtel Hybiscus. Je suis descendu. Il me semble que je regarderai plus jamais de la même manière les photos des grands magazines ou certains reportages à la télévision.

pitt arène de combats de coqs / **défilés… Saint Laurent** *on Saint Laurent Day cooks march in parades held in their honor* / **gêner** *to trouble* / **entraîner** *causer* / **offusqué** *choqué*

Maryse Condé, *Hugo le terrible*, © *Éditions SEPIA*, pp. 38–41.

Après la lecture

Compréhension

A. Observation et analyse. Répondez aux questions suivantes.

1. Regardez le premier paragraphe de l'extrait. Qu'est-ce que Frédéric et le narrateur font?
2. Depuis combien de temps est-ce qu'ils attendent?
3. Décrivez les gens dans la jeep Cherokee.
4. Pourquoi le narrateur est-il un peu méfiant envers le couple?
5. Selon le narrateur, est-ce que les Guadeloupéens et les métropolitains se fréquentent? Pourquoi?
6. De quoi est-ce que Frédéric parle avec Pascal et Manuéla?
7. Comment est-ce que Pascal explique sa profession?
8. Quelle est la réaction du jeune narrateur face aux deux métropolitains?
9. Imaginez ce qui se passe après cette scène.

B. Grammaire/Vocabulaire. Complétez les phrases suivantes.

1. Le narrateur et sa famille ne fréquentent pas souvent les métropolitains parce que...
2. Selon Pascal, Manuéla et lui ont quitté la Dominique parce que...
3. Le cyclone qui menace la Guadeloupe s'appelle...
4. Selon Manuéla, les photographes sont...
5. Le jeune narrateur est gêné par les jeunes métropolitains parce que...

C. Réactions. Donnez votre réaction.

1. Décrivez Pascal et Manuéla et puis Frédéric et le jeune narrateur. Parlez ensuite de votre réaction à leurs attitudes les uns envers les autres. Selon vous, d'où viennent ces attitudes? Quelle est votre réaction à la situation décrite dans l'extrait?
2. Est-ce que vous avez lu d'autres livres ou histoires qui traitent des attitudes des colonisateurs envers les colonisés? Décrivez-les à un(e) camarade de classe.

Interactions

A. Les photographes et les photojournalistes. À la fin de l'extrait, le jeune narrateur dit qu'il ne regardera «plus jamais de la même manière les photos des grands magazines ou certains reportages à la télévision». Est-ce qu'il y a des images à la télévision ou des photos que vous n'oublierez jamais? Pensez aux photos prises sur les champs de bataille, aux photos prises lors de catastrophes, aux photos prises lors de moments très heureux, etc. Parlez-en avec des camarades de classe.

B. Imaginons. Le narrateur se demande «s'il existe des pays où les problèmes entre les communautés ne se posent pas et où la couleur de la peau n'a pas d'importance». Qu'est-ce que vous connaissez, ou faites, comme efforts pour abolir la barrière des différences apparentes? pour comprendre les préoccupations et les besoins des gens de pays ou de cultures différents? Parlez-en avec des camarades de classe.

C. La conversation. Avec un(e) camarade de classe, relisez l'extrait en cherchant les techniques verbales ou non-verbales que les quatre personnages utilisent pour engager la conversation. Selon vous, est-ce que les métropolitains sont polis? Et le jeune narrateur, est-ce qu'il est poli? Donnez des suggestions à ces jeunes gens.

Expansion

Faites un reportage sur la France et le colonialisme. Qu'est-ce que la colonisation a apporté et qu'est-ce qu'elle a enlevé aux indigènes des pays colonisés? Existe-t-il dans la société d'aujourd'hui des situations qui ressemblent à la colonisation? Lesquelles? Faites une liste de tous les pays que la France a colonisés. Choisissez un de ces pays pour rechercher plus à fond l'histoire et les résultats de cette colonisation. Déterminez si le pays est indépendant aujourd'hui et, s'il l'est, trouvez quand et comment il a acquis son indépendance. Décrivez son gouvernement actuel. Identifiez des auteurs, des poètes et des cinéastes célèbres de ce pays. Terminez en donnant votre opinion sur le colonialisme.

CHAPITRE 7

Qui vivra verra

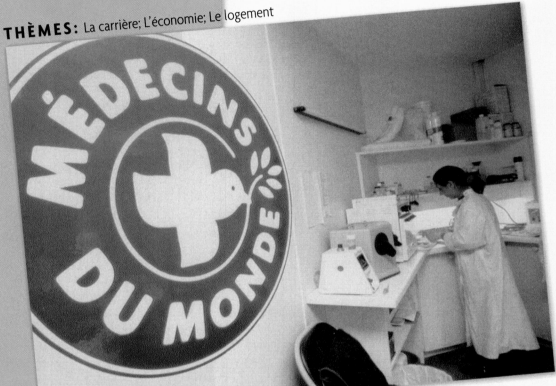

THÈMES: La carrière; L'économie; Le logement

After working with the *Expressions typiques pour...* and *Mots et expressions utiles* for *Leçon 2*, have students look at this photograph and imagine the conversation taking place among the people.

Use the following questions to introduce the chapter: **Pour quelle profession est-ce que vous vous préparez? Pourquoi est-ce que vous avez choisi cette profession?**

Les musées. Parlez de vos visites des musées à Paris.

1. Nous irons à Paris cet été. (je/vous/Simon).
2. On aura beaucoup de musées à voir à Paris. (nous/tu/il y a)
3. D'abord, je visiterai le musée d'Orsay. (nous/on/mes amis)
4. Et puis, nous pourrons voir le Louvre. (je/vous/tu)
5. J'y achèterai sans doute des souvenirs. (Caroline/nous/les visiteurs)

The information presented here is intended to refresh your memory of a grammatical topic that you have probably encountered before. Review the material and then test your knowledge by completing the accompanying exercises in the workbook.

Avant la première leçon

Le futur

A. Verbes réguliers

The future tense is formed by adding the following endings to the infinitive: **-ai, -as, -a, -ons, -ez, -ont.** You will recall that the conditional uses the infinitive in its formation as well. With **-re** verbs, the final **e** is dropped before adding the future endings.

parler

je parler**ai**	nous parler**ons**
tu parler**as**	vous parler**ez**
il/elle/on parler**a**	ils/elles parler**ont**

rendre

je rendr**ai**	nous rendr**ons**
tu rendr**as**	vous rendr**ez**
il/elle/on rendr**a**	ils/elles rendr**ont**

finir

je finir**ai**	nous finir**ons**
tu finir**as**	vous finir**ez**
il/elle/on finir**a**	ils/elles finir**ont**

B. Changements orthographiques dans certains verbes en *-er*

Some **-er** verbs have spelling changes before adding the future endings. These changes are made in all forms of the future and conditional.

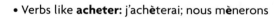

- Verbs like **acheter:** j'ach**è**terai; nous m**è**nerons
- Verbs like **essayer:** j'essa**i**erai; nous emplo**i**erons
- Verbs like **appeler:** j'appe**ll**erai; nous rappe**ll**erons

C. Verbes irréguliers

aller: j'**irai**	pleuvoir: il **pleuvra**
avoir: j'**aurai**	pouvoir: je **pourrai**
courir: je **courrai**	recevoir: je **recevrai**
devoir: je **devrai**	savoir: je **saurai**
envoyer: j'**enverrai**	tenir: je **tiendrai**
être: je **serai**	valoir: il **vaudra**
faire: je **ferai**	venir: je **viendrai**
falloir: il **faudra**	voir: je **verrai**
mourir: je **mourrai**	vouloir: je **voudrai**

Je **ferai** des économies quand j'**aurai** un emploi.

—*Je serai bref...*

Comment parler de ce qu'on va faire

Conversation

Track 20

Rappel: Have you reviewed the formation of the future? (Text p. 260 and Workbook pp. 157–158)

Premières impressions

Soulignez:

● les expressions pour dire ce qu'on va faire

Trouvez:

● ce qu'Alisa va choisir comme profession

Nathalie, une étudiante française, et Alisa, une étudiante américaine qui vit à Paris avec sa famille, sont en première année à l'université. Elles parlent de leurs études et de leur avenir°.

l'avenir [m] *future*

ALISA: Dis-moi, qu'est-ce que tu étudies, toi?

NATHALIE: Moi, je fais médecine.

ALISA: Ah, bon? Tu as un bel avenir devant toi! C'est un métier° où l'on gagne bien sa vie et qui est intéressant en plus. Il faut faire de longues études, non?

un métier *job, profession*

NATHALIE: Oui. Lorsque je terminerai ma formation°, j'aurai fait sept années d'études. C'est fou, non?

la formation *training, education*

ALISA: Et ça ne te fait rien° de ne pas avoir le temps de sortir, de partir en week-ends?

ça ne te fait rien *it does not bother you*

NATHALIE: Il ne faut pas exagérer. Je pense qu'il y a trois ans, peut-être quatre ans de sacrifices, et puis le reste du temps on peut quand même en profiter°. Et toi, qu'est-ce que tu fais?

en profiter *to enjoy life*

ALISA: Moi, j'étudie la psychologie. Justement, j'ai aussi pensé à la médecine, mais alors vraiment, la perspective de m'enfermer° avec mes livres pendant des années me fait peur… Je veux sortir et avoir des amis.

s'enfermer *to close oneself up*

NATHALIE: Oui, mais la psycho, c'est long aussi!

ALISA: Oui, c'est long, mais il me semble qu'il y a quand même un meilleur équilibre° entre les études et la vie privée qu'avec la médecine. Il me semble que j'aurai plus de temps libre, surtout si je ne travaille pas en clinique.

l'équilibre [m] *balance*

NATHALIE: Oui, tu as sans doute raison.

ALISA: Si la médecine t'intéresse tellement, est-ce que tu as pensé à devenir infirmière°?

l'infirmière [f] *nurse*

NATHALIE: Naturellement. Ce serait peut-être moins stressant, mais aussi moins intéressant comme travail… Enfin, je verrai…

ALISA: Eh bien, ce sera à moi de te téléphoner et de t'inviter pour te sortir de tes livres! À propos, nous allons au cinéma ce soir. Ça t'intéresse?

NATHALIE: Certainement! J'ai besoin de me distraire après toute cette discussion!

À suivre

Observation et analyse

1. Selon Alisa et Nathalie, quels sont les avantages d'être médecin? les inconvénients (disadvantages)?
2. Pourquoi est-ce qu'Alisa a choisi la psychologie?
3. Comment est-ce que Nathalie compare les professions de médecin et d'infirmière? Selon vous, a-t-elle raison? Est-ce que vous trouvez les deux jeunes femmes aussi idéalistes l'une que l'autre? Expliquez.

Réactions

1. Combien d'années d'études est-ce que votre future profession va exiger? Quels sont les avantages et les inconvénients de cette profession? (Si vous n'avez pas encore choisi de profession, décrivez-en une qui vous semble intéressante.)
2. Croyez-vous que les longues années d'études de médecine sont trop stressantes pour la santé des étudiants? À votre avis, est-ce que les patients que les jeunes internes traitent sont négligés? en danger?

Liens culturels

Métiers d'hier et d'aujourd'hui

Evolution de la structure de la population active totale (effectifs en milliers et poids en %) :

	1975	2001	% en 2001
– Agriculteurs exploitants	1 691	618	2,4
– Artisans, commerçants, chefs d'entreprise	1 767	1 500	5,8
– Cadres et professions intellectuelles supérieures dont:	1 552	3 493	13,4
• professions libérales	186	329	1,3
• cadres	1 366	3.164	12,1
– Professions intermédiaires dont:	3 480	5 293	20,3
• clergé, religieux	115	14	0,1
• contremaîtres, agents de maîtrise	532	531	2,1
• autres professions intermédiaires	2 833	4 748	18,1
– Employés dont:	5 362	7 737	29,7
• policiers et militaires	637	523	2,0
• autres employés	4 725	7 214	27,7
– Ouvriers dont:	8 118	7 139	27,4
• ouvriers qualifiés	2 947	3 334	12,8
• chauffeurs, magasinage-transport	960	1 104	4,2
• ouvriers non qualifiés	3 840	2 414	9,3
• ouvriers agricoles	371	287	1,1
– Chômeurs n'ayant jamais travaillé	72	237	0,9
Population active (y compris le contingent)	**22 042**	**26 044**	**54,7**

Source: INSEE

Les Français et les métiers

Quels changements remarquez-vous dans les métiers en France pendant les vingt-cinq dernières années? À votre avis, pourquoi est-ce qu'il y a une baisse du nombre d'agriculteurs et d'ouvriers agricoles? Comment pouvez-vous expliquer l'augmentation du nombre de cadres et d'employés? Est-ce qu'on voit ces mêmes sortes de changements dans la répartition des métiers aux États-Unis?

Gérard Mermet, Francoscopie 2003 (Larousse, p. 308)

Expressions typiques pour…

Dire ou demander ce qu'on va faire

- Quand on fait référence au futur en français parlé, on peut utiliser le présent du verbe.

  Je pars $\left\{\begin{array}{l}\text{ce soir.}\\ \text{demain.}\end{array}\right.$

  Tu viens $\left\{\begin{array}{l}\text{mardi?}\\ \text{la semaine prochaine?}\end{array}\right.$

  Qu'est-ce que tu fais $\left\{\begin{array}{l}\text{demain?}\\ \text{ce week-end?}\end{array}\right.$

- Très souvent on utilise le futur proche (**aller** + infinitif) quand on parle d'un événement plus éloigné dans le futur.

  On va partir $\left\{\begin{array}{l}\text{mercredi en huit.}\\ \text{dans un mois.}\end{array}\right.$

- On utilise le futur et le futur antérieur après **quand, lorsque, dès que, après que** et **aussitôt que**, et surtout en français écrit.

Point out to students that they may already know many of these expressions. There are, however, several new expressions among the responses to the question «Allez-vous faire quelque chose?»

Répondre à la question: Allez-vous faire quelque chose?

Oui! $\left\{\begin{array}{l}\text{Je vais certainement/sûrement…}\\ \text{On ne m'empêchera pas de… } \textit{(You won't keep me from . . .)}\\ \text{Je vais…, c'est sûr.}\end{array}\right.$

Oui, probablement. $\left\{\begin{array}{l}\text{Je vais peut-être…}\\ \text{J'espère…}\\ \text{J'aimerais…}\end{array}\right.$

Peut-être. $\left\{\begin{array}{l}\text{Peut-être que oui/que non…}\\ \text{Je ne suis pas sûr(e)/certain(e), mais…}\end{array}\right.$

Non, probablement pas. $\left\{\begin{array}{l}\text{Je n'ai pas vraiment envie de…}\\ \text{Je ne vais probablement pas…}\end{array}\right.$

Non! $\left\{\begin{array}{l}\text{Ça m'étonnerait que je… (+ subjonctif) } \textit{(I'd really be surprised}\\ \quad \textit{that . . .)}\\ \text{On ne m'y prendra pas! } \textit{(You won't catch me . . . !)}\\ \text{Ne t'inquiète pas/Ne te fais pas de souci } \textit{(Don't worry)}\text{, je}\\ \quad \text{ne vais pas…}\end{array}\right.$

When **peut-être** begins a sentence, a **que** must follow it or the subject must be inverted: **Peut-être qu'**elle deviendra médecin. **Peut-être** Nathalie deviendra-t-elle médecin.

Mots et expressions utiles

La recherche d'un emploi: This list gives an overview of the process of getting a job.

La recherche d'un emploi
(Job hunting)

l'avenir [m] *future*
la réussite *success*

chercher du travail *to look for work*
trouver un emploi *to find a job*

changer de métier *to change careers*
occuper un poste *to have a job*

avoir une entrevue/un entretien *to have an interview*
le curriculum vitae (le C.V.) *résumé, CV*
être candidat(e) à un poste *to apply for a job*
la formation professionnelle *professional education, training*
l'offre [f] d'emploi *opening, available position*
remplir une demande d'emploi *to fill out a job application*
la sécurité de l'emploi *job security*
le service du personnel *personnel services*

les allocations [f pl] de chômage *unemployment benefits*
le salaire *pay (in general)*
le traitement mensuel *monthly salary*
en profiter *to take advantage of the situation; to enjoy*
la promotion *promotion*

être à la retraite *to be retired*
la pension de retraite *retirement pension*
prendre sa retraite *to retire*

Divers

s'enfermer *to close oneself up*
l'équilibre [m] *balance*
ne rien faire à quelqu'un *to not bother anyone*

ॐ Mise en pratique ॐ

Mon Dieu! La **recherche d'un emploi** prend vraiment du temps! Le **curriculum vitae** à préparer, les **demandes d'emploi à remplir** et, bien sûr, les **entrevues**. Tout ça me rend fou! Si jamais je **trouve un emploi**, je te jure que je ne **changerai** pas **de métier** tout de suite!

Les métiers: Have students name the trades, professions, or crafts that interest them. You may need to give them some new terms or ask students to look them up. Suggest that they put these in their personal vocabulary list.

You may want to supplement your presentation of the new vocabulary by talking about the position of professors in France: En France, les professeurs qui ont réussi à certains concours (l'Agrégation et le CAPES en particulier) sont fonctionnaires. En tant qu'employés du Ministère de l'Éducation nationale, ils bénéficient des avantages des employés de la fonction publique: sécurité de l'emploi (emploi et salaire garantis jusqu'à l'âge de la retraite), droit de grève, assurance-maladie, retraite, congés payés.

Les métiers *(Trades, professions, crafts)*

les professions [f pl] **libérales:** un médecin/une femme médecin, un(e) dentiste, un(e) avocat(e), un architecte, un infirmier/une infirmière *(nurse)*, etc.
les fonctionnaires (employés de l'État): un agent de police, un douanier/une douanière, un magistrat *(judge)*, etc.

les affaires [f pl] *(business)* travailler pour une entreprise: un homme/une femme d'affaires *(businessman/woman)*, un(e) secrétaire, un(e) employé(e) de bureau, un(e) comptable *(accountant)*, un(e) représentant(e) de commerce *(sales rep)*, etc.
le commerce (servir les clients): un boucher/une bouchère, un épicier/une épicière, un(e) commerçant(e) *(shopkeeper)*

l'industrie [f] (travailler dans une usine): un ouvrier/une ouvrière *(worker)*, un(e) employé(e), un(e) technicien(ne), un chef d'atelier *(shop)*, un ingénieur, un cadre/une femme cadre *(manager)*, un directeur/une directrice, etc.

l'informatique [f] *(computer science)*: un(e) informaticien(ne) *(computer expert)*, un(e) analyste en informatique, un programmeur/une programmeuse, etc.

l'enseignement [m]: un instituteur/une institutrice ou un professeur des écoles, un professeur, un enseignant, etc.

la sécurité: un agent de police, un(e) gardien(ne) d'immeuble ou de prison, un gendarme, un inspecteur/une inspectrice, un(e) militaire, un(e) surveillant(e)

Un métier peut être…

ingrat *(thankless)*, dangereux, malsain *(unhealthy)*, ennuyeux, fatigant, mal payé, sans avenir

ou…

intéressant, stimulant *(challenging)*, passionnant, fascinant, bien payé, d'avenir

✵ Mise en pratique ✵

Que faire dans la vie? Devenir **avocate**? C'est **bien payé**, mais je n'aime pas parler en public. **Comptable**? On peut travailler seul, mais le travail ne semble pas très **stimulant**. **Agent de police**? Hmmm… , peut-être un peu trop **dangereux** pour moi. Ou bien, **professeur**? C'est parfait! C'est une profession **d'avenir** qui a l'air **intéressante**, sauf, bien sûr, quand on a des étudiants paresseux comme moi!

Ask students if they agree with the speaker in the *Mise en pratique* section.

ACTIVITÉS

A. Entraînez-vous: Votre vie professionnelle. Vous cherchez du travail. Que faites-vous? Mettez les phrases dans l'ordre chronologique.

se présenter au service du personnel
préparer un curriculum vitae
demander des lettres de recommandation

remplir une demande d'emploi
accepter l'offre
avoir une entrevue/un entretien
trouver une agence de placement

B. Quel avenir vous attend? Une voyante *(fortuneteller)* vous fait les prédictions suivantes. Réagissez en utilisant les *Expressions typiques pour…*

MODÈLE: L'année prochaine vous serez riche.
Ça m'étonnerait que je devienne riche.

1. Ce week-end vous allez aller au cinéma / vous allez étudier / vous allez beaucoup dormir.
2. L'année prochaine vous serez toujours étudiant(e) / vous allez changer de vie / vous allez chercher du travail / vous allez entrer dans la marine ou l'armée / vous allez voyager.
3. Dans quinze ans vous serez riche et célèbre / vous serez au chômage / vous aurez un métier dangereux / vous aurez cinq enfants.

Activity B: Expansion: As students play the roles, suggest that the **voyante** add other predictions to get impromptu reactions from the client.

Leçon 1 ✵ **265**

Parlez des emplois que vous avez eus. Comment est-ce que vous les avez trouvés?

Activity C: Expansion: Do as a whole-class discussion to get a number of reactions. Talk about the **avantages et inconvénients** of each profession and the special abilities that each requires. In addition, you can ask students to describe a profession in small groups and see if group members can guess it. For additional cultural information, have students look up the website of **Médecins sans frontières** (http://www.paris.msf.org) and discuss the work these doctors have done in many countries. Mention how admired these doctors are by the French. A poll in *L'Express international* (numéro 1967, mars 1989, page 26) showed that when asked the question «Quelle profession auriez-vous rêvé d'exercer?», 32 percent of the respondents said **médecin sans frontières**. In 1999 Médecins sans frontières won the Nobel Peace Prize. These doctors continue to work in dangerous parts of the world.

C. À l'agence locale de l'ANPE.[1] L'agent vous propose des métiers dans les secteurs suivants. Réagissez et dites ce que vous aimeriez ou n'aimeriez pas faire dans la vie et expliquez pourquoi.

MODÈLES: l'informatique
Je vais peut-être devenir informaticien(ne). J'adore les ordinateurs et je voudrais inventer des logiciels (software) pour faciliter la vie de tous les jours.

OU

Je n'ai pas vraiment envie de devenir informaticien(ne). Je déteste les ordinateurs, donc, pour moi, ce métier serait ennuyeux. Je préférerais un métier où on a des contacts avec les gens plutôt qu'avec les machines.

1. la sécurité
2. le droit *(law)*
3. le secrétariat
4. les affaires
5. l'enseignement
6. l'industrie du bâtiment
7. la médecine
8. votre choix

D. Faites des projets. Travaillez avec un(e) camarade de classe pour préparer des projets. Utilisez les mots et expressions de la leçon.

1. Ce week-end: décidez de ce que vous allez faire et parlez des préparatifs.
2. Les vacances: discutez de ce que vous allez faire pendant les prochaines vacances.
3. Votre vie professionnelle: parlez de votre avenir.

[1] Agence nationale pour l'emploi

LA GRAMMAIRE À APPRENDRE

L'usage du futur

You have reviewed the formation of the future in *La grammaire à réviser.* The future is used to express an action, event, or state that will occur in the future.

A. The future tense is used after **quand, lorsque** *(when)*, **aussitôt que** *(as soon as)*, **dès que** *(as soon as)*, and **après que** *(after)* when expressing a future action. In English the present tense is used.

> **Dès qu**'elle **aura** son diplôme, Élise fera un voyage aux États-Unis pour perfectionner son anglais.
> *As soon as she has her diploma, Élise will travel to the United States to perfect her English.*

> **Quand** elle nous **rendra** visite en juillet, nous l'emmènerons à Washington, D.C., avec nous.
> *When she visits us in July, we will take her to Washington, D.C., with us.*

B. The future tense also states the result of a **si** clause in the present tense.

> **Si** elle réussit à cet examen compétitif, elle **sera** professeur d'anglais et son emploi **sera** garanti.
> *If she passes this competitive exam, she will be an English professor and her employment will be guaranteed.*

> Élise **acceptera** un poste à Strasbourg **si** son mari y trouve du travail.
> *Élise will accept a job in Strasbourg if her husband finds work there.*

NOTE: The **si** clause can be placed either at the beginning or the end of a sentence.

Après que is generally only used with the future perfect. See section B on page 268.

Le futur antérieur

A. The future perfect is formed with the future tense of the auxiliary **avoir** or **être** and the past participle of the main verb. Agreement rules, word order, and negative/interrogative patterns are the same as for the **passé composé**.

> **J'aurai passé** dix ans à étudier la médecine avant de devenir médecin.
> *I will have spent ten years studying medicine before becoming a doctor.*

étudier

j'**aurai étudié**	nous **aurons étudié**
tu **auras étudié**	vous **aurez étudié**
il/elle/on **aura étudié**	ils/elles **auront étudié**

arriver

je **serai arrivé(e)**	nous **serons arrivé(e)s**
tu **seras arrivé(e)**	vous **serez arrivé(e)(s)**
il **sera arrivé**	ils **seront arrivés**
elle **sera arrivée**	elles **seront arrivées**
on **sera arrivé(e)**	

Preview the **futur antérieur** by drawing pictures that show students arriving at the library at 6:00 (big building with clock on front) with the caption: Ce soir, Paul et Martine arriveront à la bibliothèque à six heures pour étudier avec Jacques. Draw another picture with one student already studying (room with clock): Mais à six heures, Jacques sera déjà arrivé. Il aura déjà lu le chapitre à étudier en entier. Il aime avoir de l'avance et pouvoir expliquer aux autres.

se coucher

je me **serai couché(e)**	nous nous **serons couché(e)s**
tu te **seras couché(e)**	vous vous **serez couché(e)(s)**
il se **sera couché**	ils se **seront couchés**
elle se **sera couchée**	elles se **seront couchées**
on se **sera couché(e)**	

B. The future perfect is used to express an action that will have taken place *before* another action in the future. It expresses the English *will have* + past participle.

En l'an 2030, tout **aura changé**.
By the year 2030, everything will have changed.

As stated earlier, a future tense must be used after the conjunctions **quand, lorsque, aussitôt que, dès que,** and **après que** when expressing a future action. The future perfect is the tense needed if the future action or state will have taken place before another future action. The main verb will be in either the future or the imperative.

Dès qu'il **aura trouvé** un emploi, il achètera une voiture.
As soon as he has found (will have found) a job, he will buy a car.

Partons aussitôt qu'il **aura appelé**.
Let's leave as soon as he has called (will have called).

At times it is up to the speaker to decide whether to use the simple future or the future perfect after one of the above conjunctions. When both clauses use the simple future, it is implied that both actions take place at the *same* time.

Aussitôt qu'il **achètera** sa nouvelle voiture, il nous **emmènera** faire
 un tour.
As soon as he buys his new car, he will take us for a ride.

Aussitôt qu'il **aura acheté** sa nouvelle voiture, il nous emmènera faire
 un tour.
As soon as he has bought his new car, he will take us for a ride.

NOTE: After the conjunction **après que**, the future perfect is the most frequent choice.

Après que nous **serons revenus**, je te raconterai toutes nos aventures.
After we have returned, I will tell you about all our adventures.

Summary

	Si/conjunction clause	Main clause
si	present	present future imperative
quand lorsque dès que aussitôt que	future	future imperative future perfect
	future perfect	future imperative
après que	future perfect	future imperative

Note that verbs following **quand, lorsque, dès que,** and **aussitôt que** can occasionally be used in the present tense to convey the sense of habit: **Dès que mon bébé se réveille, je le change.**

Quelle sorte de formation est-ce que l'agence ISERPA offre? Et Formatives évolutions? Et l'université de Nantes?

ACTIVITÉS

A. Demain. Dites ce que nous aurons déjà fait demain. VERBES UTILES: **manger, déjeuner, étudier, parler, sortir, dîner, se coucher, se lever, enseigner, boire**

> MODÈLE: À six heures demain matin…
> *j'aurai déjà beaucoup dormi.*

1. À huit heures du matin, je…
2. À dix heures du matin, mes amis…
3. À midi, le professeur…
4. À cinq heures de l'après-midi, ma mère…
5. À sept heures demain soir, je…
6. À neuf heures demain soir, nous…
7. À minuit demain, les étudiants…

Activity B: Follow-up: To further practice the future tense, have students complete the following activity.

La réponse au jeune idéaliste. Complétez les phrases suivantes. Faites tous les changements nécessaires.

Cher jeune idéaliste: Vous / devoir / faire attention. Vos projets / être / très compliqué / et / idéaliste. Vous / et / votre femme / avoir *(futur)* / des difficultés. Où / trouver *(futur)* / vous / argent / pour faire / tout / ce que / vous / vouloir / faire? Vos parents vous / le / prêter *(futur)* / ils? Ça / coûter *(futur)* / cher / d'aller / en Angleterre, / aux États-Unis / et au Japon. Vous / avoir *(futur)* / sûrement / du mal à trouver / travail là-bas. Votre mère / avoir / raison. Vous / ne… pas / avoir / pieds / sur terre. Réfléchir / bien. —Le courrier du cœur

B. Le courrier du cœur. Ce jeune homme a un problème. Il écrit au courrier du cœur pour demander conseil. Choisissez les verbes qui conviennent et complétez sa lettre. Attention au temps des verbes! Ensuite, imaginez la réponse.

---

le 27 février

Chère Madame,

Je vous écris pour vous demander votre avis. Dans une semaine je _____ (me marier / me promener) avec une jeune fille que je connais depuis longtemps. Dès que nous _____ (commencer / passer) nos examens, nous _____ (aller / quitter) en Angleterre. Nous y _____ (passer / visiter) deux mois. Lorsque nous _____ (enseigner / perfectionner) notre anglais, nous _____ (partir / finir) pour les États-Unis. Nous espérons travailler comme interprètes à Washington, D.C. Vous voyez, ma fiancée et moi, nous sommes spécialistes en langues. Nous _____ (gagner / savoir) beaucoup d'argent en travaillant aux États-Unis. Après que nous _____ (avoir / devenir) riches, nous _____ (aller / rentrer) au Japon où nous _____ (continuer / dépenser) à travailler. Ma mère dit que nous n'avons pas les pieds sur terre. A-t-elle raison?

Un jeune idéaliste

C. L'avenir. Avec un(e) camarade, complétez les phrases suivantes en imaginant votre avenir selon les circonstances données.

1. Dès que j'aurai mon diplôme, je…
2. Je me marierai quand…
3. J'aurai des enfants lorsque…
4. Quand je travaillerai, je…
5. Je changerai sans doute de travail quand…
6. Il faudra peut-être partir dans une autre ville si…
7. Si je ne trouve pas de travail, je…
8. Quand j'aurai gagné beaucoup d'argent, je…
9. Si je suis au chômage, je…
10. Je prendrai ma retraite quand…
11. En l'an 2055, je…

Interactions

Review the telephone expressions in **Appendice C.**

A. Le week-end. Téléphonez à un(e) ami(e) et demandez-lui de prendre un week-end prolongé avec vous. Discutez d'où vous pourriez aller et de ce que vous pourriez faire à différents endroits. Puis, choisissez une destination et faites vos projets.

B. Une offre d'emploi. Vous êtes le directeur/la directrice d'un petit bureau et vous avez besoin d'employer un(e) secrétaire bilingue. Vous téléphonez à un conseiller/une conseillère de placement pour vous aider à trouver l'employé(e) idéal(e). Le conseiller/La conseillère vous demandera de décrire les tâches *(duties)* que le/la secrétaire devra accomplir. Vous expliquez que vous voulez que le/la secrétaire réponde au téléphone et qu'il/qu'elle fasse du traitement de texte. Dites que votre budget est serré *(tight)* et que le salaire paraît peut-être un peu bas, mais que vous offrez en contrepartie la sécurité de l'emploi et une bonne ambiance de travail *(a pleasant working atmosphere).*

Activity B: Expansion: Suggest that the prospective employee ask some questions regarding vacation time, child-care leave (le congé familial), day-care options (la garderie), etc.

Préparation Dossier personnel

In this chapter, your instructor may ask you to write a formal business letter.

1. First of all, choose what type of business letter you would like to write. Choose between the following options: a letter of recommendation or a job application letter. In either case, imagine that you are writing to a native French speaker you do not know well.

2. After you've chosen the type of letter you will write, make an outline of what you want to say. You can write the letter about yourself or anyone you know well.

   If you are writing a recommendation letter (**une lettre de recommandation**), describe why you or this person should be hired. Discuss formal training, experience, and personal characteristics.

   If you are writing a job application letter (**une lettre de demande d'emploi**), explain why you (or the person about whom you're writing) want(s) the job and why you are (or he/she is) fit for it. Try to explain without too much bragging. Describe formal training, experience, and personal characteristics.

3. Fill in your outline and write freely under each of the areas mentioned above. Brainstorm your ideas with a partner.

Phrases: Writing a letter (formal)
Vocabulary: Professions
Grammar: Future tense; future perfect

SYSTÈME-D

Comment faire une hypothèse, conseiller, suggérer et avertir

Track 21 **Conversation** (SUITE)

Premières impressions

Soulignez:

- les expressions pour conseiller et suggérer quelque chose, pour faire une hypothèse et pour avertir

Trouvez:

- combien d'argent Alisa aura pour payer son logement
- où habite Thibault

Plus tard, Alisa retrouve Nathalie et d'autres amis devant le cinéma. Tandis qu'ils font la queue° pour acheter leur billet, ils se parlent.

faire la queue *to stand in line*

ALISA: Est-ce que je peux vous demander un petit conseil? Je dois déménager. À votre avis, est-ce que c'est possible de trouver un appartement à louer° pas trop cher?

louer *to rent*

NATHALIE: Pas vraiment! Je te signale qu'à Paris il est très difficile de trouver un appartement à louer, même au prix fort°.

au prix fort *at a high price*
un studio *efficiency apartment*

YVES: Si j'étais toi, je chercherais plutôt une chambre ou un petit studio°.

ALISA: Je pensais payer 450 euros par mois...

une chambre de bonne *room for rent (formerly maid's quarters)* /
sur le palier *on the landing* /
bruyant *noisy*

DELPHINE: Avec ça, tu pourrais tout juste avoir une chambre de bonne° avec eau froide et W.C. sur le palier°, dans un quartier bruyant° et moche.

ALISA: Non, moi, je pensais prendre un appartement avec d'autres étudiants.

NATHALIE: Peut-être avec des Américains, parce que les Français, eux, ils ne font pas tellement° cela.

tellement *so much*

ALISA: Mais pourquoi ne pas vivre entre étudiants? Ça ne vous intéresserait pas de diviser le loyer° d'un appartement à trois ou quatre? Où est-ce que tu habites, toi, Thibault, par exemple?

le loyer *rent*

THIBAULT: Moi, j'ai une chambre d'étudiant. Ce n'est pas le grand luxe, mais j'ai eu du mal à l'avoir! Je l'ai, je la garde!

ALISA: Et vous, Nathalie et Delphine, vous n'avez jamais vécu dans un appartement?

NATHALIE: Non, dans des chambres...

ALISA: C'est étonnant!

Show slides or a videotape of housing in France for students who may have no idea of what it is like. (Also, see pictures on page 276.)

YVES: Mais même si on voulait se retrouver tous ensemble dans un appartement, financièrement, cela serait toujours très difficile à Paris.

ALISA: Oh... mais c'est très décourageant! Alors, qu'est-ce que vous me conseillez?

DELPHINE: J'ai une idée. Tu pourrais aller à l'église américaine. Là, ils ont beaucoup de petites annonces de toutes sortes… Je te conseille vraiment d'y aller…

YVES: Tu as pensé aussi à aller à la bibliothèque? Ils ont des articles, des petites annonces sur des panneaux d'affichage°, pour des logements…

DELPHINE: Tu ferais mieux peut-être d'habiter une chambre à la Cité-U°.

ALISA: Tiens! Ce sont de très bonnes idées. Il faudrait que je me renseigne. Merci!

À suivre

un panneau d'affichage *bulletin board*

la Cité-U *student residence hall(s)*

Observation et analyse

1. Quelle est la réaction des amis d'Alisa à son idée de louer un appartement à Paris?
2. Quelle sorte de logement est-ce qu'ils lui suggèrent?
3. Est-ce que les autres veulent habiter ensemble? Pourquoi ou pourquoi pas?
4. Où conseillent-ils à Alisa d'aller pour trouver des renseignements sur les logements disponibles?
5. Pourquoi, à votre avis, est-ce qu'Alisa a tant de difficultés à comprendre la situation du logement à Paris?

Pour qui sont ces logements? Quels genres de logements propose-t-on?

Réactions

1. Quelle sorte de logement est-ce que vous chercheriez si vous étiez dans la même situation qu'Alisa à Paris? Expliquez.
2. Connaissez-vous beaucoup d'Américains qui étudient en Europe? Voudriez-vous le faire un jour? Expliquez.

Expressions typiques pour…

Faire une hypothèse

Si tu pars, où iras-tu?/Si vous partez, où irez-vous?
  (action vue comme possibilité réelle)
Si tu partais, où irais-tu?/Si vous partiez, où iriez-vous?
  (action vue comme hypothèse—irréelle au moment où l'on parle)

Si je pars, j'irai à Chicago.

Si je partais, j'irais à Paris.

Conseiller

Tu devrais/Vous devriez manger à la Tour d'Argent.[2]
Je te/vous conseille/recommande de…
Il vaut mieux encaisser ce chèque *(cash this check)* tout de suite.
Tu ferais/Vous feriez mieux de louer un studio.
Si j'étais toi/vous, je chercherais une chambre.
Si j'étais à ta/votre place, je déposerais *(deposit)* mon chèque à la banque.
J'ai une très bonne idée/une idée sensationnelle…

To advise against, use the negative form of the structures for advising.

[2] Un des restaurants les plus chers de Paris, avec vue sur Notre-Dame, l'Île Saint-Louis et la Seine. En général, les étudiants n'y vont pas!

Suggérer

Je te/vous suggère de
Tu peux/Vous pouvez } chercher une chambre.
Tu pourrais/Vous pourriez

Tu as pensé à/Vous avez pensé à } acheter en copropriété?
Pourquoi ne pas

Accepter une suggestion

Tiens! C'est une bonne idée.
D'accord.
Pourquoi pas?
C'est une excellente suggestion.

Refuser une suggestion

Non, ce n'est pas une bonne idée.
Non, je ne veux/peux pas.
Merci de ton/votre conseil, mais ce n'est pas possible en ce moment.
Ça me paraît difficile/impossible.

Avertir *(To warn)*

Je te/vous signale *(point out)*
Je te/vous préviens *(warn)* } que ce n'est pas facile.

Attention
Fais/Faites attention } aux voitures!
Fais gaffe *(familiar—Be careful, watch out)*

Mots et expressions utiles

Le logement

Additional lodging vocabulary: l'ascenseur *elevator;* la baignoire *bathtub;* la banlieue *suburbs;* le centre-ville *downtown;* le chauffage *heat;* la cour *courtyard;* la cuisine *kitchen;* la douche *shower;* l'eau [f] chaude/froide *hot/cold water;* l'escalier [m] *stairway;* l'étage [m] *floor;* le gaz *gas;* le lavabo *sink;* la pièce *room;* le rez-de-chaussée *first floor/ground floor;* la salle à manger *dining room;* la salle de bains *bathroom;* la salle de séjour *living room;* le sous-sol *basement;* les WC [m pl] / les toilettes [f pl] *toilet;* le câble *cable;* le chauffage au sol *floor heating;* le balcon *balcony;* la cave *(wine) cellar*

l'agent [m] immobilier *real estate agent*

l'appartement [m] *apartment*
la chambre de bonne *room for rent (formerly maid's quarters)*
la Cité-U(niversitaire)/résidence universitaire *student residence hall(s)*
une HLM (habitation à loyer modéré) *low income housing*
l'immeuble [m] *apartment building*
le logement en copropriété *condominium*
le studio *efficiency apartment*

les charges [f pl] *utilities (for heat and maintenance of an apartment or condominium)*
le/la locataire *tenant*
louer *to rent*
le loyer *rent*

le/la propriétaire *owner; householder*
acheter à crédit *to buy on credit*

Une habitation peut être...

grande, petite, vieille, ancienne, neuve *(brand new)*, récente, moderne, rénovée *(remodeled)*, confortable, agréable, sale, propre *(clean)*, commode *(convenient)*, pratique, facile à entretenir *(to maintain)*, au prix fort *(at a high price)*

Les avantages/inconvénients *(disadvantages)*

bien/mal conçu(e) *(designed)*, situé(e), équipé(e), entretenu(e) *(maintained)*; beau/belle; moche; laid(e); solide; tranquille; calme; bruyant(e) *(noisy)*; isolé(e)

❧ Mise en pratique ❧

Eh bien voilà, madame. J'ai enfin fini mes études universitaires et je viens de trouver un emploi bien payé. Il n'y a plus qu'une question à régler: où habiter? Ma mère me conseille de **louer** un **studio** ou une **chambre de bonne** pendant une année. Mais moi, j'en ai assez d'être **locataire**, je voudrais être **propriétaire**! Tout le monde **achète à crédit** de nos jours, alors pourquoi pas moi? Je pourrais acheter une **vieille** maison **située** dans un quartier **tranquille** ou un **logement en copropriété**, moderne, et **bien entretenu** par une association. En bref, madame l'**agent immobilier**, me voilà! Qu'est-ce que vous avez à me proposer?

La banque

le carnet de chèques *checkbook*
la carte de crédit *credit card*
la carte électronique *automatic teller card*
le distributeur automatique de billets *automatic teller machine*

le compte chèques *checking account*
le livret d'épargne *savings account*

changer de l'argent *to change money*
déposer *to deposit*
encaisser un chèque *to cash a check*

ouvrir un compte *to open an account*
prendre son mal en patience *to wait patiently*
retirer de l'argent *to make a withdrawal*

emprunter *to borrow*
le prêt *loan*
prêter *to lend*

l'intérêt *interest*
le taux d'intérêt *interest rate*

Additional banking vocabulary: le billet *bill*; la monnaie *change*; la pièce *coin*; le virement *transfer*; virer *to transfer*

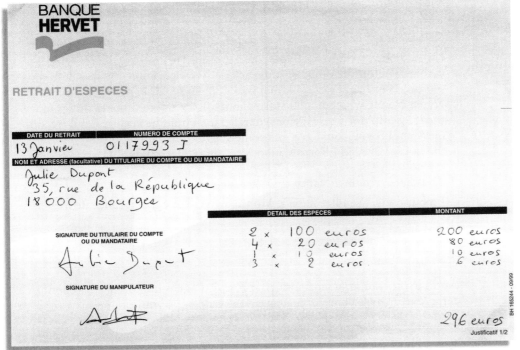

Combien d'argent est-ce que cette personne a retiré? D'habitude, combien d'argent retirez-vous à la fois?

It would be helpful to show pictures or slides of banks and bank machines. If possible, bring in other documents that you have from banks in France or Quebec and have students use those to role-play situations where they go to the bank to open an account, cash a check, change money, etc. If none are available, have students make up forms using the model to the left or search the Web.

Décrivez ces logements. Lequel est-ce que vous préférez? Pourquoi?

Activity A: Expansion: Add several more situations: 7. à votre fille/garçon qui veut manger des bonbons pour le petit déjeuner 8. à votre grand-père/grand-mère qui veut voir le film *Kill Bill* 9. à un(e) inconnu(e) qui demande de l'argent dans la rue

Activity B: Written preparation in advance would be helpful.

🌺 Mise en pratique 🌺

—Tu as une minute? Il faut que je m'arrête à la banque pour **encaisser un chèque**, enfin si j'ai bien mon **carnet de chèques** avec moi. Sinon, je dois passer au **distributeur automatique de billets**.
—Je peux te **prêter** de l'argent.
—Ce **prêt** me serait fait à quel **taux d'intérêt**?
—Il vaut peut-être mieux que tu ailles à la banque. Ça te reviendra moins cher!

ACTIVITÉS

A. Entraînez-vous: Si j'étais à ta/votre place. En utilisant les *Expressions typiques pour…*, donnez des conseils et des suggestions dans les situations suivantes.

MODÈLE: à un professeur qui veut préparer son prochain cours
J'ai une très bonne idée. Annulez le cours!

1. à un(e) ami(e) qui veut aller au cinéma
2. à votre petit frère/petite sœur qui cherche un bon livre
3. à un(e) touriste qui cherche un bon restaurant dans votre ville
4. à un(e) ami(e) qui fume beaucoup
5. à un(e) ami(e) qui veut voyager à l'étranger
6. à un(e) inconnu(e) qui porte un chapeau dans la salle de cinéma

B. Que décider? Une amie américaine qui a hérité d'une maison en France vous demande de l'aider à écrire à un agent immobilier. Traduisez la lettre en français pour elle.

> Sir/Madam,
>
> I would be very obliged if you could give me (**Je vous serais très obligée de bien vouloir me donner**) some advice. I have become the owner of an old house in Lyon. It is solid but badly maintained. I am renting it to a young couple who complains (**se plaint**). They say that many things in the house do not work (**ne pas marcher**). I would be very grateful (**reconnaissante**) if you could give me some suggestions. Should I sell the house? Should I borrow money to remodel it? Should I destroy (**démolir**) it?
>
> I thank you in advance for your suggestions.
>
> Sincerely, (**Veuillez agréer, Monsieur/Madame, l'assurance de mes sentiments distingués.**)
>
> *Marcia Cohen*

Après avoir traduit la lettre, jouez le rôle de l'agent immobilier et répondez à cette lettre. Quels conseils et suggestions est-ce que vous donneriez à cette dame?

C. Questions indiscrètes. Interviewez un(e) ami(e) sur le logement et l'argent. Faites un résumé de ses réponses à la classe.

1. Est-ce que tu habites une résidence universitaire? un appartement? une maison? un studio? une chambre? un logement en copropriété? Décris ton logement.
2. Est-ce que tes parents sont propriétaires ou locataires? Quels sont les avantages et inconvénients d'être propriétaire? d'être locataire?
3. Est-ce que tu as déjà emprunté de l'argent à la banque? Pour quoi faire? Est-ce que tu te souviens du taux d'intérêt?
4. Combien de comptes en banque est-ce que tu as? Est-ce que tu préfères un livret d'épargne ou un compte chèques? Pourquoi?

LA GRAMMAIRE À APPRENDRE

Les phrases conditionnelles

We often use the conditional to counsel, suggest, or warn someone about something. We present a possible or hypothetical fact or condition after the word *if* and follow it with the result. In French this is accomplished by using the *imperfect* in the **si** clause and the *conditional* in the result clause.

> Écoute ta mère: si j'**étais** toi, je **déposerais** la moitié de ton chèque sur ton livret d'épargne.
> *Listen to your mother: if I were you, I would deposit half of your check in your savings account.*

In this chapter, we discuss two types of *if*/result clauses. A third type, which uses the past conditional, will be presented in *Chapitre 10*.

Si clause	Main clause
present	present future imperative
imperfect	conditional

> Si elle **va** à la Banque Hervet, elle **retirera** la somme de 296 euros de son compte chèques.
> *If she goes to the Banque Hervet, she will withdraw the sum of 296 euros from her checking account.*

> Si nous **voulions** de l'argent, nous **irions** à la Banque Populaire.
> *If we wanted some money, we would go to the Banque Populaire.*

NOTE:
- As mentioned earlier, the order of the two clauses is interchangeable.
- Neither the future nor the conditional is used in the **si** clause.

Preview of sequence of tenses: Begin by asking questions as follows: Si vous étiez une célébrité, qui aimeriez-vous être? Avec quelle célébrité est-ce que vous rêveriez de passer une soirée? Si on vous offrait un quart d'heure d'antenne à la télévision, qu'est-ce que vous en feriez?

Formation of the conditional was reviewed in *Chapitre 1* and the imperfect in *Chapitre 4*.

L'argent

En France, on dit que «l'argent ne fait pas le bonheur»; on dit aussi que «peine d'argent n'est pas mortelle». Une personne honnête doit se méfier de l'argent. Les Français se méfient surtout de l'argent vite fait. Il faut dire, cependant, que la France est fascinée par l'argent et qu'elle est fière de ses Rothschild et de ses Wendel. En fait, les salaires des gens riches sont souvent un sujet de conversation à la télévision. Les statistiques officielles montrent qu'il y a un accroissement des inégalités de

revenus. Beaucoup de Français sont choqués par les salaires exorbitants de certaines personnalités des médias. L'utilisation de la carte ban-

caire devient de plus en plus populaire en France. Son usage, longtemps réservé aux retraits d'argent dans les billetteries, est maintenant étendu aux paiements. Les Français possèdent 43,3 millions de Cartes bleues, dont 38,8 millions de cartes internationales.

Quelle est l'attitude des Américains envers l'argent? Est-elle en train de changer? Est-ce que vous avez une carte bancaire? Si oui, quand est-ce que vous l'utilisez?

Adapté de Gérard Mermet, *Franco-scopie 2003* (Larousse, pp. 337–339, 388).

ACTIVITÉS

A. Quelle situation embarrassante! Imaginez que vous soyez dans les situations suivantes. Dites ce que vous feriez pour en sortir.

MODÈLE: Vous êtes à la station-service où vous venez de faire le plein. Vous vous rendez compte que vous n'avez pas d'argent.
Si je me rendais compte que je n'avais pas d'argent, je demanderais un prêt au propriétaire.

1. Vous êtes perdu(e) dans une ville que vous ne connaissez pas.
2. Vous tombez malade dans un pays dont vous ne parlez pas la langue.
3. Vous faites du ski dans les Alpes et vous êtes pris(e) dans une tempête de neige.
4. Votre voiture tombe en panne *(breaks down)* au milieu de la nuit.
5. Vous travaillez dans une banque et il y a un hold-up.
6. Vous mangez au restaurant et vous apercevez votre acteur/actrice préféré(e).
7. Vous êtes à la terrasse d'un café et une mouche se noie *(a fly drowns)* dans votre verre d'eau.

B. Questions indiscrètes. Posez les questions suivantes à un(e) ami(e). Faites un résumé de ses réponses à la classe.

1. Qu'est-ce que tu ferais si tu avais un emploi horrible? si tu ne pouvais pas changer de travail pour des raisons financières? si tu avais un(e) patron(ne) que tu détestais?

Additional activity: Have students work in small groups to brainstorm solutions for the following problems. Afterwards they will share their ideas with the entire class: Qu'est-ce que tu ferais dans les situations suivantes? 1. Quelqu'un a volé ton passeport et ton portefeuille pendant un voyage en France. 2. Tu voyages à l'étranger et il y a un coup d'état dans le pays où tu te trouves. 3. Tu as de mauvaises notes dans tous tes cours. 4. Tu n'arrives pas à trouver un job d'été et tu as vraiment besoin d'argent.

2. Qu'est-ce que tu ferais si tu avais des quintuplé(e)s? Comment est-ce que tu gagnerais de l'argent pour les élever?
3. Qu'est-ce que tu ferais si tu gagnais à la loterie? Où est-ce que tu irais? Qu'est-ce que tu achèterais? Est-ce que tu partagerais ce que tu as gagné avec tes amis?
4. Qu'est-ce que tu ferais si tu devais habiter pendant un an sur une île déserte? Si tu pouvais choisir, avec qui est-ce que tu aimerais passer ton séjour? Qu'est-ce que tu emporterais avec toi?

Interactions

A. Un prêt. Imaginez que vous voulez obtenir un prêt. Regardez le formulaire ci-dessous et discutez de vos idées avec le conseiller financier/la conseillère financière *(loan officer)* (votre partenaire). Expliquez ce que vous voulez faire avec ce prêt. Dites combien d'argent vous voulez emprunter et combien de temps il vous faudra pour repayer l'emprunt. Le/La conseiller/conseillère vous donnera des suggestions.

Pourquoi est-ce que vous rempliriez cette demande?

Réaliser vos projets immobiliers	Demande d'informations sur le prêt immobilier évolutif

Prêt Immobilier Évolutif.

Le prêt qui s'adapte à vos changements de situation.

SOCIÉTÉ GENERALE

CONJUGUONS NOS TALENTS.

☐ M. ☐ Mme ☐ Mlle

Nom : _____ Prénom : _____

Code guichet : _____

N° de compte : _____ Clé RIB: _____

Je suis intéressé(e) par le Prêt Immobilier Evolutif et souhaite obtenir, sans engagement de ma part, des renseignements complémentaires.

Je coche la case correspondant à mes besoins :

Résidence	Principale	Secondaire	Locative
· Travaux	☐	☐	☐
· Construction	☐	☐	☐
· Acquisition (neuf)	☐	☐	☐
(ancien)	☐	☐	☐

Je souhaite emprunter : _____ €.

Je ne désire pas rembourser plus de _____ € par mois.

La durée de mon prêt ne doit pas excéder _____ ans.
(maximum 20 ans).

Pour vous permettre d'établir une simulation, je complète les renseignements ci-après :

• Situation de famille :
☐ Marié ☐ Concubin ☐ Divorcé ☐ Célibataire

• Situation du logement :
☐ Propriétaire ☐ Locataire ☐ Autre (préciser)

	MOI-MÊME	CONJOINT
Date de naissance		
Nombre d'enfants		
Profession		
Ancienneté chez l'employeur		
Revenus mensuels		
Allocations familiales		
Autres revenus		
Loyer		
Remboursement prêts en cours		
Autres charges		

Fait à _____ le _____
Signature :

« Loi informatique et libertés (article 27 et 31) et secret professionnel : Les informations nominatives ci-dessus sont obligatoires. Elles sont destinées à la Société Générale qui, de convention expresse, est autorisée à les conserver en mémoire informatique ainsi qu'à les communiquer aux sociétés de son groupe, à des tiers pour des besoins de gestion, ou à des sous-traitants. Vos droits d'accès et de rectification peuvent être exercés auprès du service ayant recueilli ces informations ».

B. Que faire? Vous êtes un(e) Français(e) de dix-neuf ans en première année d'université. Vous avez eu des résultats décevants à vos examens de fin d'année. Vous pensez quitter l'université et aller aux États-Unis comme jeune fille/jeune homme au pair. Vous pensez que ce serait une bonne occasion de pratiquer votre anglais, mais vous n'avez pas les économies nécessaires pour payer votre billet et votre séjour. Vous savez que vos parents seront attristés par votre décision. Vous êtes le/la benjamin(e) et vos frères et sœurs ont déjà quitté la maison. Demandez à deux amis de vous conseiller.

Premier brouillon Dossier personnel

1. After you have filled in your outline from *Leçon 1,* organize your letter in paragraphs according to each topic.

2. Work on the format of the letter. In France, you write your name and address on the top, left-hand side. On the right side, write the name and address of the person to whom the letter is addressed. The place and date are placed on the right-hand side two lines below.

3. There are set formalities to use when beginning and ending a letter in France. You begin a letter to someone you do not know with **Monsieur** or **Madame.** At the end, add **Veuillez croire, Monsieur (Madame), à l'assurance de mes sentiments distingués.**

Phrases: Writing a letter (formal); hypothesizing; persuading
Vocabulary: Professions
Grammar: Sequence of tenses with **si**; conditional

GARDE(S) D'ENFANTS aux Etats-Unis. Recherche deux personnes de langue maternelle française pour s'occuper de 4 enfants. Une pour s'occuper de deux petites filles (14 mois et 3 ans), et l'autre pour enseigner le français à deux filles francophones (6 et 8 ans), d'une famille chrétienne de 8 enfants habitant les Etats-Unis (Indiana). Position permanente (avec certains week-ends). Une année minimum est requise. Non-fumeur. Devra résider en dehors de la famille. Famille peut faciliter les démarches. Salaire $15-20/hr selon expérience. Envoyez votre CV et/ou expériences.
Email: kyleb@inter-intelli.com

Comment faire des concessions

Conversation (CONCLUSION)

Premières impressions

Soulignez:
- les expressions qu'on utilise pour faire une concession

Trouvez:
- le type de renseignements qu'Alisa veut obtenir de ses amis

Track 22

You might follow up the information on the Sécurité sociale in the footnote by telling students: Les employeurs ajoutent une contribution plus élevée à la Sécurité sociale. Cette cotisation couvre celui qui travaille ainsi que son époux/épouse et leurs enfants. Après avoir consulté un médecin, acheté des médicaments ou après avoir eu des examens à l'hôpital ou au laboratoire, on utilise sa carte vitale ou on remplit une feuille de Sécurité sociale et on reçoit le remboursement d'environ 75 pour cent des frais avancés.

Un mois plus tard, Alisa et ses amis français se trouvent dans un café près du campus.

ALISA: Tiens! Regardez le poster que j'ai acheté pour mettre au-dessus de mon lit! C'est tout petit, mais j'adore ma chambre de bonne! Je pensais vous demander encore autre chose... Je ne sais pas quoi faire pour l'assurance-maladie°.

NATHALIE: Je sais que pour les Français, quand tu t'inscris à l'université, tu paies des droits de Sécurité sociale.[3]

ALISA: Et moi, est-ce que j'y ai droit en tant qu'étudiante étrangère?

DELPHINE: Je ne sais pas vraiment, mais renseigne-toi auprès du CROUS.[4]

ALISA: Et est-ce que la cotisation° de la Sécurité sociale est élevée?

NATHALIE: Je ne sais pas au juste, mais ce n'est pas très cher.

ALISA: Aux États-Unis, c'est vraiment très cher de s'assurer puisque les assurances sont privées. Il n'y a pas de système d'état comme ici. Alors, beaucoup de gens ne sont pas assurés. Ils n'ont pas les moyens de payer les primes°.

NATHALIE: C'est embêtant si on n'est pas assuré et qu'on a un problème médical... qu'est-ce qu'on fait?

ALISA: Eh bien, on peut refuser de te soigner à l'hôpital, mais les gens ne vont quand même pas te refuser les soins élémentaires.

YVES: Enfin, c'est quand même incroyable que malgré toutes les richesses des États-Unis, tout le monde n'ait pas accès à une assurance-maladie minimale.

ALISA: Oui, mais tu sais, les États-Unis, c'est tout de même un pays qui a extrêmement peur de tout ce qui est socialiste...

NATHALIE: Oui, mais riche ou pauvre, sans emploi ou P.-D.G.°, on est tous égaux devant la maladie...

ALISA: Oui, c'est curieux. Je n'avais pas pensé à cela...

l'assurance-maladie [f] *health insurance*

la cotisation *contribution*

une prime *premium*

P.-D.G. (Président-directeur général) *CEO*

[3] La Sécurité sociale est un système d'assurance-maladie administré par le gouvernement. Tous les Français et les résidents qui travaillent paient une cotisation d'environ 7 pour cent de leur salaire mensuel.
[4] CROUS—Centre régional des œuvres universitaires et scolaires. C'est une organisation d'étudiants qui aide pour le logement, l'assurance-maladie, etc.

Observation et analyse

1. Quelle sorte de logement est-ce qu'Alisa a enfin trouvé?
2. À quel organisme est-ce qu'Alisa va s'adresser pour trouver les réponses à ses questions d'assurance-maladie?
3. Pourquoi est-ce qu'Yves et Nathalie sont surpris par le système d'assurance-maladie aux États-Unis?
4. Quelle raison est-ce qu'Alisa donne pour l'absence d'une assurance-maladie nationale aux États-Unis?
5. Quelle est l'opinion d'Alisa sur le socialisme français d'après cette conversation?

Réactions

Pensez-vous que les États-Unis adopteront bientôt un système national d'assurance-maladie? Expliquez. Croyez-vous que ce serait une bonne chose? Expliquez.

Expressions typiques pour...

Faire une concession

À première vue, je ne suis pas d'accord avec toi/vous, mais tu connais/vous connaissez mieux la situation que moi.
Bien, tu m'as convaincu(e)/vous m'avez convaincu(e).
Je suis convaincu(e).
À bien réfléchir, je crois que tu as raison/vous avez raison...
Je dois mal me souvenir/me tromper.
En fin de compte *(Taking everything into account)*, je crois que tu as raison.
Si c'est ce que tu penses/vous pensez...
Je n'avais pas pensé à cela.

bien que/quoique (+ subjonctif) *(although)*
> **Bien** qu'elle ait été prudente dans ses investissements, elle a perdu de l'argent à la Bourse *(stock market)*.

quand même *(nonetheless, even so)*, **tout de même** *(in any case)*, **néanmoins** *(nevertheless)*, **pourtant** *(however)*, **cependant** *(however)*, **mais** *(but)*
> Elle a bien étudié ses investissements; elle a **pourtant** perdu beaucoup d'argent.

malgré *(in spite of)*, **en dépit de** *(in spite of)*, **avec** *(with)*
> **Malgré** ses connaissances, elle a perdu beaucoup d'argent à la Bourse.

Mots et expressions utiles

L'économie [f] (Economy)

l'assurance-maladie [f] *health insurance*
être assuré(e) *to be insured*
la cotisation *contribution*
une mutuelle *mutual benefit insurance company*
la prime *premium; free gift, bonus; subsidy*
souscrire *to contribute, subscribe to*

les bénéfices [m pl] *profits*
le budget *budget*
la consommation *consumption*
le développement *development*
une entreprise *business*
exporter *to export*
importer *to import*

les impôts [m pl] *taxes*
le marché *market*

aller de mal en pis *to go from bad to worse*
le progrès *progress*
s'améliorer *to improve*

un abri *shelter*
un restaurant du cœur *soup kitchen*
un(e) sans-abri *homeless person*
un SDF (sans domicile fixe) *person without a permanent address*

Divers

en fin de compte *taking everything into account*

Additional vocabulary: l'agriculteur/l'agricultrice *farmer;* le chantier *building site;* le consommateur *consumer;* la crise *crisis;* la croissance *growth;* travailler à la chaine *to work on an assembly line*

Mise en pratique

Depuis six mois, l'**économie** va de mal en pis. Les **entreprises** ne font pas de **bénéfices** et licencient *(lay off)* des employés. Nous **exportons** moins que nous n'**importons**. Les **impôts** augmentent, les **sans-abri** font la queue devant les **restaurants du cœur**. Personne ne sait quand l'**économie** va s'**améliorer**, mais tout le monde attend la fin de cette récession.

Les conditions de travail

le chef (de bureau, d'atelier, d'équipe) *leader (manager) of office, workshop, team*
le directeur/la directrice *manager (company, business)*
l'employeur [m] *employer*
le/la gérant(e) *manager (restaurant, hotel, shop)*
le personnel *personnel*

le bureau *office*
la maison *firm, company*
l'usine [f] *factory*

compétent(e)/qualifié(e) *competent/qualified*
motivé(e) *motivated*

une augmentation de salaire *pay raise*
le congé *holiday, vacation*
l'horaire [m] *schedule*
les soins [m] médicaux *medical care and treatment*

Mise en pratique

Je viens de trouver un emploi dans une petite entreprise familiale dans le centre-ville. J'aurai un **horaire** flexible, mon propre **bureau** et cinq semaines de **congé**. De plus, mon **employeur** m'a promis une **augmentation de salaire** tous les six mois, si je prouve que je suis **compétent**. Ce n'est pas mal, hein? Il y a de quoi être **motivé**, non?

ACTIVITÉS

A. Entraînez-vous: Concessions. En petits groupes, utilisez les expressions pour exprimer une concession pour répondre aux points de vue suivants.

MODÈLE: Les jeux d'argent *(gambling)* font de l'État un spéculateur.
Pourtant, dans certains états, le budget de l'éducation reçoit une bonne partie des bénéfices de ces jeux.

1. La liberté individuelle est la chose la plus importante de notre vie.
2. Il est dangereux de développer l'énergie nucléaire.
3. Le chômage est (en grande partie) dû à un excès d'importations.
4. Les femmes qui travaillent à plein temps prennent la place des hommes qui veulent travailler.
5. Les congés payés aux États-Unis ne sont pas assez longs.
6. Les chefs d'entreprise sont trop bien payés.
7. Les ouvriers doivent recevoir une partie des bénéfices de leur entreprise.

Activity B: Written preparation might be helpful.

B. Le travail. Traduisez en français cette petite annonce pour un journal québécois.

American company looking for qualified people. We need motivated workers to work in our factory in Montreal. We are also in need of managers, team leaders, and secretaries. We are only interested in people who are motivated to work hard. We offer good hours, excellent salary, and five weeks of vacation. To apply, send résumés to Mr. Blanche.

C. Complétez. Chacune des phrases ci-dessous exprime une idée de concession. Complétez ces phrases en imaginant une situation pour chaque contexte.

1. Nous allons faire de notre mieux en dépit de... (on a annoncé des licenciements *(layoffs)* / la suppression de la prime de rendement [*productivity*])
2. Bien que je... (je suis arrivé(e) à l'heure à un rendez-vous important / j'ai oublié l'anniversaire de mon mari/ma femme)
3. Malgré nos sourires... (à la plage / dans une entrevue)
4. Nous sommes rentrés déçus; cependant... (le film était / les vacances étaient)

LA GRAMMAIRE À APPRENDRE

Le subjonctif après les conjonctions

Certain subordinate conjunctions require the subjunctive mood rather than the indicative because of their meaning. Notice that the subjunctive is used in the clause where the conjunction is located, not in the clause that follows or precedes it.

A. Les conjonctions de concession

Certain conjunctions indicate a concession on the part of the speaker toward what is either reality or something that could be so and is therefore hypothetical.

bien que/quoique   *although*

Bien que ce **soit** un métier mal payé, il veut être mécanicien.
Although it is not a well-paying trade, he wants to be a mechanic.

B. Les conjonctions de restriction

Other conjunctions express a restriction, real or possible.

à moins que (+ ne)   *unless*
sans que   *without*

Il va tout acheter au Printemps **à moins que** les prix **ne soient** trop élevés.
He is going to buy everything at Le Printemps unless the prices are too high.

C. Les conjonctions de condition

These conjunctions introduce a condition that is not a reality.

pourvu que   *provided that*
à condition que   *on the condition that*

Il continuera à travailler dans son atelier **pourvu qu'**il **ait** assez de clients.
He will continue to work in his workshop provided that he has enough customers.

D. Les conjonctions de but

Some conjunctions express a goal or purpose. This is similar to the idea of volition. Therefore, the subjunctive mood is required.

pour que/afin que   *in order that, so that*
de peur que (+ ne)/de crainte que (+ ne)   *for fear that*

Il a tout fait **pour que** ses prix **baissent.**
He did everything so that his prices would be lower.

E. Les conjonctions de temps

These conjunctions are concerned with actions that take place at some time after the action of the main clause and may depend on the other action taking place.

avant que (+ ne)   *before*
jusqu'à ce que   *until*
en attendant que   *waiting for*

Avant qu'il **n'aille** à la banque, il doit vérifier qu'il y a de l'argent sur son compte.
Before he goes to the bank, he must verify that there is some money in his account.

The **ne explétif** should be used with **à moins que.** Remember that it has no meaning and that it is used in formal speech. It is also used with **de peur que, de crainte que** (see section D), and **avant que** (see section E).

F. The following conjunctions can sometimes be replaced by a corresponding preposition followed by an infinitive. This is done when the subject of the subordinate clause (introduced by a conjunction requiring the subjunctive) is the same as the subject of the main clause. The most common prepositional counterparts are:

Conjonction (+ subjonctif)	Préposition (+ infinitif)
à moins que (+ ne)	à moins de
sans que	sans
à condition que	à condition de
afin que	afin de
pour que	pour
de peur que (+ ne)	de peur de
de crainte que (+ ne)	de crainte de
avant que (+ ne)	avant de
en attendant que	en attendant de

Il est rentré chez lui **sans** avoir fermé son atelier à clé. Il y est retourné **de crainte de** tout se faire voler *(to be robbed)*. Il a sorti sa clé **afin de** verrouiller *(lock)* la porte. **Avant de** le faire, il a jeté un coup d'œil dans l'atelier pour examiner ses outils *(tools)*. Il s'est rendu compte que quelqu'un avait déjà tout volé!

In sentences with **bien que, quoique, pourvu que,** and **jusqu'à ce que,** the clause in the subjunctive cannot be replaced by an infinitive construction even when the subject of the main clause and dependent clause is the same. There is no corresponding prepositional construction.

Elle continuera à lire cet article **bien qu'**elle ne **soit** pas convaincue.
She will continue to read that article although she is not convinced.

Quoiqu'elle **apprécie** la Société Générale, elle a choisi le Crédit Agricole.
Although she likes the Société Générale, she chose the Crédit Agricole.

ACTIVITÉS

A. Les goûts culturels des jeunes. Avec un(e) partenaire, complétez ce paragraphe en choisissant la conjonction ou la préposition appropriée.

_____ (Bien que / Pourvu que / De peur que) les étudiants s'intéressent à la politique et à l'économie, ils adorent surtout le cinéma. Leur mémoire est courte, cependant. _____ (De peur de / Jusqu'à / Quoique) ils se trompent dans le titre ou le nom du metteur en scène, 82 pour cent ont cité un film qui les avait marqués dans les trois derniers mois. Comme metteur en scène, ils admirent Louis Malle. Le même sondage révèle que les étudiants français aiment aussi la musique _____ (avant que / afin de / à condition que) ce soit du rock. Ils aiment également lire et parler de leurs lectures _____ (de peur que / à moins de / pourvu que) il s'agisse d'écrivains comme Faulkner, Dostoïevsky, Boris Vian, Jean-Paul Sartre et Steinbeck. _____ (Pour ne pas / À moins de / En attendant de) trop généraliser les résultats de ce sondage, le lecteur doit savoir que cette enquête a été effectuée auprès de 382 étudiants.

Professeur: Isabelle forme des êtres humains

306 000 personnes

Le métier attire et recrute. La passion pour une discipline ne suffit pas pour devenir professeur. Il faut aimer les enfants, être pédagogue, avoir de l'autorité. Un métier que l'on choisit en connaissance de cause.

Isabelle, professeur de lettres : «Un cours, c'est un dialogue. J'essaie d'apporter la curiosité.»

Vous pensez être professeur un jour? Quels sont, d'après vous, les avantages et les inconvénients de ce métier?

B. La Sécurité sociale. Nathalie continue à expliquer le système de la Sécurité sociale à Alisa. Remplissez les blancs avec la forme appropriée du verbe entre parenthèses en utilisant le subjonctif, si c'est nécessaire.

À moins que nous n'_____ (oublier) de remplir notre feuille, la Sécurité sociale paiera la majorité des frais médicaux. Par exemple, lorsqu'on _____ (avoir) une opération à l'hôpital ou dans une clinique, la Sécurité sociale rembourse presque tous les frais. Puisque tu _____ (être) américaine, il faut que tu te renseignes au CROUS parce que je ne _____ (savoir) pas si les étrangers _____ (pouvoir) s'inscrire. Afin que/Afin de _____ (savoir) si tu y _____ (avoir) droit ou non, demande-leur un rendez-vous. Il vaut mieux que tu y _____ (aller) en personne. On ne sait jamais avec les renseignements par téléphone.

C. Conditions de travail. Complétez les phrases suivantes. Mettez la phrase à la forme négative si vous n'êtes pas d'accord!

1. Moi, je réussirai dans mon travail à condition que…
2. Je paierai les assurances-maladies de crainte de…
3. Je pense que les assurances-maladies sont nécessaires afin que…
4. Les syndicats *(unions)* sont importants à moins que…
5. Je m'inscrirai au syndicat quoique…
6. Je travaillerai jusqu'à…
7. Je prendrai ma retraite avant de…

Liens culturels

Savoir-vivre au travail

Si vous réussissez à trouver un poste dans un pays francophone, ne sous-estimez pas l'importance du savoir-vivre. Avec vos collègues, soyez toujours courtois; collaborez avec eux ou elles et aidez-les quand vous le pouvez. N'étalez pas vos problèmes personnels et ne passez pas trop de temps à bavarder.

Le protocole demande qu'un subordonné dise bonjour et au revoir à son supérieur mais, en général, il «ne lui tendra pas la main le premier» (d'Amécourt, p. 60). C'est le supérieur qui doit «nuancer les rapports» de courtoisie (d'Amécourt, p. 61). Vous allez, bien sûr, serrer la main de vos collègues pour dire bonjour le matin en arrivant au travail et pour leur dire au revoir à la fin de la journée. En général, il faut rendre le travail plus agréable par votre personnalité et par votre attitude, mais vous devez rester discret (d'Amécourt, p. 61).

Les habitudes de travail en France sont un peu différentes des vôtres. Ainsi, l'espace et l'heure sont abordés sous un autre angle. Souvent, dans les bureaux des sociétés françaises, les portes sont fermées. Mais chacun peut frapper et entrer rapidement, sans attendre la réponse. La porte crée une sorte de limites ou de distance. Les gens ne vont pas regarder et toucher vos affaires sans vous demander la permission.

En ce qui concerne l'heure, les Français sont souvent dix minutes en retard à une réunion de bureau; ce n'est pas considéré comme impoli. Il leur arrive parfois aussi d'annuler ou de changer l'heure d'une réunion à la dernière minute, et ne soyez pas surpris s'il y a plusieurs interruptions pendant la réunion. C'est normal. Les Français ont une idée différente du temps. Ils voient le temps d'une manière polychronique, ce qui veut dire que plusieurs choses peuvent se passer en même temps et que les gens peuvent arriver à n'importe quel moment. Le temps est plutôt élastique. Ce qui compte pour eux c'est les gens ou les personnes avec qui ils travaillent. Fixer l'heure d'une réunion est tout simplement pour avoir une idée générale de quand on va se retrouver.

Comparez les coutumes professionnelles de la France avec celles de votre pays. Parlez du protocole, de l'espace et de l'heure. Est-ce qu'il y a des différences régionales aux USA?

Adapté de: d'Amécourt, *Savoir-Vivre Aujourd'hui* (Paris: Bordas, 1983, pp. 59–61); Polly Platt, *French or Foe* (Skokie, IL: Culture Crossings, Ltd., 1995, pp. 41–42, 44–51).

Liens culturels: Ask students to work in small groups to discuss work habits in the U.S., which may vary by office, profession, and geographic region.

Interactions

A. Les livres perdus. Vous avez emprunté deux livres à votre camarade de chambre il y a plusieurs mois et il/elle est fâché(e) que vous ne les lui ayez pas rendus. Avouez que vous auriez dû les rendre et donnez une excuse pour expliquer pourquoi vous ne l'avez pas fait. Expliquez que maintenant vous les avez perdus. Résolvez la situation.

B. Jouez le rôle. Votre partenaire et vous allez jouer des rôles différents. Pour chaque rôle, imaginez une concession à faire à votre partenaire. Utilisez des conjonctions autant que possible.

1. votre mari/femme/meilleur(e) ami(e): son anniversaire
2. votre enfant: l'heure de son coucher
3. votre mère/père âgé(e): son logement
4. votre chef: votre congé
5. votre secrétaire: son augmentation de salaire
6. votre médecin: votre santé
7. votre professeur: la qualité de votre composition

Deuxième brouillon Dossier personnel

1. Write a second draft of the letter that you worked on in *Leçons 1* and *2,* focusing particularly on the way you begin and end the letter. You may want to begin the job application letter with any of the following expressions:

   > Je vous prie de *(Please . . .)*
   > Je vous serais obligé(e) de *(I would be obliged to . . .)*
   > Permettez-moi de me présenter…
   > Je désire poser ma candidature à un poste de…

   A letter of recommendation might begin with any of the following phrases:

   > Puis-je me permettre de vous recommander…
   > J'ai l'honneur de vous recommander…

2. To make the transitions smoother, you might want to add some phrases such as the following to the job application letter:

   > Vous trouverez, dans mon curriculum vitae ci-joint, le résumé de
   >   ma formation académique et de mon expérience professionnelle…
   > J'aimerais attirer votre attention sur…
   > En vous remerciant à l'avance de votre considération,…

   In the letter of recommendation, use the following phrases:

   > Elle/Il a/est (diplômes ou qualifications) et…
   > Je vous serais reconnaissant(e) de ce que vous pourriez faire pour
   >   lui/elle…
   > En vous remerciant dès maintenant,…
   > Avec mes remerciements anticipés,…

Phrases: Writing a letter (formal); expressing an opinion
Vocabulary: Professions
Grammar: Subjunctive

SYSTÈME-D

Activités vidéo

Avant la vidéo

Turn to *Appendice B* for a complete list of active chapter vocabulary.

1. Où habitent les étudiants de votre université? Comment trouve-t-on un logement ici? Quel en est le prix, en moyenne? Faites un sondage dans votre classe et calculez les pourcentages suivants: les étudiants qui habitent dans des résidences universitaires, les étudiants qui vivent dans des appartements et les étudiants qui habitent encore avec leur famille.

2. Selon vous, comment serait le logement idéal pour un(e) étudiant(e)? Décrivez-le et comparez votre logement idéal avec celui de vos camarades.

Après la vidéo

1. Décrivez le logement qu'Élodie a trouvé pour Charles-Emmanuel. Où se trouve-t-il? Quels en sont les avantages et les inconvénients?

2. Est-ce que vous auriez loué le logement qu'Élodie propose? Pourquoi ou pourquoi pas?

Activités orales

Activity A: Expansion: Before beginning the activity, remind students that the boss needs to react to the message. She/He should ask the secretary to do something in response to the note. The secretary can call Mr. Rafael back; she/he can call Sophie Lambert; she/he can call a bank. See if students come up with other options.

A. Un message. Vous êtes secrétaire bilingue dans une société américaine en France. Expliquez, en français, ce message téléphonique à votre patron(ne):

Mr. Rafael returned your call. He says that it is difficult to know whether you should sell your house. It's well situated but poorly maintained. He left the name of Sophie Lambert, whom he said you should call. She is a real estate agent who is very friendly and will help you. If you follow her advice, you should make some money. He alluded to (**faire allusion à**) several other investment possibilities that he will discuss with you later.

Review the telephone expressions in *Appendice C*.

B. L'avenir. Avec un(e) partenaire, créez une histoire qui va illustrer le proverbe «Qui vivra verra». On utilise souvent cette expression quand on discute de l'avenir. Racontez un conte de fées ou une histoire à propos de vous ou de quelqu'un d'autre. Votre histoire devra se terminer par ce proverbe.

Activité écrite

Les offres d'emploi. Vous avez découpé les offres d'emploi publiées dans *Le Soleil,* un journal québécois (page ci-contre). Faites une liste des avantages et des inconvénients de chaque emploi. Ensuite, écrivez une lettre à votre tante et à votre oncle qui habitent près de Montréal. Décrivez l'emploi qui vous intéresse le plus et expliquez pourquoi. Demandez-leur conseil pour obtenir cet emploi. Demandez si vous pouvez dormir chez eux un jour ou deux si vous obtenez une entrevue.

dans le cadre d'ERASMUS n'ont pas à régler les droits d'inscription à l'université du pays. Ils se contentent de payer leur année à leur établissement français. [...] Mais il faut aussi prévoir un budget de logement et de nourriture: environ 1 000 euros° par mois, avec des variations importantes entre le sud et le nord de l'Europe, les capitales et les petites villes... Les bourses°? Un véritable maquis°! Certaines régions sont très généreuses avec leurs étudiants, [...] d'autres non. [...] Dans la majorité des cas, le coup de pouce° se limitera à 100 euros par mois, versés six mois après le départ! Malgré les imperfections du système, [...] les étudiants qui regrettent leur séjour sont rarissimes. Étudier en Europe a encore un petit parfum d'aventure. Profitez-en!

un maquis système très compliqué

le coup de pouce aide

euros un euro = environ 1,20 dollar U.S.

les bourses *scholarships*

Copyright *L'Express,* Hélène Constanti, 2003.

Après la lecture

Compréhension

A. Observation et analyse.

1. Qui a eu l'idée de former l'Union européenne? Quand? Quels pays étaient les premiers à en faire partie? Et les plus récents (nommez-en trois)? Pouvez-vous nommer tous les pays qui en font partie?
2. Dans quels domaines ces pays sont-ils en avance en ce qui concerne l'unification?
3. Dans quels domaines est-ce qu'il y a eu peu de progrès? Pourquoi?
4. Où vont la plupart des étudiants français qui participent à l'Europe étudiante?
5. Si les jeunes Français avaient le choix, où iraient-ils pour faire leurs études? Pourquoi?
6. Qu'est-ce qu'on veut dire par «le jeu en vaut la chandelle, tout particulièrement pour les ingénieurs»? Pourquoi est-ce que les études à l'étranger sont avantageuses pour les étudiants en sciences?
7. Quelles sont les questions que les étudiants se posent?
8. Selon l'article, quelles sont les deux difficultés les plus importantes? Quelle solution sera bientôt établie pour résoudre un de ces problèmes? Est-qu'il y a des bourses d'étudiants? Expliquez.

B. Grammaire/Vocabulaire. Vous allez réviser le genre des noms. Relisez l'article en faisant attention aux choses suivantes:

a. Notez le genre des pays mentionnés dans l'article. Notez aussi qu'il y a quelques noms de pays, comme Malte, qui n'ont pas d'article. Résumez la règle qui permet de déterminer le genre des pays.
b. Trouvez les mots suivants et déterminez leur genre selon le contexte. Dites comment vous savez le genre de chaque mot: idée, domaine, établissement, critères, freins, obstacle, régions.

C. Réactions.

1. Quelle est votre réaction à la formation d'une Europe unifiée? Pensez-vous que cela soit une bonne chose? Expliquez votre réponse.
2. Si vous aviez le choix, dans quels pays est-ce que vous étudieriez? Expliquez pourquoi.
3. Pensez-vous qu'un jour beaucoup d'étudiants français participeront à ERASMUS? Expliquez.

Interactions

1. L'article explique que chaque pays a peur de perdre sa liberté d'action dans les domaines suivants: la défense, la politique étrangère et la culture. Avec un(e) camarade de classe, imaginez pourquoi l'unification dans ces domaines-là est plus difficile que dans les autres (l'économie, la monnaie, les lois sociales, les douanes et les communications). Expliquez votre réponse à la classe.
2. Imaginez que vous êtes le Secrétaire d'état américain et que vous pouvez proposer une union entre les États-Unis et d'autres pays du monde. Qu'est-ce que vous proposeriez? Expliquez pourquoi.
3. Avec un(e) camarade de classe, inventez un programme d'études à l'étranger. Choisissez le pays idéal et le programme d'études idéal. Combien d'étudiants peuvent participer? Sur quels critères est-ce qu'on choisira les étudiants? Combien coûtera le programme? Décrivez les logements, la durée, les cours et d'autres détails qui vous paraissent importants.

Expansion

1. Faites une comparaison entre l'Union européenne et les États-Unis. Considérez, par exemple, la structure gouvernementale, monétaire, politique, militaire et économique.
2. En utilisant les ressources de la bibliothèque et de l'Internet, écrivez un reportage sur les programmes d'études à l'étranger offerts par votre université ou par les universités de votre région. Trouvez un programme qui vous intéresse, décrivez-le et dites pourquoi il est intéressant à votre avis.

Reconnaissez-vous le château Frontenac et le fleuve Saint-Laurent à Québec?

11. *L'alouette° en colère°* de Félix Leclerc

alouette *lark* / **colère** *anger*

Avant la lecture

Sujets à discuter

1. Connaissez-vous la chanson d'enfants *Alouette, gentille alouette, alouette, je te plumerai*? De quoi s'agit-il? Si vous ne connaissez pas cette chanson, jetez un coup d'œil à l'introduction.
2. Comment est-ce qu'on peut décrire le ton de cette chanson? amusant? sérieux? frivole? intellectuel? tragique? Expliquez.
3. Est-ce que vous avez déjà visité le Québec? Qu'est-ce que vous savez sur sa situation politique? sur sa langue?

Stratégies de lecture

A. Technique poétique: la répétition. Dans sa chanson, Félix Leclerc utilise la technique poétique de la répétition. Combien de fois trouvez-vous les mots «J'ai un fils»? Quels autres mots y sont répétés? Quel est l'effet de ces répétitions?

B. Vocabulaire thématique: Parcourez la chanson et trouvez les mots suivants:

écrasé   dépouillé   chômeur   humilié   abattre   prison

D'après le titre de cette chanson de Leclerc et les questions ci-dessus, essayez de deviner ce qu'a voulu dire le poète/chanteur et précisez-en le thème.

Introduction

Alouette, gentille Alouette is a traditional song that is very popular among children in France and Quebec. The Quebec singer Félix Leclerc transformed this song into one of revolt in which he expresses his strong support for the independence of the province of Quebec from Canada.

Leclerc (1914–1988) was a singer, songwriter, actor and writer who was not interested in politics until 1970. His first album appeared in 1950 and won a prize for the song Moi, mes souliers. *In the 1970s Leclerc became politically active especially after the War Measures Act was invoked. These measures meant that anyone who seemed to be a sympathizer with the separatist* **Front de Libération du Québec** *party could be arrested. In 1972 his album* L'Alouette en colère *was released, and he became famous in the Francophone world soon after that. The most popular songs were the one for which the album was named and* Les 100 000 façons de tuer un homme. *Leclerc remained active throughout his life and received many awards and much recognition for his work. In fact, his name is on many schools, streets and buildings in Quebec.*

Here are the words of the folksong Alouette, gentille Alouette:

1. Alouette, gentille Alouette
   Alouette, je te plumerai.
   Je te plumerai la tête
   Je te plumerai la tête
   Et la tête,
   Et la tête,
   Alouette,
   Alouette,
   Ooooh...

2. Alouette, gentille Alouette,
   Alouette, je te plumerai.
   Je te plumerai le bec,
   Je te plumerai le bec,
   Et la tête,
   Et la tête,
   Et le bec,
   Et le bec,
   Alouette,
   Alouette,
   Ooooh...

(Each time the verse is repeated, a new line is added, which is sung twice. Use verse 2 as a model for verses 3 through 8.)

3. le cou
4. le dos
5. les ailes

6. la queue
7. les jambes
8. les pieds

L'ALOUETTE EN COLÈRE

J'ai un fils enragé
Il ne croit ni à dieu ni à diable ni à roi
J'ai un fils écrasé°
Par les temples à finances où il ne peut entrer
5 Et par ceux des paroles dont il ne peut sortir
J'ai un fils dépouillé°
Comme le fut son père porteur d'eau
Sur le bois locataire
Et chômeur dans son propre pays

écrasé *crushed*

dépouillé *stripped, shorn; here, deprived, stripped of everything*

Qui is used when the relative pronoun functions as the *subject* of the relative clause; **que** (**qu'** before a vowel or mute **h**) is used when the relative pronoun acts as the *object*:

                 (subj.)   *(verb)*

J'ai besoin de quelqu'un **qui** puisse m'aider avec cette lecture.

*I need someone **who** can help me with this reading.*

             (obj.) (subj.)   *(verb)*

Voilà le passage **que** je ne comprends pas.

*Here is the passage **that** I don't understand.*

NOTE:

- The antecedents of **qui** and **que** can be either persons or things.

- Elision is never made with **qui**:

  Où est l'assistante **que** j'ai vue il y a juste quelques minutes? Elle m'a parlé d'un dictionnaire **qui** est facile à utiliser.

  Where is the assistant whom (that) I saw just a few minutes ago? She told me about a dictionary that is easy to use.

- Relative pronouns are not always expressed in English, but must be used in French:

  La femme **que** tu as prise en photo est là-bas.

  The woman (whom) you photographed is over there.

Au travail. Utilisez **qui** ou **que** pour lier les phrases suivantes.

Modèle: Je travaille avec des amis.
Ils sont très intelligents.
Je travaille avec des amis qui sont très intelligents.

1. Le directeur est un homme travailleur. Il arrive très tôt le matin.
2. Il a vécu beaucoup d'aventures. Il aime raconter ses aventures.
3. Il nous donne beaucoup de responsabilités. Nous apprécions beaucoup ces responsabilités.
4. Il donne des conseils aux jeunes employés. Ils demandent son avis.
5. Les jeunes employés demandent souvent une augmentation de salaire. Le directeur ne donne pas d'augmentation de salaire.

Comment se plaindre et s'excuser

Track 23

Conversation

Rappel: Have you reviewed the basic negative patterns? (Text p. 302 and Workbook pp. 183–185)

Premières impressions

Soulignez:
- les expressions que M. Arnaud utilise pour se plaindre *(to complain)*
- les expressions que l'employée utilise pour s'excuser

Trouvez:
- ce que M. Arnaud ramène au pressing *(dry cleaner's)* et pourquoi il le ramène
- pourquoi il va téléphoner à l'électricien

faire les courses *to do errands*

C'est mercredi matin. M. Arnaud, qui est en train de faire les courses°, se trouve au pressing.

L'EMPLOYÉE: Bonjour, monsieur.

M. ARNAUD: Bonjour, madame. Excusez-moi, mais je vous ramène ce pantalon. Je suis venu le chercher lundi mais il y a des taches° qui ne sont pas parties.

une tache *a spot*

L'EMPLOYÉE: Ah bon?

M. ARNAUD: Oui, je vais vous les montrer, là, sur les deux jambes. Vous voyez? Le nettoyage à sec° n'a pas été bien fait. Enfin, je compte sur vous maintenant que vous avez vu ce qu'il en est. Je regrette de vous rapporter du travail mais...

le nettoyage à sec *dry cleaning*

L'EMPLOYÉE: Eh bien, écoutez... euh... je ne comprends pas, enfin... euh... Vous êtes sûr que ces taches ne viennent pas d'être faites?

M. ARNAUD: Ah, tout à fait, tout à fait! J'ai porté le pantalon au bureau hier et j'ai vu les taches avant le déjeuner. J'étais gêné. C'était vraiment embarrassant...

ne vous inquiétez pas *don't worry*
nettoyer *to clean*

L'EMPLOYÉE: Je suis vraiment désolée, enfin c'est... euh... notre maison a une très bonne réputation. Écoutez, ne vous inquiétez pas°. Je vais m'en occuper. Nous allons nettoyer° le pantalon et rectifier l'erreur. Revenez vendredi matin,... il sera prêt et... impeccable!

M. ARNAUD: Eh bien écoutez, je vous remercie, je repasserai donc vendredi.

L'EMPLOYÉE: C'est ça. Vous pouvez compter sur moi. Au revoir, monsieur, et à vendredi.

le frigo *(familiar) fridge, refrigerator* / **être en panne** *to break down*

M. Arnaud retourne à son bureau. Sa femme téléphone et lui demande de contacter l'électricien parce que le frigo° qu'on vient de faire réparer est encore en panne°.

À suivre

Observation et analyse

1. Pourquoi est-ce que M. Arnaud se plaint?
2. Décrivez la réaction de l'employée à la plainte de M. Arnaud.
3. Quand est-ce que M. Arnaud retournera au pressing?
4. Pourquoi est-ce que M. Arnaud va se plaindre auprès de l'électricien?
5. D'après la conversation, décrivez les personnalités de M. Arnaud et de l'employée du pressing.

Réactions

1. Qui fait les courses chez vous? Vous aimez les faire? Expliquez.
2. Est-ce que vous avez déjà eu des problèmes comme ceux de M. Arnaud? Lesquels? Expliquez ce que vous avez fait.

Expressions typiques pour...

Se plaindre auprès de quelqu'un

Excusez-moi, mais je pense que…
Pardon, monsieur/madame, mais je crois qu'il y a une erreur…
Je regrette de vous déranger, mais j'ai un petit problème…
Je voudrais que vous (+ verbe au subjonctif)…
Pardon, monsieur/madame. J'aurais une réclamation *(complaint)* à faire.

Répondre à une plainte

Je suis désolé(e) *(sorry)*, mademoiselle.
Je regrette, monsieur/madame.
Je suis navré(e) *(sorry)*, monsieur/madame. *(plus formel)*

Accueil favorable; solution possible
Je vais m'en occuper *(take care of it)* tout de suite.
Voilà ce que je vous propose.
Je pourrais vous proposer un échange.
Nous allons le/la faire réparer tout de suite.

Regrets; pas de solution
Mais nous n'en avons plus.
Je ne peux rien faire.
Il n'y a rien que je puisse faire pour vous dépanner *(repair a breakdown)*.

Si vous n'êtes pas satisfait(e) de la réponse
C'est inadmissible! C'est scandaleux!
Comment voulez-vous que j'accepte ça?
Pourrais-je voir… (le chef de rayon/de service *[departmental/service supervisor]*)?
Vous allez avoir de mes nouvelles. *(You're going to hear from me.)*

S'excuser *(c'est vous qui vous excusez)*

Excusez-moi. Je suis désolé(e).
Je ne l'ai pas fait exprès *(on purpose)*.
Je ne savais pas quoi faire.
Je ne le ferai plus, je te/vous l'assure.
Je m'excuse encore, monsieur/madame/mademoiselle.

Excuser et rassurer *(répondre à une excuse)*

Ne t'inquiète pas./Ne vous inquiétez pas.
Ne t'en fais pas./Ne vous en faites pas.
Ça ne fait rien. *(It doesn't matter./Never mind.)*
Je ne t'en/vous en veux pas. *(I'm not holding a grudge against you.)*
Ce n'est pas vraiment de ta/votre faute.
Ce n'est pas bien grave *(serious)*.

Mots et expressions utiles

Les tribulations de la vie quotidienne

au secours! *help!*
un cas d'urgence *emergency*
  en cas d'urgence *in case of emergency*
une panne *breakdown*
  tomber en panne *to have a (car) breakdown*

annuler *to cancel*
une commission *errand*
débordé(e) de travail *swamped with work*
ça ne fait rien *it doesn't matter; never mind*
en vouloir à quelqu'un *to hold a grudge against someone*
être navré(e) *to be sorry*
faire exprès *to do on purpose*
n'en plus pouvoir (je n'en peux plus) *to be at the end of one's rope; to have had it (I've had it)*

Mise en pratique

Le monologue intérieur de M. Arnaud:
Décidément, ma journée va de mal en pis: des taches sur mon pantalon, le lecteur de DVD que je viens d'acheter et qui ne marche pas; au bureau, le stress: je suis **débordé de travail... Je n'en peux plus...** J'ai besoin de vacances.

Les problèmes de voiture

la batterie *car battery*
démarrer *to get moving (car); to start*
dépanner *to repair a breakdown*
un embouteillage *traffic jam*
l'essence [f] *gasoline*

être en panne d'essence *to be out of gas*
être/tomber en panne *to break down*
les heures [f pl] de pointe *rush hours*
la station-service *gas station*

✿ Mise en pratique ✿

Et maintenant, la voiture de ma femme qui ne **démarre** pas! Il faut que j'appelle une dépanneuse *(tow truck)* pour la faire remorquer *(to tow)* à la **station-service**. Je ne peux pas la **dépanner** moi-même! Ce n'est pas la **batterie**, et il y a de l'**essence**!

Les pannes à la maison

le congélateur *freezer*
l'électricien(ne) *electrician*
le frigo *(familiar) fridge, refrigerator*

marcher *to run; to work (machine)*
l'outil [m] *tool*
le plombier *plumber*

✿ Mise en pratique ✿

Monsieur Paul, l'**électricien**, prend 75€ de l'heure plus le déplacement *(travel expenses)*. Ça va faire une grosse somme. Je devrais peut-être acheter mes propres **outils**, mais je ne suis ni **électricien** ni **plombier**.

Les achats en magasin

le chef de rayon/de service *departmental/service supervisor*
demander un remboursement *to ask for a reimbursement*
faire une réclamation *to make a complaint*
les frais [m pl] *costs, charges*
le grand magasin *department store*

gratuit(e) *free, at no cost*
le nettoyage à sec *dry cleaning*
le pressing/la teinturerie *dry cleaner's*
la quincaillerie *hardware store*
une tache *stain*
un trou *hole*
vendu(e) en solde *sold at a reduced price, on sale*

✿ Mise en pratique ✿

Je ne sais pas d'où viennent ces **taches** sur mon pantalon. Elles n'y étaient pas avant le **pressing**, j'en suis certain. Heureusement que le magasin est correct et qu'il me refait un **nettoyage gratuit**. Si les taches ne partent pas, je vais **demander un remboursement**.

L'esprit critique des Français

Les Français ne se plaignent ni de la même façon ni avec la même fréquence que les Américains. Pourquoi? Tout d'abord, les Américains et les Français ne conçoivent pas l'éducation des enfants de la même manière (rappelez-vous les **Liens culturels** du **Chapitre 3**, à la page 117). Cet écart entre les deux conceptions est à la base de nombreux stéréotypes et malentendus culturels. L'éducation à la française tend à développer un esprit critique et apprend à l'enfant à se défendre et à résister tandis que l'éducation à l'américaine lui apprend plutôt à ne pas attaquer ou critiquer les autres.

Cette différence fait que les rapports d'amitié ne se développent pas non plus de la même façon dans les deux cultures. En général, il est plus difficile d'établir des rapports d'amitié avec les Français qu'avec les Américains, mais il est plus difficile d'approfondir des liens d'amitié avec les Américains. Les Américains qui visitent la France ou qui y vivent se plaignent souvent de l'apparente froideur des gens dans les grandes villes comme Paris, Lyon, Marseille, et

de l'accueil peu amical dans les magasins ou dans les bureaux de gare, de banques ou de postes. En revanche les Français, étonnés par la gentillesse des Américains, les trouvent un peu superficiels. Les Français des grandes villes sourient moins souvent aux étrangers et sont moins enclins que les Américains à se parler entre eux s'ils ne se connaissent pas. Quand les Français se plaignent ou critiquent quelque chose, la vivacité de leur langage peut surprendre et froisser les Américains. Ceux-ci *(The latter)* ont plutôt l'habitude de cacher leurs sentiments derrière un sourire et des formules de politesse. Il semble ainsi que les rapports d'amitié entre les Américains soient plus fragiles que les rapports français qui supportent d'être mis à l'épreuve. Les Français

accordent plus facilement que les Américains de perdre une partie de leur liberté pour rendre service à un ami. Pour les Français, une véritable amitié doit être durable et capable de surmonter des moments de mésentente et même des opinions et des avis très différents. Ce qui trouble souvent les Américains, c'est que les amis français n'ont pas peur de se critiquer. Or, même si le ton monte ou si la discussion tourne à la dispute d'idées (politiques, souvent), les mots de reproche sont pris, non comme une mise en cause de la personne, mais comme une preuve d'amitié. Autrement dit, les amis en question peuvent discuter sérieusement, être en désaccord, et rester de vrais amis.

Quels sont, à votre avis, les avantages et les inconvénients de ces deux attitudes? Analysez votre approche de l'amitié. Est-ce qu'elle est tout à fait américaine, selon la description qu'on en fait ici, ou est-ce qu'elle en diffère en quelque façon?

Adapté de *Les Français,* Laurence Wylie et Jean-François Brière (Englewood Cliffs, NJ: Prentice Hall, 2001, pp. 102, 107–109).

ACTIVITÉS

A. Entraînez-vous: Les plaintes. Plaignez-vous auprès de la personne indiquée (votre partenaire) en commençant chaque réclamation par des *Expressions typiques pour…* Votre partenaire doit répondre de façon appropriée.

> MODÈLE: à la réceptionniste de l'hôtel: il n'y a pas d'eau dans votre salle de bains
> —*Excusez-moi, mademoiselle, mais j'ai un petit problème. Il n'y a pas d'eau dans ma salle de bains.*
> —*Je suis désolée, monsieur/madame. Je vais m'en occuper tout de suite.*

1. à l'épicier: les champignons en boîte que vous avez achetés ce matin sont gâtés *(spoiled)*
2. à la vendeuse: il manque un bouton au pullover que vous avez acheté il y a trois jours
3. à votre ami: il a oublié de vous retrouver ce matin à l'arrêt du bus
4. à l'agent de police: la petite fête des voisins d'à côté est trop bruyante
5. à votre camarade de classe: elle n'a pas le droit de fumer dans le couloir de l'immeuble

Selon les problèmes décrits dans l'exercice B, de quels services proposés par HGS est-ce que vous avez besoin?

B. Sur le vocabulaire. Où allez-vous ou qui appelez-vous quand vous avez les problèmes suivants? Utilisez les *Mots et expressions utiles.*

1. Vous avez un pneu crevé.
2. Vous avez sali *(soiled)* une robe délicate en soie.
3. La réception des émissions sur le câble est mauvaise.
4. Vous voulez installer un ordinateur, mais vous n'êtes pas sûr(e) que les prises de courant *(outlets)* soient bonnes.
5. Votre lave-vaisselle ne marche pas, mais vous pensez que vous pouvez le réparer vous-même.
6. Vous n'en pouvez plus! Il est impossible de réparer le lave-vaisselle sans outils professionnels!

HOME GENERAL SERVICES
5ème — 5ème
☎ 01.42.26.62.61 ☎
7 JOURS SUR 7 — DES ARTISANS SPECIALISES PRES DE CHEZ VOUS — 24 HEURES SUR 24

- ELECTRICITE
- PLOMBERIE
- SERRURERIE
- VITRERIE
- TELEVISION
- CHAUFFAGE
- BLINDAGE
- ELECTROMENAGER

H.G.S. La qualité avant tout

15, rue d'Estrées 75007 PARIS
91, rue des Moines 75017 PARIS

blindage *reinforcing doors with a sheet of steel and adding top and bottom dead bolts*

C. Toujours des excuses… Jouez les rôles. Pour chaque situation, une personne doit s'excuser en utilisant la raison donnée et l'autre doit répondre avec bienveillance *(kindly)*.

Personne qui s'excuse	À qui	Raison
1. un enfant	sa mère	avoir cassé un vase
2. un professeur	sa classe	ne pas avoir corrigé les examens
3. une fille	sa sœur	avoir abîmé *(ruined)* sa robe
4. un(e) ami(e)	son ami(e)	avoir perdu le disque compact emprunté
5. un(e) employé(e) de bureau	son/sa patron(ne)	avoir oublié de poster une lettre importante

Le rire à prendre au sérieux

Que vous soyez stressé, anxieux, malade… riez ! Le rire, même à haute dose, est sain. Il prend soin de notre moral, mais pas seulement. Il déclenche aussi une foule d'effets bénéfiques sur notre organisme, il stimule les fonctions vitales, cœur, poumons, circulation sanguine, respiration et système immunitaire… De quoi être en forme à bon prix.

Même si vous êtes "rirophobe" ou n'êtes pas, *a priori*, très doué pour faire rire, cela s'apprend. C'est ce que vous enseigne ce guide pratique, écrit par un professionnel de l'humour, psycho-thérapeute et *coach* d'entreprises. Entraînez-vous sérieusement pour la rentrée.

"Rire pour vivre. Les bienfaits de l'humour sur notre santé et notre quotidien". Bernard Raquin. Éd. Dangles. Coll. Grand Angle/Psycho-épanouissement.

LA GRAMMAIRE À APPRENDRE

La négation

Negative expressions can be useful when you want to complain or apologize, or respond to someone else's complaint or apology. You have already reviewed the basic **ne… pas** pattern in *La grammaire à réviser*. Below are additional negative expressions. The ones starred (*) are positioned in the same way as **ne… pas** and follow the same rules regarding the dropping or retaining of articles.

ne… aucun(e)	*no, not any, not a single* (stronger than **ne… pas**)
*ne… guère	*hardly, scarcely*
*ne… jamais	*never*
ne… ni… ni	*neither . . . nor*
ne… nulle part	*nowhere*
*ne… pas du tout	*not at all*
*ne… pas encore	*not yet*
*ne… pas non plus	*not either*
ne… personne	*no one, not anyone, nobody*
*ne… plus	*no longer, not any longer, no more*
*ne… point	*not* (regional or literary French)
ne… que	*only*
ne… rien	*nothing*

A. The negative pronouns **personne, rien,** and **aucun(e)** can be used as sub-jects, objects of the verb, or objects of a preposition. When used as subjects, they are placed in the normal subject position, although **ne** still precedes the verb. With these expressions, **pas** is never used.

Le week-end passé, **personne ne** m'a téléphoné.
Last weekend, no one phoned me.

Rien ne s'est passé.
Nothing happened.

Mes amis fidèles? **Aucun ne** m'a rendu visite.
My faithful friends? No one visited me.

B. **Aucun**(e) frequently acts as an adjective and thus is placed before the noun it modifies. It may modify a subject or an object, and no articles are needed.

Je n'ai eu **aucun** visiteur.   **Aucune** lettre **n**'est arrivée par la poste.
I had no visitors.   *Not one letter came in the mail.*

C. Used as the object of a verb in compound tenses, **personne** and **aucun**(e) follow the past participle, rather than the auxiliary verb. The negative adverb **nulle part** is also placed after the past participle.

Je **n**'ai vu **personne.**   Je **ne** suis allé **nulle part.**
I saw no one.   *I went nowhere. (I did not go anywhere.)*

D. With **ne... ni... ni**, the partitive and indefinite articles are dropped altogether. As with most negative expressions, however, the definite article is retained.

Je n'ai vu **ni** amis **ni** étrangers.
I saw neither friends nor strangers. (I didn't see any friends or strangers.)

Je n'ai parlé **ni** avec le facteur **ni** avec la concierge.
I didn't speak with the mail carrier or the concierge.

As with **ne... pas**, the indefinite article and the partitive article become **de (d')** when they follow negative expressions (exception: **ni... ni**). Definite articles do not change. For example: **Je *ne* reçois *jamais de* lettres! Il faut dire, cependant, que je *n'ai pas le* temps d'écrire à mes amis.**

E. **Ne... que**, which is synonymous with **seulement**, is a restrictive expression rather than a true negative. Thus all articles are retained after it. **Que** is placed directly before the word group it modifies.

Je n'avais **que** le chat pour me tenir compagnie… Et il n'a fait **que** dormir.
I had only the cat to keep me company . . . And all he did was sleep.

F. In sentences with multiple negative expressions, **ne** is used just once, and the second part of each negative expression is placed in its normal position.

Personne n'a jamais frappé à la porte.
No one ever knocked at my door.

Quand mon appartement a été propre, je **n**'avais **plus rien** à faire.
When my apartment was clean, I had nothing more to do.

G. **Rien** and **personne** can be further qualified by combining them with **de** plus a masculine singular adjective.

Il n'y avait **rien de spécial** à la télé.
There was nothing special on television.

Personne d'intéressant n'a participé à mon émission préférée du soir.
Nobody interesting participated in my favorite evening show.

Indefinite pronouns **quelque chose** and **quelqu'un** can be modified the same way:

quelque chose d'amusant = *something fun*
quelqu'un d'intelligent = *someone smart*

H. Negative expressions such as **jamais**, **personne**, **rien**, and **pas du tout** can be used alone in answer to a question.

> Qui est venu me parler? **Personne!**
> *Who came to talk to me? Nobody!*
>
> Qu'est-ce qui s'est passé? **Rien!**
> *What happened? Nothing!*
>
> Est-ce que j'ai aimé mon week-end en solitaire? **Pas du tout!**
> *Did I like my solitary weekend? Not at all!*

ACTIVITÉS

A. Au contraire. M. Arnaud continue à passer une très mauvaise journée. Les phrases suivantes indiquent ce qu'il aurait préféré qu'on lui dise. Corrigez les phrases pour dire le contraire et rétablir la vérité.

> MODÈLE: Ces trois taches? Je sais très bien comment elles ont été faites.
> ***Ces trois taches? Je ne sais pas du tout comment elles ont été faites.***

1. Nous avons beaucoup de lecteurs de DVD du modèle que vous voulez.
2. Nous faisons toujours des remboursements.
3. Il y a quelqu'un qui pourra vous aider. Le chef de rayon est toujours là.
4. Tout ce que vous avez commandé dans notre catalogue est arrivé.
5. Votre frigo marche normalement.
6. M. Arnaud, vous avez de la chance aujourd'hui.

B. Embouteillages. Les phrases ci-dessous sont adaptées d'un article sur les embouteillages dans les grandes villes françaises. Changez les phrases en ajoutant l'expression négative entre parenthèses. Faites tout autre changement nécessaire.

1. Bien que la circulation ait augmenté de 5 pour cent en trois ans, circuler en voiture au centre de Paris est devenu vraiment impossible. (ne... que)
2. Comme la circulation était complètement bloquée par un accident grave, un chauffeur de taxi s'est garé pour aller au cinéma. Quand il en est sorti, tout avait bougé. (Rien ne...)
3. Les parkings aux portes *(on the outskirts)* de Paris, à l'intention des banlieusards *(suburb dwellers)*, font gagner du temps. (ne... guère)
4. Les infrastructures routières sont adaptées à l'augmentation de la circulation. (ne... plus)
5. Il y a sûrement un remède miracle qui puisse satisfaire tout le monde. (ne... pas)

Expliquez l'emploi de la négation dans ce dessin humoristique.

—*Il ne sait pas encore que j'ai considérablement réduit son rôle.*

C. Plaignons-nous! Complétez chaque phrase en vous plaignant des difficultés de la vie quotidienne. Comparez vos réponses à celles de vos camarades de classe.

1. Personne ne…
2. Je ne… pas encore…
3. Je ne… plus… parce que…
4. Rien ne m'agace plus que…
5. Je ne… guère… parce que…
6. Mon professeur de… n'aime ni… ni…

D. Une lettre de plainte. Vous travaillez en France dans une station-service. Votre patron a reçu une lettre que vous devez traduire en français.

Activity D: Written preparation in advance may be helpful.

> December 26
>
> Dear Mr. Gaspiron,
> My family and I want to make a complaint. On December 23 our car broke down near your service station in Valence. We paid an enormous sum, and you repaired our breakdown. The problem is that our car no longer works. We haven't gone anywhere or done anything for three days. (We only arrived in Lyon and then the car broke down.) No one can help us here. They say that they have never seen such a (**une telle**) car. We are asking you for a refund and the money necessary to pay for our stay (**notre séjour**) in this hotel in Lyon.
> We will call you in two days to find out your response.
>
> Sincerely,
> Richard Grey

Additional activity: Give students the following handout and have them complete it individually or in small groups.

Au secours! Un vendeur du magasin Darty (magasin qui vend de l'équipement pour la maison) qui a entendu trop de plaintes est très malheureux. Traduisez sa lettre: "Dear Annie, Do you mind if I complain a bit? You know I work at Darty's? Well, nothing is going as planned. I am swamped with work and my customers do not appreciate me, that's for sure. On top of (**En plus de**) all the complaints that I have to hear every day, no customer ever comes to tell me anything nice. When you think about all the hours I work, I'm definitely (**c'est sûr que**) not making enough money, and I don't have much free time either. I really am fed up. Help!

E. Une journée horrible. Racontez une journée où vous n'avez pas eu de chance. Utilisez les exemples «du week-end passé» dans l'explication de la négation qui commence à la page 310.

Interactions

A. Je n'en peux plus! Jouez le rôle d'un couple marié ou de deux camarades qui se disputent à cause du ménage qui n'est pas fait. Utilisez, par exemple, les phrases suivantes: «Mais c'est moi qui fais toujours la lessive *(laundry)*. Tu ne la fais jamais!» En utilisant les expressions que vous avez apprises, plaignez-vous. Expliquez que vous ne ferez plus certaines choses à la maison. Expliquez ce que vous voulez que votre partenaire fasse. Votre partenaire s'excuse de temps en temps et se plaint aussi. Essayez de résoudre la situation ensemble.

B. C'est inadmissible! Vous arrivez dans un joli petit hôtel où vous avez logé auparavant. Vous découvrez cependant que cette fois-ci, on n'a pas votre réservation. Insistez pour qu'on vous donne une chambre. Plaignez-vous d'abord (assez poliment) auprès du réceptionniste et puis expliquez votre demande au directeur de l'hôtel. Les deux personnes s'excusent gentiment mais elles ne peuvent pas vous donner de chambre. Vous perdez patience et vous vous fâchez. Dites que vous ne reviendrez plus dans cet hôtel et que vous ne le recommanderez plus ni à vos amis ni à vos collègues.

Préparation ▶ Dossier personnel

You practiced writing a personal narrative in *Chapitre 4* in which you told or narrated something that happened to you or someone you know. The focus of this chapter is another type of narrative called creative fiction, which will require additional creativity and imagination.

1. First of all, choose between writing a story of the fantastic, such as a fairy tale or science fiction, or a story based on reality but with a focus on suspense.

2. Next, determine your point of view. If you want your narrator to participate in the story, choose the first-person point of view (**je, nous**). A first-person narrator does not have to be the writer, but can be any character you choose. The reader will be drawn into the story, feeling what the character feels. If you only want the narrator to describe the action, use the third-person point of view (**il, elle, ils, elles**).

3. Brainstorm your story ideas, letting your imagination run freely. Take notes and don't worry for the moment about whether all the ideas will fit the story.

4. In pairs or small groups, share notes to get more ideas from classmates.

Phrases: Writing an essay
Grammar: Compound past tense (**passé composé**); imperfect (**imparfait**); pluperfect (**plus-que-parfait**); participle agreement (**participe passé**)

SYSTÈME-D

Fumer ou ne pas fumer?

«Ça ne vous dérange pas que je fume?», «Vous n'auriez pas du feu?» Ce sont des questions qu'on entendait assez souvent dans le passé malgré les campagnes de prévention du tabagisme *(use of tobacco)* commencées il y a une vingtaine d'années. Les responsables politiques, d'ailleurs, hésitaient à prendre des mesures trop draconiennes par crainte de déplaire aux électeurs qui veulent qu'on les laisse décider eux-mêmes de fumer ou de ne pas fumer. Mais cela commence à changer en France comme partout dans le monde. Les collégiens et les lycéens sont moins nombreux à choisir de fumer. «Pour la première fois depuis 13 ans, l'enquête 2003 de Paris sans tabac montre une baisse importante du tabagisme chez les jeune scolarisés.» (http://tabac-net.aphp.fr/)

Les campagnes visent généralement les jeunes. Récemment, une campagne destinée aux jeunes de tous les pays d'Europe a choisi de jouer sur le bilinguisme. La langue nationale y côtoie l'anglais: «Oser dire non: Feel free to say no». Certaines phrases emploient même un langage «mixte»: «Qui voudrait être un loser?» (http://tabac-net. aphp.fr/) La publicité et les campagnes ne sont pas les seuls moyens

JACQUES FAIZANT

ÇA NE VOUS DÉRANGE PAS QUE JE FUME?

NON. SI ÇA NE VOUS DÉRANGE PAS QUE JE TOUSSE.

RÉPONSES PERTINENTES QUE PERSONNE NE FAIT JAMAIS, À DES QUESTIONS IDIOTES QUE TOUT LE MONDE POSE TOUJOURS.

de décourager les jeunes fumeurs; les hommes politiques s'y mettent aussi. Dans son discours du 24 mars 2003, Jacques Chirac insiste sur ce qu'il appelle une priorité: la guerre contre le tabac. «… aujourd'hui, une femme sur quatre, un homme sur trois mais surtout un jeune sur deux fume… La lutte contre le tabac est donc une exigence, une priorité absolue. Les fabricants ne ménagent pas leurs efforts pour rendre plus attractifs des produits qui menacent la vie… »

Pour montrer la fermeté du gouvernement, le président a annoncé les nouvelles dispositions législatives et fiscales en cours: «Pour lutter contre le tabagisme des jeunes, le Sénat vient de voter l'interdiction de la vente de tabac aux moins de 16

ans. Il faudra aussi continuer à agir fortement sur les prix*, qui influencent de manière déterminante la consommation des jeunes. Dans le cadre du plan cancer, la politique de hausse des prix engagée cette année sera poursuivie avec résolution. C'est un instrument essentiel pour infléchir [modifier] la consommation.» (Tiré du discours du 24 mars 2003, http://tabac-net.aphp.fr/ tab-agir/ta-france/chirac.html)

Qu'en pensez-vous? Quels sont les droits des fumeurs et des non-fumeurs? Existe-t-il des campagnes anti-tabac aux États-Unis? Pensez-vous que la hausse des prix du tabac soit une solution efficace?

*Récemment en France, les parlementaires ont approuvé une augmentation de 15% du prix des cigarettes.

Notice that the French use a negative conditional sentence at times to soften a request, as in **Vous n'auriez pas du feu?** *(Would you have a light?)* or **Tu n'aurais pas un stylo à me prêter?** *(Would you have a pen to lend me?)*.

Prépositions exigées par certains verbes

Several of the expressions introduced for asking, giving, and refusing permission include a preposition before an infinitive. The conjugated verb determines whether **à**, **de**, or no preposition is needed before the infinitive. Below are listings of common verbs and their prepositions.

A. Some verbs that require **à** before an infinitive:

aider à	encourager à
s'amuser à	enseigner à
apprendre à	s'habituer à
s'attendre à *(to expect)*	hésiter à
autoriser à	s'intéresser à
avoir à *(to have to)*	inviter à
commencer à	se mettre à
consentir à	réussir à
continuer à	tenir à *(to insist on)*

Ma mère m'a toujours **encouragé à** faire de mon mieux. Elle m'a **enseigné à** respecter les droits des autres. Elle **tenait à** traiter chaque être humain d'une manière équitable. J'espère **réussir à** suivre son exemple.

B. Some verbs that require **de** before an infinitive:

s'agir de *(to be about)*	parler de
s'arrêter de	refuser de
choisir de	regretter de
décider de	remercier de *(to thank)*
se dépêcher de *(to hurry)*	rêver de
empêcher de *(to prevent)*	se souvenir de
essayer de	tâcher de *(to try)*
finir de	venir de *(to have just)*
oublier de	
avoir besoin de	avoir l'intention de
avoir envie de	avoir peur de

J'**avais décidé de** devenir médecin. Rien n'allait m'**empêcher de** finir mes études. J'**ai refusé de** me décourager pendant les longues années de préparation à cette carrière.

C. Some verbs that are followed directly by an infinitive:

aimer	devoir	préférer
aller	écouter	savoir
compter	espérer	sembler
(to intend)	faire	souhaiter
croire	falloir	venir
désirer	penser	voir
détester	pouvoir	vouloir

Ces deux enfants veulent aller jouer dehors. Qu'est-ce qu'ils disent pour demander la permission à leur mère?

Comme mon oncle, je **veux** être médecin. Je **compte** exercer dans un village. Il **faut** dire que j'**aime** soigner les gens. Avec mes connaissances je **pourrai** les aider à guérir *(get well, cured)* rapidement.

D. Some verbs that require **à** before a person and **de** before an infinitive:

commander à quelqu'un de	dire à quelqu'un de
(to order)	écrire à quelqu'un de
conseiller à quelqu'un de	permettre à quelqu'un de
défendre à quelqu'un de	promettre à quelqu'un de
(to forbid)	reprocher à quelqu'un de
demander à quelqu'un de	suggérer à quelqu'un de

Je **conseille à** chaque personne qui envisage la médecine comme profession **d'**y penser sérieusement. Je **suggérerais à** tous ceux qui s'y intéressent **d'**être sûrs que c'est bien ce qu'ils veulent faire.

E. **Être** + adjective + preposition + infinitive

- Most adjectives that follow the verb **être** require **de** before an infinitive:

  Je suis content **de** te voir, Nathalie.
  Tu es si gentille **de** me rendre visite.

- In sentences beginning with the impersonal expression **il est** + adjective, the preposition **de** must introduce the infinitive. The idea discussed follows the preposition **de**:

  Il est agréable **de** revoir ses anciens amis.

- In sentences beginning with **c'est** + adjective, the preposition **à** must introduce the infinitive. In this case, the topic in question has already been mentioned; thus, **ce** refers back to the previously mentioned idea.

  —J'adore Nathalie.
  —**C'est** facile **à** voir. Est-ce que tu n'es pas un peu amoureux d'elle?

For other uses of **c'est** and **il est**, see *Chapitre 3*.

ACTIVITÉS

A. La dispute. Mélanie Ménard, qui a quatorze ans, essaie sans succès d'obtenir de sa mère la permission d'aller passer la nuit chez son amie. Complétez la conversation en remplissant les blancs avec **à**, **de** ou en n'ajoutant pas de préposition.

Pourquoi est-ce que Mélanie n'est pas contente?

— Maman, j'hésite _____ t'ennuyer puisque je sais que tu es occupée, mais je voudrais _____ te demander quelque chose.

— Oui, ma chère Mélanie. Qu'est-ce qu'il y a?

— Voilà. Mon amie Delphine vient _____ téléphoner pour me demander si je voulais _____ passer la nuit chez elle.

— J'ai peur que ce ne soit pas possible, Mélanie. Tu as déjà promis _____ tante Louise _____ assister à un concert avec elle ce soir.

— Tante Louise est vraiment gentille _____ m'avoir invitée _____ l'accompagner au concert, mais puisque papa et toi y allez aussi, peut-être que… ?

— Non, ma petite chérie. Il n'est pas convenable _____ changer de projet simplement parce qu'on reçoit une meilleure proposition.

— Mais, maman… !

— Arrêtons _____ nous disputer. Je refuse _____ te donner la permission et c'est tout.

B. Les pensées de Mélanie. Voilà ce que pense Mélanie après la conversation avec sa mère. Faites tout changement nécessaire pour former des phrases correctes.

1. Je / conseiller / tous les parents / tâcher / comprendre / enfants
2. Quand je / grandir / je / écouter attentivement / mes enfants
3. Je / ne jamais défendre / enfants / sortir avec / amis
4. Je / tenir toujours / être juste et compréhensif
5. Je crois / il est important / ne jamais oublier / faire cela
6. Ce / ne pas être / très facile / faire

C. Les pensées de la mère de Mélanie. Donnez l'équivalent français des phrases suivantes.

Activity C: Written preparation in advance may be helpful.

1. It is difficult to know how to succeed at being a good parent these days.
2. Children do not always realize (**se rendre compte de**) this.
3. They reproach us for being too strict and yet they seem to want our guidance (**conseils** [m pl]).
4. Parents should expect to receive criticism (**critique** [f]) from their children at times.
5. Probably nothing will prevent (**empêcher**) this.

LA GRAMMAIRE À APPRENDRE

Les prépositions et les noms géographiques

The definite article is used with most geographical locations except cities:

l'Autriche   les Alpes   le Rhône   l'Europe   Paris   New York

unless an article is part of the name of the city:

Le Havre   Le Mans   La Nouvelle-Orléans

A. Les villes

- To express location or destination *(to, at,* or *in)*, use the preposition **à**:

  Je vais **à** San Juan.   Ils arrivent **au** Havre.

- To express origin *(from)*, use the preposition **de**:

  Je viens **de** Québec. Ils sont **de** La Nouvelle-Orléans.

B. Les pays et les continents

- To express location or destination regarding continents or *feminine* countries, use **en**:

  en Afrique   **en** Belgique   **en** France

NOTE: All continents are feminine, and most countries that end in an unaccented e are feminine, with the exception of **le Mexique**.

- With *masculine* countries, use **au(x)** to express location or destination:

  au Japon   **au** Bénin   **au** Maroc   **aux** États-Unis   **au** Togo

- Origin is expressed by **de** for continents and feminine countries, and **de + article défini** for masculine countries:

  de Suisse   **d'**Europe   **du** Mexique   **des** États-Unis

- Masculine singular countries beginning with a vowel use **en** to express location or destination and **d'** to express origin:

  en Iran   **en** Israël   **d'**Irak   **d'**Afghanistan

C. Les états aux États-Unis

- Most states ending in an unaccented **e** in French are feminine and thus use the same prepositions as feminine countries:

  en/de Floride   **en/de** Californie   **en/de** Caroline du Sud

  EXCEPTIONS: **au/du** Maine, **au/du** Tennessee, and **au/du** Nouveau-Mexique

- The expression of location or destination regarding masculine states varies with each, but usually either **dans le** or **dans l'état de (d')/du** can be used:

  Je vais **dans le** Michigan pendant une semaine avec des cousins.
  Ma famille habite **dans l'état de** New York.

  EXCEPTIONS: **au** Texas, **au** Nouveau-Mexique

- Origin from a masculine state is usually expressed by **du (de l')**:

  de l'Arizona   **du** Wisconsin   **du** Texas   **de l'**Oregon.

D. Les îles, les provinces et les régions

With islands (which are sometimes also countries), provinces, and regions, usage is so varied that each case must be learned separately. Some examples are:

en Normandie	**de** Normandie
au Québec	**du** Québec
dans le Midi	**du** Midi
à Madagascar	**de** Madagascar
à Cuba	**de** Cuba
en/à la Martinique	**de/de la** Martinique
aux Antilles	**des** Antilles (*West Indies*)
aux Caraïbes	**des** Caraïbes
au Moyen-Orient	**du** Moyen-Orient
en/à Haïti	**d'**Haïti
à Taïwan	**de** Taïwan

Summary

	to/at/in	from
Cities	à	de
Feminine countries	en	de
Masculine countries	au(x)	de + definite article
Masculine countries beginning w/vowel	en	d'
Feminine states	en	de
Masculine states	dans le (l') or dans l'état de (d')/du	du (de l')
States beginning w/vowel	en	d'

ACTIVITÉS

A. À l'agence de voyages. Après avoir parlé avec l'agent, Olivier a des difficultés à décider où il veut aller. Faites les changements nécessaires pour compléter ses phrases.

1. Je tiens à aller *en Chine.*
   Texas / Taïwan / Angleterre / Moscou / Virginie
2. Mais peut-être que j'irai *au Mexique.*
   Italie / Canada / Géorgie / Israël / Colombie
3. Je voudrais partir *de Paris* à la fin de l'été.
   Luxembourg / Colorado / Cuba / Le Caire / Argentine
4. Non, non. Je voudrais partir *de Rome* en septembre.
   Oregon / Australie / Le Havre / Monaco / Caraïbes

B. Les sommets de la francophonie. Voici quelques phrases qui décrivent les réunions des représentants du monde francophone. Complétez chaque phrase en utilisant l'article et/ou la préposition qui convient.

1. Le premier sommet de la francophonie s'est déroulé _____ Paris en février 1986. En décembre 1995, la réunion s'est tenue _____ Cotonou (la plus grande ville _____ Bénin), et plus récemment _____ Liban *(Lebanon)* a été le site du sommet de 2002.
2. 2001: En raison des attentats _____ USA, le sommet _____ Beyrouth a été reporté *(postponed)* à l'année suivante. Malgré la tension internationale, _____ Québec francophone a donné un bel exemple de tolérance et de dialogue des civilisations en sponsorisant le Festival du Monde Arabe qui s'est déroulé _____ Montréal, la plus grande ville _____ Québec.
3. Zeina el Tibi, journaliste franco-libanaise, auteur de *La francophonie et le dialogue des cultures* (avec un avant-propos du général Émile Lahoud, président de la République _____ Liban) était présente au Salon du livre _____ Montréal.
4. Les personnes qui parlent français _____ Israël et _____ Irak ont été au cœur du sommet de 2002.
5. Au sommet, il y avait, entre autres, des représentants _____ Afrique, _____ Moyen-Orient et _____ France.
6. Le dixième sommet a eu lieu _____ Ouagadougou, la capitale _____ Burkina Faso, _____ Afrique de l'Ouest, les 26 et 27 novembre 2004.

C. Le bon vieux temps (*The good old days*). Vous venez de passer la plus mauvaise journée de votre vie—votre voiture est tombée en panne, quelqu'un a volé votre portefeuille et votre petit(e) ami(e) vous a quitté(e) pour quelqu'un d'autre. Pour vous remonter le moral, songez à d'heureux moments en d'autres lieux.

1. Ah! Le bon vieux temps! J'aime bien me souvenir des jours où j'habitais…
2. Je me souviens avec plaisir de nos voyages… où nous avons visité…
3. Qu'il serait bon d'être en ce moment… où je pourrais…
4. Je voudrais mieux connaître mon propre pays. Donc, à l'avenir, j'irai… parce que…

Additional activity: (to practice les prépositions exigées par certains verbes and les prépositions et les noms géographiques)

Le bon vieux temps. Tante Hélène adore parler du bon vieux temps. Complétez sa description en ajoutant des prépositions ou des articles, s'il en faut: Quand j'étais petite, j'habitais __ Metz. Mon père est né __ Italie; ma mère est née __ Nancy, une ville près de Metz. La plupart du temps, on parlait français à la maison, mais j'ai suivi des cours d'italien au lycée. Quand j'avais dix-neuf ans, mes parents ont décidé __ m'envoyer __ Italie chez les parents de mon père. Là, j'ai commencé __ bien parler italien. J'ai écrit des lettres __ mon père en italien et __ ma mère en français. Après un an, je ne voulais plus __ rentrer __ France. En fait, quand mes parents m'ont dit __ revenir, j'ai refusé __ le faire. Je préférais continuer mes études __ Venise où j'ai suivi des cours de langues et d'histoire de l'art. Après deux ans, j'avais envie __ voyager __ États-Unis pour perfectionner mon anglais. Au début, mes parents m'ont défendu __ y aller, mais mais après quelques mois, ils m'ont permis __ faire ce voyage. C'était pendant ce temps-là que j'ai fait la connaissance de votre oncle, John. J'ai écrit __ mes parents que je voulais __ rester __ Chicago, la ville natale de John. Là j'ai continué __ étudier les langues. Après quatre ans, je suis devenue professeur de français et d'italien dans un lycée __ Homewood, une petite ville près de Chicago. John et moi, nous nous sommes mariés et voilà, je suis toujours __ Amérique.

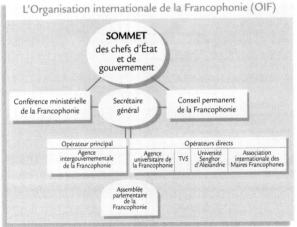

L'OIF représente 500 millions d'hommes et de femmes sur cinq continents. Quel rôle est-ce que l'OIF joue dans la politique internationale à votre avis?

Interactions

A. Jouez les rôles. Vous êtes étudiant(e) au lycée ou à l'université. Vous avez vraiment envie de passer l'été en Europe. Vous devez, bien sûr, demander la permission et de l'argent à vos parents. Deux camarades de classe vont jouer le rôle de vos parents. Présentez votre idée à vos parents. Donnez autant de détails que possible. Expliquez où vous voulez aller, les moyens de transport que vous voulez utiliser, combien de jours vous avez l'intention de rester, où vous pensez loger, qui fera le voyage avec vous, les avantages et inconvénients de ce voyage, et combien d'argent vous devrez leur emprunter pour payer le voyage. Vos parents vont vous refuser la permission au début. Vous implorez vos parents de penser à votre avenir et aux contacts internationaux que vous aurez. Convainquez-les de changer d'avis.

B. Je voulais vous demander… Vous essayez de téléphoner aux personnes suivantes mais vous n'arrivez pas à les avoir. Vous décidez donc de leur écrire un petit mot. Dans chaque cas, vous demandez la permission de faire quelque chose….

1. À Monsieur Wallens: Vous voulez assister à son cours de français en tant qu'auditeur/auditrice libre.
2. À Monsieur Smith, entraîneur de l'équipe de football: Vous voulez faire partie de l'équipe. Demandez quand vous pourrez lui parler.
3. À Mme Balmain: Vous voulez rendre votre composition pour la classe de français avec un jour de retard.
4. À votre meilleur(e) ami(e): Vous voulez emprunter sa voiture ce soir.
5. À votre tante très riche qui vous adore: Vous voulez lui emprunter $1 000 pour aller en Floride pendant les vacances de Spring Break.

Premier brouillon   Dossier personnel

1. Organize the notes you took in *Leçon 1* by once again thinking about the important elements of a narrative: character, setting, plot, conflict, chronological order. This time, focus especially on how the narrator feels about the things around him/her; how he/she feels physically and emotionally; and how he/she thinks and acts.
2. Begin writing your introductory paragraph in which you present the situation and give it a framework in time [e.g., **Il était une fois…** *(Once upon a time . . .)*; **En l'an 2050…** *(In the year 2050 . . .)*; **La semaine dernière…** *(Last week . . .)*].
3. Write two to three paragraphs in which you present the complication. In this part you will introduce the principal action and the tensions that surround it. What is the basic conflict? What problem is the main character struggling with? What problems seem insurmountable?
4. Write the conclusion in which you describe how the conflict is resolved.

Phrases: Writing an essay; sequencing events
Grammar: Compound past tense **(passé composé);** imperfect **(imparfait);** pluperfect **(plus-que-parfait);** participle agreement **(participe passé)**

SYSTÈME-D

Comment demander et donner des explications

Conversation (CONCLUSION)

Track 25

Premières impressions

Soulignez:

- les expressions qu'on utilise pour demander une explication
- les expressions qu'on utilise pour expliquer quelque chose

Trouvez:

- ce qui est arrivé à la nourrice des Arnaud
- qui va téléphoner pour trouver quelqu'un qui puisse la remplacer

Rappel: Have you reviewed the relative pronouns **qui** and **que**? (Text pp. 302–303 and Workbook pp. 185–186)

Le soir la famille est enfin à la maison. Malheureusement, Mme Arnaud a de mauvaises nouvelles pour son mari.

MME ARNAUD: Écoute, j'ai quelque chose d'absolument incroyable à te raconter! Figure-toi° que ce soir la nourrice°, Brigitte, a dû être transportée d'urgence° à l'hôpital.

M. ARNAUD: Je ne comprends pas. Qu'est-ce qui s'est passé?

MME ARNAUD: On ne sait pas très bien… ils croient que c'est un ulcère. Comme elle est enceinte°, ils veulent la garder en observation pendant une semaine.

M. ARNAUD: Alors, qu'est-ce que ça veut dire pour nous? Il faudra chercher une autre nourrice?

MME ARNAUD: Je le crains. C'est embêtant parce qu'elle est vraiment bien avec Sylvain. Tu ne pourrais pas te renseigner° pour voir si la dame d'en-dessous… si sa fille pourrait éventuellement nous dépanner° pendant quelque temps… ?

M. ARNAUD: Autrement dit°, c'est moi qui dois m'occuper de ce problème! C'est ce que tu veux dire?

MME ARNAUD: Oui. Je trouve que tu pourrais assumer un peu plus de responsabilités. C'est tout de même *notre* enfant, à nous deux!

M. ARNAUD: C'est un fait, mais… dis-moi… oh, rien! On dirait que tu ne veux plus aucune responsabilité, et que tu veux te décharger de tout sur° moi!

MME ARNAUD: Oh, écoute! Tu y vas un peu fort là, quand même! Tout ce que je te demande, c'est de téléphoner…

M. ARNAUD: Bon, écoute, je vais voir ce que je peux faire.

MME ARNAUD: Merci.

M. ARNAUD: C'est la goutte d'eau qui fait déborder le vase°…

figure-toi *(slang) believe you me, believe it or not* / **la nourrice** *the babysitter* / **transporté d'urgence à** *rushed to*

être enceinte *to be pregnant*

se renseigner *to get information*

nous dépanner *to help us out*

autrement dit *in other words*

se décharger de ses responsabilités sur *to pass off one's responsibilities onto somebody*

c'est la goutte d'eau qui fait déborder le vase *that's the last straw*

Observation et analyse

1. Où est la nourrice et pourquoi? Qui est Sylvain?
2. Pourquoi est-ce que les Arnaud sont embêtés *(bothered)*?
3. Qui va s'occuper du remplacement de la nourrice? À qui est-ce qu'ils vont téléphoner?
4. Pourquoi est-ce que M. Arnaud est irrité?
5. Pensez-vous que les Arnaud parlent souvent des responsabilités de chacun? Pourquoi ou pourquoi pas?

Réactions

1. Comment est-ce que vous réagissez lors de petites crises comme celle des Arnaud?
2. Est-ce que M. Arnaud a raison de dire que sa femme n'assume pas ses responsabilités de mère? À votre avis, fait-il face à ses responsabilités de père?
3. D'après leurs conversations, qu'est-ce que vous pensez des rapports entre Mme et M. Arnaud?
4. Qu'est-ce que vous feriez dans la même situation? Expliquez.
5. Jouez les rôles de M. et Mme Arnaud pour parler des responsabilités de mère et de père. Changez le dialogue.

Expressions typiques pour...

Demander une explication

Je voulais savoir…
Pardon?/Comment?/Quoi? *(familiar)*
Excuse-moi./Excusez-moi. Je ne (te/vous) comprends pas.
Qu'est-ce que tu veux/vous voulez dire *(mean)*?
Je ne comprends rien de ce que tu dis/vous dites.
Qu'est-ce qui s'est passé?

Demander des raisons

Pourquoi? Pour quelle raison… ?
Pourquoi veux-tu/voulez-vous que (+ subjonctif)… ?
Où veux-tu/voulez-vous en venir? *(What are you getting at?)*
Explique-toi./Expliquez-vous.
Qu'est-ce qui te/vous fait penser ça?

Expliquer/Donner des raisons

Je m'explique…
Ce que je veux dire, c'est que…
J'entends par là… *(I mean by this . . .)*
C'est-à-dire…
Autrement dit… *(In other words . . .)*
C'est la raison pour laquelle… *(That's why . . .)*
… Tu vois/Vous voyez ce que je veux dire?

Asking for an explanation is sometimes included in another context, such as making a complaint. Similarly, giving an explanation or reasons for having done something might be part of making an apology.

The water meter is found in a closet that, although it is within a dwelling, actually belongs to the water company. This tall, skinny closet often becomes the storage area for all kinds of things. When one receives this notice, one has to clear out the closet so the meter can be read.

SERVICE DES EAUX

Les abonnés sont avisés que le relevé des compteurs sera effectué

JEUDI 15 AVR 04

PASSAGE UNIQUE

Prière de dégager les compteurs

Mots et expressions utiles

Vous êtes déconcerté(e) *(confused, muddled)*

avoir du mal à (+ infinitif) *to have problems (doing something)*
désorienté(e)/déconcerté(e) *confused, muddled*
faire comprendre à quelqu'un que *to hint to someone that*
mal comprendre *(past part.* **mal compris)** *to misunderstand*
une méprise/une erreur *misunderstanding*

provoquer *to cause*
le sens *meaning*
la signification/l'importance [f] *significance, importance*
signifier *to mean*

Divers

autrement dit *in other words*

❊ Mise en pratique ❊

Un candidat à la présidence parle avec ses assistants:
—J'ai **du mal à comprendre** pourquoi les gens ont voté pour cet autre candidat et non pour moi. Ils ont peut-être **mal compris** mes idées. Que peut **signifier** ce vote? Je me demande si la question du chômage a eu beaucoup d'**importance**...

Vous êtes irrité(e)

avoir du retard *to be late*
C'est la goutte d'eau qui fait déborder le vase! *That's the last straw!*
couper *to disconnect (telephone, gas, electricity, cable)*
débrancher *to disconnect, unplug (radio, television)*
se décharger de ses responsabilités sur quelqu'un *to pass off one's responsibilities onto somebody*
faire la queue *to stand in line*
rentrer en retard *to get home late*
valoir la peine *(past part.* **valu)** *to be worth the trouble*

❊ Mise en pratique ❊

—Vraiment, je me demande si cette campagne **a valu la peine**. J'ai serré beaucoup de mains. Il y a même des gens qui **ont fait la queue** pour me voir. Je **suis rentré en retard** le soir. Et puis j'ai perdu les élections à dix votes près.

Vous êtes lésé(e) *(injured; wronged)*

bouleversé(e)/choqué(e) *shocked*
céder à quelqu'un (quelque chose) *to give in to someone (something)*
léser quelqu'un *to wrong someone*

être en grève *to be on strike*
faire la grève *to go on strike*
le/la gréviste *striker*
le syndicat *union*

※ Mise en pratique ※

—Pourtant, les **syndicats** ont soutenu ma candidature. Les autres candidats étaient **bouleversés** que les syndicats aient dit qu'ils **feraient la grève** si je n'étais pas élu... Somme toute et réflexion faite, je ne devrais pas **céder à** cette défaite électorale. Je me représenterai dans cinq ans.

ACTIVITÉS

A. Entraînez-vous: Explications. Avec un(e) partenaire, entraînez-vous à employer les expressions pour demander et donner des explications dans les situations suivantes.

1. Vous ne savez pas de quoi il s'agit. Demandez à votre professeur de français d'expliquer le sens du mot «nourrice».
2. M. Arnaud rentre chez lui à 3h du matin au lieu de 11h du soir. Étant sa femme, vous demandez la raison de son retard.
3. Vous découvrez qu'on a coupé vos chaînes câblées. Demandez une explication à votre compagnie de télédistribution.
4. Votre enfant de dix ans vous dit qu'il a raté son contrôle de mathématiques. Demandez-lui de s'expliquer.
5. Depuis une demi-heure vous faites la queue pour acheter votre permis de parking; la queue n'a pas bougé. Demandez à la personne devant vous s'il/si elle connaît la raison de cette lenteur.
6. Votre ami(e) français(e) et vous avez échangé vos appartements pendant un mois. Après avoir passé une semaine dans son appartement à Caen, vous recevez l'annonce (reproduite à la p. 328) que vous ne comprenez pas. Demandez à la femme qui habite au troisième étage ce que cela signifie. MOT UTILE: **dégager** *to make way*

B. Expliquez. Sylvain a des difficultés à se rappeler le mot exact. Aidez-le à choisir le bon mot en utilisant les *Mots et expressions utiles.* Il y a plusieurs possibilités pour certains exemples.

1. arriver dix minutes après le début de la classe
2. le groupe formé pour la défense des droits des employés
3. supprimer *(take out)* un branchement électrique
4. vouloir dire
5. être désorienté/être surpris
6. attendre son tour
7. arrêter collectivement le travail

C. Questions indiscrètes. Posez les questions suivantes à un(e) ami(e). Faites un résumé de ses réponses à la classe.

1. Est-ce qu'il t'est déjà arrivé d'attendre longtemps quelqu'un qui n'est pas arrivé? Est-ce que cette personne t'a donné une explication pour son retard ? Décris l'explication.
2. Est-ce que ton service de téléphone/d'électricité/de câble a déjà été coupé? Pour quelle raison?
3. Cela t'ennuie de faire la queue? Dans quelles circonstances est-ce que tu ferais la queue pendant plus d'une heure?
4. Est-ce que tu as déjà fait la grève? Tu connais quelqu'un qui a fait la grève? Explique comment le conflit s'est résolu.

Les pronoms relatifs

When giving an explanation, you frequently link ideas back to persons or things already mentioned (antecedents) by means of relative pronouns. Relative pronouns, thus, provide coherence and enable you to increase the length and complexity of oral and written speech.

You reviewed the use of **qui** and **que** in *La grammaire à réviser*. They are relative pronouns that act as subjects (**qui**) or objects (**que**) of a relative clause. Rules governing other relative pronouns follow.

A. Objects of prepositions with specified antecedents

- When the relative pronoun functions as the object of a preposition in the relative clause, **qui** is used if the antecedent is a person, and a form of **lequel** (agreeing with the antecedent in gender and number) is used to refer to a thing. The usual contractions with **de** and **à** are made:

  à + lequel = auquel; de + lesquelles = desquelles, etc.

  —Une femme **avec qui** je travaille m'a dit que les membres de l'Union civile des employés publics du Canada étaient en grève, les facteurs y compris.

  —*A woman I work with told me that the members of the Union of the Public Employees of Canada were on strike, including the mail carriers.*

De quelle sorte de festival est-ce qu'il s'agit? Où est-ce qu'il a lieu?

FESTIVAL DE MONTGOLFIÈRES
M. CHRISTIE
DE SAINT-JEAN-SUR-RICHELIEU
14 AU 22 AOÛT 2004
LE FESTIVAL D'ÉTÉ LE PLUS FAMILIAL AU QUÉBEC!

12 MICHEL PAGLIARO · ÉRIC LAPOINTE · FRANCE D'AMOUR 13 CARMEN CAMPAGNE PIERRE PRINCE · MARIO PELCHAT 14 INFINI-T · LA CHICANE 15 McMASTER & JAMES MARC DUPRÉ 16 JACYNTHE · BOOGIE WONDER BAND 17 LYNN JODOIN · CLAUDE DUBOIS & MARIE-DENISE PELLETIER 18 FRANÇOIS MORENCY · DAN BIGRAS & LAURENCE JALBERT 19 PAUL PICHÉ · MARJO 20 SOIRÉE D'HUMOUR TVA : DOMINIC & MARTIN · MICHEL BARRETTE LES MECS COMIQUES · JEAN-MICHEL ANCTIL · MARYVONNE CYR · STEEVE DIAMOND

125 MONTGOLFIÈRES ET FORMES SPÉCIALES
JEUX, MANÈGES ET ANIMATION POUR TOUTE LA FAMILLE

W W W . M O N T G O L F I E R E S . C O M

En collaboration avec : Sunlight   Gaz Métropolitain

INFO FESTIVAL (450) 347-9555

—Ah, c'est la raison **pour laquelle** Michel a reçu ma lettre avec une semaine de retard.

—*Ah, that's the reason why Michel received my letter a week late.*

• If the relative pronoun is the object of the preposition **de**, the invariable pronoun **dont** can be used instead of **de + qui** or **de + lequel** to refer to either persons or things. **Dont** can be translated as *whose, of whom/ which, from whom/which,* or *about whom/which.*

L'argent **dont** on a besoin pour résoudre le conflit n'existe tout simplement pas.

The money they need (of which they have the need) to resolve the dispute just does not exist.

NOTE: When **dont** is used to mean *whose,* the word order of the relative clause beginning with **dont** must be subject + verb + object, regardless of the English word order.

Un médecin canadien **dont** je connais le fils m'a dit que la grève durerait longtemps.

A Canadian doctor whose son I know told me that the strike would last a long time.

Point out that the conjunction **quand** is not a relative pronoun and thus can never be used after prepositions of time.

• After expressions of time and place (**le moment, le jour, l'année, le pays, la ville, la maison,** etc.), the relative pronoun **où** is used. With expressions of time, **où** can have the meaning *when.*

La ville **où** habitent le plus grand nombre de grévistes est Montréal.

The city where the largest number of strikers live is Montreal.

Je ne sais pas le jour **où** la grève a commencé.

I don't know what day (when) the strike began.

NOTE: With expressions of place, a preposition followed by a form of **lequel** can also be used, although the shorter **où** is usually preferred.

Le bureau **dans lequel** (où) mon ami Michel travaille est à Trois-Rivières.

The office where my friend Michel works is in Trois-Rivières.

B. Indefinite or unspecified antecedents

In all of the above cases, the relative pronoun referred to a specific antecedent characterized by gender and number. When the antecedent is not specified or is an idea, **ce qui, ce que, quoi,** or **ce dont** is used.

• Similar to **qui** and **que**, **ce qui** functions as the subject of the relative clause and **ce que** functions as the direct object.

À propos de Mathieu, **ce qui** m'agace un peu chez lui, c'est son arrogance. Tu vois **ce que** je veux dire?

What bothers me a bit about Matthew is his arrogance. You know what I mean?

Ce qui and **ce que** are also used if the antecedent is an entire idea composed of a subject and a verb rather than an individual word or phrase.

> Il prétend qu'il sait tout, **ce qui** est loin d'être le cas. Il se vante sans cesse, **ce que** je déteste.

> *He claims he knows everything, which is far from the truth. He brags continually, which I hate.*

- After prepositions, **quoi** is used when the antecedent is unspecified.

> D'habitude il nous entretient une heure avec ses monologues ennuyeux, après **quoi** il s'en va.

> *Usually he entertains us for an hour with his boring monologues, after which he goes away.*

- If the preposition required by the verb in the relative clause is **de, ce dont** is used:

—Mathieu? Oh, il ne changera jamais.	*Matthew? Oh, he'll never change.*
—C'est **ce dont** j'ai peur.	*That's what I'm afraid of!*

Summary

	Specified antecedent		Unspecified antecedent
	PERSON	THING	PERSON OR THING
SUBJECT	qui	qui	ce qui
DIRECT OBJECT	que	que	ce que
OBJECT OF PREPOSITION	prep. + qui	prep. + lequel, etc.	prep. + quoi
OBJECT OF DE	dont	dont	ce dont

À votre avis, pourquoi est-ce que ces personnes manifestent?

«La vie n'est pas facile, mais… »

En France, comme aux États-Unis, il arrive souvent qu'on regrette le bon vieux temps où la vie était plus facile. Cependant, du point de vue social et économique au moins, les Français sont beaucoup mieux nantis *(well off)* qu'ils ne l'étaient après la Seconde Guerre mondiale. Ainsi, dans les 50 dernières années, l'espérance de vie moyenne est passée de 68 ans à 75,5 ans pour les hommes et 83,0 ans pour les femmes. Par ailleurs *(Furthermore)*, en 1950, le travailleur moyen travaillait 2 328 heures par an. Aujourd'hui il travaille 1 500 heures (c'est-à-dire, 35 heures par semaine). Le confort ménager *(household conveniences)* s'est également considérablement amélioré. En 1960, 3 pour cent seulement des ménages possédaient à la fois une automobile, un réfrigérateur, un lave-linge et un téléviseur; 47,7 pour cent des ménages n'avaient aucun de ces quatre biens d'équipement. En 2001, près de 80 pour cent des ménages ont une voiture contre 30 pour cent en 1960 (30 pour cent aujourd'hui ont au moins 2 voitures), 99 pour cent ont un réfrigérateur, 90 pour cent ont un lave-linge et 99 pour cent ont un téléviseur. De plus, presque 100 pour cent des foyers ont un téléphone (44 pour cent des Français disposent d'un téléphone portable) et 61 pour cent ont un four à micro-ondes *(microwave oven)*.

Trouvez des statistiques sur le confort ménager des Américains aujourd'hui et comparez-les avec les statistiques françaises. Pensez au confort ménager qui existait il y a 60 ans (juste après la fin de la Seconde Guerre mondiale) aux États-Unis ou dans un autre pays que vous connaissez. Y a-t-il eu beaucoup d'améliorations?

Est-ce que vous regrettez le bon vieux temps? Expliquez. Quels appareils modernes préférez-vous ne pas avoir? Expliquez.

Adapté de Fourastié, *D'une France à une autre* (Fayard, 1987, pp. 80, 98, 117). La mise à jour des faits vient de Gérard Mermet, *Francoscopie 2003* (Larousse, pp. 50, 127, 132, 212).

La vie n'est pas facile mais il y a beaucoup de choses qu'on peut faire pour aider les autres et leur rendre la vie plus facile. Est-ce que vous avez déjà donné du sang? Est-ce que vous avez travaillé comme bénévole? Est-ce que vous avez déjà pris part à un marchethon *(fundraising walk in Quebec)* pour une cause? Nommez d'autres choses qu'on peut faire pour aider les gens.

Additional activity: Choose a composition written earlier involving a narrative (perhaps one from a previous class or from a first-year class). Pass it out to the students and have them rewrite the story, making it more interesting and detailed by adding relative clauses that elaborate on the facts presented. Example: A sentence from a story about a trip to France, such as «J'ai passé trois jours dans la ville de Chamonix...», could be embellished and changed into the following: J'ai passé trois jours dans la ville de Chamonix,... qui est une petite ville très belle/... où j'ai fait de l'alpinisme/... dont j'avais entendu parler auparavant/... qui se trouve dans les Alpes, etc.

ACTIVITÉS

A. Mon amour. Thierry vous parle de Laure, la femme de sa vie. Complétez ses phrases en vous servant du pronom relatif qui convient.

1. Laure est la fille…
   _____ est dans ma classe d'histoire.
   _____ je t'ai parlé.
   _____ je suis tombé amoureux fou.
2. «Chez Arthur» est le restaurant…
   _____ nous avons mangé pour la première fois.
   _____ a la meilleure cuisine de la ville.
   _____ je vais lui faire ma demande en mariage.
3. Où est le papier…
   sur _____ j'ai écrit son numéro de téléphone?
   _____ j'ai mis sur cette table?
   _____ j'ai besoin?

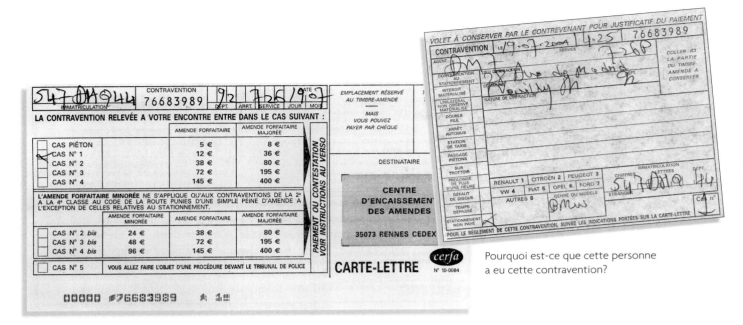

Pourquoi est-ce que cette personne a eu cette contravention?

4. L'amour me rend fou! Je ne sais pas…
_____ je fais!
_____ j'ai besoin!
_____ m'arrivera!

B. Laisse-moi t'expliquer. Jacques arrive avec deux heures de retard à son rendez-vous avec Alice. Aidez-le à s'expliquer. Combinez les deux phrases en une seule en utilisant un pronom relatif et en faisant les changements nécessaires.

1. Évidemment, j'ai conduit un peu trop vite. Je regrette d'avoir conduit un peu trop vite.
2. Voici la contravention pour excès de vitesse. Un agent de police m'a donné cette contravention.
3. J'ai dû suivre l'agent au commissariat de police. J'ai attendu longtemps au commissariat de police pour payer ma contravention.
4. De plus, ma montre s'était arrêtée. Je ne le savais pas.
5. Crois-moi… l'histoire est vraie. Je te raconte cette histoire.
6. Tu ne peux pas me montrer ton amour et ta compréhension? J'ai tant besoin de ton amour et de ta compréhension maintenant.

C. Le fanatique mécontent. Utilisez un pronom relatif approprié pour compléter ce que dit un fanatique de base-ball mécontent.

Le match _____ il s'agit était celui entre les Expos et les Cubs. Les Expos, sur _____ j'avais parié (*bet*) une somme d'argent considérable, ont perdu après une prolongation de deux manches (*innings*). L'histoire des Expos, c'est l'histoire d'un point _____ ils ont souvent été incapables d'obtenir. Les Expos, _____ dominent les ligues majeures pour les matches se terminant par une différence d'un point (total de 52), ont fait la même chose lundi soir (3–2). Les reporters sportifs ont dit que _____ cette équipe avait besoin, c'était le goût de l'attaque. Moi, je ne crois pas _____ ils disent. C'est un problème plus profond. _____ ne va pas, c'est la gestion (*management*) et le directeur général de l'équipe.

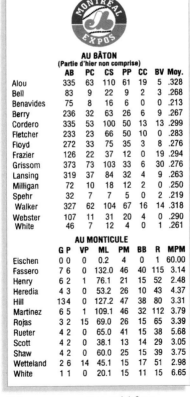

AU BÂTON
(Partie d'hier non comprise)

	AB	PC	CS	PP	CC	BV	Moy.
Alou	335	63	110	61	19	5	.328
Bell	83	9	22	9	2	3	.268
Benavides	75	8	16	6	0	0	.213
Berry	236	32	63	26	6	9	.267
Cordero	335	53	100	50	13	13	.299
Fletcher	233	23	66	50	10	0	.283
Floyd	272	33	75	35	3	8	.276
Frazier	126	22	37	12	0	19	.294
Grissom	373	73	103	33	6	30	.276
Lansing	319	37	84	32	4	9	.263
Milligan	72	10	18	12	2	0	.250
Spehr	32	7	7	5	0	2	.219
Walker	327	62	104	67	16	14	.318
Webster	107	11	31	20	4	0	.290
White	46	7	12	4	0	1	.261

AU MONTICULE

	G P	VP	ML	PM	BB	R	MPM
Eischen	0 0	0	0.2	4	0	1	60.00
Fassero	7 6	0	132.0	46	40	115	3.14
Henry	6 2	1	76.1	21	15	52	2.48
Heredia	4 3	0	53.2	26	10	43	4.37
Hill	134	0	127.2	47	38	80	3.31
Martinez	6 5	1	109.1	46	32	112	3.79
Rojas	3 2	15	69.0	26	15	65	3.39
Rueter	4 2	0	65.0	41	15	38	5.68
Scott	4 2	0	38.1	13	14	29	3.05
Shaw	4 2	0	60.0	25	15	39	3.75
Wetteland	2 6	14	45.1	15	17	51	2.98
White	1 1	0	20.1	15	11	15	6.65

Est-ce que vous êtes un(e) fanatique de base-ball? Avez-vous déjà vu jouer les Expos de Montréal?

Interactions

A. L'entretien. On vous interviewe pour un poste dont vous avez vraiment envie. Pendant l'entretien le directeur du personnel mentionne plusieurs détails embarrassants de votre dossier (voir ci-dessous). Vous lui donnez des raisons valables et vous arrivez à bien justifier votre sérieux. Essayez de parler avec facilité *(articulately)* et avec élégance en utilisant des pronoms relatifs.

Ce que le directeur mentionne:

- Vous n'avez travaillé que six mois pour l'entreprise Hodik et vous voulez déjà partir.
- Vous avez oublié de mettre votre adresse sur votre demande d'emploi.
- Vous avez manqué au moins un jour par semaine à votre dernier emploi.
- On n'a reçu aucune lettre de recommandation.

B. Cher Monsieur/Chère Madame. Aujourd'hui, c'est la date limite pour rendre une dissertation sur l'existentialisme. Malheureusement vous ne l'avez pas encore terminée. Écrivez une longue explication en donnant les raisons pour lesquelles vous êtes en retard. Essayez de convaincre le professeur qui avait bien averti la classe que c'était un devoir très important. Vous ne voulez pas perdre de points à cause de votre retard. Utilisez beaucoup de pronoms relatifs pour impressionner le professeur et pour qu'il voie combien vous êtes intelligent(e).

Phrases: Apologizing
Grammar: Relative pronouns **ce qui, ce que**; relative pronoun **dont**; relative pronouns **qui, que**; prepositions + relative pronoun **lequel**

Deuxième brouillon Dossier personnel

1. Write a second draft of the narrative you started in *Leçon 2,* focusing particularly on the use of details to increase suspense and to dramatize the action. These details should heighten the interest of the story and make the reader anxious to find resolution to the conflict.

2. You might want to incorporate some of the following expressions that deal with suspense and emotional states:

   EXPRESSIONS UTILES: **rester paralysé…**; **être désespéré…**; **avoir une peur folle** *(to be terrified)***…**; **sauter du lit…**; **descendre/monter rapidement l'escalier…**; **allumer/éteindre la lumière…**; **sentir/entendre quelque chose…**; **quelque chose bougeait**; **crier…**; **menacer…**

Phrases: Writing an essay; sequencing events
Grammar: Compound past tense **(passé composé)**; imperfect **(imparfait)**; pluperfect **(plus-que-parfait)**; participle agreement **(participe passé)**

Activités vidéo

Avant la vidéo

Turn to **Appendice B** for a complete list of active chapter vocabulary.

1. Faites-vous un budget? Savez-vous exactement comment vous dépensez votre argent? Quelles sont vos plus grosses dépenses? Ces grosses dépenses sont-elles les mêmes pour tous les membres de la classe?
2. Comment est-ce que vous restez en contact avec vos amis? Par téléphone? courriel? lettres? Lequel de ces moyens de communication préférez-vous? Pourquoi?

Après la vidéo

1. Élodie a des problèmes d'argent. Pourtant, elle dit qu'elle n'achète «rien que le nécessaire». Est-ce vraiment le cas, d'après vous? Comment dépense-t-elle son argent, à votre avis?
2. Quelles sont les «faiblesses» de Claire-Anse? de Charles-Emmanuel? de Mme Duvernois? du patron de Drôle? Et les vôtres?

Additional oral pair activity: J'en ai marre! The end of the term is arriving soon, you have too many things to do, not enough time to do them in, and you don't feel like doing anything. So, complain! With your partner, discuss everything that is going wrong in your life. Talk about your problems, either real or imaginary, concerning school, money, housing, cars, roommates, love, and so forth.

Activités orales

A. Au restaurant. Vous êtes dans un restaurant élégant et très cher où vous avez dîné plusieurs fois. En général, la nourriture et le service sont impeccables. Cette fois-ci, cependant, rien ne va comme il faut. Vous demandez à parler avec le maître d'hôtel et vous vous plaignez des choses suivantes:

- Le champagne que vous adorez n'était pas frais *(chilled)*;
- Le steak que vous avez commandé était froid et trop cuit *(overcooked)*;
- Vous avez commmandé des petits pois, mais on vous a servi un légume auquel vous êtes allergique;
- La nappe *(tablecloth)* était sale;
- Il vous manquait une fourchette.

Jouez les rôles. Le maître d'hôtel vous demandera pardon et vous donnera des raisons. Par exemple, il vous dit que le restaurant a eu des problèmes d'électricité, que le chef de cuisine est en grève, et que le serveur/la serveuse travaille là depuis seulement deux jours, etc.

Pourquoi est-ce que le maître d'hôtel ne sourit pas?

B. Imaginez. Un(e) ami(e) a acheté votre ancienne voiture. Il/Elle vous a fait un chèque sans provision *(insufficient funds)*. Jouez les rôles avec votre camarade. D'abord, plaignez-vous au sujet du chèque. Votre ami(e) répond en disant que la voiture n'a jamais démarré *(never started)*. Vous continuez la conversation en vous plaignant, en vous excusant et en donnant des explications. Vous vous parlez poliment parce que votre amitié est très importante et vous voulez rester bon(ne)s ami(e)s.

Activité écrite

Est-ce qu'il serait possible... ? Écrivez une lettre à des amis qui ont une belle villa sur la Côte d'Azur. Demandez si vous pouvez passer la dernière semaine du mois de juillet dans la villa avec plusieurs amis et vos deux chiens. Ce ne sont pas de très bons amis mais vous pensez que vous les connaissez assez pour leur demander un tel service. Échangez votre lettre avec un(e) camarade de classe. Chacun d'entre vous répondra à la lettre échangée. Vous donnerez ou refuserez la permission en expliquant votre décision.

Révision finale ◥ Dossier personnel

1. Reread your story, paying particular attention to whether the story creates the impression that you intended. Check whether the details add to this impression.

2. Bring your draft to class and ask two classmates to peer edit your paper. They should pay particular attention to whether or not your story creates the suspense you intended and whether they can identify the three parts of the story: the situation, complication, and resolution. Your classmates should use the symbols on page 431 to indicate grammar errors.

3. Examine your composition one last time. Check for correct spelling, grammar, and punctuation. Pay special attention to your use of negation, prepositions, and relative pronouns.

4. Prepare your final version.

Phrases: Writing a letter (informal); asking permission
Vocabulary: Traveling; house
Grammar: Prepositions **à** and **en** with places; verb + **de** + infinitive; verb + infinitive; verb + **à** + infinitive

SYSTÈME-D

Phrases: Writing an essay; sequencing events
Grammar: Compound past tense (**passé composé**); imperfect (**imparfait**); pluperfect (**plus-que-parfait**); participle agreement (**participe passé**)

SYSTÈME-D

Additional written activity: You lost your temper (**se mettre en colère**) with your boyfriend/girlfriend last night and had a big fight. It was all your fault, so write a note of apology to try to make up. Give reasons why you were in such a bad mood (**être de mauvaise humeur**), such as: problems at work, bad news you received that day, headache. Be sure to say that you had no intention of hurting him/her and that you would never want to lose him/her.

Est-ce que vous voudriez passer des vacances dans une villa en France? Pourquoi?

*XVIIth century, creates an alienating experience for immigrants. Members of the separatist **Parti Québécois** have voiced suspicions that new immigrants are less interested in making a life in Quebec than in preparing their ultimate move to English-speaking Canada and the United States. In 1995, the leader of the **Parti Québécois,** Jacques Parizeau, went so far as to lay the blame for the failure of the referendum on the secession of Quebec from Canada on the "ethnic vote." In her novel,* Mon père, la nuit *(1999), author Lori Saint-Martin tells the story of a ten-year-old immigrant girl who arrives in Quebec with her parents from Europe. In this excerpt, you will witness the tribulations of life through the eyes of this young southern European immigrant.*

PUR POLYESTER

On parle beaucoup de laine, ici. Pas n'importe laquelle, la vraie, la pure. D'où viens-tu, toi? Et tes parents, et leurs parents? Du Lac-Saint-Jean, très bien, du Bas-du-Fleuve, excellent, du fin fond de l'Abitibi, parfait. Montréalais depuis Jacques Cartier°? Alors voici ton certificat. «Un Québécois pure laine.» Pure laine comme Maria Chapdelaine°? Mais non, Louis Hémon était un maudit° Français. Faut pas confondre. Je suis immigrante, je confonds. Pour nous, pas de laine, la vie est trop chère ici et mes parents trop pauvres. Pur polyester. Faut vivre avec ce qu'on a. T'es une p'tite qui, toi°?

À la polyvalente°, on est beaucoup d'allophones°. Allô, allophones? Des *parlant-autre.* Je parle autre. Mon affaire est confuse, douteuse. De l'Espagne à Montréal, en passant par Paris. À peine leur fille née, mes parents filent° en France, puis, dix ans plus tard, ils viennent ici. La dérive des continents°.

Mon village est le plus beau, mon cousin est ton cousin, tous nous sommes parents depuis la nuit des temps. Tricotés serrés°, amoureux de notre arbre généalogique et d'une ville de France que nos ancêtres ont fuie. T'es une p'tite qui, toi? Une Gagnon, une Tremblay d'Amérique, une Gélinas? Une quoi, dis-tu? Beurk, quels noms ils se paient ces gens-là, impossibles à prononcer, et cette peau basanée°, ces yeux bridés° qui nous volent nos jobs, cette marée° d'enfants qui monte et nous noie°, nous les salut-les-vrais°. Tu viens d'où, donc? Et quand y retournes-tu, au fait? La laine est pure ou elle n'est pas. On ne devient pas Québécois. [...]

Dur l'exil, *Dios mío.* Les lettres arrivent, toutes minces sur papier bleu, et les photos, et maman rit et pleure de voir, déjà prêts pour l'école, des bébés qu'elle n'a jamais bercés. Maman est retournée une seule fois, pour la mort de sa maman à elle. Elle a tout de suite pris le deuil et ne l'a jamais quitté depuis. Quand on perd sa mère, on perd la terre entière, dit-elle, et le sel, et la lumière. Un jour tu sauras. Son visage s'éteint quand elle pense à mon futur deuil à moi. Ma pauvre petite fille que je ne pourrai pas consoler de m'avoir perdue.

Moi je ne suis pas en exil, sinon par maman et papa. Je ne suis vraiment de nulle part, tant ils m'ont dit que Paris ce n'était pas chez nous, sinon peut-être un peu, déjà, d'ici. Pour moi l'Espagne n'est qu'un mot, quelques images qui transi-

basanée foncée

yeux bridés *slanted eyes*

marée *flood*

Jacques Cartier premier explorateur du Canada en 1534–1535 / **se noyer** *to drown* / **salut-les-vrais** les vrais Québécois / **Maria Chapdelaine** roman célèbre de Louis Hémon / **maudit** *damned*

T'es une p'tite qui, toi? *Who are you a daughter of?* / **polyvalente** école secondaire / **allophones** ceux qui parlent une autre langue

filent vont

La dérive des continents *Continental drift*

Tricotés serrés *Close-knit*

tournoient *flutter around*

tent par la voix de ma mère, une nostalgie de soleil. Salamanque, notre ville d'université et de cathédrales, la pierre dorée, les oiseaux qui tournoient°, la Plaza Mayor, les lézards à l'heure de la sieste, le vieillard aveugle qui vend des billets de loto, les terrasses. L'Espagne est pour eux le bonheur premier, le pays où ils habitaient leur langue, où ils ne nageaient pas encore dans le français comme des enfants malheureux dans un vêtement de la mauvaise taille. [...]

Un jour d'automne, on nous demande à nous tous de voter pour dire si nous voulons quitter le Canada. Nous semblons avoir dit «oui», puis le «non» monte comme une vague de fond°, et puis, finalement, c'est «non», du bout, mais vraiment du bout des lèvres°.

vague de fond *tidal wave*

du bout des lèvres timidement

bleu et blanc québécois / **brèche** *edge* / **ceux avec la feuille d'érable** canadiens / **tête d'enterrement** visage très triste

estomaqués très étonnés

Alors c'est les larmes à la télé, les drapeaux bleu et blanc° si beaux, bien mieux que ceux avec la feuille d'érable°. La tête d'enterrement° du chef du gouvernement. Dès qu'il ouvre la bouche, on est estomaqués°. «L'argent et des votes ethniques.» L'argent, connais pas. Les votes ethniques je connais, c'est

maman et papa et la mère de Rosa et les parents d'An Li qui se fait appeler Diana et tous les autres, *ay Dios.* Il continue de parler, le monsieur au visage rond et triste, il dit «nous», nous avons perdu, nous gagnerons la prochaine fois, les jeunes sont avec nous. Leur «nous» abolit notre «nous», fait de nous des «eux autres», des méchants. Leur «nous» me brise le cœur, me dit qu'on ne sera jamais chez nous, ici. Pourtant si j'avais eu l'âge de voter, ç'aurait été oui. [...]

Mes parents ont voulu, à coup d'efforts, me donner les clés de ce pays à eux fermé. Voulu que la langue de ce pays coule de source dans ma bouche, que je sois chez moi là où ils ne seront jamais chez eux. Je suis avec eux, je suis toute seule, je suis aussi avec les gens d'ici, de mon pas-tout-à-fait-mais-presque-pays. Entre-deux, sur la brèche°, en train, peut-être, de devenir—mais le devient-on jamais?—Québécoise.

Extrait de Lori Saint-Martin, *Mon père, la nuit* (Québec, 1999).

Après la lecture

Compréhension

A. Observation et analyse. Répondez.

1. Comment est-ce qu'on définit «un Québécois pure laine»?
2. Qu'est-ce que c'est qu'un «pur polyester»? Expliquez l'emploi de cette expression.
3. Dans quels pays est-ce que la narratrice a vécu?
4. D'après cette lecture, quelle est l'attitude des «vrais Québécois» envers les immigrants? Pourquoi?
5. Décrivez la vie de la mère de la narratrice, d'après la jeune fille.
6. Est-ce que la narratrice se sent exilée comme ses parents? Expliquez.
7. Qu'est-ce qui s'est passé le jour des élections de 1995?
8. Comment est-ce que la jeune fille aurait voté si elle avait eu l'âge légal de voter? Pourquoi, selon vous, aurait-elle choisi de voter ainsi?
9. Quelle sorte de vie est-ce que les parents veulent pour leur fille, la narratrice?
10. Comment est-ce que la narratrice se voit sur le plan de l'identité nationale?

B. Grammaire/Vocabulaire. Entourez les adjectifs qui décrivent le mieux la narratrice et expliquez vos réponses. Lesquels peuvent décrire la mère? Est-ce qu'il y a des adjectifs qui les décrivent toutes les deux?

**allophone   arrogante   confuse   triste   sereine   nostalgique
méchante   seule   québécoise**

Avez-vous d'autres adjectifs à ajouter pour décrire la jeune fille? la mère? Lesquels?

C. Réactions.

1. Que pensez-vous de la perspective des «pure laine» envers les immigrants au Québéc? Est-ce qu'aux États-Unis on voit une telle perspective envers les gens qui viennent d'une autre partie du pays? envers les gens qui viennent d'autres pays ?
2. Croyez-vous que la narratrice devienne un jour Québécoise? Justifiez votre réponse.

Interactions

1. Votre partenaire et vous êtes les parents de la jeune fille. Créez une conversation dans laquelle vous exprimez votre nostalgie de l'Espagne. Évoquez ce qui vous manque le plus et parlez aussi des espoirs que vous avez pour votre fille.
2. Jouez les rôles de la narratrice et de son ami(e) d'école qui est aussi un(e) immigrant(e). Parlez des difficultés qu'on a quand on se sent entre deux cultures. Parlez aussi des joies liées au fait d'avoir deux mondes de références culturelles. Choisissez l'attitude qui vous caractérise le mieux: la nostalgie ou la richesse de la pluralité.

Expansion

Faites des recherches sur l'histoire politique du Québec. Allez à la biblio-thèque et cherchez sur l'Internet. Répondez aux questions suivantes: Quelle est l'histoire politique du Québec? Combien de personnes parlent toujours français au Québec? Qu'est-ce que les Québécois ont fait pour que le Québec reste francophone? Est-ce que le Québec veut toujours se séparer du reste du Canada? Comment est-ce que vous voyez l'avenir du Québec?

Je prendrais bien celui-ci...

THÈMES: La maison; Les vêtements; Les ordinateurs; La cuisine

Use this photograph as an introduction to the **marché aux puces** setting of the first conversation. Ask students to describe what they see; why items are displayed outside; and if they've ever shopped in such a market. Possible questions: Est-ce que vous êtes déjà allé(e) à un marché aux puces? Qu'est-ce qu'on y vend? Qu'est-ce que vous remarquez sur la photo?

Pour tester vos connaissances, visitez
http://bravo.heinle.com

347

The information presented here is intended to refresh your memory of various grammatical topics that you have probably encountered before. Review the material and then test your knowledge by completing the accompanying exercises in the workbook.

Avant la première leçon

Les adjectifs démonstratifs

Demonstrative adjectives are used to point out something or someone. They are the equivalent of *this, that, these,* and *those* in English. They must agree in gender and number with the nouns they modify.

	singulier	pluriel
masculin	ce (cet)	ces
féminin	cette	ces

Dans **cette** leçon-ci, nous étudions l'emploi des adjectifs démonstratifs. Nous avons besoin de **ces** petits mots lorsque nous voulons désigner une personne particulière ou un objet particulier.

NOTE: **Cet** is used before a masculine singular noun or adjective beginning with a vowel or mute **h.**

To distinguish between two elements, add **-ci** (when referring to something close to you) and **-là** (when referring to something farther away).

—Qu'est-ce que tu penses de ce livre-**là**?

—Moi, je préfère ce livre-**ci**.

Les adverbes

A. L'usage
An adverb is used to qualify a verb, an adjective, or another adverb. Many adverbs in French end in **-ment;** the English equivalent is *-ly.*

B. La formation
Most adverbs are formed by adding **-ment** to the feminine form of the adjective:

Adjectif	Adverbe
actif/active	activement
doux/douce	doucement
naturel/naturelle	naturellement
sérieux/sérieuse	sérieusement

Les achats en magasin. En faisant les magasins avec une copine, vous échangez vos opinions.

1. Cette robe est très jolie. (jupe/pantalon/chaussures)
2. Ce grand magasin est trop cher. (pressing/quincaillerie/station-service)
3. Quel est le prix de ce poste de télévision? (magnétoscope/ordinateur/lecteur de CD)
4. J'adore ces tennis. (manteau/sandales/chemise)
5. Ce frigo est très moderne. (congélateur/appareil/scanner)

Comment? Comment est-ce que vous...

1. marchez? (lent/nonchalant/rapide)
2. étudiez? (fréquent/rare/indépendant)
3. pensez? (constant/superficiel/intelligent)
4. écrivez? (assez naturel/plutôt difficile /simple)
5. vivez? (intense/simple/royal)

BUT: If the masculine adjective ends in a vowel, this form is often used to form the adverb:

absolu	absolument
probable	probablement
rapide	rapidement
vrai	vraiment

- When the masculine adjective ends in **-ant** or **-ent**, the endings are replaced by **-amment** and **-emment** respectively. They are both pronounced [amã]. **Lent** is an exception.

constant	constamment
méchant	méchamment
évident	évidemment
lent/lente	lentement
patient	patiemment

- A few adverbs end in **-ément:**

précis	précisément
profond	profondément
confus	confusément
énorme	énormément

Play the song *Évidemment* by France Gall to help students learn the pronunciation of adverbs with [amã].

C. La fonction

Adverbes de manière: ainsi *(in this way)*, bien, mal, cher, vite, ensemble, debout *(standing)*, plutôt *(rather)*, sans doute *(probably)*, volontiers *(willingly)*

Adverbes de quantité et d'intensité: plus, moins, peu, assez, beaucoup, trop, à peu près *(more or less)*, tellement *(so)*, tant *(so much)*, autant *(as much, so much)*, aussi *(as)*, davantage *(more)*, tout à fait *(completely)*, très

Adverbes de temps: avant, après, avant-hier *(the day before yesterday)*, hier, aujourd'hui, demain, après-demain *(the day after tomorrow)*, aussitôt *(immediately)*, tout de suite *(right away)*, bientôt, déjà, alors *(then)*, puis *(then)*, encore *(still)*, enfin, ensuite, d'abord *(first)*, longtemps *(long, a long time)*, maintenant, autrefois *(formerly)*, auparavant *(before)*, quelquefois *(sometimes)*, soudain *(suddenly)*, souvent, toujours, tard, tôt

Adverbes de lieu: ici, là, là-bas *(over there)*, près, loin, ailleurs *(someplace else)*, devant, derrière, dedans *(inside)*, dehors *(outside)*, dessous *(underneath)*, dessus *(on top)*, nulle part *(nowhere)*, partout *(everywhere)*, quelque part *(somewhere)*

Adverbes de restriction: à peine *(scarcely)*, peut-être *(possibly)*, presque *(almost)*, seulement, ne... jamais, ne... personne, ne... rien

Comment dire ce qu'on préfère

Track 26

Conversation

Rappel: Have you reviewed demonstrative adjectives and adverbs? (Text pp. 348–349 and Workbook pp. 209–211)

un blouson *jacket*

le marché aux puces *flea market*

If possible, show slides or a videotape of a **marché aux puces** so that students can imagine the context for the conversation, or have students describe an open-air flea market they've been to.

des bijoux [m pl] *jewelry* / **une cuisinière** *stove* / **une poêle** *frying pan* / **un plat à micro-ondes** *microwave dish*

je vous le fais *I'll give (sell) it to you*

par-dessus *on top of that*
une occasion *a bargain*

Premières impressions

Soulignez:

- les phrases qui expriment les goûts et les préférences

Trouvez:

- en quelle matière est le blouson° que Sophie et Emily veulent acheter
- le prix le plus bas que le vendeur acceptera pour le blouson

Le marché aux puces° de Lyon se trouve dans la banlieue à Vaulx-en-Velin. Deux amies, Sophie, une Française, et Emily, une Noire américaine[1], toutes deux étudiantes à l'Université de Lyon, s'y promènent.

SOPHIE:	Vraiment, j'adore les marchés aux puces!
EMILY:	Moi aussi! Il y a absolument de tout: des vêtements, des bijoux°, des cuisinières°, des poêles°, des plats à micro-ondes°.
SOPHIE:	Oh, regarde les blousons là-bas! Moi, le cuir, j'adore!
LE VENDEUR:	Bonjour, ma petite dame… Oui, ce blouson, il est fait pour vous!
EMILY:	Hum… Je ne sais pas. Mais celui-ci… il est à combien?
LE VENDEUR:	Un très bon choix! Du vrai cuir.
SOPHIE:	Ah, mais j'aime mieux celui-là, à gauche.
LE VENDEUR:	Celui-là est à 330€. Un vrai blouson de cuir, un blouson de pilote de la Seconde Guerre mondiale, mademoiselle.
SOPHIE:	Moi, les trucs de guerre, j'ai horreur de ça…
EMILY:	Tiens, regarde ce blouson-ci. Il est plus joli que ce blouson-là, non?
LE VENDEUR:	Du très beau cuir aussi! Allez, je vous le fais° à 290€.
EMILY:	Moi, je pensais 195€ plutôt.
LE VENDEUR:	Allez, je vous le fais à 230€, parce que vous êtes gentilles…
EMILY:	Allez, monsieur, 195€, et on vous le prend!
LE VENDEUR:	Non mais… mesdemoiselles, si je ne fais pas de bénéfice, je ne peux pas survivre, moi.
SOPHIE:	Vous ne trouvez pas qu'il faut aussi prendre en considération le revenu des gens? Nous sommes étudiantes!
LE VENDEUR:	Je ne peux vraiment pas. 230€, et je mets ce joli portefeuille en cuir par-dessus°…
SOPHIE:	Ça, c'est une occasion°!
EMILY:	OK, monsieur, nous le prenons.
SOPHIE:	Voilà! Merci beaucoup, monsieur!
EMILY:	Au revoir, monsieur!

[1] Beaucoup de Noirs américains ont immigré ou vécu en France. Ce sont surtout des artistes qui ont été reconnus en France avant d'être reconnus aux États-Unis. Parmi les plus célèbres sont Joséphine Baker, actrice et danseuse; Theloneus Monk, pianiste de jazz; James Baldwin, écrivain; Langston Hughes, écrivain.

Observation et analyse

1. Quelles sortes de choses est-ce qu'on vend dans un marché aux puces?
2. Quelle est l'opinion de Sophie sur le blouson de pilote? Expliquez.
3. Décrivez la dernière offre du vendeur.
4. Est-ce que vous pensez que les filles aiment marchander *(to bargain)* avec les vendeurs? Expliquez.

Réactions

1. Qu'est-ce que vous achèteriez dans un marché aux puces?
2. Est-ce que vous êtes déjà allé(e) à un marché aux puces? Où? Parlez de cette expérience.
3. Aimez-vous marchander avec un vendeur—un vendeur d'automobiles, par exemple? Expliquez.

Joséphine Baker est allée en France dans les années 1920. Elle est morte à Paris en 1975.

Expressions typiques pour…

Exprimer ses goûts et ses préférences

Moi, j'adore… parce que…
Je préfère les vêtements neufs (aux vêtements d'occasion *[secondhand]*) parce que…
Je préfère ce pantalon-ci à celui-là parce que…
Je préfère celui-ci parce que…
J'aime mieux le manteau marron (que le manteau vert) parce que…
J'aime bien les tennis (mais je préfère les chaussures de bateau) parce que…
Ce que je préfère, c'est… plutôt que…
Je n'aime ni les tennis ni les sandales, mais (à tout prendre), ce sont les tennis que je préfère.
Je n'aime pas du tout…/Je n'aime pas tellement…
Ça ne me plaît pas…/ Ça ne me dit rien.
J'ai horreur de…
Parfois… *(At times . . .)*
Je ne sais pas./Bof.

Est-ce que vous préférez les boutiques ou les grands magasins? Expliquez.

**ACHAT
CHEMINÉES ANCIENNES**

Pierre - Marbre - Bois

Christian

ANTIQUITÉS
Achète meubles anciens et de styles,
Pendules, Lustres, Bibelots etc…

Sculptures
de jardin

~~~

Statues

~~~

Fontaines

~~~

Éléments de
décoration et
d'architecture

Dans quelle sorte de maison est-ce qu'on mettrait ces meubles? Devinez le sens des mots **pendules, lustres, bibelots.**

Mots et expressions utiles

Les meubles et les appareils-ménagers
(furniture and household appliances)

l'armoire [f] *wardrobe, armoire*
le coussin *cushion, pillow*
l'étagère [f] *shelf; shelves*
le placard *cupboard; closet*
le tapis *carpet*
le tiroir *drawer*

la cuisinière *stove*
le four à micro-ondes *microwave oven*
le lave-vaisselle *dishwasher*
la machine à laver (le linge) *washing machine*
le sèche-linge *clothes dryer*

✄ Mise en pratique ✄

Au secours! Je cherche un appartement à louer à un prix raisonnable. J'aimerais bien avoir une grande cuisine avec beaucoup de **placards**, d'**étagères** et de **tiroirs** afin d'y ranger ma vaisselle. J'adore faire la cuisine, tu sais. Et puisque je suis très occupée, mon appartement doit être équipé d'une **machine à laver**, d'un **sèche-linge**, d'un **lave-vaisselle** et d'un **four à micro-ondes**. Où puis-je trouver cet appartement de rêve?

Les vêtements et la mode

les bas [m pl] *stockings*
les bottes [f pl] *boots*
les chaussettes [f pl] *socks*
les chaussures [f pl] **à hauts talons/à talons plats** *high-heeled shoes/low-heeled shoes*
le collant *pantyhose*

les bijoux [m pl] *jewelry*
　la bague *ring*
　les boucles [f pl] **d'oreilles** *earrings*
　le bracelet *bracelet*
　le collier *necklace*

le blouson (en cuir/de cuir) *(leather) jacket*
le pardessus *overcoat*
la veste (de sport) *(sports) jacket*

la chemise *man's shirt*
le chemisier *woman's shirt*

le costume *man's suit*
le tailleur *woman's tailored suit*

l'imperméable [m] *raincoat*
le maillot de bain *swimsuit*
le parapluie *umbrella*

les sous-vêtements [m pl] *underwear*
le tissu *fabric*

enlever (un vêtement) *to take off (a piece of clothing)*
mettre un vêtement *to put on a piece of clothing*
changer de vêtements *to change clothes*
essayer (un vêtement) *to try on (a piece of clothing)*
s'habiller/se déshabiller *to get dressed/to get undressed*
être mal/bien habillé(e) *to be poorly/well dressed*
Ce vêtement lui va bien. *This piece of clothing looks good on him/her.*

Un vêtement est...

chic; élégant; en bon/mauvais état; sale; déchiré *(torn)*; râpé *(threadbare, worn)*; lavable *(washable)*; chouette *(familiar—great, nice, cute)*; génial *(fantastic)*; d'occasion *(secondhand, bargain)*; dans ses prix *(in one's price range)*; une trouvaille *(a great find)*

On vend des vêtements...

dans une boutique *in a shop, small store*
dans un grand magasin *in a department store*
dans une grande surface *in a huge discount store*
à un marché aux puces *at a flea market*

Divers

Je vous le fais *I'll give (sell) it to you*

❧ Mise en pratique ❧

Qu'est-ce que je vais acheter comme cadeau pour ma petite amie? Elle est toujours si **bien habillée** que je dois lui trouver quelque chose de très **élégant**. Peut-être un **tailleur** pour ses voyages d'affaires? Non, ce n'est pas **dans mes prix**. Hum... Un **chemisier** très **chic**? Mais je n'aime pas beaucoup les **chemisiers** ici. Un **maillot**? Non, c'est trop personnel. Un **parapluie**? Non, c'est trop anonyme! Ça y est! J'ai trouvé le cadeau parfait: des **bijoux**. Mais de quelle sorte? un **collier**? une **bague**? un **bracelet**? Hum...

ACTIVITÉS

A. Entraînez-vous: Sur le vocabulaire. Vous travaillez comme interprète pour un grand magasin à New York. Vous devez connaître le magasin par cœur pour pouvoir guider les touristes vers les rayons *(departments)* qu'ils cherchent. Étudiez la liste qu'on vous a donnée. Avec un(e) camarade de classe, jouez les rôles d'un(e) touriste français(e) et de l'interprète. (N'oubliez pas qu'en France, le rez-de-chaussée est le *first floor* américain.)

MODÈLE: —*Excusez-moi, monsieur/mademoiselle/madame, mais où se trouve le rayon des tissus?*
—*C'est au troisième étage, monsieur.*

DEPARTMENT	FLOOR	DEPARTMENT	FLOOR
Blouses–women's	2	Shirts–men's	3
Fabric	4	Shoes	2
Jewelry	1	Suits–men's	3
Stockings	1	Suits–women's	2
Household appliances	3	Swimwear	2
Furniture	5	Umbrellas	1

La mode

Des noms comme Chanel, Dior ou Nina Ricci évoquent le prestige de la haute couture et des parfums délicats. Plus abordables *(affordable)* sont les collections de prêt-à-porter *(ready-to-wear)* et la confection industrielle *(clothing business)*, produites en masse et meilleur marché, que l'on trouve dans les boutiques, les grands magasins et les grandes surfaces.

La mode se démocratise et les frontières de son marché s'étendent de plus en plus. Cela signifie qu'une mode typiquement française, réservée à une classe sociale aisée *(well off)*, n'existe plus à proprement parler. Presque toutes les couches *(levels)* de la société s'intéressent à la mode. Les jeunes essaient d'établir leur identité à travers leur look. Par exemple, depuis quelques années le piercing est à la mode. Les jeunes se font percer les narines *(nostrils)*, les

sourcils *(eyebrows)*, le nombril *(bellybutton)*.

Pour être appelées «haute couture»—une appellation contrôlée—les maisons de confection doivent avoir leurs propres ateliers de production, employer au moins vingt personnes, présenter à la presse chaque année une collection printemps-été et une collection automne-hiver d'au moins 75 modèles, et présenter à la clientèle ses collections sur trois mannequins vivants plusieurs fois par an.

Un des plus grands problèmes que les couturiers et créateurs de mode rencontrent est la contre-

façon *(counterfeiting)* de leur marque. Ce problème constitue une menace pour l'économie française et il force les maisons de haute couture à payer de gros frais pour la surveillance de leur marque. De plus, la qualité médiocre de ces imitations peut ternir *(tarnish)* la réputation du créateur.

Selon vous, est-ce que la mode est un art ou une entreprise commerciale? Pensez-vous que la mode influence trop la vie de certaines personnes? Expliquez. Est-ce que les vêtements sont indicatifs de la personnalité des gens qui les portent?

Et vous, quel look est-ce que vous préférez?

Liens culturels: Preview: Bring in some fashion magazines before students read this section. Ask them what ideas or stereotypes they have about France and **la mode**, then discuss the magazines. If possible, show pictures or videos of French people in everyday attire. Explain that not many French people have clothes made for them now, although only a few decades ago it was cheaper to have clothes made by a local **couturière** than to buy them off the rack. Ask several questions such as: Est-ce que vous avez déjà acheté des vêtements sur mesure? À quelles occasions est-ce qu'on achète des vêtements sur mesure en général?

B. Préférences. En utilisant les *Expressions typiques pour...* donnez vos préférences sur quatre des sujets proposés.

> MODÈLES: villes
>
> > *En ce qui me concerne, j'aime mieux les grandes villes parce qu'il y a beaucoup de choses à y faire.*
>
> > OU
> >
> > *Je n'aime pas tellement les petites villes parce que tout le monde se connaît et se retrouve partout, au supermarché, à l'église, à la poste, etc.*

la boisson	le climat	les pays
la nourriture	les films	les vêtements
le sport	les chaussures	la musique
le petit déjeuner	les magasins	les restaurants

C. Une grande surface. Votre ami est vendeur dans une grande surface. Aidez-le à apprendre le vocabulaire nécessaire pour son travail en lui donnant un synonyme ou un antonyme pour chacune des expressions suivantes. Utilisez les *Mots et expressions utiles.*

Synonymes

1. chouette
2. un type de manteau pour se protéger du froid
3. ce qui couvre le plancher d'une pièce
4. un appareil pour faire cuire *(cook)* très rapidement
5. un type de manteau pour se protéger de la pluie

Antonymes

6. mettre un vêtement
7. se déshabiller
8. un vêtement neuf
9. propre
10. à un prix exorbitant

LA GRAMMAIRE À APPRENDRE

Les pronoms démonstratifs

A. Les pronoms définis

You reviewed demonstrative adjectives earlier. Expressing preferences also necessitates at times the use of demonstrative pronouns. The definite demonstrative pronouns agree in number and gender with the nouns that they replace.

	singulier	pluriel
masculin	celui	ceux
féminin	celle	celles

They are used to point out or designate something or someone. They must always be used with **-ci** or **-là**, a preposition, or a dependent clause headed by a relative pronoun. Note that **-là** is used much more frequently than **-ci** in spite of the distinction between **-ci** *(close by)* and **-là** *(farther away)*. These usages are illustrated as follows:

- Followed by **-ci** *(this one, these)* and **-là** *(that one, those)*

  J'aime bien cette casserole-ci, mais le marchand me recommande **celle-là**.
  I like this pan a lot, but the salesperson recommends that one.

If you are shopping and there is a variety of similar items, you can point and say:

  Donnez-m'en deux (trois, etc.) de **ceux-là** (**celles-là**), s'il vous plaît.

The expressions **celui-là** and **celle-là** have a pejorative meaning when used to talk about a person who is not present. For example:

  —Tu connais le grand blond qui est avec Caroline?
  —Oh, **celui-là**. Ne m'en parle pas!

- With a preposition (usually **de**)

  Tiens, tu peux prendre mon pardessus et **celui de** Marc aussi, s'il te plaît?
  Say, can you take my overcoat and Marc's too, please?

NOTE: With **de**, the demonstrative pronoun indicates the owner or possessor.

- Followed by a dependent clause headed by a relative pronoun

  De tous les pardessus je préfère **ceux qui** tiennent chaud.
  Of all the overcoats, I prefer those that keep you warm.

  Celui que je préfère est en laine. Il est chaud.
  The one I prefer is wool. It is warm.

  C'est pour **ceux qui** aiment avoir chaud.
  It's for those who like to be warm.

- In order to precisely indicate an object, the following words can be added:

celui	de gauche
celle	de droite
ceux	d'en bas
celles	d'en haut
	du milieu

B. Les pronoms indéfinis

The indefinite demonstrative pronouns **ceci** *(this)* and **cela** (**ça**) *(that)* do not refer to a specific noun but to a concept or idea. **Ceci** is rarely used except to announce an idea to follow. **Ça** is considered informal; **cela** is more formal and is used in written language.

  —Dis-moi si tu comprends **ceci**: la laine est le tissu le plus recommandé pour se protéger du froid et de la pluie.
  —**Ça**, c'est facile à comprendre.

Est-ce que vous aimeriez commander des vêtements sur mesure? Pour quelle(s) occasion(s)?

ACTIVITÉS

A. Trouvailles *(Lucky finds).* Vous revenez du marché aux puces où vous avez acheté beaucoup de choses. Maintenant vous montrez vos trouvailles à votre sœur. Complétez les blancs avec un pronom démonstratif approprié.

1. 2,80 mètres de tissu exotique. C'est _____ que Sophie voulait pour se faire une robe.
2. Trois Rolex (des imitations!). _____ que je préfère, ce sont les deux plus petites.
3. Deux paires [f pl] de bottes. _____-ci est pour Julien; _____-là est pour Jessica.
4. Ces pulls en acrylique sont exactement _____ dont maman avait besoin.
5. Malheureusement, leurs manteaux n'étaient pas super, et _____ que j'ai choisi est un peu râpé aux manches.
6. Ces lunettes à bordure rouge sont un peu comme _____ de Laurence, non?
7. Ce walkman japonais ressemble à _____ que Bénédicte s'est acheté, pas vrai?
8. Il y avait un choix énorme d'outils. J'espère que _____ que j'ai choisi pour papa sera utile.

Activity B: Written preparation in advance may be helpful.

B. Une boutique chic. Imaginez que vous alliez dans une boutique à Paris avec une amie riche et snob de votre mère. Traduisez ce qu'elle dit. Ensuite, donnez votre réaction.

> I'm looking for a red dress. I like that one over there, but I'd prefer that it have long sleeves (**une manche**).
> Oh, this wool (**en laine**) pullover is much prettier than that one.
> What is that? Is that a skirt? It looks like a bag (**un sac**)! The ones that I prefer have a cut (**une coupe**) that suits me better than this! This other model is for those who are taller.
> What is that woman doing over there? That one. Why is she staring at me (**me dévisager comme cela**)? Let's leave!

C. À la recherche d'une tenue habillée *(dressy clothes).* Racontez ce qui s'est passé la dernière fois que vous avez acheté une robe habillée *(elegant dress)* ou un costume.

1. Quelle était l'occasion?
2. Qu'est-ce que vous cherchiez?
3. Qu'est-ce que vous avez fini par acheter?
4. Vous étiez satisfait(e)? Expliquez.
5. Est-ce qu'il y avait des retouches *(alterations)* à faire?

LA GRAMMAIRE À APPRENDRE

Les adverbes

Preview idea: When presenting the adverbs, use sentences to differentiate between the adjectives and the more difficult adverbs: Cette robe est d'une meilleure qualité. Cependant celle-ci me va mieux. Cette robe est petite. Elle me plait peu. Et elle me va mal!

You have already reviewed the formation of many adverbs in *La grammaire à réviser*, as well as their usage and function. The irregular formation and placement of adverbs will now be discussed.

A. La formation des adverbes irréguliers

• Some adverbs are formed in an irregular way.

Adjectif	Adverbe
bon/bonne *good*	bien *well*
bref/brève *brief*	brièvement *briefly*
gentil/gentille *nice*	gentiment *nicely*
mauvais(e) *bad, wrong*	mal *badly*
meilleur(e) *better*	mieux *better*
petit(e) *small*	peu *little*

—Ce manteau en polyester me protègera **peu** du froid en hiver.
—C'est vrai. Un manteau en pure laine te tiendrait plus chaud. Mais ce modèle-ci te va **mieux** que l'autre.

• In certain expressions, an adjective may be used as an adverb. There is, therefore, no change in form.

chanter faux *to sing off key*
parler bas/fort *to speak softly/loudly*

coûter cher *to cost a lot*
sentir bon/mauvais *to smell good/bad*
travailler dur *to work hard*
voir clair *to see clearly*

—Ces croissants **sentent bon.**
—Oui, mais ils **coûtent cher.**

- An adverb that is a direct equivalent to those we often use in English may not exist in French. For example:

en colère *angrily*
de façon permanente *permanently*
avec espoir *hopefully*
avec plaisir *gladly*

B. La position des adverbes

- In general, adverbs follow the verb they modify in the simple tenses in French. In English they often come between the subject and the verb. This is *never* the case in French.

Il fait **rapidement** un tour au marché aux puces.
He quickly takes a walk around the flea market.

- In French, some adverbs can begin a sentence. The most common are adverbs of time, **heureusement**, and **malheureusement.**

D'abord elle achète une paire de chaussures d'occasion.
First she buys a pair of secondhand shoes.

- When a compound tense is used, many common adverbs are placed between the auxiliary and the past participle.

Elle s'est **presque** acheté une Mercedes.
She almost bought a Mercedes.

Est-ce qu'elle aurait **vraiment** fait cela?
Would she really have done that?

NOTE: Adverbs may be placed after the past participle for emphasis:

Ces jouets-là lui ont plu **énormément.**
Those toys pleased her enormously.

- When a verb is followed by an infinitive, common adverbs are placed beween the two verbs.

Elle va **sûrement** retourner au marché le week-end prochain.
She is surely going to go back to the market next weekend.

- As in English, French adverbs precede the adjectives and adverbs that they modify.

Elle a **très bien** fait de partir au bout d'une heure.
She did very well to leave after one hour.

ACTIVITÉS

Activity A: Follow-up: After the students have answered the questions, have the interviewer decide whether the student is well adapted to university life. He/She should give some reasons and advice.

A. La vie universitaire. Un employé de l'université vous pose des questions pour savoir si vous vous adaptez bien à la vie universitaire. Répondez à ses questions en employant un des adverbes de votre choix ou le dérivé d'un des adjectifs proposés.

régulier / vrai / précis / sûr / absolu / constant / naturel / franc / bref / gentil / énorme / complet / rare / heureux / malheureux / fréquent / petit / patient / bon

Est-ce que…
1. vous étudiez?
2. vous dormez sept heures par jour?
3. vous mangez trois fois par jour?
4. vous sortez?
5. vous aimez votre cours de français?
6. vos professeurs sont bons?
7. vous êtes content(e) de l'université?
8. vous allez revenir l'année prochaine?

B. Une lettre. Laurent écrit une lettre à un ami. Vous trouvez que ce qu'il a écrit n'est pas très intéressant. Embellissez la lettre en ajoutant les adverbes suivants.

demain / hier / méchamment / énormément / gentiment / très / vraiment trop / malheureusement / heureusement / presque / soudain / doucement dehors / ailleurs / complètement / en même temps / bien entendu

---

Lyon, le 5 juin

Cher Justin,
Tu ne devineras jamais ce qui m'est arrivé _____! J'étais dans le parking de Carrefour et un chien a couru vers moi. Il aboyait *(was barking)* _____. Il était _____ costaud et il avait l'air _____ féroce. _____ j'avais peur et je ne savais pas _____ quoi faire. J'étais _____ sûr que si je courais, il allait courir après moi. _____, j'ai eu une idée. Je lui ai parlé _____ et _____ je suis monté sur le capot *(hood)* de ma voiture! Les clients qui étaient dans le parking me regardaient comme si j'étais _____ fou! À l'avenir, je ferai mes courses _____. Quel embarras!
    Salut, et à la prochaine!

Laurent

Activity C: Written preparation in advance may be helpful.

C. La réponse. Justin, un Américain, répond à son ami Laurent. Traduisez cette lettre en français pour lui.

Columbus, June 17

Dear Laurent,
I can just see you (**Je t'imagine bien**) standing on your car! You can do better than that! They say that with dogs you must sing slowly—even if you sing off key (I know you sing well!)—and walk slowly. Frankly, you did precisely the wrong thing (**le contraire de ce qu'il fallait faire**). One should absolutely not show that one is afraid (**avoir peur**) of dogs. They are extremely sensitive (**sensible**) to fear. The next time, I hope that you will react (**réagir**) more intelligently (**d'une façon plus intelligente**).
    Hope to hear from you soon.

Justin

Interactions

A. Les possibilités. Vous voulez acheter un baladeur CD ou une radiocassette avec lecteur de CD. Vous cherchez sur le site de La Redoute (www.laredoute.fr), très connu dans le domaine de la vente par correspondance. Expliquez à un(e) camarade quel appareil, parmi ceux que vous voyez, vous préférez et pourquoi. Est-ce qu'il/elle choisirait la même chose que vous. Discutez de vos choix avec la classe.

B. Débat. En français, il y a un proverbe qui dit : «L'habit ne fait pas le moine *(monk)*». Est-ce qu'on peut juger la personnalité de quelqu'un par ses vêtements? Prenez parti en paires ou en groupes de trois et discutez de la question.

Le baladeur numérique de poche MP3 PHILIPS SA 230 — 149.90 Euros

Le baladeur numérique MP3 de poche THOMSON LYRA PDP 2444 — 89.90 Euros

Le baladeur CD MP3 EXP 3363 PHILIPS — 119.90 Euros

Le baladeur CD MP3 D-NE301 SONY — 119.90 Euros

Le baladeur CD HISAWA (DM5083) — 39.90 Euros

La radio-cassette et CD THOMSON TM 9158 — 89.90 Euros

La radio-cassette et CD THOMSON TML 9233 — 64.90 Euros

La radio-cassette et CD stéréo RX-ES27 de PANASONIC — 179.90 Euros

La radio-cassette et CD PHILIPS AZ 2060 — 99.90 Euros

Préparation Dossier personnel

One of the communication goals of this chapter is to learn to write directions that teach your reader how to understand something or how to do something. This activity should help you logically develop an idea and then explain it.

1. First of all, choose an idea or process that you know well so that you can carefully explain it to someone else. In fact, giving directions will help you learn the process. You may want to choose from among the following ideas: describe an experiment; explain a graph, a map, caption, sketch or outline, or survey; explain the rules of a game; explain a recipe; write directions for skills, such as eating with chopsticks, playing a musical instrument; explain how to save someone from choking to death, etc. Feel free to use another idea. Whatever you choose, you should be prepared to explain your directions orally while other students follow along.

2. Write out a draft of the steps to the instructions.

3. If possible, watch someone do the activity and take notes.

Leçon 2

Comment comparer

Track 27 ## Conversation

Premières impressions

Soulignez:
- les expressions pour dire que deux choses sont identiques, comparables ou différentes

Trouvez:
- les deux sortes d'ordinateurs qu'on compare

Sophie, qui est en deuxième année de sciences économiques, pense acheter un ordinateur. Elle retrouve Emily dans un magasin d'informatique pour en parler.

un micro *desktop computer* / **un portable** *laptop computer*

SOPHIE: Oh! Regarde tous ces ordinateurs: des micros°, des portables°… Ils se ressemblent tous. Comment est-ce que je peux en choisir un? Ils semblent tous pareils!

EMILY: Moi, je te recommanderais plutôt un portable d'abord parce qu'il ne prend pas beaucoup de place. Et puis, tu pourrais l'emporter avec toi pendant les vacances ou chez tes parents.

cédérom *CD-ROM*
un disque dur *hard (disk) drive*

SOPHIE: C'est une idée. Mais est-ce qu'on peut avoir un cédérom° avec un portable ou seulement un disque dur°?

EMILY: On peut avoir un cédérom et un lecteur de DVD!

les logiciels *software*
les réseaux [m pl] *networks*

SOPHIE: Et la mémoire? Il en faut beaucoup avec les logiciels° sophistiqués et l'accès aux réseaux° de l'Internet. On m'a dit que les micros ont une plus grande mémoire.

puissance *power, speed*

EMILY: Ah non, maintenant les portables ont autant de mémoire et de puissance° que les micros.

SOPHIE: Ah… Et au niveau des logiciels, lesquels permettent le plus grand choix: les micros ou les portables?

EMILY: Je crois qu'il y a beaucoup de logiciels pour les deux.

SOPHIE: Mais dis-moi, à supposer que je choisisse un portable, est-ce qu'on peut avoir une même qualité audio avec le lecteur de cédérom?

EMILY: Ça dépend du modèle. Mais vraiment, à moins de faire des études de musique, tu ne t'apercevras pas de la différence.

SOPHIE: Le problème c'est que le portable est plus pratique mais il coûte aussi plus cher.

le traitement de texte *word processing* / **te brancher** *connect*

EMILY: Moi, je suis partiale, j'adore mon portable, mais c'est une préférence personnelle. De toute façon avec «Windows», tu auras un bon traitement de texte° et tu pourras te brancher° sans le moindre problème, partout.

SOPHIE: Et je deviendrai une vraie cybernaute!

Ne rigole pas. *Don't laugh/joke.* / **se prendre au jeu et aux pièges** *to become fascinated, even obsessed*

EMILY: Ne rigole pas.° On peut se prendre au jeu et aux pièges° de la navigation cybernétique.

Observation et analyse

1. Pourquoi est-ce que Sophie veut acheter un ordinateur?
2. D'après la conversation, quels sont les avantages respectifs des micros et des portables?
3. Quels facteurs semblent entrer dans la décision de Sophie?
4. Est-ce que Sophie et Emily ont les mêmes connaissances en informatique?
5. Quel ordinateur est-ce que Sophie va probablement acheter? Pourquoi pensez-vous cela?

Réactions

1. Est-ce que vous avez un ordinateur? Si oui, vous en êtes content(e)? Sinon, pourquoi?
2. Certaines universités équipent chaque nouvel(le) étudiant(e) d'un micro-ordinateur personnel. Est-ce que vous pensez que toutes les universités devraient faire la même chose? Expliquez. Est-ce que vous pensez que les lycées devraient aussi avoir un ordinateur pour chaque élève? Expliquez.

Expressions typiques pour...

Comparer

Souligner les ressemblances

Il n'y a aucune différence entre ces deux articles.

Ils sont { pareils. / semblables *(similar)*. / identiques.

Ils sont (plus ou moins) comparables.
C'est le même (logiciel).
Ils se ressemblent comme deux gouttes d'eau. *(They are as alike as two peas in a pod.)*
Cet ordinateur ressemble à l'autre.
Ils ont beaucoup de choses en commun.

Il n'y a pas beaucoup } de différence(s).
Il y a peu }

Il a autant de mémoire que l'autre.
Il est aussi rapide que l'autre.

Souligner les différences

Ils sont différents l'un de l'autre.
Il est (bien, beaucoup, un peu) plus/moins rapide que l'autre.
Cet ordinateur n'est pas aussi rapide que l'autre.
Il a moins de/plus de mémoire que l'autre ordinateur.
Ils ont très peu de choses en commun.
Ils n'ont rien en commun.
C'est mieux/pire.
La qualité est (bien) meilleure.
Cet appareil n'a rien à voir avec *(has nothing to do with)* celui-là: il n'est pas comparable!

Mots et expressions utiles

Bring in pictures of computers and point out the parts while modeling the pronunciation in French.

Les ordinateurs/Les communications

l'informatique [f] *computer science; data processing*
    être dans l'informatique *to be in the computer field*
un micro(-ordinateur) *desktop computer*
un portable *laptop computer*

le logiciel *software*
le matériel *hardware*
le cédérom (CD-ROM) *CD-ROM*
une carte vidéo *video card*
le clavier *keyboard*
compatible *compatible*
le disque dur *hard (disk) drive*
une disquette *diskette*
l'écran [m] *screen*
le graveur de CD/DVD *CD/DVD burner*
l'imprimante [f] *printer*
    à laser *laser*
le lecteur de disquettes *disk drive*
le lecteur zip *zip drive*
la mémoire *memory*

la puissance *power, speed*
la souris *mouse*
la touche *key*

les commandes [f pl] *commands*
les données [f pl] *data*
un fichier adjoint *attachment*
les graphiques [m pl] *graphics*
le programme *program*
un tableau *chart*

le traitement de texte *word processing*

appuyer *to press, push (a key)*
brancher *to plug in*
cliquer *to click*
déplacer *to move (something)*
effacer *to erase*
enlever *to take out*
faire marcher *to make something work*
formater *to format*
programmer des menus *to program (create menus)*
reculer *to backspace*
sauvegarder *to save*
(re)taper *to (re)type*

le browser *browser*
se connecter/se brancher à l'Internet *to connect to the Internet*
le courrier électronique (le mail, le mél, le courriel) *email*
le cybernaute *one who enjoys the Web*
Internet [m] *the Internet*
le moteur de recherche *search engine*
le réseau *network*
télécharger un message/un dossier *to download a message/a file*
le site Web *website*
le Web *World Wide Web*
zapper *to zap; switch between channels or sites*

❊ Mise en pratique ❊

—De quels **logiciels** est-ce que tu te sers?
—Oh, j'ai beaucoup de **programmes** et de jeux. Mais j'utilise surtout un **logiciel** de traitement de texte. Je **tape** mes notes de cours, je fais mes devoirs, je fais tout avec.
—Et est-ce que tu te sers toujours de **disquettes**?
—Ça dépend. Quand j'ai beaucoup de **données**, je les **sauvegarde** sur le **disque dur**. Mais si c'est quelque chose de très important, je le **sauvegarde** aussi sur une **disquette** ou sur un **lecteur zip**, au cas où j'**effacerais** par accident le contenu du **disque dur**.
—Et **Internet**?
—Je **me connecte** à **Internet** tous les jours. Je suis un vrai **cybernaute**.

MATÉRIEL INFORMATIQUE

● **PC Pentium II** log. imprim. 400€

● **Cartouche laser** jet d'encre toner imprimante px imbat

● **Achète PC pentium IV** 2.4 GHz (ou mieux) si possible équipé MODEM faire offre carte identité obligatoire.

● **Vds Personal LaserWriter** NTR pour Macintosh et PC TBE 250€; écran 17" Sony Multifréquences TBE 230€; vds lecteur ZIP 250Mo 170€

● **Technicien agréé** gdes marques dépanne à votre domicile ordinateur internet

● **Vds Power Mac 9150** 2GB CD 48Mo + écran 1710 Apple Vision Multimédia, le tout en TBE, pour 900€; écran 19" tube trinitran multifréquences TBE, 520€

● **Windows 2K** nf ds embal. av licence + internet Explorer 100€ + installation gratuite

● **P. multimedia** 270€ écran 58€, 486 portable 210€, laser, fax

● **Vds PC écran** clavier imp. access 680€, TV couleur access 148€

● **Vds portable 586** couleur avec Win 2K & Word 210€

● **AMD K6 II** 128MB 13G video 16Mo. CDRom 40x, écran 17, imprimante, scanner, meuble, 720€ TBE avec factures.

● **PIII 600** 15 Go. 64Mo. AGP 8 Mo cd rom 50x + son 16 bits, 56k 17" 1.500€

● **Kit format**, au net abonn. + com grat inclus

● **Vds Win 2K3**, + livre lic

● **PC 486 coul** + imprim coul + UC 486 TBE 180€

ACTIVITÉS

A. Entraînez-vous: Petites annonces. Vous voulez acheter du matériel informatique. À quelle(s) annonce(s) ci-dessus est-ce que vous répondriez si vous vouliez le matériel décrit ci-dessous? Expliquez votre réponse.

1. un Macintosh multimédia
2. un micro PC avec une imprimante couleur
3. un portable avec Word
4. un lecteur zip
5. un CD-ROM et un scanner

B. Une compagnie d'informatique. Vous travaillez pour une compagnie d'informatique américaine qui souhaite vendre ses ordinateurs dans des pays africains francophones. Traduisez cette publicité.

Activity B: Written preparation in advance may be helpful.

We are presenting IZT's new laptop computer with CD-ROM and DVD. It is compatible with all systems on the market (**tous les systèmes sur le marché**). It can use all software developed for IBT. The keyboard is sensitive (**sensible**), the screen is easy to adjust (**régler**). It is perfect for word processing while you are traveling. It can read almost all printers' software. Isn't it time you bought the IZT portable computer?

Activity C: Expansion: Je te recommande...
Votre camarade vient d'arriver de France et ne connaît pas bien les États-Unis. Vous lui faites des recommandations. Choisissez donc quatre autres sujets de la liste et discutez-en en détail en comparant différents besoins, différentes marques, différents genres, etc. Refaites cet exercice par écrit pour le prochain cours.

C. Comparaisons. En petits groupes, comparez quatre des sujets présentés ci-dessous.

MODÈLES: les livres

Les livres de poésie sont plus difficiles à lire que les livres de science-fiction.

OU

Les livres de James Joyce sont plus difficiles à lire que les livres de Robert Ludlum.

les villes touristiques	les glaces	les universités
les boissons	les vêtements	les ordinateurs
les voitures	les films	
les télés à écran plat	la poésie	

LA GRAMMAIRE À APPRENDRE

Le comparatif et le superlatif des adjectifs

A. When comparing two things or people, **plus, moins,** or **aussi** is placed before the adjective and **que** after it.

Cet ordinateur-ci est **plus** rapide **que** celui-là.
This computer is faster than that one.

Cet ordinateur-ci est **moins** cher **que** celui-là.
This computer is less expensive than that one.

Cet ordinateur-ci est **aussi** puissant **que** celui-là!
This computer is as powerful as that one!

B. The superlative is used to compare three or more things or people. It is formed by placing **le, la,** or **les** and **plus** or **moins** before the adjective. The adjective is placed in its normal position—before or after the noun depending on the adjective. **De** is used after the adjective to indicate location. This is the equivalent of *in* or *of* in English. Do not use **dans** in this instance.

C'est l'ordinateur **le plus** cher **de** ce magasin d'informatique.
That is the most expensive computer in this computer store.

C'est **le plus** petit écran **du** magasin.
That is the smallest screen in the store.

With the adjectives that normally precede the noun, it is also correct to put them after the noun:

C'est l'écran **le plus grand.**
That is the biggest screen.

NOTE: The following construction can always be used:

Cet ordinateur est **le plus cher** de tous les ordinateurs qu'on vend dans ce magasin d'informatique.
That computer is the most expensive of all the computers that they sell in this computer store.

C. The adjectives **bon** and **mauvais** are irregular in some forms.

	Comparatif	Superlatif
bon(ne)	meilleur(e)	le meilleur la meilleure les meilleur(e)s
	moins bon(ne)	le moins bon la moins bonne les moins bon(ne)s
	aussi bon(ne)	
mauvais(e)	plus mauvais(e), pire	le plus mauvais, le pire la plus mauvaise, la pire les plus mauvais(es), les pires
	moins mauvais(e)	le moins mauvais la moins mauvaise les moins mauvais(es)
	aussi mauvais(e)	

NOTE: **Pire** is often used to express abstract judgment, whereas **plus mauvais** expresses concrete judgment:

—J'ai **le meilleur** ordinateur du monde!
I have the best computer in the world!

—Mais tu as **le plus mauvais** logiciel!
But you have the worst software!

—Ça, c'est **la pire situation** possible!
That's the worst possible situation!

Le comparatif et le superlatif des adverbes

A. The same constructions (**plus que, moins que, aussi que**) are used to compare adverbs.

Ce portable fonctionne **plus** vite **que** l'autre.
That laptop runs faster than the other.

Ce portable fonctionne **moins** vite **que** l'autre.
That laptop runs less quickly than the other.

Ce portable fonctionne **aussi** vite **que** l'autre.
That laptop runs as fast as the other one.

B. When forming the superlative of adverbs, the articles do not change to agree in number and gender because adverbs are invariable.

Ce sont les portables qui fonctionnent **le plus** vite.

C. The adverbs **bien** and **mal** are irregular.

	Comparatif	**Superlatif**
bien	mieux	le mieux
	moins bien	le moins bien
	aussi bien	
mal	plus mal	le plus mal
	[pis *(rarely used)*]	[le pis *(rarely used)*]
	moins mal	le moins mal
	aussi mal	

Cet ordinateur-ci fonctionne **le mieux**.
This computer works the best.

Celui-là fonctionne **le moins bien**. Il est vieux.
That one works the worst. It is old.

Le comparatif et le superlatif des noms

A. When comparing amounts or quantities of nouns, the expressions **plus de**, **moins de**, and **autant de** are used.

Cet ordinateur a **plus de** mémoire **que** l'autre.
That computer has more memory than the other.

Cet écran a **moins de** résolution **que** l'autre.
This screen has less resolution than the other.

Cet ordinateur-ci a **autant de** mémoire **que** l'autre.
This computer has as much memory as the other.

B. To form the superlative of nouns, the expressions **le plus de** and **le moins de** are used. As with adverbs, articles do not change.

Mais cet ordinateur-là a **le plus de** mémoire.
But that computer has the most memory.

ACTIVITÉS

Activity A: Variation: Have students compare many other items, such as elementary and primary schools, professions, cars, courses, universities, and other items of interest to them.

A. La vie au lycée et à l'université. Vous écrivez une composition qui a pour sujet la comparaison entre la vie au lycée et la vie à l'université. Choisissez l'expression appropriée en complétant les phrases suivantes avec le comparatif des adjectifs. Faites tous les changements nécessaires.

1. Les lycéens / être / plus (moins, aussi) / libre / que… parce que…
2. Les cours au lycée / être / moins (plus, aussi) / difficile / que… parce que…
3. Les repas au lycée / être / aussi (plus, moins) / bon / que… parce que…
4. La responsabilité des étudiants / être / moins (plus, aussi) / grand / que… parce que…
5. La vie sociale à l'université / être / plus (moins, aussi) / intéressant / que… parce que…
6. Les étudiants / être / aussi (plus, moins) / sérieux / que… parce que…
7. Les professeurs au lycée / être / plus (moins, aussi) / strict / que… parce que…

Liens culturels: Expansion: Take a class poll to find out the purposes for which American students use computers. Compare the results with the purposes for which the French use computers. Brainstorm future applications of computers to everyday life.

Les Français et la technologie

Les Français sont souvent néophobes (ont peur de ce qui est nouveau) devant les nouvelles technologies. «Il leur faut se convaincre que l'innovation apporte des bénéfices tangibles, justifiant la dépense, mais aussi le temps et l'énergie nécessaire à son appropriation» *(p. 453, Mermet, 2003)*. Actuellement, 36% des ménages sont équipés d'un ordinateur et le nombre augmente. L'ordinateur est devenu un instrument d'éducation et de communication. C'est aussi le centre des jeux vidéo, de l'écoute de la musique et du visionnage des photos de famille. Vingt-huit pour cent (28%) des Français se connectent tous les jours à Internet. Ils l'utilisent pour l'envoi de mails. Ils aiment surfer sur le réseau et de plus en plus, ils achètent en ligne. Internet est un média interactif qui permet aux gens de «participer à des forums, communiquer avec les interlocuteurs de son choix et disposer de son propre site... » *(p. 460, Mermet, 2003)*. Internet va continuer à transformer la vie et la perception du monde. «Contrairement aux autres innovations technologiques, les applications d'Internet concernent en effet tous les domaines de la vie (personnelle, professionnelle, familiale, sociale)» *(p. 460, Mermet, 2003)*.

Internet est porteur du meilleur et du pire dans le monde et il suscite de nombreuses questions. Cet outil de communication sera-t-il accessible à tout le monde y compris dans les pays pauvres et dans les régimes de dictature politique? Réduira-t-il ou renforcera-t-il les inégalités entre les individus et entre les pays? Sera-t-il un instrument de liberté ou de surveillance? Les informations diffusées seront-elles objectives ou destinées à manipuler les opinions *(p. 459, Mermet, 2003)*? Qu'en pensez-vous? Discutez de ces questions avec vos camarades de classe. À quelles autres questions est-ce que vous pensez en parlant de l'avenir d'Internet?

Adapté de Gérard Mermet, *Francoscopie 2003* (Larousse, pp. 452–460).

Activity B: Follow-up: Have students brag about something they own or some skill of theirs. If they prefer, they can pretend they are someone else (a movie star, a petty thief, etc.).

B. Super! Pour Vincent tout est super—surtout quand il parle de tous ses gadgets. Complétez ses phrases avec le superlatif. Attention! Certains super-latifs sont irréguliers. Connaissez-vous quelqu'un comme Vincent?

1. je / avoir / plus / bon / ordinateur / de / monde
2. il / marcher / plus / bien / tous / autres / ordinateurs
3. il / avoir / plus / mémoire / tous / autres / ordinateurs
4. écran / avoir / plus / bon / résolution / possible
5. imprimante / marcher / plus / vite / toutes / autres / imprimantes
6. programme que j'ai écrit / avoir / graphiques / plus / intéressants
7. ordinateur / être / moins / cher / de tous / portables
8. de tous les nouveaux magnétoscopes / magnétoscope / enregistrer *(to record)* / plus / beau / image (f)
9. télévision / avoir / plus / bon / couleurs / possibles
10. lecteur de CD / avoir / qualité de son / plus / bon / de tous / lecteurs de CD / magasin
11. scanner / marcher / avec / plus / fiabilité *(reliability)*

Pourquoi le Minitel n'a-t-il pas évolué comme on l'avait prévu? Comparez le Minitel avec Internet.

Additional activity: Give students the following information on handouts or transparencies. In pairs or small groups, have students compare the families:

Comparaisons. Comparez les Dupont et les Tanvier. Utilisez le comparatif et le superlatif.

Les Dupont: 2 ordinateurs, 1 imprimante à laser, 1 répondeur téléphonique, 47 livres, 2 lecteurs de CD, 3 chaînes stéréo, 3 téléviseurs, 2 magazines, 1 enfant, 3 voitures

Les Tanvier: 1 ordinateur, 1 imprimante, 0 répondeur téléphonique, 350 livres, 0 lecteur de CD, 1 chaîne stéréo, 1 téléviseur, 10 magazines, 4 enfants, 2 voitures

Coup de jeune pour le Minitel

Inventé en Bretagne, le Minitel n'a pas connu les développements auxquels il semblait promis. Sa longévité a même semblé menacée par Internet, le réseau mondialisé, fortement soutenu par les lobbyings américains. C'était sans compter l'obstacle "technologique" qui refroidit encore de nombreux utilisateurs potentiels. C'est donc en partant du principe que "le Minitel est un outil familier" que Satis, une toute jeune entreprise rennaise a développé des applications extrêmement simples et peu coûteuses destinées en priorité aux artisans et petits entrepreneurs.

Une carte informatique pour changer la vie des très petites entreprises... et des autres.

C. Trouvez quelqu'un qui... Pendant cinq minutes, posez ces questions en français à vos camarades pour savoir qui dans la classe...

1. has less money on him/her than you
2. had a better grade than you on the last French test
3. takes as many courses as you
4. likes classical (popular, jazz, etc.) music more than you do
5. watched TV less than you last night
6. studies more often than you in the library this term

D. Comparaisons. Répondez aux questions suivantes. Comparez vos réponses à celles des autres étudiants de la classe.

1. Est-ce que vous avez déjà eu un job d'été? Si vous avez eu plusieurs jobs d'été, comparez-les. Parlez des horaires, de la nature du travail, du patron, des clients, etc.
2. Est-ce que vous avez vécu ailleurs qu'ici? Où? Comparez les endroits où vous avez vécu. Parlez du climat, des loisirs, de vos amis, de la vie nocturne, etc.
3. Est-ce que vous avez voyagé? Où? Comparez vos voyages. Parlez des endroits, du climat, des loisirs, des gens, etc.
4. Est-ce que vous avez lu plusieurs livres récemment? Lesquels? Comparez-les en parlant des personnages, de la longueur, du style, de l'auteur, etc.
5. Est-ce que vous avez mangé au restaurant récemment? Dans quels restaurants? Comparez-les en parlant du service, de la cuisine, de l'ambiance, etc.

Interactions

A. Tout change dans la vie. Étudiez le tableau à la page 372 qui montre les changements dans la répartition des dépenses des ménages français. Comparez les pourcentages des années 1960 jusqu'à 2001. Pour quelles catégories est-ce que les Français ont dépensé le plus au cours des années récentes? Pour quelles catégories est-ce qu'ils ont dépensé le moins?

Interactions, Activity A: Expansion: Ask students to make their own individual lists of personal expenses for the current year and then to compare their lists in small groups. Have them discuss how they think the breakdown of their expenses will change after they finish their studies and get a job. Then compare these projections with the statistics on the French on page 372.

B. Le choix de l'université. Un(e) ami(e) ou parent(e) plus jeune que vous est en train de choisir une université. Aidez-le/la à comparer plusieurs universités et à choisir celle qui est la plus appropriée. Comparez les choses suivantes:

1. les cours
2. les professeurs
3. les étudiants
4. les frais d'inscription
5. les ressources du campus
6. le logement
7. la vie sociale
8. l'éloignement de sa famille et de ses amis
9. la région géographique

Comparez l'apparence physique de la mère et de sa fille.

Quarante ans de consommation

Evolution de la structure des dépenses des ménages* (en %, calculés aux prix courants):

	1960	1970	1980	1990	2001
Produits alimentaires, boissons non alcoolisées	23,2	18,0	14,5	13,1	11,6
Boissons alcoolisées, tabac	5,4	3,8	2,8	2,4	2,7
Articles d'habillement et chaussures	9,7	8,1	6,1	5,4	3,9
Logement, chauffage, éclairage, dont:	10,7	15,8	16,8	17,4	18,8
–location de logement	*5,6*	*10,5*	*10,0*	*12,0*	*13,3*
–chauffage, éclairage	*3,6*	*3,3*	*4,7*	*3,3*	*3,1*
Equipement du logement	8,4	7,3	6,8	5,6	5,0
Santé	1,5	2,1	2,0	2,7	2,8
Transports, dont:	9,3	10,4	12,1	12,6	12,1
–achats de véhicules	*2,2*	*2,6*	*3,6*	*4,1*	*3,3*
–carburants, lubrifiants	*2,6*	*2,7*	*3,2*	*2,7*	*2,7*
–entretien	*2,3*	*3,0*	*3,1*	*3,5*	*–*
–transports collectifs	*2,1*	*1,7*	*1,7*	*1,7*	*1,8*
Communications	0,5	0,6	1,3	1,5	1,8
Loisirs et culture	6,2	6,8	7,1	7,0	7,1
Education	0,5	0,5	0,4	0,5	0,5
Hôtels, cafés, restaurants	6,5	5,4	5,5	6,0	6,0
Autres biens et services	5,7	6,0	6,2	6,1	6,3
Total dépense de consommation des ménages	87,6	84,9	81,5	80,4	78,6
Dépense de consommation des ISBLSM**	1,1	0,8	0,7	0,7	0,9
Dépense de consommation des APU***, dont:	11,3	14,3	17,8	18,9	20,5
–santé	*4,1*	*5,9*	*7,7*	*9,0*	*9,9*
–éducation	*5,3*	*5,9*	*6,2*	*5,8*	*6,3*
Consommation effective des ménages	**100,0**	**100,0**	**100,0**	**100,0**	**100,0**

* Les dépenses effectives sont celles directement supportées par les ménages, auxquelles on ajoute celles supportées par l'État mais dont les bénéficiaires peuvent être précisément définis (remboursements de Sécurité sociale, coûts d'hospitalisation publique, frais d'éducation). ** Dépenses de consommation des institutions sans but lucratif au service des ménages en biens et services individualisés. *** Dépenses de consommation des administrations publiques en biens et services individualisables.

Source: INSEE

Gérard Mermet, *Francoscopie 2003* (Larousse, p. 381)

Premier brouillon

 Dossier personnel

1. Begin the directions that you drafted in *Leçon 1* with an introductory note that presents the subject. In this section, you will give an overview or explanation of what you will discuss.

2. If appropriate, include a list of materials or ingredients and illustrations. Provide any warnings or cautionary notes about any dangers. Look ahead to the expressions on pages 374–375 for some ideas.

3. The main body of your text will contain the description of the procedures or plans. You should pay particular attention to whether your explanation is clear and shows the steps clearly. You should go from the simple to the complex, from beginning to end, from general to specific, or in chronological order depending on what you are explaining.

4. Be sure to define any words or terms for the non-specialist. Try to do this through illustrations or writing descriptive phrases or sentences explaining the word. It might also help to give the semantic category.

5. Write a title that will give readers an idea of what they'll be learning to do.

Phrases: Describing objects; comparing and contrasting
Grammar: Comparison

Comment donner des instructions, des indications et des ordres

Conversation

Track 28

Premières impressions

Soulignez:

- les expressions pour donner des instructions et pour dire qu'on ne comprend pas

Trouvez:

- où l'on met le fromage dans un croque-monsieur: sur le dessus, dedans ou sur les deux côtés

Bruno donne une leçon de cuisine à Brandon, son ami américain.

BRANDON: Alors, Bruno, c'est quoi, ton secret pour les croque-monsieur? Je serais vraiment curieux de savoir!

BRUNO: Bon, écoute, je vais te montrer ça... Alors, d'abord tu prends deux tranches de pain de mie°, du pain de mie frais, évidemment... Tu prends ta poêle°, tu mets un petit peu de beurre dedans, tu le fais fondre° un peu, et une fois que le beurre est chaud, tu mets du beurre sur une première tranche de pain que tu mets dans la poêle.

le pain de mie *sandwich loaf*
une poêle *frying pan*
faire fondre *to melt*

BRANDON: Ah, tu mets du beurre sur le pain aussi... D'accord.

BRUNO: Oui, sinon tu vas avoir un croque-monsieur qui va coller° à la poêle, tu vois? Ensuite, tu mets une première tranche de fromage, du gruyère[2]... peu importe, selon tes goûts... Et puis, tu mets une tranche de jambon et tu laisses cuire° un petit peu, euh, pour que le fromage fonde.

coller *to stick*

laisser cuire *to let (it) cook*

BRANDON: Et tu fais griller° ton pain d'abord ou...

faire griller *to toast*

BRUNO: Tu fais griller le pain dans la poêle avec le jambon et le gruyère, si tu veux. Fais attention de ne pas laisser coller le pain à la poêle. Ensuite, ce que tu fais, tu remets une tranche de fromage sur le dessus, tu laisses fondre le tout et tu mets bien une deuxième tranche de pain avec toujours du beurre mais sur l'extérieur parce qu'il faudra retourner le croque-monsieur pour faire dorer° l'autre côté.

faire dorer *to brown*

BRANDON: Je ne pige pas°! Tu ne mets pas de fromage sur le dessus? Juste dedans?

piger *(familiar) to understand, to "get it"*

BRUNO: Oui. Sur le dessus, ça risquerait de coller!

BRANDON: Oh, mais c'est trop compliqué pour moi!

BRUNO: Mais ce n'est pas compliqué du tout! Oh là là... ! Tiens on va aller acheter ce qu'il faut.

[2] Le gruyère est un fromage suisse à pâte dure qui vient à l'origine de la région de Gruyère, dans le Jura suisse. Le Comté est l'équivalent français, aussi fabriqué dans les laiteries *(dairies)* du Jura, une chaîne de montagnes que se partagent la France et la Suisse.

Le sandwich très populaire

Observation et analyse

1. Quels ingrédients est-ce qu'il faut pour faire un croque-monsieur?
2. Quelle sorte de fromage est-ce que Bruno recommande?
3. À quoi faut-il faire attention pour bien réussir un croque-monsieur?
4. Est-ce que Brandon sera un bon cuisinier? Expliquez.

Réactions

1. Est-ce que vous aimez faire la cuisine? Pourquoi ou pourquoi pas? Est-ce que vous avez déjà fait des recettes françaises? Si oui, lesquelles? Sinon, est-ce qu'il y en a qui vous intéressent?
2. Est-ce que vous avez déjà donné une leçon de cuisine à une autre personne? Si oui, décrivez cette expérience. Sinon, est-ce que vous avez déjà donné des instructions à une autre personne? Expliquez.

Expressions typiques pour...

Donner des indications ou des instructions

D'abord/La première chose que vous faites, c'est…

Après cela/Puis/Ensuite… {
    suivez cette rue, puis allez à gauche…
    prenez du beurre et, après cela,
        faites-le fondre dans une casserole…
    vous branchez l'appareil; ensuite vous
        sélectionnez la température…
}

Il faut d'abord faire bouillir l'eau avant de mettre les œufs dans la casserole…
Je vous explique comment vous devez faire pour faire marcher *(make something work)*… Vous allez mettre…
Maintenant…
Là, vous enfoncez *(insert)* bien la clé, vous tirez la porte vers vous, et…
N'oubliez pas de (+ infinitif)…
Faites attention à ne pas (+ infinitif)…
Pensez bien à (+ infinitif)…

S'assurer que l'on comprend

Tu comprends?/Vous comprenez jusque là?
Tu y es?/Vous y êtes? *(Do you understand? Do you "get it"?)*
Tu vois/Vous voyez ce que je veux dire?
Tu piges? *(familiar—Do you understand? Do you "get it"?)*

Encourager

C'est bien… maintenant…
Très bien. Continue(z).
Tu te débrouilles/Vous vous débrouillez très bien *(getting along very well)*.
Tu t'y prends/Vous vous y prenez très bien *(are doing it the right way)*.
Tu es/Vous êtes doué(e) *(gifted)* pour ça.

Dire qu'on ne comprend pas

Je m'excuse mais je ne comprends pas ce que je dois faire.
Excuse-moi/Excusez-moi, mais je ne comprends pas.
Peux-tu répéter, s'il te plaît?/Pouvez-vous répéter, s'il vous plaît?
Je (ne) pige pas. Tu peux répéter?

Donner des ordres

Tape cette lettre et trouve-moi…/Tapez cette lettre et trouvez-moi…
Je veux que tu téléphones/vous téléphoniez à…
Tu veux me chercher…, s'il te plaît?/Vous voulez me chercher…, s'il vous plaît?
Plus fort!/À gauche!/Pas si vite!/À table!

Mots et expressions utiles

La cuisine

une casserole *(sauce) pan*
un couvercle *lid*
un grille-pain *toaster*
une marmite *large cooking pot*
le plat *dish (container); dish (part of meal), course*
la poêle *frying pan*

(faire) bouillir *to boil*
(faire) cuire *to cook*
(faire) dorer *to brown*
(faire) fondre *to melt*
(faire) frire *to fry*
(faire) griller *to toast (bread); to grill (meat, fish)*
(faire) mijoter *to simmer*
(faire) rôtir *to roast*
(faire) sauter/revenir *to sauté (brown or fry gently in butter)*

coller *to stick*
passer au beurre *to sauté briefly in butter*
verser *to pour*

le pain de mie *sandwich bread*

Suivre des instructions

se débrouiller *to manage, get along*
doué(e) *gifted, talented*
piger *(familiar) to understand, to "get it"*
s'y prendre bien/mal *to do it the right/wrong way*
Tu y es?/Vous y êtes? *Do you understand? Do you "get it"?*

❦❦ Mise en pratique ❦❦

Supprimer le gras *(fat)* de mon régime! Impossible! Même si je dois en mourir! J'adore mes steaks et mes pommes de terre au beurre, avec une goutte d'huile pour empêcher que le beurre ne brûle. Pour les haricots, les choux et les autres légumes, c'est **passés au beurre**, au vrai beurre, qu'ils sont les meilleurs. Et je **fais fondre** du fromage sur presque tout ce que je **fais cuire**. Je devrais commencer à **faire griller**, à **faire rôtir**, ou bien pire, à **faire bouillir**? Il n'en est pas question!

Décrivez cette cuisine. Comparez-la à votre cuisine.

ACTIVITÉS

A. Entraînez-vous: Vous êtes le prof. Vos étudiants de cuisine ne comprennent pas les expressions et les mots suivants. Donnez une définition, un synonyme ou un exemple pour chaque expression.

MODÈLE: un couvercle
C'est ce que vous mettez au-dessus d'une casserole.

1. faire dorer
2. une marmite
3. faire fondre
4. s'y prendre bien
5. faire mijoter
6. un(e) étudiant(e) doué(e)

B. Une décoration. Regardez les images suivantes. Donnez les instructions à suivre pour fabriquer un artichaut-bougeoir *(artichoke candlestick)*.
MOT UTILE: **un pinceau** *(paintbrush)*.

Trucs et astuces

LES CERISES
Comment les congeler ?
Préférez les variétés acides (griottes et montmorency). Ne gardez que les plus belles. Lavez-les et équeutez-les. Séchez-les au sèche-cheveux. Disposez-les dans des barquettes d'aluminium en une seule couche et recouvrez-les de sucre. Fermez les barquettes. Congelez-les 4 heures à puissance maximale puis redescendez à température normale (-18° C). Elles se conservent pendant environ 8 mois.

Des glaçons surprises !
Prenez un bac à glaçons vide et déposez dans chaque case un fruit au choix : framboise, myrtille, groseille, cassis, etc. Recouvrez d'eau et mettez au congélateur. En démoulant vos glaçons, le fruit apparaît en transparence !

LES FRAISES
Éviter les risques d'urticaire...
▶ Pelez légèrement les grains externes pour les faire tomber (ce sont eux les responsables),
▶ Rincez les fraises dans une eau citronnée, ou...
▶ Immergez-les rapidement, plusieurs fois de suite, dans une eau vinaigrée.

LES GROSEILLES
Comment les égrapper ?
Vous éviterez de les écraser et vous gagnerez du temps en utilisant une fourchette. Tenez la fourchette face bombée vers le haut dans une main, et dans l'autre la grappe de groseilles. Faites ensuite de petits mouvements brefs.

D'après vous, lequel de ces trucs et astuces est le plus utile?

C. Instructions. Avec un(e) partenaire, donnez des instructions pour: (1) préparer un citron pressé *(fresh lemonade)*, du café, un hamburger ou votre petit déjeuner préféré; (2) ouvrir la porte de votre maison; (3) prononcer votre prénom en français; et (4) faire marcher un ordinateur ou écrire une lettre de recommandation. N'oubliez pas de poser des questions si vous ne comprenez pas les instructions.

LA GRAMMAIRE À APPRENDRE

Faire causatif et les verbes de perception

A. The verb **faire** is commonly followed by an infinitive when meaning: (1) to have someone do something for you; (2) to make someone do something; or (3) to cause something to be done.

Elle **a fait faire** une robe pour sa fille.
She had a dress made for her daughter.

Elle **a fait travailler** les mannequins pour les clients.
She made the models work for the customers.

Ses commentaires **feront réfléchir** les clients.
Her comments will cause the customers to think.

The expression **se faire + infinitif** is used when the action is done for oneself. There is no agreement of the past participle.

> Elle **s'est fait faire** une robe.
> *She had a dress made for herself.*

NOTE: If one were performing the action oneself, the expression would be:

> Elle **a fait** une robe pour sa fille.
> *She made a dress for her daughter.*

B. The causative construction may have one or two objects. When there is only one object, it is a direct object.

> Le couturier **a fait** travailler **ses mannequins.**
> Il **les a** vraiment **fait** travailler.
> *The fashion designer made his models work.*
> *He really made them work.*

When the construction has two objects, the person is the indirect object and the thing is the direct object.

> Il **a fait** couper **cette robe à son assistante.** (Il la lui a fait couper.)
> *He had his helper cut the dress. (He had her cut it.)*

NOTE: The object pronouns are placed before the form of **faire.** The past participle is invariable in the causative construction because the real object is the infinitive phrase.

In affirmative commands, however, the object pronouns follow **faire.**

> **Fais-le** couper.   *Have it cut.*

C. The following are some very useful constructions with **faire:**

faire venir	to have someone come; to send for
faire voir	to show
faire tomber	to drop something
Ça me fait rire/pleurer/penser à…	That makes me laugh/cry/think about . . .

NOTE: The expression **rendre + pronom personnel** or **nom** is used with an adjective.

> Cette nouvelle **me rend heureux. Ça me fait sourire!**
> *That news makes me happy. That makes me smile!*

D. The verbs of perception **laisser, entendre,** and **voir** resemble the construction of the **faire causatif,** and the placement of the object pronouns follows the same pattern.

> J'**entends venir** le couturier.
> *I hear the fashion designer coming.*

> J'**ai vu arriver** le mannequin il y a dix minutes.
> *I saw the model arrive ten minutes ago.*

> Je me demande s'il la **laissera partir** de bonne heure.
> *I wonder if he will let her leave early.*

ACTIVITÉS

A. Une recette. On vous a donné cette recette. Aujourd'hui, avec votre famille, vous décidez de l'essayer. Décrivez comment préparer un repas. MOTS UTILES: **les haricots** [m pl] *(beans);* **les moules** [f pl] *(mussels);* **refroidir** *(to cool down);* **mélanger** *(to mix);* **orner** *(to decorate);* **une rondelle** *(slice)*

Salade de haricots aux moules

Nous / faire / cuire / haricots / avec / carotte, deux oignons, / sel / et / poivre. Je / les / laisser / refroidir. Mike / ouvrir / les moules. Tu / préparer / vinaigrette. Tout ça / faire / réfléchir / mère. Elle / n'a pas l'habitude de / nous / entendre / travailler / la cuisine.

Au moment de servir, / nous / mélanger / les haricots / les moules (après en avoir réservé quelques-unes pour orner les rondelles de tomates) et les trois quarts de la vinaigrette. Tu / décorer / plat de rondelles de tomates. Je / verser / reste / de vinaigrette dessus. Mike / faire / voir / salade / maman. Ça / la / faire / sourire / et elle / nous / féliciter.

B. Questions indiscrètes. Parlez avec un(e) camarade. Ensuite, comparez vos réponses avec celles des autres étudiants.

Qu'est-ce qui te fait…

1. rire?
2. chanter?
3. réfléchir longuement?
4. rêver?
5. perdre patience?
6. crier *(yell out)*?
7. pleurer?

C. Votre réaction. Comment réagissez-vous et que décidez-vous de faire ou de faire faire dans les situations suivantes? (**Ça me fait… / Ça me rend… / Ça me donne envie de…**)

1. Votre mère/père vous offre un cadeau dont vous aviez envie depuis longtemps.
2. Vous lisez un livre très triste.
3. Vous regardez un ancien film de Billy Crystal.
4. Vous regardez un programme sur les sans-abri.
5. Votre fils/fille revient de l'école avec un deuxième zéro en maths.
6. Vous organisez une fête pour célébrer le vingt-cinquième anniversaire de mariage de vos parents.

D. Échange de recettes! Avec un(e) camarade, échangez une recette, oralement, puis par écrit. Voici quelques idées.

coq au vin
crêpes ou gaufres
salade de thon

omelette aux champignons
soupe de légumes

Confiture de fraises express

La recette

Préparation : 20 minutes
Cuisson : 10 minutes

Pour 4 verrines de 200 g :
500 g de fraises, 400 g de sucre gélifiant, 1 citron, 1 orange.

1 - Laver les fraises. Les équeuter et les couper en morceaux. Les verser dans une jatte. Saupoudrer de sucre gélifiant. Ajouter les jus de citron et d'orange. Laisser macérer 1/2 heure.

2 - Faire cuire à couvert 5 minutes au micro-ondes, puissance maximale. Mélanger. Cuire à nouveau pendant 5 minutes, puissance maximale, à découvert cette fois. Verser dans les verrines. Laisser refroidir avant de fermer.

Apports nutritionnels pour 100 g (1/2 verrine) :
230 kcalories (960 kJoules),
54 g de glucides,
1,4 g de fibres,
110 mg de potassium.

Quels plats ou desserts est-ce que vous aimez préparer? Quels plats est-ce que vous n'aimez pas préparer?

Se renseigner

Qu'est-ce que vous faites quand vous êtes perdu(e)? Est-ce que vous consultez un plan ou un guide? Est-ce que vous demandez le chemin à un inconnu? Et quand vous voulez utiliser un appareil qui ne vous est pas familier, lisez-vous le mode d'emploi ou demandez-vous à un(e) ami(e) de vous aider?

Que font la plupart des Français dans ces mêmes circonstances? La première chose qu'ils feront est de demander à quelqu'un d'autre de les aider. Un Français consulte peu les indicateurs ou les horaires. La même chose se produit avec les modes d'emploi insérés dans les emballages des appareils en vente. Les Français sont peu enclins à déchiffrer des notices souvent insuffisantes ou mal traduites de l'anglais. Ils aiment mieux demander à quelqu'un d'autre de les aider. Cela explique la facilité avec laquelle les Français se demandent des petits services.

Quand un Français demande un renseignement ou un service, il affirme l'importance d'une amitié. Cette observation se vérifie dans les liens d'amitié qui existent en France. Les amis font tout leur possible pour s'entraider. Aux États-Unis nous accordons plus d'importance à l'art de se débrouiller tout seul (on aime se suffire à soi-même). On essaie de montrer qu'on n'a besoin de personne. En France on donne *l'occasion* à quelqu'un de rendre service.

Et vous, est-ce que vous aimez demander des petits services aux autres ou préférez-vous vous débrouiller tout(e) seul(e)? À qui demandez-vous un service de temps en temps? Parlez des circonstances où vous prendriez des décisions différentes.

Interactions

A. Comment faire. Circulez parmi vos camarades de classe pour compléter l'activité suivante.

- Dites à la première/au premier camarade de classe comment aller à la librairie.
- Dites à la suivante/au suivant comment faire un sandwich au beurre de cacahouète et à la confiture.
- Dites à la suivante/au suivant comment démarrer votre voiture/votre motocyclette.
- Dites à la suivante/au suivant comment trouver votre petit café préféré.

B. Descriptions. Avec un(e) camarade de classe, décrivez une activité liée à vos loisirs, à votre travail ou à vos études. Si vous n'êtes pas sûr(e) de la façon de dire quelque chose, essayez d'utiliser d'autres mots pour exprimer ce que vous voulez dire. Votre partenaire va vous poser des questions, puis va décrire une de ses activités. Après, dites à la classe ce dont vous avez discuté.

Deuxième brouillon  Dossier personnel

1. Write a second draft of the explanation you started in *Leçon 1,* focusing primarily on the use of details to clarify the instructions.

2. Discuss any cause and effects (**causes et effets**) in the steps you will mention. This will help you focus on the consequences of certain moves or actions. You might want to incorporate some of the following expressions that deal with cause and effect. EXPRESSIONS UTILES: **par conséquent, en effet, alors, donc, ainsi, en résumé, en conclusion**

3. Review *Chapitre 2 Dossier personnel*, p. 79, to see how you can strengthen comparing and contrasting to add details. Use any of the following terms to compare and contrast some of the ideas: **contrairement à, par contre, au contraire, ne pas être compatible avec.**

4. Write a conclusion or ending line to give closure to your directions.

Phrases: Comparing and contrasting; linking ideas
Grammar: Causative **faire** SYSTÈME-D

Synthèse

Activités vidéo

Avant la vidéo

1. Est-ce que la musique a une influence sur la façon dont vous percevez les choses? Est-ce qu'il y a des endroits qui vous font penser à certaines musiques? Quelle musique associeriez-vous à la ville de New-York? à Paris? à la mer? à la montagne? Comparez votre liste avec celles de vos camarades.

2. Quels sont les avantages et les inconvénients de l'ordinateur? Si l'ordinateur n'existait pas, en quoi est-ce que votre vie serait différente?

Après la vidéo

1. Sur quoi Claire-Anse est-elle en train de travailler? Pourquoi préfère-t-elle faire ce travail sur l'ordinateur? Quel est l'avantage de l'ordinateur en ce qui concerne le projet d'Élodie?

2. Lequel des deux projets Charles-Emmanuel préfère-t-il? Pourquoi?

Quel(s) poisson(s) est-ce que vous préférez: la sole, le saumon, les sardines, le thon? Connaissez-vous quelqu'un qui sache bien préparer le poisson? Vous avez une recette à suggérer?

Activités orales

A. Un repas parfait. Avec un(e) partenaire, créez le menu d'un repas parfait. Décrivez les hors d'œuvres que vous voulez préparer. Discutez de vos préférences. Expliquez comment préparer le plat principal, les légumes et le dessert. Expliquez pourquoi vous préférez ces recettes en les comparant à d'autres que vous aimez moins.

B. Vous avez gagné! Imaginez qu'un(e) ami(e) et vous ayez le billet de loterie gagnant pour un prix de $5 millions! Décidez de la façon dont vous allez dépenser l'argent. Comparez vos préférences de voitures, de maisons, de vêtements, de nourriture et de destinations de vacances. Si vous n'êtes pas d'accord, vous devrez faire un compromis.

Activité écrite

Un gadget. Faites la description d'un gadget. Décrivez comment il marche et comparez-le à d'autres choses. Les autres étudiants et le professeur vont deviner ce que vous décrivez.

Révision finale · Dossier personnel

1. Reread your instructions, paying particular attention to whether what you say is clear. You may want to try to follow the directions yourself before you take them to class. If you can't follow them, be sure to revise by adding another step or switching steps around.

2. Bring your draft to class and be prepared to present your instructions to two classmates who will follow your directions. They should use the symbols on page 431 to indicate grammar errors.

3. Examine your composition one last time. Check for correct spelling, grammar, and punctuation. Pay special attention to your use of demonstrative adjectives, adverbs, comparative and superlative of adjectives, and **faire causatif.**

4. Prepare your final version.

Phrases: Describing objects
Grammar: Comparison; adverb
formation

SYSTÈME-D

Activité écrite: Preview: The item described can be something very simple such as a pencil, a boat, a desk. You may wish to model a description yourself: Il a trois pneus, un siège, un guidon *(handlebar)* et deux pédales. Il n'y a pas de moteur. Les enfants l'adorent. Ils aiment rouler vite là-dessus. *(Tricycle)*

Phrases: Giving directions; linking ideas; sequencing events
Grammar: Demonstrative adjectives; adverb formation; comparison; causative **faire**

SYSTÈME-D

B. Sondage. Demandez à au moins cinq étudiant(e)s de la classe combien de très bon(ne)s ami(e)s ils ont. Comment savent-ils/elles que ce sont de très bon(ne)s ami(e)s?

C. Une histoire. Inventez une petite histoire pour démontrer l'importance de l'amitié.

Expansion

Votre opinion de l'amitié? Interviewez au moins trois personnes sur leur concept de l'amitié. Trouvez des gens d'origines, de pays et d'âges différents. Faites d'abord une liste de questions que vous voulez poser. Ensuite, faites les interviews et enfin écrivez un reportage que vous présenterez à la classe.

II. *La photo* de Dany Laferrière

Avant la lecture

Sujets à discuter

Dany Laferrière

- Où est-ce que vous avez passé votre enfance? Décrivez la ville et la région. Est-ce que vous étiez fier/fière de votre ville natale? Expliquez. Qu'est-ce que vous faisiez pour vous amuser? Est-ce que vous voyagiez souvent? Si oui, où?
- Décrivez une chose que vous teniez beaucoup à faire pendant votre enfance mais que vous saviez être impossible. Quelles émotions est-ce que vous éprouviez?
- Qu'est-ce que vous savez de Haïti (langue, statut socio-économique, situation politique, etc.)?
- L'auteur, Dany Laferrière, est né en 1953 et il a grandi à Petit-Goâve, une petite ville en Haïti. Comment imaginez-vous sa vie pendant son enfance?

Stratégies de lecture

Trouvez les détails. Avant de lire le texte suivant, parcourez-le rapidement et trouvez: 1) une chose qui est sur la photo que le narrateur décrit; 2) le nombre de personnes qui sont sur la photo; 3) l'endroit où la photo a été prise; 4) l'endroit où le narrateur habite; 5) la date de la photo; et 6) la date du livre dont le texte est extrait. Faites une liste de vos réponses. Quel est probablement le thème de ce passage?

You may need to help students with information on Haiti. Show the country on a map and point out its proximity to the United States. Be prepared to provide political and socioeconomic information on the country.

Students who have relatives who have immigrated or moved from one region to another may remember those relatives' stories of their childhood home, what they did there, and how it differed from their new surroundings.

Introduction

In Le Charme des après-midi sans fin, *the writer Dany Laferrière recounts his youth through a series of brief sketches describing life in Petit-Goâve, the small town in Haiti where he grew up. The sketch that follows demonstrates how the description of an evocative moment in the past can illuminate the present and set up an unstated comparison.*

Laferrière was born into a middle-class family in Port-au-Prince in 1953. After the repressive Duvalier regime killed a friend of his, Laferrière went into exile in Quebec in 1976, fleeing conditions in Haiti. He began writing in Quebec and published his first book in 1985. He now lives in Miami, Florida.

LA PHOTO

Rien n'a changé dans la chambre de mon grand-père. Son chapeau, sa canne encore accrochée° au mur, près du lit, à côté de la photo d'un immense tracteur jaune dans un champ de blé. Il m'arrive de passer des heures devant cette photo. Un homme est au volant° du tracteur. Ses deux fils (le plus jeune doit avoir à peu près mon âge) ne sont pas loin. On les voit jusqu'à la taille°. Le reste du corps disparaît dans l'herbe haute. Je remarque qu'ils ne portent pas de chapeau. Mon grand-père n'aurait jamais toléré une pareille chose. À travailler tête nue dans le champ, on risque à coup sûr une insolation°. Ils portent tous les trois la même chemise à carreaux° dont les manches sont retroussées° jusqu'aux coudes. L'homme et ses deux fils sont aussi blonds que des épis de maïs°. Je les regarde longtemps, surtout le plus jeune, me demandant ce qui arriverait si, lui et moi, on changeait de place. Il viendrait vivre dans cette maison, à Petit-Goâve, et moi, j'irais à Chicago. Je me sens, chaque fois, tout drôle à dire ce nom qui me paraît aussi impressionnant que le plus grand des tracteurs: Chicago. Chicago. Chicago. Trois syllabes qui claquent au vent. Chicago. Je trouve ça bon dans ma bouche. Petit-Goâve sonne-t-il aussi bien? Je ne peux pas le savoir. Je suis né ici. Je ne sais plus quand j'ai entendu ce nom (Chicago) pour la première fois. Lui, le petit garçon de Chicago, peut-être mourra-t-il sans jamais avoir entendu parler de Petit-Goâve. Je me sens tout triste d'y penser. Triste pour lui, pour moi, et pour Petit-Goâve. Tout le monde connaît Chicago à cause de ses tracteurs jaunes. Et Petit-Goâve, par quoi sera-t-il connu dans le monde, un jour? Je remarque, pour la première fois, dans le coin gauche de la photo (en bas) cette inscription: Chicago, US, 1950. Même cette photo est plus vieille que moi. Ce genre de chose peut vous foutre un tel cafard°.

Extrait de Dany Laferrière, *Le Charme des après-midi sans fin* (Paris, Serpent à Plumes, Éditions du Rocher, 1998).

accrochée *hung*

au volant *at the steering wheel*

la taille *waist*

une insolation *sunstroke*

à carreaux *checked*
retroussées *rolled up*

épis de maïs *ears of corn*
foutre un tel cafard *to produce a fit of depression* (familiar)

En somme…

THÈME: Les loisirs (les sports et le cinéma)

Use this photo to introduce the chapter theme of **loisirs**. Have students describe the photo with these questions: 1. Que font ces jeunes gens? 2. Comment est-ce qu'ils sont habillés? 3. Où est-ce que la scène a lieu? 4. De quels pays peuvent être les différents joueurs?

After working with the functions and vocabulary for *Leçon 1*, ask students to write a description of the photograph.

Fonction: Comment faire un compliment et féliciter
Culture: Ne dites pas merci!
Langue: Les mots exclamatifs • Le participe présent
PRÉPARATION

LEÇON 2

Fonction: Comment exprimer le regret et faire des reproches

Culture: Les Français et le sport
Langue: Le conditionnel passé • Les phrases conditionnelles
PREMIER BROUILLON

LEÇON 3

Fonction: Comment résumer
Culture: Le septième art
Langue: La voix passive
DEUXIÈME BROUILLON

SYNTHÈSE
RÉVISION FINALE

INTERMÈDE CULTUREL
Agnès Varda, cinéaste
Antoine de Saint-Exupéry:
Mermoz

Pour tester vos connaissances, visitez
http://bravo.heinle.com

Leçon 1

Comment faire un compliment et féliciter

Track 29

Conversation

Premières impressions

Soulignez

● les expressions qu'on utilise pour faire ou accepter un compliment et pour féliciter *(to congratulate)*

Trouvez:

● qui a gagné le match et quel était le set le plus important

Après un match de tennis important, une journaliste interviewe le gagnant, Pierre Duchêne.

LA JOURNALISTE:	Merci, Pierre, d'être venu nous rejoindre aussi rapidement dans nos studios. Vous avez disputé un match° absolument extraordinaire! Toutes nos félicitations. Ces cinq sets nous ont tenu en haleine° jusqu'à la fin! Bravo! Que pensez-vous de votre victoire?
PIERRE:	Eh bien, je suis évidemment très content d'avoir gagné ce match… Le premier set a été très, très serré°…
LA JOURNALISTE:	Les deux premiers même.
PIERRE:	Peut-être… Je pense avoir pris le dessus°… j'ai senti Jean-Jacques faiblir à la fin du deuxième set. En effet, j'aurais peut-être pu faire mieux… même au début du deuxième set, mais Jean-Jacques jouait très bien… et d'ailleurs, je dois le féliciter d'avoir joué comme il l'a fait parce qu'il m'a vraiment donné du fil à retordre°.
LA JOURNALISTE:	Oui, c'est vrai. Bravo, Jean-Jacques! Mais, vous aussi, vous devez être très fier.
PIERRE:	Merci. Oui, je suis content d'avoir réussi comme cela. Enfin, je dois dire que je m'étais entraîné très sérieusement avant ce tournoi° mais on ne sait jamais.
LA JOURNALISTE:	Alors, quel avenir envisagez-vous maintenant?
PIERRE:	Écoutez… l'avenir est loin, mais enfin bon… il faut d'abord gagner le tournoi à Roland-Garros[1] le mois prochain.
LA JOURNALISTE:	En attendant, merci beaucoup, Pierre, d'être venu nous rejoindre…
PIERRE:	Je vous en prie. Ça m'a fait plaisir.

À suivre

disputer un match *to play a match*

tenir quelqu'un en haleine *to hold someone spellbound*

serré *tight, closely fought*

prendre le dessus *to get the upper hand*

donner du fil à retordre *to give someone trouble*

le tournoi *tournament*

[1] Roland-Garros est un stade de tennis à Paris où est joué un grand tournoi de tennis sur terre battue. Ce stade a été nommé Roland Garros en souvenir de l'aviateur français qui a été le premier à survoler la Méditerranée en 1913.

Observation et analyse

1. Décrivez le match. Quels sets ont été très difficiles pour Pierre? Expliquez.
2. Selon Pierre, pourquoi est-ce qu'il a gagné?
3. Parlez de Jean-Jacques. Comment est-ce qu'il a joué?
4. Quel est le but de Pierre maintenant qu'il a gagné ce match?
5. Pensez-vous que Pierre atteigne son but?

Réactions

1. Est-ce que vous avez déjà assisté à un match de tennis professionnel? Si oui, décrivez cette expérience.
2. Quels sports est-ce que vous préférez? Parlez de votre sport préféré.
3. Est-ce que vous aimez les sports compétitifs? Pourquoi ou pourquoi pas?

Expressions typiques pour...

Faire un compliment (To compliment someone)

Tu as/Vous avez bonne mine (You look well) aujourd'hui.
Quelle jolie robe!
J'adore tes/vos cheveux comme ça.
Qu'est-ce qu'elle est belle, ta/votre jupe!
Comme tu es/vous êtes joli(e)/élégant(e)!
Ça te/vous va à merveille (wonderfully)!
Tu as/Vous avez fait un match extraordinaire.

Accepter un compliment

Tu trouves?/Vous trouvez?
Tu crois?/Vous croyez?
Cette robe? Je l'ai depuis longtemps.

Puis, si la personne qui vous complimente persiste, répondez aimablement:

Tu es/Vous êtes très gentil(le) de dire ça.
C'est gentil de me dire ça.
Que tu es/vous êtes gentil(le).
Moi aussi, je l'aime bien. C'est un cadeau de ma mère.

Vous ferez la même chose pour accepter un compliment pour des résultats scolaires ou au travail:

Merci. Oui, je suis content(e) d'avoir réussi comme cela.
J'avais beaucoup travaillé, mais on ne sait jamais.
Merci. Tu sais, j'ai eu peur jusqu'à la dernière minute.
Merci. J'ai eu de la chance.

Qu'est-ce qu'on dirait pour féliciter ce jeune couple?

Accepter des remerciements

Je vous en prie. Ça m'a fait plaisir.
J'aurais voulu (en) faire plus.
Tu es/Vous êtes trop bon(ne).
C'est normal. Je voulais vous (t')aider.
Ce n'est rien.
Je n'ai rien fait de si extraordinaire!
N'importe qui en aurait fait autant. *(Anyone would have done as much.)*

Féliciter

Félicitations!
Toutes mes félicitations!
Tous mes compliments.
Bravo!
Chapeau! *(familiar)*
C'est fantastique/formidable/génial!
Je suis content(e) pour toi (vous).
Je suis fier/fière de toi (vous).

Pour un mariage ou des fiançailles
Tous mes vœux *(wishes)* de bonheur.

Accepter des félicitations

Pour un mariage
Merci, c'est gentil.

Pour une réussite au travail
Merci. Je te/vous dois beaucoup.

Pour une compétition sportive
Les conditions étaient bonnes.
J'étais en forme.
On a bien joué ensemble.
C'est à la portée *(within the reach)* de tout le monde.

Liens culturels

Ne dites pas merci!

Contrairement à l'anglais, quand vous répondez à un compliment en français, «merci» n'est pas toujours la bonne réponse. En remerciant, vous risquez de paraître vous vanter *(to boast, brag)*, comme si vous étiez d'accord avec le compliment. D'abord, il vaut mieux refuser le compliment ou le minimiser. Par exemple, si vous dites à une Française «Quel joli ensemble tu as là», au lieu de dire «merci», elle répondrait plutôt: «Ça? Oh, je l'ai acheté en solde au printemps dernier». Minimiser le compliment met en valeur la gentillesse de celui qui complimente. C'est en même temps une façon de se camoufler, de se cacher comme une maison entourée d'un mur. Cette tendance reflète l'importance de la pudeur *(modesty)* dans l'éducation des Français. Pour être *bien élevés,* les enfants français apprennent très tôt quelle conduite avoir en société et quels mots dire pour paraître respectueux, raisonnables et obéissants (voir **Liens culturels, Chapitre 3, Leçon 3; Chapitre 8, Leçon 1**).

Pour se distinguer et être charmants à la fois, les Français recourent à l'élégance verbale et à une façon spirituelle de présenter les choses. C'est ainsi que, dans le jugement qu'ils portent sur les individus et leurs actions, ils attribuent généralement une plus grande importance aux qualités intellectuelles qu'aux qualités morales. L'intelligence, la lucidité, la rapidité d'esprit et le savoir sont les qualités suprêmes d'un individu plutôt que la sincérité, l'intégrité et la rectitude morale.

Et selon vous, quelles qualités sont les plus importantes? Est-ce que vous admirez les mêmes traits de caractère chez les hommes que chez les femmes?

Adapté de *Les Français,* 3e édition, Laurence Wylie et Jean-François Brière (Englewood Cliffs, NJ: Prentice Hall, 2001, p. 61) et de *Société et culture de la France contemporaine,* Georges Santoni, ed. (Albany: State University of New York, 1981, pp. 59–60).

Mots et expressions utiles

La compétition

le classement *ranking*
un(e) concurrent(e) *competitor*
un coureur/une coureuse *runner/ cyclist*
une course *race*
une épreuve (athlétique) *an (athletic) event*
un(e) fana de sport *jock, an enthusiastic fan*
sportif/sportive *athletic, fond of sports*
un tournoi *tournament*

la douleur *pain*
s'entraîner *to train*
l'entraîneur/l'entraîneuse *coach*
épuisant(e) *grueling, exhausting*

la pression *pressure*
se prouver *to prove oneself*

à la portée de *within the reach of*
arriver/terminer premier *to finish first*
battre *to beat, break*
faillir (+ infinitif) *to almost (do something)*
prendre le dessus *to get the upper hand*
reprendre haleine *to get one's breath back*
serré(e) *tight; closely fought*
survivre (à) (*past part.* survécu) *to survive*

la défaite *defeat, loss*
le défi *challenge*
un match nul *tied game*
le record du monde *world record*
une victoire *win, victory*

✻ Mise en pratique ✻

—C'est la première fois que j'assiste à une **course**. C'est passionnant, hein?
—Absolument. J'y viens chaque année, mais j'**ai failli** ne pas pouvoir y assister cette fois-ci. J'avais beaucoup de travail. Mais je suis une **fana de sport**. Surtout quand mon cousin est un des participants.
—Vraiment? Un **coureur** dans la famille? Est-ce qu'il a des chances de gagner?
—Non, pas du tout. Il veut tout simplement **se prouver** qu'il peut **survivre** à ce genre d'**épreuves athlétiques**. C'est un **défi**.

ACTIVITÉS

A. Entraînez-vous: Félicitations! Pour chacune des circonstances suivantes, félicitez la personne indiquée, jouée par votre partenaire. Votre partenaire répond de façon appropriée.

1. votre ami(e) qui a fini cinquième au marathon de New York
2. votre mari/femme qui a obtenu une promotion à son travail
3. de bons amis qui viennent de se marier
4. votre sœur/frère qui vient d'adopter un enfant
5. votre voisin(e) qui a trouvé un nouveau poste
6. votre fils/fille qui a obtenu un A à sa dernière interro

B. Faire une leçon de vocabulaire. Votre petite sœur a une liste de vocabulaire à apprendre. Aidez-la en lui donnant un synonyme pour chacune des expressions suivantes. Utilisez les *Mots et expressions utiles.*

Les participants

1. personne qui court
2. personne qui s'occupe de la préparation à un sport
3. personne qui adore les sports
4. personne qui participe à une compétition

Les événements

5. le succès
6. l'action de perdre
7. une épreuve sportive
8. l'ordre des gagnants

C. Questions indiscrètes. Posez les questions suivantes à un(e) camarade. Faites un résumé de ses réponses à la classe.

1. Est-ce que tu préfères les sports en tant que spectateur/spectatrice ou en tant que participant(e)? Quel(s) sport(s) est-ce que tu pratiques régulièrement?
2. Est-ce que tu prends part à des compétitions sportives? Lesquelles?
3. Décris une compétition sportive à laquelle tu as récemment assisté ou pris part. Il y avait combien de participants et de spectateurs? Qui a terminé premier ou quelle équipe a gagné/perdu? Quel était le score final?
4. Est-ce que tu as l'esprit compétitif quand tu fais du sport? Est-ce que c'est important, pour toi, de gagner? Pourquoi?

D. Tu trouves? Avec un(e) partenaire, créez de petites conversations dans lesquelles vous faites et acceptez des compliments. Discutez de vêtements, bijoux, voitures, chiens/chats et logements. MOTS UTILES: **une coiffure** (*hairstyle*), **une coupe** (*cut*), **un collier, une montre** (*watch*), **une bague, des boucles d'oreilles**

> MODÈLE: —*Comme elle est belle, ta robe!*
> —*Tu trouves? Je l'ai achetée en solde il y a longtemps.*
> —*On ne dirait pas. Elle a l'air toute neuve.*
> —*Tu es trop gentille.*

MONDIAUX D'ATHLÉTISME 2003

Le public pousse l'équipe de France vers les sommets

SAMEDI 30 août, les soixante mille spectateurs présents au Stade de France ont vécu deux grands moments avec la victoire d'Eunice Barber au saut en longueur et le succès des relayeuses du 4 × 100 m (*photo*). Une médaille d'argent pour le relais français du 4 × 400 m est venue conclure ces championnats du monde d'athlétisme. Fait sans précédent, la France finit cinquième au classement des médailles.

Pourquoi est-ce que ces jeunes femmes sont contentes?

> ## LA GRAMMAIRE À APPRENDRE

Les mots exclamatifs

A. Compliments are often in the form of exclamatory phrases or sentences. In French, the appropriate form of the interrogative adjective **quel** is used before the noun or another adjective designating the person or thing that you wish to compliment. The indefinite article is not used in the French construction.

Quel beau service!
What a beautiful serve!

Quels spectateurs enthousiastes!
What enthusiastic spectators!

Quelle persévérance!
What perseverance!

Of course not all exclamations are necessarily complimentary or positive.

Quel idiot!
What an idiot!

B. The exclamatory adverbs **comme**, **que**, **ce que**, and **qu'est-ce que** can be used at the beginning of a clause to express a compliment or an exclamation. Contrary to English, the grammatical structures that follow the exclamatory words are in the usual declarative word order.

Qu'est-ce que vous devez travailler dur!
How hard you must work!

Comme vous vous concentrez bien!
How well you are concentrating!

Ce que j'aime vous regarder servir les balles de jeux!
How I love to watch you serve tennis balls!

Que vous jouez bien!
How well you play!

ACTIVITÉS

Activity A: Follow-up: For more practice, you could give students the following sentences to translate: 1. What an exhausting day! 2. How I hate Mondays (**le lundi**)! 3. What awful weather! 4. What a lousy profession! 5. The work is so boring! 6. What I wouldn't give to be on vacation! 7. How I wish I were (**J'aimerais être**) wealthy!

Félicitez ces jeunes footballeurs. Faites-leur aussi des compliments.

Les petits Bleus champions d'Europe

FOOTBALL. Trois semaines après leurs aînés, les « Bleuets » de l'équipe de France des moins de 18 ans sont devenus champions d'Europe de football en battant l'Ukraine en finale, 1 à 0, hier à Nuremberg (Allemagne). La relève paraît déjà assurée !

A. Le match de rugby. Un ami belge vient de jouer un match de rugby important. Traduisez les compliments et les commentaires qu'on lui fait pour qu'il les comprenne.

1. How well you play!
2. What a wonderful player!
3. How we loved your game!
4. What a tight (**serrée**) competition!
5. How sore (**avoir des courbatures**) you must be!
6. You are all so filthy (**sale**)!

B. À merveille! C'est vendredi après-midi et vous êtes de bonne humeur. En utilisant des mots exclamatifs, complimentez votre partenaire (qui doit répondre convenablement) sur:

1. trois de ses vêtements
2. son écriture
3. sa capacité à bien s'entendre avec les autres
4. son/sa camarade de chambre
5. son intelligence
6. un autre trait de votre choix

C. Quelle mauvaise journée! C'est lundi matin et vous arrivez au travail. Vous n'êtes d'humeur à faire de compliments à personne et vous rouspétez (*familiar—groan, moan*) à propos de tout (par exemple: les horaires de travail, la monotonie des journées, vos collègues, votre salaire, la durée des congés, le temps qu'il fait). Défoulez-vous (*Let out some steam*) en utilisant des mots exclamatifs!

Le participe présent

A. Formation

The present participle of both regular and irregular verbs is formed by dropping the **-ons** ending from the present tense **nous** form and adding **-ant**. It is the equivalent of the verbal *-ing* form in English.

utilisons	→	utilisant
finissons	→	finissant
battons	→	battant
faisons	→	faisant
EXCEPTIONS		
être	→	étant
avoir	→	ayant
savoir	→	sachant

B. Usage

The present participle functions as either a verb or an adjective.

- When used as an adjective, agreement is made with the noun that the present participle modifies:

  Le chalet où nous étions hébergés n'avait pas l'eau **courante**.
  The chalet where we were staying had no running water.

- When used as a verb, no agreement is made:

  En **sautant** à la corde, la jeune fille s'est fait mal au pied.
  While jumping rope, the little girl hurt her foot.

- Although it may be used alone, the present participle is usually preceded by the preposition **en**, to express a condition or to show that two actions are going on simultaneously:

  À chacun ses goûts. Moi, j'aime écouter la radio **en faisant** mon footing.
  To each his/her own. As for me, I like to listen to the radio while jogging.

  Les jours de compétition, je commence à me concentrer **en me levant**.
  On competition days, I begin concentrating as soon as I get up.

NOTE: **Tout** can be used before **en + participe présent** to accentuate the simultaneity or opposition of two actions. In this case, **tout** does not change form.

  Tout en paraissant détendu, je me prépare à la course: je m'en fais une image mentale.
  While looking relaxed, I prepare myself for the race: I picture it in my mind.

> One of the main uses of the present participle is to express a causal relationship between two actions: Il s'est foulé la cheville **en faisant** du ski. *He sprained his ankle while skiing.*

- The present participle can also express by what means something can be done:

Comme me le dit mon entraîneur, c'est **en travaillant** à son propre rythme qu'on réussit.
As my coach tells me, it's by working at your own pace that you succeed.

C. Différences entre le français et l'anglais

- After all prepositions except **en**, the French infinitive form is used to express the equivalent of the English present participle:

J'ai passé tout mon temps libre **à me préparer** pour le triathlon.
(passer son temps **à…**)
I spent all my free time preparing for the triathlon.

J'ai fini **par me placer** deuxième. (finir **par…**)
I ended up placing second.

- The preposition **après** must be followed by the past infinitive, even though it may translate as *after + verb + -ing*:

Après avoir pris une douche et **m'être changé**, j'ai mangé comme quatre.
After taking a shower and changing, I ate like a horse.

- An infinitive in French is also used when the English present participle functions as the subject or object of a verb:

Faire du sport est bon pour la santé.
Practicing sports is good for your health.

ACTIVITÉS

A. Comme vous êtes doué(e)! Quelles activités est-ce que vous pouvez accomplir simultanément? Finissez chaque phrase en utilisant un participe présent.

1. J'écoute le professeur en…
2. Je dîne en…
3. Je fais mes devoirs en…
4. Je fais des promenades en…
5. Je regarde la télé en…

Mais il y a des limites! Quelles activités est-ce que vous trouvez impossibles à accomplir simultanément? Utilisez un participe présent.

6. Je ne peux pas parler en…
7. Je ne peux pas mâcher du chewing-gum en…
8. Je ne peux pas étudier en…
9. Je ne peux pas réfléchir en…
10. Il est dangereux de boire en…

B. Écoute-moi! La Française Jeannie Longo-Ciprelli a remporté la médaille de bronze de cyclisme lors des jeux Olympiques de Sydney en 2000. Voici des conseils qu'elle donnerait peut-être aux athlètes qui se préparent pour les Jeux d'Athènes en 2004. Choisissez le verbe approprié et remplissez les blancs avec le participe présent ou l'infinitif, selon le cas.

1. On dit qu'on gagne des compétitions sportives en _____ régulièrement, et c'est tout à fait vrai. (s'entraîner/survivre)
2. La préparation comprend souvent beaucoup de séances d'entraînement _____. (épuiser/pleurer)
3. À moins d'_____ le soutien de ses amis, il est difficile de persévérer. (être/avoir)
4. Avant de _____ dans une compétition, il faut connaître ses adversaires. (partir/entrer)
5. Tout en _____ en compétition précise, il faut toujours penser à la suivante. (se préparer/terminer)
6. Après _____ un but, il faut immédiatement commencer à s'entraîner pour le suivant. (attendre/atteindre)
7. Plus on approche du début des Jeux, plus les journées longues et _____ deviennent la norme. (épuiser/payer)
8. Mais en _____ la médaille de bronze, vous vous rendez compte que tous les sacrifices en valaient la peine. (recevoir/savoir)

C. Les proverbes. Beaucoup de proverbes français utilisent le participe présent ou l'infinitif. Avec un(e) camarade de classe, discutez de ce que ces proverbes veulent dire et inventez un autre proverbe du même genre. Soyez prêt(e)s à l'expliquer à la classe.

1. C'est en forgeant *(forging)* que l'on devient forgeron *(blacksmith)*.
2. L'appétit vient en mangeant.
3. Vouloir, c'est pouvoir.

Interactions

A. L'interview. Vous êtes journaliste pour le journal de votre université. Votre partenaire est un(e) athlète très connu(e) qui passe plusieurs jours dans votre ville. Il/Elle vous a accordé la permission de l'interviewer pour le journal. Apprenez tout ce qui est possible sur cette personne. Commencez, bien sûr, par le/la féliciter et par lui faire des compliments. Sujets de discussion possibles: s'il/si elle veut bien vous donner des détails personnels (sur son âge, sa famille, etc.); comment il/elle s'entraîne pour les compétitions; comment il/elle réagit après une victoire quand tout le monde se presse autour de lui/d'elle; s'il/si elle peut donner des conseils aux jeunes qui veulent réussir dans un sport ou dans la vie; s'il/si elle a battu un record du monde; quelle compétition a été la plus difficile pour lui/pour elle; etc.

Additional Olympics vocabulary: accueillir les jeux Olympiques *to host the Olympics;* battre le record *to break the record;* la cérémonie d'ouverture *opening ceremony;* le Comité international olympique *International Olympic Committee;* déclarer forfait *to default;* disqualifier *to disqualify;* l'échec [m] *loss;* être à égalité (avec) *to tie (with);* les Jeux d'hiver/d'été *winter/summer Olympics;* jouer un hymne national *to play a national anthem;* une médaille d'or/d'argent/de bronze *gold/silver/bronze medal;* la pompe *pageantry;* le porteur de la flamme *torch bearer;* le record du monde de distance *world distance record;* la série éliminatoire *qualifying round*

Activité C, Additional items: 4. En vieillissant on devient plus fou et plus sage. 5. On ne fait pas d'omelette sans casser les œufs.

Quelles questions est-ce que le journaliste pose?

Phrases: Writing a letter (formal); congratulating

B. La lettre d'un admirateur. Préparez une lettre qu'un(e) fan écrirait à une vedette ou à un chanteur/une chanteuse célèbre. Faites beaucoup de compliments parce que vous adorez cette personne. (Vous espérez aussi qu'il/qu'elle vous offrira un CD gratuit.) MOTS UTILES: **sensationnel** *(fabulous);* **orchestration** [f] *(instrumentation);* **paroles** [f pl] **qui ont du sens** *(meaningful lyrics);* **le vidéoclip** *(music video);* **la sortie de son nouvel album** *(the release of his/her new album)*

Préparation ◤ Dossier personnel

The focus of this chapter is writing a critical review of a film, book, or play that you have seen or read. A critical review almost always involves an opinion or judgment about the quality or effectiveness of something. It may also provide readers with a basis for making judgments or decisions. Like any statement of opinion, a critical review depends upon sound reasons and clear examples to make its point convincing.

1. Choose a film, book, or play about which you have strong positive or negative feelings.
2. Make a list of both good and bad aspects of the work you are evaluating. You may want to refer to pages 413–415 of *Leçon 3* for helpful vocabulary related to your topic. Also consider the importance or lack of importance of this work.
3. After reviewing the good and bad aspects on your list, choose the overall point you want to make. Were you delighted, bored, angry, or stimulated by the work?
4. Show your list to a classmate to get helpful feedback.

Phrases: Expressing an opinion; agreeing and disagreeing; weighing alternatives

Leçon 2

Comment exprimer le regret et faire des reproches

Conversation (SUITE)

Track 30

> **Premières impressions**
>
> **Soulignez:**
> - les expressions qu'on utilise pour exprimer le regret et pour faire des reproches
>
> **Trouvez:**
> - la stratégie que Jean-Jacques a utilisée
> - l'excuse qu'il donne à la fin

La journaliste continue son reportage en interviewant maintenant Jean-Jacques Dumas, qui a perdu le match.

LA JOURNALISTE: Je vais maintenant accueillir Jean-Jacques Dumas. Bonjour, Jean-Jacques. Alors, vous êtes déçu, bien entendu, de cette défaite, surtout après vos deux premiers sets? Comment expliquez-vous ce revirement° de situation? Vous sembliez pourtant dominer les deux premiers sets.

le revirement *turnaround*

JEAN-JACQUES: Le premier set était très, très serré, j'avoue°. Malheureusement à partir de la fin du deuxième set, j'ai commencé à perdre ma concentration. Si je n'avais pas perdu le service, peut-être que Pierre n'aurait pas pris le dessus aussi rapidement. Ceci dit, j'ai peut-être fait une erreur de stratégie en essayant de monter au filet° trop souvent, mais...

avouer *to admit*

monter au filet *to come to the net*

LA JOURNALISTE: Oui, c'était risqué d'essayer de le battre à son propre jeu...

JEAN-JACQUES: Oui, j'aurais dû sans doute rester en fond de court° et renvoyer° la balle comme je le fais d'habitude... mais j'avoue que d'avoir échoué au deuxième set a diminué ma concentration. Et j'avais aussi une douleur à la cheville° droite, ce qui, évidemment, n'a pas aidé.

rester en fond de court *to stay on the base line* / **renvoyer** *to return*

la cheville *ankle*

LA JOURNALISTE: Est-ce que vous ne seriez pas revenu à la compétition trop tôt après votre chute° d'il y a deux mois?

la chute *fall*

JEAN-JACQUES: L'entraînement se passait bien. J'ai peut-être eu tort de jouer à Monte-Carlo il y a deux semaines. En tout cas, je regrette que le match ait tourné à l'avantage de mon adversaire.

LA JOURNALISTE: Oui, si seulement vous n'aviez pas eu ce problème de cheville! Le match aurait peut-être tourné autrement... Merci, Jean-Jacques, d'avoir parlé avec nous aujourd'hui...

À suivre

Observation et analyse

1. Est-ce que la performance de Jean-Jacques a été à la mesure de ce qu'il attendait de lui-même? Expliquez.
2. Jean-Jacques donne plusieurs raisons pour expliquer sa défaite. Quelles sont ses raisons?
3. D'après vous, pourquoi est-ce que Jean-Jacques ne mentionne pas Pierre et ses talents de joueur? Expliquez.

Réactions

1. Maintenant que vous avez lu l'interview des deux joueurs, qu'est-ce que vous pensez de leur personnalité et du match qui les a opposés?
2. Et vous, dans quelles situations est-ce que vous exprimez des regrets?
3. Et dans quelles circonstances est-ce que vous vous faites des reproches?

Expressions typiques pour...

Exprimer le regret

Je regrette qu'elle soit déjà partie.

C'est bien regrettable/dommage que... (+ subjonctif)

Malheureusement, je suis arrivé(e) en retard.

Je suis désolé(e) *(sorry)* { que Paul (+ subjonctif)... / de te/vous dire que (+ indicatif)...

Si seulement elle était restée plus longtemps!

Si seulement j'avais pu venir plus tôt!

Reprocher quelque chose à quelqu'un

Pour une action que vous ne jugez pas trop grave

Tu n'aurais/Vous n'auriez pas dû faire ça...

Il ne fallait pas...

Ce n'était pas bien de...

Je n'aurais pas fait cela comme ça.

Pour une action que vous jugez assez grave

Tu devrais/Vous devriez avoir honte.

Comment as-tu/avez-vous pu faire ça?

C'est très grave ce que tu as/vous avez fait.

C'est inadmissible! C'est scandaleux!

Se reprocher quelque chose

Je n'aurais pas dû faire ça...

Que je suis bête/imbécile/idiot(e)!

J'ai eu tort de...

J'aurais dû...

J'aurais mieux fait de...

Je n'aurais pas perdu si... (+ plus-que-parfait)

Vers chez Antoine, le 19 février

Bonjour Linda,

Je m'appelle Magaly, je suis la femme de Michel, c'est moi qui vous écris parce qu'il nous est arrivé un grand malheur, ma belle-maman est décédée le 20 janvier de cette année. Elle m'avait très souvent parlé de vous, c'est pourquoi je me permets de vous écrire ces quelques lignes.
Nous avons tous beaucoup de peine à surmonter ce deuil. Nos 3 enfants sont aussi vivement touchés.
J'espère que vous continuerez à nous donner de vos nouvelles chaque année et qui sait, peut-être que vous nous rendrez visite une fois, cela nous ferait vraiment plaisir.

Sachez qu'elle avait gardé un très bon souvenir de vous.
Bonnes salutations à votre petite famille et à bientôt.
Grosses bises

Jean-Pierre , Michel
Magaly et Marjory 8½ ans
Michèle 5ans
Johnny 3ans

Famille M. Dubois
Vers chez Antoine
2115 Mont-de-Bains

Quelles sont les nouvelles de Magaly? Pourquoi est-ce qu'elle écrit à Linda? Quels sont les rapports entre Linda et la famille de Magaly? Quelle sorte de réponse est-ce que Linda va probablement écrire?

Présenter ses condoléances

Nous vous présentons nos sincères condoléances.
Nous prenons part à votre douleur.
Nous sommes tous touchés par votre grand malheur.
Nous avons appris avec beaucoup de peine le deuil *(sorrow)* qui touche votre famille.

Mots et expressions utiles

Situations regrettables

attraper un coup de soleil *to get sunburned*
ne pas mettre d'huile [f]/de lotion [f] solaire *to not put on suntan oil/lotion*

avoir un accident de voiture *to have an automobile accident*
conduire trop vite/rapidement *to drive too fast*
oublier d'attacher/de mettre sa ceinture de sécurité *to forget to fasten/put on one's seat belt*

échouer à/rater un examen *to fail/flunk an exam*
sécher un cours *to cut a class*

être fauché(e) *to be broke (out of money)*
être sans le sou *to be without a penny*

Divers

avouer *to admit*
grossir/prendre des kilos *to put on weight*
un rendez-vous avec un(e) inconnu(e) *blind date*
ne pas se réveiller à temps *to oversleep*

❀ Mise en pratique ❀

—C'est bien **regrettable que** Marc n'ait pas pu finir ses cours cette année.
—Oui, il **a eu un accident de voiture**. Il **conduisait trop vite**, et en plus il **avait oublié de mettre sa ceinture de sécurité**. Il a été éjecté de la voiture.
—Et comment il va?
—Il a passé deux semaines à l'hôpital, mais quand il a repris les cours, il a eu du mal à rattraper son retard. Il a laissé tomber, je crois.

ACTIVITÉS

A. Entraînez-vous: Les regrets. En utilisant les *Expressions typiques pour…,* exprimez votre regret dans chaque situation.

1. Votre voisin(e) déménage et va s'installer dans une autre ville. C'est la dernière fois que vous vous voyez avant qu'il/elle ne déménage.
2. Vous n'avez pas terminé votre devoir pour le cours de français. Excusez-vous auprès du professeur.
3. Parlez avec votre ami(e) au sujet d'un(e) autre ami(e) que vous aviez invité(e) à votre soirée, mais qui n'est pas venu(e).
4. Vous vous trouvez aux obsèques *(funeral)* d'un ami de votre famille. Exprimez vos condoléances à son épouse.

B. Vous êtes fâché(e)! Faites un reproche à la personne indiquée dans chacune des circonstances suivantes. (ATTENTION: Évaluez la sévérité de chaque action avant de formuler votre reproche.)

1. Votre fils de sept ans a demandé à son grand-père de l'argent pour acheter un nouveau jouet.
2. Votre petit(e) ami(e) a admis qu'il/elle sortait avec quelqu'un d'autre depuis un mois.
3. Votre professeur vous a donné une interro-surprise.
4. La personne avec qui vous aviez rendez-vous n'a parlé que d'elle-même pendant toute la soirée.
5. Votre camarade de chambre a oublié de vous dire que votre ami(e) avait téléphoné pour dire qu'il/elle ne pourrait pas venir vous voir à sept heures ce soir. Il/Elle s'est souvenu(e) du message à 6h55.

Pourquoi ce jeune homme va-t-il boycotter les macaronis?

Orange de colère

Un supporter hollandais, après la défaite des « Orange » en demi-finale contre l'Italie :
Nous allons boycotter les pizzas aux Pays-Bas et aussi les macaronis et les spaghettis.

C. Que je suis bête! Vous vous faites des reproches dans les situations suivantes.

1. C'est le week-end et vous êtes sans le sou!
2. Vous avez raté votre examen de chimie.
3. Un(e) ami(e) vous donne un cadeau de Noël, mais vous ne lui avez rien acheté.
4. Vous êtes très fatigué(e) ce matin parce que vous n'avez dormi que trois heures la nuit dernière.
5. Vos vêtements ne vous vont plus. Ils vous serrent trop *(are too tight)*.
6. Vous avez attrapé un coup de soleil.
7. Vous avez raté une interro-surprise parce que vous aviez séché le cours précédent. Par conséquent, vous n'avez pas su répondre aux questions.
8. Vous avez eu un accident de voiture, et maintenant vous êtes hospitalisé(e) pour plusieurs jours.

LA GRAMMAIRE À APPRENDRE

Le conditionnel passé

The past conditional in French expresses what *would have happened* if another event had taken place or if certain conditions had been present. Thus, it is commonly used in expressions of regret and reproach.

Je **serais venu** plus tôt si j'avais su que tu avais besoin de mon aide.
I would have come earlier if I had known that you needed my help.

A. Formation

- To form the past conditional, an auxiliary verb in the simple conditional is followed by the past participle. The rules of agreement common to all compound tenses are observed.

Je serais arrivée…   Nous aurions fini…
Tu lui aurais parlé…   Vous vous seriez fâchés…

Cette lettre? Paul ne **l'aurait** pas **écrite.**
Jeanne et Guillaume, ils **l'auraient écrite?**

B. Usage

- Common ways of expressing regret and reproach in English are *could have* and *should have*. In French, *could have done something* is expressed by the past conditional of **pouvoir + infinitif.**

Tu **aurais pu** me téléphoner!
You could have called me!

- *Should have done something* is expressed by the past conditional of **devoir + infinitif.**

Tu as raison. J'**aurais dû** te téléphoner.
You're right. I should have called you.

NOTE: Either the simple conditional or the past conditional must be used following the expression **au cas où.**

> Au cas où tu **aurais** encore des problèmes, tu **pourrais** me donner un coup de fil.
> *In case you have further problems, you could give me a call.*
> Au cas où le technicien n'**aurait** pas **pu** venir réparer ta machine à laver, donne-moi un coup de fil.
> *In case the repair person isn't able to come repair your washing machine, give me a call.*

Les phrases conditionnelles

The past conditional is seen most often in conditional sentences in which the verb in the **si**-clause is in the **plus-que-parfait.**

> Si tu me l'**avais dit,** j'**aurais pu** apporter tous les outils nécessaires pour réparer ta machine à laver.
> Tu n'**aurais** pas **eu** à faire venir un plombier si tu m'**avais parlé** de tes difficultés.

SUMMARY OF CONDITIONAL SENTENCES

Si-clause	Main clause
présent	futur/présent/impératif
imparfait	conditionnel
plus-que-parfait	conditionnel passé

Other sequences of tenses may occur occasionally; however, future or conditional tenses can *never* be used in the **si**-clause.

Complétez la phrase: Moi, si j'étais riche,... !

Additional exercise: (to practice conditional sentences) Qu'est-ce que vous feriez/auriez fait si... ? Choisissez cinq phrases inachevées et complétez-les à votre guise. Soyez prêt(e) à expliquer vos réponses. 1. Si je travaillais en France.... 2. Si vous me posiez une question trop personnelle.... 3. Si j'avais perdu mon passeport pendant mon voyage en France.... 4. Si je passais la soirée avec George W. Bush. 5. Si ma voiture tombait en panne.... 6. J'aurais regardé la télévision plus souvent la semaine passée si.... 7. Si je fumais trois paquets de cigarettes par jour.... 8. Si les États-Unis avaient participé aux jeux Olympiques de Moscou en 1980.... 9. Si j'étais président(e) des États-Unis.... 10. Nous aurions fait du jogging à 5h30 ce matin si....

ACTIVITÉS

A. Dans ma boule de cristal. Prévoyez ce qui se serait passé dans les cas suivants, en formant des phrases avec les éléments donnés. Faites tout changement nécessaire.

Si j'avais étudié davantage pour l'examen de français hier soir...

1. ... je / obtenir / une meilleure note
2. ... professeur / être / content
3. ... je / impressionner / camarades de classe
4. ... je / recevoir / mon diplôme / cette année
5. ... C'est à vous de décider!

Si John F. Kennedy n'avait pas été assassiné en 1963...

6. ... il / être / réélu / en 1964
7. ... nous / gagner / la guerre du Vietnam
8. ... les années 60 / être / différent
9. ... Jackie Kennedy / ne pas épouser / Aristotle Onassis
10. ... C'est à vous de décider!

B. Ah, les regrets... Avec un(e) camarade, complétez chaque phrase en utilisant le plus-que-parfait ou le conditionnel passé, selon le cas.

1. Je n'aurais pas échoué à l'examen si...
2. J'aurais fait du jogging ce matin si...
3. Si tu m'avais invité(e) à ta soirée...
4. Si j'avais passé plus de temps à la bibliothèque le semestre/trimestre passé...
5. J'aurais dormi plus de cinq heures hier soir si...
6. Si nous n'avions pas tant dansé hier soir...
7. Vous n'auriez pas attrapé de coup de soleil si...

C. Si seulement... La grand-mère de Sonia et d'Olivier, qui a soixante-quinze ans et qui souffre de nombreuses maladies, leur parle des regrets de sa vie passée. Elle donne aussi des conseils aux jeunes gens d'aujourd'hui pour prolonger leur vie. Utilisez le mode (indicatif, conditionnel, infinitif, participe présent, impératif) et le temps approprié pour compléter chaque phrase.

Mes médecins me disent que je _____ (pouvoir) vivre au moins dix ans de plus si j'avais suivi leurs conseils. Donc, si je les avais écoutés, je _____ (faire) davantage de gymnastique et je _____ (consommer) moins de sel et moins de graisses *(fat)*. Mais c'est trop tard maintenant.

Oh là là, _____ (regarder) comme ma peau est sèche! Je _____ (ne pas devoir) prendre de bains de soleil sans _____ (mettre) de lotion solaire, c'est certain. Et mes poumons—mon Dieu! Après _____ (fumer) pendant plus de cinquante ans, ils ne sont plus en bonne santé, je vous assure! Je _____ (ne jamais devoir) commencer à fumer.

Si j'étais vous, je _____ (s'arrêter de fumer) aujourd'hui même. De plus, je _____ (manger) moins de viande et plus de légumes et de fruits frais. Au cas où vous _____ (douter) de la valeur de ces conseils, vous _____ (n'avoir que) à regarder la longévité des Japonais.

Mais surtout, si vous _____ (vouloir) vivre bien et longtemps, il faut rester en bonne forme en _____ (faire) du sport et en _____ (éviter) les excès d'une vie trop sédentaire.

Voilà mes conseils pour la postérité! _____ (Écouter) cette vieille femme qui vous aime et _____ (ne pas faire) les mêmes erreurs!

D. Questions indiscrètes: Les fantasmes. Posez les questions suivantes sur ses fantasmes à un(e) camarade. Puis faites un résumé de ses réponses à la classe.

1. Si tu avais pu choisir n'importe quelle université, laquelle est-ce que tu aurais choisie?
2. Si tu pouvais habiter n'importe où, où est-ce que tu habiterais?
3. Si tu pouvais faire la connaissance de quelqu'un de célèbre, qui est-ce que tu choisirais?
4. Si tu pouvais faire une bonne action *(do a good deed)*, laquelle est-ce que tu ferais?
5. Si tu avais eu beaucoup de temps et d'argent le week-end dernier, qu'est-ce que tu aurais fait?
6. Si tu gagnes sept millions de dollars aujourd'hui, que feras-tu ou bien où iras-tu?
7. Si tu pouvais changer quelque chose dans ta vie, qu'est-ce que tu changerais?

Les Français et le sport

Les Français sont de plus en plus nombreux à pratiquer une activité sportive, même occasionnellement. On croit qu'une meilleure résistance physique aide à mieux supporter les agressions de la vie moderne. Une allure sportive est aussi prisée dans une société qui valorise la forme autant que le fond. Globalement, la pratique des sports est en forte hausse; un Français sur deux s'adonne à une activité sportive plus ou moins régulière, contre un sur trois au début des années 90.

Les femmes s'intéressent surtout aux sports individuels. La gymnastique, l'équitation, la natation et la randonnée pédestre sont, respectivement, les sports les plus populaires pour elles. Quant aux hommes, le tennis est récemment devenu le sport pratiqué le plus régulièrement, suivi par le football et le jogging. La popularité de sports comme la randonnée pédestre, la gymnastique et la natation reflète probablement l'individualisme des Français. Aujourd'hui «plus d'un Français sur

Vous jouez au football? Vous avez participé à une course à pied quelconque? À quelle occasion? Savez-vous d'où vient le mot «marathon»?

trois pratique un sport individuel, contre un sur quatre en 1973; un sur quinze pratique un sport collectif» (p. 470). Parmi les sports d'équipe le basket connaît un regain de popularité qui profite de la médiatisation des champions américains. Enfin, un nombre croissant de Français pratiquent aujourd'hui des sports comme le roller, le golf, le parapente, l'escalade (rock-climbing) et la plongée sous-marine.

Quels sports sont les plus populaires aux États-Unis? Quels sports préférez-vous?

Adapté de Gérard Mermet, *Franco-scopie 2003* (Larousse, pp. 465–472).

Interactions

A. Jouez le rôle. Vous allez avoir une très mauvaise note dans une de vos classes à la fin de ce semestre/trimestre. Deux camarades de classe vont jouer le rôle de vos parents. Vous allez leur annoncer la mauvaise nouvelle. Ils vont vous reprocher la mauvaise note et ils vont expliquer tout ce que vous auriez pu faire pour éviter la situation (étudier davantage, regarder moins souvent la télé, leur dire plus tôt pour qu'ils puissent payer des leçons particulières), etc.

B. Composition. C'est la rentrée des classes en septembre. Le professeur de votre cours de français vous demande d'écrire une composition qui raconte ce que vous avez fait pendant les vacances d'été. Il vous demande de l'écrire en répondant à la question suivante:

En quoi est-ce que votre été aurait été différent si vous aviez disposé d'une somme d'argent illimitée et du temps nécessaire pour la dépenser?

Phrases: Writing an essay
Grammar: Past conditional (**conditionnel passé**); pluperfect (**plus-que-parfait**); sequence of tenses with **si**

Premier brouillon Dossier personnel

1. To guide you as you write your critical review, draft a statement that sums up your overall evaluation of the work, using the list of positive and negative aspects that you developed in the previous lesson. This statement can be placed early in the review or used as a summary point in the last sentence.

2. Begin your draft with a summary of the work. The summary can be short or more extensive, but don't reveal the whole plot of the movie, book, or play. Give your readers a chance to find it out for themselves.

3. Incorporate specific material from the work that supports your opinion. You may begin with supporting evidence and end with a statement of opinion. Or you may start with your opinion and follow it up with reasons, facts, and examples. If your review is not entirely supportive, you may want to hypothesize about what could have been different in the work or what would have improved it.

Phrases: Expressing an opinion; agreeing and disagreeing
Grammar: Past conditional (**conditionnel passé**); pluperfect (**plus-que-parfait**); sequence of tenses with **si**

Comment résumer

Track 31 **Conversation** (CONCLUSION)

Premières impressions

Soulignez:
- les expressions pour résumer

Trouvez:
- combien de personnages principaux il y aura dans le film
- quel acteur célèbre va jouer dans le film

réalisateur/réalisatrice *director*

Ayant remarqué la réalisatrice° Laurence Miquel dans le public qui a assisté au match, la journaliste décide de profiter de l'occasion.

une réalisation *production*

LA JOURNALISTE: J'accueille maintenant Laurence Miquel qui va nous parler un peu de sa nouvelle réalisation°. Alors de quoi s'agit-il? Quel est le thème du... ?

une intrigue *plot*

LAURENCE MIQUEL: Eh bien, c'est un documentaire car c'est basé sur une histoire vraie. Mais il y a quand même une intrigue°. En fait, il s'agit d'une histoire d'amour entre plusieurs personnages, cinq personnages principaux° pour être précis. L'histoire se déroule° sur quatre générations. Avec tout un jeu de retours en arrière°, je montre en fait combien le couple d'aujourd'hui vit une histoire semblable à celle de ses grands-parents.

les personnages principaux *main characters* / **se dérouler** *to take place* / **un retour en arrière** *flashback*

LA JOURNALISTE: Oh! Ça a l'air intéressant! Vous nous mettez l'eau à la bouche. Et l'action se déroule où?

avoir (beaucoup) à voir avec *to have (a lot) to do with*

LAURENCE MIQUEL: Dans l'Ouest américain. Le contraste entre le passé et le présent a beaucoup à voir avec° le thème. En deux mots, j'essaie de créer un dialogue entre ce qui était rural et très peu développé au siècle dernier et le monde moderne d'aujourd'hui. D'où le titre «Le Retour vers l'Ouest». Le contraste fait ressortir les parallélismes.

les interprètes [m pl] *the cast*

LA JOURNALISTE: Je ne crois pas que les interprètes° que vous avez choisis soient tellement connus?

une apparition éclair *quick appearance (cameo)* / **un débutant** *beginner*

LAURENCE MIQUEL: Non. Le public va les découvrir. À part une apparition éclair° de Jean-Paul Belmondo, ce sont tous de jeunes débutants°.

LA JOURNALISTE: Eh bien! J'espère que ce film, qui va bientôt sortir, sera une grande réussite.

LAURENCE MIQUEL: Je vous remercie beaucoup.

Observation et analyse

1. Quelle sorte de film est-ce que Laurence Miquel est en train de faire?
2. Quel en est le thème?
3. Parlez de la signification *(meaning)* du titre.
4. Où est-ce que l'action se déroule?
5. À quelle époque se déroule le film?
6. Quelles sortes de gens iront probablement voir ce film? Pourquoi?

Réactions

1. Est-ce que vous avez envie de voir ce film? Pourquoi ou pourquoi pas?
2. Est-ce que vous avez déjà vu un film français? Si oui, parlez-en.
3. Quels films est-ce que vous avez vus et aimés récemment? Pourquoi?
4. Qui est votre acteur préféré/actrice préférée?

Expressions typiques pour...

Résumer

Donc,...
Enfin bref,...
Pour résumer, je dirai que...
Je résume en quelques mots...
En bref,...
Pour tout dire,...
En somme,...
Ceci dit,...

Somme toute *(When all is said and done)*,...
Ce qu'il a dit, c'était que...
Ce qu'il faut (en) retenir *(retain)*, c'est que...
Ce qui s'est passé, c'est que...
En deux mots, le gangster a été tué par la police...

Guide pour vous aider à résumer un film/une pièce/un roman

Est-ce que vous savez le nom du réalisateur/du metteur en scène *(stage director)*/de l'écrivain? (Non, je ne sais pas...)
Combien de personnages principaux est-ce qu'il y a dans le film/la pièce/le roman *(novel)*? (Il y en a...)
Qui sont-ils? Décrivez ces personnages. Parlez des interprètes. (Ils sont...)
Quand est-ce que l'action se déroule? Où?
Est-ce qu'il y a des retours en arrière?
De quoi s'agit-il dans le film/la pièce/le roman? *(What is the film/play/novel all about?)* (Il s'agit de...)
Résumez l'intrigue./Racontez un peu l'histoire.
Quelle est la signification du titre? (Le titre signifie...)
Quel est le thème principal?
Comment est-ce que vous trouvez le film/la pièce/le roman? Est-ce qu'il/elle est intéressant(e)? passionnant(e)? ennuyeux/ennuyeuse? médiocre? (Je le/la trouve...)

Since summarizing can involve telling a shortened version of a story, you may find it helpful to review the expressions used for telling a story in *Chapitre 4.*

Guide pour vous aider à résumer un article

Est-ce que vous savez le nom de l'auteur? (Oui, il/elle s'appelle…)

De quoi traite *(treats; deals with)* l'article? (L'article traite de…)

Quelles sont les idées les plus importantes présentées par l'auteur? (Les idées les plus importantes sont…/Ce que l'auteur a dit d'important, c'est que…)

Donnez plusieurs exemples que l'auteur utilise pour exprimer ses idées ou développer des arguments.

Est-ce que le titre s'explique?

Pour quelle(s) raison(s) est-ce qu'on lirait cet article? (On le lirait pour…/ parce que…)

Quelle est votre réaction à la lecture de cet article? (J'ai trouvé cet article…)

Mots et expressions utiles

Une pièce

une comédie musicale *musical*
un(e) critique de théâtre *theater critic*
l'éclairage [m] *lighting*
frapper les trois coups *to knock three times (heard just before the curtain goes up in French theaters)*
jouer à guichets fermés *to play to sold-out performances*
le metteur en scène *stage director*
la mise en scène *staging*
un rappel *curtain call*
une représentation *performance*
(avoir) le trac *(to have) stage fright*
la troupe *cast*

Un film

un acteur/une actrice *actor/actress*
un(e) cinéaste *filmmaker*
un(e) débutant(e) *beginner*
le dénouement *ending*
se dérouler/se passer *to take place*
un épisode *episode*
un(e) interprète *actor/actress*
  les interprètes [m/f pl] *cast*
l'intrigue [f] *plot*
le personnage (principal) *(main) character*
un producteur *producer (who finances)*
le réalisateur/la réalisatrice *director*
la réalisation *production*
un rebondissement *revival*
un retour en arrière *flashback*
un(e) scénariste *scriptwriter*
le thème *theme*
tourner un film *to shoot a film*
la vedette *star (male or female)*

Comment s'appelle le cinéma où passe ce film? Comment s'appelle le réalisateur du *Pianiste*? Qui est l'interprète principal de ce film? Est-ce que ce film a eu du succès aux États-Unis? Expliquez.

LE PIANISTE
(The Pianist) -VF

Film français, britannique, allemand, polonais · Drame, Historique · Durée : 2h 28mn · Réalisé par Roman Polanski · Palme d'or Cannes 2002.

Durant la Seconde Guerre mondiale, Wladyslaw Szpilman, un célèbre pianiste juif polonais, échappe à la déportation mais se retrouve parqué dans le ghetto de Varsovie … Il parvient à s'en échapper et se réfugie dans les ruines de la capitale. Un officier allemand, qui apprécie sa musique, l'aide et lui permet de survivre.

Un Szpilman solidement interprété par Adrien Brody qui réussit, avec son regard triste et abattu, à faire passer toute l'émotion et la sensibilité du personnage.

Objectif Cinéma - Florence Pommery

Au CMAC uniquement : Samedi 10 mai à 18h30
Mercredi 14 à 20h 30

des genres de films *types of films*
  une comédie *comedy*
  un dessin animé *cartoon*
  un documentaire *documentary*
  un film d'amour *love story*
  un film d'aventures *adventure film*
  un film d'épouvante *horror movie*
  un film d'espionnage *spy movie*
  un film de guerre *war movie*
  un film policier *police story, mystery story*
  un western *western*

un film doublé *dubbed film*
avec sous-titres [m pl] *(with) subtitles*

en version originale (v.o.) *in the original language*
un compte rendu *review (of film, play, book)*
un(e) critique de cinéma *movie critic*
un four *flop*
un navet *third-rate film*
réussi(e) *successful*
l'entracte [m] *intermission*
l'ouvreuse [f] *usher*

Divers

avoir à voir avec *to have something to do with*
C'est complet. *It's sold out.*

✿ Mise en pratique ✿

Un succès durable: *Les Misérables* est une pièce à ne pas manquer. De nombreux **critiques** parisiens en ont fait les éloges *(praise)*. Selon plusieurs **comptes rendus**, le **metteur en scène** du théâtre Mogador est à féliciter pour sa **mise en scène** ingénieuse et efficace. Les **producteurs** qui n'ont pas hésité à emmener le spectacle en tournée de **représentations** misent sur *(bet on)* la même qualité et continuent à trouver des **acteurs** de premier ordre. Le plus souvent les **troupes** en tournée **jouent à guichets fermés**.

Adapté du *Journal Français d'Amérique*

ACTIVITÉS

A. Entraînez-vous: Résumez. Racontez en une ou deux phrases les faits suivants en utilisant les expressions pour résumer.

1. votre dernière conversation avec votre professeur de français
2. votre dernière conversation avec votre patron ou un autre professeur
3. un programme de télévision
4. un événement d'actualité

B. En bref... Résumez en une ou deux phrases le contenu des trois conversations d'un des chapitres précédents, en utilisant les expressions pour résumer.

MODÈLE: *(Chapitre 5, Leçon 2)*
Il s'agit d'un couple français qui entre en conflit avec leur fille Julie parce qu'elle passe trop de temps devant la télé au lieu de faire ses devoirs. Leur neveu Sébastien, par contre, s'intéresse plus à l'école et fait ses devoirs sans même qu'on le lui demande. Bref, on assiste à une comparaison assez nette entre ces deux enfants.

C. Êtes-vous cinéphile? Écrivez les titres de dix films que vous avez vus (américains et étrangers) pendant les deux dernières années. Classez chaque film d'après son genre. Comparez votre liste et votre classification avec celles de vos camarades. Discutez de votre genre de film préféré.

D. Oscars/Césars. Quels sont les films qui ont reçu des Oscars cette année (ou l'année dernière) pour les catégories suivantes: meilleur film, meilleur réalisateur, meilleur acteur, meilleure actrice? Qu'est-ce que vous avez pensé des décisions des membres du jury? Est-ce que vous avez vu les films qui ont reçu le plus d'Oscars? Est-ce que vous savez quels films français ont gagné le plus de Césars cette année (ou l'année dernière)?

E. En peu de mots… Choisissez une pièce ou un film que vous avez vu(e) ou un article que vous avez lu récemment. Faites-en un petit résumé.

Liens culturels

Le septième art

Si les Français vont au cinéma moins souvent que les Américains (la fréquentation moyenne par habitant était de 3,2 en France contre 5,1 aux États-Unis en 2001), ceci ne veut pas dire que les Français manquent de passion pour le septième art. Au contraire, ils le célèbrent chaque année pendant la *Fête du cinéma*. On achète un «carnet-passeport» au prix normal du billet d'entrée de la salle où l'on se rend. Ce carnet est ensuite validé, pendant trois jours et dans toutes les salles de la ville, moyennant 2€ à chaque séance supplémentaire. Divers spectacles ont aussi lieu à Paris et en province à cette occasion et des soirées sont organisées dans des bars et des discothèques.

Cette passion des Français pour le cinéma remonte à plus d'un siècle. En fait, c'est en France, en décembre 1895, que le cinéma est né. Antoine Lumière avait organisé la première projection publique de ses «photographies animées» à l'hôtel Scribe, un haut lieu de la vie parisienne à l'époque. Antoine était fabricant de pellicules mais ce sont ses fils, Auguste et Louis, qui ont inventé la machine qui permettait de les montrer de façon successive. Lorsque Louis Lumière a montré les dessins de son premier cinématographe à son constructeur Jules Charpentier, ce dernier lui a dit: «C'est intéressant mais ça n'a aucun avenir!»

Aujourd'hui, avec plus de 185 millions de spectateurs par an, l'avenir du cinéma en France n'est guère en danger. Une place de cinéma coûte un peu plus cher qu'aux États-Unis (entre 6,5 et 8 euros), ce qui explique pourquoi les Français s'offrent moins souvent ce plaisir.

La récompense la plus prestigieuse du cinéma français est le César, l'équivalent français de l'Oscar d'Hollywood. À la 28e cérémonie des Césars, qui a eu lieu en février 2004, *Les Invasions barbares*, un film franco-canadien, a remporté le prix du meilleur film de l'année. Omar Sharif et Sylvie Testud ont reçu les Césars des meilleurs interprètes féminin et masculin.

Enfin, les différences de sujet et de style sont importantes. Alors que les films américains sont plutôt basés sur des aventures au rythme rapide, les films français ont toujours eu une tendance à être plus intellectuels. Il se peut que l'écart entre les styles se réduise.

Croyez-vous que cet écart puisse disparaître un jour? Quel style est-ce que vous préférez? Pourquoi? Quels films célèbres ont obtenu des Oscars ou des Césars récemment ou il y a dix ans?

Adapté de *Francoscopie 2003* (Larousse, pp. 428–431); www.lescesarducinema.com

La voix passive

A. Formation

The passive voice is useful in a number of contexts, including reporting the facts and summarizing what went on.

> Ce qui se passe à la fin du roman *Une rage fatale*, c'est que le mari **est tué** par sa femme qui est jalouse.

An active voice construction is characterized by normal word order, where the subject of the sentence performs the action and the object receives the action.

Sujet	Verbe actif	Objet	Complément de lieu
La femme	a vu	son mari et sa maîtresse	dans un restaurant.

In a passive voice construction, the subject is acted upon by the object (called the agent) and thus switches roles with the object.

Sujet	Verbe passif	Agent	Complément de lieu
Le mari et sa maîtresse	ont été vus	par la femme	dans un restaurant.

In French, only verbs that are followed directly by an object (i.e., no preposition precedes the object) can be put into the passive voice.

NOTE: The past participle agrees with the subject of the verb **être**. The formation is as follows:

> subject + **être** + past participle (+ **par/de** + agent)
>
> La femme **avait été arrêtée par** la police à une autre occasion; elle **était soupçonnée d'**avoir commis un vol.

An agent is not always mentioned. If one is expressed, it is usually introduced by **par**. However, **de** is used when the passive voice denotes a state. Typical past participles that are likely to be used with the preposition **de** are **aimé, détesté, haï, respecté, admiré, craint, dévoré, entouré**, and **couvert**.

> Durant toutes leurs années de mariage, elle **était dévorée de** jalousie.

B. Pour éviter la voix passive

The passive voice construction is used much less often in French than in English. The following are alternatives to the use of the passive voice.

- If an agent is expressed, transform the sentence to the active voice. Thus, the agent is made the subject of the sentence and the passive subject becomes the direct object.

  PASSIVE: *Une rage fatale* **a été écrit** par un romancier célèbre.

  ACTIVE: Un romancier célèbre **a écrit** *Une rage fatale*.

- If an agent is not expressed and is a person, use the indefinite pronoun **on** as the subject, followed by the active verb in the third-person singular form.

  PASSIVE: Ce roman **est connu** dans de nombreux pays.
  ACTIVE: **On connaît** ce roman dans de nombreux pays.

- Certain common, habitual actions in English expressed in the passive voice can be rendered in French by pronominal verbs, assuming that the subject is inanimate. Common pronominal verbs used in this situation are **se manger, se boire, se parler, se vendre, s'ouvrir, se fermer, se dire, s'expliquer, se trouver, se faire,** and **se voir.**

  Ce roman ne **se vend** pas bien en ce moment.
  This novel is not selling very well right now.

  Mais cela **s'explique** facilement, puisqu'il vient seulement de sortir en librairie.
  But that is easily explained, since it just came out in the bookstores.

SOIRÉE D'OUVERTURE DU FESTIVAL DU FILM DE PARIS

"Agents secrets" de Frédéric Schoendoerffer

Dans "Scènes de crime", son premier film, Frédéric Schoendoerffer pulvérisait les clichés (et les préjugés) attachés au métier de flic. Côte à côte, Charles Berling et André Dussollier, deux policiers plus "intellos" que "physiques", tentaient de résoudre un crime et se laissaient dévorer par le doute et l'horreur de l'affaire : plus instinctifs et plus humains qu'on ne dépeint ordinairement ce corps de métier. Dans "Agents secrets", le fils de Pierre Schoendoerffer poursuit son voyage dans les coulisses de la police et dépeint cette fois les aventures de quatre agents chargés par la DGSE d'une opération de sabotage au Maroc. But apparent de la mission : intimider un homme d'affaires russe et stopper ses livraisons d'armes aux rebelles congolais en coulant son navire. Schoendoerffer a fait à nouveau appel à ses deux comédiens fétiches (Berling et Dussollier) auxquels il a adjoint Vincent Cassel et Monica Bellucci, les deux stars montantes du moment. L'histoire est passionnante, le mélange des comédiens, hélas, prend moyennement. ∎

Vincent Cassel et Monica Bellucci.

Lundi 29 mars. Gaumont Marignan, *27, avenue des Champs-Élysées (8ᵉ), www.festivaldufilmdeparis.com*

De quelle sorte de film est-ce qu'il s'agit, à votre avis? Quelle sorte de films aimez-vous voir? Pourquoi? Quel est le dernier film que vous avez vu? Quels étaient les personnages principaux?

ACTIVITÉS

A. Une pièce à ne pas manquer. Vous trouverez ci-dessous des phrases adaptées d'un compte rendu de la pièce *Mademoiselle Julie* qui s'est jouée du 9 mars au 17 avril au Théâtre Daniel Sorano à Paris. Mettez ces phrases à la voix active.

1. *Mademoiselle Julie,* un drame en prose, a été écrit par le Suédois August Strindberg.
2. Le rôle de Julie, la jeune femme blonde au rire exaspérant, est joué par Karine Mauran.
3. Le personnage de Jean, le domestique, est interprété par Dominik Bernard.
4. Les Antilles françaises ont été choisies comme lieu d'action par le metteur en scène, Pierre-Marie Carlier.
5. L'inégalité et le racisme sont analysés par les personnages à la lumière des autres grands thèmes de la pièce, l'éducation, l'amour et la mort.
6. Le public a été frappé par le talent de deux jeunes comédiens, qui se sont acquittés de leurs rôles avec brio.
7. Une agréable soirée de théâtre vous sera offerte par *Mademoiselle Julie.*

Adapté d'un article de *Pariscope,* du 17 au 23 mars 2004, p. 20.

B. Un drame psychologique. Voici des extraits d'un compte rendu du film *Un roi sans divertissement.* Mettez ces phrases à la voix passive.

1. Les amateurs du romancier Jean Giono connaissent bien l'histoire de ce capitaine chargé de découvrir le meurtrier de deux jeunes filles.
2. Ce capitaine de la gendarmerie découvre l'assassin dans un village perdu dans les monts d'Aubrac.
3. Apparemment, l'ennui et la solitude ont poussé le meurtrier à commettre son double crime.
4. Charles Vanel, Colette Renard et Pierre Repp interprètent les rôles principaux de ce drame psychologique.
5. L'auteur, Jean Giono, a rejeté les formes faciles de pathos et de misérabilisme et a adapté cette histoire pour le film.

Adapté des articles de *Pariscope,* du 17 au 23 mars 2004, pp. 90, 116.

C. Le Karaoke: la machine à chanter. Voici les extraits d'un article sur le vidéodisque à lecture laser *(video disk player).* Mettez les phrases à la voix passive ou active, l'inverse de ce que vous trouvez.

1. Au cours des années 80, le Karaoke est inventé par les ingénieurs de Pioneer.
2. *Karaoke* se traduit d'un mot japonais qui veut dire «orchestre vide».
3. La musique originale d'une chanson est offerte par un lecteur de vidéodisques.
4. On projette les paroles de la chanson sur l'écran.
5. Cet appareil est utilisé par les amateurs pour démontrer leurs talents de chanteur.
6. Le Karaoke a été installé par les commerçants dans les bars et dans les hôtels il y a vingt ans.

D. Au cinéma. Un touriste américain est au cinéma en France. Il cherche dans son dictionnaire les mots pour poser les questions ci-dessous. Aidez-le en utilisant des verbes pronominaux.

1. Is French spoken here?
2. Where is popcorn (**le pop-corn**) sold?
3. Are soft drinks (**boissons non-alcoolisées**) sold in this theater?
4. Tipping the ushers—is that still done in France?
5. I'm not French. Does it show?

Interactions

Interactions, Additional activity: Have students summarize an article from the French magazines that are available in the library or on the Web. Information might include: who wrote the article, when it appeared, what it was about, whether the article was objective or subjective, what the main ideas were, what new ideas they learned, and what ten to twenty new topical vocabulary words they learned from the article.

A. En bref... Regardez un quotidien (français, si c'est possible). Jetez un coup d'œil aux gros titres et parcourez plusieurs articles. Faites un résumé de trois ou quatre événements importants qui sont présentés dans le journal que vous avez choisi.

> MODÈLE: *Le Figaro (journal français), le 14 avril*
> *En peu de mots, voici les événements principaux: Le débat sur la réforme constitutionnelle continue; Sur la Côte d'Azur, il y a eu un nouveau vol (theft) de tableaux dont un Pissarro; Le séisme (earthquake) qui a touché une partie de l'Allemagne, des Pays-Bas, de la Belgique et du nord de la France a fait au moins un mort et des dizaines de blessés.*

B. Pour résumer... Résumez un livre que vous avez lu récemment. Faites attention à l'utilisation de la voix active et de la voix passive. Utilisez les suggestions aux pages 413–414 pour vous aider à organiser votre résumé. Soyez prêt(e) à faire une présentation orale devant vos camarades de classe. Ils vont vous poser des questions sur votre présentation.

Phrases: Writing an essay; expressing an opinion; sequencing events
Grammar: Passive voice with **être, se**

SYSTÈME-D

Deuxième brouillon ➤ Dossier personnel

1. Write a second draft of your paper from *Leçon 2.* Fine-tune your work using the *Expressions typiques pour...* on pages 413–414, the expressions for summarizing in this lesson, and the expressions presented in *Dossier personnel: Deuxième brouillon,* in *Chapitre 1* (p. 35).

2. You may also want to incorporate some of the following adjectives commonly used to discuss style: **gauche** (*awkward*); **maladroit** (*clumsy*); **vigoureux** (*energetic*); **banal** (*hackneyed, trite*); **passionné** (*impassioned*); **ironique; vivant** (*lively*); **émouvant** (*moving*); **ampoulé** (*pompous*); **plein de verve** (*racy*); **négligé** (*slipshod*); **guindé** (*stilted*); **lourd** (*stodgy*); **direct** (*straightforward*); **attendrissant** (*touching*); **plat, insipide** (*vapid, flat*); **vulgaire; spirituel** (*witty*); **prolixe** (*wordy*)

Phrases: Writing an essay; expressing an opinion; sequencing events
Grammar: Passive voice with **être, se**

SYSTÈME-D

Activités vidéo

Avant la vidéo

1. Que savez-vous au sujet du peintre français Paul Gauguin?
2. Faites une liste des choses que vous faites pour organiser une fête. Comparez-la avec les listes de vos camarades. Laquelle est la plus simple? la plus élaborée? la plus pratique?

Turn to *Appendice B* for a complete list of active chapter vocabulary.

Après la vidéo

1. Où est Tante Mathilde? Qu'est-ce qu'elle a envoyé à Élodie? Pourquoi Élodie veut-elle acheter des fleurs et des fruits? Qu'est-ce que ses parents découvrent quand ils arrivent chez Élodie?
2. Quel message est-ce que les amis ont envoyé à Tante Mathilde? Quel en est le sens?

Activités orales

A. En somme… En une ou deux phrases, faites un résumé très bref de ce qui s'est passé dans chacune des situations suivantes. Dans chaque résumé, utilisez des expressions appropriées à la circonstance.

1. une conversation que vous avez eue récemment au téléphone
2. ce qui s'est passé en cours de français hier
3. la météo de votre région pour demain
4. les instants les plus marquants d'un événement sportif que vous avez regardé à la télé récemment
5. ce qui s'est passé pendant la dernière réunion à laquelle vous avez assisté

B. Imaginez… Imaginez que vous avez participé au triathlon annuel à Nice l'année dernière. Vous avez terminé tous les événements mais vous vous êtes classé(e) 849 sur 1 000 au classement général. Votre partenaire est journaliste pour *Onze*, un journal français pour ceux qui s'intéressent aux sports. Il/Elle veut vous interviewer pour un article qui présente les gagnants et ceux qui ont moins bien réussi pendant la compétition.

LES SUJETS: les informations personnelles; pourquoi vous avez participé au triathlon; ce que vous auriez dû faire pour être parmi les 10 premiers au classement; si vous avez déjà participé à un triathlon avant cet événement; si vous le referiez; etc.

Grammar: Compound past tense **(passé composé)**; past conditional **(conditionnel passé)**; pluperfect **(plus-que-parfait)**; sequence of tenses with **si**

SYSTÈME-D

Activité écrite

Mon journal... Écrivez une page dans votre journal où vous résumez les événements majeurs de votre vie pendant le dernier semestre/trimestre. Mentionnez ce que vous avez fait et ce que vous auriez pu ou auriez dû faire pendant ce semestre/trimestre.

Révision finale ◤ Dossier personnel

1. Reread your paper for the extent of your coverage. Does your review tell enough about the work so that a reader can understand what it is about? Does it tell too much? Is your review an interesting piece of writing in itself? Is your opinion stated clearly, argued fairly, and supported by reasons, facts, and examples?

2. Bring your draft to class and ask two classmates to peer edit your paper. It would be particularly helpful if they are not familiar with the work you have reviewed so that they can tell if you have been clear and complete. Your classmates should use the symbols on page 431 to indicate grammar errors.

3. Examine your composition one last time. Check for correct spelling, grammar, and punctuation. Pay special attention to your use of participles, conditional phrases, and passive voice.

4. Prepare your final version.

Phrases: Writing an essay; expressing an opinion; sequencing events
Grammar: Participle agreement **(participe passé, participe présent)**; past conditional **(conditionnel passé)**; pluperfect **(plus-que-parfait)**; sequence of tenses with **si**; passive voice with **être, se**

SYSTÈME-D

Activité écrite: Additional activity: You recently received a letter and pictures from your best friend who moved to Quebec. Answer the letter and explain why you didn't write sooner. Compliment him/her on having lost weight (he/she told you this and it is obvious from a photo) and for his/her new hairstyle. Tell your friend about a movie/play you recently saw. Since you loved (or hated) this film/play, summarize it and give your opinion. Invite your friend to visit you soon.

Saint-Exupéry, one of France's most admired figures, is well known as the author of Le Petit Prince, *a story about a lonely prince from an asteroid who explores the planets searching for a friend. In addition to a successful writing career, Saint-Exupéry enjoyed a career as an aviator, both as a test pilot and a military pilot. During World War II, in 1944, he took off on a spy mission for the Allies and was never seen again. Sixty years later, the twisted wreckage of his plane was found near Provence. In his autobiographical novel* Terre des hommes, *Saint-Exupéry remembers his friend Jean Mermoz (1901–1936), a famous pilot who set up the first airmail liaison from France to West Africa and then from France to South America in the early 1930s.*

MERMOZ

Quelques camarades, dont Mermoz, fondèrent la ligne française de Casablanca à Dakar, à travers le Sahara insoumis[1]. Les moteurs d'alors ne résistant guère, une panne° livra° Mermoz aux Maures[2], ils hésitèrent à le massacrer, le gardèrent quinze jours prisonnier, puis le revendirent°. Et Mermoz reprit ses courriers au-dessus des mêmes territoires.

Lorsque s'ouvrit la ligne d'Amérique, Mermoz, toujours à l'avant-garde, fut chargé d'étudier le tronçon° de Buenos Aires à Santiago, et, après un pont sur le Sahara, de bâtir un pont au-dessus des Andes. On lui confia un avion qui plafonnait à° cinq mille deux cents mètres. Les crêtes° de la Cordillère s'élèvent à sept mille mètres. Et Mermoz décolla° pour chercher des trouées°. Après le sable, Mermoz affronta° la montagne, ces pics qui, dans le vent, lâchent° leur écharpe° de neige, ce pâlissement° des choses avant l'orage, ces remous° si durs qui, subis entre deux murailles de rocs, obligent le pilote à une sorte de lutte au couteau. Mermoz s'engageait dans ces combats sans rien connaître de l'adversaire, sans savoir si l'on sort en vie de telles étreintes°. Mermoz «essayait» pour les autres.

Enfin, un jour, à force d'«essayer», il se découvrit prisonnier des Andes. Échoués, à quatre mille mètres d'altitude, sur un plateau aux parois° verticales, son mécanicien et lui cherchèrent pendant deux jours à s'évader°. Ils étaient pris. Alors, ils jouèrent leur dernière chance, lancèrent° l'avion vers le vide, rebondirent° durement sur le sol inégal, jusqu'au précipice, où ils coulèrent°. L'avion, dans la chute°, prit enfin assez de vitesse pour obéir de nouveau aux commandes. Mermoz le redressa° face à une crête, toucha la crête, et, l'eau fusant° de toutes les tubulures° crevées° dans la nuit par le gel°, déjà en panne après sept minutes de vol, découvrit la plaine chilienne, sous lui, comme une terre promise.

Le lendemain, il recommençait.

Quand les Andes furent bien explorées, une fois la technique des traversées bien au point, Mermoz confia ce

étreintes *grips, pressures*

panne *arrêt du moteur* / livra *left*

revendirent *sold* / parois *walls*

s'évader *to escape*

lancèrent *hurled*
tronçon *segment* / rebondirent *bounced*

coulèrent *sank* / chute *le fait de tomber*

plafonnait à *ne pouvait pas voler au-dessus de* / crêtes *sommets* / redressa *fit remonter* / décolla *took off* / fusant *partant* / trouées *gaps* / tubulures *pipes* / crevées *burst*
affronta *s'attaqua à* / gel *frost*
lâchent *let go* / écharpe *enveloppe*
pâlissement *fading*
remous *wind currents*

[1] région au sud du Maroc dont les habitants étaient en rébellion contre la domination française ou espagnole
[2] populations nomades du Sahara occidental

Intermède culturel ❀ **427**

tronçon à son camarade Guillaumet et s'en fut explorer la nuit.

L'éclairage° de nos escales° n'était pas encore réalisé, et sur les terrains d'arrivée, par nuit noire, on alignait en face de Mermoz la maigre illumination de trois feux d'essence.

Il s'en tira° et ouvrit la route.

Lorsque la nuit fut bien apprivoisée°, Mermoz essaya l'Océan. Et le courrier, dès 1931, fut transporté, pour la première fois, en quatre jours, de Toulouse à Buenos Aires. Au retour, Mermoz subit une panne d'huile au centre de l'Atlantique Sud et sur une mer démontée°. Un navire° le sauva, lui, son courrier et son équipage. [...]

Enfin après douze années de travail, comme il survolait une fois de plus l'Atlantique Sud, il signala par un bref message qu'il coupait le moteur arrière droit. Puis le silence se fit.

La nouvelle ne semblait guère inquiétante, et, cependant, après dix minutes de silence, tous les postes radio de la ligne de Paris jusqu'à Buenos Aires commencèrent leur veille° dans l'angoisse. Car si dix minutes de retard n'ont guère de sens dans la vie journalière°, elles prennent dans l'aviation postale une lourde signification. Au cœur de ce temps mort, un événement encore inconnu se trouve enfermé. [...] Nous espérions, puis les heures se sont écoulées°, et, peu à peu, il s'est fait tard. Il nous a bien fallu comprendre que nos camarades ne rentreraient plus, qu'ils reposaient dans cet Atlantique Sud dont ils avaient si souvent labouré le ciel.

Extrait d'Antoine de Saint-Exupéry, *Terre des hommes* © Éditions Gallimard.

Après la lecture

Compréhension

A. Observation et analyse. Répondez aux questions suivantes.

1. Pendant combien de temps est-ce que Mermoz a été prisonnier des Maures?
2. Pourquoi devait-il chercher des trouées dans les Andes?
3. Nommez des pays et des continents dans lesquels Mermoz a voyagé.
4. Qu'est-ce que Mermoz a exploré après les Andes?
5. Quel message Mermoz a-t-il laissé le jour où il a disparu?
6. Pensez-vous que Mermoz était satisfait de sa vie? Expliquez.

B. Grammaire/Vocabulaire. Récrivez les phrases suivantes au passé, et ensuite, mettez-les dans l'ordre chronologique selon l'histoire.

_____ Mermoz devient pilote en Amérique du Sud.
_____ Mermoz se perd dans les Andes.
_____ Mermoz meurt entre Paris et Buenos Aires.
_____ Mermoz a une panne d'huile mais il est sauvé dans l'océan Atlantique.
_____ Mermoz est prisonnier d'un peuple nomade.
_____ Les pilotes fondent une ligne aérienne postale en Afrique du Nord.

C. Réactions.

1. Comment est-ce que vous trouvez cet extrait: triste, motivant, émouvant, etc.? Expliquez votre réaction.
2. Nommez des chercheurs et des explorateurs que vous admirez. Expliquez pourquoi. MOTS UTILES: **trouver des remèdes pour sauver des vies, découvrir un pays, explorer,** etc.
3. Connaissez-vous quelqu'un qui exerce une profession dangereuse? Parlez de cette personne. IDÉES: parachutiste, agent de police, pompier, bûcheron *(lumberjack)*

Interactions

A. Une liste. Faites une liste des mots qui démontrent le sens de l'initiative, la détermination et le courage de Mermoz et des autres pilotes. En petits groupes, comparez vos listes et parlez du caractère de Mermoz.

B. L'aventure.

1. Saint-Exupéry, aviateur et écrivain, a décrit dans ses œuvres la vie des pilotes. Il a lui-même disparu au cours d'une mission pendant la Seconde Guerre mondiale. Est-ce que les problèmes auxquels les pilotes d'avion doivent faire face aujourd'hui sont différents de ceux que devait affronter Mermoz? Expliquez.
2. En groupe de trois personnes, racontez une aventure que vous avez vécue pendant les vacances, à l'école ou pendant une soirée. Qui a vécu l'aventure la plus intéressante? la plus amusante? la plus effrayante?

C. Une histoire. Étudiez les expressions suivantes. Avec un(e) partenaire, racontez une histoire en utilisant tous ces mots. Ensuite, comparez l'histoire de Mermoz avec celle que vous avez racontée.

être pilote pour une ligne aérienne postale
être en panne de moteur
être prisonnier/prisonnière
continuer à transporter le courrier
explorer les Andes
tomber en panne d'huile *(run out of oil)* au-dessus de l'Atlantique
être sauvé(e) par un navire
disparaître un jour

Expansion

Faites des recherches sur Internet ou à la bibliothèque sur un(e) de vos héros ou héroïnes. Faites une petite biographie de sa vie, y compris une description de son caractère. Expliquez pourquoi il/elle est votre héros/héroïne. Comparez votre choix avec celui des autres étudiants de la classe. Discutez des traits de caractère qu'il faut avoir ou de ce qu'il faut avoir fait pour être considéré comme un héros ou comme une héroïne.

Appendice A

Evaluation des compositions

Grammaire

AA   adjective agreement wrong

AC   accent wrong or missing

ADV   adverb wrong or misplaced after negative or expression of quantity

AUX   auxiliary verb problem

CONJ   conjunction wrong or missing

E   failure to make elision, or inappropriate elision

GN   gender wrong

MD   mood incorrect (indicative, imperative, or subjunctive)

NB   number wrong—sing./plur.

NEG   negative wrong, misplaced, or missing

OP   object pronoun wrong or missing

POS   possessive adjective wrong or missing, lacks agreement

PP   past participle in wrong form or has wrong agreement

PR   preposition wrong or missing

PRO   **y** or **en** wrong or missing

REL   relative pronoun wrong or missing

RP   reflexive pronoun wrong or missing

SP   spelling error

SPN   subject pronoun problem

SVA   subject/verb agreement lacking

TN   tense incorrect

VC   vocabulary wrong, wrong word choice

VF   verb form (e.g., stem) wrong or missing words

WO   word order wrong

Style

AWK   acceptable, but awkward

COM   combine sentences

INC   incomprehensible, due to structure or vocabulary choice that makes it difficult to pinpoint the error

NC   not clear

NL   not logical in terms of paragraph development

POL   incorrect level of politeness (make more or less polite)

REP   use pronoun to avoid repetition

RS   repetitive structure

SYN   find synonym to avoid repetition

Appendice B

Chapitre 1

Saluer/Prendre congé *(To take leave)*

à la prochaine *until next time*
(se) **connaître** *to meet, get acquainted with; to know*
(s')**embrasser** *to kiss; to kiss each other*
se faire la bise *(familiar) to greet with a kiss*
faire la connaissance (de) *to meet, make the acquaintance (of)*
(se) **rencontrer** *to meet (by chance); to run into*
(se) **retrouver** *to meet (by prior arrangement)*
(se) **revoir** *to meet; to see again*

Les voyages

un aller-retour *round-trip ticket*
annuler *to void, cancel*
l'arrivée [f] *arrival*
un billet aller simple *one-way ticket*
un demi-tarif *half-fare*
le départ *departure*
desservir une gare, un village *to serve a train station, a village*
les frais d'annulation [m pl] *cancellation fees*
le guichet *ticket window, office; counter*
un horaire *schedule*
indiquer *to show, direct, indicate*
le panneau d'affichage électronique *electronic schedule*
partir en voyage d'affaires *to leave on a business trip*
le quai *platform*
une réduction *discount*
les renseignements [m pl] *information*
un tarif *fare, rate*
valable *valid*
un vol *flight; theft*

La conversation

les actualités [f pl] *current events*
avoir l'air *to look, have the appearance of*
bavarder *to chat*

le boulot *(familiar) work*
être en forme *to be in good shape*
les loisirs [m pl] *leisure activities*
le paysage *countryside*

L'argent

une carte de crédit *a credit card*
le chèque de voyage *traveler's check*
le chéquier *checkbook*
emprunter *to borrow*
encaisser *to cash (a check)*
le portefeuille *wallet, billfold; portfolio*
un prêt *a loan*
prêter *to lend*

Rendre un service

Ce n'est pas la peine. *Don't bother.*
déranger *to bother*
donner un coup de main à quelqu'un *(familiar) to give someone a hand*
embêter *to bother*

Le voyage

descendre *to go down; to get off (train, etc.); to bring down (luggage)*
enlever *to take something out, off, down*
monter *to go up; to get on (train, etc.); to bring up (luggage)*
une poignée *handle*
le porte-bagages *suitcase rack*
le quai *(train) platform*

Divers

une couchette *cot, train bed*
s'installer *to get settled*
une place de libre *an unoccupied seat*
une place réservée *a reserved seat*
à propos *by the way*

Chapitre 2

L'invitation

un agenda *engagement calendar*
avoir envie de (+ infinitif) *to feel like (doing something)*
avoir quelque chose de prévu *to have plans*

donner rendez-vous à quelqu'un *to make an appointment with someone*
emmener quelqu'un *to take someone (somewhere)*
être pris(e) *to be busy (not available)*
ne rien avoir de prévu *to have no plans*

passer un coup de fil à quelqu'un *to give (someone) a telephone call*

poser un lapin à quelqu'un *(familiar) to stand someone up*

prévoir/projeter de (+ infinitif) *to plan on (doing something)*

les projets [m pl] *plans*

faire des projets *to make plans*

regretter/être désolé(e) *to be sorry*

remercier *to thank someone*

vérifier *to check*

Qui?

le chef *head, boss*

un(e) collègue *fellow worker*

un copain/une copine *a friend*

le directeur/la directrice *director*

le/la patron(ne) *boss*

Quand?

dans une heure/deux jours *in an hour/two days*

samedi en huit/en quinze *a week/two weeks from Saturday*

la semaine prochaine/mardi prochain *next week/next Tuesday*

tout de suite *right away*

Où?

aller au cinéma/à un concert/au théâtre *to go to a movie/a concert/the theater*

aller à une soirée *to go to a party*

aller en boîte *to go to a nightclub*

aller voir une exposition de photos/de sculptures *to go see a photography/sculpture exhibit*

prendre un verre/un pot *(familiar) to have a drink*

La nourriture et les boissons

les anchois [m pl] *anchovies*

un artichaut *artichoke*

les asperges [f pl] *asparagus*

l'assiette [f] de charcuterie *cold cuts*

la bière *beer*

le buffet chaud *warm dishes*

le buffet froid *cold dishes*

le chèvre *goat cheese*

la choucroute *sauerkraut*

les côtelettes [f pl] de porc *pork chops*

les côtes [f pl] d'agneau *lamb chops*

la coupe de fruits *fruit salad*

les épinards [m pl] *spinach*

les frites [f pl] *fries*

le fromage *cheese*

la glace *ice cream*

les gourmandises [f pl] *delicacies*

les haricots [m pl] verts *green beans*

le jambon *ham*

le lait *milk*

le lapin *rabbit*

les légumes [m pl] *vegetables*

l'œuf [m] dur *hard-boiled egg*

l'omelette [f] nature *plain omelette*

les pâtes [f pl] *noodles, pasta*

les petits pois [m pl] *peas*

le poivron vert *green pepper*

les pommes [f pl] de terre *potatoes*

la pression *draft beer*

les salades [f pl] composées *salads*

la salade de saison *seasonal salad*

le sorbet *sherbet*

la tarte *pie*

le thon *tuna*

le veau *veal*

le vin *wine*

le yaourt *yogurt*

L'enseignement

assister à un cours *to attend a class*

une conférence *a lecture*

un congrès *a conference*

se débrouiller *to manage, get along*

échouer à *to fail*

facultatif/facultative *elective; optional (subject of study)*

les frais [m pl] d'inscription *registration fees*

une leçon particulière *a private lesson*

une lecture *a reading*

manquer un cours *to miss a class*

une matière *a subject, course*

la note *grade*

obligatoire *required*

passer un examen *to take an exam*

rater *to flunk*

rattraper *to catch up*

redoubler un cours *to repeat a course*

réussir à un examen *to pass an exam*

réviser (pour) *to review (for)*

sécher un cours *to cut a class*

se spécialiser en *to major in*

tricher à *to cheat*

Divers

discuter de choses et d'autres *to talk about this and that*

pareil(le) *same, such a*

la rentrée *start of the new school year*

volontiers *gladly, willingly*

Chapitre 3

La famille

les arrière-grands-parents *great-grandparents*
le beau-frère/beau-père *brother-/father-in-law or stepbrother/-father*
la belle-sœur/belle-mère *sister-/mother-in-law or stepsister/-mother*
célibataire/marié(e)/divorcé(e)/remarié(e) *single/married/divorced/remarried*
le demi-frère/la demi-sœur *half brother/sister*
être de la famille *to be a parent, relative, cousin*
une famille nombreuse *large family*
une femme/un homme au foyer *housewife/househusband*
le mari/la femme *spouse; husband/wife*
une mère célibataire *single mother*
un père célibataire *single father*
le troisième âge/la vieillesse *old age*
la vie de famille *home life*

Les enfants

l'aîné(e) *elder, eldest*
bien/mal élevé(e) *well/badly brought up*
le cadet/la cadette *younger, youngest*
un fils/une fille unique *only child*
gâté(e) *spoiled*
un(e) gosse *(familiar) kid*
un jumeau/une jumelle *twin*
le siège-voiture/siège-bébé *car seat*

La possession

C'est à qui le tour? *Whose turn is it? (Who's next?)*
C'est à lui/à toi. *It's his/your turn.*
être à (+ pronom disjoint) *to belong to (someone)*

Les affaires

l'appareil photo [m] *camera*
le lecteur de CD *CD player*
le magnétoscope *VCR*
l'ordinateur [m] *computer*
le scanner *scanner*

Les personnes

avoir des boucles d'oreille/un anneau au sourcil *to have earrings/an eyebrow ring*
avoir la vingtaine/la trentaine, etc. *to be in one's 20s/30s, etc.*
avoir les cheveux... *to have . . . hair*
    roux *red*
    châtains *chestnut*
    bruns *dark brown*
    noirs *black*
    raides *straight*
    ondulés *wavy*
    frisés *curly*
avoir les yeux marron *to have brown eyes*
avoir une barbe/une moustache/des pattes *to have a beard/moustache/sideburns*
être aveugle *to be blind*
être chauve *to be bald*
être dans une chaise roulante *to be in a wheelchair*
être de bonne/mauvaise humeur *to be in a good/bad mood*
être de petite taille *to be short*
être de taille moyenne *to be of average height*
être d'un certain âge *to be middle-aged*
être fort(e) *to be heavy, big, stout*
être grand(e) *to be tall*
être gros (grosse)/mince *to be big, fat/thin, slim*
être infirme *to be disabled*
être marrant(e)/gentil (gentille)/mignon (mignonne) *to be funny/nice/cute, sweet*
être paralysé(e)/tétraplégique *to be paralysed/quadriplegic*
être sourd(e) *to be deaf*
faire jeune *to look young*
marcher avec des béquilles *to be on crutches*
marcher avec une canne *to use a cane*
ne pas faire son âge *to not look one's age*
porter des lunettes/des lentilles de contact *to wear glasses/contact lenses*

Les objets

être en argent/or/acier/coton/laine/plastique *to be made of silver/gold/steel/cotton/wool/plastic*
être grand(e)/petit(e), bas (basse) *to be big, tall, high/small, short/low*
être gros (grosse)/petit(e)/minuscule *to be big/small/tiny*
être large/étroit(e) *to be wide/narrow*
être long (longue)/court(e) *to be long/short*
être lourd(e)/léger (légère) *to be heavy/light*
être pointu(e) *to be pointed*
être rond(e)/carré(e)/allongé(e) *to be round/square/oblong*

Les bons rapports

le coup de foudre *love at first sight*
s'entendre bien avec *to get along well with*
être en bons termes avec quelqu'un *to be on good terms with someone*
se fiancer *to get engaged*
fréquenter quelqu'un *to go steady with someone*
les liens [m pl] *relationship*
    les liens de parenté *family ties*
les rapports [m pl] *relationship*
se revoir *to see each other again*

tomber amoureux/amoureuse de quelqu'un *to fall in love with someone*

Les rapports difficiles

se brouiller avec quelqu'un *to get along badly with someone*
une dispute *a quarrel*
  se disputer *to argue*
être en mauvais termes avec quelqu'un *to be on bad terms with someone*
exigeant(e) *demanding*
le manque de communication *communication gap*
se plaindre (de quelque chose à quelqu'un) *to complain (to someone about something)*

rompre avec quelqu'un *to break up with someone*
taquiner *to tease*
tendu(e) *tense*

Divers

déménager *to move*
en avoir marre *(familiar) to be fed up*
faire la grasse matinée *to sleep late*
hausser les sourcils *to raise one's eyebrows*
s'occuper de *to take care of, handle*
plein de *(familiar) a lot of*
quotidien(ne) *daily*

Chapitre 4

Les vacances

une agence de voyages *travel agency*
avoir le mal du pays *to be homesick*
une brochure/un dépliant *pamphlet*
les congés [m pl] payés *paid vacation*
passer des vacances magnifiques/épouvantables *to spend a magnificent/horrible vacation*
un séjour *stay, visit*
un souvenir *memory* (avoir un bon souvenir); *souvenir* (acheter des souvenirs)
le syndicat d'initiative *tourist bureau*
visiter (un endroit) *to visit (a place)*

Des choix

aller à l'étranger *to go abroad*
aller voir quelqu'un *to visit someone*
descendre dans un hôtel *to stay in a hotel*
rendre visite (à quelqu'un) *to visit (someone)*
un appartement de location *rental apartment*
un terrain de camping *campground* (aller dans un...)

Les transports

atterrir *to land*
avoir une contravention *to get a ticket, fine*
avoir un pneu crevé *to have a flat tire*
être pris(e) dans un embouteillage *to be caught in a traffic tie-up/jam*
un car *bus (traveling between towns)*
la circulation *traffic*
décoller *to take off (plane)*
descendre (de la voiture/du bus/du taxi/de l'avion/du train) *to get out of (the car/bus/taxi/plane/train)*
faire de l'auto-stop *to hitchhike*
faire le plein *to fill up (gas tank)*
flâner *to stroll*

garer la voiture *to park the car*
manquer le train *to miss the train*
monter dans (une voiture/un bus/un taxi/un avion/un train) *to get into (a car/bus/taxi/plane/train)*
passer un alcootest® *to take a Breathalyzer® test*
se perdre *to get lost*
ramener *to bring (someone, something) back; to drive (someone) home*
se tromper de train *to take the wrong train*
tomber en panne d'essence *to run out of gas*
un vol (direct/avec escale) *flight (direct/with a stopover)*

À la douane *(customs)*

confisquer *to confiscate*
débarquer *to land*
déclarer (ses achats) *to declare (one's purchases)*
le douanier/la douanière *customs officer*
faire de la contrebande *to smuggle goods*
fouiller les bagages/les valises *to search, go through baggage/luggage*
montrer son passeport *to show one's passport*
le passager/la passagère *passenger (on an airplane)*
passer à la douane *to go through customs*
payer des droits *to pay duty/tax*
se présenter à la douane *to appear at customs*

L'avion

débarquer *to get off*
embarquer *to go on board*

L'hôtel

une chambre à deux lits *double room (room with two beds)*
une chambre avec douche/salle de bains *room with a shower/bathroom*

une chambre de libre *vacant room*
la clé *key*
un grand lit *double bed*
payer en espèces/par carte de crédit/avec des chèques de voyage *to pay in cash/by credit card/in traveler's checks*
la réception *front desk*
le/la réceptionniste *hotel desk clerk*
régler la note *to pay, settle the bill*
réserver/retenir une chambre *to reserve a room*

le service d'étage *room service*

Divers

arracher de *to grab from*
se débrouiller *to manage, get along*
se bousculer *to bump, jostle each other*
grossier (grossière) *rude*
jurer *to swear*
piquer *(slang) to steal*

Chapitre 5

La volonté

avoir envie de (+ infinitif) *to feel like (doing something)*
compter *to intend, plan on, count on, expect*
tenir à *to really want; to insist on*

La télévision

les actualités/les informations [f pl] *news (in the press, but especially on TV)*
allumer la télé *to turn on the TV*
augmenter le son *to turn up the volume*
baisser le son *to turn down the volume*
une causerie *talk show*
une chaîne *channel*
la concurrence *competition*
un débat *debate*
diffuser/transmettre (en direct) *to broadcast (live)*
l'écran [m] *screen*
une émission *broadcast, TV show*
éteindre la télé *to turn off the TV*
un feuilleton *serial; soap opera*
un jeu télévisé *game show*
le journal télévisé *TV news*
mettre la 3, 6, etc. *to put on channel 3, 6, etc.*
le poste de télévision *TV set*
un programme *program listing*
rater *to miss*
une rediffusion *rerun*
un reportage en direct *live report*
une série *series*
un spot publicitaire *TV commercial*
une télécommande *remote control*
un téléspectateur/une téléspectatrice *TV viewer*
la télévision par câble *cable TV*

Les émotions

agacer *to annoy*
barber *to bore*
la crainte *fear*
la déception *disappointment*
déçu(e) *disappointed*
le dégoût *disgust, distaste*
embêter *to bother*
en avoir assez *to have had enough*
en avoir marre *(familiar) to be fed up*
ennuyé(e) *bored, annoyed, bothered*
ennuyeux/ennuyeuse *annoying, boring, tedious, irritating*
génial(e) *fantastic*
heureusement *thank goodness*
inquiet/inquiète *worried, anxious*
s'inquiéter *to worry*
l'inquiétude [f] *worry, anxiety*
insupportable *unbearable, intolerable*
On a eu chaud! *(familiar) That was a narrow escape!*
le soulagement *relief*
supporter *to put up with*

La radio

un animateur/une animatrice *radio or TV announcer*
un auditeur/une auditrice *member of (listening) audience*
une station *(radio) station*

La presse

un abonnement *subscription*
être abonné(e) à *to subscribe to*
une annonce *announcement, notification*
les petites annonces *classified advertisements*
annuler *to cancel*
un bi-mensuel *bimonthly publication*
un hebdomadaire *weekly publication*
un journal *newspaper*
un lecteur/une lectrice *reader*
un magazine *magazine*
un mensuel *monthly publication*
les nouvelles [f pl] *printed news; news in general*
un numéro *issue*
une publicité *advertisement*
un quotidien *daily publication*

un reportage *newspaper report; live news or sports commentary*
une revue *magazine (of sophisticated, glossy nature)*
une rubrique *heading, item; column*
le tirage *circulation*

La persuasion

aboutir à un compromis *to come to or reach a compromise*
avoir des remords *to have (feel) remorse*
avoir gain de cause *to win the argument*
changer d'avis *to change one's mind*
convaincre (quelqu'un de faire quelque chose) *to persuade (someone to do something)*
se décider (à faire quelque chose) *to make up one's mind (to do something)*
défendre (à quelqu'un de faire quelque chose) *to forbid (someone to do something); to defend*

une dispute *an argument*
s'efforcer de *to try hard, try one's best*
l'esprit [m] ouvert *open mind*
indécis(e) (sur) *indecisive; undecided (about)*
interdire (à quelqu'un de faire quelque chose) *to forbid (someone to do something)*
je te/vous prie (de faire quelque chose) *will you please (do something)*
le point de vue *point of view*
prendre une décision *to make a decision*
renoncer *to give up*
têtu(e) *stubborn*

Divers

un contrôle *test*
s'embrouiller *to become confused*

Chapitre 6

La politique

une campagne électorale *election campaign*
un débat *debate*
désigner/nommer *to appoint*
discuter (de) *to discuss*
un électeur/une électrice *voter*
élire (past part.: élu) *to elect*
être candidat(e) (à la présidence) *to run (for president)*
se faire inscrire *to register (to vote)*
la lutte (contre) *fight, struggle (against)*
un mandat *term of office*
la politique étrangère *foreign policy*
la politique intérieure *internal (domestic) policy*
un problème/une question *issue*
un programme électoral *platform*
se (re)présenter *to run (again)*
soutenir *to support*
voter *to vote*

La guerre *(War)*

l'armée [f] *army*
les armes de destruction massive (ADM) [f pl] *weapons of mass destruction*
attaquer *to attack*
un attentat *attack*
céder à *to give up; to give in*
les combats [m pl] *fighting*
le conflit *conflict*
une embuscade *ambush*
les forces [f pl] *forces*

le front *front; front lines*
insensé(e) *insane*
libérer *to free*
livrer *to deliver*
la mort *death;* les morts [m pl] *the dead*
la négociation *negotiation*
la paix *peace*
la peine de mort *death penalty*
la polémique *controversy*
les pourparlers [m pl] *talks; negotiations*
prendre en otage *to take hostage*
se produire *to happen, take place*
le soldat *soldier*
le terrorisme *terrorism*
tuer *to kill*

Les arts/L'architecture

la conception (from **concevoir**) *design, plan*
en verre/en métal/en terre battue *made of glass/metal/adobe*
une œuvre *work (of art)*
rénover *to renovate*

Les perspectives

s'accoutumer à *to get used to*
attirer *to attract*
chouette (familiar) *neat, nice, great*
convaincre *to convince*
un gâchis *mess, wasted materials*
honteux (honteuse) *shameful*
insupportable *intolerable, unbearable*

laid(e) *ugly*
moche *(familiar) ugly, ghastly*
passionnant(e) *exciting*
remarquable/spectaculaire *remarkable/spectacular*
réussi(e) *successful, well executed*
super *(familiar) super*
supprimer *to do away with*

L'immigration et le racisme

s'accroître *to increase*
l'accueil [m] *welcome*
accueillant(e) *welcoming, friendly*
s'aggraver *to get worse*
la banlieue *the suburbs*
blesser *to hurt*
un bouc émissaire *scapegoat, fall guy*
le chômage *unemployment*
un chômeur/une chômeuse *unemployed person*
croissant(e) *increasing, growing*
éclairer *to enlighten*

empirer *to worsen*
un(e) immigrant(e) *newly arrived immigrant*
un(e) immigré(e) *an immigrant well established in the foreign country*
un incendie *fire*
maghrébin(e) *from the Maghreb (Northwest Africa: Morocco, Algeria, Tunisia)*
la main-d'œuvre *labor*
une manifestation/manifester *demonstration, protest (organized)/to demonstrate, protest*
une menace *threat*
les quartiers [m pl] défavorisés *slums*
répandre *to spread*
rouer quelqu'un de coups *to beat someone black and blue*
la xénophobie *xenophobia (fear/hatred of foreigners)*

Divers

un sans-abri *homeless person*

Chapitre 7

La recherche d'un emploi *(Job hunting)*

les allocations [f pl] de chômage *unemployment benefits*
l'avenir [m] *future*
avoir une entrevue/un entretien *to have an interview*
changer de métier *to change careers*
chercher du travail *to look for work*
le curriculum vitae (le C.V.) *résumé, CV*
être candidat(e) à un poste *to apply for a job*
être au chômage *to be unemployed*
être à la retraite *to be retired*
la formation professionnelle *professional education, training*
occuper un poste *to have a job*
l'offre [f] d'emploi *opening, available position*
la pension de retraite *retirement pension*
prendre sa retraite *to retire*
en profiter *to take advantage of the situation; to enjoy*
la promotion *promotion*
remplir une demande d'emploi *to fill out a job application*
la réussite *success*
le salaire *pay (in general)*
la sécurité de l'emploi *job security*
le service du personnel *personnel services*
le traitement mensuel *monthly salary*
trouver un emploi *to find a job*

Les métiers *(Trades, professions, crafts)*

les professions [f pl] libérales: un médecin/une femme médecin, un(e) dentiste, un(e) avocat(e), un architecte, un infirmier/une infirmière *(nurse)*, etc.
les fonctionnaires (employés de l'État): un agent de police, un douanier/une douanière, un magistrat *(judge)*, etc.
les affaires [f pl] *(business)* (travailler pour une entreprise): un homme/une femme d'affaires *(businessman/woman)*, un(e) secrétaire, un(e) employé(e) de bureau, un(e) comptable *(accountant)*, un(e) représentant(e) de commerce *(sales rep)*, etc.
le commerce (servir les clients): un boucher/une bouchère, un épicier/une épicière, un(e) commerçant(e) *(shopkeeper)*
l'industrie [f] (travailler dans une usine): un ouvrier/une ouvrière *(worker)*, un(e) employé(e), un(e) technicien(ne), un chef d'atelier *(shop)*, un ingénieur, un cadre/une femme cadre *(manager)*, un directeur/une directrice, etc.
l'informatique [f] *(computer science)*: un(e) informaticien(ne) *(computer expert)*, un(e) analyste en informatique, un programmeur/une programmeuse, etc.
l'enseignement [m]: un instituteur/une institutrice ou professeur des écoles, un professeur, un(e) enseignant(e), etc.

oublier d'attacher/de mettre sa ceinture de sécurité *to forget to fasten/put on one's seatbelt*
sécher un cours *to cut a class*

Une pièce

une comédie musicale *musical*
un(e) critique de théâtre *theater critic*
l'éclairage [m] *lighting*
frapper les trois coups *to knock three times (heard just before the curtain goes up in French theaters)*
jouer à guichets fermés *to play to sold-out performances*
le metteur en scène *stage director*
la mise en scène *staging*
un rappel *curtain call*
une représentation *performance*
(avoir) le trac *(to have) stage fright*
la troupe *cast*

Un film

un acteur/une actrice *actor/actress*
un cinéaste *filmmaker*
un compte rendu *review (of film, play, book)*
une(e) critique de cinéma *movie critic*
un(e) débutant(e) *beginner*
le dénouement *ending*
se dérouler/se passer *to take place*
l'entracte [m] *intermission*
un épisode *episode*
un film doublé *dubbed film*
un four *flop*
des genres de films *types of films*
    une comédie *comedy*
    un dessin animé *cartoon*
    un documentaire *documentary*

un film d'amour *love story*
un film d'aventures *adventure film*
un film d'épouvante *horror movie*
un film d'espionnage *spy movie*
un film de guerre *war movie*
un film policier *police story, mystery story*
un western *western*
une(e) interprète *actor/actress*
    les interprètes [m/f pl] *cast*
l'intrigue [f] *plot*
un navet *third-rate film*
l'ouvreuse [f] *usher*
le personnage (principal) *(main) character*
un producteur *producer (who finances)*
le réalisateur/la réalisatrice *director*
la réalisation *production*
un rebondissement *revival*
un retour en arrière *flashback*
réussi(e) *successful*
un(e) scénariste *scriptwriter*
(avec) sous-titres [m pl] *(with) subtitles*
le thème *theme*
tourner un film *to shoot a film*
la vedette *star (male or female)*
en version originale (v.o.) *in the original language*

Divers

avoir à voir avec *to have something to do with*
avouer *to admit*
C'est complet. *It's sold out.*
grossir/prendre des kilos *to put on weight*
ne pas se réveiller à temps *to oversleep*
un rendez-vous avec un(e) inconnu(e) *blind date*

Appendice C

Expressions supplémentaires

Les nombres

Les nombres cardinaux

1	un/une	19	dix-neuf	51	cinquante et un
2	deux	20	vingt	52	cinquant-deux
3	trois	21	vingt et un	60	soixante
4	quatre	22	vingt-deux	61	soixante et un
5	cinq	23	vingt-trois	62	soixante-deux
6	six	24	vingt-quatre	70	soixante-dix
7	sept	25	vingt-cinq	71	soixante et onze
8	huit	26	vingt-six	72	soixante-douze
9	neuf	27	vingt-sept	80	quatre-vingts
10	dix	28	vingt-huit	81	quatre-vingt-un
11	onze	29	vingt-neuf	82	quatre-vingt-deux
12	douze	30	trente	90	quatre-vingt-dix
13	treize	31	trente et un	91	quatre-vingt-onze
14	quatorze	32	trente-deux	92	quatre-vingt-douze
15	quinze	40	quarante	100	cent
16	seize	41	quarante et un	101	cent un
17	dix-sept	42	quarante-deux	200	deux cents
18	dix-huit	50	cinquante	201	deux cent un

1 000	mille
1 001	mille un
1 300	treize cents/mille trois cents
1 740	dix-sept cent quarante/ mille sept cent quarante
8 000	huit mille
10 000	dix mille
100 000	cent mille
1 000 000	un million
1 000 000 000	un milliard

NOTE:

- When **quatre-vingts** and multiples of **cent** are followed by another number, the **s** is dropped.

  quatre-vingts   quatre-vingt-trois
  deux cents   deux cent quinze

Mille is always invariable: quatre mille habitants.

- French and English are exactly the opposite in their use of commas and decimal points.

  3.5 in English is **3,5** in French.

- However, in numbers above 999, the French use a space.

  15,000 in English is **15 000** in French.

Les nombres ordinaux

1er (1ère)	premier (première)	*first*
2e	deuxième, second(e)	*second*
3e	troisième	*third*
4e	quatrième	*fourth*
5e	cinquième	*fifth*
6e	sixième	*sixth*
7e	septième	*seventh*
8e	huitième	*eighth*
9e	neuvième	*ninth*
10e	dixième	*tenth*
11e	onzième	*eleventh*
20e	vingtième	*twentieth*
21e	vingt et unième	*twenty-first*
100e	centième	*one hundredth*

NOTE:

- In titles and dates, cardinal numbers are always used, except for "the first."

  François **1er** (Premier)   le **1er** (premier) avril
  Louis **XVI** (Seize)   le **25** (vingt-cinq) décembre

- Contrary to English, the cardinal number always precedes the ordinal number when both are used.

  les deux premiers groupes   les vingt premières pages
  the first two groups   *the first twenty pages*

Les jours

lundi	jeudi	samedi
mardi	vendredi	dimanche
mercredi		

Les mois

janvier	mai	septembre
février	juin	octobre
mars	juillet	novembre
avril	août	décembre

Les saisons

l'été	en été
l'automne	en automne
l'hiver	en hiver
BUT: le printemps	au printemps

Les dates

le _____ _____ _____
   (nombre) (mois) (année)

EXEMPLES: le 15 juin 1989
            le 1er avril 1992

L'heure

Quelle heure est-il?

1h	Il est une heure.
3h	Il est trois heures.
6h10	Il est six heures dix.
5h50	Il est six heures moins dix.
8h15	Il est huit heures et quart.
8h45	Il est neuf heures moins le quart.
10h30	Il est dix heures et demie.
12h	Il est midi/minuit.

NOTE: The French equivalents of A.M. and P.M. are **du matin** *(in the morning),* **de l'après-midi** *(in the afternoon),* and **du soir** *(in the evening).* The 24-hour clock is also used, especially for schedules.

6 P.M. would be **dix-huit heures.**

Les expressions de temps

Il fait beau.	*The weather is nice.*
Il fait mauvais.	*The weather is bad.*
Il fait (du) soleil.	*It is sunny.*
Il fait chaud.	*It is warm.*
Il fait froid.	*It is cold.*
Il fait frais.	*It is cool.*
Il fait du vent.	*It is windy.*
Il fait humide.	*It is humid.*
Il fait sec.	*It is dry.*
Il fait brumeux.	*It is misty.*
Il fait jour.	*It is daylight.*
Il fait nuit.	*It is dark.*
Il se fait tard.	*It is getting late.*
Il pleut.	*It is raining.*
Il neige.	*It is snowing.*
Il gèle.	*It is freezing.*
Il grêle.	*It is hailing.*
Il y a un orage.	*There is a storm.*
Le temps est couvert/ nuageux.	*It is cloudy.*
La température est de 20°C.	*The temperature is 20 degrees Celsius.*

Les couleurs

beige	*beige*
blanc/blanche	*white*
bleu/bleue	*blue*
brun/brune	*brown*
crème	*cream*
jaune	*yellow*
gris/grise	*gray*
marron	*chestnut brown*
noir/noire	*black*
orange	*orange*
pourpre	*crimson*
rose	*pink*
rouge	*red*
vert/verte	*green*
violet/violette	*purple*
bleu clair	*light blue*
rouge foncé	*dark red*

NOTE: **Marron**, **orange**, and **crème** are invariable, as is any adjective modified by **clair** or **foncé**.

Expressions au téléphone

Allô? Bonjour, monsieur.   Allô, oui. Bonjour.

C'est bien le 03.12.53.55.87?
{ Oui.
Non, vous faites erreur.
Quel numéro demandez-vous? }

Ici, c'est Madame Dubois.
À qui ai-je l'honneur (de parler)?
Qui est-ce?
} C'est...

Pourrais-je parler à... ?
Puis-je parler à... ?
{ En personne.
Mais oui. Ne quittez pas. *(Hold on.)*
Je l'appelle./Je vous le (la) passe.
  (I'll put him/her on.)
Ne coupez pas. *(Don't hang up.)*
Non, il n'est pas là.
Est-ce que je peux prendre un
  message?
Il vous rappellera quand il rentrera. }

Appendice D

Les temps littéraires

Four past tenses, two indicative and two subjunctive, are used in written French in formal literary style. The literary tenses are the **passé simple**, the **passé antérieur**, the **imparfait du subjonctif**, and the **plus-que-parfait du subjonctif**.

Le passé simple

Many French authors express themselves in writing using the tense **le passé simple**, and thus it is used in several of your readings. This literary tense is the equivalent of the **passé composé**; in fact, the same distinctions that exist between the **passé composé** and the **imparfait** are made with the **passé simple** and the **imparfait**. However, whereas the **passé composé** is used in all forms of the spoken language and in correspondence, the **passé simple** is reserved exclusively for use in literary narrative writing. Since it is not likely that you will need to actively use this tense, you only need to learn to recognize and understand the forms.

    The **passé simple** is composed of just one form. Regular verbs use the infinitive minus the **-er**, **-ir**, or **-re** endings as the stem, and add the following endings:

- **-er** verbs, including **aller**

je parl**ai**	nous parl**âmes**
tu parl**as**	vous parl**âtes**
il/elle/on parl**a**	ils/elles parl**èrent**

- **-ir** verbs, including verbs like **partir**, **dormir**, **servir**

je pun**is**	nous pun**îmes**
tu pun**is**	vous pun**îtes**
il/elle/on pun**it**	ils/elles pun**irent**

- **-re** verbs

je rend**is**	nous rend**îmes**
tu rend**is**	vous rend**îtes**
il/elle/on rend**it**	ils/elles rend**irent**

As for the irregular verbs, some verbs use the past participle as the stem, while others do not. Most irregular verbs and their stems are listed below. The endings for the irregular verbs are:

je	**-s**	nous	**-mes**
tu	**-s**	vous	**-tes**
il/elle/on	**-t**	ils/elles	**-rent**

A circumflex (^) is placed above the last vowel of the stem in the **nous** and **vous** forms, as in the example below.

croire

je crus	nous crûmes
tu crus	vous crûtes
il/elle/on crut	ils/elles crurent

Stems of irregular verbs

apercevoir	**aperçu-**	mettre	**mi-**
asseoir	**assi-**	mourir	**mouru-**
atteindre	**atteigni-**	naître	**naqui-**
avoir	**eu-**	offrir	**offri-**
boire	**bu-**	ouvrir	**ouvri-**
conduire	**conduisi-**	paraître	**paru-**
convaincre	**convainqui-**	plaire	**plu-**
connaître	**connu-**	pleuvoir	**il plut**
courir	**couru-**	pouvoir	**pu-**
craindre	**craigni-**	prendre	**pri-**
croire	**cru-**	recevoir	**reçu-**
devenir	**devin-**	résoudre	**résolu-**
devoir	**du-**	rire	**ri-**
dire	**di-**	savoir	**su-**
écrire	**écrivi-**	suivre	**suivi-**
être	**fu-**	taire	**tu-**
faillir	**failli-**	valoir	**valu-**
faire	**fi-**	venir	**vin-**
falloir	**il fallut**	vivre	**vécu-**
fuir	**fui-**	voir	**vi-**
lire	**lu-**	vouloir	**voulu-**

Le passé antérieur

The **passé antérieur** is a literary tense used to designate a past event that occurred prior to another past event that is usually expressed in the **passé simple**. It often appears after the conjunctions **quand**, **lorsque**, **dès que**, **aussitôt que** and **après que**. The **passé antérieur** is formed with the **passé simple** of **avoir** or **être** and the past participle.

parler

j'eus parlé	nous eûmes parlé
tu eus parlé	vous eûtes parlé
il eut parlé	ils eurent parlé
elle eut parlé	elles eurent parlé
on eut parlé	

partir

je fus parti(e)	nous fûmes parti(e)s
tu fus parti(e)	vous fûtes parti(e)(s)
il fut parti	ils furent partis
elle fut partie	elles furent parties
on fut parti	

se réveiller

je me fus réveillé(e)	nous nous fûmes réveillé(e)s
tu te fus réveillé(e)	vous vous fûtes réveillé(e)(s)
il se fut réveillé	ils se furent réveillés
elle se fut réveillée	elles se furent réveillées
on se fut réveillé	

L'imparfait du subjonctif

The **imparfait du subjonctif** may be used in subordinate clauses when the verb in the main clause is in a past tense or in the conditional. It is formed by dropping the ending of the **passé simple** and adding the endings below. The **imparfait du subjonctif** corresponds in meaning to the present subjunctive and, in fact, in spoken language the present subjunctive is used.

aller

(passé simple: **j'allai**, etc.)

que j'allasse	que nous allassions
que tu allasses	que vous allassiez
qu'il allât	qu'ils allassent
qu'elle allât	qu'elles allassent
qu'on allât	

finir

(passé simple: **je finis**, etc.)

que je finisse	que nous finissions
que tu finisses	que vous finissiez
qu'il finît	qu'ils finissent
qu'elle finît	qu'elles finissent
qu'on finît	

croire

(passé simple: **je crus**, etc.)

que je crusse	que nous crussions
que tu crusses	que vous crussiez
qu'il crût	qu'ils crussent
qu'elle crût	qu'elles crussent
qu'on crût	

Le plus-que-parfait du subjonctif

The **plus-que-parfait du subjonctif** may replace the **plus-que-parfait** or the **conditionnel passé**. It may be used in subordinate clauses for events that occurred prior to the time of the verb in the main clause. Like the **imparfait du subjonctif**, it is used when the main-clause verb is in a past tense or in the conditional. It is formed with the **imparfait du subjonctif** of **avoir** or **être** and the past participle. The **plus-que-parfait du subjonctif** corresponds in meaning to the **passé du subjonctif**.

parler

que j'eusse parlé	que nous eussions parlé
que tu eusses parlé	que vous eussiez parlé
qu'il eût parlé	qu'ils eussent parlé
qu'elle eût parlé	qu'elles eussent parlé
qu'on eût parlé	

venir

que je fusse venu(e)	que nous fussions venu(e)s
que tu fusses venu(e)	que vous fussiez venu(e)(s)
qu'il fût venu	qu'ils fussent venus
qu'elle fût venue	qu'elles fussent venues
qu'on fût venu	

Appendice E

Les verbes

Les verbes réguliers

INFINITIF	PRÉSENT	IMPÉRATIF	PASSÉ COMPOSÉ	IMPARFAIT
parler *(to talk, speak)*	je **parle** tu **parles** il **parle** nous **parlons** vous **parlez** ils **parlent**	**parle** **parlons** **parlez**	j'ai **parlé** tu **as parlé** il **a parlé** nous **avons parlé** vous **avez parlé** ils **ont parlé**	je **parlais** tu **parlais** il **parlait** nous **parlions** vous **parliez** ils **parlaient**
finir *(to finish)*	je **finis** tu **finis** il **finit** nous **finissons** vous **finissez** ils **finissent**	**finis** **finissons** **finissez**	j'ai **fini** tu **as fini** il **a fini** nous **avons fini** vous **avez fini** ils **ont fini**	je **finissais** tu **finissais** il **finissait** nous **finissions** vous **finissiez** ils **finissaient**
rendre *(to give back)*	je **rends** tu **rends** il **rend** nous **rendons** vous **rendez** ils **rendent**	**rends** **rendons** **rendez**	j'ai **rendu** tu **as rendu** il **a rendu** nous **avons rendu** vous **avez rendu** ils **ont rendu**	je **rendais** tu **rendais** il **rendait** nous **rendions** vous **rendiez** ils **rendaient**
se laver *(to wash oneself)*	je **me lave** tu **te laves** il **se lave** nous **nous lavons** vous **vous lavez** ils **se lavent**	**lave-toi** **lavons-nous** **lavez-vous**	je **me suis lavé(e)** tu **t'es lavé(e)** il/elle **s'est lavé(e)** nous **nous sommes lavé(e)s** vous **vous êtes lavé(e)(s)** ils/elles **se sont lavé(e)s**	je **me lavais** tu **te lavais** il **se lavait** nous **nous lavions** vous **vous laviez** ils **se lavaient**

PASSÉ SIMPLE	FUTUR	CONDITIONNEL	SUBJONCTIF	PARTICIPE PRÉSENT
je **parlai**	je **parlerai**	je **parlerais**	que je **parle**	**parlant**
tu **parlas**	tu **parleras**	tu **parlerais**	que tu **parles**	
il **parla**	il **parlera**	il **parlerait**	qu'il **parle**	
nous **parlâmes**	nous **parlerons**	nous **parlerions**	que nous **parlions**	
vous **parlâtes**	vous **parlerez**	vous **parleriez**	que vous **parliez**	
ils **parlèrent**	ils **parleront**	ils **parleraient**	qu'ils **parlent**	
je **finis**	je **finirai**	je **finirais**	que je **finisse**	**finissant**
tu **finis**	tu **finiras**	tu **finirais**	que tu **finisses**	
il **finit**	il **finira**	il **finirait**	qu'il **finisse**	
nous **finîmes**	nous **finirons**	nous **finirions**	que nous **finissions**	
vous **finîtes**	vous **finirez**	vous **finiriez**	que vous **finissiez**	
ils **finirent**	ils **finiront**	ils **finiraient**	qu'ils **finissent**	
je **rendis**	je **rendrai**	je **rendrais**	que je **rende**	**rendant**
tu **rendis**	tu **rendras**	tu **rendrais**	que tu **rendes**	
il **rendit**	il **rendra**	il **rendrait**	qu'il **rende**	
nous **rendîmes**	nous **rendrons**	nous **rendrions**	que nous **rendions**	
vous **rendîtes**	vous **rendrez**	vous **rendriez**	que vous **rendiez**	
ils **rendirent**	ils **rendront**	ils **rendraient**	qu'ils **rendent**	
je **me lavai**	je **me laverai**	je **me laverais**	que je **me lave**	**se lavant**
tu **te lavas**	tu **te laveras**	tu **te laverais**	que tu **te laves**	
il **se lava**	il **se lavera**	il **se laverait**	qu'il **se lave**	
nous **nous lavâmes**	nous **nous laverons**	nous **nous laverions**	que nous **nous lavions**	
vous **vous lavâtes**	vous **vous laverez**	vous **vous laveriez**	que vous **vous laviez**	
ils **se lavèrent**	ils **se laveront**	ils **se laveraient**	qu'ils **se lavent**	

Les verbes en -er avec changement d'orthographe

INFINITIF	PRÉSENT	IMPÉRATIF	PASSÉ COMPOSÉ	IMPARFAIT
acheter *(to buy)*	j'**achète** tu **achètes** il **achète** nous **achetons** vous **achetez** ils **achètent**	**achète** **achetons** **achetez**	j'ai **acheté** tu **as acheté** il a **acheté** nous **avons acheté** vous **avez acheté** ils **ont acheté**	j'**achetais** tu **achetais** il **achetait** nous **achetions** vous **achetiez** ils **achetaient**
Verbs like **acheter:**	**amener** *(to bring [someone]])*, **élever** *(to raise)*, **emmener** *(to take away [someone]])*, **enlever** *(to take off, remove)*, **peser** *(to weigh)*			
appeler *(to call)*	j'**appelle** tu **appelles** il **appelle** nous **appelons** vous **appelez** ils **appellent**	**appelle** **appelons** **appelez**	j'ai **appelé** tu **as appelé** il a **appelé** nous **avons appelé** vous **avez appelé** ils **ont appelé**	j'**appelais** tu **appelais** il **appelait** nous **appelions** vous **appeliez** ils **appelaient**
Verbs like **appeler:**	**épeler** *(to spell)*, **jeter** *(to throw)*, **rappeler** *(to recall, call back)*, **rejeter** *(to reject)*			
préférer *(to prefer)*	je **préfère** tu **préfères** il **préfère** nous **préférons** vous **préférez** ils **préfèrent**	**préfère** **préférons** **préférez**	j'ai **préféré** tu **as préféré** il a **préféré** nous **avons préféré** vous **avez préféré** ils **ont préféré**	je **préférais** tu **préférais** il **préférait** nous **préférions** vous **préfériez** ils **préféraient**
Verbs like **préférer:**	**célébrer** *(to celebrate)*, **espérer** *(to hope)*, **inquiéter** *(to worry)*, **posséder** *(to own)*, **protéger** *(to protect)*, **répéter** *(to repeat)*, **sécher** *(to dry)*, **suggérer** *(to suggest)*			
manger *(to eat)*	je **mange** tu **manges** il **mange** nous **mangeons** vous **mangez** ils **mangent**	**mange** **mangeons** **mangez**	j'ai **mangé** tu **as mangé** il a **mangé** nous **avons mangé** vous **avez mangé** ils **ont mangé**	je **mangeais** tu **mangeais** il **mangeait** nous **mangions** vous **mangiez** ils **mangeaient**
Verbs like **manger:**	**arranger** *(to fix, arrange)*, **changer** *(to change)*, **corriger** *(to correct)*, **déménager** *(to move one's residence)*, **déranger** *(to disturb)*, **diriger** *(to manage, run)*, **nager** *(to swim)*, **négliger** *(to neglect)*, **obliger** *(to oblige)*, **partager** *(to share)*, **plonger** *(to dive)*, **protéger** *(to protect)*, **ranger** *(to put in order, put away)*, **songer à** *(to think of)*, **voyager** *(to travel)*			
commencer *(to start, begin)*	je **commence** tu **commences** il **commence** nous **commençons** vous **commencez** ils **commencent**	**commence** **commençons** **commencez**	j'ai **commencé** tu **as commencé** il a **commencé** nous **avons commencé** vous **avez commencé** ils **ont commencé**	je **commençais** tu **commençais** il **commençait** nous **commencions** vous **commenciez** ils **commençaient**
Verbs like **commencer:**	**annoncer** *(to announce)*, **avancer** *(to move forward)*, **effacer** *(to erase)*, **lancer** *(to throw, launch)*, **menacer** *(to threaten)*, **placer** *(to put, set, place)*, **remplacer** *(to replace)*, **renoncer** *(to give up, renounce)*			
payer *(to pay, pay for)*	je **paie** tu **paies** il **paie** nous **payons** vous **payez** ils **paient**	**paie** **payons** **payez**	j'ai **payé** tu **as payé** il a **payé** nous **avons payé** vous **avez payé** ils **ont payé**	je **payais** tu **payais** il **payait** nous **payions** vous **payiez** ils **payaient**
Verbs like **payer:**	**employer** *(to use, employ)*, **ennuyer** *(to bore, annoy)*, **envoyer** *(to send)* (except in future and conditional), **essayer** *(to try)*, **essuyer** *(to wipe)*, **nettoyer** *(to clean)*			

PASSÉ SIMPLE	FUTUR	CONDITIONNEL	SUBJONCTIF	PARTICIPE PRÉSENT
j'achetai	j'achèterai	j'achèterais	que j'achète	achetant
tu achetas	tu achèteras	tu achèterais	que tu achètes	
il acheta	il achètera	il achèterait	qu'il achète	
nous achetâmes	nous achèterons	nous achèterions	que nous achetions	
vous achetâtes	vous achèterez	vous achèteriez	que vous achetiez	
ils achetèrent	ils achèteront	ils achèteraient	qu'ils achètent	
j'appelai	j'appellerai	j'appellerais	que j'appelle	appelant
tu appelas	tu appelleras	tu appellerais	que tu appelles	
il appela	il appellera	il appellerait	qu'il appelle	
nous appelâmes	nous appellerons	nous appellerions	que nous appelions	
vous appelâtes	vous appellerez	vous appelleriez	que vous appeliez	
ils appelèrent	ils appelleront	ils appelleraient	qu'ils appellent	
je préférai	je préférerai	je préférerais	que je préfère	préférant
tu préféras	tu préféreras	tu préférerais	que tu préfères	
il préféra	il préférera	il préférerait	qu'il préfère	
nous préférâmes	nous préférerons	nous préférerions	que nous préférions	
vous préférâtes	vous préférerez	vous préféreriez	que vous préfériez	
ils préférèrent	ils préféreront	ils préféreraient	qu'ils préfèrent	
je mangeai	je mangerai	je mangerais	que je mange	mangeant
tu mangeas	tu mangeras	tu mangerais	que tu manges	
il mangea	il mangera	il mangerait	qu'il mange	
nous mangeâmes	nous mangerons	nous mangerions	que nous mangions	
vous mangeâtes	vous mangerez	vous mangeriez	que vous mangiez	
ils mangèrent	ils mangeront	ils mangeraient	qu'ils mangent	
je commençai	je commencerai	je commencerais	que je commence	commençant
tu commenças	tu commenceras	tu commencerais	que tu commences	
il commença	il commencera	il commencerait	qu'il commence	
nous commençâmes	nous commencerons	nous commencerions	que nous commencions	
vous commençâtes	vous commencerez	vous commenceriez	que vous commenciez	
ils commencèrent	ils commenceront	ils commenceraient	qu'ils commencent	
je payai	je paierai	je paierais	que je paie	payant
tu payas	tu paieras	tu paierais	que tu paies	
il paya	il paiera	il paierait	qu'il paie	
nous payâmes	nous paierons	nous paierions	que nous payions	
vous payâtes	vous paierez	vous paieriez	que vous payiez	
ils payèrent	ils paieront	ils paieraient	qu'ils paient	

Les verbes irréguliers

Sommaire

In the list below, the number at the right of each irregular verb corresponds to the number of the verb, or of a similarly conjugated verb, in the tables that follow. Verbs conjugated with **être** as an auxiliary verb in the compound tenses are marked with an asterisk (*). All other verbs are conjugated with **avoir**.

absoudre *(to forgive)* 1
accueillir *(to receive, welcome)* 15
acquérir *(to acquire, get)* 2
admettre *(to admit)* 26
***aller** *(to go)* 3
***s'en aller** *(to go away)* 3
apercevoir *(to catch a glimpse of)* 34
***apparaître** *(to appear)* 10
appartenir *(to belong)* 43
apprendre *(to learn)* 33
***s'asseoir** *(to sit down)* 4
atteindre *(to attain)* 13
avoir *(to have)* 5
battre *(to beat)* 6
***se battre** *(to fight)* 6
boire *(to drink)* 7
combattre *(to combat)* 6
comprendre *(to understand)* 33
conclure *(to conclude)* 8
conduire *(to drive; to conduct)* 9

connaître *(to know)* 10
conquérir *(to conquer)* 2
construire *(to construct)* 9
contenir *(to contain)* 43
convaincre *(to convince)* 41
convenir *(to agree)* 43
coudre *(to sew)* 11
courir *(to run)* 12
couvrir *(to cover)* 29
craindre *(to fear)* 13
croire *(to believe)* 14
cueillir *(to pick, gather)* 15
cuire *(to cook)* 9
décevoir *(to deceive)* 34
découvrir *(to discover)* 29
décrire *(to describe)* 19
déplaire *(to displease)* 30
détruire *(to destroy)* 9
***devenir** *(to become)* 43
devoir *(must, to have to; to owe)* 16

dire *(to say, tell)* 17
disparaître *(to disappear)* 10
dormir *(to sleep)* 18
écrire *(to write)* 19
élire *(to elect)* 25
***s'endormir** *(to fall asleep)* 18
envoyer *(to send)* 20
éteindre *(to turn off)* 13
être *(to be)* 21
faire *(to do, make)* 22
falloir *(to be necessary)* 23
fuir *(to flee)* 24
***s'inscrire** *(to join, sign up)* 19
interdire *(to forbid, prohibit)* 17
joindre *(to join)* 13
lire *(to read)* 25
maintenir *(to maintain)* 43
mentir *(to lie)* 38
mettre *(to put, place)* 26
***mourir** *(to die)* 27

INFINITIF	PRÉSENT	IMPÉRATIF	PASSÉ COMPOSÉ	IMPARFAIT
1. **absoudre** *(to forgive)*	j'**absous** tu **absous** il **absout** nous **absolvons** vous **absolvez** ils **absolvent**	**absous** **absolvons** **absolvez**	j'**ai absous** tu **as absous** il **a absous** nous **avons absous** vous **avez absous** ils **ont absous**	j'**absolvais** tu **absolvais** il **absolvait** nous **absolvions** vous **absolviez** ils **absolvaient**
2. **acquérir** *(to acquire, get)*	j'**acquiers** tu **acquiers** il **acquiert** nous **acquérons** vous **acquérez** ils **acquièrent**	**acquiers** **acquérons** **acquérez**	j'**ai acquis** tu **as acquis** il **a acquis** nous **avons acquis** vous **avez acquis** ils **ont acquis**	j'**acquérais** tu **acquérais** il **acquérait** nous **acquérions** vous **acquériez** ils **acquéraient**
3. **aller** *(to go)*	je **vais** tu **vas** il **va** nous **allons** vous **allez** ils **vont**	**va** **allons** **allez**	je **suis allé(e)** tu **es allé(e)** il/elle **est allé(e)** nous **sommes allé(e)s** vous **êtes allé(e)(s)** ils/elles **sont allé(e)s**	j'**allais** tu **allais** il **allait** nous **allions** vous **alliez** ils **allaient**
4. **s'asseoir** *(to sit down)*	je **m'assieds** tu **t'assieds** il **s'assied** nous **nous asseyons** vous **vous asseyez** ils **s'asseyent**	**assieds-toi** **asseyons-nous** **asseyez-vous**	je **me suis assis(e)** tu **t'es assis(e)** il/elle **s'est assis(e)** nous **nous sommes assis(es)** vous **vous êtes assis(e)(s)** ils/elles **se sont assis(es)**	je **m'asseyais** tu **t'asseyais** il **s'asseyait** nous **nous asseyions** vous **vous asseyiez** ils **s'asseyaient**

*naître *(to be born)* 28
obtenir *(to obtain, get)* 43
offrir *(to offer)* 29
ouvrir *(to open)* 29
paraître *(to appear)* 10
parcourir *(to travel over)* 12
*partir *(to leave)* 38
*parvenir *(to arrive; to succeed)* 43
peindre *(to paint)* 13
permettre *(to permit)* 26
*se plaindre *(to complain)* 13
plaire *(to please)* 30
pleuvoir *(to rain)* 31
poursuivre *(to pursue)* 39
pouvoir *(can, to be able)* 32
prédire *(to predict)* 17
prendre *(to take)* 33
prévoir *(to foresee)* 45
produire *(to produce)* 9
promettre *(to promise)* 26

recevoir *(to receive, get)* 34
reconnaître *(to recognize)* 10
reconstruire *(to reconstruct)* 9
recouvrir *(to recover)* 29
*redevenir *(to become again)* 43
réduire *(to reduce)* 9
remettre *(to postpone)* 26
reprendre *(to take back)* 33
résoudre *(to resolve, solve)* 35
retenir *(to reserve)* 43
*revenir *(to come back)* 43
revoir *(to see again)* 45
rire *(to laugh)* 36
rompre *(to break)* 6
savoir *(to know)* 37
sentir *(to smell)* 38
*se sentir *(to feel)* 38
servir *(to serve)* 38
*se servir de *(to use)* 38
*sortir *(to go out)* 38

souffrir *(to suffer)* 29
soumettre *(to submit)* 26
sourire *(to smile)* 36
soutenir *(to support)* 43
*se souvenir *(to remember)* 43
suivre *(to follow)* 39
surprendre *(to surprise)* 33
survivre *(to survive)* 44
*se taire *(to be quiet)* 40
tenir *(to hold)* 43
traduire *(to translate)* 9
transmettre *(to transmit)* 26
vaincre *(to conquer)* 41
valoir *(to be worth; to deserve, merit)* 42
*venir *(to come)* 43
vivre *(to live)* 44
voir *(to see)* 45
vouloir *(to wish, want)* 46

PASSÉ SIMPLE	FUTUR	CONDITIONNEL	SUBJONCTIF	PARTICIPE PRÉSENT
n'existe pas	j'**absoudrai** tu **absoudras** il **absoudra** nous **absoudrons** vous **absoudrez** ils **absoudront**	j'**absoudrais** tu **absoudrais** il **absoudrait** nous **absoudrions** vous **absoudriez** ils **absoudraient**	que j'**absolve** que tu **absolves** qu'il **absolve** que nous **absolvions** que vous **absolviez** qu'ils **absolvent**	**absolvant**
j'**acquis** tu **acquis** il **acquit** nous **acquîmes** vous **acquîtes** ils **acquirent**	j'**acquerrai** tu **acquerras** il **acquerra** nous **acquerrons** vous **acquerrez** ils **acquerront**	j'**acquerrais** tu **acquerrais** il **acquerrait** nous **acquerrions** vous **acquerriez** ils **acquerraient**	que j'**acquière** que tu **acquières** qu'il **acquière** que nous **acquérions** que vous **acquériez** qu'ils **acquièrent**	**acquérant**
j'**allai** tu **allas** il **alla** nous **allâmes** vous **allâtes** ils **allèrent**	j'**irai** tu **iras** il **ira** nous **irons** vous **irez** ils **iront**	j'**irais** tu **irais** il **irait** nous **irions** vous **iriez** ils **iraient**	que j'**aille** que tu **ailles** qu'il **aille** que nous **allions** que vous **alliez** qu'ils **aillent**	**allant**
je m'**assis** tu t'**assis** il s'**assit** nous **nous assîmes** vous **vous assîtes** ils s'**assirent**	je m'**assiérai** tu t'**assiéras** il s'**assiéra** nous **nous assiérons** vous **vous assiérez** ils s'**assiéront**	je m'**assiérais** tu t'**assiérais** il s'**assiérait** nous **nous assiérions** vous **vous assiériez** ils s'**assiéraient**	que je m'**asseye** que tu t'**asseyes** qu'il s'**asseye** que nous **nous asseyions** que vous **vous asseyiez** qu'ils s'**asseyent**	**s'asseyant**

INFINITIF	PRÉSENT	IMPÉRATIF	PASSÉ COMPOSÉ	IMPARFAIT
5. **avoir** (to have)	j'**ai** tu **as** il **a** nous **avons** vous **avez** ils **ont**	**aie** **ayons** **ayez**	j'**ai eu** tu **as eu** il **a eu** nous **avons eu** vous **avez eu** ils **ont eu**	j'**avais** tu **avais** il **avait** nous **avions** vous **aviez** ils **avaient**
6. **battre** (to beat)	je **bats** tu **bats** il **bat** nous **battons** vous **battez** ils **battent**	**bats** **battons** **battez**	j'**ai battu** tu **as battu** il **a battu** nous **avons battu** vous **avez battu** ils **ont battu**	je **battais** tu **battais** il **battait** nous **battions** vous **battiez** ils **battaient**
7. **boire** (to drink)	je **bois** tu **bois** il **boit** nous **buvons** vous **buvez** ils **boivent**	**bois** **buvons** **buvez**	j'**ai bu** tu **as bu** il **a bu** nous **avons bu** vous **avez bu** ils **ont bu**	je **buvais** tu **buvais** il **buvait** nous **buvions** vous **buviez** ils **buvaient**
8. **conclure** (to conclude)	je **conclus** tu **conclus** il **conclut** nous **concluons** vous **concluez** ils **concluent**	**conclus** **concluons** **concluez**	j'**ai conclu** tu **as conclu** il **a conclu** nous **avons conclu** vous **avez conclu** ils **ont conclu**	je **concluais** tu **concluais** il **concluait** nous **concluions** vous **concluiez** ils **concluaient**
9. **conduire** (to drive; to conduct)	je **conduis** tu **conduis** il **conduit** nous **conduisons** vous **conduisez** ils **conduisent**	**conduis** **conduisons** **conduisez**	j'**ai conduit** tu **as conduit** il **a conduit** nous **avons conduit** vous **avez conduit** ils **ont conduit**	je **conduisais** tu **conduisais** il **conduisait** nous **conduisions** vous **conduisiez** ils **conduisaient**
10. **connaître** (to know)	je **connais** tu **connais** il **connaît** nous **connaissons** vous **connaissez** ils **connaissent**	**connais** **connaissons** **connaissez**	j'**ai connu** tu **as connu** il **a connu** nous **avons connu** vous **avez connu** ils **ont connu**	je **connaissais** tu **connaissais** il **connaissait** nous **connaissions** vous **connaissiez** ils **connaissaient**
11. **coudre** (to sew)	je **couds** tu **couds** il **coud** nous **cousons** vous **cousez** ils **cousent**	**couds** **cousons** **cousez**	j'**ai cousu** tu **as cousu** il **a cousu** nous **avons cousu** vous **avez cousu** ils **ont cousu**	je **cousais** tu **cousais** il **cousait** nous **cousions** vous **cousiez** ils **cousaient**
12. **courir** (to run)	je **cours** tu **cours** il **court** nous **courons** vous **courez** ils **courent**	**cours** **courons** **courez**	j'**ai couru** tu **as couru** il **a couru** nous **avons couru** vous **avez couru** ils **ont couru**	je **courais** tu **courais** il **courait** nous **courions** vous **couriez** ils **couraient**
13. **craindre** (to fear)	je **crains** tu **crains** il **craint** nous **craignons** vous **craignez** ils **craignent**	**crains** **craignons** **craignez**	j'**ai craint** tu **as craint** il **a craint** nous **avons craint** vous **avez craint** ils **ont craint**	je **craignais** tu **craignais** il **craignait** nous **craignions** vous **craigniez** ils **craignaient**

PASSÉ SIMPLE	FUTUR	CONDITIONNEL	SUBJONCTIF	PARTICIPE PRÉSENT
j'**eus**	j'**aurai**	j'**aurais**	que j'**aie**	**ayant**
tu **eus**	tu **auras**	tu **aurais**	que tu **aies**	
il **eut**	il **aura**	il **aurait**	qu'il **ait**	
nous **eûmes**	nous **aurons**	nous **aurions**	que nous **ayons**	
vous **eûtes**	vous **aurez**	vous **auriez**	que vous **ayez**	
ils **eurent**	ils **auront**	ils **auraient**	qu'ils **aient**	
je **battis**	je **battrai**	je **battrais**	que je **batte**	**battant**
tu **battis**	tu **battras**	tu **battrais**	que tu **battes**	
il **battit**	il **battra**	il **battrait**	qu'il **batte**	
nous **battîmes**	nous **battrons**	nous **battrions**	que nous **battions**	
vous **battîtes**	vous **battrez**	vous **battriez**	que vous **battiez**	
ils **battirent**	ils **battront**	ils **battraient**	qu'ils **battent**	
je **bus**	je **boirai**	je **boirais**	que je **boive**	**buvant**
tu **bus**	tu **boiras**	tu **boirais**	que tu **boives**	
il **but**	il **boira**	il **boirait**	qu'il **boive**	
nous **bûmes**	nous **boirons**	nous **boirions**	que nous **buvions**	
vous **bûtes**	vous **boirez**	vous **boiriez**	que vous **buviez**	
ils **burent**	ils **boiront**	ils **boiraient**	qu'ils **boivent**	
je **conclus**	je **conclurai**	je **conclurais**	que je **conclue**	**concluant**
tu **conclus**	tu **concluras**	tu **conclurais**	que tu **conclues**	
il **conclut**	il **conclura**	il **conclurait**	qu'il **conclue**	
nous **conclûmes**	nous **conclurons**	nous **conclurions**	que nous **concluions**	
vous **conclûtes**	vous **conclurez**	vous **concluriez**	que vous **concluiez**	
ils **conclurent**	ils **concluront**	ils **concluraient**	qu'ils **concluent**	
je **conduisis**	je **conduirai**	je **conduirais**	que je **conduise**	**conduisant**
tu **conduisis**	tu **conduiras**	tu **conduirais**	que tu **conduises**	
il **conduisit**	il **conduira**	il **conduirait**	qu'il **conduise**	
nous **conduisîmes**	nous **conduirons**	nous **conduirions**	que nous **conduisions**	
vous **conduisîtes**	vous **conduirez**	vous **conduiriez**	que vous **conduisiez**	
ils **conduisirent**	ils **conduiront**	ils **conduiraient**	qu'ils **conduisent**	
je **connus**	je **connaîtrai**	je **connaîtrais**	que je **connaisse**	**connaissant**
tu **connus**	tu **connaîtras**	tu **connaîtrais**	que tu **connaisses**	
il **connut**	il **connaîtra**	il **connaîtrait**	qu'il **connaisse**	
nous **connûmes**	nous **connaîtrons**	nous **connaîtrions**	que nous **connaissions**	
vous **connûtes**	vous **connaîtrez**	vous **connaîtriez**	que vous **connaissiez**	
ils **connurent**	ils **connaîtront**	ils **connaîtraient**	qu'ils **connaissent**	
je **cousis**	je **coudrai**	je **coudrais**	que je **couse**	**cousant**
tu **cousis**	tu **coudras**	tu **coudrais**	que tu **couses**	
il **cousit**	il **coudra**	il **coudrait**	qu'il **couse**	
nous **cousîmes**	nous **coudrons**	nous **coudrions**	que nous **cousions**	
vous **cousîtes**	vous **coudrez**	vous **coudriez**	que vous **cousiez**	
ils **cousirent**	ils **coudront**	ils **coudraient**	qu'ils **cousent**	
je **courus**	je **courrai**	je **courrais**	que je **coure**	**courant**
tu **courus**	tu **courras**	tu **courrais**	que tu **coures**	
il **courut**	il **courra**	il **courrait**	qu'il **coure**	
nous **courûmes**	nous **courrons**	nous **courrions**	que nous **courions**	
vous **courûtes**	vous **courrez**	vous **courriez**	que vous **couriez**	
ils **coururent**	ils **courront**	ils **courraient**	qu'ils **courent**	
je **craignis**	je **craindrai**	je **craindrais**	que je **craigne**	**craignant**
tu **craignis**	tu **craindras**	tu **craindrais**	que tu **craignes**	
il **craignit**	il **craindra**	il **craindrait**	qu'il **craigne**	
nous **craignîmes**	nous **craindrons**	nous **craindrions**	que nous **craignions**	
vous **craignîtes**	vous **craindrez**	vous **craindriez**	que vous **craigniez**	
ils **craignirent**	ils **craindront**	ils **craindraient**	qu'ils **craignent**	

INFINITIF	PRÉSENT	IMPÉRATIF	PASSÉ COMPOSÉ	IMPARFAIT
14. croire *(to believe)*	je crois tu crois il croit nous croyons vous croyez ils croient	crois croyons croyez	j'ai cru tu as cru il a cru nous avons cru vous avez cru ils ont cru	je croyais tu croyais il croyait nous croyions vous croyiez ils croyaient
15. cueillir *(to pick, gather)*	je cueille tu cueilles il cueille nous cueillons vous cueillez ils cueillent	cueille cueillons cueillez	j'ai cueilli tu as cueilli il a cueilli nous avons cueilli vous avez cueilli ils ont cueilli	je cueillais tu cueillais il cueillait nous cueillions vous cueilliez ils cueillaient
16. devoir *(must, to have to;* *to owe)*	je dois tu dois il doit nous devons vous devez ils doivent	dois devons devez	j'ai dû tu as dû il a dû nous avons dû vous avez dû ils ont dû	je devais tu devais il devait nous devions vous deviez ils devaient
17. dire *(to say, tell)*	je dis tu dis il dit nous disons vous dites ils disent	dis disons dites	j'ai dit tu as dit il a dit nous avons dit vous avez dit ils ont dit	je disais tu disais il disait nous disions vous disiez ils disaient
18. dormir *(to sleep)*	je dors tu dors il dort nous dormons vous dormez ils dorment	dors dormons dormez	j'ai dormi tu as dormi il a dormi nous avons dormi vous avez dormi ils ont dormi	je dormais tu dormais il dormait nous dormions vous dormiez ils dormaient
19. écrire *(to write)*	j'écris tu écris il écrit nous écrivons vous écrivez ils écrivent	écris écrivons écrivez	j'ai écrit tu as écrit il a écrit nous avons écrit vous avez écrit ils ont écrit	j'écrivais tu écrivais il écrivait nous écrivions vous écriviez ils écrivaient
20. envoyer *(to send)*	j'envoie tu envoies il envoie nous envoyons vous envoyez ils envoient	envoie envoyons envoyez	j'ai envoyé tu as envoyé il a envoyé nous avons envoyé vous avez envoyé ils ont envoyé	j'envoyais tu envoyais il envoyait nous envoyions vous envoyiez ils envoyaient
21. être *(to be)*	je suis tu es il est nous sommes vous êtes ils sont	sois soyons soyez	j'ai été tu as été il a été nous avons été vous avez été ils ont été	j'étais tu étais il était nous étions vous étiez ils étaient
22. faire *(to do, make)*	je fais tu fais il fait nous faisons vous faites ils font	fais faisons faites	j'ai fait tu as fait il a fait nous avons fait vous avez fait ils ont fait	je faisais tu faisais il faisait nous faisions vous faisiez ils faisaient
23. falloir *(to be necessary)*	il faut	*n'existe pas*	il a fallu	il fallait

PASSÉ SIMPLE	FUTUR	CONDITIONNEL	SUBJONCTIF	PARTICIPE PRÉSENT
je **crus**	je **croirai**	je **croirais**	que je **croie**	**croyant**
tu **crus**	tu **croiras**	tu **croirais**	que tu **croies**	
il **crut**	il **croira**	il **croirait**	qu'il **croie**	
nous **crûmes**	nous **croirons**	nous **croirions**	que nous **croyions**	
vous **crûtes**	vous **croirez**	vous **croiriez**	que vous **croyiez**	
ils **crurent**	ils **croiront**	ils **croiraient**	qu'ils **croient**	
je **cueillis**	je **cueillerai**	je **cueillerais**	que je **cueille**	**cueillant**
tu **cueillis**	tu **cueilleras**	tu **cueillerais**	que tu **cueilles**	
il **cueillit**	il **cueillera**	il **cueillerait**	qu'il **cueille**	
nous **cueillîmes**	nous **cueillerons**	nous **cueillerions**	que nous **cueillions**	
vous **cueillîtes**	vous **cueillerez**	vous **cueilleriez**	que vous **cueilliez**	
ils **cueillirent**	ils **cueilleront**	ils **cueilleraient**	qu'ils **cueillent**	
je **dus**	je **devrai**	je **devrais**	que je **doive**	**devant**
tu **dus**	tu **devras**	tu **devrais**	que tu **doives**	
il **dut**	il **devra**	il **devrait**	qu'il **doive**	
nous **dûmes**	nous **devrons**	nous **devrions**	que nous **devions**	
vous **dûtes**	vous **devrez**	vous **devriez**	que vous **deviez**	
ils **durent**	ils **devront**	ils **devraient**	qu'ils **doivent**	
je **dis**	je **dirai**	je **dirais**	que je **dise**	**disant**
tu **dis**	tu **diras**	tu **dirais**	que tu **dises**	
il **dit**	il **dira**	il **dirait**	qu'il **dise**	
nous **dîmes**	nous **dirons**	nous **dirions**	que nous **disions**	
vous **dîtes**	vous **direz**	vous **diriez**	que vous **disiez**	
ils **dirent**	ils **diront**	ils **diraient**	qu'ils **disent**	
je **dormis**	je **dormirai**	je **dormirais**	que je **dorme**	**dormant**
tu **dormis**	tu **dormiras**	tu **dormirais**	que tu **dormes**	
il **dormit**	il **dormira**	il **dormirait**	qu'il **dorme**	
nous **dormîmes**	nous **dormirons**	nous **dormirions**	que nous **dormions**	
vous **dormîtes**	vous **dormirez**	vous **dormiriez**	que vous **dormiez**	
ils **dormirent**	ils **dormiront**	ils **dormiraient**	qu'ils **dorment**	
j'**écrivis**	j'**écrirai**	j'**écrirais**	que j'**écrive**	**écrivant**
tu **écrivis**	tu **écriras**	tu **écrirais**	que tu **écrives**	
il **écrivit**	il **écrira**	il **écrirait**	qu'il **écrive**	
nous **écrivîmes**	nous **écrirons**	nous **écririons**	que nous **écrivions**	
vous **écrivîtes**	vous **écrirez**	vous **écririez**	que vous **écriviez**	
ils **écrivirent**	ils **écriront**	ils **écriraient**	qu'ils **écrivent**	
j'**envoyai**	j'**enverrai**	j'**enverrais**	que j'**envoie**	**envoyant**
tu **envoyas**	tu **enverras**	tu **enverrais**	que tu **envoies**	
il **envoya**	il **enverra**	il **enverrait**	qu'il **envoie**	
nous **envoyâmes**	nous **enverrons**	nous **enverrions**	que nous **envoyions**	
vous **envoyâtes**	vous **enverrez**	vous **enverriez**	que vous **envoyiez**	
ils **envoyèrent**	ils **enverront**	ils **enverraient**	qu'ils **envoient**	
je **fus**	je **serai**	je **serais**	que je **sois**	**étant**
tu **fus**	tu **seras**	tu **serais**	que tu **sois**	
il **fut**	il **sera**	il **serait**	qu'il **soit**	
nous **fûmes**	nous **serons**	nous **serions**	que nous **soyons**	
vous **fûtes**	vous **serez**	vous **seriez**	que vous **soyez**	
ils **furent**	ils **seront**	ils **seraient**	qu'ils **soient**	
je **fis**	je **ferai**	je **ferais**	que je **fasse**	**faisant**
tu **fis**	tu **feras**	tu **ferais**	que tu **fasses**	
il **fit**	il **fera**	il **ferait**	qu'il **fasse**	
nous **fîmes**	nous **ferons**	nous **ferions**	que nous **fassions**	
vous **fîtes**	vous **ferez**	vous **feriez**	que vous **fassiez**	
ils **firent**	ils **feront**	ils **feraient**	qu'ils **fassent**	
il **fallut**	il **faudra**	il **faudrait**	qu'il **faille**	*n'existe pas*

INFINITIF	PRÉSENT	IMPÉRATIF	PASSÉ COMPOSÉ	IMPARFAIT
24. **fuir** *(to flee)*	je **fuis** tu **fuis** il **fuit** nous **fuyons** vous **fuyez** ils **fuient**	**fuis** **fuyons** **fuyez**	j'ai **fui** tu as **fui** il a **fui** nous avons **fui** vous avez **fui** ils ont **fui**	je **fuyais** tu **fuyais** il **fuyait** nous **fuyions** vous **fuyiez** ils **fuyaient**
25. **lire** *(to read)*	je **lis** tu **lis** il **lit** nous **lisons** vous **lisez** ils **lisent**	**lis** **lisons** **lisez**	j'ai **lu** tu as **lu** il a **lu** nous avons **lu** vous avez **lu** ils ont **lu**	je **lisais** tu **lisais** il **lisait** nous **lisions** vous **lisiez** ils **lisaient**
26. **mettre** *(to put, place)*	je **mets** tu **mets** il **met** nous **mettons** vous **mettez** ils **mettent**	**mets** **mettons** **mettez**	j'ai **mis** tu as **mis** il a **mis** nous avons **mis** vous avez **mis** ils ont **mis**	je **mettais** tu **mettais** il **mettait** nous **mettions** vous **mettiez** ils **mettaient**
27. **mourir** *(to die)*	je **meurs** tu **meurs** il **meurt** nous **mourons** vous **mourez** ils **meurent**	**meurs** **mourons** **mourez**	je **suis mort(e)** tu **es mort(e)** il/elle **est mort(e)** nous **sommes mort(e)s** vous **êtes mort(e)(s)** ils/elles **sont mort(e)s**	je **mourais** tu **mourais** il **mourait** nous **mourions** vous **mouriez** ils **mouraient**
28. **naître** *(to be born)*	je **nais** tu **nais** il **naît** nous **naissons** vous **naissez** ils **naissent**	**nais** **naissons** **naissez**	je **suis né(e)** tu **es né(e)** il/elle **est né(e)** nous **sommes né(e)s** vous **êtes né(e)(s)** ils/elles **sont né(e)s**	je **naissais** tu **naissais** il **naissait** nous **naissions** vous **naissiez** ils **naissaient**
29. **ouvrir** *(to open)*	j'**ouvre** tu **ouvres** il **ouvre** nous **ouvrons** vous **ouvrez** ils **ouvrent**	**ouvre** **ouvrons** **ouvrez**	j'ai **ouvert** tu as **ouvert** il a **ouvert** nous avons **ouvert** vous avez **ouvert** ils ont **ouvert**	j'**ouvrais** tu **ouvrais** il **ouvrait** nous **ouvrions** vous **ouvriez** ils **ouvraient**
30. **plaire** *(to please)*	je **plais** tu **plais** il **plaît** nous **plaisons** vous **plaisez** ils **plaisent**	**plais** **plaisons** **plaisez**	j'ai **plu** tu as **plu** il a **plu** nous avons **plu** vous avez **plu** ils ont **plu**	je **plaisais** tu **plaisais** il **plaisait** nous **plaisions** vous **plaisiez** ils **plaisaient**
31. **pleuvoir** *(to rain)*	il **pleut**	*n'existe pas*	il a **plu**	il **pleuvait**
32. **pouvoir** *(can, to be able)*	je **peux** tu **peux** il **peut** nous **pouvons** vous **pouvez** ils **peuvent**	*n'existe pas*	j'ai **pu** tu as **pu** il a **pu** nous avons **pu** vous avez **pu** ils ont **pu**	je **pouvais** tu **pouvais** il **pouvait** nous **pouvions** vous **pouviez** ils **pouvaient**
33. **prendre** *(to take)*	je **prends** tu **prends** il **prend** nous **prenons** vous **prenez** ils **prennent**	**prends** **prenons** **prenez**	j'ai **pris** tu as **pris** il a **pris** nous avons **pris** vous avez **pris** ils ont **pris**	je **prenais** tu **prenais** il **prenait** nous **prenions** vous **preniez** ils **prenaient**

PASSÉ SIMPLE	FUTUR	CONDITIONNEL	SUBJONCTIF	PARTICIPE PRÉSENT
je **fuis**	je **fuirai**	je **fuirais**	que je **fuie**	**fuyant**
tu **fuis**	tu **fuiras**	tu **fuirais**	que tu **fuies**	
il **fuit**	il **fuira**	il **fuirait**	qu'il **fuie**	
nous **fuîmes**	nous **fuirons**	nous **fuirions**	que nous **fuyions**	
vous **fuîtes**	vous **fuirez**	vous **fuiriez**	que vous **fuyiez**	
ils **fuirent**	ils **fuiront**	ils **fuiraient**	qu'ils **fuient**	
je **lus**	je **lirai**	je **lirais**	que je **lise**	**lisant**
tu **lus**	tu **liras**	tu **lirais**	que tu **lises**	
il **lut**	il **lira**	il **lirait**	qu'il **lise**	
nous **lûmes**	nous **lirons**	nous **lirions**	que nous **lisions**	
vous **lûtes**	vous **lirez**	vous **liriez**	que vous **lisiez**	
ils **lurent**	ils **liront**	ils **liraient**	qu'ils **lisent**	
je **mis**	je **mettrai**	je **mettrais**	que je **mette**	**mettant**
tu **mis**	tu **mettras**	tu **mettrais**	que tu **mettes**	
il **mit**	il **mettra**	il **mettrait**	qu'il **mette**	
nous **mîmes**	nous **mettrons**	nous **mettrions**	que nous **mettions**	
vous **mîtes**	vous **mettrez**	vous **mettriez**	que vous **mettiez**	
ils **mirent**	ils **mettront**	ils **mettraient**	qu'ils **mettent**	
je **mourus**	je **mourrai**	je **mourrais**	que je **meure**	**mourant**
tu **mourus**	tu **mourras**	tu **mourrais**	que tu **meures**	
il **mourut**	il **mourra**	il **mourrait**	qu'il **meure**	
nous **mourûmes**	nous **mourrons**	nous **mourrions**	que nous **mourions**	
vous **mourûtes**	vous **mourrez**	vous **mourriez**	que vous **mouriez**	
ils **moururent**	ils **mourront**	ils **mourraient**	qu'ils **meurent**	
je **naquis**	je **naîtrai**	je **naîtrais**	que je **naisse**	**naissant**
tu **naquis**	tu **naîtras**	tu **naîtrais**	que tu **naisses**	
il **naquit**	il **naîtra**	il **naîtrait**	qu'il **naisse**	
nous **naquîmes**	nous **naîtrons**	nous **naîtrions**	que nous **naissions**	
vous **naquîtes**	vous **naîtrez**	vous **naîtriez**	que vous **naissiez**	
ils **naquirent**	ils **naîtront**	ils **naîtraient**	qu'ils **naissent**	
j'**ouvris**	j'**ouvrirai**	j'**ouvrirais**	que j'**ouvre**	**ouvrant**
tu **ouvris**	tu **ouvriras**	tu **ouvrirais**	que tu **ouvres**	
il **ouvrit**	il **ouvrira**	il **ouvrirait**	qu'il **ouvre**	
nous **ouvrîmes**	nous **ouvrirons**	nous **ouvririons**	que nous **ouvrions**	
vous **ouvrîtes**	vous **ouvrirez**	vous **ouvririez**	que vous **ouvriez**	
ils **ouvrirent**	ils **ouvriront**	ils **ouvriraient**	qu'ils **ouvrent**	
je **plus**	je **plairai**	je **plairais**	que je **plaise**	**plaisant**
tu **plus**	tu **plairas**	tu **plairais**	que tu **plaises**	
il **plut**	il **plaira**	il **plairait**	qu'il **plaise**	
nous **plûmes**	nous **plairons**	nous **plairions**	que nous **plaisions**	
vous **plûtes**	vous **plairez**	vous **plairiez**	que vous **plaisiez**	
ils **plurent**	ils **plairont**	ils **plairaient**	qu'ils **plaisent**	
il **plut**	il **pleuvra**	il **pleuvrait**	qu'il **pleuve**	**pleuvant**
je **pus**	je **pourrai**	je **pourrais**	que je **puisse**	**pouvant**
tu **pus**	tu **pourras**	tu **pourrais**	que tu **puisses**	
il **put**	il **pourra**	il **pourrait**	qu'il **puisse**	
nous **pûmes**	nous **pourrons**	nous **pourrions**	que nous **puissions**	
vous **pûtes**	vous **pourrez**	vous **pourriez**	que vous **puissiez**	
ils **purent**	ils **pourront**	ils **pourraient**	qu'ils **puissent**	
je **pris**	je **prendrai**	je **prendrais**	que je **prenne**	**prenant**
tu **pris**	tu **prendras**	tu **prendrais**	que tu **prennes**	
il **prit**	il **prendra**	il **prendrait**	qu'il **prenne**	
nous **prîmes**	nous **prendrons**	nous **prendrions**	que nous **prenions**	
vous **prîtes**	vous **prendrez**	vous **prendriez**	que vous **preniez**	
ils **prirent**	ils **prendront**	ils **prendraient**	qu'ils **prennent**	

INFINITIF	PRÉSENT	IMPÉRATIF	PASSÉ COMPOSÉ	IMPARFAIT
34. recevoir *(to receive, get)*	je **reçois** tu **reçois** il **reçoit** nous **recevons** vous **recevez** ils **reçoivent**	**reçois** **recevons** **recevez**	j'**ai reçu** tu **as reçu** il **a reçu** nous **avons reçu** vous **avez reçu** ils **ont reçu**	je **recevais** tu **recevais** il **recevait** nous **recevions** vous **receviez** ils **recevaient**
35. résoudre *(to resolve, solve)*	je **résous** tu **résous** il **résout** nous **résolvons** vous **résolvez** ils **résolvent**	**résous** **résolvons** **résolvez**	j'**ai résolu** tu **as résolu** il **a résolu** nous **avons résolu** vous **avez résolu** ils **ont résolu**	je **résolvais** tu **résolvais** il **résolvait** nous **résolvions** vous **résolviez** ils **résolvaient**
36. rire *(to laugh)*	je **ris** tu **ris** il **rit** nous **rions** vous **riez** ils **rient**	**ris** **rions** **riez**	j'**ai ri** tu **as ri** il **a ri** nous **avons ri** vous **avez ri** ils **ont ri**	je **riais** tu **riais** il **riait** nous **riions** vous **riiez** ils **riaient**
37. savoir *(to know)*	je **sais** tu **sais** il **sait** nous **savons** vous **savez** ils **savent**	**sache** **sachons** **sachez**	j'**ai su** tu **as su** il **a su** nous **avons su** vous **avez su** ils **ont su**	je **savais** tu **savais** il **savait** nous **savions** vous **saviez** ils **savaient**
38. sortir *(to go out)*	je **sors** tu **sors** il **sort** nous **sortons** vous **sortez** ils **sortent**	**sors** **sortons** **sortez**	je **suis sorti(e)** tu **es sorti(e)** il/elle **est sorti(e)** nous **sommes sorti(e)s** vous **êtes sorti(e)(s)** ils/elles **sont sorti(e)s**	je **sortais** tu **sortais** il **sortait** nous **sortions** vous **sortiez** ils **sortaient**
39. suivre *(to follow)*	je **suis** tu **suis** il **suit** nous **suivons** vous **suivez** ils **suivent**	**suis** **suivons** **suivez**	j'**ai suivi** tu **as suivi** il **a suivi** nous **avons suivi** vous **avez suivi** ils **ont suivi**	je **suivais** tu **suivais** il **suivait** nous **suivions** vous **suiviez** ils **suivaient**
40. se taire *(to be quiet)*	je **me tais** tu **te tais** il **se tait** nous **nous taisons** vous **vous taisez** ils **se taisent**	**tais-toi** **taisons-nous** **taisez-vous**	je **me suis tu(e)** tu **t'es tu(e)** il/elle **s'est tu(e)** nous **nous sommes tu(e)s** vous **vous êtes tu(e)(s)** ils/elles **se sont tu(e)s**	je **me taisais** tu **tu taisais** il **se taisait** nous **nous taisions** vous **vous taisiez** ils **se taisaient**
41. vaincre *(to conquer)*	je **vaincs** tu **vaincs** il **vainc** nous **vainquons** vous **vainquez** ils **vainquent**	**vaincs** **vainquons** **vainquez**	j'**ai vaincu** tu **as vaincu** il **a vaincu** nous **avons vaincu** vous **avez vaincu** ils **ont vaincu**	je **vainquais** tu **vainquais** il **vainquait** nous **vainquions** vous **vainquiez** ils **vainquaient**
42. valoir *(to be worth; to deserve, merit)*	je **vaux** tu **vaux** il **vaut** nous **valons** vous **valez** ils **valent**	**vaux** **valons** **valez**	j'**ai valu** tu **as valu** il **a valu** nous **avons valu** vous **avez valu** ils **ont valu**	je **valais** tu **valais** il **valait** nous **valions** vous **valiez** ils **valaient**

PASSÉ SIMPLE	FUTUR	CONDITIONNEL	SUBJONCTIF	PARTICIPE PRÉSENT
je **reçus**	je **recevrai**	je **recevrais**	que je **reçoive**	recevant
tu **reçus**	tu **recevras**	tu **recevrais**	que tu **reçoives**	
il **reçut**	il **recevra**	il **recevrait**	qu'il **reçoive**	
nous **reçûmes**	nous **recevrons**	nous **recevrions**	que nous **recevions**	
vous **reçûtes**	vous **recevrez**	vous **recevriez**	que vous **receviez**	
ils **reçurent**	ils **recevront**	ils **recevraient**	qu'ils **reçoivent**	
je **résolus**	je **résoudrai**	je **résoudrais**	que je **résolve**	résolvant
tu **résolus**	tu **résoudras**	tu **résoudrais**	que tu **résolves**	
il **résolut**	il **résoudra**	il **résoudrait**	qu'il **résolve**	
nous **résolûmes**	nous **résoudrons**	nous **résoudrions**	que nous **résolvions**	
vous **résolûtes**	vous **résoudrez**	vous **résoudriez**	que vous **résolviez**	
ils **résolurent**	ils **résoudront**	ils **résoudraient**	qu'ils **résolvent**	
je **ris**	je **rirai**	je **rirais**	que je **rie**	riant
tu **ris**	tu **riras**	tu **rirais**	que tu **ries**	
il **rit**	il **rira**	il **rirait**	qu'il **rie**	
nous **rîmes**	nous **rirons**	nous **ririons**	que nous **riions**	
vous **rites**	vous **rirez**	vous **ririez**	que vous **riiez**	
ils **rirent**	ils **riront**	ils **riraient**	qu'ils **rient**	
je **sus**	je **saurai**	je **saurais**	que je **sache**	sachant
tu **sus**	tu **sauras**	tu **saurais**	que tu **saches**	
il **sut**	il **saura**	il **saurait**	qu'il **sache**	
nous **sûmes**	nous **saurons**	nous **saurions**	que nous **sachions**	
vous **sûtes**	vous **saurez**	vous **sauriez**	que vous **sachiez**	
ils **surent**	ils **sauront**	ils **sauraient**	qu'ils **sachent**	
je **sortis**	je **sortirai**	je **sortirais**	que je **sorte**	sortant
tu **sortis**	tu **sortiras**	tu **sortirais**	que tu **sortes**	
il **sortit**	il **sortira**	il **sortirait**	qu'il **sorte**	
nous **sortîmes**	nous **sortirons**	nous **sortirions**	que nous **sortions**	
vous **sortites**	vous **sortirez**	vous **sortiriez**	que vous **sortiez**	
ils **sortirent**	ils **sortiront**	ils **sortiraient**	qu'ils **sortent**	
je **suivis**	je **suivrai**	je **suivrais**	que je **suive**	suivant
tu **suivis**	tu **suivras**	tu **suivrais**	que tu **suives**	
il **suivit**	il **suivra**	il **suivrait**	qu'il **suive**	
nous **suivîmes**	nous **suivrons**	nous **suivrions**	que nous **suivions**	
vous **suivites**	vous **suivrez**	vous **suivriez**	que vous **suiviez**	
ils **suivirent**	ils **suivront**	ils **suivraient**	qu'ils **suivent**	
je **me tus**	je **me tairai**	je **me tairais**	que je **me taise**	se taisant
tu **te tus**	tu **te tairas**	tu **te tairais**	que tu **te taises**	
il **se tut**	il **se taira**	il **se tairait**	qu'il **se taise**	
nous **nous tûmes**	nous **nous tairons**	nous **nous tairions**	que nous **nous taisions**	
vous **vous tûtes**	vous **vous tairez**	vous **vous tairiez**	que vous **vous taisiez**	
ils **se turent**	ils **se tairont**	ils **se tairaient**	qu'ils **se taisent**	
je **vainquis**	je **vaincrai**	je **vaincrais**	que je **vainque**	vainquant
tu **vainquis**	tu **vaincras**	tu **vaincrais**	que tu **vainques**	
il **vainquit**	il **vaincra**	il **vaincrait**	qu'il **vainque**	
nous **vainquîmes**	nous **vaincrons**	nous **vaincrions**	que nous **vainquions**	
vous **vainquites**	vous **vaincrez**	vous **vaincriez**	que vous **vainquiez**	
ils **vainquirent**	ils **vaincront**	ils **vaincraient**	qu'ils **vainquent**	
je **valus**	je **vaudrai**	je **vaudrais**	que je **vaille**	valant
tu **valus**	tu **vaudras**	tu **vaudrais**	que tu **vailles**	
il **valut**	il **vaudra**	il **vaudrait**	qu'il **vaille**	
nous **valûmes**	nous **vaudrons**	nous **vaudrions**	que nous **valions**	
vous **valûtes**	vous **vaudrez**	vous **vaudriez**	que vous **valiez**	
ils **valurent**	ils **vaudront**	ils **vaudraient**	qu'ils **vaillent**	

INFINITIF	PRÉSENT	IMPÉRATIF	PASSÉ COMPOSÉ	IMPARFAIT
43. **venir** *(to come)*	je **viens** tu **viens** il **vient** nous **venons** vous **venez** ils **viennent**	**viens** **venons** **venez**	je **suis venu(e)** tu **es venu(e)** il/elle **est venu(e)** nous **sommes venu(e)s** vous **êtes venu(e)(s)** ils/elles **sont venu(e)s**	je **venais** tu **venais** il **venait** nous **venions** vous **veniez** ils **venaient**
44. **vivre** *(to live)*	je **vis** tu **vis** il **vit** nous **vivons** vous **vivez** ils **vivent**	**vis** **vivons** **vivez**	j'ai **vécu** tu **as vécu** il **a vécu** nous **avons vécu** vous **avez vécu** ils **ont vécu**	je **vivais** tu **vivais** il **vivait** nous **vivions** vous **viviez** ils **vivaient**
45. **voir** *(to see)*	je **vois** tu **vois** il **voit** nous **voyons** vous **voyez** ils **voient**	**vois** **voyons** **voyez**	j'ai **vu** tu **as vu** il **a vu** nous **avons vu** vous **avez vu** ils **ont vu**	je **voyais** tu **voyais** il **voyait** nous **voyions** vous **voyiez** ils **voyaient**
46. **vouloir** *(to wish, want)*	je **veux** tu **veux** il **veut** nous **voulons** vous **voulez** ils **veulent**	**veuille** **veuillons** **veuillez**	j'ai **voulu** tu **as voulu** il **a voulu** nous **avons voulu** vous **avez voulu** ils **ont voulu**	je **voulais** tu **voulais** il **voulait** nous **voulions** vous **vouliez** ils **voulaient**

PASSÉ SIMPLE	FUTUR	CONDITIONNEL	SUBJONCTIF	PARTICIPE PRÉSENT
je **vins**	je **viendrai**	je **viendrais**	que je **vienne**	**venant**
tu **vins**	tu **viendras**	tu **viendrais**	que tu **viennes**	
il **vint**	il **viendra**	il **viendrait**	qu'il **vienne**	
nous **vînmes**	nous **viendrons**	nous **viendrions**	que nous **venions**	
vous **vîntes**	vous **viendrez**	vous **viendriez**	que vous **veniez**	
ils **vinrent**	ils **viendront**	ils **viendraient**	qu'ils **viennent**	
je **vécus**	je **vivrai**	je **vivrais**	que je **vive**	**vivant**
tu **vécus**	tu **vivras**	tu **vivrais**	que tu **vives**	
il **vécut**	il **vivra**	il **vivrait**	qu'il **vive**	
nous **vécûmes**	nous **vivrons**	nous **vivrions**	que nous **vivions**	
vous **vécûtes**	vous **vivrez**	vous **vivriez**	que vous **viviez**	
ils **vécurent**	ils **vivront**	ils **vivraient**	qu'ils **vivent**	
je **vis**	je **verrai**	je **verrais**	que je **voie**	**voyant**
tu **vis**	tu **verras**	tu **verrais**	que tu **voies**	
il **vit**	il **verra**	il **verrait**	qu'il **voie**	
nous **vîmes**	nous **verrons**	nous **verrions**	que nous **voyions**	
vous **vîtes**	vous **verrez**	vous **verriez**	que vous **voyiez**	
ils **virent**	ils **verront**	ils **verraient**	qu'ils **voient**	
je **voulus**	je **voudrai**	je **voudrais**	que je **veuille**	**voulant**
tu **voulus**	tu **voudras**	tu **voudrais**	que tu **veuilles**	
il **voulut**	il **voudra**	il **voudrait**	qu'il **veuille**	
nous **voulûmes**	nous **voudrons**	nous **voudrions**	que nous **voulions**	
vous **voulûtes**	vous **voudrez**	vous **voudriez**	que vous **vouliez**	
ils **voulurent**	ils **voudront**	ils **voudraient**	qu'ils **veuillent**	

Lexique français–anglais

A

abîmer to ruin
abonnement *(m)* subscription
abonner: s'— à to subscribe to (a magazine)
abord: d'— first; at first; first of all
abordable affordable
aborder to reach; to arrive at
aboutir à to reach
aboyer to bark
abri *(m)* shelter; **sans-— (m, f)** homeless person
abriter to shelter
absolument absolutely
accord *(m)* agreement; **d'—** o.k., agreed!
accouchement *(m)* childbirth, delivery
accoutumer: s'— à to get used to
accrochages: avoir de petits — to disagree with
accrocher to run into; to hang
accroître: s'— to increase
accueil *(m)* welcome
accueillant(e) welcoming, friendly
accueillir to welcome, greet
accumuler to accumulate
acheter à crédit to buy on credit
acier *(m)* steel; **être en —** to be made of steel
acquérir *(pp* **acquis)** to acquire
acteur/actrice *(m, f)* actor/actress
action: faire une bonne — to do a good deed
actualités *(f pl)* current events, news (in the press, but especially on television)
actuellement at the moment; at present
aérien(ne) aerial
affaire: avoir — à to be faced with
affaires *(f pl)* business
affectueux(-euse) affectionate
affiche *(f)* poster
afficher to put up; to display
affrontement *(m)* confrontation
afin que/pour que in order that, so that

agacer to annoy, provoke
âge *(m)* age; **ne pas faire son —** to not look one's age; **le troisième — ** old age; **— d'or** golden age
agence *(f)* **de voyages** travel agency
agenda *(m)* engagement calendar
agent *(m)* agent; **— de police** policeman; **— immobilier** real estate agent
aggraver to aggravate; **s'—** to worsen
agir to act; **s'— de** to be about
aide *(f)* help, aid; **appeler quelqu'un à l'—** to call someone for help
aide *(m)* helper
ailleurs someplace else; **d'—** moreover, besides; **par —** furthermore
aimer to like, love
aîné(e) *(m, f)* elder, eldest
ainsi in this way, thus
air *(m)* air; **avoir l'— en forme** to look in good shape
aisé(e) easy; well-off
alcootest® *(m)* Breathalyzer® test; **passer un —** to take a Breathalyzer® test
alentours *(m pl)* surroundings
allée *(f)* driveway
alléguer to put forward
aller to go; **— de mal en pis** to go from bad to worse; **il lui va bien** it looks good on him/her; **s'en —** to go away
aller-retour *(m)* round-trip
allocation *(f)* **de chômage** unemployment benefits
allongé(e) oblong
allumer to turn on
allumette *(f)* match
allusion: faire — à to allude to
alors then
amateur de musique music lover
ambiance *(f)* atmosphere
améliorer to improve
aménager to move in
amener to bring; **— quelqu'un** to bring someone over (along)

amical(e) friendly; **amicalement** best wishes; kind regards
amoureux(-euse): tomber — de quelqu'un to fall in love with someone
ampoulé(e) pompous
amuse-gueule *(m)* appetizer, snack
amuser: s'— to have fun
anchois anchovies
ancien(ne) former; ancient
animateur/animatrice *(m, f)* announcer
anneau *(m)* ring; **— au sourcil** eyebrow ring
annonce *(f)* announcement, notification; **les petites —s** classified announcements
annuler to void, cancel
anxieux(-euse) anxious
apercevoir *(pp* **aperçu)** to notice, see; **s'—** to realize
apéritif *(m)* before-dinner drink; **apéro** *(fam)*
aplatir *(pp* **aplati)** to flatten
apparaître *(pp* **apparu)** to appear; to come into view; to become evident
appareil *(m)* apparatus, machine; **— ménager** household appliance; **— photo** camera
apparition éclair *(f)* quick appearance (cameo)
appartement *(m)* **de location** rental apartment
appeler to call; **— quelqu'un à l'aide** to call for help
approfondir to deepen
appuyer to press, push (a key)
après after; **— que** when
après-demain the day after tomorrow
arabe Arab; Arabic
argent *(m)* silver; money; **— de poche** pocket money; **être en —** to be made of silver
argot *(m)* slang
armature *(f)* framework
armée *(f)* army

armes *(f pl)* arms, weapons; **— de destruction massive (ADM)** weapons of mass destruction

armoire *(f)* wardrobe, armoire

arracher de to grab from

arranger to arrange; **s'—** to work things out

arrestation *(f)* arrest

arrêter: s'— to stop

arrière-grand-parent *(m)* great-grandparent

arrivée *(f)* arrival

arriver to arriver; **— premier** to finish first; **— à** to happen

artichaut *(m)* **bougeoir** artichoke candlestick

artisan(e) *(m, f)* artisan; craftsman

ascenseur *(m)* elevator

asperge *(f)* asparagus

assaisonné(e) seasoned

asseoir: s'— to sit (down)

assez rather, quite; **— de** enough; **en avoir —** *[fam]* to be fed up

assiette *(f)* plate; **— de charcuterie** plate of coldcuts

assis(e) seated

assister à to attend

associer to associate

assurance-maladie *(f)* health insurance

assuré(e): être — to be insured

atelier *(m)* workshop; artist's studio

attaquer to attack

atteindre to reach; to arrive at

attendre to wait (for); **en attendant que** waiting for; **s'— à** to expect

attendrissant(e) touching

attentat *(m)* attack

attente *(f)* wait

atterrir to land

attirer to attract

aucun(e) no; none

auditeur/auditrice *(m, f)* listener; member of (listening) audience; **assister en tant qu'— libre** to audit (a course)

au fait in fact

au fur et à mesure as; at the same time as

augmentation *(f)* **de salaire** pay raise

augmenter: — le son to turn up the volume; **— la température** to raise the temperature

auparavant before

auquel = à + lequel to, at, in which one

aussi also; as

aussitôt soon; **— que** as soon as

autant (de) as much, as many, so much

autoroute *(f)* highway

auto-stop *(m):* **faire de l'—** to hitch-hike

autrefois in the past, formerly

autrement otherwise; **— dit** in other words

autrui *(m)* others

avant (de, que) before

avantageux(-euse) advantageous

avant-hier the day before yesterday

avant-veille *(f)* two nights before

avec with

avenir *(m)* future

avertir to alert; to notify

avis *(m)* opinon; **changer d'—** to change one's mind; **être de l'— de quelqu'un** to agree with someone

avocat(e) *(m, f)* lawyer

avoir *(pp* **eu)** to have; **— à** to have to; **— l'air** to look, have the appearance of; **— le mal du pays** to be homesick; **en — assez** to have had enough; **n'en — que pour quelques minutes** to be only a few minutes

avortement *(m)* abortion, miscarriage

avouer to admit

B

bac *(m) [fam]* high school diploma: **le baccalauréat**

bague *(f)* ring

baguette *(f)* stick; bread

baisser to lower; to decrease

balance *(f)* scale

balancer to swing

balayer to sweep

baleine *(f)* whale

banal(e) trite

bande dessinée *(f)* comic strip

banlieue *(f)* suburbs

banlieusard(e) *(m, f)* suburb dweller

banque *(f)* bank

banquette *(f)* (booth) seat

banquier/banquière *(m, f)* banker

barbant(e) boring

barbe *(f)* beard; **ça me —** *[fam]* that bores me

barque *(f)* small boat

bas *(m pl)* stockings

bas(se) short; low

bassin *(m)* pelvis

bataille *(f)* battle

bâtiment *(m)* building

batterie *(f)* car battery

battre to beat, break

bavarder to chat

beau-frère/beau-père *(m)* brother-/father-in-law or stepbrother/-father

beignet *(m)* doughnut

belle-sœur/belle-mère *(f)* sister-/mother-in-law or stepsister/-mother

bénéfices *(m pl)* profits; benefits

bête *(f)* beast; animal

bête stupid

beurre *(m)* butter; **— de cacahouète** peanut butter

bibliothèque *(f)* library

bien well; **faire du — à quelqu'un** to do someone some good; **— que** although

bienveillance: avec — kindly

bière *(f)* beer

bijou(x) *(m)* jewel(s)

billet *(m)* ticket; **— aller simple** one-way ticket

bi-mensuel *(m)* bimonthly publication

biscuit *(m)* cookie

bise *(f)* kiss; **se faire la —** *[fam]* to greet with a kiss

bistrot *(m)* pub; café

blanc *(m)* blank

blessé(e) hurt; wounded

blesser to hurt

blindage *(m)* screening; plating

blouson *(m)* **de cuir** leather jacket

boire *(pp* **bu)** to drink; **— quelque chose ensemble** to have a drink together

bois *(m)* wood; **avoir la gueule de —** *(fam)* to have a hangover

boisson *(f)* drink; **— alcoolisée** alcoholic drink; **— gazeuse** *(f)* carbonated drink; **— non-alcoolisée** soft drink

boîte: aller en — *[fam]* to go to a nightclub

bon marché cheap; inexpensive

bonhomme: le petit — (term of endearment) little man

bon(ne) good
bonté *(f)* goodness
bord *(m)* **à bord** on board (a ship)
bosser (un examen) *[fam]* to cram (for a test)
botte *(f)* boot
bouc émissaire *(m)* scapegoat, fall guy
boucle *(f)* buckle; **—s d'oreilles** earrings
bouillir: faire — to boil
boulanger(-ère) baker
bouleversé(e) shocked, distressed
boulot *(m)* *[fam]* work
bourse *(f):* **— d'études** scholarship, grant
bousculer bump into
bout de chou *(m)* *[fam]* little darling
boutique *(f)* shop, small store
bracelet *(m)* bracelet
brancher to plug in; **se —** to connect; to be connected
brasserie *(f)* bar; brewery
brochure *(f)* pamphlet
bronzer: se faire — to get a tan
brouiller: se — to become confused, mixed-up
brouillon *(m)* draft
browser *(m)* browser
bruit *(m)* noise; **faire beaucoup de —** to make a great fuss about
brûler to burn
brun(e) dark brown (hair)
bruyant(e) noisy
budget *(m)* budget
buffet chaud *(m)* warm dishes
buffet froid *(m)* cold dishes
bureau *(m)* office; desk
but *(m)* goal

C

cacher to hide; **se —** to hide oneself
cadeau *(m)* gift
cadet(te) *(m, f)* younger, youngest
cadre *(m)* manager; executive; frame; setting
cahier *(m)* notebook
caillou(x) *(m)* pebble(s), stone(s)
cambrioleur *(m)* burglar
caméscope *(m)* camcorder
camoufler to camouflage
campagne *(f)* country; campaign; **— électorale** election campaign

candidat(e) *(m, f)* candidate; **être — (à la présidence)** to run (for president)
cantine *(f)* cafeteria; dining hall
capacité *(f)* capacity; ability
car *(m)* bus (traveling between towns)
carnaval *(m)* carnival
carnet *(m)* **de chèques** checkbook; **— d'adresses** address book
carré(e) square
carrière *(f)* career
cartable *(m)* school bag
carte *(f)* card; **— de crédit** credit card; **— électronique** automatic teller card; **— vidéo** video card
carte électronique *(f)* automatic teller card
cas *(m)* case; **en — d'urgence** in case of emergency; **un — d'urgence** emergency
casser to break; **— la croûte** *(fam)* to eat
casserole *(f)* (sauce)pan
cauchemar *(m)* nightmare
causer to chat; to talk
causerie *(f)* talk show
ceci this
céder (à) to give up; to give in
cédérom *(m)* CD-ROM
ceinture *(f)* belt; **— de sécurité** seat belt
cela (ça) that
célèbre famous
célibataire single
censé(e) supposed (to do something)
cependant however
certain(e) certain, particular; sure
chacun(e) each one
chaîne *(f)* channel
chaleur *(f)* heat
chaleureux(-euse) warm
chambre *(f)* (bed)room; **— à deux lits** double room (room with two beds); **— avec douche/salle de bains** room with a shower/bathroom; **— de bonne** room for rent (formerly maid's quarters)
champignon *(m)* mushroom
chance *(f)* luck; **avoir de la —** to be lucky
chandail *(m)* sweater
changer de l'argent to change money
chanson *(f)* song

chanter to sing
chanteur/chanteuse *(m, f)* singer
chantilly *(f)* whipped cream
chapelet *(m)* rosary
chaque each
charges *(f pl)* utilities (for heat and maintenance of an apartment or condominium)
chasser to chase; to hunt
châtain chestnut (color); **— clair** light brown; **— foncé** dark brown
chaud(e) hot; **on a eu —** *[fam]* that was a narrow escape
chauffage *(m)* heat; heating
chaussettes *(f pl)* socks
chaussure *(f)* shoe; **—s à hauts talons/à talons plats** high-heeled shoes/low-heeled shoes
chauve bald
chef *(m)* **(de bureau, d'atelier, d'équipe)** leader (manager) of office, workshop, team; **— de rayon** departmental supervisor; **— de service** service supervisor
chef d'œuvre *(m)* masterpiece
chemise *(f)* man's shirt
chemisier *(m)* woman's blouse
chêne *(m)* oak
chenil *(m)* kennel
chèque *(m)* check; **— de voyage** traveler's check; **— sans provision** bounced check
chèquier *(m)* checkbook
cher/chère *(m, f)* dear; expensive
chercher to look for; **aller — quelqu'un** to pick someone up
chevauchement *(m)* overlapping
cheville *(f)* ankle
chèvre *(m)* goat's milk cheese
chez with; at the home of
chiffon *(m)* rag; **—s** *[fam]* clothes
chiffre *(m)* number; figure
choc *(m)* shock
chocolat chaud *(m)* hot chocolate
choisir to choose
chômage *(m)* unemployment; **être au —** to be unemployed
chômeur/chômeuse *(m, f)* unemployed person
choqué(e) shocked
choquer to shock
chou(x) *(m)* cabbage(s)
choucroute *(f)* sauerkraut
chouette *[fam]* great, nice, cute

chrétien(ne) Christian
chute (f) fall; waterfall
ciel (m) sky
cinéaste (m) filmmaker
cinéma (m) movie theater; aller au
— to go to a movie
circulation (f) traffic
ciseaux (m pl) scissors
Cité-U(niversitaire) résidence universitaire (f) student residence hall(s)
citoyen(ne) (m, f) citizen
citron pressé (m) fresh lemonade
classement (m) ranking
claustrophobe claustrophobic
clavier (m) keyboard
clé or clef (f) key
client(e) (m, f) guest, client, customer
cliquer sur to click (on computer)
clôture (f) fence
clou(s) (m) nail(s)
cœur (m) heart
coiffure (f) hairstyle
coin (m) area, corner
coincé(e): être — to be stuck
colère (f) anger; se mettre en — to
lose one's temper
collant (m) pantyhose; —s tights
collectionner to collect
collègue (m, f) fellow worker; — de
bureau fellow office worker
coller to stick
collier (m) necklace
combat (m) combat, fight; les —s
fighting
comédie (f) comedy; — musicale
musical
comédien(ne) comedian; actor
comique comical; funny
commander to order
commandes (f pl) commands; exé-
cuter/effectuer des — to execute
commands
commerçant(e) (m, f) shopkeeper
commerce (m) business
commissariat (de police) (m) police
station
commission (f) errand
comparaison (f) comparison
compatible compatible
compétent(e) qualified, competent
complet(-ète) complete; sold out
(movie, show)
compliqué(e) complicated
comportement (m) behavior

comprendre (pp compris) to
understand; mal — to misunderstand
compromis (m) compromise;
aboutir à un — to come to or
reach a compromise
comptabilité (f) accounting;
bookkeeping
comptable (m, f) accountant
compte (m) account; — chèques
checking account; en fin de —
taking everything into account;
ouvrir un — to open an account;
— rendu review (of film, play,
book); tenir ses —s to keep one's
accounts
compter to count; to intend; — sur
to plan on, count on, expect
conception (f) (from concevoir)
design, plan
concert (m) concert; aller à un —
to go to a concert
concevoir (pp conçu) conceive,
design, plan
concierge (m, f) caretaker/manager
(of building or hotel)
concurrence (f) competition
concurrent(e) (m, f) contestant
concurrer to compete
condition: à — que on the condition that
conduire (pp conduit) to drive
conduite (f) driving; conduct
confection industrielle (f) clothing
business
conférence (f) lecture
confisquer to confiscate
conflit (m) conflict
confort (f) comfort; — ménager
household conveniences
confus(e) confused
congé (m) holiday, vacation, leave;
— de maladie sick leave; —s
payés paid vacation; prendre —
de to take leave of
congélateur (m) freezer
congrès (m) conference
connaissance (f) acquaintance; faire
la — (de) to meet, to make the
acquaintance (of); des —s
knowledge
connaître (pp connu) to know; to
be acquainted with, be familiar
with; se — to meet, get acquainted with

connecter: se — à l'Internet to connect to the Internet
Conseil (m) Council; Board
conseil (m) piece of advice; des —s
guidance
conseiller to advise
consentir à to consent to
conserves (f) canned goods
consommation (f) consumption
constat (m) certified report
construire (pp construit) to construct
contenir to contain
content(e) content
contraste (m) contrast; par — avec
in contrast with
contravention (f) ticket, fine
contre against
contrebande: faire de la — to smuggle goods
contrefaçon (f) counterfeiting
contremaître (m) factory supervisor
contrôle (m) test
convaincre (pp convaincu) to convince; — quelqu'un de faire
quelque chose to persuade someone to do something
copain/copine (m, f) a friend
copropriété (f) condominium
Coran (m) the Koran
cordon-bleu: un vrai — gourmet
cook
costume (m) man's suit
côte (f) chop; coast; — d'agneau
lamb chop; sur la — on the
coast
côté (m) side; chacun de son —
each on his/her own side
côtelette (f) chop; — de porc pork
chop; — de veau veal chop
cotisation (f) contribution (money)
couche (f) level; des —s de la
société social levels; — moyennes
salariées middle salary levels
couchette (f) cot, train bed
couloir (m) hallway
coup (m) hit, blow; — de foudre
love at first sight; — de soleil
sunburn; donner un — de main à
quelqu'un [fam] to help someone;
frapper les trois —s to announce
the start of a performance; passer
un — de fil (de téléphone) to give
(someone) a telephone call
coupe (f) cut (clothing, hair); cup;
— de fruits fruit salad

couper to disconnect (telephone, gas, electricity, cable); **se —** to cut oneself

courageux(-euse) brave; courageous

couramment fluently

courant *(m)* current; standard; **être au — de** to know (about)

courant(e) running; **eau —e** running water

courbature *(f)*: **avoir des —-s** to be sore

coureur(-euse) *(m, f)* runner, cyclist

courir *(pp* **couru)** to run

courriel *(m)* email

courrier électronique *(m)* electronic mail

course *(f)* errand; race; job; **faire des —s** to do errands, go shopping

court(e) short

courtisan(e) *(m, f)* flatterer

courtois(e) courteous

coussin *(m)* cushion, pillow

coûter to cost

couture *(f)* sewing; fashion; **haute — ** high fashion

couturier/couturière *(m, f)* seamstress; fashion designer

couvercle *(m)* lid

couvre-lit *(m)* bedspread

craindre *(pp* **craint)** to fear

crainte *(f)* fear

crèche *(f)* day-care center

créer to create

crème de cassis *(f)* black currant liqueur

crêpe *(f)* pancake

crever to burst; **pneu crevé** flat tire

crier to yell

crise *(f)* crisis; **— de nerfs** fit of hysterics

critique *(f)* criticism

critique *(m, f)* critic; **un(e) — de cinéma** movie critic; **un(e) — de théâtre** theater critic

croire *(pp* **cru)** to believe

croisière *(f)* cruise

croissant *(m)* crescent

croissant(e) increasing, growing

cru(e) raw

crudité *(f)* raw vegetables

cuire *(pp* **cuit)** to cook; **trop cuit** overcooked

cuisiner to cook

cuisinière *(f)* stove

cuivre *(m)* copper

cure-dents *(m)* toothpick

curieux(-euse) curious, odd

curriculum vitae (le C.V.) *(m)* résumé, CV

cybernaute *(m, f)* one who enjoys the Web

D

d'abord first, at first

davantage (que) more (than)

débarquer to land

débarrasser to get rid of

débat *(m)* debate

débile idiotic; **un(e) — mental(e)** mental idiot

débitant *(m)* tobacco dealer

débordé(e) de travail swamped with work

déborder to overflow; overwhelm

debout standing; **se tenir —** to stand

débrancher to disconnect, unplug (radio, television)

débrouiller: se — to manage, get along

débutant(e) *(m, f)* beginner

décalage *(m)* gap; interval; discrepancy

déception *(f)* disappointment

décevoir *(pp* **déçu)** to disappoint

décider to decide; **se — (à faire quelque chose)** to make up one's mind (to do something)

décision: prendre une — to make a decision

déclarer (ses achats) to declare (one's purchases)

décocher to shoot; to fire

déconcerté(e) confused, muddled

décoré(e) decorated

découper to cut

décupler to increase tenfold

dedans inside

défaite *(f)* defeat, loss

défavorisé(e) disadvantaged, underprivileged

défendre de to forbid; to defend

défendu(e) forbidden

défense *(f)* defense

défi *(m)* challenge

défouler: se — to let off steam

dégager to make way

dégoût *(m)* disgust

dégraisser to take grease marks out; to dry-clean

dehors outside

déjà already

déjeuner *(m)* lunch; **petit —** breakfast

déjeuner to have lunch

demande *(f)* **d'emploi** application for employment; **remplir une —** to fill out an application

demander to ask (for); **se —** to wonder

démarrer to start (car); to get moving

déménager to move

déminage *(m)* minesweeping

demi-tarif *(m)* half-fare

démolir destroy

dénouement *(m)* ending

dépanner to repair a breakdown; **nous —** to help us out

départ *(m)* departure

dépit: en — de in spite of

déplacement *(m)* travel expenses

déplacer to move

déplaire *(pp* **déplu)** to displease

dépliant *(m)* leaflet, pamphlet

déposer to put down; to deposit (a check)

déranger to bother, disturb

dernier(-ière) final; last

dérouler: se — to take place

dès from; since; **— l'enfance** since childhood; **— que** as soon as

désaccord *(m)* disagreement

descendre to go down; to bring down; **— dans un hôtel** to stay in a hotel; **— de (la voiture, etc.)** to get out of (the car, etc.)

descente *(f)* downhill skiing

déshabiller: se — to get undressed

désigner to appoint

désolé(e): être — to be sorry

désorienté(e) confused, muddled

dès que as soon as

desserrer to loosen

desservi(e) served

desservir to serve

dessin *(m)* design; **— animé** cartoon

dessous underneath; **ci- —** below

dessus on top; **ci- —** above; **prendre le —** to get the upper hand

détail *(m)* detail

détendre: se — to relax

détendu(e) stretched-out (material)

détester to dislike

détruire (*pp* **détruit**) to destroy
deuil (*m*) sorrow; grief
deuxième second
devancer to get ahead of
développement (*m*) development
devenir (*pp* **devenu**) to become; **qu'est-ce qu'il devient?** [*fam*] what's become of him?
déverser to pour out
dévisager to stare, look hard at
devoir (*m*) duty; homework
devoir (*pp* **dû**) to have to; to owe
diapositive (*f*) (photographic) slide
diffuser (**en direct**) to broadcast (live)
dîner to have dinner; **le —** dinner
dire (*pp* **dit**) to say, tell
directeur/directrice manager (company, business)
direction (*f*) management
diriger to direct; to manage (business)
discours (*m*) speech
discrètement discreetly
discuter (**de**) to discuss; **— de choses et d'autres** to talk about this and that
disparaître (*pp* **disparu**) to disappear
disponible available
dispute (*f*) argument, quarrel
disputer: se — to argue; **— un match** to play a match
disque dur (*m*) hard (disk) drive
disquette (*f*) floppy disk
dissertation (*f*) term paper
distributeur (*m*) **automatique de billets** automatic teller machine
divertir to divert; to entertain
divertissement (*m*) entertainment; diversion
documentaire (*m*) documentary
domaine (*m*) domain; area
dommage: c'est — it's too bad
donc therefore, so
donjon (*m*) dungeon
données (*f pl*) data
dont whose; of which; of whom
dorer: faire — to brown
dormir to sleep
douane (*f*) customs
douanier(-ière) (*m, f*) customs officer
doubler to pass (another car); to dub (a film)

douche (*f*) shower
doué(e) gifted
douleur (*f*) pain
doute (*m*) doubt; **sans —** probably
douter to doubt; **se — de** to suspect
douteux(-euse) doubtful
douzaine (*f*) dozen
doux/douce soft; sweet
dramaturge (*m*) playwright
dresser to train
droit (*m*) law
dru: tomber — to fall thickly (snow)
duquel = de + lequel of, about, from which one
dur(e) hard

E

eau (*f*) water; **— plate** plain, non-carbonated water; **— gazeuse** sparkling, carbonated water
ébattre: s'— to frolic
ébloui(e) bedazzled
écart (*m*) distance; space; gap
échelle (*f*) ladder; scale (figurative)
échouer à to fail
éclairage (*m*) lighting
éclairer to enlighten
éclatement (*m*) blow-out
éclater to explode
économie (*f*) **de marché** market economy
économies (*f pl*): **faire des —** save money
écouter to listen to
écran (*m*) screen
écrivain (*m*) writer
effacer to erase
efforcer: s'— de to force oneself to; to try hard, try one's best
effrayer to frighten
égard (*m*) consideration; **à l'— de** with regard to
élaboré(e) elaborate, complicated
électeur/électrice (*m, f*) voter
élection (*f*) election; **perdre les —s** to lose the election
électricien(ne) (*m, f*) electrician
élevé(e) high; **bien/mal —** well/badly brought up
élire (*pp* **élu**) to elect
éloge (*m*) eulogy, praise; **faire des —s** to praise
embarquer to go on board
embêter to bother

embouteillage (*m*) traffic tie-up/jam; **être pris(e) dans un —** to be caught in a traffic jam
embrasser to kiss; **s'—** to kiss each other
embrouiller: s'— to become confused
embuscade (*f*) ambush
émeute (*f*) riot
émission (*f*) television show, radio broadcast
emmener to bring; **— quelqu'un** to take someone (somewhere)
émouvant(e) moving
émouvoir (*pp* **ému**) to move (emotionally)
empêcher de to impede; to prevent from
empirer to worsen
emplacement (*m*) location
emploi (*m*) job; **trouver un —** to find a job
employé(e) (*m, f*) employee
employeur (*m*) employer
empoigner to grab
empreinte (*f*) mark; impression
emprunt (*m*) loan
emprunter to borrow
encaisser to cash (a check)
enceinte: être — to be pregnant
encore again, still
endommagé(e) damaged
endroit (*m*) place
énerver to unnerve
enfant (*m, f*) child
enfer (*m*) hell
enfermer to close; **s'—** to close oneself up
enfin finally
enfoncer insert
enlever to take something out, off, down; to remove
ennuyer to bore, annoy, bother, worry; **s'—** to be bored, get bored
ennuyeux(-euse) boring, tedious, annoying
enquête (*f*) poll
enraciner to implant; **s'—** to take root
enregistrer to record
enseignement (*m*) teaching, education
enseignant(e) (*m, f*) teacher, instructor

ensemble: dans l'— for the most part

ensuite then; next

entendre to hear; **— dire** to hear it said; **j'entends par là** I mean by this; **s'— avec** to get along with

entourer to surround

entracte *(m)* intermission

entraîner to lead; **s'—** to train

entraîneur/entraîneuse *(m, f)* coach

entrée *(f)* entrance; first course (of a meal)

entrepôt *(m)* warehouse

entreprise *(f)* business

entretien *(m)*/**entrevue** *(f)* interview

entrouvrir *(pp* **entrouvert)** to half open

envahir invade

envie: avoir — de to feel like

envier to envy

environnement *(m)* environment

envisager to imagine

envoyer to send

épaule *(f)* shoulder

épice *(f)* spice

épinard *(m)* spinach

épingle *(f)* pin

épisode *(m)* episode

épouvantable horrible

épouvante: film *(m)* **d'—** horror film

époux/épouse *(m, f)* spouse

épreuve (athlétique) *(f)* athletic event, test

éprouvant(e) nerve-racking

épuisant(e) grueling, exhausting

équilibre *(m)* balance

équipe rédactionnelle *(f)* editorial team

ère *(f)* era

erreur *(f)* misunderstanding

escalade *(f)* rock-climbing

espèces: payer en — to pay cash

espérer to hope

espionnage *(m)* spying; **film** *(m)* **d'—** spy movie

esprit *(m)* spirit; mind; **l'— ouvert** open mind

essayer to try; to try on

essence *(f)* gasoline; **être en panne d'—** to be out of gas

essentiel(le) essential

estudiantin(e) related to university students

établir to establish

établissement *(m)* establishment

étage *(m)* floor; story

étagère *(f)* shelf, shelves

étalage *(m)* display (in store)

étaler to spread out

étape *(f)* stage; phase

état *(m)* state; federal government; **en bon/mauvais —** in good/bad condition

été *(m)* summer

éteindre to turn off/out; **— la lumière** to turn off the light

étendard *(m)* standard

étendre: s'— to spread

ethnologique ethnological

étonner to surprise, astonish

étouffer to suffocate; to cramp one's style

étrange strange

étranger: aller à l'— to go abroad

être *(pp* **été)** to be; **— à** to belong to (someone); **— d'un certain âge** to be middle-aged; **— en forme** to be in good shape; **vous y êtes?** do you understand? do you get it?

étroit(e) narrow

étude: en — in study hall

éveiller: s'— to awaken

événement *(m)* event

évidemment obviously

examen *(m)* test; exam

exaucer to fulfill; to grant

exhaler to exhale

exigeant(e) demanding

exigence *(f)* demand

exiger to demand

exode *(m)* exodus

exporter to export

exposition *(f)* exhibit

exprès on purpose

extra *[fam]* great

F

fabricant(e) *(m, f)* manufacturer

fabrication *(f)* manufacture

fâcher: se — contre to get angry with

façon *(f)* way; **la même —** the same way

facultatif(-ve) elective; optional

faculté *(f)* department (in university)

faible weak

faiblesse *(f)* weakness

faillir (+ infinitive) to almost (do something)

faim *(f)* hunger; **avoir —** to be hungry

faire *(pp* **fait)** to do, make; **ça ne te fait rien** it does not bother you; **— jeune** to look young; **je vous le fais** I'll give (sell) it to you; **s'en — to** be worried

fait: au — by the way, come to think of it; **en —** in fact

falloir *(pp* **fallu)** to be necessary; **il faut** it's necessary; we must

fana *(m, f)* **de sport** jock, enthusiastic fan

fantasme *(m)* fantasy; dream

fatigué(e) tired

fauché(e) *[fam]* broke (out of money)

fauve tawny; musky; **les Fauvistes** *(m pl)* school of French painters

faux/fausse false

favori/favorite favorite

femme *(f)* woman; wife; spouse; **— d'affaires** businesswoman

féliciter to congratulate

fête *(f)* feast; party; holiday; Saint's day

feu: avoir du — to have a light

feuilleton *(m)* serial; soap opera

fenêtre *(f)* window

fiançailles *(f pl)* engagement (to be married)

fiancer: se — to get engaged

fichier *(m)* **adjoint** attachment

figurer: se — to imagine; **figurez-vous** *[slang]* believe you me, believe it or not

fil *(m)* line; wire; **passer un coup de — à quelqu'un** to give someone a call

filet *(m)* net; **monter au —** to come to the net

fille *(f)* girl; daughter; **— unique** only child

film *(m)* movie; **— d'amour** love story; **— d'aventures** adventure film; **— d'épouvante** horror movie; **— d'espionnage** spy movie; **— de guerre** war movie; **— policier** police story, mystery story; **— western** western

fils *(m)* son; **— unique** only child

financier(-ière) financial

finir to finish; **— par** to end up

flâner to stroll

flanquer: se — to fall flat

flic (m) [fam] cop
fonctionnaire (m, f) civil servant
fond: au — basically; rester en — de court to stay on the base line
fondé(e) founded
fondre: faire — to melt
forces (f pl) forces
fôret (f) forest
forger to forge
forgeron (m) blacksmith
formater to format
formation (f) training, education; — professionnelle professional education, training
forme: être en — to be in good shape
formidable: c'est — that's fantastic
fort(e) strong; heavy, big, stout; high; loud
fossé (m) ditch; gap
fou/folle crazy; insane
fouiller les bagages/les valises to search, go through baggage/luggage
four (m) oven; flop; — à micro-ondes (m) microwave oven
fournir to furnish
foyer (m) household; homme/femme au — househusband/housewife
frais (m pl) costs, charges; — d'annulation cancellation fees; — d'inscription registration fees
frais/fraîche fresh
franchise (f) candor; frankness
francophone French-speaking; le monde — the French-speaking world
frappé(e) chilled (wine)
fréquemment frequently
fréquenter: — quelqu'un to go steady with someone
frigo (m) [fam] fridge, refrigerator
fringues (f) [fam] clothing
friperie (f) second-hand clothing store
frire: faire — to fry
frisé(e) curly
froideur (f) cold; coldness
froisser to crush; to hurt
fromage (m) cheese
front (m) front; front lines; forehead
frontière (f) border
fumer to smoke

fumeur/fumeuse (m, f) smoker; une place non- — a non-smoking seat
furieux(-euse) furious
fusée spaciale (f) space rocket

G

gâcher to spoil
gâchis (m) mess, wasted materials
gaffe: faire — (à) [fam] to be careful, watch out
gagner to win
garder to keep; — un enfant to baby-sit
gardien(ne) (m, f) guard, keeper, warden; — d'immeuble apartment manager, super; — de prison prison guard, warden
gare (f) train station
garer to park; — la voiture to park the car
gaspiller to waste
gastronomie (f) the art of good cooking
gâté(e) spoiled (person)
gauche left; awkward
gauffre (f) waffle
gazeux(-euse) carbonated; une boisson — a carbonated drink
gendarme (m) policeman
gêner to bother
générations: au fil des — with the passing generations
génial(e) super
géni(e) (m, f) genius
genou(x) (m) knee(s)
genre (m) gender; kind, type
gentil(le) nice, kind
gentillesse (f) kindness
géographie (f) geography
gérant(e) (m, f) manager (restaurant, hotel, shop)
geste (m) gesture
gestion (f) management
glace (f) ice cream
glaçon (m) ice cube
globalement globally
gorgée (f) mouthful
gosse (m, f) [fam] kid
gourde (f) flask
gourmand(e) (m, f) one who loves to eat and will eat anything, especially sweets
gourmandise (f) gluttony; delicacy
gourmet (m) one who enjoys eating tasting, and preparing good food

goût (m) taste
goûter to taste
goûter (m) snack around 4 P.M.
goutte (f) drop; c'est la — d'eau qui fait déborder le vase that's the last straw
grand(e) great; big, tall
grand-mère (f) grandmother
grand-père (m) grandfather
graphiques (m pl) graphics
gras (m) grease
grasse matinée (f): faire la — to sleep in
gratte-ciel (m) skyscraper
gratuit(e) free, at no cost
grave serious
graveur (m) de CD/DVD CD/DVD burner
grève (f) strike; être en — to be on strike; faire la — to go on strike
gréviste (m, f) striker
grignoter to snack
grille-pain (m) toaster
griller: faire — to toast (bread); to grill (meat, fish)
gros(se) big; fat
grossesse (f) pregnancy
grossier(-ière) rude
grossir to put on weight
guère hardly
guérir to cure
guérisseur(-euse) (m, f) healer
guerre (f) war
gueule (f) mouth (of animal)
guichet (m) ticket window, office; counter; jouer à —s fermés to play to sold-out performances
guindé(e) stilted

H

habiller to dress; s'— to get dressed
habitude (f) habit; d'— usually
habituellement usually
habituer: s'— à to get used to
haïr (pp haï[e]) to hate
haleine (f) breath; reprendre — to get one's breath back; tenir quelqu'un en — to hold someone spellbound
hareng (m) herring
haricots (m pl) verts green beans
hasard (m) coincidence; chance; par — by chance

hausse *(f)* rise; **être en —** to be on the rise
hausser to raise
haut(e) tall; high
hautain(e) haughty
hauteur *(f)* height
hebdomadaire *(m)* weekly publication
hébergement *(m)* accommodations
herbe *(f)* grass
heure *(f)* hour; **dans une —** in an hour; **—s de pointe** rush hour
heureusement fortunately
heureux(-euse) happy
hibou(x) *(m)* owl(s)
hier yesterday
histoire *(f)* history; story
HLM *(f)* **(habitation à loyer modéré)** low income housing
homme *(m)* man; **— d'affaires** businessman
honnête honest
honnêteté *(f)* honesty
honte *(f)* shame
honteux(-euse) shameful; **c'est —** it's a disgrace; shameful
hôpital *(m)* hospital
hoquet *(m)* hiccup
horaire *(m)* schedule
horloge *(f)* clock
huile *(f)* oil; **— solaire** suntan oil; **— d'olive** olive oil
humeur *(f)* mood; **être de bonne/ mauvaise —** to be in a good/bad mood
humour *(m)* humor

I

illégitime illegitimate
imaginer to imagine; **je t'imagine bien** I can just see you
immeuble *(m)* apartment building
immigrant(e) *(m, f)* newly arrived immigrant
immigré(e) *(m, f)* an established immigrant
immobilier *(m)* real estate business; **une agence immobilière** real estate agency; **un agent immobilier** real estate agent
impeccable perfect; fautless
imperméable *(m)* raincoat
importance *(f)* significance, importance
importer to import

impôts *(m pl)* taxes
imprévu(e) unexpected
imprimante *(f)* printer; **— à laser** laser
inacceptable unacceptable
inadmissible inadmissable
inattendu(e) unexpected
incendie *(m)* fire
inciter to incite
inconnu(e) unknown
inconvénient *(m)* inconvenience; disadvantage
incrédule incredulous
indécis(e) **(sur)** indecisive; undecided (about)
indiquer to show, direct, indicate
industrie *(f)* **du livre** publishing business
infirmier(-ière) *(m, f)* nurse
informaticien(ne) *(m, f)* computer expert
informatique *(f)* computer science; data processing; **être dans l'—** to be in the computer field
ingénieur *(m)* engineer
ingrat(e) *(m, f)* ungrateful (person); thankless (job)
initiative *(f)* drive
inlassable tireless
inquiet(-ète) worried
inquiéter: s'— **(de)** to worry, be anxious (about); **ne vous inquiétez pas** don't worry
inquiétude *(f)* worry, anxiety
inscrire *(pp inscrit)*: **se faire —** to sign up; to register (to vote)
insensé(e) insane
insister to insist
inspecteur(-trice) *(m, f)* police detective
installer: s'— to get settled
instituteur(-trice) *(m, f)* elementary school teacher
insupportable intolerable, unbearable
intégrer to integrate
interdire *(pp interdit)* to prohibit; **— à quelqu'un de faire quelque chose** to forbid (someone to do something)
intéresser: s'— à to be interested in
intérêt *(m)* interest; **t'as — à** you'd better
interprète *(m, f)* actor/actress; **—s** *(m, f pl)* the cast
interro *(f)* quiz

interrompre to interrupt
intrigue *(f)* plot
introuvable cannot be found
ivre drunk

J

jamais never
jardin *(m)* garden; yard
jeu *(m)* game; **—x d'argent/de hasard** gambling; **— de société** board game; **— télévisé** game show
joindre *(pp joint)* to join; to enclose
joli(e) pretty
joue *(f)* cheek
jouer to play; **— aux durs** to act tough
joujou(x) *(m)* toy(s)
jour *(m)* day
journal *(m)* newspaper; **— télévisé** *(m)* television news
journée *(f)* day
juif(-ve) Jewish
jumeau(-elle) *(m, f)* twin
jurer to swear
jusqu'à ce que until
juste correct; fair
justement exactly

L

là-bas over there
laid(e) ugly
laine *(f)* wool; **être en —** to be made of wool
laisser to leave; **— quelqu'un partir** to let someone go; **— quelqu'un tranquille** to leave someone alone
lait *(m)* milk
lancer to throw; to launch
lapin *(m)* rabbit; **poser un — à quelqu'un** *[fam]* to stand someone up
large wide
larme *(f)* tear
lavable washable
lave-linge *(m)* washing machine
lave-vaisselle *(m)* dishwasher
laver to wash
leçon *(f)* lesson; **— particulière** private lesson
lecteur(-trice) *(m, f)* reader
lecteur *(m):* **— de disquettes** disk drive; **— de vidéodisques** video disk reader; **— de CD/DVD** CD/DVD player
lecture *(f)* reading

léger(-ère) light
légitime legitimate
légume (m) vegetable
lenteur (f) slowness
lentille (f) lentil; contact lens; **porter des —s** to wear contact lenses
lequel/laquelle which one, which
léser to injure, wrong
lessive (f) laundry
libérer to free
librairie (f) bookstore
licence (f) degree (academic)
licencier: se faire — to get laid off
lien (m) link, tie; **— de parenté** family tie
lieu (m) place; **avoir —** to take place
ligue (f) league (baseball)
lire to read
lit (m) bed; **grand —** double bed
livre (f) pound
livre (m) book
livrer to deliver
livret (m) **d'épargne** savings account book (bank book)
locataire (m, f) tenant
logement (m) housing; accommodations; **— en copropriété** condominium
logiciel (m) software
loisir (m) leisure, spare time; **—s** leisure activities
long(ue) long
longtemps long, a long time
lors de at the time of, during
lorsque when
loterie (f) lottery
lotion solaire (f) suntan lotion
louer to rent
lourd(e) heavy
loyauté (f) loyalty
loyer (m) rent
lumière (f) light
lune de miel (f) honeymoon
lunettes (f pl) glasses; **porter des —** to wear glasses
lutte (f) struggle; wrestle
lutter to struggle, wrestle, fight
lycée (m) high school
lycéen(ne) (m, f) high-school student

M
mâcher to chew
machine à laver (le linge) (f) washing machine

mâchoire (f) jaw
maçon (m) stonemason
magasin (m) store; **grand —** department store
magazine (m) magazine
maghrébin(e) (m, f) North African; from the Maghreb
magistrat (m) judge
magnétoscope (m) videocassette recorder (VCR)
mail (m) email
maillot de bain (m) swimsuit
main d'œuvre (f) labor
maintenant now
mairie (f) city hall
mais but
maison (f) house; firm, company; **— d'édition** publishing company
maître d'hôtel (m) headwaiter
mal (m) evil, ill, wrong; **avoir du — à** to have difficulty with; **avoir le — du pays** to be homesick
maladroit(e) clumsy
malentendu (m) misunderstanding
malgré in spite of
malheur (m) misfortune
malheureusement unfortunately
malhonnête dishonest
malhonnêteté (f) dishonesty
malin/maligne clever; shrewd
malsain(e) unhealthy
manche (f) sleeve; inning
mandat (m) term of office
manette (f) joystick
manifestation (f) demonstration, protest (organized)
manifester to protest; to demonstrate; **se —** to arise; to emerge
mannequin (m) model; **— de cire** mannequin (in store)
manque (m) lack; **— de communication** communication gap
manquer to miss; **— le train** to miss the train; **il manque un bouton** it's missing a button; **— à quelqu'un** to be missed by someone
maquette (f) model
marais (m) swamp; **le Marais** 4th district of Paris
marchander to bargain (haggle)
marché (m) market; **— aux puces** flea market; **— conclu** it's a deal

marcher to work; to walk; to run, work (machine); **faire —** to make something work
mardi (m) Tuesday; **Mardi gras** Fat Tuesday
mari (m) husband, spouse
mariée (f) bride
marier: se — to get married
marmite (f) large cooking pot
marocain(e) Moroccan
marque (f) brand
marrant(e) (slang) funny, strange
marre: en avoir — [fam] to be fed up
marron chestnut; brown
Marseillaise (f) French national anthem
match nul (m) tied game
matériel (m) hardware
matière (f) subject, course
matinée (f) morning; **faire la grasse —** to sleep late
mécanique mechanical
méchant(e) mean; naughty
mécontent(e) discontented; displeased
médecin (m) doctor
médecine (f) medicine; **la —** the field of medicine
médias (m pl) the media
médiatisation (f) mediatization; promotion through media
médicament (m) medicine, drug
méfait (m) wrongdoing
méfier: se — de to be wary, suspicious
mél (m) email
mélange (m) mixture
mélanger to mix
même same; even
mémoire (f) memory
menace (f) threat
menacer to threaten
mensuel (m) monthly publication
menteur(-euse) (m, f) liar
menthe (f) mint; **thé** (m) **à la —** mint tea
mentir (pp **menti**) to lie
menu (m) menu
méprisant(e) contemptuous
méprise (f) misunderstanding, mistake
mépriser to despise
mère (f) mother; **belle-—** mother-in-law; stepmother; **— célibataire** single mother

merveilleux(-euse) marvelous, fantastic

métal *(m)* metal; **être en —** to be made of metal

métier *(m)* job, profession

métro-boulot-dodo *(m)* daily grind of commuting, working, sleeping

metteur en scène *(m)* stage director

mettre to put, place; **se — à** to begin; **— la 3, 6, etc.** to put on channel 3, 6, etc.

meubles *(m pl)* furniture

micro-onde *(m)* microwave; **un four à —** a microwave oven

micro-ordinateur *(m)* desk-top computer

mieux better

mignon(ne) cute; **super —** very cute

mijoter: faire — to simmer

militaire *(m, f)* soldier

mince thin; slim

mine *(f)* mine; **avoir bonne/mauvaise —** to look good/bad

minuscule tiny

mise en scène *(f)* staging

moche *[fam]* ugly, ghastly

mode *(f)* fashion; style; **— *(m)* d'emploi** user's manual

moine *(m)* monk

moins less; **à — que** unless

mois *(m)* month

monde: du — people

mondial(e) worldwide

monter to climb, go up; **— dans (une voiture/un bus/un taxi/un avion/un train)** to get into (a car/bus/taxi/plane/train); to bring up (luggage)

montre *(f)* watch

montrer son passeport to show one's passport

moquer: se — de to make fun of

morceau *(m)* piece

mort *(f)* death; **les —s** *(m pl)* the dead

mosquée *(f)* mosque

moteur *(m)* engine; **— de recherche** search engine

motivé(e) motivated

mou (mol)/molle soft

mouche *(f)* fly

moucher: se — to blow one's nose

moules *(f pl)* mussels

moulin *(m)* mill

moulinets *(m pl):* **faire des — avec les bras** whirl one's arms around

mourir *(pp* **mort)** to die

moyen(ne) medium; average; **moyens** *(m pl)* means

muet(te) mute

musée *(m)* museum

musulman(e) Islamic

muter to transfer

mutuelle *(f)* mutual benefit insurance company

N

nanti(e) affluent, well off

nappe *(f)* tablecloth

narine *(f)* nostril

natal(e) native

natation *(f)* swimming

nature: une omelette — plain omelette

naturel(le) natural, native

navet *(m)* third-rate film

navette spatiale *(f)* space shuttle

navré(e) sorry (formal)

néanmoins nevertheless

nécessaire necessary

néerlandais(e) Dutch

négligé(e) neglected; slipshod

négliger to neglect

négociation *(f)* negotiation

nerveux(-euse) high-strung

nettoyage à sec *(m)* dry cleaning

nettoyer to clean

neuf/neuve new

neutre neutral

noir(e) black

nombreux(-euse) numerous

nommer to appoint

normal(e) normal, regular

notamment notably; in particular

note *(f)* grade; **—s de classe** class notes

nounours *(m)* teddy bear

nourrice *(f)* babysitter

nourriture *(f)* food; nutrition

nouveau: à — again, anew

nouvelles *(f pl)* printed news; news in general; **vous allez avoir de mes —** you're going to hear from me

noyer: se — to drown

nulle part not anywhere

numéro *(m)* number; issue (of a periodical)

O

obéir to obey

obéissant(e) obediant

objet *(m)* object

obligatoire required

obliger to obligate

obsèques *(f pl)* funeral

obtenir to obtain; to get

occasion *(f)* opportunity; chance; **d'—** secondhand

occuper to occupy; **s'— de** to take care of, handle

œil: mon — you can't fool me

œuf *(m)* egg; **— dur** hard-boiled egg

œuvre *(f)* work (of art)

offre *(f)* **d'emploi** opening, available position; **— de mariage** marriage proposal

offrir *(pp* **offert)** to offer

ombre *(f)* shade; shadow

ondulé(e) wavy

ongle *(m)* nail (of finger or toe); **se ronger les —s** to bite one's fingernails

opposition *(f)* opposition

orchestration *(f)* instrumentation

ordinateur *(m)* computer

oreiller *(m)* pillow

orner to decorate

otage *(m)* hostage; **prendre en —** to take hostage

oublier to forget

ouragan *(m)* hurricane

outil *(m)* tool

outre: en — besides

ouvert(e) open

ouvrage *(m)* work; piece of work

ouvreur(-euse) *(m, f)* attendant, usher

ouvrier(-ière) *(m, f)* worker

ouvrir *(pp* **ouvert)** to open

P

pain *(m)* **de mie** sandwich bread

pair: jeune homme/jeune fille au — one who works in exchange for room and board

paix *(f)* peace

palier *(m)* landing

panier *(m)* **à linge** laundry basket

panne *(f)* breakdown; **être/tomber en — d'essence** to run out of gas

panneau *(m)* board; sign; **— d'affichage** bulletin board; **— d'affichage électronique** electronic schedule

sous-titre *(m)* subtitle; **(avec) —s** (with) subtitles

sous-vêtements *(m pl)* underwear

soutenir to support

soutien *(m)* support

souvenir *(m)* memory; souvenir

souvenir *(pp* **souvenu): se — de** to remember

souvent often

spécialiser: se — en to major in

spectacle *(m)* show

spectaculaire remarkable, spectacular

spectateurs/spectatrices *(m, f pl)* studio audience

sportif(-ive) athletic, fond of sports

spot publicitaire *(m)* television commercial

squelette *(m)* skeleton

station *(f)* (radio) station; **—-service** gas station

stationnement *(m)* parking

statut *(m)* status

statut quo *(m)* status quo

steak-frites *(m)* steak with fries

stimulant(e) challenging

studio *(m)* efficiency apartment

submerger submerge

suffire *(pp* **suffi): to be sufficient; il suffit** it is enough

suffisant(e) sufficient; enough

suggérer to suggest

suite *(f)* series; **de —** in a row, in succession

suivant(e) following; next

suivre *(pp* **suivi)** to follow; **à —** to be continued; **— un cours** to take a course

sujet *(m)* subject, topic; **au — de** job regarding, concerning

super *[fam]* super

supplément *(m)* supplement; **payer un — pour excès de bagages** to pay extra for excess luggage

supporter to put up with, endure

supprimer to do away with; to take out

sûr(e) sure

surface: grande — *(f)* huge discount store

surprenant(e) surprising

surpris(e) surprised

survécu(e) survived

surveillance *(f)* supervision

surveillant(e) *(m, f)* guard, supervisor, monitor

survenu(e) intervening

survivre (à) *(pp* **survécu)** to survive

survoler to fly over

sympa *[fam]* nice; friendly

syndicat *(m)* union; **— d'initiative** tourist bureau

T

tabagisme *(m)* use of tobacco

tableau *(m)* chart; **— noir** blackboard

tache *(f)* spot

tâche *(f)* task

tâcher de to try

taille *(f)* size; waist; **être de petite —** to be short; **être de — moyenne** to be of average height

tailleur *(m)* woman's tailored suit

taire *(pp* **tu): se —** to be quiet

talon *(m)* heel

tandis que while; whereas

tant (de) so much

taper to type; **retaper** to retype

tapis *(m)* rug, carpet

tapisserie *(f)* tapestry

taquiner to tease

tare *(f)* defect

tarif *(m)* fare, rate

tarte *(f)* **aux pommes** apple pie

tas *(m)* pile, heap; **un — de** a lot of

taux *(m)* rate; **— de chômage** rate of unemployment; **— d'intérêt** interest rate; **— de natalité** birth rate

tchin-tchin *[fam]* cheers

teinturerie *(f)* dry cleaner's

tel(le) such, such a

télécharger (un message/un dossier) to download (a message/a file)

télécommande *(f)* remote control

téléphoner to telephone; **— à quelqu'un** to telephone someone

télésiège *(m)* chairlift

téléspectateur/téléspectatrice *(m, f)* television viewer

télévision *(f)* **par câble** cable television

tellement so much, so; really

témoignage *(m)* testimony; witnessing

témoin *(m)* witness

temps *(m)* time; **le bon vieux —** the good old days

tendre to tense

tendu(e) tense

tenir à to really want, to insist on

tenter to tempt; to try; **je me laisse —** I'll give in to temptation

tenue habillée *(f)* dressy clothes

termes: être en mauvais — to be angry with, on bad terms

terminer to finish

ternir to tarnish

terrain *(m)* **de camping** campground

terre *(f)* earth; soil; dirt; **être en — battue** to be made of adobe

terrine *(f)* pâté

terrorisme *(m)* terrorism

têtu(e) stubborn

TGV *(m)* **train à grande vitesse** high-speed train

théâtre *(m)* theater; **aller au —** to go to the theater

thé *(m)* **glacé** iced tea

thème *(m)* theme

thèse *(f)* **de doctorat** doctoral thesis, dissertation

thon *(m)* tuna

tirage *(m)* circulation

tirer to pull

tiroir *(m)* drawer

tissu *(m)* fabric

titre *(m)* title headline

toilette *(f)* toilet; **les —s** bathroom; washroom; **faire sa —** to have a wash; **être à sa —** to be dressing

tomber to fall; **— en panne** break down

toqué: t'es — *[fam]* you're nuts

tort *(m)* wrong; **avoir —** to be wrong

touche *(f)* key

toujours always; still; **— est-il que** it remains that, nevertheless

tour *(f)* tower

tour *(m)* trip; **c'est à qui le —?** whose turn is it? (who's next?)

tourner to turn; to shoot (a film)

tournoi *(m)* tournament

tout, tous, toute, toutes all; **— à fait** absolutely, completely **— de même** in any case; **— de suite** right away; **tous les jours** every day

trac: avoir le — to have stage fright

trahir to betray

train: être en — de to be in the process of (doing something) traitement (m) treatment; — de texte word processing; — mensuel monthly salary

traiter to treat, deal with

tranche (f) slice

tranquille calm; laisser quelqu'un — to leave someone alone

transmettre (en direct) to broadcast (live)

transporter to transport; — d'urgence à to rush to

travail (m) work

travaux ménagers (m pl) chores

travers: à — across; de — crooked

traverser to cross

trentaine: avoir la — to be in one's 30s

trésor (m) treasure

tricher à to cheat

triste sad

tristesse (f) sadness

tromper to deceive; to cheat on; se — to be mistaken; se — de train to take the wrong train

trompeur(-euse) deceptive

trottoir (m) sidewalk

trou (m) hole

troué(e) with holes

troupe (f) cast

trouvaille (f) great find

trouver to find; se — to be located

truc (m) [fam] thing; trick

tube (m) [fam] hit (music)

tuer to kill

tutoyer to use «tu»

U

une: la — des journaux front page

université (f) university

urgence (f) emergency

usine (f) factory

utile useful

utilité (f) usefulness

V

vacances (f pl) vacation; être en — to be on vacation; passer des — magnifiques/épouvantables to spend a magnificent/horrible vacation

vachement [fam] very

vague (f) wave

vaisselle (f) dishes; faire la — to wash the dishes

valable valid

valoir (pp valu) to be worth; — la peine to be worth the trouble

vanter: se — to boast, brag

veau (m) veal

vedette (f) star

vendeur/vendeuse (m, f) salesman/saleswoman

vendre to sell

vendu(e) en solde sold at a reduced price, on sale

vénerie (f) venery (hunting on horseback)

venir to come; — de + infinitif to have just

vente (f) sale

vergogne: sans — shameless; shamelessly

vérifier to verify, check

véritable real; genuine

verre (m) glass; en — made of glass; prendre un — [fam] to have a drink

verrière (f) glass roof

verrouiller to lock

verser to pour; to pay a deposit or down payment

version originale (v.o.) in the original language

vertu (f) virtue

verve (f): plein de — racy

veste (de sport) (f) (sports) jacket

vêtements (m pl) clothing; ce (vêtement) lui va bien this (piece of clothing) looks good on her/him; changer de — to change clothes; — d'occasion secondhand clothes; enlever (un vêtement) to take off (a piece of clothing); essayer (un vêtement) to try on (a piece of clothing); mettre (un vêtement) to put on (a piece of clothing)

veuf/veuve widower; widow

veuillez please

victoire (f) win, victory

vidéo-clip (m) music video

vie (f) life; — de famille home life

vieillesse (f) old age

vieux (vieil)/vieille old; mon — [fam] old man

vigoureux(euse) impressive

villa (f) summer or country house

vingtaine: avoir la — to be in one's 20s

violent(e) fierce

violer to violate

visage (m) face

vis-à-vis with regard to

visite (f) visit; rendre — à quelqu'un to visit (someone)

visiter (un endroit) to visit (a place)

vitesse (f) speed

vitrerie (f) glaziery

vivant(e) lively

vivifiant(e) invigorating

vivifier to invigorate

vivre (pp vécu) to live

vœu (pl vœux) (m) wish

voir to see; aller — quelqu'un to visit someone; avoir (beaucoup) à — avec to have (a lot) to do with

voisin(e) (m, f) (d'à côté) (next-door) neighbor

voiture (f) car; accident de — automobile accident

vol (m) flight; robbery; faire du — libre to go hang-gliding; — direct/avec escale direct flight/flight with a stopover

voler to steal; se faire — to be robbed

volontaire (m, f) volunteer

volontiers gladly, willingly

volupté (f) delight; pleasure

voter to vote

vouloir (pp voulu) to want; en — à quelqu'un to hold a grudge against someone

voûte (f) vault (cathedral); en — vaulted

vouvoyer to use «vous»

voyage (m) d'affaires business trip

voyager to travel

voyant(e) (m, f) fortune-teller, clairvoyant

voyou (m) [fam] hoodlum

vue (f) view

X

xénophobie (f) xenophobia (fear/hatred of foreigners)

Y

yaourt (m) yogurt

yeux (m pl) eyes

Z

zapping (m) switching channels repeatedly (zapper)

zip: lecteur zip (m) zip drive

Indice A

«Expressions typiques pour…»

Indice B

«Mots et expressions utiles»

Indice C

«Grammaire»

Credits

Text/Realia Credits

p. 11, Offices de Tourisme de la Communauté Francophone de Belgique; **p. 17,** Courtesy of British Airways; **p. 18,** Source SNCF 2004; **p. 31,** Adapté de Elaine M. Phillips, *Polite Requests: Second Language Textbooks and Learners of French* Foreign Language Annals 26, iii (Fall 1993), pp. 372–383 et de Linda L. Harlow, *Do They Mean What They Say? Sociopragmatic Competence and Second Language Learners.* The Modern Language Journal 74, iii (Autumn 1990), pp. 328–351; **p. 38–39,** Polly Platt, *Ils sont fous, ces Français*, 1994 © Éditions Bayard, Paris, 1997; **p. 42–43,** Annie Ernaux, *La honte* © Éditions GALLIMARD, pp. 114–115, 118–119, 124–125; **p. 49,** Courtesy of Restaurant Chez Paul, Paris, France; **p. 52,** Université de Paris-Sorbonne, France; **p. 81,** Union Nationale des Étudiants de France; **p. 82–84,** Polly Platt, *Ils sont fous, ces Français*, 1994 © Éditions Bayard, Paris, 1997, pp. 133, 135–138; **p. 86–87,** Calixthe Beyala, *Le petit prince de Belleville* © Éditions Albin Michel, Paris, 1992, p. 179–183; **p. 92,** La Mare au Diable; Espace animalier de la Haute-Touche; Aventure Canoës; **p. 117,** Laurence Wylie et Jean-François Brière, *Les Français* © Englewood Cliffs: Prentice Hall, 2001, pp. 84–85, 87–96; **p. 120,** Cercle Équestre: La Gallinière; **p. 125,** Giraudon/Art Resource New York; **p. 128–129,** Mariama Bâ, *Une si longue lettre* © Les Nouvelles Éditions Africaines du Sénégal, Dakar, 1979; **p. 134,** Courtesy of Domaine de Cheverny, France; **p. 137,** Adapté du *Journal de Québec*; **p. 138,** *Journal français d'Amérique*, 23 décembre 1994–19 janvier 1995, p. 12; **p. 139,** Courtesy of *Martinique Magazine*; **p. 141,** Agence métropolitaine de transport, Montréal, Canada; **p. 142,** Restaurant La Crêpe Nanou, New Orleans, USA; **p. 156,** Hôtel Olympia, Bourges, France; **p. 159,** Chamberlain & Steele, *Guide pratique de la communication* © Éditions Didier, 1985, p. 114; **p. 161,** Courtesy of Hôtel de Bourbon; **p. 167–170,** Comité Départemental de Tourisme, Orléans, France; **p. 174–175,** «La Fanette», Paroles et musique: Jacques Brel © 1963 Éditions Gérard Meys, 10, rue Saint-Florentin – 75001 Paris; **p. 178,** © TÉLÉ 7 JOURS; **p. 192,** Magasins Fnac, 1999; **p. 204,** www.chapitre.com; **p. 206,** Laurence Wylie et Jean-François Brière, *Les Français* © Englewood Cliffs: Prentice Hall, 2001, pp. 68, 70–74; **p. 210–211,** *Le Point*, no 1638, 5 février 2004, pp. 30–31; **p. 214–215,** Jacques Prévert, «Barbara» in *Paroles* © Éditions GALLIMARD; **p. 219,** Courtesy of Cinémathèque Française; **p. 235,** Paulette Foulem; **p. 237,** France Miniature, Élancourt; **p. 247,** Zaïr Kédadouche, *La France et les Beurs* © Éditions de LA TABLE RONDE, 2002, pp. 28, 66, 68, 75; **p. 256–257,** Maryse Condé, *Hugo le terrible* © Editions SEPIA, 1991, pp. 38–41; **p. 260,** Sempé, *Je serai bref...* copyright © Galerie Martine Gossieaux; **p. 262,** Source: Insee – [L'espace des métiers de 1990 à 1999]; **p. 269,** Université de Nantes; Courtesy of Formatives Évolutions; Institut Supérieur d'Enseignement et de Recherche en Production Automatisée (ISERPA); **p. 273,** Ose Point Logement, Paris, France; **p. 280,** *Journal français d'Amérique*; **p. 287,** *Ouest-France*, septembre 1996; **p. 288,** Adapté de d'Amécourt, *Savoir-Vivre Aujourd'hui*, Paris: Bordas, 1983, pp. 59–61 et de Polly Platt, *French or Foe*, Skokie, IL: Culture and Crossings, Ltd., 1995, pp. 41–42, 44–51; **p. 292–295,** copyright / L'Express / Hélène Constanti, 2003; **p. 298–299,** Paroles et Musique: Félix Leclerc avec l'aimable autorisation des Éditions Olivi Musique; **p. 308,** Adapté de Laurence Wylie et Jean-François Brière, *Les Français* © Englewood Cliffs: Prentice Hall, 2001, pp. 102, 107–109; **p. 310,** Bernard Raquin, *Rire pour vivre. Les bienfaits de l'humour sur notre santé et notre quotidien* © Saint Jean de Braye: Éditions Dangles; **p. 313,** Sempé, *Il ne sait pas encore...* copyright © Galerie Martine Gossieaux; **p. 325,** Organisation Internationale de la Francophonie (OIF); **p. 331,** Festival de Montgolfières, Saint-Jean-sur-Richelieu, Québec, Canada, www.montgolfieres.com; **p. 334,** Adapté de Fourastié, *D'une France à une autre* © Fayard, 1987, pp. 80, 98, 117; **p. 334,** Fondation Farha, Québec, www.farha.qc.ca; Établissement Français du Sang (EFS); **p. 339–440,** copyright / L'Express / Isabelle Grégoire, 2002; **p. 343–344,** Lori Saint-Martin, «Pur polyester» in *Mon père, la nuit*, Québec © Éditions de l'Instant même, 1999, pp. 59–68; **p. 356,** Courtesy of Magasin Gysèle; **p. 365,** Journal *Paris Paname*; **p. 370,** SATIS, France; **p. 372,** Source: Insee – [Quarante ans de consommation]; **p. 382,** Courtesy of Magasins Leclerc; **p. 383–385,** Raymonde Carroll, *Évidences invisibles. Américains et Français au quotidien* © Éditions du Seuil, 1987, réédition coll. *La Couleur des idées*, 1991; **p. 388,** Dany Laferrière, *Le Charme des après-midi sans fin* © Le Serpent à plumes / Éditions du Rocher, Paris, 1998; **p. 395,** Adapté de Laurence Wylie et Jean-François Brière, *Les Français* © Englewood Cliffs: Prentice Hall, 2001, p. 61 et de Georges Santoni, *Société et culture de la France contemporaine* © Éditions Albany, State University of New York, 1981, pp. 59–60; **p. 397,** Gamma Press, New York, USA; **p. 408,** (cartoon) Wolinski; **p. 414,** www.lepianiste-lefilm.com; CMAC, Martinique; **p. 415,** Adapté du *Journal Français d'Amérique*; **p. 418,** © *Le Nouvel Observateur*, No 2055, 25 à 31 mars 2004; **p. 427–428,** Antoine de Saint-Exupéry, *Terre des hommes* © Éditions GALLIMARD

Photo Credits